가치혁명을 구현하는 새로운 교육철학

민주시민을 위한 도덕교육

민주시민을
위한
도덕교육

초판 1쇄 발행 2014년 4월 19일
초판 2쇄 발행 2015년 7월 17일

지은이 심성보
펴낸이 김승희
펴낸곳 도서출판 살림터

기획 정광일
편집 조현주
북디자인 시아

인쇄·제본 (주)현문
종이 월드페이퍼(주)

주소 서울시 영등포구 양평로21가길 19 선유도 우림라이온스밸리 1차 B동 512호
전화 02-3141-6553
팩스 02-3141-6555
출판등록 2008년 3월 18일 제313-1990-12호
이메일 gwang80@hanmail.net
블로그 http://blog.naver.com/dkffk1020

ISBN 978-89-94445-60-1 93370

*가격은 뒤표지에 있습니다.
*잘못된 책은 바꾸어 드립니다.

가치혁명을 구현하는 새로운 교육철학

민주시민을 위한 도덕교육

심성보 지음

살림터

머리말

왜 우리는 이렇게 도덕적 인간이 되기가 쉽지 않은가? 그러면 어떻게 해야 하나? 누구의 책임인가? 아이가 문제인가? 어른이 문제인가? 사회가 문제인가? 인간 본성의 문제인가? 소위 존경받는다는 명사들의 거짓된 공직 윤리를 드러내는 추문들이 거의 날마다 전국 매스컴에 오르내리고 있다. 도덕적 죄, 무분별, 절도, 경제적 사기, 간통, 성폭행, 부정직, 갖가지 위선 등 이루 말할 수 없이 다양하다. 우리 사회의 최고 책임자급 인사들까지 그런 불명예의 대열에 끼어들고 있다. 이런 도덕적 추문들은 우리 시대에 광범위하게 퍼진 격변을 반영하며, 이는 현대의 급격하게 변화하는 사회적 조건과 유달리 불확실하고 위협적으로 도래할 미래에 대한 인식과 연관되어 있다.

우리는 어떻게 살아야 하는가? 인간의 완성과 행복을 구성하는 것이 무엇인가? 어떤 가치를 위해 삶을 살 것인가? 만약 그런 게 있다고 한다면, 개인과 사회 그리고 인간이 한 부분을 이루고 있는 세계의 번영을 보호하고 증진하는 데 있어 어떤 행위의 원리와 규칙이 필요한가? 착한 인간을 유형화하는 인격의 특성은 무엇인가?

이런 질문에 답을 찾고자 하는 도덕성 논의는 공동체 내부와 그것을 넘어 존재하는 탄생과 죽음, 성 문제, 사회적 관계에 관련된 문제들과 연관이 있다. 이런 문제 영역을 고려한다면 급속한 변화의 시대에 도덕을 치밀하게 연구하는 것은 그렇게 놀랄 만한 일이 아니다. 실로 사회적 변화와 격변은 종종 여태까지 받아들여왔던 도덕적 견해와 실제에 대한 불만과 연계되어 있다. 대체로 이런 조건의 변화를 거부하는 사람들은 자신의 보수적 입장을 견지하는 주요한 이유로 기존의 도덕적 신념과 실제에 대한 위협으로 느끼고 있음을 든다. 반면 이와 다른 가치를 추구하는 상대방은 더 문명적이고, 더 정의로우며, 그리하여 도덕적으로 더 좋은 사회질서의 건설이라는 명분을 걸고 기존 질서의 새로운 변화를 시도한다.

그런데 우리 아이들에게 도덕적 행동들을 길러줄 수 있는 적절한 방법들이 있음은 자명하다. 그렇지만 어른들은 공중 장소에서 못된 짓을 하는 아이들을 보고서 견제도 못 하고 곁눈질하며 지나치는 것이 일반적이다. 이런 상황에 직면하면 무엇을 어떻게 해야 할지를 잘 모른다. 잘못 관여했다가는 도리어 뭇매를 맞을지도 모른다는 두려움도 깔려 있다. 요즘 아이들의 삶은 우리들 어릴 적과는 너무 다르다. 그들은 매우 주장도 세고 남의 말을 잘 듣지 않으며 참을성도 없고 배려심도 없다.

우리가 사는 세상 또한 우리가 성장했던 시절과는 너무도 다르다. 가정생활의 변화, 교통 통신의 변화, 세계화 등 현대 생활에서 변화, 선택, 기회는 풍성해졌다. 그렇지만, 외형적 삶은 이전보다 풍성해졌을지라도 삶의 질에 있어서는 긍정적 대답을 하기가 어렵다. 아이들 또한 무엇인지도 모르면서 혼돈 속으로 빠져들고 있는지 모른다. 그렇다고 단순하고 소박한 생활이었던 지난 시절로 되돌아갈 수도 없다.

그렇다면 이런 난국을 어떻게 헤쳐나가야 하는가? 아무런 해결책도 없다는 말인가? 우리의 아동들은 척박한 현실 속에서 귀중한 도덕적 가치들을 배우고 있는가? 그런데 대부분의 부모들은 주변에서 청소년 범죄가 빈번하게 일어나고 학교 폭력 등이 난무하는 작금의 상황을 안타까워한다. 우리 학교들의 황폐한 교육 현실도 아이들의 삶을 위협하는 가장 큰 위험 요인이다. 협력보다 경쟁을 최우선시하며 학교를 경쟁의 대열로 몰아세우는 국가 교육체제도 문제이다. 이런 삶의 태도는 불가피하게 청소년들을 폭력에 쉽게 물들게 한다.

이런 현실을 타개하기 위해 일부 교사들은 이 시대의 도덕적 위기를 안타까워하며 인성교육이나 인격교육의 강화를 대안으로 제시한다. 그것이 학교교육의 핵심이 되어야 한다는 것이다. 또 일부 교사들은 개인의 인성이나 인격의 함양을 아무리 강화해도 사회적 삶의 풍토나 양식이 변화되지 않으면 아무런 소용이 없다는 도덕 무용론을 주장하기도 한다. 또 다른 교사들은 교사의 직업적 역할이 학문적 교과 내용을 가르치는 일이기에 교육자가 학생들의 가치에 영향을 주려고 시도하는 것은 적절한 교육 방식이 아니라며 반발한다. 이들의 경우 점점 더 다원화되는 현대 사회에서는 종교가 그렇듯이 도덕과 가치의 선택과 결정 문제는 가정의 영역에 속하는 일이라고 주장하기도 한다. 학교는 지육만을 담당해야지 덕육까지 책임지려고 해서는 안 된다는 것이다. 이러한 주장은 근대 공교육제도가 탄생한 이후 줄곧 제기된 문제이기도 하다.

이렇게 가치교육이나 도덕교육에 대해 학교가 해야 할 역할이 무엇인가에 대해 합의된 의견이란 없다. 학교가 어떤 가치를 가르쳐야 하는지, 또 그것을 어떻게 가르쳐야 하는지에 대해 합의점을 찾을 수도 없다. 가치의 전제와 방법이 서로 다른 접근법들이 섣불리 제안될 경우 반목하기도 하며 갈라서기도 한다. 많은 경우 가치에 대한 확신이 드는 것도 있지만, 가치의 판단이 그리 명료하지 않은 것들도 있다. 가치를 구성하는 가정들, 사회적 현실, 학문적 통찰 등에 따라 그 해답은 달라질 것이다.

우리 사회는 급격한 근대화/현대화, 서구화, 도시화의 과정을 거치는 가운데 공동체가 점점 파괴되고 있다. 한국 사회는 산업화를 통한 근대화가 압축적으로 어느 정도 성공을 거두었다. 그렇지만, 우리 사회의 양극화 초래와 함께 생태환경의 위기까지 나타나고 있다. 설상가상으로 정치적 자유의 기본권조차 침해되고 있어 사회 전체의 민주화 과정이 퇴행의 길로 접어들면서 학교의 파시즘화는 더욱 강화되고 있다. 학생들 개개인 사이의 경쟁과 국가 간의 무한 경쟁으로 인해 개인의 평화는 물론 세계 평화가 위협받는 등 삶의 공동 환경이 파괴되고 있다. 더욱이 1991년 9·11 사태 이후 군국주의 조짐이 일어나는 등 테러리즘과 파시즘이 더욱 기승을 보이고 있다. 특히 우리 사회의 경우 남북 간의 대화가 단절되면서 한반도의 긴장이 더욱 고조되는 등 냉전적 이데올로기가 우리의 얼을 여전히 지배하고 있다.

더욱이 1990년대에 들어 신자유주의적 사고는 사람들로 하여금 계산적 사고에 따라 살면서 삶의 표피적인 만족에 그치도록 만들고 있다. 특히 즉물적 상업 문화의 영향은 아동기와 청년기의 상업화를 가져오고 있다. 오늘날 학교 폭력의 만연도 이러한 시대의 조류와 무관하지 않아 보인다. 이러하기에 통제할 수 없을 정도의 여러 유혹과 충동들로 인해 교육자들이 시도하는 도덕교육 방안들은 속수무책이다. 그 결과 예기치 않은 외적 조건에 쉽게 굴복하고 만다. 이렇게 환경에 대한 응전이 원만하지 않다.

이로 인해 변화된 환경에 도덕적 적응도 난망하다. 대응할 수 있는 가치의 작동도 그렇게 유연하지 않다. 우리는 기술 변화에 따른 윤리적 혹은 도덕적 지체 등 문화적 지체를 겪고 있다. 오늘날의 현실을 지배하는 가치는 점점 유용성, 실리주의, 경쟁 만능, 개인주의의 범람, 공동체에 대한 무관심, 지역사회의 참여 저조, 기득권층의 사회적 책임 부재와 욕망의 과잉 등으로 가득 차 있어 인격의 실종과 도덕성의 상실을 초래하고 있다. 여기에 세계적 현상인 시장 만능적 신자유주의 교육정책의 강풍도 우리의 인간성을 파괴하고 학교교육을 황폐화함으로써 학생의 인격이나 도덕성의 쇠락을 가져오고 있다. 자본주의의 맞상대였던 사회주의의 종말은 빈부 양극화, 인간성 실종, 자연과 지역의 파괴를 초래하였다. 이런 비극적 결과로 인해 최근 인간화 교육과 인격교육, 인권교육과 공동체 교육, 평화교육과 생태교육 등이 다시 부각되고 있다.

도덕교육의 접근 방식을 둘러싸고 사회화론자와 반反사회화론자, 보수주의자와 진보주의자 사이에 여러 가지로 관점과 해법의 차이가 보인다. 다양한 도덕교육에 대한 접근 방법들에는 이념적 가치 지향이 반영되어 있다. 도덕교육은 불가피하게 가치-개입적일 수밖에 없다. 도덕발달의 철학과 도덕교육의 심리학적 접근은 그것들의 토대에 관한 철학적 바탕과 더불어 그것들에 대한 한층 깊이 있는 이해를 필요로 한다. 또한 젊은 세대에게 어떤 가치를 전해야 하며 어떻게 가르쳐야 할 것인가 하는 문제들에 대한 합의를 필요로 한다. 도덕적/윤리적 인간상에 따라 도덕교육의 다양한 접근 방법들에서 추구해야 할 도덕교육의 이념/철학과 방법/대안도 달라질 것이다. 도덕교육의 근본을 확인하는 것은 곧 주요한 도덕교육 이론을 통해 우리 사회가 직면한 도덕적인 문제를 조망하고 확인하는 일이다. 가장 일반적이고 이상적인 도덕적 인간에 대한 평가나 적절한 도덕적 행동을 결정짓는 요소들은 개념적, 동기적, 정서적 요소들의 결합으로 구성될 것이다. 그것들은 도덕적 판단/추론, 도덕적 정서/감수성, 도덕적 동기화, 도덕적 인격 등 심리적 과정과 연동된다.

그런 면에서 『민주시민을 위한 도덕교육-가치혁명을 구현하는 새로운 교육철학』의 접근 방식은 이전의 방식과는 차별화된다. 필자는 이전의 도덕교육 방식으로는 우리 사회가 직면한 도덕적 위기에 제대로 대처할 수 없다는 문제의식을 가지고 도덕적 무력함을 극복하기 위해 도덕교육의 지평을 다양하게 확장하였다.

먼저, 1부 '인간의 마음과 아동의 도덕적 성숙'에서는 인간의 마음이 선천적 본성인가, 후천적 양육인가에 대한 논의부터 시작한다(1장). 인간의 본성이 후천적 양육에 의해 가능하다는 결론이라면 교육의 강화가 불가피할 것이며, 그렇지 않고 인간의 본성은 태어날 때부터 선하다면 자연스럽게 간섭하지 않고 기르는 것이 더 좋을 것이다. 이에 따라 도덕교육의 방식 또한 달라질 것이다. 나아가 도덕성에 대한 서로 다른 정의를 살펴보면서(2장), 이에 따른 도덕적 성숙에 이르는 서로 다른 두 가지 길을 소개한다. 인간이 착하게 태어났다면 '돈오頓惡' 방식을 선택할 것이고, 유혹에 약한 것이 인간의 본성이라면 '점수漸修' 방식을 선택할 것이다(3장). 필자는 양자의 동시적 접근, 즉 깊이 생각하는 숙고 노력과 함께 매일 좋은 습관(業)을 쌓을 것을 제안한다.

2部 '도덕교육의 전통과 새로운 대안'에서는 대안적 도덕교육 방법론을 분명히 제기하고, 이의 장점과 약점을 동시에 다룬다. 어떤 장의 경우 쟁점을 부각시켜 논쟁을 붙이고, 그리고 곧 화해를 모색하는 시도를 한다. 사회화와 반사회화 그리고 인격교육의 대결(5장, 10장), 가치명료화와 인격교육의 대결(6장, 10장), 인지발달론(7장)과 배려의 윤리(8장) 그리고 공동체주의(11장)/덕윤리학(9장)의 대결, 개인주의와 공동체주의의 대결(11장), 평화교육과 도덕교육의 대결(13장), 인권교육과 인격교육의 대결(10장, 12장), 인간 중심주의자와 생태 중심주의자의 대결(14장), 다문화교육과 인격교육의 관계(15장), 시민교육과 도덕교육의 관계(16장), 교양교육과 도덕교육의 관계(17장) 등은 선호하는 가치를 둘러싸고 사상전을 방불케 논의를 한다. 이들은 서로 한 치의 양보도 없는 논박을 벌이면서 상대를 향해 거센 언설로 공격한다. 하지만 필자는 양립 불가능해 보이는 가치라도 속으로 깊이 들어가면 화해 못 할 이유가 없다고 보아 공존·공생할 수 있는 여지를 여는 중도적 해결책을 제시한다. 주어진 상황과 조건에 따라 특정한 접근과 방법이 우위를 보이기도 하지만 각 접근마다 나름의 장점이 있음을 부각시키면서 양자택일식의 방법은 자제하고 있다.

3부 '도덕교육의 쟁점과 통섭적 도덕교육'은 앞서 2부에서 제시한 가치의 내용에 해당하는 것을 학생들에게 전달하는 방법에 속한다. 젊은이들에게 이런저런 형태의 도덕적 지식/이해, 기능/기법 혹은 태도/성향을 가르치기 위해 우리가 취할 수 있는 정당한 근거에 관한 것이 가장 기본적인 질문이다. 도덕교육의 경우 도덕적 논쟁과 불일치가 만연한 상황에서 우리가 젊은이들에게 이 가치 혹은 저 행동에 대해 가르치는 것이 논리적으로 정당화될 수 있는 합리적 근거가 무엇인가를 묻는 매우 민감한 문제이다.

여기에서 제기되는 논쟁점으로 습관화가 숙고를 결여한 기계적 반복 행위에 지나지 않는지(18장), 비판적 사고가 없는 도덕교육이 왜 위험한 일인지(19장), 도덕적 정서가 비인지적 요소만을 갖는 감정만의 문제인지(20장), 그렇다면 인지와 정서 그리고 행동의 통섭은 어떻게 가능한지(21장)를 다루며, 나아가 구체적 대안으로 제안된 통섭적 도덕교육의 요청(22장)을 다룬다. 결론적으로 습관화가 숙고를 결여한 단순한 반복을 하는 강제적 행위는 아니며, 인지와 정서 그리고 행동이 물리적/병렬적 통합이 아니라 화학적 통섭을 이루어야 한다고 제안하였다.

갈등하는 도덕교육의 주제들은 수없이 많다. 개인들 간의 문제로부터 시작하여 세상의 광범위한 가치 갈등은 모두 도덕교육의 주제이기도 하다. 전쟁의 양상들, 특히 초능력을 가진 핵무기 비축으로 초래될 인간의 미래에 대한 위협, 유전자 및 생물 실험에 의해 야기된 생태 문제, 세계의 많은 지역에서 계속되고 있는 빈곤과 기아의 문제, 정치적·문화적 억압과 테러, 약물의 남용과 오용, 개인의 자유와 인권 문제 그리고 낙태, 여성운동에 의해 제기된 포괄적 문제 등은 모두 가치문제이면서 정치적 문제이다. 정직/선의의 거짓말, 겸양(자기 존중감)/교만(열등감), 만용(무모함)/비겁, 사치/인색, 경쟁/협동, 체벌(폭력)/훈육, 방임/과잉보호, 혼외정사/순결, 사형/생명, 국토 개발/생태환경, 양심적 병역 거부/국방의 의무, 전쟁/평화, 낙태/생명 존중, 인종 학살/애국심 등은 기존 사회의 지배적 가치와 갈등하거나 상충하는 문제이며, 어떤 이슈의 경우는 정치적·국가적 문제와도 결합되어 있다.

여기에서 필자는 극단적 견해를 취하지 않는다. 갈등을 폭력이 아닌 평화적 방식을 통해 해결하는 것을 대안으로 제시하면서 가능한 한 화해를 모색하고자 한다. 새가 좌우의 날개가 있어야 날 수 있듯이 보수와 진보의 공존과 상생을 제안한다. 물론 필자는 도덕교육을 하는 교육자로서 질서 유지나 기본 예의를 지켜야 한다는 점에서 '보수주의자'로 분류될 수 있으나 잘못된 질서나 강압적 예의의 강요에 대해서는 불복종이나 자율성을 중시하는 '민주주의자'의 입장을 취한다. 인권교육과 인격교육을 동시에 주장하며(12장), 양자의 공존을 제창하고 있는 점에서는 중용을 옹호하는 중도론자라고 할 수 있다. 가치의 내용이 아무리 옳다고 하더라도 그것을 전달하는 방법에 있어 강압적 태도나 교화적 태도를 취하지 않는다는 점에서 '구성주의자'이기도 하다. 제도 개혁이나 법 개혁이 필요하다고 주장하는 면에서는 '진보주의자'이지만 제도와 법이 타락하지 않도록, 학생/청소년이 그것들의 주체로 바로 설 수 있도록 교양과 시민적 예의를 구비해야 한다고 주장하는 점에서는 점진주의자로 보일 수 있다. 갈등하는 사태를 바라보며 해결하는 방법에서는 정의의 원칙을 지지하기에 진보주의자일 수 있지만, 그것에 사람과 관련된 문제가 걸려 있을 경우 관계성을 고려해야 할 때는 양보와 인仁의 윤리를 요청한다는 점에서 전통주의자일 수 있다. 그런 면에서 필자는 '보수적 학교교육' 속에서 '혁명'을 꿈꾸는 그람시H. Gramsci를 존경한다.Gramsci, 1979

이제 우리 교육은 '국가 안보'에서 '인간 안보'로, 나아가 '자연 안보'로 패러다임을 이동해야 한다. 안녕, 평화, 지속가능성, 보살핌, 공생, 협력 등의 가치를 귀하게 여기는 삶을 소중하게 간직하게 해야 한다. 비인간적 교육 환경 속에서 평화에 이르게 하는 품성이란 아이들로 하여금 낯선 문화를 배려할 줄 알도록 하고, 자연과 우주에 겸손할 줄 알도록 하는 것이다. 그 속에서 슬기롭게 자신의 정체성을 키워가도록 도와야 한다. 우리가 만들고 지켜야 할 평화로운 세상의 이상은 전쟁과 폭력이 없는 세상, 모든 사람이 공평하게 먹을 것을 나누는 세상, 사람과 온 세상의 살아 있는 동식물이 조화롭게 사는 세상, 남녀가 서로 평화롭게 공존하는 세상, 흑인과 백인 그리고 남과 북의 주민이 서로의 가치와 문화를 존중하는 세상일 것이다.

필자는 위에서 언급한 유토피아를 꿈꾼다. 현실에는 유토피아가 존재하지 않지만 언젠가 유토피아가 올 것이라고 믿어야만이 사회와 인간의 변화가 가능할 뿐 아니라, 현재의 삶 또한 행복하다. 필자가 살아 있는 동안 유토피아가 오지 않겠지만 그 세상이 오리라고 믿으며 오늘을 산다. 현실은 언제나 불만족스럽고 불완전하다. 유토피아를 꿈꾸지 않는다고 하더라도 작은 소망이라도 있다면 오늘 하루는 행복하게 보낼 수 있다. 할 일이 없는 사람, 하루의 일과가 끝나고 갈 데 없는 사람은 희망이 없는 사람이다. 만약 이런 병에 걸린 사람이 있다면 필자의 책은 조금이나마 효험이 있을 것이다.

필자가 제시하는 수많은 주제들은 단순히 도덕교육의 영역에 머물지 않고 교육철학으로 분류될 수도 있다. 또한 학교교육의 철학이나 국가교육의 방향 설정에도 논의가 확장될 수 있는 교육 이념이나 사조들이기도 하다. 미래 세대의 도덕성 발달을 위해 학교가 어떤 역할을 해야 하는지 합의된 의견은 없다. 도덕성 발달이라는 면에서 학교 환경의 열악함은 한두 가지가 아닐 것이다. 그렇다면 교육의 목적도 근본적으로 다시 설정해야 한다. 동시에 학교 풍토와 분위기도 변화되어야 한다.

나는 이 책이 실현하고자 하는 행복, 인격, 인권, 평화, 생태, 공동체 등의 가치를 소중하게 여긴다. 그것이 우리를 생존하게 하는 삶의 지표들이다. 이 가치들이 우리가 꿈꾸는 작은 소망이며 앞으로 우리가 향유해야 할 지향태이다. 필자의 책은 그런 면에서 새로운 사회의 민주시민을 위해 가치의 혁명을 할 수 있는 교육의 중요한 지침을 제공할 것이다. 그렇다면 우리는 중대한 선택을 해야 한다. 그 선택에 의해 우리의 미래가 형성될 것이다. 이러한 역할을 주도적으로 하는 것이 교육자의 임무이다. 초등 교사를 양성하는 교육대학의 도덕교육 방법론을 가르치는 필자는 장차 어른이 될 아이들에게 위대한 이상과 삶을 안내하기 위해 예비 교사들이 먼저 더 높은 도덕적 이상과 비전을 가지고 교실 속으로 들어가야 한다고 생각한다. 그래야 그들은 아이들에게 꿈과 이상을 잘 전달할 수 있는 훌륭한 멘토가 될 것이다.

또한 각 장마다 우리가 함께 고민해보아야 할 한국 도덕/교육의 논의거리를 두 가지씩 제시하고 있기에 스스로 답을 찾아보는 것도 좋을 듯하고 모둠별로 토론거리로 사용해도 좋을 것이다. 『민주시민을 위한 도덕교육-가치혁명을 구현하는 새로운 교육철학』은 도덕 교과서로뿐만 아니라 인생교육의 교과서로도 도움이 될 것이다. 세상의 문제는 물론이고 그 세상 속에서 힘들게 사는 인간의 복잡한 가치들을 이해하고 해결할 수 있는 이론적 시각을 제공하고 있다. 그러기에 좀 어려운 학문적 개념들이 등장하기는 하지만, 이들 세계의 가치문제에 관심을 가진 시민이라면 한번 읽어볼 것을 간절히 소망한다.

차례

1부

인간의 마음과 아동의 도덕적 성숙

1장
인간의 마음은 선천적 본성인가, 후천적 양육인가?

> 자신의 성향을 남들보다 도덕적이라고 보는 성향은 꽤나 끈질기기도 하다. 단순히 이 성향을 의식한다고 해서 우리가 느끼는 방식이 달라지지 않는다. 이러한 성향을 누구보다 잘 알고 대학생들에게 가르치기도 하는 사회심리학자들 역시 자신이 학계의 다른 교수들에 비해 양심적이라고 생각하기는 마찬가지였다.
>
> 로랑베그, 이세진 역(2013), 『도덕적 인간은 왜 나쁜 사회를 만드는가』

마음이란 무엇인가?

마음이란 무엇인가? 그것은 인간이 무엇이냐고 묻는 것과 같다. 요즘에는 점점 '몸'에 대해 묻는 경향이 있지만, 이는 인간이 무엇인지 알기 위해서는 반드시 대답해야 할 질문이다. 몸과 마음은 통상 우리가 생각하는 우리의 대부분이며, 몸과 마음을 이해함으로써 자신에 대한 기본적인 이해를 기대할 수 있다. 몸은 물리적이고 생리적인 성격을 지닌 것으로서 자연 세계 속에 편입되어 외부의 환경 세계와 인과적 관련성을 맺으면서 자연의 일부로 존재한다. 그렇다면 우리 마음은 우리 몸속에 있으며, 몸의 다양한 변화에 영향을 받지만 그 자체로는 마치 몸과 분리되어 몸을 거처로 하여 사는, 그래서 몸의 일부가 아니라 독자적 존재로서 몸과 상호 관계하면서 결합해 있는 어떤 독립적 실체인 것처럼 스스로 생각한다.

몸과 마음의 상호 관계에 있는 존재가 인간이다. 인간은 몸과 마음의 결합으로 구성되어 있다. 따라서 우리 자신에 대한 해명은 그 상호 관계에 대한 해명을 통해서만 가능하다. 그에 대해서는 전통적으로 크게 두 가지 입장이 있다. 하나는 마음이란 전적으로 몸에 의존해서 존재하며, 마음의 독자성은 환상에 불과하거나 기능적으로만 정당화될 수 있다고 본다(일원론). 다른 하나는 마음이란 몸에 대해 독자성을 가지고 있으며, 몸과 밀접한 상호 관계 속에서 존재하지만 엄연히 독립적인 존재로 본다(이원론). 일상생활에서 우리는 어느 정도는 이원론자이며, 동시에 일원론자이기도 하다. 몸은 마음에 영향을 줄 수도 있고, 마음도 몸에 영향을 줄 수 있지만, 마음은 또한 몸에 종속되지 않고 자유롭게 생각하고 존재할 수 있다. 마음은 자신을 몸과의 영향 관계를 '의식'하는 존재로서, 그리고 몸의 영향을 받는 동시에 몸을 지배하고 운용하는 주인, 곧 주재자로서 생각/욕망한다. 더 나아가 그는 몸을 자신에 대응하는 하나의 단위로 여겨 관계를 경계로 '자기'를 구성하고 안팎을 구분하며 '자기'와 외부 세계의 관계를 의식하고 그것 또한 주도하려고 한다.문석윤, 2013: 37-38

인간의 본성human nature이란 인간의 자연 상태, 즉 인간의 자연적 성질, 다시 말해 자연의 일원으로서 인간에게 주어진 성질을 뜻한다. 그런데 이 성질을 '근본적인 성질'로 이해하느냐, 아니면 단지 '타고난 성질'로 이해하느냐에 따라 '본성本性'이라는 말의 의미가 달라진다. 전자처럼 이해할 경우 본성은 '본질essence'(계속해서 존재하는 것)이 되며, 후자처럼 이해할 경우 '본능instinct'(찔러서 부추기는 것)이 된다. 그렇다면 인간의 '본질'이란 인간의 바람직한 상태를 가리킬 경우에는 인간의 인간다움arete이고, 인간의 두드러진 특성을 뜻할 경우에는 인간의 인간성humanitas이다. 이에 비해 인간의 '본능'은 자연적으로 타고난 성향을 뜻하는데, 구체적으로는 선천적 충동(육체적 성향)을 가리킨다. 인간에게만 있고 다른 동물에게는 없는 것이 '본질'로서의 인간 본성이라면, '본능'으로서의 인간 본성이란 다른 동물에게도 보이지만, 인간에게도 그 정도는 많이 나타난다. 그렇다면 인간과 동물의 차이는 본질상의 질적인 차이가 아니라, 정도상의 양적인 차이에 불과한 것이다. 이처럼 다 같이 인간의 본성을 이해한다고 할지라도, 그것을 인간의 본능으로 이해하느냐 아니면 본질로 이해하느냐에 따라 상당한 의견 충돌이 벌어질 수밖에 없다. 이렇게 볼 때 '나면서부터 자연스러운 것'을 뜻하는 것으로서 '生'으로서의 性(자연성, 동물성, 사물로 본 것)과 '사람을 사람답게 하는 것'(윤리적 도덕성, 이성적 사유성, 이치로 본 것)을 의미하는 '心'으로서의 '性'은 본능과 본질의 이중적 복합체로서의 인간 본성이라고 할 수 있다.김종욱, 2005: 17-27

본성과 양육의 논쟁

그런데 인간의 마음이나 행동은 유전자에 의해 타고나는 것일까, 경험이나 문화에 의해 후천적으로 형성되는 것일까? 참으로 우리를 궁금하게 만드는 질문이다. 인간이라는 존재가 본성에 따라 결정되는 것인가, 아니면 양육이나 학습으로 결정되는 것인가는 과학계의 대단한 논쟁거리이기도 하다. 유전자가 인간의 행동과 관계가 있다고 믿는 선천론자/유전론자와 그 반대 입장을 취하는 경험론자/환경론자 사이에, 이른바 본성nature 대 양육nurture 논쟁이 치열하게 전개되고 있다.

처음 본성 대 양육 논쟁을 주도한 영국의 존 로크(1962~1704)는 사람의 마음을 '빈 서판tabura rasa/blank slate'에 비유했다. '빈 서판'은 깨끗이 닦아낸, 아무것도 쓰여 있지 않은 서판을 가리킨다. 인간의 마음은 백지와 같은 상태라, 태어난 이후 무엇을 보고 듣느냐에 따라 그림이 그려진다는 것이다. 로크는 경험과 지각 이전의 인간 마음은 단지 아무 개념도 담겨 있지 않은 흰 종이/공백 상태와 같으며, 그 내용은 오로지 경험에 의해 채워진다고 주장했다. 이러한 빈 서판 이론은 본성을 부정하고 양육을 옹호하는 개념이라고 할 수 있다. 인간의 마음은 오로지 경험에 의해 결정된다는 것이다. 빈 서판 이론은 모든 인간이 백지상태로 태어났으므로 모든 인간은 평등하다는 가치의 도덕적 토대를 마련함으로써 지금까지 그 위력을 여전히 발휘하고 있다.

영국의 홉스는 시민사회의 기원이 인간의 자연적인 이기심과 이기주의에 대해 사회계약을 통해 일정한 제약과 일종의 정의감을 부과하는 것이라 보았다. 반면 루소는 자기중심적이고 소유욕이 강한 개인의 출현에 의해 시민사회로 들어서게 되는 것이라 보았다. 홉스는 자연 상태에서의 인간은 공격적으로 자기 이익을 추구하는 상태에 있으며, 이는 문명화된 삶의 규칙과 규제를 통해서만 개선될 수 있다고 보았다.

프랑스의 루소(1712~1778)는 영국의 경험론자들과 달리 인간은 본성을 타고난다고 주장했다. 루소에게 있어 고귀한 미개 상태는 대체로 본질적으로 선한 것이었다. 루소는 『사회계약론』1762에서 "인간은 자유롭게 태어났다. 그러나 가는 곳마다 쇠사슬에 묶여 있다."라고 하였다. 그에게 있어 18세기의 이른바 문명 세계의 가장 중요한 특징은 사회 전반에 만연된 부정의, 그리고 다른 인간에 대한 이기적 착취였다. 문명인들이 타인을 무차별하게 착취하여 손해, 빈곤, 고통으로 몰아넣음으로써 가능한 한 많은 특권, 부, 그리고 권력을 가지려고 한다는 것이다. 이른바 '문명'이라는 것의 발전으로 인해 사람들의 자연스러운 행복, 자유, 도덕이 타락함과 동시에 부자연스럽고 부당한 불평등이 발전하게 되었다고 주장한다. 루소는 인간의 본성은 기본적으로 호의적이고 자비롭지만, 문명 상태로 나아가는 과정에서 자칫 타락과 부패에 빠지기 쉬운 것으로 보았다.[1]

1859년 찰스 다윈은 『종의 기원』을 펴냈다. 그는 생물의 각 종이 독립적으로 창조되었다는 견해를 반박하면서, 오히려 한 종의 다른 종으로의 점진적 진화를 강조하였다. 각 개체는 생존을 위한 투쟁을 해야 하며, 제한된 자원을 놓고 서로 경쟁해야 한다고 주장하였다. 각 개체들이 처한 환경에 가장 잘 적응하는 종만이 살아남을 수 있으며, 많은 후손을 남기게 된다. 이렇게 유리한(적합한) 개체는 보존되고, 불리한 개체는 도태되는 것이 '자연 선택natural selection'이다. 다윈의 적자생존이란 생물은 생존하기 위해 치열하게 경쟁하며, 이 결과 환경에 적응한 종은 살아남고 그렇지 못한 종은 사라진다는 것이다. 장구한 세월을 거치면

1 이러한 차이는 교육 이론에서 전통주의와 진보주의의 구분으로 나타난다.

서 한 종의 본성이 완전히 바뀔 수 있으며, 새로운 종이 생겨날 수 있다. 다윈은 도덕의 영역만큼 인간의 점진적 진보가 분명히 드러나는 곳은 없다고 보았다. 다윈은 흄에 따라 도덕을 인간 본성의 결과로 간주하면서, 즐겨 흄을 인용하였다. 도덕은 우리의 자연적 충동이나 본능과 분리되어 이성에 의해 결정될 수 없다. 도덕은 공감처럼 우리 본성의 일부인 욕구와 도덕적 감정에서 발생한다. 다윈은 우리의 사회적 본능이 저급한 충동과 충돌될 수도 있음을 인정했다.

다윈은 "미래 세대를 보면, 사회적 본능이 점점 약화될 것이라는 공포감은 생기지 않는다."Trigg, 1996: 79라는 사실을 강조한다. 우리는 덕 있는 습관이 점점 더 강해져서 유전적으로 고정될 수 있기를 기대한다. 다윈은 "인간 종이 도덕적인 종이고, 인간은 '도덕적인 동물'이라고 믿었다. 도덕적인 존재란 자신의 과거 행동들과 동기들을 미래의 것들과 비교할 수 있고, 그것들을 승인하거나 승인하지 않을 수 있는 존재이다. 그리고 다른 하등 동물들이 이 능력을 갖고 있으리라고 가정할 어떤 이유도 없다."Wright, 2003: 502라고 썼다. 미래에 우리의 '고급한 충동'(공평무사한 사랑, 부모와 자식 간의 사랑, 정의, 양보, 배려 등)과 '저급한 충동'(시기, 질투, 탐욕, 집착, 과도한 경쟁 등) 간의 갈등은 덜 격렬해질 것이며, 마침내 덕이 승리할 것이다. 다윈은 도덕으로써 우리가 동물과 구별되며, 따라서 우리의 도덕적 감정이 우리를 '저급한 짐승'과 구별해주는 가장 중요한 차이라고 생각한다.

문제는 어떻게 이러한 도덕적 감정이 진화의 개념으로 설명될 수 있느냐이다. 다윈은 우리가 어떻게 우리 자신에 대한 타인의 의견에 주의를 기울이게 되는가를 강조한다는 점에서 흄을 따랐다. 그는 선사 시대부터 공동체는 각 구성원의 행동에 대해 영향력을 행사해왔다고 믿었다. 그는 저급한 동물과 마찬가지로 인간도 공동체의 이익을 위하여 사회적 본능을 획득하게 되었다고 생각했다. 도덕적 감정은 이러한 사회적 본능에 근거하고 있으며, 최초의 원시인도 오직 부족의 복리에만 관심을 가졌으리라고 보았다. 그리고 작은 부족들이 결합됨으로써 점차 국가가 형성되지만, 국가의 구성원들은 대체로 서로에 대해서 잘 알지 못했다고 말했다. 그럼에도 불구하고 가장 단순한 이유 덕분에 그들이 공감의 대상을 국가 구성원, 다음으로 모든 국가, 모든 종족의 순으로 확대하게 된다. 실제로 다윈은 모든 생명체에 대한 공평무사한 사랑을 인간의 가장 고귀한 속성이라고 말했다. 그렇지만, 예를 들어 악에 대한 대가로 선을 행해야 한다고 생각할 때처럼, 그는 사회적 본능 자체가 도덕의 최고 단계로 우리를 이끌지 않을지도 모른다는 점을 인정했다. 그는 공감과 결합된 사회적 본능은 이성과 교육의 도움을 받아서 그리고 신에 대한 사랑이나 두려움을 통해서 확장되어야 한다고 주장했다. 다윈은 사회적 본능의 근거에는 부모와 자식 간의 애정이 놓여 있으며, 이러한 애정은 자연도태의 과정에서 획득된 것이라고 생각했다.Trigg, 1996: 80-81

인간은 사회적 존재이며 습관과 사회적 압력의 영향력이 막강하다는 것을 다윈은 인정했지만, 유전에 대한 언급은 그가 자연도태와 관련하여 도덕의 유전을 설명하려고 했음을 입증한다. 물론 '획득 형질'(이미 획득된 유전적 형질)이 유전적으로 전이될 수 있다고 주장하는 것은 잘못이다. 먹이를 잡아당기면서 목을 길게 한 기린이 이러한 특성을 후손에게 넘겨줄 수 없는 것처럼 덕을 획득한 사람이 그것을 자식들에게 유전적으로 물려줄 수는 없다. 어떤 특질의 전승은 처음부터 유전적일 수밖에 없으나, 이러한 특질은 학습될 수 없다. 이것은 애당초 우연적 변화를 통해 발생하며, 자연도태의 과정을 거친다.[2] 그렇다면 도덕적 덕성은 어떻게 전해질 수 있는가? 오로지 적자만이 생존하고 도덕이 때때로 생존을 저해한다면, 적자생존은 도덕에 대해 적대적 경향을 가질 수도

2 인간이라는 동물도 근본적으로 이 세상 다른 모든 생물들과 근본적으로 한 가족이라는 생명의 평등권을 주장하였다. 이렇게 다윈은 인간 본성의 보편성을 입증하고자 하였다. 다윈의 '자연선택설'은 영국의 산업자본주의 발전을 반영한 것이며, 자유경쟁에 의한 번영의 이념을 생물계에 도입한 것으로 간주되기도 한다. 『종의 기원』이 종교적인 반감을 일으키면서도 급속히 보급된 원인 중의 하나이다. 다윈의 진화론은 생물학의 각 분야에 영향을 주었을 뿐만 아니라, 사회사상에도 지대한 영향을 주었다. 이를테면 H. 스펜서가 제창한 사회다윈주의는 생존경쟁설에 따라 인종차별이나 약육강식을 합리화하여 강대국의 식민정책을 합리화하는 데 이용되었다.

있다. 여기서 다윈은 도덕이 개인에게 이득이 될 수 없을지라도, 부족에게는 도움이 될 수 있음을 믿고 싶어 했다.Trigg, 1996: 82 그는 역설했다. "애국심, 성실, 복종, 용기, 공감을 상당한 수준까지 소유함으로써 언제나 타인을 도와주려 하고, 일반적 선을 위해 자신을 희생시키고자 하는 사람들을 많이 포함하는 부족은 다른 부족을 지배할 수 있으며, 이것이 바로 자연도태가 될 것이다."Trigg, 1996: 82 도덕은 분명히 사회의 응집력에 도움을 주지만, 유전될 수 없다. 다윈에게는 도덕적 감정이 인간 본성의 일부가 될 수 없었다. 다윈은 유전의 메커니즘에 대해 어떠한 개념도 없었으며, 현대의 유전학 일반에 대해서도 무지했다. 그는 유전자에 대한 지식, 가령 DNA의 극히 미세한 부분이 복제될 수 있고 유전될 수 있다는 등의 지식이 전혀 없었다. 이 때문에 도덕의 기원을 설명하려는 그의 시도는 더 이상 전개될 수 없었다.Trigg, 1996: 82

1883년에 우생학eugenies[3]이라는 용어를 처음 만들어낸, 다윈의 사촌인 프랜시스 골턴(1842~1911)은 1874년 '본성과 양육'이라는 용어를 처음 사용했다. 그로 인해 유전결정론과 환경결정론의 양극단을 시계추처럼 오가는 본성과 양육 논쟁이 시작되었다. 골턴과 비슷한 시기에 활동한 미국의 심리학자 윌리엄 제임스(1842~1910)는 다윈의 진화론에 영감을 얻어 사람의 마음도 신체기관들처럼 생물학적 적응을 통해 진화한다고 주장하였다. 인간의 본능이 동물보다 많으면 많지 결코 적지 않다. 인간은 하등 동물이 가진 모든 본능뿐 아니라, 그 밖에도 수많은 본능을 갖고 있다. 그는 본능과 이성을 대립시키는 것은 잘못이라고 주장한다.

하지만, 1920년대가 되자 제임스의 위세에 눌려 있던 경험론 진영에서 빈 서판 개념을 앞세워 반격에 나섰다. 행동주의 심리학의 창시자인 미국의 존 왓슨(1878~1958)은 러시아 생리학자인 이반 파블로프(1849~1936)의 '조건반사'[4] 이론을 발전시켜 단지 '훈련'만으로도 인간의

3 우생학이란 부적격자의 출산을 억제하고 적격자의 출산을 장려해 인류라는 종의 질적 향상을 도모하고자 한 학문이다.

마음이나 성격을 임의대로 개조할 수 있다고 주장했다. 오스트리아의 정신분석학자인 지그문트 프로이트(1856~1939)는 어린 시절의 경험이 사람의 마음에 미치는 영향을 설명했다. 인간의 마음에는 초기 경험의 흔적들이 간직되어 있으며, 그 흔적들 중 많은 것들이 잠재의식 속에 묻혀 있으나 마음속에 그것이 존재하는 것은 분명하다고 믿었다. 프로이트는 무의식이 인간 정신의 가장 크고 깊은 심층에 잠재해 있으면서 의식적 사고와 행동을 전적으로 통제하는 힘이라고 생각하였다.[5] 의식 밖에서 억압되는 어떤 체험이나 생각은 소멸되는 것이 아니라 무의식 속으로 들어가 잠재하여 그 개인의 행동에 강력한 영향력을 행사한다. 억압된 생각이나 체험 혹은 그 밖의 잠재된 경험들은 생물학적 충동이나 어떤 일과 연상되어 나타나면 현실에서 불안을 일으키고 다시 밑으로 밀려나 끝없는 무의식적 갈등을 만들어낸다고 생각하였다.

『원시인의 마음』1911의 저자이자 문화인류학의 창시자인 독일의 프란츠 보아스(1858~1942)는 인간을 본성으로부터 자유롭게 하는 것은 '문화'라고 강조했다. 원시인의 마음(전통문화 혹은 부족문화)은 문명인의 마음과 모든 면에서 똑같다. 인종적 차이의 근원은 생리적 구조와 마음의 구조에 있는 것이 아니라 역사, 경험, 환경에 있다고 주장하였다. 사회학의 창시자인 프랑스의 에밀 뒤르켐(1858~1917) 역시 "인간의 진정한 모습이나 사회적 현상은 생물학적 요인으로는 설명할 수 없다."라고 전제하고 사회학 연구의 빈 서판 개념을 제시했다. 개인의 바깥이나 개인을 넘어선 곳에 개인들의 연합에 의해 형성된 집단 이외에는 아무것도

4 파블로프는 동물의 반사작용(개가 침을 흘리는 것 등)을 조절하는 생물학적 기제가 인공적 자극(종소리의 조건화된 자극에 대한 반응으로 침을 흘리는 것 등)을 통해 수정되거나 조작될 수 있다고 보고, 그것을 인간의 행동 통제에도 적용하였다. 이런 적용은 인간에게 상당한 정도의 자발성을 부정하고 있다는 비판을 받았다. 이후 파블로프의 '기계적 조건화'는 손다이크의 '보상적/도구적 조건화'와 스키너의 '자발적 조건화'로 보완되었다. 그러나 인간의 자율적 판단과 인격성을 부정하고 있다는 비판은 계속되었다.

5 전의식과는 달리 '무의식'은 전혀 의식되지 않지만, 사람들의 행동을 결정하는 주된 원인이 된다. 인간의 모든 생활 경험은 잠시 동안만 의식의 세계에 있을 뿐, 주위를 다른 곳으로 바꾸거나 시간이 지나면 그 순간에 의식의 경험들은 전의식을 거쳐 깊은 곳으로 들어가 잠재하게 되는데 이를 '무의식'이라고 보았다.

존재하지 않는다. 말하자면 '사회'만이 존재하고 있다. 사회의 집단의식은 모든 '사회적 사실social facts'의 기초를 이룬다. 그것은 일종의 초개인적인 영역으로 자리 잡은 원칙들과 관습들 그리고 규칙들에 의해서 형성되고 한정된다. 분명히 인간의 도덕적 삶에 대한 대부분의 규범적인 특징들은 '사회적' 성격을 지닌다. 러시아 심리학자 비고츠키는 인간의 마음은 결코 고립되지 않는다고 하였다. 다른 어떤 동물의 마음보다 인간의 마음은 문화라는 바다에서 헤엄친다. 인간의 마음은 언어를 학습하고, 과학기술을 이용하고, 의식을 거행하고, 신념을 공유하고, 기술을 습득한다. 인간의 마음은 개인적 경험뿐 아니라, 집단적 경험을 소유하고 심지어는 집단적 의도를 공유한다.

우리의 뇌에서 유전자들이 발현되는 패턴은 몸 밖에서 일어나는 사건들이 직접 또는 간접적으로 반응하면서 일분일초마다 변한다. 유전자는 환경으로부터 정보를 추출하는 장치다. 우리는 본성이 양육을 위해 설계되는 세계에 살고 있다. 유전자 자체는 작고 무자비한 결정 인자로 완전히 예측 가능한 유전 정보를 들려준다. 그러나 그 프로모터(유전자의 발현을 조절하는 인자)들이 외부의 명령에 반응하면서 유전자는 살아 있는 동안 활동하는데, 서로를 스위치처럼 켜고 끄는 방식 때문에 결코 틀에 박힌 행동을 하지 않는다. 유전자는 자궁 속에서 신체와 뇌의 구조를 지시하지만, 환경과 반응하면서 자신이 만든 것을 거의 동시에 해체하거나 재구성한다. 유전자는 행동의 원인이자 결과인 것이다.

인지심리학과 언어심리학자로 유명한 스티븐 핑커Steven Pinker는 『빈 서판』2002에서 인간의 본성은 타고난다는 입장에 서서 인간 본성이 거의 존재하지 않는다고 주장한 '빈 서판' 이론을 철저하게 비판한다. 그는 현대 과학, 이를테면 마음을 연구하는 인지과학, 뇌를 탐구하는 신경학, 생물학과 문화를 잇는 진화심리학의 성과에 의해 빈 서판이 그릇된 이론으로 판명되었다고 주장한다. 핑커가 비판하는 이론은 세 가지다. 하나는 인간의 마음은 백지와도 같아 사회나 그 자신이 그 위에 원하는 것을 마음대로 새겨 넣을 수 있다는 '빈 서판 이론'이고, 다른 하나는 우리 몸에 신체의 행동을 결정하는 자아 또는 영혼이 거주한다는 '기계 속의 유령 이론', 마지막으로 인간의 마음은 자연 상태(인간 최초의 본성)에서는 선한데, 교육과 사회화를 통해 탐욕이나 폭력 등의 본성이 생겨난다고 주장하는 '고상한 야만인 이론'이다. 핑커는 이 세 이론을 모두 빈 서판 이론 아래 두고, 이 빈 서판 이론이 우리의 사고와 정치·경제·문화의 모든 분야에 얼마나 뿌리 깊이 박혀 있는지, 또 빈 서판 이론이 인간 본성에 대한 사람들의 사고를 어떻게 왜곡시키고 있는지 자세히 밝힌다. 핑커는 인간의 본성이 빈 서판이 아니라, 유전자에 의해 결정된다면 인종차별이나 성차별, 전쟁, 탐욕, 아동과 소외 계층의 무관심을 시인하는 것이나 다름없다고 주장한다. 핑커는 인간 본성 이론을 인정하는 것은 인간이 불평등하게 태어남을 인정하는 주장이 되고, 그리고 인간에게 어떠한 자유의지 없이, 사회의 개혁이나 교육을 통해 인간을 더 나은 사회로 이끄는 모든 노력이 결국 무위로 돌아가게 된다는 주장이 된다고 본다. 이는 인간 삶의 가치와 의미를 상실할 수 있다는 여러 가지 두려움이 그러한 주장 이면에 깔려 있기 때문이라고 지적하면서 그 모든 두려움은 인간 본성을 제대로 이해하지 못한 데서 온다고 그는 비판한다.

오늘의 관점에서 보면 빈 서판 이론은 언뜻 낡은 이론처럼 비칠 수 있다. 인간의 마음이 백지상태로 태어난다는 이론을 믿을 사람이 오늘날 얼마나 되겠는가? 인간은 본성을 타고나지만 환경과의 상호작용을 통해 변화·발전해간다는 생각이 일반적일 것 같다. 우리가 추구하는 진리는 극단적인 본성 이론과 극단적인 양육 이론 그 중간 어디에 놓여 있을 것이다. 그러나 이러한 관점이 받아들여지기 시작한 것은 극히 최근의 일이며 오랜 시간 동안 빈 서판 이론은 사회제도, 교육 방침, 정치에 이르기까지 막대한 영향을 미쳐온 것이 사실이다. 인간의 평등을 강조하면서 민주주의 발전에 기여한 부분도 많으나 획일적인 유토피아로 흐를 수 있는 이론적 토대가 될 수도 있다는 점은 문제가 될 수 있다. 물론 인간의 본성이 유전적으로 결정되어 있다고 봐도 유전자 결정론이나 우생학[6]으로 흐를 수 있는 여지는 얼마든지 있다. 인간의 본성을 인정한다고 해도 인간의 평등이나 진보, 도덕이나 윤리 등의 가치가 부정되거나 사라지지는 않을 것이다. 오히려 오랫동안 지켜온 인간의 가치들을 발전시키기 위해서는 인간 본성에 대한 정확하고 깊이 있는 이해가 필요하며 마음, 뇌, 유전자에 대한 과학적 발전들이 그러한 이해를 도와줄 것이다.

그러나 핑커는 빈 서판 이론을 비판하는 데에 지나치게 치중한 나머지 환경이 유전자에 미치는 영향이나 유전자와 환경의 상호작용에 대해서는 거의 언급하지 않는다. 핑커 본인은 환경의 중요성을 인정한다고 말하지만, 유전자 쪽에 더 큰 무게를 두고 있는 것은 분명하다. 그래서 메트 리들리[Ridley, 2004]는 인간이라는 존재를 선천적 본성이나 후천적 양육 어느 하나로 규정짓는 이분법에 마침표를 찍고, '양육을 통한 본성'이라는 새로운 이론 틀을 제시했다. 그는 인간의 행동이 본성과 양육 모두에 의해 설명되어야 한다고 믿는다. 그렇다고 해서 '중용의 도'를 취하겠다는 것은 아니다. 게놈은 실제로 엄청난 변화를 몰고 왔지만, 논쟁이 종료되거나, 어느 한쪽이 다른 한쪽을 누르고 승리해서 변화된 것은 아니다. 그것은 논쟁의 양쪽이 중간에서 만날 수 있을 만큼 풍부한 주장을 갖게 되었음을 의미한다. 인간 행동에 미치는 유전자의 영향이 밝혀지면 논쟁은 완전히 달라질 것이다. 더 이상 본성 대 양육 논쟁이 아니라 양육을 통한 본성이 될 것이다. 본성은 양육과 분리될 수 없다. 양육 같은 복잡한 행동은 특히 '사랑'같이 아주 복잡한 감정과 결부되어 있을 때는 결코 유전적 결정이나 환경적 결정 중 어느 하나로만 결정되지 않는다. 유전자는 양육의 충실한 하인이다. 그것의 일,

6 19세기 말에서 20세기 전반까지 우생론자들은 우생학이라는 과학을 근거로 인간 종 사이에서 생물학적인 적자와 부적자가 존재한다고 믿었다. 이는 국가적 효율성 달성을 위해 정책적 차원에서 부적자를 제거하거나 개선해야 할 필요가 있다는 논리로 발전했다. 영국이나 미국에서는 소수자나 사회적 약자를 사회적으로 배제하는 과학적 근거로 우생학이 활용되었고, 독일에서는 나치의 잔혹한 학살로 나타났다. 오늘날 출산 전 검사를 통한 '선택적 중절'은 결국 생명의 질을 선별하는 결과를 가져온다. 그것은 곧 생명의 평등한 가치를 부정하는 것이기도 하며, 개인의 구체적인 차이를 차별로 만드는 결과를 가져올 것이다.

목표, 삶의 욕망은 하류 단계에서 일하는 수많은 유전자들의 도움으로 주인이 처한 환경과 양육으로부터 특정한 정보를 추출하는 것이다. 그 유전자는 혹은 그것이 시작하는 발달 프로그램은 환경의 변화에 의해 도중에 방향이 바뀌거나 조정될 수 있다.[Ridley, 2004: 346] 범죄자 부모가 아이를 범죄자로 키운다는 말은 사실이지만, 그러나 입양된 경우는 그렇지 않다. 마찬가지로 부모가 이혼한 아이들의 경우에 그들도 이혼할 가능성이 크다는 말은 사실이지만, 아이들이 친자식일 경우만 그렇다. 입양아들은 양부모가 이혼해도 그 뒤를 따르지 않는다. 일란성 쌍둥이는 양쪽 모두 이혼할 확률이 45%다. 이혼 확률의 약 절반이 유전자에 있고, 나머지는 환경에 있다.[Ridley, 2004: 353] 따라서 부모의 가장 중요한 임무는 자식의 영구적 특성을 주조하는 것이 아니라, 보살핌과 기회를 제공하는 것이다.

이렇게 유전자는 경험/양육의 메커니즘으로서 환경과 더불어 성장한다. 인간의 본성이 기본적으로 생물학적 토대 위에 서 있음은 부정할 수 없다. 내가 마음이라 생각하는 것이 더 이상 가슴속 어딘가에 있다고 생각하지도 않는다. 사랑이나 모성, 기쁨이나 슬픔 따위의 모든 감정들이 사실은 뇌의 작용을 통해 나타나는 것이며, 진화의 역사를 통해 환경에 적응하기 위해 진화해온 것이다. 그렇지만 그러한 것을 인정한다고 해서 인간의 가치가 땅에 떨어지거나 인간 삶이 무의미해지지는 않을 것이다. 인간이 자신의 본질을 정확하게 안다면 오히려 진화의 역사 속에서 나타난 인간 뇌의 놀라운 힘과 잠재력에 감탄하게 될 것이고, 그리고 고도로 발달한 인간의 이성에 놀랄 것이다.

성선설과 성악설의 융합

본성 이론과 양육 이론의 대결은 맹자의 성선설性善說 대 순자의 성악설性惡說의 대립을 보는 것 같다. 고자告子는 인간의 본성이 선하지도

악하지도 않으며, 따라서 도덕이란 우리의 외부에서 인공적으로 덧붙여진 것에 불과하다고 주장한다. 고자는 이렇게 말한다. "인간의 본성性은 맴도는 여울물과 같다. 동쪽으로 트면 동쪽으로 흐르고, 서쪽으로 트면 서쪽으로 흐른다. 인간의 본성을 선함과 선하지 못한 것으로 구분할 수 없는 것은, 마치 물에 동쪽과 서쪽의 구분이 없는 것과 같다."告子, 上 2절 그러나 맹자는 인간의 본성이 근본적으로 선하다고 주장한다. 그는 다음과 같이 고자를 반박한다. "물은 참으로 동서의 구분이 없지만 상하의 구분도 없겠는가? 인간의 본성이 선한 것은 마치 물이 아래로 내려가는 것과 같다. 따라서 사람은 선하지 않음이 없고, 물은 아래로 내려가지 않음이 없다."告子, 上 2절

맹자의 경우에 생각하고 동정하는 마음은 바로 하늘天의 선물인 것이다. 이것이 바로 우리의 본질적인 인간다움humanity[7]을 규정하는 것이자, 인간이 동물과 구분되는 점이다. 특히 마음이란 네 가지 단서(씨앗을 담는 그릇)이다. 사람이 이 네 가지 단서를 지니고 있는 것은 사지를 지니고 있는 것과 같다. 방해를 하지 않고 잘만 양육한다면, 마치 작은 씨앗이 무성한 나무로 자라나듯이 덕 있는 사람으로 자라날 수 있다.Stevenson & Haberman, 1998: 51-52 즉, 동정惻隱, 부끄러움羞惡, 양보辭讓, 선악 분별是非이라는 씨앗은 훗날 너그러움仁, 의로움義, 예의禮, 지혜智의 네 가지 덕으로 발전하게 된다. 그리고 맹자는 이 네 가지 씨앗이 "밖에서 나를 녹여 오는 것이 아니라, 내게 본래부터 있는 것"이라고 주장한다. 맹자가 보기에 모든 인간은 이런 근본적인 마음을 가진 탓에 성인/부처의 자질을 갖고 있다는 것이다.

7 인仁을 '어질 인'으로 풀이하는 것이 아니라, '사람다울 인'으로 바꾸어 읽을 필요가 있다. 인을 '어질다'로 풀면 너무 복합적인 뜻을 지니고 있어서 명확한 설득력이 없을 뿐만 아니라 '어질 현賢'으로 풀이하는 관행과 구별이 되지 않기 때문이다. 인을 '사람답다'로 옮긴다면 인의 영어 번역어 'humanity'와 잘 어울린다. 따지고 보면 사람다움이 '사람'에다가 성질이나 특성이 있음을 나타내는 접미사 '-답다'의 명사형 '-다움'이 결합한 것이듯, humanity도 사람을 가리키는 human에다 추상적 성질을 나타내는 접미사 -ty가 합쳐진 꼴이다. 사전에 보면 humanity를 인간성, 인류애, 자비 등으로 풀이하고 있는데, 기본적으로 사람으로서 요구되는 자격을 갖추었다는 사람다움의 풀이가 가장 적합하다.

하지만 맹자 역시 인간이 욕망의 산물이라는 사실을 인정했다. 특히 이기적인 욕망은 인간의 좀 더 높은 도덕적 본성의 근원을 규정하는 이 네 가지 씨앗을 압도할 정도로 위협적이다. 따라서 하늘이 준 선물인 생각하는 마음조차도 우리가 가까이하여 사용하고 배양하지 않으면 자칫 파괴되거나 잃어버리기 쉽다. 맹자는 이렇게 말한다. "하늘이 준 자질이 달라서가 아니라, 그들의 마음을 빼앗기게 한 것이 그렇게 만드는 것이다."告子, 上, 7절 따라서 인간의 마음을 유혹하는 것이야말로 모든 악의 근원이 된다. 그런 면에서 내적인 자질을 조심스레 양육하는 데는 각별한 주의가 필요하다. "길러주면 자라나지 않는 것이 없고, 길러주지 않으면 소멸되지 않는 것이 없다."告子, 上, 8절 맹자에 따르면 인간성에 대한 희망은 바로 인간의 마음에 들어 있다. 우리의 욕망하는 본성은 모든 동물과 똑같지만, 우리로 하여금 너그러운 도덕적 인간이 되게끔 만들어주는 것은 바로 우리의 생각하는 마음, 즉 하늘이 준 특별한 선물이고 은총이다. 맹자는 모든 사람에게 내재된 선善의 증거를 이렇게 제시했다. "사람이 누구나 다 남에게 차마 하지 못하는 마음이 있다고 하는 까닭은 이러하다. 이제 사람들이 어린애가 우물에 빠지려고 하는 것을 졸지에 보았다고 하면, 다들 놀랍고 측은한 마음이 생길 것이니, 그것은 그 어린애의 부모와 교분을 맺으려는 것도 아니요, 동네 사람과 벗들에게 칭찬을 받으려는 것도 아니요, 구해주지 않았다는 소리를 듣기 싫어서도 아니다."公孫丑, 上, 6절 여기서 맹자가 말하고자 하는 바는, 그런 상황에서라면 모든 사람이 즉각적이고, 자발적이고, 무조건적으로 아이를 구하려는 선한 충동을 느꼈으리라는 사실이다. 이는 이기적인 이익을 넘어서는, 정의義를 향한 순수한 욕구를 보여준다.

맹자는 그런 마음을 느낀 이후의 실제 행동에 대해서는 언급하지 않았다. 어쩌면 그 사람은 '갑작스러운' 선의지를 떠올린 후, 혹시나 어떤 이기적이고 계산적인 행동을 했을 수도 있다. 하지만 그 이후의 행동이 어찌 되었건, 그 순간의 선의지야말로 동정심의 맹아惻隱之心라고 할 수 있다. 루소는 맹자와 같이 이른바 뭐든지 '자연스러운' 것이 좋다고 하는 생각을 제창함으로써 오늘날까지 그 위력을 발휘하고 있다.

하지만 루소는 이기심, 경쟁심, 공격성, 포악성 같은 것 역시도 인간에게는 매우 '자연스러운' 것이라는 점을 미처 생각하지 못한 듯하다.Trigg, 1996: 218 이런 문제점은 홉스와 비슷한 생각을 가진 맹자의 강력한 반대자인 순자에 의해 제기되었다. 순자는 우리의 내면세계가 강한 욕망의 충동에 지배된다고 주장했다. 순자에게 가장 기본적인 인간의 문제는 인간의 육욕적인 충동이 그야말로 무한하다는 점이었다. 자연은 우리로 하여금 이 유한한 세상에서 무한한 욕망을 갖게 만들었다. 따라서 본질적으로 경쟁적인 인간들 사이에 사회적 투쟁이 벌어지게 된 것이다. "사람에게는 태어나면서부터 욕망이 있다. 욕망이 있는데 손에 넣을 수 없으면, 어떻게 하든 손에 넣으려고 추구한다."禮論, 1절 인간에게는 이기심, 질투, 미움, 욕망의 네 가지 근본적인 성향이 있기 때문에 그것을 자연적인 상태로 놓아둘 경우에는 투쟁, 폭력, 범죄가 판치게 된다는 것이다. 이러한 성향이 모든 사람에게 내재되어 있기 때문에 우리 자신의 본성을 따르게 되면 결국 약해질 수밖에 없다. 이와 같이 선천적인 인간의 본성을 태어나면서부터 방임하여 인간이 자기감정대로 살아가게 한다면, 반드시 서로 다투고 빼앗고 하면서 사회질서가 어지러워져 결국 무법천지가 출현하게 될 것이다.

홉스도 인간은 늑대처럼 이기적으로 태어났기에 서로에 대해 적대적이라며, 이것을 '만인의 만인에 대한 투쟁'으로 묘사하면서 인간 사회가 질투심과 야만으로 가득 찬 사람들로 넘쳐흐른다고 하여, 순자와 비슷한 견해를 보였다. 순자는 인간의 범죄자 같은 성품을 '구부러진 나무'에 비유한다. "구부러진 나무의 경우, 도지개(뒤틀린 활을 바로잡는 틀)를 세우고 불에 쬐어 펴야 곧게 되는 것은 그 본성이 곧지 못한 탓이다."性惡, 8절 그러나 놀랍게도 순자는 잠재적인 인간의 완성에 대해서는 오히려 낙관적인 생각을 지니고 있으며, 또한 적절한 교육과 훈련을 통해 모든 사람이 성인이 될 수 있다고 믿는다. 과연 그렇다면 구부러진 나무와도 같은 인간을 곧은 목재로, 혹은 더 나은 인간으로 변화시키는 것은 무엇일까? 인간은 구부러진 나무와도 같다고 주장한 뒤에, 순자는 이렇게 말한다. "이처럼 인간의 본성은 악한 까닭에 성왕聖王/군자의 정치 그리고 예의의 교화를 기다려야 비로소 도리에 맞고 선에 합치할 수 있는 것이다." 여기서 규범으로서의 예의(禮, civility)가 바로 도지개 역할을 해준다는 것이다. 순자에게 예란 성인들이 행한 순전히 지적인 활동의 산물인 동시에 인간의 무제한적인 욕망을 제어하기 위해 고안된 장치이다. 모든 선한 것은 인간의 의식적인 노력의 소산이다. 우리의 사지는 자연스럽게 생겨난 것이지만, 우리의 덕은 오로지 꾸준한 노력을 통해서만 생겨난다. 순자의 경우, 어느 면에서는 '자연스럽지는 않은' 공동체의 규범에 적극적으로 따르는 것이야말로 인격을 완성하는 핵심적인 요소이다. 인간의 본성이라는 측면에서는 성인 역시 일반인과 똑같고, 특별히 더 나을 것도 없다. 다만 인위적인 노력이란 면에서 일반인과 다르고, 또 일반인을 능가할 뿐이다.

이렇게 맹자와 순자는 서로 극적인 대조를 보인다. 맹자는 덕이 우리의 마음속에 자연적으로 존재하여 함양되어야 한다고 믿었던 반면, 순자는 덕이 우리의 외부에서 인위적으로 주입된 것이라고 믿었다. 두 사람 모두 성인이 되는 길은 유교의 예의, 즉 성인의 모범적인 처신에 근거한 적절한 행위의 유형을 따르는 것임을 인정했다. 순자에게 예의란 구부러진 인간을 곧고도 너그러운 인간으로 바꿔주는 도지개 역할을 하는 것이다. 반면 맹자에게 예의란 마치 이미 만들어놓은 테니스 라켓이 휘지 않게 해주는 라켓프레스(라켓의 모양이 뒤틀리지 않도록 넣어 두는 나무로 된 틀) 같은 것이다.[Stevenson & Haberman, 1998: 55] 왜냐하면 동정심惻隱之心은 비록 근본적으로 내재하는 것이라 하더라도, 예의를 꾸준히 준수함으로써 강제하지 않는다면 결국 뒤틀어지기 마련이기 때문이다.

맹자와 순자, 그리고 루소와 홉스로 양분되는 양대 진영의 철학자는 이론적으로 비록 날카로운 대립을 보였지만, 실천에서는 오히려 완벽한 일치를 보였다. 즉 인간의 완성은 성인의 모범적인 행동과 생각을 따르는 과정을 통해 이루어질 수 있다. 도덕의 존재는 결정적으로 마음의 독립성에 기초를 둔다. 마음은 인격의 중심이며, 인간적 정체성과 주체성을 형성하는 핵심이며, 따라서 인간다움의 소재이며 이유이다.[문석윤, 2013: 38-39] 이렇게 볼 때 마음의 독립성이 훼손되면 도덕도 결국 설 자리를 잃지 않을까? 도덕적으로 책임질 수 있는 존재가 인격이고, 인격이 시민으로서의 정치적 권리의 기초라고 할 때, 마음의 독립성이 훼손되면 곧 인격과 시민적 권리도 부정될 우려가 있지 않을까? 그렇다면 성숙된 인격은 불의한 환경에 직면하면 비폭력적 방식으로 저항하는 시민불복종 정신을 보이는 것이다. 그것이 진정한 선비정신일 것이다. 한마디로 '인간적 예의'와 '정치적 예의'가 융합/통섭되어야 한다. 우리나라는 인간으로서의 '정중한 예의'와 시민으로서의 '정치적 예의'가 서로 조화롭게 공존하여야 함에도 불구하고, 언제 폭발할지 모르는 잠재적 갈등을 내포하고 있다. 인간적 예의와 정치적 예의를 조화시키는 '시민적 예의civility'에 대한 대안적 개념이 창출되지 않은 채, 한마디로 엉거주춤한 상태로 '불안한 동거'를 하고 있는 것이다. 한마디로, 인간적 예의와 정치적 예의가 갈등하며 서로 다른 목표를 향해 가고 있는 것이다. 이렇게 양자 사이에 미묘한 경계선이 가로놓여 있다. 그러기에 우리나라는 인간적/정중한 예의와 시민적/정치적 예의 사이의 경계선에서 벌어지는 긴장과 갈등을 해결해야 하는 과제를 안고 있다. 대안은 시민사회의 중요한 구성원인, 인간적 예의와 정치적 예의를 두루 갖춘 시민을 양성하는 길밖에 없다. 왜냐하면, 인간적 예의와 정치적 예의가 원만하게 소통되지 않는 정치 문화 속에서는 결코 민주적 시민으로 성장할 수가 없기 때문이다. 우리에게는 시민사회의 성장을 위해 개인 간의 '정중한/인간적 예의polite/humane civility'와 함께 성숙한 '시민적/정치적 예의civic/political civility'를 융합하는 방안에 대한 기초적 논의가 더욱 필요하다.[Mower & Robinson, 2012]

종합적으로 정리해보면 성악설을 지지하는 사람들에게 어린이들이란 '도덕의 행위 주체moral agent'가 될 수 없다. 어린 시절의 아이들은 이런 저런 짓을 제한적으로 하는 한편, 스스로 자신의 행동에 바로 책임을 진다고 여겨지지 않는다. 어린이는 선과 악에 관한 관념이나 신념이 없으며, 그 행동의 과정을 선택할 수 있는 분별력이 없기 때문에 이런 주장을 하는 것은 아주 타당하다고 할 수 있다. 도덕의 행위 주체가 되는 과정은 점진적이고 복합적으로 이루어지며, 이 과정은 성숙한 발달과 어느 정도의 학습을 필요로 한다. 즉, 이러한 과정은 부분적으로 인간에게 특징적으로 나타나는 자연적이거나 타고난 능력에 의존하고 있으며, 또 부분적으로는 아주 광범위하게 나타나는 가변적 영역에 걸친 환경적 요인에 반응하는 경험에 좌우된다.

인간의 특성이 유전자(본성)의 발현물인지, 환경(양육)의 결과물인지에 대한 대립은 오랫동안 모순적인 것으로 받아들여졌다. 도덕적 관점의 발달에서 볼 때 어느 정도는 '타고난 성장'의 탓이며, 또 어느 정도는 사회적 영향 같은 '외부적' 원천에서 나온 학습의 결과일 수 있다. 학습 또한 선천적인 능력이 없으면 불가능하다. 천성은 경험이 없으면 표현되지 못한다. 이 문제는 학습의 성질에 관한 문제 및 개인과 사회의 관계에 관한 문제와 함께, 도덕적 발달을 타고난 자질의 계발로 보아야 할지, 혹은 외부의 강제적 부과로 보아야 할지, 혹은 또 다른 어떤 방식으로 보아야 할지에 대해 서로 다른 입장을 보인다.[Crittenden, 1990] 만약 개별적 인간이 다른 사람들과 관련이 없는 타고난 본성을 가진 것으로 생각된다면, 이때 도덕성 형성과 같은 사회적 영향들은 반드시 외적인 것으로 다루어질 것이다. 이에 반하여 인간은 본래 사회적 동물로서 서로 간의 관계적 맥락에서만 인간이 선하게 될 수 있다는 견해에서 보면, 개인에게 있어 사회문화적 환경 속에 존재하는 도덕의 형성은 인간의 본성 구현에 필수적인 것으로 다루어질 것이다. 선천적 본성과 후천적 양육의 복잡한 상호작용은 인간의 행동에 영향을 미칠 것이다.

아동의 본성을 신뢰하는 성선설의 입장은 아동의 존재being 그 자체를 신뢰하며, 아동의 자연적 성장, 그리고 현재의 가치를 긍정적으로 여긴다. 반면, 아동의 이기성을 인정하는 성악설의 입장은 아동의 심성을 양육/도야시키고, 변화되어야 할 존재becoming로서 미래적 가치에 더 비중을 둔다. 인간 본성이 선천적인 것인가 아니면 후천적 학습에 의한 것인가 규명하는 것보다 중요한 것은 그것이 어떻게 선천적인 동시에 후천적일 수 있는가를 정확히 탐구하는 것이다. 나일강은 수천 개의 지류를 합친 것이어서 어느 것이 발원지와 연결된다고 꼬집어 얘기할 수 없다. 인간 본성도 마찬가지다. 우리는 잠재적으로 도덕적 동물이지만, 어떤 다른 동물이라 할 수 있는 것보다 더 자연적으로 도덕적 동물인 것은 아니다. 우리는 도덕적인 동물이 되기 위해서 얼마나 철저하게 도덕적 동물이 아닌지를 자각해야만 한다. 어떤 이론이 설득력이 있느냐에 따라 좁게는 가정의 양육 방식이나 훈육 체계가 바뀔 것이고, 그리고 사회의 교육체제나 복지 정책이 달라질 것이다. 더 넓게 보면 선천적 본성/자연성 이론이나 후천적 양육/습득 이론 어디에 무게를 두느냐에 따라 사회체제가 달라질 수도 있고, 사람들의 세계관도 바뀔 수 있다. 세상에는 서로 양립할 수 없어 보이는 대립각이 무수히 존재한다. 하지만 실상을 들여다보면 이들은 대척점에 있다기보다는 오히려 상대가 있기에 나의 존재 가치가 뚜렷해지는 상호 보완적인 경우가 많다. 그래서 유일한 희망은 인간이 본성과 양육 상호 간 '공존하는 존재'로서 융합/회통을 모색하는 일이다. 한국은 성선설보다 성악설이 지나치게 압도적인 게 현실이지만, 양자가 고루 발달하여야 한다. 양비양시론이나 중도라는 명목으로 양쪽을 모두 희석시키지 않으면서도 서로 양립하며 공존할 수 있는 방법이 분명 존재한다. 그럼에도 불구하고 대립각의 날이 쉽사리 무뎌지지 않는 것은 공존의 대안 찾기를 꺼리는 우리의 협소한 마음 습관 탓일 것이다.

본성과 양육의 한국적 과제

1. 아동의 본성이 어떠하다고 보는가?
2. 예비 교사로서 자신의 본성을 변화시킬 수 있는 방안은 무엇인가?

2장
도덕성이란 무엇인가?

> 도덕의 다섯 가지 목적
> 1. 사회가 붕괴되는 것을 방지하기 위해
> 2. 인간의 고통을 개선하기 위해
> 3. 인간의 번영을 촉진하기 위해
> 4. 정의롭고 질서 정연한 방식으로 이익 갈등을 해결하기 위해
> 5. 칭찬과 비난을 규정하고, 선을 보상하고 죄를 처벌하기 위해
>
> 루이스 포이만(1935-2005)

도덕성의 어원적 정의

도덕성(道德性, morality/Moralität), 즉 도덕적 능력 그 자체는 깊은 뿌리를 지니고 있고, 멀리는 우리 인류의 진화로까지 거슬러 올라간다.[Wuketits, 2013: 29] 도덕성이 인간의 구성물이라는 것은 어떤 맥락에서는, 그리고 어느 정도는 받아들여온 것이 사실이다. 도덕성은 어떤 상당한 제약 속에서 인간이 고안한 것이다. 일반적으로 도덕성은 인간 삶을 다스리는 원리들의 집합체이다. 그러므로 중요한 문제는, 우리가 번성하고 발전하며 이익을 증진시키고 성취하며 살아남기 위해, 그중 어떤 원리를 어떤 이유로 우리 행위를 다스리는 데 이상적인 것으로 보아야 하느냐의 여부이다.[Barrow, 2013: 50] 도덕성은 인간이 고안한 것이지만, 임의적인 것이 아니다. 예를 들어, 식사 예절은 대체로 어떤 형식을 갖출 수 있다. 그러나 행위 규범은 단순히 식탁 예절과 비교될 수 없다. 운전 규칙에서 우리 모두는 다 같이 오른쪽과 왼쪽 중 한쪽으로만 운전하면 된다. 마치 도서관의 분류 체계가 도서관의 목적을, 결혼 관습이 결혼 관계를 맺는 목적을 만족시켜야 하는 것과 같은 방식으로, 도덕성은 이러한 인간의 목적을 만족시켜야 한다. 이렇게 도덕성은 우리가 가진 잠재성을 극대화하기 위해 우리의 행위를 다스리는 원리를 고안하려는

시도라고 할 수 있다.[Barrow, 2013: 49] 도덕성이 인간 행위의 질에 관한 것이라는 데는 논쟁의 여지가 있지만, 우리의 삶을 가능하게 하고 잘 살게 하기 위한 원칙을 찾기 위한 것이라는 전제가 없다면 그것은 성립할 수 없다.

오늘날 영어의 'morality'와 동의어로 사용되고 있는 도덕이라는 단어에도 이런 의미가 들어 있다. 도덕道德으로 번역되는 라틴어 'moralis', 'mos', 'moris' 등의 어원을 갖는 'morality'는 윤리倫理로 번역되는 그리스어 'ethikos'(인격에 관한)에서 비롯되었다.[MacIntyre, 2007: 38] 두 가지 모두 '습관'이나 '관습'을 의미한다. 그래서 우리는 도덕을 단순히 관습과 같다고 오해하기도 한다. 따라서 많은 철학 사전이나 입문서는 두 단어를 동의어로 다룬다. 반면에 '도덕'이라는 말은 실제적인 도덕 문제나 상황에 적용할 때 사용한다. 예를 들면, "행복은 최고선인가?"라는 질문이 '윤리'에 관한 것처럼 보이고, "이때 나는 진실을 말해야 하는가?"라는 질문은 '도덕'에 관한 것처럼 보인다. 그러나 이와 반대로, 동시대의 문제에 초점을 맞춘 실제적인 수업이나 책의 종류를 서술하는 데 있어서 우리는 '실천 윤리학practical ethics'이라는 말을 '실천 도덕practical morality'이라는 말보다 더 자주 사용한다. 몇몇 사람은 상대적으로 특정한 규범을 '도덕' 규범으로, 더 추상적이고 일반적인 이론을 '윤리' 이론으로 구별한다. 그러나 한편으로, '윤리'라는 말은 "우리는 직업윤리에서 이것을 요구한다."에서와 같이 특별한 규칙이나 행동 규범을 묘사할 때 종종 더 선호한다. 또한 북미에서는 '윤리'를, 영국에서는 '도덕'이나 '도덕철학' 등을 선호하는 것처럼, '윤리'와 '도덕'의 구별은 부분적으로 장소나 문화에 따라 영향을 받기도 한다. 물론 우리가 특정 규범들(예를 들면, 사업가나 전문직 종사자를 위한 규범들)과 우리 인생을 지배하는 기본 정신 혹은 원리들을 구별해야만 한다고 주장하는 경우도 있다. 이 경우, 전자는 '기업 윤리'나 '연구 윤리', '의료 윤리' 등과, 후자는 '도덕' 혹은 '도덕성'과 관련 있을 것이다. 그렇지만 두 단어의 활용 방식은 구분 없이 다양하게 사용되기도 한다.

도덕성의 정의에 대한 서로 다른 관점

도덕은 하늘에서 떨어진 것이 아니다. 과거와 현재의 모든 도덕 체계는 점진적으로 발전한 것이고, 게다가 그때그때의 구체적인 생활 조건 아래서 인간의 표상(상상, 관념)과 필요에 맞추어 발전한 것이다.Wukettis, 2013: 29 19세기와 20세기에 걸쳐 오랫동안 도덕철학자들은 도덕성에 대한 다음의 두 진영 간의 전쟁을 수행해왔다. 한편으로는 '도덕성'이란 것이 단지 우리 행위의 결과를 봄으로써 결정된다고 믿는 경험론자들이 있다. 만일 하나의 행동이 행복이나 이득을 더 많이 가져온다면 그것은 도덕적으로 선한 것이다. 이 진영의 대표자는 공리주의자인 벤담으로서 그는 우리가 행동의 결과로부터 행복과 불행의 수치를 기계적으로 계산할 수 있다고 주장한다. 논쟁의 다른 쪽에 서 있는 합리주의자들은 인간에게는 원인과 결과라는 원칙과 같은 합리적인 개념들과 유사한 도덕적 직관이 심어져 있다고 믿는다. 이런 입장에 의하면 하나의 행동이 우리의 도덕적 직관과 조화롭다고 이성적으로 판단할 수 있다면 도덕적으로 선하다고 할 수 있는가? 우리의 도덕적 직관과 조화되지 않는다면 그 행동은 도덕적으로 나쁜 것이다. 칸트가 이 진영의 대표자다. 요약하면 도덕적 경험론자들이 우리가 이성적이고 도덕적인 직관을 가지고 있지 않다고 본 반면, 합리론자들은 보편적이고 불변하는 도덕성의 기준을 찾고자 하는 희망에 찬 사고에 접근하여 주장한다. 그래서 도덕적 합리론자들은 경험론자들의 접근에 대해 진정으로 이성적인 본성을 무시하고, 도덕성을 사회 그룹들의 변덕으로 절하시키게 된다고 비판한다.Stumpf & Fieser, 2004: 741-742

각 진영의 옹호자들은 계속적으로 상대방의 공격에 대응해서 자신들의 이론을 수정하고 강화시켜왔다. 최근 수십 년간 몇몇 철학자들은 위에서 말한 두 진영 간의 전체 논쟁이 오도된 것이라고 주장해왔다. 이 입장에 의하면 윤리학, 즉 아리스토텔레스가 발전시킨 '덕'이라는 중심 개념을 벗어나 있던 18세기에 도덕철학이 길을 잘못 들어섰다고 본다. 새로운 관심을 받게 된 아리스토텔레스에게 있어서 덕이란 우리의 동물적 욕구를 제어해주는 습관이다. 우리가 이러한 습관을 장려할 때 우리의 행동은 이성적이고 사회적인 창조물로서 우리의 자연적인 목적을 반영한다. 비트겐슈타인의 제자인 영국의 철학자 앤스콤Elizabeth Anscombe(1919~2000)은 이런 덕 이론에 대한 최초의 옹호자이다. 그녀는 「현대 도덕철학」(1958)이라는 논문에서 "나로서는 네가 어떤 일들을 해야만 하고, 반드시 해야 하고, 또는 하지 않으면 안 된다."라고 역설한다.[Stumpf & Fieser, 2004: 742-745] 그에 의하면 진정한 도덕성은 본질적인 선에 초점을 맞추지 않으면 안 된다. 그녀는 세속적인 도덕 이론가로서 중세 기독교의 신성한 법칙이라는 관념의 부활을 권장하지 않는다. 즉, 도덕 법칙의 입법자로서 신에게 복귀하도록 권장하지 않는다. 대신 우리가 도덕 법칙과 의무에 대해 말하는 모든 것을 거부하면서 오히려 아리스토텔레스의 영감에 귀 기울이는 것이 좋을 것이라고 권장한다. 아리스토텔레스는 신성한 입법자나 도덕 명령들에 대해 말하지 않았다. 그 대신 우리의 동물적인 욕구에 반응하는 행동을 조절해주는 습관을 '덕'이라고 기술한 바 있다. 도덕 법칙들을 범하기 때문에 악한 것이 아니라 덕을 얻는 데 실패하였기 때문이다. 즉 비겁, 불성실, 부정, 불의와 같은 악을 발전시켰기 때문에 사람들이 악하게 된 것이다. 만약 우리가 아리스토텔레스의 접근을 채택한다면 우리는 '해야만 한다'와 '도덕 법칙'이라는 관념들을 포기하게 될 뿐 아니라 흄 이래 철학자들이 의존해온 '행동', '의도', '쾌락', '결핍'과 같은 도덕심리학의 관념들도 포기해야 한다. 현대의 새로운 덕 이론가들은 도덕적 덕을 지지하는 심리학적 토대를 탐구하면서 인간 본성에 대한 좀 더 최근의 설명들을 가지고 아리스토텔레스의 논의를 보완하고자 하였다.

도덕성에 관한 정의는 크게 규칙에 대한 복종, 선한 의도, 역량 등으로 삼분할 수 있다.[Lind, 2013: 316-326] 도덕성을 측정하는 초창기의 방법들 중 하나는 규칙에의 일치rule conformity이다. 여기에서 도덕성은 실천해야 하는 것과 삼가야 하는 것의 목록을 통해 규정된다. 도둑질하지 마라, 살인하지 마라, 간통하지 마라, 그리고 네 이웃을 자신처럼 사랑하라, 너와 함께 있는 이방인들을 너 자신처럼 사랑하라 등등. 다른 문화와 종교들도 이와 유사한 목록들을 가지고 있다. 어떤 문화에서는 만약 규칙을 준수하는 행동이 규칙을 위반하는 것보다 수적으로 우세하다면 그들을 도덕적인 사람으로 간주한다. 그래서 도덕성은 개인이 도덕적으로 올바른 행동은 하고, 나쁜 행동은 회피하는 사례들의 수에 의해서 측정된다. 일반적으로 초인적인 사례에 의해, 그리고 특별한 집단에 속해 있는 사람들에 의해 규정되는 이러한 목록의 길이는 시대를 거듭할수록 점점 길어진다. 그리고 결국에 가서는 성인이 아니고서는 그 모든 규칙을 준수하는 것이 도저히 불가능해진다. 수많은 연구자들은 이러한 접근 방법을 사용해왔다. 그리고 지금도 상당한 인기를 끌고 있다. 행동주의 심리학의 여러 측면에서 규칙에의 일치라는 접근 방식의 전형을 볼 수 있다.

또 다른 접근법은 도덕성을 '선한 의도good-intentions'로 정의한다. 이들은 규칙과의 일치가 도덕성의 지표로 충분하지 못하다고 생각한다. 이 관점은 도덕성의 지표로 개인의 도덕적 의도가 규칙과의 일치보다 낫다고 생각한다. 이들의 정의에 따르면, 만약 그 행동이 도덕적으로 선한 의도 혹은 도덕적 가치, 동기 또는 원리에 근거했다면, 그것은 도덕적으로 선하다. 초기 기독교 운동과 스토아학파에서는 이데아를 마음속에 품고 그것을 고양시키는 것이 도덕성의 본질이라고 생각했다. 토마스 아퀴나스는 당시 교회에 만연했던 규칙-일치의 도덕성에 맞서 이러한 정의에 힘을 실어주었다. 칸트 또한 도덕적으로 선한 의도만이 도덕적 선의 필요충분조건임을 주장했다. 선의지에서 비롯되는 결과를 제외하면 어느 것도 선한 것은 없다. 그는 도덕적인 선의지의 기준으로 정언명법을 제안했다. "너의 준칙이 보편적 법칙이 되어야 한다고 네가 의욕할 수 있도록 오로지 그렇게 행동하라."라는 태도에 기반을 둔 패러다임은 이와 같은 사유의 전통에 그 뿌리를 박고 있다. 모두가 그렇게 생각하듯 도덕적으로 선한 행동은 오로지 도덕적으로 선한 마음가짐과 가치들, 즉 그런 원리에 근거를 둔 도덕적 사고에서 나온다. 흥미롭게도 인격교육을 연구했던 하트숀과 메이H. Hartshorne & M. May 또한 이러한 접근법을 접목시켰다.

수 세기 동안 도덕성에 관한 이 두 정의는 심리학, 교육학에서뿐만 아니라 철학에서도 경쟁 관계를 유지해왔고, 지금도 여전히 그러하다. 행위-일치 이론은 대체로 행동주의 도덕심리학과 도덕교육에 의한 보상-처벌의 접근법으로 스며든 반면, 선한-의도 이론은 도덕적인 태도와 동기, 가치의 심리학과 또 다른 부류에 속하는 가치교육과 도덕적 교화에 배어들었다. 베버가 지적한 것처럼 이러한 경쟁은 책임윤리(자신의 결정에 뒤따르는 결과에만 관심을 갖는 것)와 목적윤리(의도의 선함에만 관심을 갖는 것) 사이에 존재했고, 듀이John Dewey가 말했던 것처럼 칸트의 선의지 윤리학과 벤담의 공리주의 사이에 존재했다.

그럼에도 도덕성에 대한 양자의 정의 모두는 공통적인 몇 가지 믿음에 근거하고 있다.

1. 도덕성은 단순히 타고나는 것이 아니라는 믿음. 도덕성은 심리학적이고 교육학적인 방법을 통해 증진될 수 있고 혹은 심지어 그렇게 되어야 한다.
2. 이러한 도덕성 증진은 거의 특정한 사회적 기제들(부모, 교사, 성직자, 행정관 등)에 책임이 있다는 믿음. 이는 곧 외부적인 어떤 것을 의미한다.
3. 사람들의 도덕성을 증진시키는 특정한 사회적 시도는 사회적인 힘, 심지어 강제력이 요구된다는 믿음.
4. 도덕성은 개인의 인지 능력이나 역량과는 완전히 분리되는 어떤 것이라는 믿음. 마지막 믿음은 자명해 보인다.
5. 한 사람이 사회가 만들어놓은 행위 규칙을 완벽하게 준수하거나 또는 한 개인이 도덕적으로 선한 의도를 갖는다면(규칙에의 일치 이론), 그 사람은 도덕적인 사람으로 평가받을 것이라는 믿음.Lind, 2013: 318-312[8]

이미 20세기 초 일부 심리학자들은 인지와 정서에 대한 이러한 분리의 필요성을 인식하기 시작했다. 결국 이러한 필요성은 도덕성과 도덕 발달에 대한 '양면 이론'의 형식화를 이끌어냈다. 양면 이론에 따르면 도덕적 행위를 하는 데 있어 인지와 정서는 서로 분리될 수 없다. 하지만 구별될 수 있는 측면들은 있다. 첫째, 도덕적 이상이나 원리들에 대한 개인의 정서, 그리고 둘째, 이러한 이상과 원리에 근거하여 추론하고 행동하는 개인의 능력이다.

인간의 도덕성을 측정한다는 것은 쉽지 않다. 도덕성에 대해 섣불리 판단할 때 우리의 생각은 쉽게 빗나갈 것이다. 도덕성과 그것의 발달에 관한 새로운 정의가 필요하다는 것에는 많은 이들이 동의한다. 하지만 도덕적 이상/태도/원리와 도덕적 행위 사이의 간극을 메우려는 시도는 거의 이루어지지 않았다. 게다가 이러한 간극을 메워줄 정의의 개념들을 측정할 의미 있는 방법을 제안하는 학자들은 더더욱 찾아보기가 어렵다. 피아제Jean Piaget는 아동의 놀이에 관한 연구에서 도덕 규칙과 실제 행위 사이의 차이, 즉 식별 가능한 도덕 인지발달 단계들을 그의 연구 목표로 삼았다. 그는 본질적으로 내용, 강도 그리고 주체의 사고 유형이나 평가 유형 등을 개인적인 수준에서 평가해보는 것이 중요하다고 보았다. 피아제의 유형을 그대로 받아들인 콜버그Lawrence Kohlberg는 도덕 판단 역량을 측정하기 위한 다양한 시도들을 통합하려 했고, 그 결과 도덕심리학 연구의 패러다임 전환을 가져왔다. 그런데 중요한 점은 그가 도덕적 이상과 행위 사이의 관계를 명확히 개념화한 것이다. 그의 정의에 따르면 도덕 판단 역량이란 내적·자율적 원리들에 바탕을 둔 도덕적 판단과 결정을 내리고, 그러한 판단에 따라 행동할 수 있는 능력이다.

도덕 판단에 대한 콜버그의 정의는 다음의 세 가지 측면에서 패러다

8 이러한 믿음들은 수십 년간의 심리학적, 교육학적 이론화의 연구조사를 통해 강력하게 굳어졌다. 그것의 하나는 인지적 영역이고 다른 하나는 정서적 영역이었다. 그리고 도덕적 행동과 민주시민으로서의 행동은 인지, 역량과는 관련이 없다고 생각되어 정서적 영역에 포함되었다.

임의 혁신적 전환을 가져왔다.

1. 도덕성이 단순한 태도나 가치가 아닌 역량으로 정의되었다. 그리고 이를 통해 행위에 있어 인지적 영역과 정서적 영역 사이의 부적절한 분리가 극복된다.
2. 도덕적 행동은 외적인 사회 규범 및 기준이 아니라 행위 주체가 내적으로 수용한 도덕원리들과의 관계 속에서 규정된다.
3. 한 개인이 판단을 입법화하는 것은 세 영역(인지, 정서, 행동) 모두를 통해 도덕성 정의를 통합하는 것이다. 세 영역 모두가 도덕성을 정의하는 데 반드시 필요하다. 그러므로 도덕성을 정의함에 있어 세 영역은 각각 고립된 채 관찰되거나 측정될 수 있는 그런 분리된 구성 요소로 간주되어서는 안 된다.[Lind, 2013: 322-323]

이러한 세 영역 간의 관계에 따르면 도덕적 행동은 도덕적 이상의 원리에 의해 인도되어야 한다. 게다가 도덕적으로 성숙한 사람의 행동은 발달된 그의 추론 능력에서 정보를 제공받아야 한다. 하지만 도덕원리와 도덕적 역량은 서로 분리된 것이 아니다.

결론적으로 정의하면 도덕성이란 개인의 이해나 선호를 초월하는 기준으로서 규정될 수도 있고, 개인의 내면에서 함양되는 품성으로서 규정될 수도 있다. 도덕성은 인간이 어떻게 살아야 하고 무엇을 하고 무엇을 하지 말아야 하는지, 그리고 어떤 종류의 사람이 되어야 하고 어떤 사람이 되지 말아야 하는지에 관련된 신념/규범이라고 할 수 있다. 그것은 특정 사회나 집단의 사람들에게 받아들여진 행동과 관련된 원칙이나 가치체제를 가리킨다. 이와 관련된 도덕성은 전자의 측면에서 파악되는 보편적인 불변의 도덕을 가리킨다. 후자의 도덕성은 지식과 정서 그리고 행동의 측면에서 파악될 수 있는 '품성으로서의 도덕'이다. 그것을 함양하기 위해서 이들 여러 측면에 관한 고려가 반드시 필요하다. 물론 기준으로서의 도덕과 품성으로서의 도덕은 각각 별개의 실체로 분리되어 있는 것이 아니다. 이들 양자는 '인간의 행동을 기술하고 규제하는 원리'라는 동일한 대상을, 개인의 내면에 속하는가 아니면 그 바깥에 속하는가에 초점을 두고 두 측면으로 나누어 파악할 때, 그 각각을 지칭하는 상이한 이름에 불과할 수 있다.임병덕 외, 1998: 4

이들 양자 중 어느 쪽으로 도덕성을 규정하든지 간에 도덕은 인간이 사회 속에서 조화로운 삶을 영위하기 위한 기본적 조건인 동시에 인간과 동물, 문명과 야만을 구분하는 결정적 기준이라고 할 수 있다. 우리는 도덕의 준수 또는 함양을 통하여 인간으로서의 존엄과 품위를 지키며, 사회의 일원으로서 원만하게 살아갈 수 있다. 이것이 일반적으로 받아들일 수 있는 도덕의 의미이다.

도덕성에 대한 동양철학적 견해

동양철학에서 '본성本性'은 마음이 갖추고 있는 '이치理'이며, 마음은 이치들이 머물고 있는 집이자 그 이치들이 담겨 있는 그릇이다. 도天理를 겉으로 현실에 드러나게 움직이게 하는 기운이 '기氣'이다. '기'는 육체와 물질에 근거하고 있다. 사람은 기의 맑고 탁함의 차이에 따라 선으로 갈 수도 있고 악으로 갈 수도 있다. 사람은…… 닥치면 기의 향방이 퇴행적으로 갈 가능성이 있다. 따라서 기질을 바로잡고, 본연의 기를 키워야 한다. 양기는 옳음과 짝해야 하고, 옳지 않은 방법으로 먹거나 입어서는 안 된다. 얻을 때(이로울 때) 반드시 옳음을 생각하며 그 옳음을 모아나가야 한다. 선과 악의 가능성을 결정하는 기의 작용을 선의 방향으로 조정하고 통제하는 통솔자는 '의지意志'이다. 의지는 마음의 움직임이 대상의 접촉을 통해 밖으로 드러나는 '정情'을 움직이는 힘이다. 그리고 '덕德'은 도를 터득한 사람이 가지는 바른 마음과 태도로서 도를 실천하는 능력이다. '예禮'는 덕이 겉으로 드러나는 형식이다. 인성교육은 도와 덕 그리고 예를 가르치고 배우는 과정이다.

사람의 본성性은 가치중립적인 개인의 '성격(性格, personality)'이 아니라, 사람의 '본성(本性, human nature)'이라는 의미가 들어가 있다. 사람의 본성은 하늘이 명령하는 것이다. 하늘의 명령으로서의 본성은 인성人性의 형이상학적 측면을 가리키며, 그와 동시에 도덕의 궁극적 기반을 가리킨다. 도덕성은 인성과 별개의 실체를 가리키는 것이 아니라, 인성을 좋고 나쁨(善·惡) 또는 옳고 그름(義·不義)이라는 특수한 관점에서 규정하는 개념이라고 할 수 있다. 말하자면, 도덕성은 인성의 한 측면으로서 그것의 가장 깊은 차원을 이루는 도덕적 관점에서 파악하는 인성이라고 할 수 있다.임병덕 외, 1998: 19, 22 예를 들어, 물건을 사고파는 행동, 공공의 물건을 사용하는 방식, 지하철 자리를 잡는 행동, 휴대폰을 사용하는 예절, 유원지에서 여가를 즐기는 행동, 전쟁터에서 적과 싸우는 행동 등 우리가 하는 모든 행동은 도덕적 관점에서 기술되고 규제되는 대상이며, 만약 거기서 제외되는 행동이 있다면 그것은 인간의 행동이라고 보기 어려울 것이다. 우리가 사회 속에서 살아간다는 것은 곧 우리가 의식하든 의식하지 못하든 간에 옳고 그른 것이 무엇이고, 좋고 나쁜 것이 무엇인가를 결정하는, 행동을 기술하고 규제하는 규칙·기준·원칙·가치의 본질로서의 도덕[9]을 받아들이고 실천한다는 것을 뜻한다. 이와 같은 우리의 삶의 상황으로 말미암아 도덕은 모든 사람에게 보편적 관심사가 된다.

사실상 인간의 행동을 기술하고 규제하는 원리에는 도덕만 있는 것이 아니다. 예컨대, 물건을 사고파는 행동의 경우에 그 행동을 기술하고 규제하는 원리로서 우리가 먼저 떠올리게 되는 것은 '경제'이다. 경제적인 관점에서 보면 물건의 가격과 효용이 관심의 초점이지만, 도덕적인 관점에서 보면 상도덕 등 그 행동의 선악이나 불의 또는 사회정의가 관심의 초점이 된다. 구체적인 사태에서 무엇이 선이고 악이며, 무엇이 불의이고 정의인가를 판단한다는 것은 어려운 일이지만, 그것들이 존재

9 도덕성의 본질과 관련된 철학의 영역은 '윤리학ethics'이라고 부른다.

한다는 것은 분명하다. 그런데 그러한 원리가 본질상 어떤 것이며, 그것이 개인의 인격과 관련하여 어떤 의미를 가지는가 하는 것은 그다지 분명하지 않다.

도와 덕의 결합인 도덕은 무엇인가? 도덕의 어원적 단서는 "큰 덕은 바로 도를 따르는 데서 나타난다孔德之容 唯道是從."라는 노자의 말에서 찾아볼 수 있다. 서양의 학자들이 덕을 통상적인 번역어인 'virtue'와 함께 'power', 'active force' 등으로 번역하는 데서 알 수 있는 바와 같이, 덕은 인간이 마땅히 걸어가야 할 길인 도를 따르는 일종의 힘과 능력으로서 인간 현상과 관련된 '인격적 감화력'을 뜻한다고 할 수 있다. 즉, 인격적 감화력이 도를 따르는 사람이 나타내는 특징임을 보여준다.임병덕, 1998: 8 또 'virtue'는 '탁월성excellence'으로 번역하기도 하는데, 그렇다면 도덕은 '도를 실천하는 탁월성'으로 이해할 수도 있을 것이다. 도덕道德은 도(道, moral, ethics; 사람이 함께 다니는 길, 이치)+덕(德, virtue; 도를 실천하는 능력)을 합한 말이다. 그러므로 도와 덕의 결합으로 이루어지는 도덕이라는 단어는 한편으로 인간이 마땅히 준수해야 할 보편적 법칙인 '도'와, 또 한편으로 그것을 따르는 사람이 나타내는 '인격적 감화력'이나 '탁월성'을 동시에 지칭한다고 볼 수 있다. 요약하면 도덕은 '올바른 길'을 걷도록 '함'이다.

도덕 그리고 법, 예절, 관습과의 관계

사회가 유지되는 데 있어 법, 예절, 관습보다 더 큰 개념인 '도덕'은 우리가 갖추어야 할 사회적인 관계이자, 사회를 유지하기 위한 핵심적이고 기본적인 것이다. '법'은 타인에게나 사회 공익에 해를 주는 행동을 금지하는 행위 규칙으로서 법을 준수하는 개인과 사회는 현대 문명사회의 가장 기초적인 조건으로 여겨지고 있다. 법을 지키지 않는 개인은 이에 상응하는 불이익과 제재를 받아야 하며, 법이 제대로 안 지켜지는 사회는 그만큼 혼란을 겪게 마련이다. 그러나 법을 제대로 지키는 것이 아주 바람직한 것이기는 하지만, 법을 잘 지키는 사람이 바로 도덕적인 사람으로 동일시되지는 않는다.

'예절'은 한 사회가 바람직하게 생각하는 아주 세밀하게 규정된 행위 규칙으로서 예절을 지키는 사람은 칭찬받고, 예절이 지켜지는 사회는 바람직한 사회로 평가된다. 예컨대 식사 예절이나 인사 예절이 대표적이다. 세밀한 행동 절차가 이미 규정되어 있으며, 이 예절을 지키면 주위 사람들이 좋아하고, 안 지키면 불쾌하게 생각한다. 예절을 잘 지키는 것이 사회적으로 바람직하게 여겨지지만, 예절을 잘 지키는 사람과 도덕적인 사람 사이에 어떤 논리적이거나 사실적 연관성은 없다.

'관습'은 한 사회가 오랫동안에 걸쳐서 습관으로 지켜온 행위 규칙으로서 관습을 지키는 행위는 언제나 사회적으로 바람직하게 여겨진다. 인간관계에서 사람들이 사회에서 살아가는 방식, 즉 '관습'을 의미하는 도덕성은 사람을 '사람답게' 하는 데에 필수 불가결한 요소이다. 도덕성은 함께 살아가는 데 있어 요구되는 사람들의 규범이나 관습, 습관의 결과로서 발생된 내면적 자질로서 사회적 접착제ethics라고 할 수 있다. 예컨대 남성은 치마를 안 입는다거나 화장을 안 하는 것 등이 여기에 해당한다. 이를 안 지킬 경우 부적응자로 사회에서 이단시되기 쉽다. 사회적으로 오랫동안 누적된 관습을 잘 지키는 사람은 사회적으로 바람직하게 여겨지지만, 그런 사람이 도덕적인 사람으로 당연히 간주되지는 않는다. 예컨대 혼사와 제사 등의 관혼상제 규칙에 박식하고 철저하다고 하여 그를 도덕적인 사람으로 간주하지는 않는다.

법, 예절, 관습의 세 가지 행위 규칙의 공통점은 ①사회적으로 바람직하게 여겨지는 행위 규칙이라는 점, ②아주 세밀하게 구체적으로 '이럴 때 이렇게 하라.' '저럴 때 저렇게 하라.'라는 식으로 묘사된 행위 규칙이라는 점, ③제시된 규칙대로 행동하면 착하고 선한 것으로 간주되어 칭찬과 보상이, 그렇지 않을 경우에는 잘못과 나쁜 것으로 간주되어 질책과 불이익이 명시적이든 암묵적이든 간에 사회적으로 제공된다는 점이다. 그리고 ④한 사회가 긴 세월 동안 또는 정치적 과정을 통한 사회적 합의에 의해서 창출해낸 행위 규칙인 점이라고 할 수 있다.

그러면 '도덕'은 어떤 행위 규칙인가? 법, 예절, 관습에서 말하는 행위 규칙과 무엇이 다른가? 법, 예절, 관습에서의 행위 규칙에서는 선악정사善惡正邪의 판단이 행위 주체자의 판단에 있지 않고, 이미 그 행위 규칙 자체에 붙박여 있다. 행위 규칙이 지시한 대로 하면 선善이고 정正이며, 그에 어긋나게 행동하면 그것이 악惡이고 사邪이다. 따라서 법, 예절, 관습에서는 행위자가 '어느 것이 선이고 악인가, 정이고 사인가.' 하는 판단에 대한 고민은 않고, 다만 '주어진 행위 규칙대로 따를 것인가 말 것인가.' 하는 결정에 대한 고민만 하면 된다.

그러나 도덕은 다르다. 한 개인의 자기 나름대로의 선악정사의 판단이 행위 주체자의 주관적 판단에 훨씬 더 많이 위임되어 있는 행위 규칙이 바로 도덕이기 때문이다. 도덕은 어떤 주어진 덕목을 기계적으로 지키게 하는 행위 규칙이 아니다. 그 덕목을 지키는 게 선인가 악인가 하는 주체적이고 주관적인 판단이라는 심리적 과정을 거쳐서 찾아낸 행위 규칙이다. 이런 점에서 도덕은 한 개인이 어떤 구체적인 도덕 행위 상황에서 스스로 찾아내고 발견한 행위 규칙이라고 할 수 있다. 도덕적 발달의 행위 주체자가 된다는 것은 스스로 생각하고 결정하는 능력, 다른 사람들과 연관하여 자신의 의미를 찾는 것, 정서적으로 적절한 방식으로 상황에 반응하는 법을 아는 것, 고도의 자기 절제, 적절한 행동양식을 보이는 것과 함께 이에 상응하는 행동 및 어떤 종류의 성격에 대한 성향을 학습하는 것 등을 포괄한다.

그러나 도덕은 단순히 개인의 주관적 판단에 의해 구성된 심리적 구성물일 수 없다. 도덕은 자신의 경험과 과거의 누적된 산물로서 개별적 차원을 넘어 사회적 산물이라고 할 수 있다. 그렇게 형성된 도덕은 개인의 심리적 구성물을 넘어 인격에 관한 사회적 구성물social construct이라고 할 수 있다. 도덕은 매일의 삶의 일부분을 구성하며, 그것은 사회적 행동과 의미를 범주화하는 필터이다. 도덕은 사람이 자신과 타인의 행동에 부여된 만족과 옳고 그름을 평가할 수 있는 준거의 합을 설정하는 것에 대한 것일 뿐 아니라, 긍정적인 사회적 상호작용의 분위기에 대한 것이라고 할 수 있다. 도덕이 인간 행동의 일부분으로서 사회적 상호작용을 이해하는 것에 관심을 둔 것이라면, 그것은 어느 정도 사회적인 것의 산물이라고 할 수 있다. 여기에서 도덕이란 이익 사회나 공동체 사회의 유지나 안정화에 기여하는 모든 규칙들(규범, 가치 등)의 총체이다.[Wuketits, 2013: 20] 인간들은 상호 이익을 위해 서로 힘을 합하여 제약을 가하는 규칙을 만들어서 침략과 탐욕을 금지하고, 강력한 대리인을 세워서 그 규칙을 어기는 자들에게 엄한 제약을 가한다. 이러한 규칙들 중 일부는 도덕이 되고, 다른 것은 법이 된다.

이러한 사회적 구성물은 본래 '도덕적인 것'과 밀접하게 연계되어 있다. 도덕이라는 사회적 규범은 지적으로 자유롭게 표류하는 것도 아니며, 임의적으로 선택하는 문제도 아니다. 또한 단순히 개별적 가치도 아니다. 도덕의 개념은 사태/상황을 분간할 수 있는 역사적, 문화적, 그리고 지성적 맥락 속에 뿌리박고 있다. 그것들은 인간 본성, 죄책과 사랑의 감정, 종교적 경험에 대한 확신, 마음으로 알 수 있는 것들에 대한 전제, 삶의 의미에 대한 신념과 종합적으로 얽혀 있다고 할 수 있다.

도덕이 사회를 형성하고, 거꾸로 사회는 또한 도덕을 형성한다. 도덕은 아동기와 같이 시간과 공간을 통해 그것의 보편성과 지속성에 대한 비슷한 의문에 직면하게 된다. 도덕이란 규범적 가치로서 인간 활동의 전 영역에 걸쳐 적용되는 가치이다. 그리고 사회적인 인간 행동에 의미를 부여하는 욕구는 우리들의 출발점을 제공할 것이다. 가장 공통적으로 사용되는 것으로 가장 단순하게 구성한 도덕은 아마도 행동을 지배하는 한 묶음의 규칙들(규율, 제재)로 간주될 수 있다. 그렇다면 도덕 발달은 한 개인으로 하여금 한 묶음의 규칙을 받아들이도록 하는 과정이라고 할 수 있다. 이 말은 규칙이 무엇인지를, 그리고 규칙이 적용되는 상황과 연달아 그 규칙을 따르는 의지를 파악하고 이해하는 학습을 포함한다. 한 묶음의 도덕적 규칙들은 인간의 본성, 개인과 사회집단의 관계, 이상들과 막연하지만 견고한 인간(개인, 그리고 아마도 전체로서의 인류)의 운명에 대한 관념에 관한 상이하고 때로는 상충하는 견해들과 연관이 된다. 이리하여 기독교도든 회교도든 유대교도든, 마르크스주의자든 프로이트주의자든 간에 모두 도덕을 한 묶음의 규칙으로 보는 데 기본적으로 동의할 수 있다. 도덕의 본질은 부분적으로 인간의 번영과 관련된 어떤 종류의 한 묶음의 규칙에 의해 구성되거나 본질적으로 연계되어 있는 공통의 가정에 의해 정해져 있다고 할 수 있다. 넓은 개념으로 보면 이들은 심지어 규칙의 핵심적 요소를 같이하는 데도 동의할 수 있다. 그러나 그들은 도덕의 근원과 성질과 역할, 그리고 개인과 그가 속한 사회에 관련된 도덕의 권위에 관해서는 전형적으로 다른 설명을 할 것이다.

도덕이 힘을 발휘하려면 그것을 강제할 수 있는 외부적인 사회적 규칙(규범)이 작동되어야 한다. 그 규칙이나 규범을 준수하도록 강제하는 현실적 힘은 법률이다. 현실적 법률까지 가지 않더라도 규범을 스스로 내면화하여 자발적으로 실천하는 내적인 주체의 힘은 도덕에 의해 이루어져야 한다. 법률이 잘 정비되어 있다고 하더라도 사회적 존재로서 인격의 함양이나 공동체 의식이 부족할 경우 그 법을 위반하기 쉬울 것이다. 그렇지만 법률이 우리의 가치를 잘 구현해주는 법일 경우는 별 문제가 없지만, 그러지 못할 때 인간은 저항할 수밖에 없다. 그 저항은 '시민불복종운동civil disobedience'으로 나타날 수도 있을 것이다. 이럴 경우 도덕은 현실에 순응하는 기제가 아니라 그 현실을 변화시키는 '분노의 에너지'로도 작용할 수 있을 것이다. 이 분노의 에너지를 이끌어내는 데는 현실을 직시하고 해석하는 비판 정신이 매우 중요하게 자리할 것이다. 순응하는 자세와 분노하는 자세는 창과 방패의 관계처럼 극단에 위치해 있다. 양자의 힘이 대립하거나 충돌할 때 어떻게 해야 하는가? 이는 참으로 어려운 과제일 것이다.

도덕성이란 '남들을 공격하고자 하는 자연인의 욕구'와 '남들이 자신을 공격해서 치명적인 결과가 초래될 것이라는 자연인의 두려움' 사이의 필연적인 타협이라고 설명할 수 있다.MacIntyre, 2004: 60 결국 행위의 사회적 측면과 도덕적 측면은 서로 동일하다. 사회의 운영을 위협하는 큰 위험은 사회정신이 사회의 구석구석에 스며들도록 하는 조건이 결여되어 있다는 것이며, 이것이 또한 효과적인 도덕교육의 큰 적이다.

이 정신은 다름과 같은 조건이 갖추어져 있을 때 활발하게 발휘될 수 있다. 사회적 지각과 관심은 진정한 사회적 분위기, 공동의 경험을 구축하기 위하여 자유로운 교환이 있는 그런 분위기에서만 발달할 수 있다. 사물에 관한 정보는 말을 배울 정도의 사회적 교섭을 한 사람이라면 누구든지 단편적으로 전해들을 수 있다. 여기에는 다른 사람과 어울려서 함께 일하고 노는 사회적 맥락이 필요하다. 삶의 장면과는 유리되어 단순히 교과를 공부하는 장소로서의 학교가 아니라, 공부와 성장이 함께 이루어지는 경험의 장의 일부분으로서, 그리고 사회 기관의 축소판으로서의 학교가 되어야 한다. 운동장, 공작실, 작업실, 실험실은 젊은이들의 자연적인 능동적 경향을 지도할 뿐만 아니라, 상호 교섭, 의사 교환, 협동을 가능하게 하며, 이 모든 것들이 관련된 것들의 지각을 확장시킨다.

학교의 도덕교육에서 가장 중요한 문제는 지식과 행위의 관련 문제이다. 정규 교과 교육에서 학습되는 내용이 인격에 영향을 미치지 못한다면, 교육의 통합적, 총괄적 목적이 도덕에 있다고 말하는 것은 부질없게 된다. 지식의 내용과 방법, 그리고 도덕적 성장 사이에 하등의 밀접한 유기적 관련이 없다면, 도덕교육을 위하여 특별한 수업과 훈육방법이 동원되지 않으면 안 된다. 그리하여 지식은 지식대로 행동의 원천이나 삶에 대한 태도에 통합되지 못하고, 도덕은 도덕대로 도덕적 지시로 구성된 별도의 덕목들의 체계를 갖게 된다.

그렇다면 학습은 사회적 목적을 가진 계속적인 활동 또는 작업의 부산물이 되도록, 그리고 학습 과정에서 전형적인 사회적 사태에서 나온 자료를 활용하도록 교육 방안을 마련해야 한다. 이러한 조건이 마련되어야 학교교육 그 자체가 사회생활의 한 형태이자 지역사회의 축소판으로서, 학교 바깥에서 일어나는 공동생활의 경험과 긴밀한 상호작용을 할 수 있다. 사회생활에 효과적으로 참여하는 힘을 기르는 교육은 모두 도덕교육이다.[Dewey, 1916/1993] 그런 교육에서 형성되는 인격은 사회적으로 필요한 구체적인 일을 하는 한편, 성장에 필수 불가결한 계속적인 재조정에 관심을 가진 그러한 인격이다. 삶의 모든 장면에서 배우려고 하는 우리의 관심은 도덕적 관심이 가장 중요하게 자리한다고 볼 수 있다.

도덕성 개념의 한국적 과제

1. 자신의 주변 생활을 통해 도덕성 개념을 정의해보라.
2. 도덕에 대한 불복종운동은 어느 경우에 일어나는가?

3장
도덕적 성숙에 이르는 두 가지 길

> 너의 생각에 주의를 기울여라. 네 생각이 곧 너의 말이 되기 때문이다.
> 너의 말에 주의를 기울여라. 네 말이 곧 너의 행동들이 되기 때문이다.
> 너의 행동에 주의를 기울여라. 네 행동이 곧 너의 습관이 되기 때문이다.
> 너의 습관에 주의를 기울여라. 네 습관이 너의 인격이 되기 때문이다.
> 너의 인격에 주의를 기울여라. 네 인격이 너의 운명이 되기 때문이다.
>
> 〈어느 학교의 교실 문 앞의 글〉(작자 미상) 리코나, 『인격교육의 실제』(2006: 21)

어떻게 행동해야 하는가? 어떤 사람이 되어야 하는가?

우리는 누구나 살아가는 동안에 자기 자신과 다른 사람들의 발언이나 행동에 대하여 다음과 같은 물음에 자주 접하게 된다. "그것이 옳은right 것인가? 그른wrong 것인가?" "좋은good 것인가 나쁜bad 것인가?" 이러한 질문에 접하게 되면 우리는 도덕적 판단을 하지 않을 수 없고, 그에 따라 행동하도록 요청받는다. 우리가 그러한 요청에 부응할 수 있는 것은 사태를 도덕의 관점, 즉 선/악 또는 정의/불의의 관점에서 보도록 사회화되었고 또한 교육받았기 때문이다.

그렇지만 도덕적으로 판단하고, 그 판단에 따라 도덕적 행동을 한다는 것은 쉬운 일이 아니다. 판단은 올바르게 하였다고 하더라도 행동은 그렇게 하지 못할 때가 많다. 그것은 자신의 욕망이 유혹을 하기 때문일 것이다. 그래서 곧잘 일탈과 퇴행의 길로 들어서게 된다. 그러면 어떻게 해야 틀린 길, 나쁜 길로 들어가지 않고 옳은 길, 착한 길로 들어설 수 있을까?

도덕적 성숙에 이르는 방법에는 두 가지 길이 있다. 첫 번째 길은 "나는 어떤 사람이 되어야 하는가?"이고, 두 번째 길은 "나는 어떻게 행동해야 하는가?"이다. 물론 이 두 가지는 연관되어 있다. 그러나 첫 번째 도덕의 관점은 개인적인 덕성이나 자질을 거론하는 것이고, 두 번째 도덕의 관점은 개인적이고 사회적인 행동의 방법이나 원칙을 거론하는 것이다. 전자의 "어떤 종류의 사람이 되어야 하는가?"라는 물음은 본질적으로 인간의 선함에 관한 '덕德'/'품성'/'성품'의 질문인 반면, 후자의 "나는 어떻게 행동해야 하는가?"라는 물음은 옳음과 틀림을 아는 '의義'/'정正'/'정의正義'의 질문이다. 전자가 다른 사람과 관계를 맺는 '사람의 미덕'이나 '인격'을 말하는 경향이 있고, 후자는 '사람의 행동'에 대해 평가하는 '도덕적 판단'에 맞추어져 있는 경향이 있다. 전자가 아리스토텔레스, 맥킨타이어의 관심이라면, 후자는 소크라테스,[10] 칸트 그리고 콜버그의 관심이라고 할 수 있다. 양대 윤리학은 오늘날 도덕적 성숙에 이르는 길에 대해 서로 다른 견해를 보여준다.

예를 들어, 파산한 친척에게 빌려준 돈을 갚으라고 압박하는 것은 '덕의 윤리'를 무시하는 것이라고 흔히 말한다. 사실 빌려준 돈을 돌려달라고 하는 것은 당연한 것이다. 그것이 하나의 약속이고 암묵적으로 지지되는 사회계약이기도 하다. 이러한 약속과 계약은 정의의 윤리가 반영된 것이다. 그래서 빌린 돈을 갚지 않는 것은 사회의 존속을 어렵게 한다. 그런데 문제는 돈을 빌린 당사자가 친척이라는 사실이다. 혈연관계에까지 정의의 윤리를 적용할 수 있겠는가 하는 것이다. 그래서 우리는 흔히 친척 간이나 친구 사이에는 돈거래를 하지 말아야 한다고 교훈처럼 이야기한다. 이런 경우 아예 못 받을 것을 각오하고 빌려주라는 교훈을 많이 듣게 된다. 이 경우 정의의 윤리보다 덕의 윤리가 더 우세한 입장에 있다.

10 소크라테스는 교육의 본질을 영혼의 정화淨化에 둔다. 그리고 영혼의 정화는 가르침을 통해서라기보다는 스스로의 탐구를 통해서 이루어지는 것으로 생각한다. 지식도 인격도 가르침의 대상이 아니라 탐구의 대상이라는 것이다. 우선 탐구는 소크라테스 자신의 무지 고백으로 시작한다. 모르는 것을 아는 것이 진정한 앎의 시작이라는 것이다. 예를 들어 덕을 가르칠 수 있는가를 질문하는 메논에게 자신은 덕 자체도 모른다고 고백한다. 그는 참된 지식은 신만이 가진다고 생각하기 때문에 덕에 관해서는 모른다고 하는 것이다. 영혼의 정화는 "검토되지 않은 삶은 살 가치가 없다."라는 소크라테스의 말과 직접 관련된다. 삶의 검토/탐구가 바로 자신의 영혼의 정화인 것이다.

그런데 사장이 자신의 사정이 어렵다며 노동의 대가로 주어지는 임금을 제대로 주지 않을 때 어떻게 해야 하는가? 이 경우 돈을 받지 않고 일한다는 것은 불가능할 것이다. 특히 그것도 한두 번 체불도 아닌 악덕 기업주일 경우, 노동자를 향해 임금을 포기하고 사장에게 덕을 베풀라고 요구하는 것은 상상하기 어려울 것이다. 그것은 불의를 수용하는 것이나 다름없기 때문이다. 이 경우 우리는 정의의 윤리 또는 규칙의 윤리를 적용하는 것이 더 적절할 것이다. 그리하여 우리는 임금을 받기 위해 싸움을 하고 집단적 힘을 발휘하기 위해 노동조합을 만든다.

최소 윤리와 최대 윤리의 관계

위의 두 상황은 규칙/의무 윤리와 덕/품성 윤리의 갈등이라고 할 수 있다. 흔히, 정의의 윤리를 '최소 윤리minimum ethic' 또는 '얇은 윤리thin ethic'라고 부르고, 덕윤리virtue ethics를 '최대 윤리maximal ethic'나 '두터운 윤리thick ethic'로 부른다. '정의로운 사회'를 향한 도덕교육은 이유와 근거에 터한 편향되지 않는 합리적 이성을 통한 '도덕적 판단의 발달'에, 후자의 '행복한 사람'이 되기 위한 도덕교육은 연속적 실천과 습관의 형성을 중시하는 '덕의 함양'에 초점을 둔다.

도덕적 판단력/인지구조의 발달을 우선하는 관점은 이성에 의해 결정되는 합리적 활동으로서 도덕적인 것은 저런 방향의 행위보다는 이런 방향의 행위를 선택하는 합리적이고 정당한 논거/이유에 바탕을 둔 것이다. "여기에서 거짓말하지 말아야 한다면 저기에서도 거짓말하지 말아야 한다."라는 보편적/무조건적인 법칙/정언명령을 중시한다. 똑같은 상황에 처한다면 어느 누구나 똑같은 행동을 해야 할 것이다. 이 같은 법칙/규칙은 기존 사회의 인습/관행을 넘어서는 정의의 관점에 바탕을 두고 있다. 이 법칙은 사회 속의 어떤 특정 가치, 특히 정의의 윤리가 어떤 다른 가치보다 선행한다고 보는 것이다. 이런 선행하는 상위의 더 큰 도덕원리에 따르는 정의로운 사회에 대해 롤스John Rawls는 '무지의 장막'을 상정하였다. 물론 사회의 규칙이 정의롭지 못하면, 그것을 거부하고 저항할 수 있는 불복종 정신이 허용되어야 한다. 이런 입장은 칸트의 합리주의와 피아제의 발달론을 결합시킨 로렌스 콜버그의 관점이다. 기본적으로 자유주의 사상에 대한 존중에서 나온 관점이다. 이 관점에는 전통적 관행을 넘어 근대적 공정 사회/공평 사회로 나아가기 위한 이상 사회의 꿈과 희망이 반영되어 있다.

반면 덕의 함양을 우선하는 관점은 "만일 내가 지속적으로 덕 있는 행동을 한다면 나는 덕 있는 사람이 될 것이다."라는 생각이 담겨 있다. 덕을 가르침으로써 덕 있는 사람이 되는 것이 아니라, 덕을 실천함으로써 덕 있는 사람이 되는 것이다. 즉, 용기 있는 사람이 되려면 용기 있는 행동을 해야 하는 것이다. 교실에서 용기가 무엇인지를 아는 교육을 받는다고 용기 있는 사람이 되는 것이 아니다. 이는 숙련된 피아니스트가 되려면 연습을 많이 해야 하는 것이나 다름없다. 그래서 덕의 윤리는 '실천'을 매우 중시한다. 덕윤리의 일차적 목표는 개별 행위가 아니라 그러한 행위의 기반이 되는 성품, 즉 존재의 변화에 있다.

의무/규칙 윤리	"행동이 옳은 것인가, 그른 것인가"	개인의 이해나 선호를 초월하는 행동의 최소의 기준이나 규칙, 행동의 옳음, 정의/공정성, 사회협약/계약사회	최소 윤리 도덕적 판단력/비판적 사고	강제된/금지의 도덕, 소극적 도덕/최소 윤리	얇은 윤리	인지 발달
덕/품성 윤리	"사람이 좋은가, 나쁜가"	개인의 내면에서 함양되는 품성, 행위자의 좋음, 선/착함, 행위자의 사람됨/됨됨이/인격, 자비/사랑, 초의무, 행복, 완전주의 사회	최대 윤리 수양/모범	권장된/함양의 도덕, 적극적 도덕/최대 윤리	두터운 윤리	인격 교육

의무윤리와 덕윤리의 관계

돈오와 점수의 상호작용

아이는 태어날 때부터 도덕적이지 않다. 아이가 도덕적 본성을 가지고 태어나는 것은 아니다. 자신의 본능에 따라 움직일 뿐이다. 그러나 아이는 도덕적 인간이 될 수 있는 능력/역량/잠재력/씨앗을 가지고 태어난다. 맹자는 선함을 조금 가지고 태어난다고 하였다. 정의롭고 용기 있고 절제력 있고 현명하게 태어나지는 않으나, 정의롭고 용기 있고 절제력 있고 현명하게 될 수 있는 역량capacity은 가지고 태어난다는 것이다. 그러나 그 선한 역량은 크지 않다. 그러기에 그것을 '도야/함양'하여야 한다. 마치 매일 청소하지 않으면 먼지가 쌓이게 되는 유리창을 닦듯 도덕성을 쉼 없이 닦아야 한다漸修. "도를 닦고 덕을 쌓자."라는 것이다. 도를 닦는 것이 수양의 과정에 주목하는 것이라면 덕을 쌓는 것은 수양의 결과를 지칭한다. 깊이 생각하는/숙고하는 노력과 함께 매일 좋은 습관을 쌓는 것이다.

따라서 이 두 가지는 결국 하나로 종합된 유덕한 인격이 되는 것, 즉 도덕의 구현이라고 할 수 있다. 도를 닦는 것은 사실상 그 속에 지知·정情·의意 모두를 연마하고 도야하는 것을 내포한다. 도를 닦아 도에 통하는 일이 한결 인지적인 측면을 말한다면, 도를 닦음으로써 덕을 쌓는 일은 정서를 순화·조율하고 의지를 단련·강화하는 과정 모두를 포함한다고 할 수 있다.[황경식, 2012: 42-43] 도를 닦아 깨닫는다는 것은 인지적 각성을 의미하며, 닦는다는 것은 오래 길든 습기習氣를 닦아내어 본성을 회복한다는 것이다. 이때 습기는 감정과 의지 등이 얽혀서 생긴 것으로서 닦는다는 것은 감정의 정화 내지 순화를 의미한다. 돈오頓悟, 즉 인지적 각성과 점수漸修, 즉 감정의 순화 과정은 반드시 어느 하나가 먼저 이루어진다기보다 지성과 감성 그리고 의지가 상호작용을 하는 가운데 서로에 대해 영향과 자극을 줌으로써 상호 보완하고 상생하는 관계에 있다고 할 수 있다.[황경식, 2012: 302-303] 따라서 자기 수양은 인지, 감정, 의지 모두와 관련된 복합적 과제라고 할 수 있다. 도를 닦고 덕을 쌓아 우리가 궁극적으로 겨냥하는 목적은 결국 인간다운 삶 그리고 즐겁고 행복한 삶에 있다고 할 수 있다. 인생은 도를 닦고 덕을 쌓는 과정, 즉 도상道上에 존재하는 것이다. 가고 가고 가다 보면 가는 가운데 알게 되고, 행하고 행하고 행하다 보면 행하는 가운데 깨치게 된다고 할 수 있다.

이렇게 보면 도덕교육이란 평생에 걸쳐 인간/아이들의 도덕성을 더욱 발달된 상태로 이끌기 위한 계속적 노력이나 시도라고 할 수 있다. 일체의 인간 행동에는 인간으로서 마땅히 가야 할 도덕에 일관된 방향으로 마음의 변화가 일어나도록 하는 교육적 요소가 들어 있으며, 그런 만큼 도덕교육은 일상의 삶 전체를 통하여 자연스럽게, 때로는 의도적으로 일어나는 활동을 해야 한다. 이러한 입장은 아리스토텔레스와 맥킨타이어의 관점이기도 하다. 아리스토텔레스에 따르면 도덕교육의 목적은 '성품의 함양'에 있다. 덕/미덕을 함양하는 유일한 길은 덕 있는 행위를 하는 것이다. 다시 말해서 이런저런 행위에 초점을 두지 않고, 특정한 방식으로 행위하는 사람의 '성향'에 초점을 두어야 한다는 뜻이다. 덕윤리는 덕이 있는 개인이 바람직한 행동으로 좋은 삶을 사는 것을 중요하게 생각한다. 인간이 어떻게 살아야 하고 무엇을 하고 무엇을 하지 말아야 하는지 그리고 어떤 종류의 사람이 되어야 하고 어떤 사람이 되지 말아야 하는지를 알아야 한다. 또한 그것은 모든 종류의 올바른 행위를 낳으므로 그것을 소유하기 위해서는 실천과 봉사 등 모든 덕을 지녀야 한다. 용기, 절제, 사려 분별 등 덕의 함양은 도덕적 행위자에게 강제된 것이 아닌 '의무를 넘어서는superegatory=beyond duty' 덕목으로 사회적 삶을 최대한으로 고양시키기 위해 권장될 수 있는 도덕이다.이승환, 1998: 6 성인다운 행위, 영웅적 행위 등은 도덕적으로 높이 평가되는 행위이다. 그러나 이러한 행위는 의무 사항이나 금지 사항이 아님은 물론이고, 더더군다나 허용 사항도 아니며, 도덕적으로 높이 평가될 권장 사항이라고 할 수 있다. 그런데 이처럼 대단한 의무 이상의 행위가 아니라 할지라도, 우리의 일상에는 보통 사람들이 조금만 노력하면 수행가능한 다양한 의무 이상의 행위들이 있다. 친절한 행위, 용기 있는 행위, 배려하는 행위 등은 덕의 윤리에서는 도덕적 행위의 근간을 이루고 있다.

이렇게 양자의 윤리는 많은 경우 갈등 상황에 놓일 수 있다. 양자의 윤리적 원칙을 잘못 적용하면 범주 오류를 범하기 쉽다. 행위의 기준이나 원칙을 따르는 '판단력의 발달'을 중시하느냐, 아니면 도덕적 행위를 하도록 하는 '덕의 함양'을 중시하느냐 하는 강조점의 차이가 있을 수 있다. 그런데 양자 모두 전자 없는 후자나, 후자 없는 전자는 불완전한 도덕이 될 것이다. 상황과 조건에 따라 중요도나 우선순위가 달라질 것이며, 때로는 적절한 배합이 필요할 경우도 있을 것이다. 여기서 우리는 도덕교육의 초점을 어디에 둘 것인가의 문제로 되돌아간다. 학생의 도덕적 판단력을 고무하여 바른 생각을 하도록 하는 직접적 방식의 깨달음/각성을 중시할 것인가? 아니면 교사 스스로 모범을 통해 타인이 닮아가도록 하는 우회적 방법을 택할 것인가? 어느 하나를 선택하는 것은 쉽지 않을 것이다. 상황과 조건에 따라 달라질 것이다. 원론적으로는 교사와 부모는 아이들의 이기적 본능을 규율하는 방법으로서 금지의 소극적 도덕negative morality과 함께 다른 사람에 대한 자연스러운 동정심과 애착심을 고양시키는 방법으로서 권장하는, 함양의 적극적 도덕positive morality으로 나아가도록 유도하는 것이 현명할 것이다.

이러한 분별 있는 행동을 하려면 인생의 여러 상황에서 판단을 잘하게 하는 '실천적 지혜'를 체득해야 한다. 실천적 지혜phronesis =practical wisdom는 이론적 이해와 지혜를 의미하는 소피아sophia와 반대된다. 지혜란 인생의 여러 상황에서 판단을 잘하게 하는 '실천적 지혜'와 함께, 집을 짓거나 옷을 만드는 등 생산과 관련된 '기술적 지혜', 학문이나 이론적 지식과 관련된 '학문적 지혜', 아름다움이나 감성과 관련된 '예술적 지혜' 등 네 가지 종류의 지혜가 있다. 사람들은, 특히 아이들은 스스로 '배움의 즐거움'을 깨달아 이성의 능력을 기르도록 하는 방식의 '지혜교육'을 받아야 한다. 진정한 지혜는 기쁨과 열정으로 배움에 임하고,

그러한 배움을 통해서 끊임없이 자기 발견을 하고, 이성의 능력을 키울 때 얻어지는 것이다. 이때부터 비로소 삶도 행복해지는 것이다. 그런데 우리 사회는 아이들이 스스로 배움의 즐거움을 깨닫기도 전에, 강제로 공부를 하게 하는 풍토가 지배하고 있다. 배움 그 자체가 즐거워 공부하는 사람이 드물게 된 배경은 어디에서 찾아야 하는가? 인간의 타고난 호기심과 배움의 즐거움이 교육을 통해 오히려 배움에 대한 염증으로 바뀌고 강요된 것으로만 작용한다면, 분명히 오늘날의 교육은 행복과는 무관한 것이다. 말하자면 삶을 풍성하게 하는 수많은 배움의 원천들을 공부로 여기지 않는 우리 사회의 지배적인 풍토가 곧 배움을 싫어하는 고질적인 습성을 만들었다. 그래서 교육과 학문이 '불일치'를 보이고, 배움과 삶이 '따로' 논다. 이것이 우리나라 학교교육, 공교육의 위기이다.

실천적 지혜는 도덕적 덕을 창출하고 통합하는 자질로서 지적인 덕/탁월성과 도덕적인 덕/탁월성[11]을 융합/통섭하는 핵심적 인성이라고 할 수 있다. 실천적 지혜는 도덕 원칙에 대한 적절한 지식/이론적 지혜뿐만 아니라, 특수한 상황에 처한 개인에 대한 감수성과 분별력을 필요로 한다. 이 두 가지 커다란 덕/탁월성이 체득되었을 때 도덕적 성숙이 가능할 것이다. 실천적 지혜는 덕/인격/배려를 적절한 형태의 추론과 친밀한 방식을 통해 결합한 것이다. 실천적 지혜가 없으면 온전하게 선할 수 없고, 인격의 탁월성이 없으면 실천적으로 지혜로울 수 없다. 따라서 맹목적인 사람이나 겁쟁이가 되지 말고 용기 있는 사람이 되어야 하고, 방황하는 사람이나 비굴한 사람이 되지 말고 관대한 사람이 되어야 한다. 인색하지도 않고 사치하지도 않는, 그리고 만용도 아니고 비겁도 아닌, '중용中庸의 길'을 걸어가야 한다. 학생들은 지나친 행동을 피하고, '중용의 길'을 찾도록 안내되어야 한다. 여러 가지 곤란한 상황에 직면하더라도 실천적 지혜를 갖춘 덕 있는 인격자만이 유혹의 함정을 극복할

11 '덕arete, virtus, virtue'은 '탁월성excellence'이라고 번역되기도 한다.

수 있다. 전인적 존재가 되는 성숙의 최종 목적지는 도덕적 성숙에 있을 것이다.

아동의 도덕적 성숙을 위한 한국적 과제

1. 정의의 윤리와 덕의 윤리가 갈등하는 사례를 들고, 대안을 모색해보자.
2. 도덕적 딜레마에 빠진 아동의 도덕적 성숙을 위한 방안을 찾아보자.

2부

도덕교육의 전통과 새로운 대안

4장
도덕교육의 현대적 동향

> 전통은 조상으로부터 물려받은 소유물인 동시에 미래의 새로운 출발점이다.
> 과거와 전통은 그저 단순히 역사 속으로 사라져가는 것이 아니라,
> 역사 속에 늘 살아 숨 쉬면서 우리의 손길을 기다린다.
> 실즈(1910-1995), Tradition(1981)

도덕교육의 새로운 도전들

우선 세계의 도덕적 위기 상황을 전체적으로 파악하기 위해 도덕교육의 동향을 살펴볼 필요가 있다. 첫째, 글로벌 시대를 맞이하여 기존 도덕교육의 무력함에 도전한 '문화다원주의' 접근이다. 지난 30~40년간 서양 국가들에서는 문화적·인종적 다양성이 증가함으로 인해 수많은 실천적인 교육 문제들이 대두되었다. 다문화주의는 거리를 걸을 때마다 낯선 이국인들을 향해 얼굴을 찌푸리는 행위 등에 대한 근본적 문제의식을 제기한다. 세상의 모든 사람의 얼굴색, 언어, 생활 습관, 사고하고 행동하는 방식과 태도 등에서 다름의 가치를 일깨워준다. 다문화교육은 바로 이런 문제들에 대한 실용적인 반응으로서 처음 제기되었다. 따라서 하루가 다르게 변화하는 세계의 다양한 문화에 유연하게 대응하는 다문화교육(15장)이 필요하다. 이후 학자들은 다문화주의의 개념에 대하여 철학적으로 관심을 기울이게 되었고, 나아가 다문화교육 multi-cultural education과 관련된 사회적·정치적 문제들을 전적으로 탐구하기 시작했으며, 최근에는 문화 이론과도 연결시키는 국면에 접어들었다. 이로 인해 체계화된 다문화교육의 이론이 발달하게 되었다. 1960년대와 1970년대 소수 인종 집단의 권리 추구 운동, 국가 간 이주의 증가, 국

경의 강화, 그리고 국민/민족국가의 증대 등으로 세계화 시대의 다양성 및 시민교육과 관련된 복잡하고 역동적이며 유동적인 문제들이 제기되는 등의 사회적 불평등에 대한 시민권 운동의 산물이 바로 다문화교육으로 나타났다.

도덕교육의 전통적 신념을 무너뜨린 두 번째 도전자는 정의주의emotivism의 출현이다. 또 정의주의는 철학과 대중문화에 큰 영향을 미쳤다. 정의주의자들은 모든 도덕 판단이 성격적으로 선호의 표현, 태도 혹은 감정의 표현에 지나지 않는다고 주장한다. 이러한 주장은 다른 철학적 움직임들과 마찬가지로 문화 속으로 폭넓게 파급되었다. 이러한 파급력은 개인주의와 시민권의 성장 그리고 아동 중심주의의 등장과 무관하지 않다. 이런 생각의 부상은 기존의 도덕교육 담론을 흔들어놓았다.

도덕교육의 신념을 무너뜨린 세 번째 도전자는 학교로 하여금 특정한 문화 집단이나 개인의 비위에 거슬리는 이슈들에 대해 어떠한 입장도 취하지 못하도록 한 정치적, 법적인 분위기였다. 학교는 학생들이 갖고 있는 가치를 '명료화'하도록 돕는 것 이외에 어떠한 활동도 시도하지 않았다(6장). 실제 특정한 도덕적 태도나 입장은 누군가를 화나게 할 수 있다. 그렇기 때문에 학교는 도덕적 문제들 대부분을 회피하면서 누구에게도 불쾌감을 주지 않는 학문적 '사실들'만을 가르치는 데 집착했다. 어찌 됐든 약물 교육, 성교육과 같은 프로그램을 제외하고는 도덕교육을 위한 계획적인 시도들이 뒷전으로 밀려나거나 아예 사라져버렸다. 학교가 의도적으로 도덕적 문제를 다루려 할 때, 정치적인 살얼음판 위를 걷고 있음을 발견하게 된다. 이렇게 가치상대주의의 중시는 교사의 가치중립적 태도를 요구하였다. 이러한 태도의 요구는 교사에 의한 교화 가능성을 염려한 결과라고 할 수 있다.

그렇지만 가치상대주의의 팽배로 인해 어떤 내용을 가지고 도덕교육을 해야 할지를 망각하는 혼란스러운 학교 상황이 초래되었다. 가르칠 내용보다 방법론에 지나치게 경도된 나머지 전달해야 할 공동체의 가치를 포기하는 상황을 초래하였다. 그리하여 지나치게 유행에 민감한 젊은이들의 태도는 국민성 타락의 징후이자 원인을 제공하였다. 이에 대한 반성으로 가치명료화(6장)의 대변자였던 커셴바움조차도 『도덕·가치 교육을 위한 100가지 방법』H. Kirshenbaum, 1995을 제시하기에 이른다. 우리들이 살고 있는 세계의 상황을 악화시키는 것들의 목록에 파괴적 태도, 정신적 병폐, 약물 오남용, 흡연 그리고 폭력적 범죄를 포함시켰다. 해방신학자로 우리에게 더 익숙한 퍼플D. Purpel은 더욱 급진적 방식으로 『교육에서의 도덕적·정신적 위기』Purpel, 1988라는 책 제목에서 보여주듯이 시대의 도덕적 위기 상황을 폭로하였다.

도덕교육의 전통적 신념을 허문 네 번째 도전자는 다름 아닌 도덕교육을 위해 학교가 무엇을 해야 하는가에 대한 연구 결과들이다. 1920년대 후반 전통적인 도덕교육의 효과에 의문을 품은 하트숀과 메이Hartshorne & May가 수행한 도덕성에 관한 연구는 도덕교육에 대한 우리의 확신을 부숴버리는 데 한몫을 했다. 이 방대한 연구는 도덕적 규범을 배운 아이들이 배우지 않는 아이들보다 실제로는 그것들에 따르지 않고 있다는 것을 밝혀냈다. 원래의 연구 의도와는 달리 시간을 초월한 행동의 일관성을 내포하는 '인격' 개념에 의혹을 제기하며 도덕적 행동이 매우 상황 의존적임을 보여주었다.

기본으로 돌아가기와 도덕적 추론

학교는 사실들만을 가르쳐야 한다는 생각으로 인해 1980년대를 지나면서 '기본으로 돌아가자'는 구호를 지지하는 수많은 사람들의 외침이 커져갔다. 때로는 '도덕적 추론'을 말하는 것이 도덕교육을 이야기하는 가장 안전한 길인 것처럼 보이기도 했다(7장). "내용을 버리고 과정에 초점을 맞추어라."라는 콜버그의 사고틀은 도덕교육을 논의하는 기본이 되었다. 도덕적 추론과 도덕적 행동 사이에 매우 밀접한 상관관계가 있다는 그의 가정은 자주 비판을 받았지만, 그의 사고틀은 당시 도덕교육의 문제들을 처리할 수 있는 유일한 효과적인 접근 방법이었다. 즉 20세기 후반 공교육의 맥락에서 도덕교육을 언급하는 데 사용될 수 있는 유일한 논의의 틀이었고, 도덕교육 이론이나 실제에 있어 거의 절대적 영향력을 발휘하였다.

1970~80년대 도덕교육의 영역에서 의도적인 시도를 한 것이 조금만 더 불투명했다면(그런데 사실 너무 분명했다), 전통적으로 있어왔던 의도적 가치교육 활동이 완전히 사라지지는 않았을 것이다. 다소 미흡하기는 했지만, 학교는 항상 불가피하게 가치 함축적 장소의 기능을 하게 된다. 학생들에게 시험 중 부정행위를 하지 말라고 말할 때, 학생들이 합리적으로 수학 문제의 답을 구하려고 노력할 때, 지각생에게 벌을 줄 때 우리는 학생들의 가치관에 영향을 줄 수 있을 것이다. 학교가 가치교육을 목적으로 삼지 않는다는 것은 상상조차 할 수 없는 일이다.

그래서 나타난 것이 『학교에서의 도덕적 생활』Jackson 등, 1993이다. 이 연구는 대규모 질적 연구로서 관찰자들이 교실 안에서 도덕성에 영향을 주는 모든 것—교사의 의사소통 스타일에서부터 교실 배치에 이르기까지—을 관찰·기록하여 기술하였다. 이 모든 것들은 사실 특정한 도덕적 분위기를 반영한 것이다. 이와 유사한 관점들은 『잠재적 교육과정과 도덕교육』,Giroux & Purpel, 1983 『도덕교육: 세력권 안으로 들어오다』Purpel & Ryan, 1976 안에서도 발견되었다.

맥킨타이어의 도덕적 문제 제기

다른 한편으로 도덕교육에 관한 합의가 파기되고 도덕교육의 위기를 초래한 원인들이 여전히 상존함에도 불구하고 도덕교육의 부활을 바라는 것은 도덕교육의 진영에서가 아니라 맥킨타이어A. MacIntyre와 같은 철학자에게서 나왔다. 그는 원래 마르크스주의자였지만 시대 상황의 변화로 계급보다는 문화의 위기에 큰 관심을 보였다. 그는 현대인의 도덕적 상황에 대해 심각한 문제 제기를 하였다. 포스트모더니즘의 등장과 함께 니체 등을 비롯한 허무주의의 팽배를 도덕적 위기 상황으로 본 것이다. 그의 관심은 대중문화, 학계, 학문 분야들, 그리고 이론과 실천의 경계를 넘나들면서 관심의 수준과 관점의 다양성을 보여주었다. 이 다양한 관심은 맥킨타이어로 하여금 세계의 이목을 집중시킨 『덕의 상실』MacIntyre, 1981을 탄생시켰다(9장, 11장). 그는 현대 도덕적 담론의 본질적 특성이라고 할 수 있는 '도덕적 무질서'에 대한 대안으로서 그리스 공동체로 돌아가 아리스토텔레스 철학에 귀의하였다. 그는 우리 학생들과 문화를 한층 높은 도덕적 지반으로 인도할 지침으로서 학교에 제공할 수 있는 '교육받은/교양 있는 공민educated public'이 주체가 되는 학문 공동체의 등장을 희망하였다.MacIntyre, 1987

통합적 인격교육

또 다른 한편으로 도덕적 위기 상황에 대한 대안을 '통합적 인격교육'(10장)에서 찾고자 하는 시도가 등장하였다. 미국 사회의 복원을 위해 도덕교육의 보수적 목소리를 낸 리코나T. Lickona, 1991는 점차 확대되어가는 사회의 도덕적 문제—탐욕과 부정직으로부터 폭력적인 범죄, 약물 오남용, 자살과 같은 자기파괴적 행위까지—의 해결을 위해 새로운 도덕교육을 요구하였다. 널리 알려진 인격교육론자 윈과 라이언Wynne & Ryan, 1997은 "1955년 최고 전성기 시절 아동들의 행동을 측정한 방대한 자료에 기초하여"라는 글을 쓰면서, 우리 젊은이들이 나아가야 할 길이 무엇이고, 젊은이들이 어떤 인간들인가에 대해 어떠한 질문도 받지 않았다고 비판적으로 회고하였다.

맥킨타이어나 리코나T. Lickona 등이 제기한 비판들이 보수적 세계관에서 비롯된 것이기는 하지만, 보수주의자들의 도덕적 위기, 구체적으로 말하면 사실은 '문화적 위기'를 말하는 것으로서 이에 대한 고민을 하찮게 볼 것은 아니었다. 좌파, 우파를 가릴 것 없이 대부분의 사람들은 우리 사회가 도덕적 위기에 직면해 있다는 사실에 동의할 것이다. 그렇지만 그뿐이었다. 그 밖의 것에 대해서는 어떠한 합의도 이루지 못하였다. 시대적 위기 징후에 대한 공통된 합의가 그렇게 쉬운 일이 아니다. 세계가 처한 도덕적 위기의 해결을 위해 우리가 어떤 관점을 취해야 할지를 올바로 파악하기가 만만치 않다. 그래서 도덕교육의 전망은 더욱 안개 속에 가려 불분명하게 전개되었다.

교화와 가르침

이후 대부분의 도덕교육 담론들은 대립적인 두 가지 기본적인 접근 방식 간의 격렬한 논쟁으로 지속되었다. 즉, 듀이, 피아제, 콜버그에 뿌리를 두고 있는 민주적 접근 방식, 그리고 전통적인 미국의 교육과 오늘날 윈E. Wynne, 베넷B. Bennett에 의해 옹호되고 있는 주입식 접근 방식이 바로 그것이다. 샌딘R. Sandin 역시 『덕의 재건』Sandin, 1992에서 도덕교육을 두 가지 접근 방법으로 구분했는데, 하나는 '교화indoctrination'이고, 다른 하나는 '가르침instruction'이다. 그에 따르면 '교화'는 학습자를 통제와 조작을 위한 대상으로 다루며, 반면 '가르침'이란 학습자의 자유에 의존하다. 이 구절은 분명 행동주의를 공격하고 있는 것이다. 그는 우리의 도덕교육이 오늘날 '인격교육'이라 불리는 전통적인 접근 방법을 추구해야 한다고 제안하였다. 누치의 『도덕 발달과 인격교육: 하나의 대화』Nucci, 1989는 권위주의적 인격교육론자들과 진보적인 도덕 발달론자들의 사유방식이 갖고 있는 특징들을 파악하여 양자 간의 논쟁을 피하며 대화를 시도한 책이다. 많은 경우 이들이 상대방에게 말하는 방식이 그리 공감적이지도, 친사회적이지도 않기 때문에 이러한 작업을 하나의 대안으로 받아들일 만하다. 비록 많은 학자들이 두 흐름 중 하나를 선택하는 것을 편하게 생각하겠지만, 도덕교육에 대한 두 목소리 중 어느 하나라도 무시하는 것은 도덕교육의 담론을 너무 거칠게 단순화하는 것이라고 할 수 있다.

다시 한 번 회상하면, '도덕 발달 이론가들'은 도덕적 자아를 형성하는 데에 이성의 힘을 과대평가하는 반면, 감정의 힘을 과소평가하는 경향이 있다(7장). 사실 그들은 감정적 자아에 직·간접적으로 호소하는 도덕교육을 '교화'라고 비판한다. 학생들은 어떤 기본적인 도덕적 전제가 없이 무엇이 도덕적으로 옳은지는 이성적으로 연역해낼 수 없다. 즉, 토론을 통해서는 전제들을 연역해낼 수 없는 것이다. 그러면 '이성에 선행하는pre-rational' 전제들은 어디에서 비롯되는가? 이 진영에 몸담고 있는 어떤 학자들은 그러한 도덕적 전제들이 선천적인 것이라고 가정하고 싶어 한다.

반면에 사회화론자(5장)나 '인격교육론자들'(10장)은 방대하고 다양한 실천 방법들을 높이 평가하는 경향이 있다. 그러나 어떻게 살 것인가에 대해 스스로 사고하고 선택하는 학생들의 역할을 거의 인정하지 않는다. 그들은 권위적인 방법에 너무 의존하는 경향이 있다. 또한 자율, 민주적 참여와 같은 가치들에는 별로 주목하지 않는 반면 복종, 권위에 대한 존중 같은 권위주의적 가치들에 초점을 맞추는 경향이 있다.

배려윤리의 도전

여기에서 콜버그의 도덕성 발달론(7장)에 대한 또 하나의 대안으로서 도덕적 정서를 중요시하는 배려윤리학자들(8장)이 등장한다. 길리건Carol Gilligan과 나딩스Nel Noddings는 콜버그의 주장이 합리적인 원칙과 의식적인 추론에 기초한 도덕성 때문에 문제라고 지적하며, 배려가 없는 정의에 비판의 초점을 맞추고 있다. 이어서 콜버그의 이론은 여성의 도덕성보다는 남성의 도덕성에 유리한 접근 방법이라고 비판한다. 정의의 도덕과 배려의 도덕의 경합적 기원은 성차와 어느 정도 관련되어 있다. 하지만 정의와 배려의 도덕은 서로에 대한 비판과 논쟁을 거치며 양자 모두의 공존을 강조하는 것으로 발전한다. 즉 두 가지 지향은 서로 모순되지 않을 뿐만 아니라 타자에 대한 공감은 정의를 향한 열망의 정서적 토대가 될 수 있다는 것이다. 배려의 도덕교육은 어른들과 또래 집단 간의 친밀하고 상호 호혜적인 배려 관계의 경험을 중요하게 생각한다. 이러한 관계는 학생과 학생, 학생과 교사 사이에 의미 있는 대화와 감성적이고 신뢰감 있는 교사의 안내, 따뜻하게 배려해주는 공동체를 통해 형성될 수 있을 것이다. 이 모든 노력을 통해 학생들은 교실 안에서 편안함과 존중받고 있다는 느낌을 갖도록 도움을 받는 한편, 타인에 대한 배려의 중요성을 배우고, 공감을 바탕으로 한 배려를 발달시킬 수 있을 것이다.

비판적 문해 이론과 도덕교육

지금까지의 도덕교육의 담론을 정리하면 전통적 인격교육론자들과 도덕적 추론을 통한 인지발달론자, 그리고 보살핌/배려를 강조한 여성주의 도덕론자들로 크게 범주화할 수 있다. 그러나 여기에 도덕교육의 영역 안으로 잘 포괄되지 않는 '비판적 문해 이론critical literacy theory'을 추가할 수 있을 것이다.[Willis, 2013] 이 이론은 사회문화적 재생산을 위한 사회화 접근에 거부적 입장을 취하는 반反사회화 접근이라고 할 수 있다. 이 접근은 사회 변혁을 위한 가장 급진적인 노선을 따르는 '비판적 교육학critical pedagogy'이다. 프레이리[Freire, 1998]나 지루[Giroux, 1992]와 같은 비판적 문해 이론가들은 비록 자신들이 수행한 학문적 작업에 도덕교육이라는 용어를 붙이지는 않았지만, 이들은 분명 기존 사회의 재생산을 폭로하며 도덕적 처리 방식을 매우 중시하고 있다. 비판적 문해력 등을 강조하는 비판적 교육학자들은 문화적 다름, 일상적 삶의 복잡성, 그리고 민주적 교육을 요구하는 이론적인 지향들을 크게 강조하고 있다.

도덕교육의 전체적 흐름

지금까지 보았듯이 도덕교육의 패러다임은 도덕교육의 지형에 우뚝 솟아 있는 네 가지 큰 기둥들, 즉 인격교육, 도덕적 추론, 배려 공동체, 비판적 문해력 등으로 분류될 것이다. 그렇지만 인지발달론(7장)과 인격교육론(10장), 배려윤리(8장)와 비판적 문해교육론은 다음과 같은 도덕교육론의 포괄을 필요로 한다. 즉, 덕윤리학과 공동체교육론은 인격교육과 배려윤리론에 포괄될 수 있다. 인격교육론은 사회화론에도 포괄될 수 있다. 평화교육, 생태교육론은 비판적 문해교육론에 포괄될 수 있다. 사회개혁을 요구하는 공동체교육론은 비판적 문해교육론에 포괄될 수 있다. 덕윤리학과 인문학/교양교육은 인격교육에, 인권교육과 평화교육 그리고 다문화교육과 시민교육과 생태교육은 비판적 문해력의 큰 우산 안에 들어갈 수 있다. '도덕적 추론'의 대안으로 등장한 '정의로운 공동체' 접근(7장)은 배려 공동체(8장)에 소속될 수도 있다.

네 가지 도덕교육 패러다임은 기타의 도덕교육에 대한 주요한 접근법들을 모두 포괄한다고 말할 수는 없다. 그 경계를 가로지르는 수많은 학자들을 포괄하지 못할 뿐만 아니라, 특정한 철학적 지향에 얽매이지 않는 기술/경험과학 연구들의 급격한 성장도 끌어안지 못할 수 있다. 이러한 범주화는 범주 내부에 존재하는 차이점을 지나치게 최소화하고 단순화하는 경향이 있다. 그러나 강조점이 달라질 경우 다른 진영에 포괄될 수도 있다. 공동체 교육은 배려 공동체와 인격교육에도 포괄될 수 있다. 서로 논쟁을 벌이면서 대안적 논의가 활발하게 진전된 경우 제3의 진영으로 포괄될 수 있다. 이렇게 도덕교육의 지향과 노선의 경계선에 따라 가치의 포섭과 배제의 위치는 달라질 수 있을 것이다. 따라서 도덕적 위기의 원인을 다르게 보면 그것을 처방하기 위한 도덕교육의 방책도 달라질 것이다.

도덕교육의 한국적 과제

1. 도덕교육의 동향을 통해 본 한국 도덕교육의 과제란 무엇인가?
2. 도덕교육 담론의 현대적 쟁점을 통해 한국 도덕교육을 평가해본다.

5장
도덕적 가치의 보존을 위한 문화사회화

> 사회는 새로운 세대를 받아들일 때마다 새로운 것을 그려 넣어야 하는 백지 같은 것을 직면하게 된다. 이기적이고 비사회적 존재인 신생아에게는 가능한 한 빨리 도덕적·사회적 생활을 영위할 수 있도록 해주어야 한다. 교육의 과업은 발현시키기만 하면 되는 잠재력을 계발하여 인간의 본성이 지시하는 방향으로 발달시키는 데 한정되는 것이 아니다. 교육은 인간을 새로운 존재로 창조하는 것이다.
>
> 뒤르켐, 『도덕교육』(1956)

사회화의 필요성

인간은 '사회적 동물'이다. 즉, 사회 없이 인간은 존재할 수 없다. 인간은 자기가 태어날 사회를 스스로 선택할 수 없다. 따라서 태어나자마자 혹은 뱃속에서부터 자기에게 주어진 사회의 질서와 규범을 받아들이지 않을 수 없다. 사회는 그 구성원들 간에 충분한 정도의 동질성이 있어야 존속할 수 있다. 사회는 개인들이 존재하고 소멸하는 것과 무관하게 계속되는 '정신적 실체'이다. 한 세대의 유산이 보존되어 다음 세대의 유산에 부가되려면 세대의 소멸을 초월하여 영속하면서 세대와 세대를 결속시켜주는 도덕적 인격체가 있어야 한다. 이것이 바로 사회이다.[Durkeim, 1925/1978]

그런데 오늘날 첨단 사회가 등장하면서 공동체의 오래된 기억과 구성원들의 공유된 관행을 구태의연한 옛날 도덕으로 여기는 경향이 있다. 모든 사회화는 현 상태를 존재하게 만든 지배적 가치와 지식 및 신념 체계를 보존하고 유지하는 것을 추구한다는 점에서, 문자 그대로 보수적이다. 그래서 학교교육이 사회화에 관심을 가지는 한, 그만큼 학교교육은 보수적이라고 할 수 있다. 그리고 국가의 지배적 가치와 신념, 지식 체계에 공식적으로 도전하는 보편적인 의무 제도를 의식적이고 의도적인 방식으로 육성하는 국가는 결코 없을 것이라고 본다면, 국가에 의해 필수적으로 요구되고 제공되고 인가되는 것으로서의 학교교육은 더더욱 보수적이라고 보는 편이 타당하다.Harris, 2010: 451-452

만약 그렇지 않다면, 자기 자신을 형성시키거나 사회화시켰던 그 국가를 전복할 수 있는 그런 유형의 미래 시민을 길러낼 수 있는 기관을 설립하고 인가하게 될 것이다. 그래서 학교교육을 '시민정신 교화'의 한 형태로 보는 견해가 실제로도 가능한 것이다. 우리는 그 사례를 나치와 스탈린 시대의 학교교육, 중국 문화혁명기의 학교교육, 일부 종교적 근본주의자들의 학교교육 등에서 충분히 상상해볼 수 있다. 이 경우는 전체주의적 경향을 보이는 자유주의 국가에서 지배적인 가치와 신념에 대한 비판이나, 심지어 공개적인 논쟁조차 금지하는 모습을 쉽게 발견할 수 있다.

그런데 자유민주주의 사회에서 이루어지는 학교교육의 사회화 모두를 보수적이라고, 대체로 사회질서를 무비판적으로 재생산하는 시민을 길러내는 역할을 한다고 주장할 수 있는가? 그것은 국가의 성격에 따라 다르기는 하지만—전체주의적 국가는 제외하고—민주주의 사회의 학교교육은 첫째, 대체로 일원론적 가치에 대해서는 의문을 제기하고 신념의 다원성과 자유를 조장하고자 시도한다. 둘째, 민주주의 사회의 학교교육은 사회화뿐만 아니라, 동시에 미래 시민을 자율적이고 비판적인 시민으로 길러내고자 노력한다. 셋째, 복합적이고 다원적인 민주사회의 학교교육은 순전히 재생산적인 보존에만 관심이 있는 것이 아니라, 미래 사회를 위한 발전과 그 미래 사회에서의 우리 위치에 더 많은 관심을 보인다. 이때 자율적인 시민을 교육하고자 하는 민주주의 사회라고 하더라도 최소한 보수적이지 않을 수 없다. 합리적이고 민주적 사회에서도 실제 사회화를 중요한 가치로 여기고 있다. 이것은 인간이 사회적 동물인 이상 피할 수 없는 역사적 운명이다. 인간은 역사와 문화에 던져진 존재라고 할 수 있다.

그런데 우리 사회의 경우 한국 사회의 유구한 전통들을 시대에 뒤떨어진 박제된 유물처럼 여기고 있다. 이렇게 된 이유에는 개인주의와 물질주의에 물든 시대 조류 탓도 있을 것이다. 이러하기에 사회의 문화와의 만남을 통하여 전통문화를 민주적으로 계승하는 방안을 마련해야 한다. 오크쇼트M. Oakeshott의 말처럼, 어린이로 하여금 자기의 문화적 유산 속으로, 다시 말해서 공공의 정신세계 속으로 들어가도록 도와주는 일이 교육의 역할이다.Oakeshott, 1967: 158 그렇게 하지 않으면 미개인이나 교양 없는 사람이 되고 말 것이다. 세계는 오래되었고, 배우는 아이들보다 항상 더 오래된 것이기 때문에 학습은 필연적으로 과거를 향하지 않을 수 없다.

뒤르켐의 기본 사상

프랑스 사회학자 뒤르켐E. Durkeim은 당시의 유럽 사회가 산업화와 도시화 그리고 직업의 전문화에 의해 기계적 연대의 사회로부터 유기적 연대의 사회로 전환되는 과정에서 개인이 사회적 집합체로 통합되지 못함으로써 무규범 상태인 '아노미anomie' 상태에 놓이고 소외감을 느낀다고 보았다. 그는 이 문제를 해결하기 위해서 한편으로는 개인들로 하여금 직업 집단에 소속되도록 하고, 다른 한편으로는 교육을 통해서 자라나는 세대에게 그 사회의 공통적인 가치와 신념을 내면화할 것을 주장했다.

이렇게 뒤르켐은 도시화로 인해 사회 해체 조짐을 방지하기 위해 문화사회화론을 제창하였다. '문화사회화cultural socialization' 개념을 처음 학문적으로 정립한 뒤르켐은 열정적인 애국자이자 문명 생활의 우월성과 진보를 신뢰하는 독실한 기독교 신자였다. 그는 모든 도덕이 사회로부터 기원한다고 본다. 인간이 도덕적 존재인 것은 오로지 그가 사회 안에 살기 때문이다. 모든 형태의 도덕은 사회가 아닌 곳에서는 만날 수 없다. 사회 밖에서 도덕적 삶이 존재할 수 없다. 사회는 도덕을 생산하는 공장으로 가장 잘 이해될 수 있다. 사회는 도덕적으로 규제된 행동을 촉진하며 부도덕성을 주변화하고 억압하거나 금지한다. 사회의 도덕적 지배력에 대한 대안은 인간의 자율성이 아니라, 동물적 열정의 통제이다. 인간이라는 동물의 전前사회적 충동들은 이기적이고 잔인하며 위협적이기 때문에 사회가 지속되려면 길들여지고 억제되어야 한다. 이 모든 경우 비도덕적 행위의 등장은 전사회적 또는 비사회적 충동들의 발현으로 이해된다. 사회적으로 제조된 철장으로부터 터져 나오거나 처음부터 담을 넘어 탈출한다는 것이다. 비도덕적 행위는 항상 전사회적 상태로 돌아가는 것 또는 그 상태에서 벗어나지 못하는 것이다. 그것은 항상 사회적 압력에 대한 또는 최소한 '올바른' 사회적 압력에 대한 모종의 저항과 관련되어 있다. 뒤르켐이 옹호하는 그러한 사회적 압력은 오직 사회 규범(즉 기존의 기준들)과 동일한 것으로 해석될 수밖에 없다. 도덕이 사회적 산물이라면 행동 규범으로서 사회적 기준들에 대한 저항은 비도덕적 행위의 발생으로 귀결될 수밖에 없다.

따라서 사회적 강제를 제거하면 인간은 사회의 힘에 의해 간신히 빠져나왔던 야만 상태에 다시 빠져들 것이다. 그러기에 개인은 사회에 복종해야 하며, 이러한 복종이야말로 그가 해방될 수 있는 조건을 구성한다. 이렇게 인간의 자유는 무사고無思考의 명목적 자연력으로부터 해방되는 것에 있기 때문에 인간은 자연력에 대해 사회의 거대하고 이성적인 힘을 대비시킴으로써 그것을 달성한다. 사회의 보호 아래 인간은 피난처를 구한다. 자신을 사회의 틀 아래 놓음으로써 인간은 어느 정도 사회에 의존하게 된다. 하지만 이것은 해방시키는 의존이다. 여기에 모순은 없다.

이렇게 보면 '문화사회화'란 철저하게 의존적 존재인 신생아가 자신이 태어나 소속하게 된 곳의 문화가 제공하는 방식으로 자의식을 계발하고, 더불어 사는 삶의 영위 방식을 점차적으로 인지하며 깨우쳐가는 과정을 일컫는다. 특히 젊은이들에게 사회화는 특정 사회가 장기간에 걸쳐 구조적으로 구사해온 사회적 재생산을 좀 더 포괄적으로 수

행하는 과정으로 해석될 수 있다. 사회화 과정 가운데, 특히 인생 초창기 단계에서 어린이는 어른들의 삶의 방식을 학습하게 되는데, 이러한 과정을 통하여 기성세대의 가치, 규범, 사회적 관행을 영속화할 수 있다.Giddens, 2009: 147

사회의 동질성을 부단히 고취하기 위해 교육은 어린 시절부터 집단생활에 필요한 '서로 닮으려는 노력'을 습관화시키려고 한다. 아동은 부모의 모든 행동을 동일시할 뿐 아니라, 이를 내면화하여 자신과 부모를 같은 존재로 느끼며 성장한다. 부모가 자신의 분노 감정을 자녀에게 표출하게 되면 자녀는 부모의 행동을 자연스럽게 학습하게 된다. 아이는 결국 부모를 닮고, 나아가 교사를 닮는다. 폭력적인 부모/교사는 아이를 폭력적으로 만들고, 신경질적인 부모/교사는 아이를 신경질적으로 만들고, 냉담한 부모/교사는 아이들을 냉담하게 만들며, 문학적인 부모/교사는 아이들을 문학적으로 만든다. 서로 다른 양육 방식이 아이들의 서로 다른 성격을 낳는다. 조용한 집안/학급에서는 행복한 아이들이 자라고, 포옹을 많이 해주면 착한 아이로 자라고, 꾸중을 많이 듣는 아이는 짜증을 많이 내고 신경질적으로 되며, 많이 맞는 아이는 적대적인 아이로 자란다. 거꾸로 착한 아이는 포옹을 많이 받고, 적대적인 아이는 많이 맞게 된다. 사회화는 아이들끼리 획득하는 경험이기도 하다. 아동의 사회화 과정은 자신의 본능적 욕구를 조절하고 또래와의 관계에서 적절히 조절하는 과정이라고 할 수 있다. 아동이 지나치게 자신의 욕구를 억제함으로써 또래 친구에게 양보를 하거나, 거꾸로 자신의 욕구만을 고집할 경우 또래 친구가 거부를 당함으로써 소외되거나 위축된다.

우리 모두는 구속을 받지 않을 수 있는 자유의지를 가지고 있지만, 사회화의 구속을 피할 수가 없다. 뒤르켐은 문화사회화를 "이기적이고 비사회적인 존재인 개인이 집단의식을 내면화함으로써 사회적 존재가 되도록 하는 과정"으로 보았다.Durkeim, 1956/1978 사회는 도덕의 원천이며 개인은 사회의 교육적 영향에 의해서만 도덕적 존재로 될 수 있다. 뒤르켐이 말하는 '사회화'는 이기적, 반사회적 존재로 태어나는 개인적 존재를 사회적 존재, 즉 도덕적 존재로 형성하는 과정이며, 이 점에서 그의 문화사회화는 곧 '도덕적 사회화'를 의미한다고 할 수 있다.

그런데 개인은 그가 원하는 대로 무엇이나 쓸 수 있는 '백지'를 앞에 놓고 있는 것이 아니라, 임의로 창조하지도 못하고 파괴도 변형도 할 수 없는 구체적인 현실을 대면하고 있다. 개인의 의식은 '이기적'이므로 도덕적인 집단의식으로 조속히 대체되어야 한다. 아이들은 불규칙한/불안정한 인간 본성의 문제를 안고 있기 때문에 사회화의 요구는 불가피하다. 그것이 사회화의 과제이다. 그러기에 도덕교육은 주어진 사회의 규범이나 이상에 일치하는 어떠한 방향으로 행위하도록 개인들을 도덕적으로 사회화시키는 것을 목적으로 해야 한다. 이때 부모와 교사는 개인을 초월하는 '위대한 도덕적 인격체', 즉, 사회의 대행자로서 권위를 가지고 아동의 사회화 과정에서 중심적인 역할을 담당한다. 이기적, 반사회적 존재를 이타적, 사회적 존재로 변형시키는 데에는 어떤 형태로든 강요가 불가피하게 요청되며, 이 강요는 부모와 교사가 권위를 가지고 아동을 대하는 데서 힘을 발휘하게 된다. 이 점에서 '사회'는 거대한 '교화체제'라고 할 수 있다.[임병덕 외, 1998: 88] 현대 교육학에서 교화는 그릇된 교육 방식을 가리키는 부정적 의미로 사용되고 있지만, 이런 의미의 교화는 정당하게 요청되거나 적어도 불가피한 것으로 보아야 한다. 성직자가 신의 해석자이듯이, 교사는 그 시대 그 국가의 위대한 도덕적 관념의 해석자이다. 자의식이 미처 형성되지 않은 어린 시절에 이루어지는 초기 사회화의 경우에는 더욱 그러하다. 사람이 태어나면 사회화는 가정에서 이루어지는 어린 아동의 사회화 단계, 학교에서 이루어지는 두 번째의 사회화 단계, 남편이나 아내, 부모, 피고용인 역할을 하는 성인들의 사회화 단계를 거치며 성장한다.[Rich, 1999: 15]

사회화는 본질적으로 개인의 개별성보다 사회의 집단성을 더 중시한다. 즉, 사회화는 개인의 선택보다 사회의 선택을 우선시한다. 그러므로 도덕적 목표의 대상은 사회이다. 스스로 도덕적으로 행동한다는 것은 규범을 준수하는 일이다. 도덕의 영역은 사회적 의무이고 책무이다. 그리고 의무는 규정된 행동이다. 도덕적으로 행동한다는 것은 집단의 이익을 위하여 행동하는 것이다. 사회화는 집단의식의 고취 혹은 사회적 동질성의 내면화를 통해서 사회질서를 구성하고 재생산하는 활동이다. 그리고 사회화는 구성원들로 하여금 '내가 누구인가?'라는 질문에 대해서 그 사회의 독특한 방식에 맞게 답변을 하도록 만드는 과정이라고 할 수 있다. 뒤르켐에 있어 도덕성이란 일종의 명령적인 힘을 지닌 규칙에 따라 행동하는 것이다. 개개인의 욕망, 감정, 욕구의 자유로운 표출에 일정한 제약을 가하는 '규율'은 일정한 자기통제self-control를 수반한다.

그러나 자의식이 싹트고 세상을 비판적으로 볼 수 있는 안목이 생기면서부터는 사회화를 맹목적으로 수용하지 않게 된다. 도덕교육의 과정은 어린 아동 시기에 주입된 도덕적 권위가 초기의 존중감으로부터, 점차 내적으로 스스로 선택한 지향을 향해 이동하도록 하는 것이라고 뒤르켐은 생각하였다. 사회적 규범에 대한 그러한 거부를 우리는 '비동조' 또는 '일탈'이라고 부른다.[조용환, 2004: 29] 사회화는 구성원들의 비동조와 일탈을 최소화하고, 그들이 집단적 기준에 맞게 자아를 동화하고 조절하도록 요구하는 과정이다. 사회화론자들은 학교란 원래부터 반反개인적이고 억압적이기 때문에 강제적이라는 사실에 동의하지 않을 것이다. 공동체들은 그들이 선택한 대로 다소 억압적이 될 것이며, 학교는 그 선택을 반영할 것이다. 이것은 모든 학교교육이 억압적이라는 의미가 아니라, 사실은 어떤 형태의 공동체라도 공동체라는 표현에 따른다면 단지 억압적일 수밖에 없다는 것이다. 이 점에서 사회화의 개념은 사회적이고 합법적인 정책에 학교를 비추어볼 때 훨씬 분명해진다. 이와 같은 학교는 원래 의무적이며, 또한 특정한 행동을 통제하고 훈육하는 것은 불가피할 것이다.

사회화의 도덕교육적 과제

뒤르켐은 시민사회의 미덕을 유지하는 가장 중요한 수단으로 '도덕교육moral education'을 강조하였다.Wesselingh, 1998 뒤르켐은 "교육은 새로운 세대를 체계적으로 사회화시키는 것"Durkheim, 1956/1978: 71이라는 자신의 주장을 설득력 있게 전개한다. 도덕교육은 주어진 사회의 규범이나 이상에 일치하는 어떠한 방향으로 개인들을 도덕적으로 사회화시키는 것을 목적으로 해야 한다. 도덕적 사회화 모형을 제창한 대표적인 인물인 뒤르켐은 사회생활의 준비를 갖추지 못한 세대에게 성인 세대에 의하여 행사되는 영향력을 교육의 개념으로 설명하면서 교육을 사회화와 거의 동일한 의미로 사용하였다. 도덕교육에서 가치(정직, 약속, 인내, 용기, 절제, 우애, 책임감, 질서 등)의 주입은 없어서는 안 될 매우 기본적인 사회적 과정이라고 할 수 있다. 사회의 존속을 위해서는 한 세대로부터 다음 세대로의 가치의 전수가 매우 필수적인 현상이며, 동서고금을 통하여 그러한 방법은 바로 직접적인 '주입의 양식'에 의해 이루어져왔다. 더구나 스스로의 사고 능력이 충분히 발달하지 못한 상태에서 규범의 습관화는 주로 직접적인 주입에 의해 이루어질 수밖에 없다.

뒤르켐에 따르면 인간은 인간으로 태어나는 것이 아니라 사회에 의해 인간으로 만들어진다. 새로 태어난 어린이를 '진정한 인간'으로 개조하는 일은 모든 사회가 해야 할 일이고, 교육이 해야 할 일이다. 단지 내적 능력이나 잠재력을 발달시키는 일만이 교육이 아닌 것이다. 이런 점에서 인간은 동물과 다르다. 어떤 의미에서는 어미 새가 새끼에게 나는 법과 둥지 짓는 법을 가르친다고 볼 수 있지만, 그것은 단지 선천적 본능일 뿐이다. 어미의 도움이 없어도 때가 되면 스스로 나는 법을 발견한다. 그러나 인간의 교육은 생물학적 인간에게 '새로운 것'을 더해준다.

사회는 새로운 세대를 받아들일 때마다 새로운 것을 그려 넣어야 하는 백지 같은 것을 직면하게 된다. 이기적이고 비사회적 존재인 신생아에게는 가능한 한 빨리 도덕적·사회적 생활을 영위할 수 있도록 해주어야 한다. 교육의 과업은 발현시키기만 하면 되는 잠재력을 계발하여 인간의 본성이 지시하는 방향으로 발달시키는 데 한정되는 것이 아니다. 교육은 인간을 새로운 존재로 창조하는 것이다.Durkheim, 1956/1978: 72

이 새로운 존재는 비록 수백만 년의 시간이 주어지더라도 개인 안의 원천으로부터 저절로 발달하지 않는다. 원인, 법, 공간, 수, 신체 등 우리의 사고를 지배하는 가장 기본적인 개념들은 우리가 신체를 가지고 태어나듯이 가지고 태어나는 것이 아니라, 우리가 태어나는 사회적 세계로부터 학습하는 것이다. 교육의 재료인 지식, 가치, 태도, 기능, 습관, 성향 등은 인간의 사회적 유산의 일부이며, 어린이의 내부로부터 나올 수 없다는 점을 상기시킨다.White, 2003: 183 이 경우에 교육은 사회화임이 분명하며 다른 것이 될 수 없다.

일반적으로 도덕적 행동을 하도록 자극하는 기질을 의미하는 도덕성이란 구체적으로 세 가지 구성 요소, 즉 규율 정신discipline, 집단에 대한 애착attachment, 그리고 자율성autonomy으로 구성된다고 말한다. 규율 정신은 규칙성과 권위라는 두 측면으로 파악될 수 있다. 규칙성은 도덕 규칙, 즉 본질상 개인의 의지나 기호, 사람됨을 초월해 있으면서 마치 자연과도 같은 필연성을 띠고 인간의 행동을 규제하는 규칙이 개인에게 내면화된 상태를 가리킨다. 그리고 권위는 도덕 규칙에서 마치 생명력과 같은 것으로서 우리 스스로 우리보다 우월하다고 인정하는 그런 도덕적인 힘을 느끼지 않을 수 없도록 강요하는 영향을 가리킨다. 규율 정신은 이 양자를 포괄하는 개념으로서, 인간 사회 또는 인간 존재 자체의 현실적인 제약을 반영하는 도덕성의 요소이다. 다시 말하면, 그것은 인간 사회의 제약 조건이 내면화된 상태로 '극기'를 핵심 내용으로 한다. 뒤르켐은 '극기'를 진정한 권력, 진정한 자유의 으뜸가는 조건으로 소중하게 여긴다.Durkeim, 1973: 45 도덕적 삶이라는 것은 세계의 현실적 제약 속에서 세계와 조화를 이루며 살아가는 것을 의미하며, 여기서 개인의 사욕을 억누르는 일이 요청된다는 것은 너무도 당연하다.

'사회집단에 대한 애착'이라고 하는 것은 사회와의 합일, 즉 사회와의 일체감을 느끼는 것을 의미한다. 뒤르켐이 보기에 도덕의 기능은 바로 개인을 사회집단에 귀속시키는 것이다. 도덕적으로 행위한다는 것은 곧 집단적 관심에 따라 행위한다는 것을 가리킬 정도로, 도덕은 사회집단에 대한 애착과 긴밀한 관련을 맺는다. 사실상, 사회가 공통의 목표에 대한 구성원들의 헌신에 바탕을 둔 일체감을 결여하고 있다면, 그것은 비유컨대 살짝만 흔들거나 조금만 불어도 이내 흩어지고 마는 한 줌의 모래에 지나지 않을 것이다. 물론 규율 정신과 사회집단에 대한 애착은 별개의 것이 아니다. 사회집단에 대한 애착은 사회의 문화적 유산을 전승하며, 이기심을 극복하고 이타심을 갖게 하는 마음이다. 양자는 도덕성이라는 동일한, 아니 단일한 실재의 두 측면이라고 보아야 한다.

그리고 자율성은 자기 결정/자유로운 선택이다. 자율성은 종교적 도덕성이 지배적인 사회로부터 세속적 도덕성이 지배적인 사회로 이행하는 사회 변화의 과정에서 새롭게 부각된 도덕성의 요소로서 도덕적 행위의 이유를 추구하고 요청하는 합리주의적 경향과 관련된다. 도덕 규칙의 권위, 또는 그것이 우리에게 가하는 제약을 받아들이되, 그것을 우리 자신의 이해와 자발성에 의하여 우리 자신의 일부로 받아들인다는 것—이것이 바로 자율성의 의미이다. 이렇게 보면 자율성과 권위는 서로 모순 관계에 있다고 말할 수 없다. 통제된 행동은 좋은 행동이 아니다. 이렇게 볼 때 어린 아동 시기의 주입된 도덕적 권위는 초기의 존중감을 갖게 해야 하는 요소이기 때문에 강력한 권위를 사용하는 것은 불가피하다.

그리고 도덕적 규칙들의 위반에 대한 불허의 상징으로서 벌을 사용하는 등 비이성적 활동도 필요할 것이다. 이렇게 점차 내적으로 스스로 선택하도록 자율적 도덕 지향을 향해 이동하게 된다. "자유/자율성은 진정한 권위에서 태어나는 딸이다."Durkeim, 1956/1978: 100 개인이 '막연한 성향'을 최상의 도덕성으로 변형시키는 길은 집단적 의식을 내면화하는 것뿐이다.이홍우 외, 1998: 87 비록 뒤르켐이 도덕성의 한 요소로 '자율성'을 인정했지만, 그의 자율성은 피아제의 그것에 미치지 못한다. 뒤르켐은 자율성을 "사물들의 본성에 따라" 행동하기를 원하는 것으로 재정의함으로써 자율성의 요소와 사회의 권위를 융합하고자 하였다.Munzel & Power, 2013: 52 사회의 법칙은 자연의 법칙과 다르지 않다. 둘 다 모두 사실들이다. 개인의 이성이 도덕 세계의 입법자가 될 수 없는 것은 물리적 세계의 입법자가 될 수 없는 것과 같다.

뒤르켐은 집단과 국가의 특정한 규율을 초월하는 보편적인 도덕성을 수립하려는 칸트의 목적을 이해했고, 또 올바르게 인식했다. 그렇지만 칸트의 접근이 너무 합리주의적이고 또 형식적이라고 생각했다.Munzel & Power, 2013: 52-53 뒤르켐의 관점에서 사회는 칸트가 마음에 그렸던 개인의 인권과 자유의 도덕성을 향해 서서히 발전해갔다. 사회가 진보함에 따라 일체감과 규율 정신을 유지할 수 있는 방법이 필요하게 되었다. 뒤르켐은 전문가 협회와 같은 2차적인 제도들이 개인과 거대한 사회를 잇는 교량 역할을 할 수 있다고 제안했다. 그는 학생들에게 삶에 대한 경험을 제공하고 상호작용의 습관과 집단에 헌신하는 마음을 가질 수 있도록 하는 2차적인 제도로서 학교를 첫 손가락에 꼽았다.

이렇게 도덕교육은 주어진 사회의 규범이나 이상에 일치하는 어떠한 방향으로 개인들을 도덕적으로 사회화시키는 것을 목적으로 해야 한다. 도덕적 사회화 모형을 제창한 대표적인 인물인 뒤르켐은 사회생활의 준비를 갖추지 못한 세대에게 성인 세대에 의하여 행사되는 영향력을 교육의 개념으로 설명하면서 교육을 사회화와 거의 동일한 의미로 사용하였다. 사회화는 개인으로 하여금 적절한 사회 구성원이 되도록 만들어주는 지식, 기능, 행위를 개인이 획득하게 하는 과정이다. 사회화에 있어서 주요한 과제들 가운데 하나는 역할을 학습하는 것이다. 이때 사회화는 개인들이 타인들의 기대에 따르기 위하여 그들의 행동을 이끌어주는 사회적 규범들을 내면화하는 것을 포함한다. 교육의 목적은 전체적인 사회와 아동이 특별히 운명이 지어져 있는 특수한 환경에 의해 요구되는 신체적, 지적, 도덕적 상태들을 아동들에게 각성시키고, 계발하는 것이다. 사회는 교육을 통하여 그 사회의 이상적인 이미지에 부합하는 새로운 세대를 만들어간다.

뒤르켐은 자기 지배를 위한 '훈육discipline'(규칙과 권위의 내면화), 집단(가정, 사회, 국가)에 대한 '애착attachment', 교화와 설교가 아닌 계몽된 복종과 설명으로서 자발적 동의에서 비롯된 합리성과 지성이 결합된 '자율성autonomy' 등 세 시민 윤리가 서로 충돌의 소지가 있음에도 상호 연관적이며 조화되는 교양의 함양이 필요함을 역설하였다.손경원, 2004

학생들이 '친사회적인' 도덕적 성향들을 지니게 하려면 그들에게 전통적 가치들을 반드시 전달해야 한다. 한 사회에서 중요하게 여겨왔던 도덕적 가치들을 도덕교육의 내용으로서 가르쳐야 한다. 이때 교사의 역할은 한 사회의 가치들을 대변하는 창도자이며, 도덕적 가치를 전수하는 과정에 있어 '교화indoctrination'는 불가피하다. 도덕교육의 관건은 어른들이 사회에 대하여 어떤 태도를 가지고 있으며, 어린 세대가 사회에 대하여 어떤 태도를 가지도록 이끄는가에 있다고 볼 수 있다. "풍속을 너무 푸대접하면 그 앙갚음이 우리 자식에게 돌아간다."Durkeim, 1956/1978: 64는 뒤르켐의 말은 어른들이 '사회'에 대하여 가지고 있는 불경不敬의 태도가 아이들에게 어김없이 전달된다는 것을 경고하고 있다. 부모가 풍속을 푸대접한 결과로 '자식이 당하는 앙갚음' 중에서 자식이 그들의 풍속을 더욱 푸대접하는 것 이상 더 큰 것은 없을 것이다.

사회화의 일차적 관심은 '사회의 재생산'에 있다. 한 사회의 질서를 유지하고 문화를 계승하기 위해서는 새로운 구성원에게 그 질서와 문화를 규범으로 부여하고, 그것을 내면화하도록 해야 한다. 그 규범에 따라서 행동하고, 그 규범에 따라서 타인의 행동을 해석하도록 해야 한다. 개인은 사회화를 선험적으로 주어지는 명령으로 받아들여야 한다. 인간은 자신의 역사를 만든다. 그렇지만 인간은 자신이 원하는 대로 역사를 만들 수 있는 것이 아니다. 왜냐하면 인간은 자신이 선택한 환경에서 역사를 만드는 것이 아니라, 현재 주어져 있는, 즉 과거로부터 주어지고 전수된 환경에서 역사를 만들기 때문이다.

사회화 이론의 현대적 전개

현대 교육에 있어서 사회화 이론은 일반적으로 교육자들이 '친사회적prosocial' 가치들과 행동들을 적극적으로 학생들에게 주입한다면 학생들이 '친사회적인' 도덕적 성향들을 지니게 될 것이라고 말한다. 사회화/도덕적 사회화의 방법으로는 모방/모델링이 많이 활용된다. 본보기가 되는 부모와 교사 그리고 친구들이 없이는 사회화가 불가능하다. 사회화는 개인으로 하여금 적절한 사회 구성원이 되도록 만들어주는 지식, 기능, 행위를 개인이 획득하게 하는 과정이라고 할 수 있다(역할 학습).[12] 도덕적 규칙들을 제시하는 데 있어 강력한 권위의 사용, 혹은 도덕적 규칙들의 위반에 대한 불허의 상징으로서 벌의 사용 등이 필요하다고 본다. 그러나 뒤르켐은 체벌은 반대하였다.

미국에서의 사회화론적 접근은 1920년대와 1930년대 '인격교육적 접근'(흔히 덕목주의 도덕교육으로 불림)이라는 이름으로 공립학교의 도덕교육으로 각광을 받았다. 이 접근을 개발한 교육학자와 심리학자들은 인격을 '사회의 도덕적 제재에 따르는 인성의 특성을 이루는 총체'라고 정의하였다. 1928년 하트숀과 메이는 이런 속성에 정직, 봉사, 자제를 포함하였다. 해비거스트와 타바(1949)는 여기에 정직, 충성, 책임, 도덕적 용기와 우정을 포함하였다. 이러한 속성은 아리스토텔레스의 절제, 절도, 좋은 기질, 진실, 정의 등이나 보이스카우트의 정직, 충성, 경배, 청결, 용감과 비슷하다.

12 뒤르켐은 시민사회의 구성을 위한 사회화는 기계적 연대(동일한 가치 체계에 순응하는 사회적, 문화적 동질성에 바탕)가 아닌 유기적 연대(개인적 개별성과 다양성 보장)에 의해 구축되어야 한다고 보았다.

도덕적 인격에 대한 이러한 접근의 어려움은 덕의 목록을 구성하거나 다른 덕에 대해 특정의 덕을 우선하는 것이 이론이나 실천에 있어 각기 다양하다는 데 있다. 문제는 특정의 미덕과 악덕의 목록보다는 더욱 깊은 곳에 있었다. 정직과 성실성 같은 덕목을 가르치는 개념에 많은 사람이 모두 동의할 것 같지만, 이러한 개념의 가치에 대한 막연한 합의는 그들의 의미에 대한 실제 이견을 감추고 있다는 것이다. 어떤 사람의 성실성을 어떤 사람은 '완고함'이라고 부를 수 있기 때문이다. 어떤 상황에서 자신의 진정한 감정을 표현하는 것이 타인의 감정에는 무감각한 것으로 보일 수 있다. 예를 들어 미국 전쟁 중 어떤 서클에서 활동하는 전쟁 반대자는 평화의 도덕적 이상을 옹호하는 사람일 수 있지만, 다른 집단에서 활동하는 사람에게는 법과 질서를 파괴하기에 비우호적 태도를 보일 수 있다. 이들은 각각 서로 다른 관점에 대해 미덕과 악덕을 전형화하고 있는 사례이다.

성인으로서 우리는 서로 다른 가치를 가지고 사람들의 문제를 인식하지만, 아이들이 학교에 입학하기 전에 가치가 언제나 존재하지 않는다고 할 수는 없다. 모든 아동들이 이해해야 한다고 생각하는 공정하게 객관적인, 널리 수용된 도덕적 이상이 들어 있는 덕의 목록을 통해 교사는 아동들을 향하여 도덕적 판단을 내릴 수 있고, 또 그래야 한다. 그러나 교사가 아동의 행동을 '비협동적이라고' 지칭하는 것에 대해 부모들은 '이치에 맞지 않는' 특별한 요구에 복종하지 않아도 잘못이라고 생각하지 않을 것이다. 이러한 불일치의 예는 드물지 않게 일어난다.

특히 미국의 경우 '인격교육 프로그램'은 또다시 1980년대에 새로운 대중적 인기를 끌며 나타났다. 인격교육 프로그램은 시민권 운동, 여성운동 그리고 베트남 전쟁으로부터 발생한 사회의 가치에 대한 오랜 세월에 걸친 난마처럼 얽힌 미완의 문제에 대한 새로운 반응과 대응이었다. 인격교육 프로그램이 '미국의 전통적 가치'의 일부를 추구하고, 사회가 언제나 정말 하나의 공유된 가치에 터전하고 있다면 그것은 환상을 쫓는 것이나 다름없을지도 모른다. 그렇지만, 다른 한편 타당한 힘을 가진 많은 현대의 인격교육 프로그램은 교육과정의 많은 부분에서 '도덕적 군자'의 행동을 보이게 하고 그것을 이용하는 경향이 있다.

그래서 이러한 사회화 기능을 하는 인격교육 프로그램은 아동의 자율적 판단을 무시한 채 사회의 재생산에 집착하는 몰인간적, 몰주체적 활동을 받게 된다. 사회화는 사회의 기존 가치에 대한 '철학적 사고'를 하지 않고, 그 가치를 주어진 것으로 받아들이기를 요구한다.Nyberg & Eagan, 1996 특히, 어른들의 말이 진리로 여겨지는 사회에서 아이들은 어른들의 말을 의심하거나 거스를 수 없다. 즉, '내가 누구이며, 어떻게 살아야 하는가', '사회가 억압적인가, 자유로운가?' 등. '왜'라는 의문조차 가질 수 없다. 이런 사회는 '닫힌 사회'[13]이다. 이것이 '사회화의 한계'이다.조용환, 2004: 75

뒤르켐이 옹호하는 도덕적 행위는 다수가 준수하는 규범들에 대한 사회적 순응 및 복종과 동의어가 된다. 푸코Foucault는 양순한 몸 길들이기, 복종하고 길들여진 몸으로 만들기(감시와 처벌의 학교)라고 비판하면서 '대항 품행counter conduct'을 함양하고자 한다.Ball, 2007[14] 그가 보기에 집단적 규범에 어긋나는 행동을 하는 개인을 두고 '사회화'가 덜 된 사람이고, '비정상적인 사람'이라고 규정하고 판별하는 것은 멀쩡한 사람을 정신병자로 만드는 억압적 사회화를 위한 기제나 다름없다. 다양성과 차이를 강조하는 포스트모더니스트들이 볼 때 정상과 비정상을 누가, 무슨 잣대로 구분하는가에 대해 강한 의문을 갖게 된다. 푸코는 이런 교화/훈육 체제를 '양순한 몸'으로 길들이는 훈육이라고 강하게 비판하였던 것이다.

이러한 비판이 제기되면서 콜버그의 '발달적 사회화론developmental

13 더 심하게는 교화의 방식이 학생들의 자율성을 근본적으로 침해하기에 일방적 도덕교육은 '파시즘'이나 다름없다는 강한 비판이 나올 수 있다.김상봉 이러한 진보주의적 흐름은 반사회화 counter-socialization 관점으로서 기존의 보수적 사회화 관점과 불가피하게 긴장과 갈등을 불러일으키고 있다.

14 최근에 발간된 Gatto의 『바보 만들기』1992는 교육/도덕교육을 받을수록 학생들이 왜 멍청해지는가를 잘 보여준다.

socialization'이 등장하였다.Snarey & Samuelson, 2008: 57-58 이는 보편적인 윤리적 원리를 향한 발달의 자연적 과정을 촉진하고자 하였다. 발달적 사회화론은 권위주의적 사회 분위기에 대한 반기였던 것이다. 또한 문화사회화론의 질서 유지를 위한 '훈육discipline' 기능에 대해 '탈학교론자들deschoolers'은 콜버그의 자율성론에 동의를 한다. '소극 교육'을 주창한 루소를 비롯하여 '의식화론'을 제기한 프레이리Paulo Freire 등 사회적 재건주의자들social reconstructionists도 탈학교론자들의 주장에 동의한다. 이들은 모두 교육을 사회 변혁의 동력이라고 여기는 반反사회화론자라고 할 수 있다. 그리고 극기와 희생이라는 오래된 전통적인 부모의 윤리보다는 '자기 충족self-fulfillment(성혁명 등, F. W. Nietzsche)의 가치를 더욱 중시하는 흐름도 나타났다.

전통의 재발견

모든 교육은 어린이의 정신 발달에 관여하며, 이러한 발달은 주로 사회적 문제에 직면한다. 그렇지만 진보적 여성주의 정치철학자 아렌트Hannah Arendt는 블룸Bloom, 히르시Hirsch와 같이 서구 문화의 정수인 '고전'을 특권화하여 문화적 자본을 정당화하고 주인의 목소리를 권위화하는 '문화적 소양'을 갖게 하는 교양교육의 형식으로 돌아가는 것을 바라지 않는다.Gordon, 2001: 55-56 그렇게 하는 것은 프레이리가 우려한 '은행저축식 교육banking education'이나 다름없다. 그것은 질문을 하고 의문을 제기하고 스스로 생각하는 학생을 양성하는 것이 아니라 수동적으로 훈육되고 그것에 만족하는 학생의 이미지를 예상하는 것이다. 한나 아렌트는 오직 세계로부터 아이들을, 아이들로부터 세계를, 새것으로부터 옛것을 소중히 하고 보호하는 것을 교육의 본질로 보았다. 아렌트의 관심은 옛것에 있는 것이 아니라 옛것의 '재사유rethinking'를 통해 그것의 현재적 유용성을 드러내고자 한 것이다.[15]

아렌트는 전통을 비판적으로 부정적으로 보고자 했던 많은 비판적 급진적/비판적 이론가와 달리, 새로운 무엇을 창조하는 데에 사용될 수 있는 힘을 학생들에게 부여할 수 있는 '해방적 교육'을 번창시키는 데 전통이 사용될 수 있다고 믿었다.[Gordon, 2001] 아렌트는 보수주의자처럼 아이들의 권리와 자유를 빼앗는 것이 아니라, 오히려 젊은이의 창의적 가능성을 격려하고 있다.[Gordon, 2001: 55] 아렌트의 이 주장을 보면 진보주의자로 분류할 수 있을 것이다. 다만 억압적 제도와 사회의 불평등에 대해 비판적으로 생각하고, 투쟁에 참여토록 하는 급진적/비판적 교육 활동에 대해서는 거리를 두었다. 그것은 성인들의 일이어서 아이들이 교사의 경험과 문화를 모두 공유할 수 없기 때문이다. 아렌트는 다만 세상이 아이들을 위해 안전한 장소로 남아 있도록 하고, 동시에 공동체 의식과 세상에 대한 관심을 계발하도록 보호하고 도울 책임을 가져야 한다고 역설한다.[Gordon, 2001: 61] 왜냐하면 교사를 포함한 어른들은 어린이인 학생들에게 세상에서 편안하게 살게 하는 성장의 피난처를 제공하지 못하고 있기 때문이다.

진보적 정치를 주창하면서도 교육에 있어서는 보수적 접근을 시도하는 아렌트의 '신중한' 전략은 아이들이 성장 과정에 있고 미완성된 존재로서 아직 신념화되지 않는 발달 단계를 고려했음직하고, 미래를 준비하는 세대로서 현재를 책임지는 주역이 아닌 준시민의 상태에 있음을 감안했을 법하다. 아렌트의 신중한 접근은 지나친 정치 과잉과 이념 대립으로 발전됨으로써 교육의 본래적 기능을 하지 못할 가능성에 대한 우려에서 나온 전략이라고 할 수 있다.

종속 집단의 지식과 경험을 주변화하는 과거와 전통을 무비판적으로

15 아렌트는 정치가 아닌 교육의 영역에서 과거에 대한 보수적 태도를 취한다. 정치의 영역에서 세계를 있는 그대로 받아들이면서 현 상태를 보존하려고 애쓰는 보수적 태도를 취하는 것은 결국 파멸로 치달을 수 있다. 세계의 상실은 정치적 행위 능력의 상실을 말해준다. 그것은 곧 공론 영역의 쇠퇴로 인한 '상식'의 쇠퇴를 말해주며(상식→양식), 결국 전체주의적 광기의 확산으로 이어진다. 공론 영역에서의 정치적 행위를 복원함으로써 근대문명, 즉 과학기술 만능주의에 내재한 전체주의적 위협에 저항할 수 있는 가능성을 찾아야 한다. 이를 두고 아렌트는 '주저하는 근대주의자' 또는 '반근대주의자'로 불리기도 한다.

보는 지배 집단의 교육 관점에서 학교가 재생산과 지배의 대행자로 기능한다고 가정하는 보수주의자의 교육관은 문제라고 할 수 있다. 동시에, 진보주의자들이 전통과 과거를 해방적 가치를 갖지 않는 부정적·억압적 힘으로만 간주하는 것도 문제이다. 이러한 두 견해와 다른 입장을 갖는 아렌트는 전통을 앞 세대에서 다음 세대로 연결시키고 인간의 문명에 통일성과 의미를 부여하는 이음매/솔기로 보았다. 그녀는 과거와 전통을 지배의 논리에 결합시키는 것이라며 거부하는 급격한 접근을 하지 않는다. 다만 그녀는 아이들에게 인종적 억압과 불평등과 같은 사회적 문제에 책임을 지고 정치적 투쟁에 참여하도록 기대하는 것을 염려하고 있다. 이런 생각은 10대들이 미래를 준비할 겨를도 없이 너무 빨리 '늙은 아이'가 되는 것에 대한 염려라고 할 수 있다.

과거에 대한 독특한 개념화를 하는 한편 보수주의 교육에 대한 새로운 대안을 제시하는 아렌트의 제안은 민주주의 사회에서 진지하게 생각해보아야 할 많은 교육적 함의를 보여주고 있다. 이렇게 전통의 유지를 강조하는 보수주의 교육자와 비판적 시민과 사회정의를 강조하는 진보주의 교육자 간의 대치를 허물고 새로운 학교 질서를 세우고자 하는 아렌트의 지혜는 우리에게 많은 것을 생각하게 한다.

아렌트는 '진보주의 교육'(루소의 negative education)의 위험성을 지적하면서 교육 형식의 보수성/권위에 대한 새로운 생각을 제안하고 있다. 아렌트가 강조하는 교육의 보수성이 전통적 가치관의 지속을 위한 '내용적 보수성'이 아니라 전체 인류 사회의 지속성, 존재하는 사회의 구원을 목표로 한다는 의미에서의 '형식적 보수성'이라는 점을 분명히 유의할 필요가 있다.

그렇지만 아렌트의 신중한 전략은 또 다른 딜레마에 봉착할 가능성이 있음을 유념해야 한다. 아렌트가 판단력이란 가르쳐질 수 있는 것이 아니라 실천될 뿐이라고 했다면, 교육이 정치로부터 분리되어 보수적으로 되어야 한다는 주장은 '자가당착'의 오류를 범할 수 있다.[Smith, 2001: 71] 학교와 교실이 정치적 현실로부터 보호받아야 하고, 교육과 정치가 다른 것으로 선언된다면, 아렌트 자신이 말한 세계를 새롭게 하는 데 필요한 힘, 즉 미래의 정치적 역량이 어떻게 실험과 실천 없이 오직 교실과 학교에서만 길러질 수 있겠는가?

한나 아렌트는 홀로코스트 문제를 언급하면서 사회화에 저항할 도덕적 책임이라는 문제를 제기했다. 도덕의 사회적 기초라는, 토론의 여지가 있는 쟁점들이 여태껏 방치되어왔다. 이 문제에 대해 어떤 해답이 주어지든 권위와 선악을 구분할 수 있는 구속력이란 그것을 재가하고 시행하는 사회 권력에 준거해서는 정당화될 수 없다. 사회적으로 추천한 행동이, 심지어 만장일치로 사회 전체에 의해 추천되었다 할지라도 비도덕적일 수 있다. 특정한 사회가 고무하는 행동 규칙들에 저항하기 위해서 다른 사회의 대안적인 규범적 명령으로부터 권위를 주장해서도 안 되고 그렇게 할 수도 없다.[Bauman, 2013: 298] 사회적으로 시행된 도덕 체계는 공동체에 기반한 것이고, 따라서 그것은 필연적으로 이질적인 다원주의 세계에서는 상대적이라고 할 수 있다.

그렇지만 이러한 상대성은 '옳고 그름을 분간하는 인간 능력'에는 적용되지 않는다. 그런 능력은 사회의 집합적 양심과는 다른 무엇에 기초해야 한다. 기존의 모든 사회는 이미 형성된 그런 능력을 대변한다. 사회가 이미 형성된 인간의 생물학적 육체, 생리적 필요, 심리적 충동들을 대변하는 것과 똑같이 말이다. 그리고 사회는 그런 능력에 대해 다른 완강한 현실들과 똑같이 처리한다. 즉 그것을 억압하려고 하거나, 자신의 목적에 맞추려고 하거나, 유용하다고 또는 무해하다고 생각하는 방향으로 전환하려고 한다. 사회화 과정은 도덕적 능력을 생산하는 것이 아니라, 그것을 조작하는 것일 수 있다.[Bauman, 2013: 298-289]

일정한 이타적 혹은 타인 지향적 감정이 발현되기 위해서는 아이가 어릴 적에 일정한 억압이나 학대, 무관심에 의해 왜곡되어서도 안 되지만, 단지 그러한 여건으로부터 자유로워진다고 하여 반드시 이타적 성향으로 귀결되는 것은 아니다.[Carr, 1997: 179] 한나 아렌트의 관점은 아이들을 성인의 세계에서 주입된 기준으로부터 해방시키고자 해왔던 것(아이들만의 자율적인 세계가 존재한다)에 대한 반론이기도 하다. 아동 중심주의적 진보주의 교육으로 인해 아이들의 성장과 발달을 위해 필요한 가장 기초적인 조건들이 간과되고 무시되어왔다는 데에 대한 일종의 거리두기라고 할 수 있다. 하나의 인간으로서 형성 과정에 있는 아이들에게 지나친 해방이 주어지는 것은 교육자의 교육적 책무를 망각하거나 방치하는 일종의 '직무 유기'를 초래할 수 있다. 아이 스스로 선택할 수 있을 만큼 자랄 때까지 정직, 관대함, 인내, 공정함을 훈련시키지 않는 것은 불합리한 일이다. 덕의 실천과 습관화 그리고 훈련이 '교화'라는 점에서 반박될 수 있지만, 덕을 가진 성인이나 교사가 사회화의 이름으로 덕이 부재한 아동을 진실함과 자기 수양에 입문시키는 일에 있어 '다른' 도덕교육의 방식이 존재하지 않을 때 아동을 정직하고, 자제력 있고, 이해심 있도록 훈련시키는 것을 두고, '교화'나 '덕목의 보따리' 방식이라고 딱지 붙이는 것은 적절치 않다.Carr, 1997: 294-295 왜냐하면 도덕적 습관의 전승이 비판적 성찰 가능성을 반드시 차단하는 것은 아니기 때문이다.

덕은 타고나는 것이 아니라, 적절한 습관의 형성과 이성의 계발을 통해 형성되는 후천적 성향이기 때문에 '온정적 간섭'은 불가피하다고 보아야 한다. 도덕적 행위에 대한 어떤 체계적인 입장도 그 핵심에는 합리적인 도덕 원칙에 인도되는 실천적 지식이나 지혜가 놓여 있다는 생각에 동의할 수 있다고 해도, 그러한 행위에 대한 설명에 있어 이른바 '교화'의 위험성 때문에 덕목이라는 도덕적 특성에 대한 일체의 언급을 배제하는 것은 욕조물이 더럽다고 갓난아이까지 내버리는 것이나 다름없다. 우리 시대에 많은 진보적 학자들에게 영감과 이상을 제시하였던 듀이도 가치 전수의 필요성을 중시하였다. 그의 고전인 『민주주의와 교육』이라는 책에서 듀이는 "사회는 전수나 공유에 의해서 존속될 뿐 아니라, 사회는 주로 전수하는 그 자체로 존재한다."Dewey, 1916/1993: 386-387 고 진술하고 있다.[16]

정치란 자유로운 행위가 가능한 동등한 성인들 사이의 일이지만, 교육이란 아직 성숙하지 않은 학생과 성숙된 교사 사이의 일이라고 할 수 있다. 그러므로 교육에 있어서는 성인인 교사가 학생보다 세계에 대해서 더 큰 책임을 져야 한다. 그래서 책임을 지지 않으려고 하는 사회에서는 교육이 가능하지 않다. 교육에서 책임이란 바로 권위의 형태를 가지고 그 근거를 이루는 것이다.[Levinson, 2001] 그런데 한나 아렌트가 보기에 교육에서의 '권위'의 위기는 전통의 위기,[17] 즉 과거의 영역에 대한 우리의 태도 위기와 밀접하게 연관되어 있다. 권위란 매우 정치적이다. 종교라는 말도 로마의 'rerigare'(to be tied back: 과거와 연결됨)에서 발생되었듯이, 권위라는 말은 과거 로마 도시의 기초를 놓은 창시자들에 대한 존중에서 나왔다. 권위authority의 뜻을 가진 'auctoritas'는 'augument'(증대하다)의 뜻을 가진 동사 'augure'에서 나왔다.[Arendt, 2005: 168] 권위와 권위적 지위에 있는 사람들이 항구적으로 증대시키는 것은 공동체/나라 건설의 토대이다. 이 일은 과거의 시작과 기원을 놓은 사람들처럼 공동체의 기초와 기반의 '증대'를 위해 헌신한 사람들의 피어린 노력을 통해 획득되는 것이다. 또한 권위는 좀 더 구체적으로는 'auctores'에 어원을 두고 있다. 창조자 혹은 권위자를 뜻하는 'auctores'는 실제의 건축자와 생산자를 의미하는 'artifices'와 대조되는 말이다. 'auctores'는 오늘날 'author'(저자)가 되었다. 'auctores'(저자)는 건물을 실제 지은 기술자가 아니라 전체 사업을 기획한 설계자이다. 건축물 자체에는 실제 건축 기술자의 정신보다 건물 설계자의 정신이 더 많이 표상되어 있다. 건축물의 실제 '저자', 즉 그것의 정초자이다. 건축물을 통해 저자/설계자는 도시를 '증대시키는 자'가 된 것이다.

권력의 어떤 강제적인 명령이나 외부적인 강압의 힘을 갖고 있지 않다고 하더라도 공동체가 나아갈 방향을 대물림하는 방식으로, 또한 장차 생길 모든 것의 토대를 놓았던 사람들, 즉 선조들로부터 전통을 전

16 듀이는 아동의 흥미에 관심을 가지고 있고, 선/악의 양면성을 갖고 있는, 민주주의 사회의 건설을 위한 작은 공동체로서 학교를 큰 사회의 맹아로 보았다.

17 권위, 전통, 종교는 함께 존재한다. 이 세 가지는 우리에게 안정, 의미, 덕을 부여한다.

수받는 방식으로 권위는 획득된다. 그것은 후대의 사람들이 결코 무시할 수 없는 능력이다. 이렇게 권위란 권력의 경우와는 달리 과거에 뿌리를 두고 있고, 과거는 전통에 의해서 승화된다. 전통은 과거에 처음 성스러운 기초를 놓았고, 권위를 가지고 계속해서 논의해온 사람들을 통해 세대를 거쳐 전해진 조상들의 증거를 담고 있다. 아렌트가 말하는 전통이란 과거에 일어났던 새로워짐의 역사를 모아놓은 것이다.[이은선, 2013: 103] 그것은 끊임없는 도전과 거기에 대한 응전의 역사이고, 모든 도전을 이겨내고 살아남은 어떤 정제된 '엑기스crystallization'이다. 그리고 그 과거는 우리의 실제 삶에 영향을 미친다.[Arendt, 2005: 168-169] 그러므로 교육은 학생들로 하여금 전통의 바닷속으로 들어가서 마치 '진주잡이'처럼 거기서 정제된 진주를 찾아내어 현재를 비판하고, 그것에 견주어서 자신의 새로움을 찾아낼 수 있도록 해주는 것이어야 한다.

전통의 것으로 현재의 부조리를 바로잡는 '이고격금以古格今'과 다시 현재의 것으로 전통을 새롭게 하는 '이금격고以今格古'의 진리가 필요하다.[이승환, 1997: 181] 교육이 보수적이라고 하는 것은 단순히 전통을 강요하고 기성세대와 자라나는 세대와의 관계가 위계적이야 한다고 말하는 것이 아니라, 전통을 잘 소개하고, 자라나는 세대에 대한 한없는 책임의식을 가지고서 현재에 대한 적나라한 토론과 담론을 영위하는 가운데 미래에 더 적합한 새로움을 가지고 탄생한 학생들에게 참된 권위가 살아 있는 것임을 말하는 것이다.[이은선, 2013: 105] 전통을 소개받고 현재의 적나라한 모습에 인도될 때 학생들은 거기에 자신들의 새로움을 보탤 수 있는 가능성을 얻게 된다. 미래 세계의 새로움을 받아들이기 위해 이전 세계의 전통과 권위를 받아들인 것이다. 그것은 단순히 과거 문화의 일방적 전승이나 수용이 아니다. 그녀의 주장은 교육자들의 책무를 오래된 세계(과거)와 새로운 세계(미래)의 간격에 다리를 놓는 매개자의 일에 근거를 두고 있다. 따라서 여기에서의 '권위'란 학생들을 그러한 가능성으로 이끌려는 책임과 연결된 권위이고, '전통'이란 항상 현재의 상황에 대한 비판과 미래의 새로움과의 관계에서만 의미 있는 것이 된다. 이러한 점에서 아렌트가 강조하는 '보수'란 일반적인 의미에서의 보수주의와는 다르다. 아렌트에게서는 전통과 현대, 그리고 미래, 권위와 자유, 기성세대와 새로운 세대, 정치와 교육의 양면이 동시에 포괄되고 있다.이은선, 2013: 104

이러한 관점에서 볼 때 사회화는 굴레와 축복의 양면성을 지닌 모순된 인간 활동이라고 할 수 있다.조용환, 2004: 76 교육은 이러한 사회화의 한계 안에서 이루어지지만 동시에 교육은 사회화의 한계를 극복하고 사회를 변혁시키는 '반反사회화counter-socialization'의 힘을 가질 수 있다.[18] 그러기에 사회화 모두를 '억압적 사회화'로만 볼 수는 없다. 물론 사회화 이론의 한계를 지적하였다고 하여 사회에 의해 부과된 규범 모두를 개인에게 덮어씌우는 굴레라고 부정적으로만 볼 수도 없다. 사회화라는 것이 애정 어린 보살핌과 협동적인 과정이라면, 배려와 따뜻한 돌봄 속에서 협동적이고 친사회적인 기술과 이해를 발달시킬 수 있도록 도와준다면 아이들은 그런 방향으로 발달할 것이다. 이런 형태의 사회화는 모든 상황에서 모든 선택을 개인이 매번 새롭게, 그리고 혼자서 하지 않아도 좋도록 '관습의 길'을 제공한다고 볼 수 있다.

그렇지만 사회를 통해 물려받은 유산이 개인의 주체적 반성과 선택에 장애가 발생하는 일이 잦다면 그것은 문제이다. 그렇다면 조작되는 도덕적 능력은 나중에 사회적 가공의 수동적 대상이 되는 일정한 원칙들을 수반할 뿐만 아니라, 그러한 가공 과정에 저항하고 그것을 회피하며 그것을 넘어 살아남는 능력을 수반해야 한다.Bauman, 2013: 298-289

도덕사회화론의 한국적 과제

1. 사회화의 힘과 반사회화의 힘이 대치하는 상황에서 어떤 도덕적 선택이 가능한가?
2. 사회화적 도덕교육이 어떻게 해야 민주주의 사회에서 존속이 가능한가?

18 '비판적 문해교육'도 반사회화 방식을 지향한다고 볼 수 있다.

6장
가치 혼돈을 극복하는 가치명료화 이론

우리 중 어느 누구도 다른 사람의 아이에게 전달하기 위한
확실한 일련의 가치들을 가지고 있지 않다.
사이먼(S. B. Simon)

가치명료화의 필요성

현대 생활은 변화, 선택, 기회가 풍부하나 결과적으로 그것은 또한 혼돈을 일으키고 있다. 단순하고 소박한 생활을 하던 시절로 되돌아가고 싶은 사람은 거의 없지만, 우리는 복잡한 현대 생활에서 겪어야 할 어려움이 있다는 것을 알아야 한다. 그중 하나는 확산되고 있는 현대의 가치들이다. 그래서 아이들이 명료한 가치를 찾고 선택하기가 대단히 어려워졌다. 더구나 우리나라에서는 주입식 방법을 통해 학생들에게 일방적으로 가치관 또는 윤리관을 심어주는 것을 관행으로 여겨왔기에 더욱 그렇다. 오늘날 가치문제와 관련하여 민주시민의 자질을 길러주는 데에는 대화식 또는 문제 해결식 교육이 바람직하다. 그렇지만 우리나라는 현실적으로 이 방법을 적용하기가 매우 어렵다. 그 가장 큰 원인은 대학 입시에서 시행하는 바람직하지 못한 전형 방식 때문이다. 그동안 암기를 요구하는 전형 방식은 대화식 또는 문제 해결식 교육을 불가능하게 한다. 그런 교육은 창의성을 요구하는 새로운 시대의 교육에는 맞지 않는다.

그런데 오늘날 많은 사람들은 가치 발견과 선택을 통해 자신을 되찾는 데 어려움을 겪고 있다. 가치의 결정을 내리기가 너무 복잡하고, 외

부의 압력은 너무 다양하고, 사회 변화는 너무 어지럽게 전개되고 있다. 요즈음의 학생들은 인류 역사상 어느 다른 시대보다도 많은 문제점들을 선택해야만 하는 어려움에 처해 있다. 어떤 사람은 혼동, 무관심, 무일관성 속에서 헤매고 있다. 그들은 자신의 가치 선택에 대하여 분명히 알지 못한다. 그들은 스스로 목적 지향적이고 만족스러운 생활양식을 찾을 수가 없다. 이러할 경우 가치의 복잡성과 판단의 어려움으로 생각을 정리하지 못하는 학생들에게 자신의 가치와 사회의 가치문제를 전체적으로 좀 더 신중하고 포괄적으로 생각하도록 자극을 줄 필요가 있다. 나아가 도덕교육이 효과적으로 이루어지려면 어떤 다른 교육과정이나 프로그램이 보완되지 않으면 안 된다. 이러한 조건에서는 가치명료화 접근법이 효과적인 도움을 줄 것이다.

가치란 무엇인가?

가치란 개인적인 경험의 산물이다. 사람은 경험을 통하여 자라고 배운다. 경험을 통해서 행동에 대한 어떤 일반적인 지침이 생긴다. 이러한 지침들은 생활의 방향을 제시해주는 경향이 있고, 우리가 무엇인가 하도록 해주는 경향이 있으며, 선택을 하는 상황에서 구별을 할 수 있게 해준다. 우리는 그것을 '가치'라고 부른다.[19] 가치는 인간 생활에서 '어떤 중요한 것'을 의미한다. 가치란 삶에 있어서 어떤 사람이 중요하다고 생각하는 아이디어/개념(바람직한 것, 중요한 것, 좋은 것)이라고 할 수 있다. 가치는 우리의 제한된 시간과 정력으로 우리가 하고자 하는 것을 제시해준다. 경험이 발전하고 성숙됨에 따라 행동의 지침으로서 가치도 발전하고 성숙되어간다. 또한 가치는 하루하루 생활의 일부분이기 때

19 가치에는 도덕적(moral) 가치, 비도덕적(immoral) 가치, 도덕과 무관한(immoral) 가치가 있다.

문에 매우 복잡한 상황에서 작용한다. 그것들은 참이나 거짓의 문제가 아니다. 그것은 '가치화valuing'에 대한 정의를 살펴보면 왜 그런지 알 수 있다. 사람들은 스스로 존중해야 하고, 선택해야 하고, 선택한 것을 자신의 생활양식 속에 통합시켜야 한다.[Raths, Harmin & Simon, 1966/1994: 56] 그러나 그 같은 정보가 가치의 질을 말해주지 않는다. 가치란 유동적인 삶 자체에서 나타난다.

그러기에 가치문제는 증거나 합의된 의견의 문제가 아니라, 경험의 문제이다. 가치는 순수하고 추상적인 형태로는 거의 작용하지 않는다. 복잡한 판단이 수반되며, 진정한 가치는 결국 궁극적인 삶의 결과 속에서 나타나게 된다. 그러므로 가치는 가치를 형성하고 시험하는 경험들과 끊임없이 관련을 가지고 있다. 어떤 사람의 가치는 확고부동한 신념이라기보다는 어떤 특정한 환경에서 다듬어져 나온 결과로서 어떤 특정한 환경에서의 생활양식이다. 충분히 다듬어진 후에 어떤 특정한 평가와 행동 양식이 발달되는 경향이 있다. 가치가 행동을 유도하는 상황, 즉 가치가 작용하는 상황에서는 대체로 갈등을 일으키고 있는 요구들, 그것들의 비교와 평가, 그리고 많은 힘을 반영하는 행동과 관련이 있다. 어떤 것들은 옳고, 바람직하고, 가치 있는 것으로 취급된다. 이것들이 우리의 가치가 되는 것이다. 가치를 개발하는 것은 개인적인 경험의 산물인 동시에 일생의 과정이다. 이것은 어른이 되면 바로 완성되는 그런 것이 아니며, 세상이 변함에 따라 우리도 변한다. 그리고 우리가 세상을 다시 변하게 하려고 노력할 때 우리가 결정을 내려야 할 것이 많으며, 그러한 결정을 내리는 방법을 배워야 한다.

흔히 가치란 사려 깊이 선택되고, 자긍심을 가져다주고, 그리고 행동으로 옮겨지는 우리의 목적/목표, 포부/태도/관심/감정, 믿음/신념, 활동, 근심·걱정/문젯거리/장애물(개인적·사회적 문제; 도둑질, 질투, 커닝, 단정함, 규칙 정하기) 등에서 나오기도 한다. 나아가 사회 및 그 사회 속에 사는 사람들의 발전은 역동적으로 보일 수 있기 때문에 아마도 특정한 가치 자체에 초점을 맞추기보다는 '가치화'의 과정에 초점을 맞추는 것이 더 현명할 것이다.

가치명료화 운동의 등장

제2차 세계대전 이후 도덕성 발달에 대한 철학적 관심으로 전환한 것은 행동주의와 정신치료 관점에 대한 대안으로 '가치명료화 운동'(6장)과 '인지발달론'(7장)이 제기되면서부터이다. 도덕교육에서 가장 의미 있는 발전은 아동 존중과 자율성의 가치를 강조하는 매슬로우Abraham Maslow와 피아제의 인간주의 심리학humanistic psychology의 영향을 받은 '가치명료화 운동'과 콜버그의 '인지도덕 발달론'이다.

1960년에 접어들면서 급격한 사회 변화가 일어났다. 이 시기에는 전 세계적으로 '개인주의'가 만연하게 되었다. 격동의 1960년대와 1970년대를 통하여 개인주의는 인간의 자유와 개별 인간의 가치라는 기치를 계속 높이 내걸었다. 개인주의는 도덕교육에서 '가치명료화론'Raths, Harmin & Simon, 1966[20]을 낳게 하였다. 가치명료화를 통한 도덕교육을 주장하는 사람은 종래의 도덕교육 방법이 도덕적 가치의 주입, 도덕적 모범을 보이는 것이기에 이제 그런 방식은 더 이상 불필요하고 무의미하다는 문제의식에서 출발하고 있다. 왜냐하면 오늘날의 사회는 과거와 달리 급변하는 사회 환경 속에서 여러 가치가 동시적으로 개인의 삶을 지배하고, 또 그러한 가치들이 서로 혼합되어 있기 때문이다. 이들에 의하면 오늘날과 같이 다양한 가치가 인정되고 있는 사회 속에서 필요한 것은 여러 가치들 중에서 자기에게 유용한 가치가 무엇인지를 스스로 찾아낼 수 있는 능력이다. 개인의 선택의 기회를 최대한 보장하는 것이 민주주의 사회의 주된 목적이라면 도덕교육의 우선적인 관심은 가치의

20 가치명료화 이론은 도덕교육 이론에서 출발한 것이 아니고, 젊은이들이 자신의 가치를 개발하도록 도와주는 기술이라고 할 수 있다.

선택에서 혼란을 겪고 있는 학생들에게 올바르게 가치를 선택할 수 있는 능력을 갖추게 하는 것이어야 한다. 감정을 명료화하는 것, 특히 자랑스럽게 여기고 소중히 여기는 감정은 가치명료화 방법의 핵심이다.

가치명료화 방법은 인간 중심주의/아동 중심주의, 내담자 중심 상담/치유client-centered therapy에 뿌리를 두고 있다. 이러한 강조점으로부터 인간으로서의 아동에 대한 존중 등과 같은 많은 좋은 가치들이 가능해지게 되었다. 1960~1970년대의 정치적 갈등, 즉 흑인, 여성, 학생, 다른 소수 민족들의 지위가 역사상 가장 급속한 사회 혁명 속에서 급격하게 변화되었다. 이 시대는 "국민에게 권한을"이 표방되며 인종분리주의 반대, 불이익을 받는 사람들을 위한 교육(통합 교육) 등이 관심을 끌었다. 가치명료화론에서부터 인지적 도덕성 발달론까지 그 바탕에는 세속적 합리주의, 심리적 실용주의, 자유주의적 개인주의 등 서구 합리주의가 융합된 철학이 반영되어 있다.

가치명료화의 관점과 목표

젊은이들을 지도하는 일선 교사들에게 당면한 가치의 복잡한 쟁점들을 분류하고 평가하기 위해 실제적 지침들을 제공하는 데 도움을 주기 위해 라스Louis Raths, 하민Merrill Harmin, 사이먼Sidney B. Simon과 그들의 동료들은 '가치명료화value clarification'라는 접근법을 고안하고 발전시켰다. 가치명료화는 이들의 유명한 저서, 『가치와 교육』1966/1978/1994에서 도입한 방법이다. 따라서 이 책은 그 시대의 여러 가지 대중적 정서들을 반영하고 있다. 특히 우리가 살고 있는 세계는 매우 복잡하기에 오늘날의 젊은이들은 이전보다 훨씬 더 많은 선택들을 내려야 할 기회에 직면하여 어려움을 겪고 있다. 따라서 가치를 판별하고 선택할 수 있는 '가치명료화'라고 부르는 이론을 필요로 하였다. 특히 다양한 가치가 갈등을 빚고 있는 현대 사회에서 청소년들이 자신의 불분명한 가치를 스스로 명료화하고 그에 따라 살아가도록 도움을 주는 방법이 등장하였다.

가치명료화 이론은 '가치분석 이론'과 함께 가치문제의 해결을 위한 교육방법론이다. 구미 선진국의 학교에서는 청소년들에게 가치교육을 하면서 일방적인 주입식보다는 대화식 또는 문제 해결식 방법을 즐겨 사용한다. 그러한 교육 현장에서 가장 많이 사용하는 방법 중의 하나이다. 가치명료화 접근법은 낡은 '덕목의 보따리bag of virtues'를 통한 접근법처럼 가치들의 내용에 중점을 두는 것이 아니라, '가치 평가 과정'에 중점을 둔다.Forisha, 1990: 119-120 이 접근법이 추구하는 것은 이미 형성된 신념들과 아직까지도 새로이 나타나고 있는 신념들을 젊은이들이 명료화하는 것을 돕는 것이다.

가치명료화 접근의 기본 전제는 "모든 사람은 그 자신의 가치를 가지고 있다."라는 것이고, 아동들이 다음과 같은 것을 배울 수 있고, 또 배워야 한다는 사실이 더욱 강조된다. ①아동들이 자신의 가치를 더 많이 깨닫고, 어떤 결정을 할 때 위계적으로 관련시키는 일이다. ②가치들을 일관되게 만드는 것과 그 가치들을 의사결정 과정에서 위계적으로 사용하는 일이다. ③그들의 가치 위계와 다른 사람들의 가치 위계의 차이점을 깨닫는 일이다. ④그러한 차이점들을 용인하는 것을 배우는 일이다. 다시 말하면, 비록 가치들이 다소 사적이고 상대적인 것으로 간주되더라도, 가치명료화는 가치 위계를 만들고 자신의 가치를 극대화하는 것을 결정하는 논리적 전략일 수 있다.

가치명료화 이론은 개인의 실제 생활에서 일어난 문제와 관련하여 학생 스스로 가치관을 확립하고 그것에 따라 살아가는 데 도움을 줄 수 있는 방법을 제시하고 있다. 또한 가치명료화 이론은 사회 문제나 철학, 문학, 역사적 상황 등에서 제기된 다양한 문제를 학생 스스로 생각해보도록 해준다. 뿐만 아니라, 그러한 문제들에 대하여 다른 학생들과의 토론, 또는 교사와의 대화나 간단한 평가에 의해 다른 사람의 관점을 알 수 있는 방법과 더불어 다른 사람의 의견을 존중할 줄 아는 민주적인 태도를 기르는 데 도움을 줄 수 있다.

또한 학교는 특정 태도와 믿음이 아닌 자아 존중감과 개인적 자유를 길러주기 위한 노력을 해야 한다. 가치명료화에서 주장하는 것은 '가치 중립적value neutral' 입장, 상대주의적 입장이다. 이 운동의 창시자 중 한 사람인 사이먼은 "우리 중 어느 누구도 다른 사람의 아이에게 전달하기 위한 확실한 일련의 가치들을 가지고 있지 않다."라고 주장한다(도덕적 상대주의). 가치명료화 운동은 엄밀하게 말하면 도덕교육이라기보다는 말 그대로 교사가 학생들의 가치를 변화시키려고 시도하지 않으며, 단순히 그들의 가치를 찾는 것을 도와주는 안내자 역할만을 하는 것이다. 아동들은 자유롭게 자신들의 가치를 선택해야 한다. 선택에서 요구하는 것은 개인적 가치들이나 도덕을 표현하는 일이다.

이렇게 하는 것은 학교의 역할에 있어 아이들에게 특정한 도덕적 신념을 '주입'할 권리가 없다는 데 근거하고 있으며, 따라서 어떠한 종류의 행동 훈육도 배제하며, 인지발달론자들처럼 윤리와 가치에 대한 추론을 강조할 뿐이다. 그리고 교사들이 해야 할 일은 학생들이 그들의 가치들을 명료화하는 방법을 배울 수 있도록 도와주는 일이다. 이렇게 하여 가치의 내용을 종교, 과학, 전통, 사회 기관 등이 강요하는 것을 거부하며, 가치화 과정valuing precess을 소중하게 여긴다. 설교와 교화는 젊은이의 지적 성장에 해롭다.

그래서 가치명료화 이론은 자신이 말하는 바를 강요하려고 하지 않는다. 이는 가치문제에 대하여 더 사려 깊고, 더욱 통합된 생활을 해야 한다는 것을 의미하지 않는다. 오히려 많은 사람들이 그것을 잘 알지 못하고, 그렇게 하기를 좋아하지 않으며, 또는 그들의 상황이 그렇게 하기에 너무 고통스럽다는 것을 알고 있다. 그래서 어떤 사람의 생활이 계속 혼돈되어 일관성이 없고, 엉망진창으로 분열되어 있다고 하여 그 사람을 결함이 있는 사람이라고 말하지 않는다. 단지 변화할 준비가 되어 있고, 자신의 생활을 여러 가치에서 조직화하려고 노력할 준비가 되어 있는 학생들에게 장소, 시간, 용기, 후원, 안내를 제공하길 바랄 뿐이다.

그래서 가치명료화의 이론은 다음과 같은 목표를 지향하고 있다.

첫째, 현재의 생활을 통합하도록 돕고 미래에도 마찬가지로 도움이 될 수 있는 방법을 배우도록 돕는다. 자신의 생활의 여러 가지 측면들과 개인적·사회적 문제들을 고려할 때 사람들에게 개인적으로 선택하기, 소중히 하기, 행동하기에 대하여 생각해보도록 자극함으로써 통합을 향하여 발전할 수 있도록 돕고, 미래에도 마찬가지로 도움이 될 수 있는 방법을 배우도록 돕는다.

둘째, 도덕적 사고의 새로운 수준으로 올리는 '수직적' 접근을 하는 인지적 도덕성 발달론과 달리, 가치명료화는 '수평적 접근', 즉 현재의 사고, 감정, 행동을 더 적합한 방향으로 나아가게 한다. 가치명료화하는 집단들에게 그들의 태도, 활동, 믿음을 더 잘 통합시키는 데 도움이 되도록 쉽게 이용될 수 있다.

셋째, 가치명료화는 가치를 선택하는 데 있어 정의적 영역을 중시하고 있다. 자기의 생각을 솔직하게 공개하는 인간적 자세, 타인의 가치를 인정하는 수용력, 타인에 대한 관심, 자아의 확인, 심사숙고하는 태도에 가치를 둔다. 가치명료화 이론은 여러 측면에서 칼 로저스, 아들러 등의 인간주의적인 도덕성 발달 이론을 실제적이고 교육적으로 적용한 것이라고 볼 수 있다. 가치명료화 실습에서 평가의 기준은 외부 세계에 집중되어 있지 않고, '자아'에 집중되어 있다.Forisha, 1990: 128

가치명료화 과정의 7단계

가치명료화 방법은 다양한 자극적 예를 사용하고, 사실, 의견, 가치를 진술하게 표현하게 하면서 이 세 가지를 분명히 구별하는 능력을 발전시키도록 한다. 물론 사실과 의견 그리고 가치는 서로 다르다. 이러한 도덕교육을 위해서는 풍부한 자료가 필요하며, 가능한 한 적절한 자료를 찾아야 한다. 그리고 학생들이 지닌 아주 다양한 가치를 의식하게 만들어야 한다. 가치명료화 과정은 외부로부터 가치가 강요되기보다는 정서, 합리적 성찰, 심사숙고 등 스스로 생각하고 느끼고 선택하는 것을 중시한다. 그리고 자신의 가치를 스스로 명료화하는 경험을 갖게 하여 자신의 가치를 스스로 개발하도록 한다. 그러기에 개인의 생활에 초점을 두고 있는 그대로를 받아들인다. 그러므로 교사의 지도 방식은 개개인이 그들 가치가 무엇인지 발견하게 하며, 대안적 의식을 가지고 가치를 선택, 확정할 수 있는 능력을 갖게 해야 한다. 또한 그들이 선택한 가치대로 행동하도록 만들어야 한다.

아동들의 상호작용 속에서 성격을 나타내는 습관을 명료화하고자 하는 가치명료화 이론은 선택의 단계 → 존중의 단계 → 행동의 단계의 절차를 밟는다.

(1) 선택하기choosing

① 학생들이 선택을 더 많이 자유롭게 하도록 자극한다.

② 학생들이 선택에 직면했을 때 여러 대안들을 찾도록 하며

③ 각 대안의 결과를 신중하게 비교하면서 심사숙고하며

(2) 존중하기prizing

④ 학생들이 선택한 것을 소중히 여기고 행복해하고

⑤ 다른 학생들에게 자신이 선택한 것을 기꺼이 공언하고

(3) 행동하기acting

⑥ 학생들이 선택에 따라 행동을 하도록 하고

⑦ 학생들이 반복된 행동을 자신의 일상적 생활방식으로 굳히도록 한다.

그래서 후기(포괄적) 가치명료화에는 생각하기, 느끼기, 의사소통하기를 추가하였다.

(1) 자신의 가치를 생각하기

① 다양한 수준에서의 사고

② 비판적 사고

③ 높은 수준에서 도덕적 추론

④ 다양한 혹은 창조적 사고

(2) 자신의 가치를 느끼기

① 칭찬하기

② 소중히 여기기

③ 자신에 대해 좋은 느낌 가지기

④ 자신의 느낌에 대한 자각

(3) 여러 가지 대안 중에서 가치를 자유롭게 선택하기

① 여러 대안으로부터

② 결과 고려하기

③ 자유롭게

④ 성취 계획

(4) 자신의 가치에 대해 의사소통하기

① 분명하게 메시지를 전할 수 있는 능력

② 공감-다른 사람의 준거틀에서 듣고 받아들이기

③ 갈등 해결

(5) 자신의 가치를 공개적으로 표명하기

① 공언

② 존중하기

③ 소중히 여기기

(6) 가치의 선택에 의해 행동하기

①가치에 따라 살도록 격려하기

② 반복해서 행동하기

③ 일관되게 행동하기

④ 행동 영역에서 능숙하게 행동하기(능력)

그리고 가치명료화 방법 실행에서 위의 절차를 밟는 데 있어 다음의 요소에 유념해야 한다.Raths, Harmin & Simon, 1966/1994: 17-19

① 생활에 초점을 둔다: 사람들이 가치 있다고 여기는 것들이 나타나 있는 생활의 여러 측면으로 주의를 자주 집중시키는 것이다. 따라서 일반적인 생활 문제, 특히 생활을 복잡하게 뒤얽히게 하거나 가치를 엉망으로 만드는 것에 초점을 두고 시작할 수 있다. 우정, 두려움, 협동, 돈, 사랑, 법과 질서, 빈곤, 충성, 폭행, 애착 등에 있어서는 어떻게 해야 하나? 이러한 것들은 개인적이거나 사회적인 문제들이다.

② 있는 그대로 받아들인다: 가치를 명료화하려고 할 때 다른 사람의 입장을 무비판적으로 받아들여야 한다. 가치명료화 방법에서는 그 사람의 모든 것을 받아들인다는 것을 전해야 한다. 이렇게 받아들이는 것은 그 사람 자신의 생각이나 감정이 혼동되어 있거나 부정적이라고 하더라도 자기 자신을 받아들이고 자신에게 정직하고 또는 서로에게 정직하도록 돕는다는 것을 의미한다.

③ 더욱 심사숙고하게 한다: 그렇지만 가치명료화 방법은 받아들이는 것, 그 이상이어야 한다. 가치에 대하여 더 심사숙고하도록, 특히 더 포괄적으로 생각하도록 한다.

④ 개인적인 능력을 증진시킨다: 가치명료화 방법은 결국 사람들이 가치 문제를 깊이 생각할 수 있고, 앞으로 줄곧 계속해서 스스로 그렇게 할 수 있도록 하는 것이다. 따라서 가치명료화 방법은 가치를 명료화하는 기술을 연습하는 것을 조장할 뿐 아니라, 사려 깊은 자기 결정을 할 수 있는

능력을 증진시킨다.

학생들이 교실에서 이러한 단계들을 향해 나아가도록 촉진하기 위해 적용할 수 있는 실천 방안을 일차적으로 학생 자신의 경험과, 때로는 외적인 정보에서 이끌어 올 수 있다. 그러한 실천을 하는 것은 그렇게 많은 시간을 차지하지 않을 것이다. 실천 문제들 중 일부는 계열성을 고려하여 고안되기도 하고, 일부는 자체적으로 끝나는 것도 있다.

학생들은 위의 7단계를 통하여 나름대로 사고하도록 고무됨에 따라 점차 가치 평가 과정을 자각하게 된다. 그러나 그들은 어떤 필수적이거나 특수한 신념들의 집합을 채택하도록 고무되지는 않는다. 오히려 학생들은 자기 자신들의 가치들과 신념들을 자각하도록 촉구된다. 그리고 그것들과 자신들의 실제적 행동을 한결 자신감 있게 연결하도록 촉구한다. 모든 것이 가치가 될 수는 없으며 또한 그럴 필요도 없다. 일곱 가지 기준 모두를 충족시키지 않는 목표, 포부, 믿음이라는 것도 있다. 하지만 가치와는 다른 것이지만 가치를 가지고 있다는 것을 암시해주는 것들이 있다.[21]

가치명료화 이론의 장점과 한계

가치명료화 이론은 개인의 감정과 정서 등 자아의 가치를 존중하며, 동시에 교사의 획일적 주입을 위험스럽게 보고 있다. 또한 개인과 그가 살고 있는 사회 모두를 더 충실히 기능하게끔 하는 사려 깊은 결정들을 내릴 수 있는 인간의 능력을 기본적으로 신뢰한다. 이런 문제의식에서 출발한 가치명료화 방법은 가치를 판별하고 결정하는 데 많은 도

21 구체적으로 가치교육의 방법은 대화 전략, 쓰기 전략, 토론 전략, 결과 인식 확대 전략과 그 밖의 다양한 방식(가치 채찍, 가치 투표 등)을 사용하고 있다.

움이 된다. 특히 현대 생활이 빠르고 복잡하게 돌아감으로 인해 무엇이 좋고, 무엇이 옳고, 무엇이 바람직한지 결정하는 문제가 더욱 어려워졌기 때문에 많은 아이들이 존중할 가치가 있는 것이 무엇인지, 그들의 시간과 에너지를 바칠 가치가 있는 것이 무엇인지 결정하는 것을 점점 혼란스러워하고 갈피를 못 잡는 것을 발견하게 된다. 이럴 경우 가치명료화 이론은 개인뿐 아니라, 집단에게도 도움이 될 수 있다.

가치명료화 이론은 단순히 공부하는 지혜가 아니라, 생활 전체를 통찰할 수 있는 지혜 또는 이성, 감성, 그리고 실제 행동을 통합시킬 수 있는 능력을 갖게 하는 데 도움이 될 수 있다. 특히 가치명료화 접근은 가치 혼란을 심하게 겪고 있는 사람에게 중대한 영향을 줄 수 있다. 특히 무심한 사람, 변덕스러운 사람, 극도로 자신감이 없는 사람, 자신의 마음을 잘 모르는 사람, 매우 일관성이 없는 사람, 지나치게 순응적인 사람, 매사에 반대하는 사람, 가식적인 행동을 하는 사람, 아무런 목적 없이 방황하고 있는 사람에게는 가치명료화 방법이 효과적이다. Rath, Harmin, & Simon, 1966/1994: 19-21

가치명료화 이론의 기본적 입장은 도덕적 당위로서 특정한 가치 내용(청교도 정신, 빅토리아 도덕, 유교적 도덕 등)을 일방적으로 전달하는 것이 아니고, 오히려 아이들에게 '가치를 부여하는 과정'을 발전시키는 것이다. 방법론으로서 가치명료화는 어떤 외적 규범이나 가치의 종합에 순응하는 도덕성 개념을 거부한다. 모범, 설득, 문화적·종교적 교의의 제시와 같은 전통적 가치 전달 방식[22]은 복잡하게 변화하는 환경과 상호작용을 하는 지성적 인간의 자유롭고 사려 깊은 선택을 방해할 수 있다.

그러나 가치화 과정은 많은 감정적, 발달적, 인지적 구성 요소들을

22 가치에 대한 전통적인 지도 방법: 모범을 보여주기, 설득하기와 확신시키기, 선택을 제한하기, 감동시키기, 규칙과 규율(상과 벌)을 정하기, 예술과 문학을 이용하기(언제나 그래왔던 것, 또는 당연히 해야 하는 것), 문화적·종교적 신조를 이용하기(사람들은 언제나 이런 식으로 해왔기에 믿어야 한다), 양심에 호소하기.

인식하지 못했다. 구체적으로 말하면 가치명료화 이론은 다음과 같은 한계를 보인다는 비판을 받고 있다.

첫째, 가치의 개념과 기원에 대해 충분히 명료화하지 못했다는 비판을 받았다.[Forisha, 1990: 129] 가치명료화를 제안한 사람들은 가치들을 정확하게 정의하지 않았을 뿐 아니라, 가치의 기원에 대해서도 전혀 언급하지 않고 있다. 학생은 그가 이미 가치들을 지니고 있다는 암묵적 가정을 지닌 채 자신의 가치들을 명료화하는 절차를 거치게 된다. 만일 그가 진정으로 이전에 획득한 가치들을 지닌다면, 우리는 다른 이론들에 의거해서 그러한 가치들의 기원을 숙고하는 것을 이끌어낼 수 있다.

둘째, 외적으로 도출된 가치와 내적으로 도출된 가치들을 충분히 구별하지 못하고 있다는 비판을 받았다.[Forisha, 1990: 131] 만일 가치들이 외적으로 또는 내적으로 도출된다면, 사람들은 어떠한 가치들의 집합에 관심을 가지면서 가치명료화를 할 수 있는가? 암암리에 그들이 일차적으로 관심을 갖는 가치들은 환경으로부터 투사된 외적 가치들이 아니라, 내적 평가 기준에 의거한 내적 가치들이다. 그러나 우리 자신의 가치들과 우리 주변의 다른 사람들로부터 받아들인 가치들을 구별하는 것을 학습하는 것은 장기적이고도 어려운 치료 과정임을 알 수 있다. 그러므로 어떤 개인이 유기체적 가치들과 안으로 투사된 가치들을 분리시키는 것은 평생의 과제이다. 이렇게 볼 때 가치명료화를 주장하는 사람들은 대체로 그러한 난점들을 인식하지 못하는 것 같다. 그들은 가치들, 또는 그들이 보기에 특별히 '소중한' 가치의 기원을 상세히 설명하지 못할 뿐만 아니라, 우리가 '개인으로서 존중하고 소중히 여기는' 가치가 무엇인지를 실제로 학습하는 데 있어 겪는 어려움을 인식하지 못하고 있다는 비판을 받고 있다.

셋째, 가치명료화 이론의 접근법에 있어서 가치화와 자유로운 선택 간의 구분이 무시되고 있다는 비판을 받았다.[Forisha, 1990: 131-132] 가치명료화 접근을 주장하는 사람들은 학생이 대안들을 검토한 후에 그것들 중 자유롭게 선택할 것이라고 말한다. '자유로운'이라는 말을 사용하는 이면에는 수 세기에 걸친 철학적 논쟁이 존재하고, 현대 심리학 이론들 역시 우리가 과연 자유롭게 선택할 수 있는지 없는지에 관해 논쟁을 계속하고 있다. 비록 우리가 인간주의 이론가들이 주장한 바처럼 자유로운 선택을 할 수 있다고 하더라도, 자유로운 선택이란 분명코 쉬운 과정이 아니다. 자유롭게 선택된 가치는 개인의 환경 속에 있는 모델들, 특히 부모 또는 교사와 같은 학교의 권위 있는 인물들의 가치를 어느 정도까지 반영할 수 있는가? 만일 개인의 특정한 가치가 그가 자랐던 환경을 반영하고 있다면, 이러한 가치는 '자유롭게 선택된 것'이라고 말할 수 있는가? 이는 곧 이러한 가치들이 그의 주변 사람들이 지니고 있는 가치들을 단순히 안으로 투사한 데서 비롯된다고 말하는 것과 더욱 유사하지 않은가? 다시 말해서, 우리는 내적인 가치들과 외적인 가치들 간의 차이에 의해서 야기된 문제들, 그리고 가치명료화 양식을 고안한 사람들이 그 가치들 간의 차이를 구별하지 않는 문제들과 부딪히게 된다. 결국 우리들이 지닌 가치와 여러 해 동안의 자아 탐구가 필요하다는 사실은 다른 증거를 통해서도 알 수 있다. 더욱이 다른 사람들로부터 빌려온 가치는 대체로 자유롭게 선택한 것이 아니다. 가치명료화 이론은 가치화와 자유로운 선택 간의 구분을 무시하고 있다.

넷째, 가치명료화 이론은 개인의 신념을 공적 분야와 거의 관련이 없는 사적 문제로 여기고 있다는 비판을 받았다.[Forisha, 1990: 133-134] 개인들의 신념에 대한 확언은 더욱 고차적인 가치와 상충될 수 있고, 그로 말미암아 부적절한 것으로 보일 수 있다. 예를 들면, 개인이 자신과는 다르게 믿고 있는 어떤 고용주에 대해 자신의 정치적 신념을 확언할 경우 아무런 이득이 없고, 그로 말미암아 해고당할 가능성도 있다. 또한 정치적 숙고는 개인의 직업을 침해할 수도 있기에 개인의 신념을 지속하고 그것을 공적으로 확언하는 것이 자신의 일관성을 유지하는 데 필요한 경우도 있다. 이러한 확언들은 해고 등 사회적으로 위험이 따르지만 그것을 감수할 만큼 가치 있는 것이기도 하다.

다섯째, 가치명료화 이론은 가치 상대주의의 극단으로 흐를 위험이 있다. '학생이 원할 수도 있는 것wants'(가게에서 물건을 훔치는 것 등)과 '학생이 해야만 하는 것shoulds'(타인의 재산이나 권리에 대한 존중 등)에 대한 구별을 전혀 하지 않을 수 있다. 가치명료화에는 어떤 기준에 근거하여 자신의 가치들을 평가해볼 의무 조항은 없다. 결국 가치명료화는 이미 지니고 있는 건전한 가치들을 단지 명료화하는 것만을 필요로 하는 성인들처럼 아동들을 대우하는 실수를 범하고 말았다. 예의를 지키는 것, 정직한 것, 깨끗이 하게 하는 것 등과 같은 많은 결정들을 아이들로 하여금 못하게 한다면, 그들이 가치 평가 연습을 충분히 할 수 있는가?

가치명료화와 같은 근대적 도덕교육론의 접근은 분명 심리학적 연구 결과에 의해 고무를 받았지만, 기본적으로 논쟁점이 많은 개념적·규범적·평가적 차원의 의미를 회피하고 있으며, 지나치게 개별적 차원의 '개인주의 심리학'에 머물고 있다는 비판을 받았다. 가치명료화론에서 옳고 그름이나 좋음과 나쁨을 개인의 선택에 맡기는 '편중되지 않은', '중립적' 목표의 설정이 지나친 '상대주의적 도덕인식론' 경향을 낳고 말았다. 어떤 가치들이 다른 것들에 비해 더욱 좋은 것이거나 혹은 나쁜 것이라는 제안 조항도 없다. 마치 테레사 수녀와 매춘부를 구분하지 않는 접근이라는 지적을 받고 있다.Lickona, 1998: 24-25

'포괄적' 가치교육의 요청

1960~1970년대에 가치명료화 운동을 주창했던 사람들은 스스로 '전통적 가치들'을 평가 절하하는 커다란 잘못을 저질렀고, 그렇게 취급하는 과오를 범했다고 시인했다. 가치명료화 이론을 제창했던 커센바움은 철학적으로, 교육학적으로, 정치적으로 현명하지 못한 일이었다고 고백하였다.Kirschenbaum, 1995/2006: 29 그리하여 도덕교육에 대한 새로운 접근방법인 가치명료화 접근은 '주입'이라고 비판받은 전통적인 주입식 방

법을 포함한 다양한 도덕교육의 방법을 장려하기 위해 그 대안으로 '포괄적 가치교육comprehensive value education' 모델을 제창하였다. 포괄적 가치교육은 가치교육에서 우리가 아이들에게 도덕적 설교를 하고 그들의 도덕적 지혜를 경청하는 시간, 시범을 보이고 명료화된 질문을 해야 하는 시간, 보상을 해주거나 중립을 지켜야 할 시간, 간섭하거나 간과해야 할 시간, "아니오!"라고 말할 시간이나 그냥 내버려두어야 할 시간이 있다는 점을 강조한다.

오늘날 포괄적 가치교육은 이론적 약점을 지니고 있음에도, 가치 목록을 추가하면서 교실에서 폭넓게 사용되고 있다. 일부 가치명료화 접근법이 제안하는 실천들은 다양한 연령 수준에 따라, 그리고 학생들의 이익과 관심에 초점을 두었기에 대체로 성공적이었다는 평가를 받고 있다. 그리고 도덕성 발달을 촉진하는 것을 다루는 여러 다른 도덕교육 이론과 실제로 양립할 수 있었기에 그런 평가를 받았을 것이다.

그렇다면 새로운 가치교육은 전통적 가치교육과 새로운 가치명료화 방법이 각각 지니고 있는 최상의 요소들을 뽑아내서 그것들을 종합하고, 나아가 그러한 것들을 발전시키는 것이 바람직할 것이다. 이것이 바로 '포괄적 가치교육'이 지향하고 있는 목표이다. 그것은 ①내용에 있어 포괄적이고, ②방법에 있어 포괄적이다. 그리고 포괄적 가치교육은 ③학교생활 전반을 통해서 이루어지며, ④지역사회 전반을 통해서 이루어진다. 한마디로 포괄적 가치교육은 개인주의와 공동체주의 갈등 속에서 보수적인 동시에 진보적인 것을 동시에 추진하는, '미래를 지향하는 Back to th Future' Kirschenbaum, 1995/2006: 32-33 운동으로 발전하였다. 이 운동은 서로의 오해를 줄이고, 의사소통을 증진시켜, 공통의 목적들과 가치들을 인식할 수 있는 기회를 제공하는 데 기여하였다고 할 수 있다.

가치명료화론의 한국적 과제

1. 앞으로 교사가 된다면 어떤 가치를 가장 소중하게 여길 것인가?
2. 가치명료화론의 관점에서 도덕적 가치를 어떻게 가르칠 것인가?

7장
합리적 도덕을 위한 정의 공동체 학교 건설

> 도덕교육은 무엇을 생각하기보다,
> 어떻게 생각하는 방법을 가르치고 배우는 것이다.
> 로렌스 콜버그(1927-1987)

합리적 도덕성 발달의 필요성

전통적 관점에서는 도덕성을 문화에 따르는 것이라고 보는 문화 상대성을 가정한다. 이와 달리 도덕 발달론자들은 연령에 따라 발달하는 도덕적 적합성 혹은 합리적 도덕성 발달의 필요성을 강조한다. 이들은 감정적/정서적 자아에 직·간접적으로 호소하는 도덕교육을 '교화'라고 비난한다. 도덕적 행동의 동기를 정서라고 보는 주로 전통적 인격교육론자들과는 달리 이들은 이성/인지를 도덕적 동기의 근원이라고 주장한다. 합리적 도덕성에서는 특히 합리적이고 공정한 사회를 지향할수록 합리적 판단 능력의 신장이 매우 중요하다. 교육의 목적은 성장과 발달에 있고, 지적인 것과 도덕적인 것 모두를 포함한다. 윤리적이고 심리적인 원리들을 잘 알아야 학교에서 자유롭고 강인한 인격의 소유자를 형성하는 데 큰 도움을 줄 수 있을 것이다. 교육은 가장 자유롭고 완전한 방식으로 성숙하도록 심리적 기능을 할 수 있는 조건을 제공하는 작업일 것이다.

도덕사회화론의 교화적 성격과 가치명료화의 지나친 상대주의를 비판하면서 인지적 발달주의cognitive developmentalism가 등장하였다. 인지적 발달주의는 인간의 '합리적 능력'을 신뢰한다. 칸트는 학생들을 단순히 훈련시키거나 기계적으로 양육하는 것이 아니라 그들을 '계몽'해야 한다고 하였다. 도덕교육은 합리적 활동이며, 여기서 도덕적인 것은 행위보다는 '이성'에 의해서 결정된다. 도덕적 인간이란, 저런 방향의 행위보다도 이런 방향의 행위를 선택한, 합리적이고 정당한 논거를 제공할 수 있는 사람이다.

콜버그는 칸트의 주장을 중요하게 받아들였다. 칸트 철학은 '보편적 도덕원리'를 도덕적 삶과 도덕적 의무를 수행하는 기본으로 생각한다. 그리고 교사는 학생 스스로가 자신 안에서 자의식과 도덕법칙의 효능감을 도출할 수 있도록 추론 능력을 계발해주어야 한다고 주장하였다. 그렇게 함으로써 보편적 도덕원리는 삶의 모든 상황에서 개개인에게 영향을 미치고 '순수이성'을 이끌어낼 수 있다. 예를 들어 칸트는 아침 일찍 일어나기 힘들어 사무실에 출근하지 못한 사람이 실천의 불일치를 보일 경우 양심의 가책을 느끼지 않을 수 없다고 주장했다. 또한 도덕성, 즉 자율적 도덕은 보편적 원리와 합법성을 준수하는 것이라고 여겼다. 결국 칸트주의 윤리는 모든 사람의 자율성과 존엄성을 강조한다. 그리고 칸트주의의 한 측면은 그런 자율과 존엄을 존중하는 '보편적 의무'에 초점을 둔다. 칸트는 전통적인 교조주의적 방법을 통한 도덕교육을 적절치 못한 것이라고 비난했다.

인지적 발달주의는 타율적 도덕성(교화, 억압)으로부터 자율적/구성적 도덕성(협동)으로 이행해가는 피아제의 이론을 발전시킨 것이다. 콜버그는 발달심리학자인 피아제의 영향을 크게 받았다. 피아제는 아동이 지적으로 어떻게 발달하는가를 밝혀내고 분석하였다. 유아는 이성 능력을 충분히 갖추고 태어나지 않는다. 이 사실은 지극히 자명한 상식이다. 이를 토대로 삼아 피아제는 "아이가 추상적이고 개념적인 사고를 하기까지 어떤 단계를 거치는가."를 밝혀냈다. 피아제는 시종일관 아이와 어른의 불평등한 관계가 어른의 권위에 대한 복종을 조장함으로써 아동의 자기중심성을 강화한다고 주장했다. 반면 또래 아이들 사이에 존재하는 평등한 관계는 상호 합의 과정을 거쳐 합리적인 결정을 내리기 위해 자신의 관점을 깊이 생각해보도록 격려한다고 보았다. 도덕 발달에 대한 이러한 관계적 관점은 부모가 아닌 또래들이 아동의 도덕 발달 증진에 결정적인 역할을 한다는 급진적인 결론으로 발전하였다.Munzel & Power, 2013: 54[23]

1970년대에 가치상대주의 입장을 취한 가치명료화는 도덕교육에 대한 다른 접근들,[24] 이를테면 콜버그에 의해 개발된 '도덕적 딜레마 토론moral dilemma discussion'과 도덕철학자들에 의해 개발된 '합리적 의사결정rational decision-making' 등과 상당한 경쟁을 벌였다. 콜버그의 인지발달 이론은 전후의 도덕교육 이론으로서 가장 막강한 영향을 미쳤다. 피아제와 콜버그가 도덕 판단 능력의 발달에서 가장 중요하게 생각했던 것이 강제성이 없는 놀이, 도덕적 토론, 그리고 민주적 통치 개념이다.

콜버그는 전통적 인격교육이 오늘날 기존 사회에 순응시키는 '덕목의 보따리'를 내면화시키는 사회적 통제의 기제로서 피할 수 없는 교화 가능성을 비판하면서, '무엇(내용)'을 생각하기보다 '어떻게 생각하는 방법/도덕적 추론'을 가르치고 배우는 것을 강조한다. 즉 아동을 '도덕철

23 피아제의 도덕 발달이론이 함축하고 있는 교육적 의미는 다음과 같다: ① 아동은 배움의 과정에서 수동적인 수혜자가 아니라 역동적인 기여자이다. ② 교육은 아동 중심이 되어야 하고, 아동들의 사고하기가 나타나는 특징들에 민감해야 한다. ③ 문화 전수라는 전통적 개념들은 문화의 풍요로 대체해야 한다. ④ 교육은 커다란 도덕적 기획이다. ⑤ 전통적 교육방법들은 자율성보다는 타율성을 조장하는 모방에 근거하고 있으므로 변화가 필요하다. ⑥ 피아제는 오늘날 '협력 학습'으로 알려진 것의 중요성을 강조했다.

24 가치명료화나 인지적 도덕성 발달론 모두 교화가 도덕적 행동을 증진시키는 데 효과적인 방법이라는 생각에는 반대 입장을 취한다. 둘 다 개인적으로나 집단적으로 복잡한 생활 문제에 대하여 열린 마음으로 깊이 생각할 수 있도록 돕고자 한다. 즉 반성적 사고와 토론뿐 아니라 학생들이 가지고 있는 경험, 학생들이 감지하고 있는 본보기, 그들이 살고 있는 환경과의 관련성도 숙고를 한다. 민주주의, 진리, 인간의 존엄성, 자유 등에 모두 관심을 가지고 있다. 단지 인지적 도덕성 발달은 정의와 집단생활 문제에 관심이 있고, 반면 가치명료화는 집단에게 그들의 태도, 활동, 믿음을 더 잘 통합하도록 돕는 데 쉽게 이용될 수 있다.

학자'로 여기는 한편 인간 본성에 대한 긍정적 관점을 가지고 있다. 이러한 사고는 자유주의와 진보주의 사상의 영향을 받은 것이다. 콜버그Kohlberg, 1968, 1984는 도덕적 추론의 발달에 대한 피아제의 이론적 연구Piaget, 1932를 기반으로 삼아 남자 청소년들을 대상으로 경험적 종단 연구를 수행하였다. 콜버그는 칸트의 합리주의와 피아제의 발달론을 결합시켰다.Conroy, 2011: 134-135 콜버그가 도덕성은 합리적이고, 문화적 차이를 초월하며, 인습적인 규범과 구분할 수 있다는 주장을 펼치는 데에 칸트의 도덕철학은 많은 기여를 하였다. 콜버그는 칸트의 '도덕적 구성주의'를 기꺼이 받아들이며, 칸트처럼 도덕성을 실천이성의 산물, 즉 도덕적 판단 과정의 산물로 이해했다.

인지발달론자의 대표적 위치를 점하고 있는 콜버그Kohlberg, 1971는 분명 합리성과 보편 가능성에 대한 롤스의 자유주의적 관점과의 접목을 시도하였다. 콜버그가 정립한 도덕적 발달 단계의 계열성은 서구 도덕철학자들이 생각했던 대로 도덕성의 발달을 향한 '보편적인 개체발생적 추세'를 보여주었다.[25] 이러한 단계적 발전은 실제적으로 서로 다른 공동체에서 보이는 여러 문화의 교육적 실천 속에서 고유하게 발견되는 질서보다는, 가상의 보편적인 내적 논리의 질서를 상정하고 거기에 기초한 도덕적 개념에 토대를 두고 있다. '개인주의적' 자유주의자의 도덕교육론의 주제들은 자아에 대한 탐구, 특히 자아와 도덕성을 관계 짓는 것, 즉 개인의 정체성 속에서 자율성의 발전과 도덕적 관심이 조직적으로 결합된 도덕성과 '개별적 자율성'의 융합에 있다. 여기에서 '발달development'은 관행과 권위에 토대를 둔 추리력으로부터 차츰 이성적 사고를 통해 자율적으로 유도된 '정의의 원리'로 대체하는 것으로 점진적으로 발전해간다.

의무론[26]을 중시하는 칸트주의는 착함the good보다는 '옳음the right'과

25 전인습적 도덕성: 벌과 명령 → 인습적 도덕성: 권위와 법 → 탈인습적 도덕성: 보편적 법칙과 정의, 자율성.

자유, 평등, 계약 등에 기초한 '공정성' 원리를 중시하기에 개인적/지역적 상황과 관계없는 절대적인 명령/규칙을 보편화하고자 한다. 그래서 인간의 욕망이나 이해에 관심을 두는 가언명령에 결코 의존하지 않는다. 가언명령이 아닌 '정언명령categorical imperative'[27]을 중시하는 인지적 도덕 발달론은 가치명료화에 근거해 있는 '도덕적 상대주의'를 거부하고, 도덕적 문제들에 대하여 윤리적으로 타당한 추론 방법들을 학생들이 발달시키는 것을 도와주고자 시도하였다. 긴 머리에 짧은 스커트를 입은 어머니가 10대의 딸아이 옆에 서서 이런 대화를 주고 받는다; "너는 왜 독립적으로 성장해야 하고, 네 스스로 생각해야 하나?" "글쎄요. 내가 그렇게 생각하니까요." 이것은 특히 '합리성'의 가치에 뿌리를 둔 것이다.Halstead, 2013: 105 그리고 콜버그는 자신의 최고 도덕원리에 관한 형식을 롤스의 정의론과 결합시켰다.[28] 정의 개념에 분명하게 드러나듯이 롤스는 목적의 왕국 구성원으로서 입법하는 것처럼 계약의 형식화를 위해 칸트의 정언명법에 의지했다. 콜버그와 롤스 두 사람은 사회경제적, 문화적 맥락이 서로 다름에도 칸트에게서 도덕적 객관성의 개념

26 칸트가 중시하는 '의무'의 어원이 되는 'deontic'의 용어는 그리스어 'deon'에서 온 것으로 흔히 'duty'(의무)나 'law'(법칙)로 번역한다. "사람은 항상 진리를 말해야 한다.", "사람은 약속을 지켜야 한다.", "훔치는 것은 도덕적 그른 것이다."와 같은 판단은 전형적으로 의무론적이다. 의무론적 윤리는 '옳음'(the right=義; 윤리적 행동의 절차적 측면)을 강조하도록 유도한다. 옳은 일을 하는 데 있어 구차한 상황과 맥락을 고려한 변명의 여지를 남겨둘 수 없는 '무조건적 의무'에 복속해야 한다.

27 정언명령의 세 가지 원리(인간으로서 마땅히 지켜야 할 의무, 즉 도덕적인 실천 법칙): ①일정한 상황에서 나에게 옳은 행위는 누구에게나 옳은 행위요, 나에게 그른 행위는 누구에게도 그른 행위이다. ②너 자신을 포함한 모든 인격에서의 인간성을 목적으로 대우하고, 결코 단순한 수단으로 사용하지 마라. ③모든 이성적 존재자는 그 준칙에 의거하여 항상 보편적 자유의 왕국의 입법적 성원인 것같이 행위하라.

28 롤스의 저서에서 보여주는 칸트 윤리는 학문의 영역에서 여전히 정치철학과 도덕철학의 주요한 경향을 보이고 있다. 그리고 도덕 발달 단계 이론에 영향을 미치고 있는 콜버그의 이론은 개인의 발달심리학을 기술하고 가정과 학교의 도덕교육을 위한 실천적 기반을 제공하는 데 있어 상당히 칸트주의와 롤스주의의 관점을 취한다. 그러나 최근 도덕교육 분야에서 칸트 윤리와 콜버그의 관점에 도전하는 중요한 철학적 도전이 있었다. 그것은 도덕철학의 새로운 생각을 반영하거나 적어도 대응을 하고 있는 것이다. 반면, 롤스는 칸트와 달리 순수이성에 의지하기보다는 '사회계약설'에 의존한다. 그가 마음속에 구상하는 계약의 상태는 합리성, 자율성, 보편성을 포함한다. 이 개념들은 칸트주의의 개념과 비슷하다. 칸트와 롤스의 이런 유사점은 정치적 원리로 구체화되어 정의로운 사회적 계약으로서 협약이 된다. 두 사람은 한 사회의 도덕적 생활이란 어떤 정당화된 원리에 분명하게 호소하고 그 원리를 사용하는 것에 의해 지배된다고 여겼다.

을 발견했다. 또 콜버그는 6단계의 형식화와 자신의 정의론 속에서 하버마스Habermas, 1979의 '이상적 담론 윤리'가 변형된 형태의 '도덕적 음악 의자moral musical chairs'[29]라는 것을 발견했다.

콜버그는 "인간의 도덕적 행위를 어떻게 하면 가장 잘 길러낼 수 있는가"를 충실하게 이해하려고 하였다. 도덕적 추론의 발달은 모든 문화를 가로질러 일련의 사회-도덕적 관점들을 밟아가는 길이며, 이것은 세 가지(즉, 인습 이전, 인습적, 인습 이후) 수준으로 나타난다는 것이 그 연구의 결론이었다. 이렇게 콜버그는 윤리적 상대주의에 개방적 자세를 취했고, 반면 사회적 상대주의 미덕에 의존하는 방식은 회피하고 싶어 했다. 도덕적 추론 접근에서 볼 때 도덕성의 주요 관심은 비판적인 도덕 판단을 내리고, 도덕적 결정을 정당화하는 일이다. 그러기에 인습적 도덕, 사회적 기대 혹은 습관적인 도덕 행동을 따르는 일은 주요 관심 사항이 아니다. 콜버그는 전쟁 중에 체험을 통해 배운 바 있듯이 "한 사람은 자유를 위해 싸우지만, 다른 한 사람은 테러리스트이다."[30]라고 한다. 이 경우 콜버그는 윤리적 상대주의를 초월하는 정의의 보편 가능한 원리를 옹호하고자 하였다. 콜버그는 보통 상황에서는 자기 시대와 문화의 사회적 인습에 비추어볼 때 전적으로 도덕적인 것처럼 보이는 사람들이, 어찌하여 다른 사람들 눈에는 말할 수 없을 정도로 부도덕한 방식으로 행동할 수 있는 것인지 묻는다. 이 물음은 20세기 후반 수많은 심리학자와 철학자들을 곤혹스럽게 만들었다.[31]

29 가장 공정한 결정은 모든 부류의 사람들이 '도덕적 음악 의자'에 앉아서 황금률을 통해 서로의 관점을 취해본 후 동의하는 것이라고 추론했다. 이 개념은 롤스의 '원초적 위치'를 연상하게 한다.

30 콜버그의 도덕적 인지, 발달, 그리고 교육을 이해하기 위해서는 그의 개인사를 살펴볼 필요가 있다. 고등학교 졸업후 홀로코스트의 유대인 생존자들을 팔레스타인으로 밀입국시키던 상선 기술병으로 군복무를 마친 콜버그는 도덕성에 대한 연구에 매진했다. 그는 나치의 홀로코스트에 큰 충격을 받았고, 이후 시민불복종운동에 관심을 보였다.

31 한나 아렌트도 그중의 한 사람이었다. 그녀는 2차 세계대전 중에 나치 치하의 독일과 프랑스를 탈출하여 미국으로 망명하였다. 그녀가 쓴 『악의 평범성』1964은 아돌프 아이히만의 재판을 다루고 있다. 그는 아우슈비츠 포로수용소로 수감자들을 옮기는 일을 책임지고 있었다. 아렌트는 다음과 같은 결론을 내렸다. 악한 행위는 특별히 사악한 인간들의 전유물이 아니다. 수많은 보통 사람들도 아이히만처럼 특별한 역사적·문화적 상황에 놓이게 되면 모두 똑같은 일을 저지르고, '조직의 명령/지시'를 따랐을 뿐이라고 합리화한다.

1960년대부터 지난 30여 년 동안 도덕적 발달 연구와 광범위한 도덕 이론에 영향을 미친 콜버그의 도덕 이론이 중시한 '추론reasoning'의 기능은 모든 도덕적 상황에서 가장 우선적인 도덕적 판단의 중심적인 역할을 하였다.[Haste, 1996: 49] 그가 제창하는 도덕은 덕목(예컨대 정직)으로 대변되는 행위 규칙(정직하라, 남을 속이지 마라, 진실을 말하라)을 내면화하거나 습관 들이는 것이 아니라, 어떤 삶의 장면에서 한 덕목(정직)을 응용하거나 적용하는 규칙이나 원리를 발견하거나 찾아내는 판단의 능력을 말한다. 다시 말하면, 도덕적 장면이란 언제나 덕목과 덕목들 간의 긴장과 갈등이 존재하기 때문에 생기는 딜레마 상황이다. 이 딜레마 상황에서 대립하는 덕목들 간에 교통정리를 얼마나 잘하는가 하는 능력이 바로 도덕성이라고 보고 있다. 그가 강조하는 도덕적 추론의 단계별 특징은 도덕적 판단의 내용에서가 아니라, 도덕적 추론의 성격에서 나타난다. 아이들을 위한 합리적 도덕성 발달은 아동의 규칙—자신들에게 어른들이 강요하는 규칙을 믿는 것에서부터 자유로운 결정의 결과이자 상호 동의에 의해 존중할 만한 가치가 있는 결과로서 규칙을 믿는 데까지—에 대한 이해의 발전을 보여준다. 콜버그의 합리적 도덕성 발달의 과정과 내용은 구조주의적 패러다임에 기반하고 있다. 콜버그의 합리적 도덕성 발달 접근은 도덕적 단계, 도덕적 유형, 사회적/도덕적 분위기 수준으로 나뉠 수 있다. 이 접근은 인간의 도덕적 인지와 발달에 대한 매우 종합적인 관점을 제공한다.

인지발달론의 도덕적 단계

콜버그는 소크라테스가 알면 행할 수 있다고 말했듯이 판단과 행동이 병행한다고 본다. 판단/사고 구조schema(이유/왜)의 형성과 발달은 역행하지 않는다. 피아제가 도덕적 추리에 있어 두 가지 사고구조를 설정했지만, 콜버그는 6단계 사고구조를 설정했다. 콜버그의 도덕적 단계 발달의 모델은 더 큰 복잡성과 적절성을 향한 도덕적 추리의 잠재적 진화를 보여주었다. 콜버그의 단계 모델은 필수적인 자격과 단서 조항이 많음에도 불구하고 이론적으로 설득력 있고 교수학적으로 유용하다.

도덕적 추론의 단계별 특징은 도덕적 판단의 내용에서가 아니라, 도덕적 추론의 성격에서 나타난다. 예를 들어 1단계에서는 처벌받을지 모른다는 두려움이야말로 좋은 행동을 하게 만드는 주요 동기가 된다. 2단계에서는 자기 자신의 필요 충족을 중시하면서 도덕적 권위를 계속해서 받아들인다. 3단계에서는 타인들, 특히 자신 친구들의 잘됨에 대한 관심이 핵심 요인으로 등장한다. 4단계에서는 더 강한 준법정신이나 사회질서관과 결부된 의무감이 나타난다. 5단계에서는 인권과 사회협약을 더 강조하고, 사회 일반의 복지를 추구한다. 6단계에서는 칸트의 영향력이 다시 나타난다. 여기서는 도덕적 판단의 보편화 가능성이 강조되고, 도덕적 자율성이 중시된다.

이렇게 해서 도덕성 발달은 더 합리적인 도덕 판단으로 점차 이행하

도덕적 추리의 단계	옳은(right) 기준	선(good)해야 할 이유
1단계: 자기중심적 단계 (순종과 처벌 지향)	"나는 반드시 나 좋은 대로 한다."	상을 받고 벌을 피하기 위해
2단계: 무조건의 단계 (도구적 목적과 교환)	"나는 하라는 대로 해야 한다."	괴로움을 당하지 않기 위해
3단계: 이기적 공정성 (상호 기대와 좋은 관계)	"나는 나의 이익을 챙겨야 하지만 나에게 공정하게 대하는 사람에게는 공정하게 대해야 한다."	이기적 자세: 나에게 유리한 것이 무엇이냐?
4단계: 타인과의 일치 (사회체제와 양심의 유지)	"나는 근사한 사람이 되어야 하고, 내가 알고 관심 가진 사람의 기대에 부응해야 한다."	다른 사람이 나를 알아주어야 하고(사회적 인정), 나 자신도 나를 좋게 생각해야 한다(자기 존중).
5단계: 사회체제에 대한 책임(우선적 권리와 사회협약)	"나는 사회의 가치체제에 맞게 책임을 다해야 한다."	체제의 붕괴를 막아야 하고, 자기 존중도 유지하기 위해서
6단계: 원리화된 양심 (보편적·윤리적 원리)	"나는 모든 개인의 권리와 권위를 최대한 존중해야 하고, 인권을 보호하는 체제를 지지해야 한다."	모든 인간에 대한 존중의 원리에 맞추어 행동해야 할 양심의 의무

콜버그의 도덕성 발달 단계

는 것이라고 이해된다. 합리적 도덕교육의 목표는 젊은 사람들로 하여금 '편중되지 않은' 자율적 판단을 내리도록 하는 유능한 추리력을 갖추도록 훈련하는 것에 있다. 도덕성의 상식적인 담론 내에서 정상적으로 이루어지는 모든 도덕적 활동은 크게 추리력과 관계를 맺고 그 속에서 융합되었다. 왜냐하면 '개인주의적' 자유주의자의 도덕교육의 주제들은 자아에 대한 탐구, 특히 자아와 도덕성을 관계 짓는 것, 즉 개인의 정체성 속에서 자율성의 발전과 도덕적 관심이 조직적으로 결합하여 도덕성과 '개별적 자율성'을 융합하는 것이기 때문이다. 여기에서 '발달'은 관행과 권위에 토대를 둔 추리로부터 차츰 이성적 사고를 통해 점진적으로 자율적으로 유도된 보편적 원리(인간 존중, 생명, 정의 등)로 대체하는 것으로 발전한다. 도덕적 판단/추론에서 가장 핵심을 차지하는 가치는 '정의justice'의 원리이다. 콜버그는 인간관계에서 파생하는 갈등을 공정한 방식으로 해결하는 것에 대한 결정을 도덕성의 본질로 여기고 있다. 인지적 도덕성 발달론자들은 어떤 목표, 즉 일반화할 수 있는 원리에 근거한 합리적 해결과 절차, 즉 사회적 과정으로부터 임의대로 자유롭게 할 수 있는 개별적 자율의 존재가 수행하는 추리와 판단 그리고 어떤 가치, 즉 권리의 자유와 자율성에 대한 존중을 우선시하는 정의와 사람에 대한 존중을 전제한다.

콜버그에게 있어 '도덕적인 것'의 독특한 특징은 옛날의 보이스카우트나 아리스토텔레스의 '덕목의 보따리', 즉 진실, 절제, 타인에 대한 친절 등에서 발견되는 것이 아니다. 콜버그에게 있어 덕이란 분위기나 문화에 상관없는 항상 동일한 이상적 형태이다. 그에게 있어 도덕성의 본질은 긴장과 갈등의 상황에서 담당해야 하는 '가설적 도덕적 딜레마'에 직면할 경우 무엇을 해야 하는지를 결정하는 방식, 즉 '추론의 종류'에서 발견된다. 예를 들어 죽어가는 아내를 살리기 위해서 터무니없이 비싼 약을 훔쳐야 하는가(하인즈 사례)에 대해 아이들이 어떻게 반응하는지를 보면 그들의 추론 수준을 알 수 있다. 도덕성 발달은 도둑질이나 거짓말과 같은 주제에 대하여 판단을 내릴 때 나이가 다르면 다르게

준거	A유형(타율적)	B유형(자율적)
위계	분명한 도덕적 위계가 없음, 실용적인 것에 의존, 다른 관심 없음	도덕적 가치의 분명한 위계: 규정적 의무가 우선적임
내재성	인간에 대한 도구적 관점	인간을 목적 그 자체로 봄: 자율성에 대한 존중, 존엄성
규정성	도구적이거나 가상적인 도덕적 의무	도덕적 책임으로서 도덕적 의무
보편성	모든 사람이 지닌 또는 자기 이익에 터한 무비판적 판단	일반화된 관점: 동일한 상황으로 모든 사람에게 적용
자유	외적 토대가 판단을 정당화	외적 권위나 전통에 의존하지 않음
상호 존중	일방적 순종	평등한 사람 간의 협동
가역성	딜레마를 한 가지 관점으로 봄	타인의 관점을 이해: 상호성
구성주의	규칙과 법을 고정된 것으로 보는 엄격한 관점	규칙과 법을 융통적인 것으로 보는 유연한 관점
선택	공정성이나 정의의 관점으로 선택을 하지 않거나 그 선택을 정당화하지 않음	일반적으로 정의롭거나 공정하게 본 해결을 선택함

『도덕적 지향의 비교』Snarey & Samuelson, 2008: 83

추론하는 경향이 있다는 관찰을 근거로 확립된 것이다. 예를 들면 어린 사람은 벌이나 또는 권위 있는 사람의 시인을 받으려는 것에 관심을 보이는 경향이 있으나, 반면 나이가 든 사람은 관련된 모든 사람들에게 최선이 되는 것이 무엇인지를 생각하는 경향이 있다.

도덕적 성숙으로 나아가는 성장 과정에서 개인은 특정 단계를 거치지 않은 채 뛰어넘을 수는 없다. 콜버그의 관점에서 볼 때, 도덕교육이란 개인이 도덕적 발달에서 다음 단계로 나아가도록 장려하는 일이다. 이것은 도덕적 딜레마의 토론을 통해 이루어진다. 특정의 가치를 훈육과 처벌을 통해 강제하는 것은 설득과 이해 그리고 공감이 없는 복종의 방식으로서 권위주의와 전체주의를 초래할 위험성이 있다. 어떤 사람의 정직/거짓 없음의 고백은 타인에게 상처가 될 수도 있다. 말하자면 한 사람의 '솔직한 표현'은 다른 사람의 감정에 상처를 줄 수 있다. 어떤 행위가 어떤 사람에게는 '성실'로 보이지만, 다른 사람에게는 '완고함'으로 보일 수 있다. 이렇게 논란이 많은 가치를 일방적으로 주장하는 것은 교화나 다름없다. 이런 '교화'를 두고 콜버그는 '덕목의 보따리'

를 주입하는 것이나 다름없다고 비판하였다. 콜버그는 또한 진중하면서도 이해하기 쉽게 피아제를 끌어들이고 있다. 그는 피아제의 발달과 단계 이론의 개념을 사용하여 도덕성 발달 단계에 대한 인상적인 이론을 만들었다.

도덕적 유형

도덕적 단계는 도덕 판단 인터뷰에서 볼 수 없는 중요한 단계 내의 변이에 설명을 하지 않았음을 인식했다. 이러한 변이를 소개하기 위해 콜버그와 그의 동료들은 도덕성 판단의 두 형태인 피아제의 타율적이고 자율적인 도덕성 개념으로 돌아갔다. 콜버그는 타율성을 사회의 권위, 전통 혹은 자연법이 부과한 규범의 준수를 뜻하는 반면, 자율성은 자신이 스스로 만들어낸 규범의 준수(도덕적 숙고의 자기입법적 특성)를 뜻한다고 이해하였다. 콜버그는 이를 6단계로 나누었다.

콜버그의 유형학은 도덕적 단계의 확장을 세 가지 측면에서 제시했다. (1) 도덕적 유형은 도덕적 추리의 구조에 초점을 둔 도덕적 단계와 대조적으로 우선 도덕적 추리의 내용에 관심을 둔다. (2) 어느 단계 어느 연령에 각 유형이 발생될 수 있으며, 그리하여 관찰된 단계 내의 변이에 책임을 지게 된다. (3) 도덕적 유형은 도덕적 추리와 도덕적 행동의 연계를 명료화하는 데 도움을 준다.

도덕교육의 세 가지 방법

콜버그의 교수 방법은 문화적 학습 이론에 따르면 비판적 학습의 모든 것을 포괄한다고 할 수 있다. '도덕적 본보기'는 '모방'을 통해 학습을 촉진한다. '딜레마 토론'은 협동 학습의 우선적 사례이다. '정의로운 공동체 학교'는 협동적 학습과 모방과 함께 직접적 가르침을 이용한다. 도덕교육에 대한 콜버그의 다차원적 접근은 성인의 역할 모델(도덕적 본보기), 또래와 친구들(딜레마 토론), 그리고 거대 학교 공동체(정의로운 공동체 학교)와의 상호작용으로부터 학습을 촉진한다.

도덕적 본보기

도덕적 본보기moral exemplar로서 성숙한 본은 중요하다. 도덕적 본보기는 사회화를 지지하고 발달을 촉진하는 차원에서 교수학적으로 유용하다. 도덕적 본보기는 사회화론의 관점과 동일하다. 다만 콜버그의 인지발달론은 도덕적 본보기를 그리 중요하게 여기지 않는다. 인지발달론 관점의 본보기는 더 높은 도덕적 추리를 향한 발달과 사회의 도덕적 분위기를 고양할 수 있는 공동체적 목소리로 유도되는 도구로서 비판적 요소의 기능을 한다.Snarey & Samuelson, 2008: 67 본보기의 예로서 도덕적 발달의 정점인 정의의 보편적 원리의 형성을 보여준 경우는 마르틴 루터 킹을 들 수 있다. 그는 가장 낮고 억압받는 사람 그리고 가장 불리한 흑인을 위한 인권 투쟁을 하였다. 그 밖에 소크라테스, 플라톤, 아리스토텔레스, 사도 바울, 아우렐리우스, 스피노자, 칸트, 듀이, 롤스, 틸리히, 샤르탱, 모어, 심슨 등이 있다. 인종주의를 반대한 사람의 본으로 소로우, 링컨, 코르착, 킹 등을 들었다.

도덕적 딜레마 토론

학생들은 도덕적 딜레마에 직면하게 되고, 딜레마의 주인공은 무엇을, 왜 해야 하는가를 결정해야 한다. 토론의 진행자는 학생들에게 결정의 정당화에 초점을 맞출 것, 딜레마에 관련된 모든 사람의 관점을 심사숙고할 것, 그리고 토론에서 빠져나오기 위해 갈등하는 관점들을 조화시킬 것 등을 요구한다. 콜버그의 도덕교육은 토론 과정에서 드러나는 의견의 불일치에 대응하고, 자신의 입장을 시험하도록 해서 학생들에게 '인지적 불균형'을 고무시켜야 한다.Munzel & Power, 2013: 64 이렇게 하여 콜버그는 인지적 갈등이나 인지적 불균형을 유발하고자 하였다.

딜레마 토론을 통한 이성적 합의를 한다. 도덕적 딜레마 토론을 학급의 교육과정(인문학과 사회과)으로 통합해야 한다. 토론에 기반을 둔 딜레마나 문제 상황은 오늘날 가장 광범위하게 사용하는 도덕교육의 방법이다. 딜레마 토론은 다음의 원리에 의해 시행한다.

① 도덕성 발달 교육에 유용한 방법이다.
② 삶의 실제적 딜레마(아동의 삶), 아마 특히 개인적 경험에서 도출된 것은 가상적 딜레마보다 도덕성 발달에 더욱 효과적이다.
③ 딜레마 토론은 도덕성 발달을 최상으로 증진시킬 수 있는 아동의 발달 수준의 격차를 고려한 근접발달 영역이 있다.
④ 또래는 최상의 교사이거나 대화 파트너이다. Snarey & Samuelson, 2008: 71

도덕 추론 단계라는 심리적 사실과 교육의 목적으로서의 단계 발달을 결합시킨 콜버그는 첫째, 아동의 발달이 교육의 목적이며, 또 목적일 수밖에 없다고 주장했다. 둘째로 그는 아동은 천성적으로 철학자이기 때문에 옳고 그름, 선과 악에 대한 근본적인 철학적 질문을 제기하는 딜레마 토론에 참여한다고 생각했다. 셋째 그는 그러한 딜레마 토론이 아동의 도덕 추론 발달을 촉진시킨다고 보았다.

콜버그와 그의 동료들도 도덕 딜레마 토론의 장점을 이야기하였다. 첫째, 학생과 교사들은 도덕 딜레마 토론에 참여할 때 상위 단계로의 상승이 가능하고 그러한 상승이 지속된다. 둘째, 서로 다른 추론 단계나 관점의 혼합이 도덕 추론 발달에 필수적이다. 셋째, 교사는 학급 분위기를 좋게 하거나 학급 운영을 원활하게 할 뿐만 아니라, 자신들의 교육과정과 교수를 향상시키기 위해서도 도덕 딜레마 토론을 사용하고자 한다.

정의로운 공동체 학교의 건설

인지적 도덕 발달/도덕 딜레마 토론 이론은 개인주의 경향을 보이고, 지행의 일치가 쉽지 않고, 아동 발달의 감정적/동기적 측면에 침묵하고, 자연적 감정(동정심, 연민 등)을 너무 무시하며(도덕적 법칙의 우선적 요청으로 인해), 공동체 과제를 소홀하였다는 평가를 받게 되었다.

기본적으로 인지발달론의 사고 밑바탕에는 개인주의와 자유주의 사상이 깔려 있다. 아이들을 어린이 꼬마 철학자로서 행위하도록 하는 것이다. 그러나 콜버그는 실제적인 도덕적 딜레마가 아닌, 가상적인 도덕적 딜레마를 너무 강조하고 있다는 비판을 받은 후, '정의로운 공동체'를 설립하고 실험에 들어갔다. 딜레마 토론에 대한 대안으로 콜버그는 1969년 이스라엘 방문을 계기로 '정의로운 공동체 접근just community approach'을 새롭게 제시하였다. 정의로운 공동체 접근은 공유, 배려, 믿음, 집단 책임감의 실현을 추구하는 도덕적 분위기 형성에 있어 '잠재적 교육과정'(학교교육의 과정을 규정하는 규칙, 규제, 사회적 관계 등)을 중시한다. 그것은 민주적 풍토를 진작시키기 위해 설계된, 공립고등학교 안에 세워진 작은 '대안학교alternative school'다. 여기서 학생들은 도덕적 의사결정과 친사회적 행동을 실제로 경험하게 된다.[Higgins, 1991] 관습적 공동체의 가치 뼈대만을 추린 도덕을 주입하는 것을 '덕목의 보따리'를 전달하는 도덕교육이라고 비판했던 콜버그도 도덕적 인지발달 모델을 기본적 바탕으로 하면서도 이전과 아주 다른 형태의 도덕교육 프로그램을 제시한 것이다. 다시 말하면 정의로운 공동체 학교는 학생 개인의 도덕적 추리를 공동체의 도덕적 문화로 확장하는 것이라고 할 수 있다.[Snarey & Samuelson, 2008: 73]

정의로운 공동체 학교는 인습적 3, 4단계의 도덕적 추리에 대한 이해를 확장하는 접근이다. 즉, 형식적 수준에서 추리하는 학생들이 실천들, 법, 상위 학교 사회의 제도를 변화시키기 위해 검토하고, 비판하고, 저항하도록 하는 방식으로 도덕적 개념을 이해할 수 있도록 보여주는 것이다. 그리고 정의로운 공동체로서 대안적 고등학교에서 정의(공정성)와 공동체(연대 의식, 도덕적 분위기, 참여민주주의)의 균형을 잡는 실험을 시도하였다(1974년 봄). 정의로운 공동체 학교는 이스라엘 키부츠의 영향이 가장 크다. 콜버그는 학생, 학부모, 교사와 함께 모여 뉴욕에 새로운 학교Cluster School를 디자인하기 시작하였다. 그리고 개별 학생의 권리를 보호하면서 그들의 도덕적 성장을 촉진하는 동시에 집단의 공동체적 힘을 도입하였다. 정의로운 공동체 학교는 민주적 지배 구조(공정한 결정과 수행, 결정 사항을 민주적으로 변경)의 운영을 실천하려고 하였다.

이 학교의 교육자 역할이란 뒤르켐의 사회화하는 사람과 피아제의 촉진자와 비슷하다.[Power, 1991] 도덕교육에 대한 정의로운 공동체 학교 접근은 사회화와 발달적 관점을 통합하는 것이고, 교사와 행정가가 학생을 대하는 데 있어 정의와 돌봄을 구현하고, 도덕적 가치를 개발하기 위해 하나의 방법을 제공하는 것이다. 집단의 연대감이란 또래 집단에게 구성원의 행동을 위한 도덕적 권위를 갖는 기능을 허용하는 것이다. 게다가 직접적·참여적 민주주의는 선의 대안적 개념을 경청할 수 있는 가능성을 유지하기 위해 학생의 권리를 보호하고, 순응을 강요하는 집단의 힘을 제약하는 기능을 한다. 교사들은 학생들이 '무엇을' 할 것인지를 결정하고 '왜' 그것을 결정하는지에 개입한다.

콜버그의 이런 대담한 시도는 '교육 민주주의'의 진보적 이상으로 돌아가는 것이라고 할 수 있으나, 그것은 또한 '공동체주의적' 유형 속에 있는 것이라고 할 수 있다.[Dewey, 1916/1993] 정의로운 공동체 학교just community school 접근은 다음과 같은 원리에 의해 운영된다.[Power, Higgins & Kohlberg, 1989: 64]

① 도덕적 토론에 참여하는 것을 통해서 학생의 도덕 추론 능력을 확장시킨다. 서로 다른 관점을 드러내고 더 높은 상위의 도덕적 추론을 해나감으로써 자극되는 인지적 갈등을 해결한다.
② 민주주의와 공정성에 의거해야 한다. 교사와 학생, 학생과 학생 간의 평등한 관계와 의사결정 과정에 있어 공정성을 확보해야 한다.

③ 집단의 결속이나 공동체의 형성과 민주적인 규칙 제정을 통해 도덕적 문화를 창조한다.

④ 학생들에게 많은 책임감을 부여하는 동시에 자신이 만든 규칙에 대한 준수가 요구된다.

⑤ 개인의 책임감과 함께 집단에 대한 책임감을 지며, 인간 상호 간의 신뢰의 분위기를 조성해야 한다.

⑥ 사회적 계약관계를 형성해야 한다. 어떤 문제를 해결하는 데 있어서 교사와 학생이 동의하는 원리와 규칙을 설정해야 한다.

⑦ 학생 간 혹은 교사와 학생 간의 갈등을 조정하고 중재하는 노력에 의해 교사의 권위가 확립된다.

⑧ 교사와 학생은 그들 자신을 위한 공동의 목표를 공유해야 한다.

⑨ 민주적 결정과 규칙 만들기와 집단적 연대와 공동체를 건설하여 규범과 가치의 도덕적 문화를 창조하도록 한다. 이를 위해 학생과 교사가 함께 도덕적 직관과 결정에 따라 행동을 할 수 있는 맥락을 제공한다.

정의로운 공동체는 민주적이기 때문에 교사와 학생의 관계는 평등적이다. 정의로운 공동체 프로그램은 작은 단위(약 80~100명의 학생과 4~5명의 교사)로 운영되며, 비형식적이며 관료적이지 않다. 프로그램의 운영은 교사가 단독적으로 결정하는 것이 아니라, 교사와 학생의 공동체 모임에서 공개적 토론을 통해 이루어진다. 교사는 아동들의 또래 활동을 통제하거나 무시하기보다는 모든 구성원의 비형식적 사회성이나 공동체성이 이루어지도록 드러내는 데 관심을 보인다. 이와 같이 정의로운 공동체 프로그램은 모든 성원들의 적극적 참여와 투표를 통해 공정성, 정의 그리고 공동체의 이슈가 토론될 수 있고, 규칙이 확립되고 수행되는 환경을 제공해야 한다. 복잡하고 규칙이 지배되는 조직에 학생과 교사가 참여하는 것은 학교를 도덕적으로 학습하고 활동하고 행동하는 더욱 공정하고 정의로운 장소로 만드는 적절한 수단일 뿐 아니라, 개인의 사회적·도덕적 발달을 고양시키는 적절한 수단이 된다.

정의로운 공동체에서 교사와 학생은 학교생활을 규율하는 규칙의 제정과 시행에 있어서 동등하게 참여한다. 그리고 벌은 직접적인 참여민주주의의 과정을 통해 부과된다. 공동체 활동에 참여함으로써 다른 학생들과 학교 공동체에 대한 배려와 책임을 배운다. 그들은 각자 한 표의 투표권을 행사하고 민주적 절차 내에서 활동하도록 제약된다. 비록 교사와 학생이 형식적인 면에서는 동등하지만, 교사는 민주주의적 모임을 조직하고 공동체 스스로가 자기비판을 하도록 요구하는 특별한 책임감을 갖는다. 교사는 "연장자인 협력자"로서 민주적 삶의 방식으로 학생을 입문시키는 책임감을 가진다. 교사는 학생이 어떻게 회의를 주최하느냐와 같은 형식적인 민주적 협의 절차뿐만 아니라, 자유로운 발언, 불편부당한 일의 수정, 그리고 합리적인 대화와 같은 이상들을 학습할 수 있도록 하는 환경을 정비한다. 교사는 또한 돌봄과 정의의 의미를 강화하기 위해 공동체에 도전할 책임을 갖는다. 이러한 의미에서는 교사의 역할은 촉구 수준을 넘어 옹호로 확장된다.

민주주의는 여러 가지 이유로 훈육에 대한 정의로운 공동체 접근을 하는 데 필수적이다. 민주적 절차와 관련된 논의는 학생이 학교 규칙과 정책이 필요한 이유를 이해하도록 도와준다. 규칙을 제정하고 강화하는 참여적 경험과 결합된 이러한 상호 이해는 학생이 규칙을 지지할 것임을 보여주는 데 도움을 준다. 게다가 대중의 토의와 숙의에 문제점을 회부시키는 반복된 연습은 민주적 참여의 습관을 형성시킨다. 정의로운 공동체를 통한 민주주의적 실천은 도덕교육에 있어 권위에 대한 두 가지 관점을 가져다주었다. 하나는 이른바 '소크라테스식' 관점이다. 이 관점에 따르면 진리만이 권위를 가질 수 있고, 그것은 합리적인 대화를 통해 발견되어야 한다. 매주 이루어지는 정의로운 공동체 프로그램의 민주적 협의회에서 토론 기술을 사용하는 것은 '소크라테스식 방법'을 강조한 것이다. 권위에 대한 두 번째 관점은 이른바 '뒤르켐식'이다. 뒤르켐은 권위를 '우월한 힘'—힘이 실재이든 허구이든—을 가지는 절대자의 특징이라고 묘사한다. 뒤르켐에게, 도덕적 권력을 가진 절대자는 집단적 존재 또는 사회이다. 그러므로 모든 권위는 사회로부터 발생한다. 만일 사회가 신과 같은 도덕의 원천이라면, 교사는 사회의 '성직자'여야 한다고 뒤르켐은 생각했다. 성직자가 신의 통역자인 것처럼 교사는 그가 살고 있는 시대 상황에서 최고의 도덕적 이상을 해석하는 사람이어야 한다. 그러나 정의로운 공동체에서의 권위는 교사/성직자에 의해 부여되는 것이 아니라, 민주적 의지에 달려 있다. 민주적 공동체 협의회에 의한 공유된 기준 그리고 학교 문화의 가치에 의한 결정 자체는 권위의 표현이다. 정의로운 공동체에 의한 도덕성에 기초한 교육적 권위는 국가권력이나 지적인 특권에 의한 호소에 의존하는 것이 아니라, 오히려 '강한 민주주의'를 고무하고 허용하는 교육적 실천에 기인하는 것이다. 그리고 민주적 권위 그 자체로 공공적 사유와 정치적 판단 그리고 사회적 행위를 통해 교육받은 시민정신에 의해 특징지어진다고 할 수 있다.

도덕적 분위기의 형성

정의로운 공동체 접근의 핵심 요소인 '도덕적 분위기'의 개념은 우선적으로 공동체의 공유된 기대와 규범적 가치를 의미하는 공동체의 도덕적 분위기나 도덕적 문화를 말한다. 도덕적 인간의 발달을 위한 우선적 내용은 '집단'이다. 동시에 콜버그의 단계 이론은 공동체를 희생하면서 개별적 추리자와 개인의 권리를 지나치게 강조했다는 비판을 받아왔다. 일부 비판은 자율성과 개인주의를 구별하지 못한 것으로 볼 수 있다. 공동체적 가치가 지배하는 집단 속에서 사회화된 사람들은 고차적인 도덕적 추리조차 공동체적 가치(즉, 개인주의보다는 이타주의)의 관점으로 표현하는 경향이 있다. 콜버그의 전기 사상에서 보여주는 도덕적 추리의 독점 구조 자체는 대체로 공동체적 추리의 현상을 못 보거나 잘못 이해한 것이라고 할 수 있다.

도덕적 분위기를 분석한 콜버그의 이론은 공동체주의와 뒤르켐적 비판에 대한 어설픈 대답을 하고 있는 셈이다. 집단 그 자체는 개체의 특질을 모아놓은 것이 아니고, 개별 성원의 합보다 큰 특질을 가지고 있다는 뒤르켐의 유명한 생각에 바탕을 두고 있다고 할 수 있다. 그래서 콜버그와 그의 동료들은 도덕적 인지, 발달 그리고 행동에 가장 적절한 집단의 부가가치를 특징화하고자 하였다. 또한 콜버그는 교육의 단위가 집단이라는 뒤르켐의 개념을 끌어오면서 학교의 도덕적 문화의 변화가 개인의 도덕성 형성에 가장 중대한 영향을 미친다는 결론을 내렸다. 콜버그는 도덕성 발달을 위한 가장 이타적인 집단이 서로가 서로에게 그리고 집단 전체에 권리와 책임을 인정하고 민주적으로 운영하는 집단이라는 것을 상세히 언급하였다. 이렇게 도덕적 추리의 발달적 촉진을 단순히 중시하는 것으로는 충분하지 않다. 민주적 지배 구조는 도덕적 추리를 촉진하는 것은 물론이고 도덕적 이상과 목표 그리고 행동을 촉진하는 집단적 사회화의 종류일 것이다. 도덕성 발달의 촉진은 도덕적 내용의 집단적 사회화를 포함하지 않으면 안 된다. 콜버그는 또한 도덕성 발달이 정당한 대우에 대한 것뿐 아니라 서로에게 또는 집단에 대해 애착을 가진 사람들 사이의 배려하는 관계에서 행동하는 인간의 사회적 차원에 대한 것임을 인식했다.

더욱 일반적으로 콜버그와 그의 동료들은 이 같은 분석에서 두 가지 주요한 단위인 집단적 규범과 제도적 가치의 요소가 뒤르켐의 두 가지 도덕교육의 목표, 즉 '훈육'과 '집단에 대한 애착'에 상응하는 것을 주목하고 있다.Snarey & Samuelson, 2008: 66 그들은 뒤르켐의 제3의 도덕교육 목표인 '자율성'을 뒤르켐의 규범과 요소 분석에 아주 밀접하게 상응시키고 있다. 그들은 집단 규범과 규칙에 대한 존중과 집단에 대한 존중으로서 뒤르켐의 '훈육의 정신', 그리고 자아 이익, 특권 그리고 집단이나 다른 구성원에 대한 소유를 자유롭게 포기할 수 있는 의지로서 집단에 대한 애착인 '이타주의의 정신'을 이용하고 있다. 그러나 콜버그와 그의 동료들은 또한 집단주의적 모델의 힘을 '비도덕적으로' 사용하는 것으로부터 귀결되는 남용을 피하기 위해 '합리적 자율성'을 더욱 강조하였다. 게다가 콜버그는 문제에 대한 해결책으로서 정의와 책임의 보편적 원리에 대한 충성을 가지고 뒤르켐 자신의 사회에 대한 '충성심' 개념을 보충했다.Snarey & Samuelson, 2008: 66

콜버그의 사회적·도덕적 분위기 분석은 사회화가 도덕적 추리와 개인의 도덕적 개념의 내용에 대한 중대한 영향을 중시하고 이해하는 것을 추구함을 설명하고 있다. 이렇게 콜버그는 학교의 사회적-도덕적 분위기가 공동체 의식, 민주적 가치, 개체적 자율성, 개인의 권리와 책임, 공정한 놀이 의식 그리고 집단적 책임을 강조해야 한다는 생각을 발전시켰다. 이렇게 콜버그의 접근은 사회적 전회를 시도하였고, 도덕심리학 내에서 혁명적 이해에 이르렀다.Snarey & Samuelson, 2008: 66

도덕적 분위기에 대한 주목은 도덕교육에 있어 콜버그가 내용의 역할을 인식하는 또 다른 예이다. 이는 이론과 실천의 두 갈래 길로 도덕교육을 이해하기 위한 진정한 책임을 보여주는 예이다. 콜버그는 개별 공동체 구성원들의 권리를 보호하는 공동체의 힘보다 우선하는 방식으로 '사회화'를 '발달'과 통합하기를 희망했다.Power, Higgins & Kohlberg, 1989 이렇게 도덕성 형성에 대한 그의 접근은 단순히 발달적인 것이 아니라, '발달적-사회화' 접근으로서 특징지을 수 있다.Snarey & Pavkov, 1991

합리적 도덕교육을 넘어

콜버그의 접근 방법의 가장 큰 장점은 무엇인가? 그것은 반권위주의적이라는 점, 특정한 선의 개념에 치우치지 않는다는 점, 도덕적 자율성을 촉진시킨다는 점 등이다. 여기에는 한 가지 생각이 깔려 있었다. 만일 인간이 정의라는 주도적 원리를 이해하고, 이를 사회적-도덕적 상황에 적용하게 된다면 점진적으로 도덕적 인간이 될 것이라는 점이다. 정의에 바탕을 둔 도덕적 추론은 이후 도덕교육과 발달심리학 연구에 지속적으로 영향을 미쳤다. 그렇지만 콜버그는 올바른 판단을 하였다고 하여 곧바로 올바른 행동으로 이어지는 것이 아님을 인식하면서 뉴욕 등에서 '정의로운 공동체 학교' 실험을 시도하였다. 이런 학교를 세운 목적은 무엇인가? 그것은 인간의 도덕 발달에서 정의의 중요성을 다시 밝히고 강조하는 것이었다. 그러나 그것은 정의에 관한 대화를 통해서만이 아니라, 학교가 합리적인 사회정의가 구현되는 상황에서 실제로 운영되도록 함으로써 그런 목적을 달성하고자 한 것이다.Conroy, 2011: 137 그래서 그런지 최근 많은 자유주의자들이 스스로 개인주의자로 자처하지 않고 '공동체주의적 자유주의자'로 자리매김하는 경향을 많이 보이고 있다. 또 한편 공동체주의자들도 개인의 이해와 관심을 도외시하고 공동체의 선만을 추구할 경우 개인의 존립 근거를 전체에 복속시키는 위험을 우려한 듯, '자유주의적 공동체주의자'로 자임하는 경향이 늘고 있다.

그렇지만 도덕교육에 대한 서구적 사고의 많은 부분을 뒷받침해주는 자유주의적 가치의 틀을 거부하지 않더라도, 도덕적 추론 접근이 요구하는 합리성에 대한 지나친 의존은 많은 의문점을 낳고 있다.

1) 일부 인격교육자들은 이성의 역할을 경시하며, 또 일부는 콜버그 모델에 호의적이지만 '도덕적 내용'이 부족한 것을 비판한다(예, 리코나). 또, 콜버그의 도덕교육에 대한 도덕적 추론 접근을 뒷받침해주는 자유주의적 가치에 대한 근본적 도전이 나타났다. 예를 들면, 마르크스주의, 실존주의, 급진적 페미니즘, 가톨릭, 복음주의적 기독교, 이슬람교를 포함한 종교관, 그리고 포스트모더니즘 등이 나타났다.Halstead, 2013: 107-109 이와 같은 세계관을 신봉하는 사람들에게 자유주의는 선에 대한 한 가지 관점에 지나지 않으며, 수많은 도전에 부딪힐 수 있는 것으로 보였다. 예를 들어 장 보드리야르Jean Baudrillard의 포스트모더니즘은 자유주의의 핵심 가치인 합리성에 대한 심각한 도전을 제기하였다. 포스트모더니즘은 공유된 도덕적 가치와 보편적인 도덕적 진리를 당연한 것으

로 보았던 '거대서사grand narratives'를 뒤흔들어놓았다.

2) 맥킨타이어는 포스트모더니스트들의 이성 우려에 대해 상당 부분 공감을 표시하고 있으나, 합리적 의사결정의 훈련보다 지역 공동체의 삶 속에 들어 있는 도덕적 전통에서 미래의 희망을 찾는 아리스토텔레스의 '덕윤리학'(공동체 구성원들이 지니고 있는 성향/미덕)과 같이 모방, 습관화, 지도와 경험을 통한 도덕적 감수성의 발달을 더 중시한다. 정치적 관점에서 볼 때, 자유주의적 시민성 기획의 핵심이라고 할 수 있는 공동체적 유대나 공유된 가치와 같은 목표들은 인종주의나 이슬람 공포증과 마찬가지로 사회적 총체성과 동일시를 향한 동일한 욕구에 의존하는 것이며,Young, 2004/2011 이슬람교도와 같은 소수집단의 지속적 소외와 피지배 상태를 낳을 수 있다.

3) 정의의 원리는 인지적 도덕성 발달론자들이 중시하는, 모든 사람에게 적용되어야 하는 보편적 원리이다. 그런데 오직 이 원리에만 호소하는 것만으로는 불충분할 수 있다. 모든 위태로운 상황에 적용될 수 있는 도덕적 판단에 영향을 미치는 도덕적 가치(규칙, 원리; 인간 삶의 대한 언명/발언)에는 지혜, 약속, 용기, 정직, 자제. 관용, 우정, 정의/공정성, 인내, 진실/진리, 협동, 성실/충실 등의 다양한 보편적 가치가 존재한다. 어떤 경우, 동정심이나 배려의 원리에 호소할 수도 있다. 가령 지각을 한 어느 학생을 꾸중하면서도 다른 학생들이 그럴 경우 어떤 마땅한 이유를 가지고 꾸중을 하지 않을 수 있다. 다른 사람이 보기에 이런 처사는 두 학생을 차별 대우하는 것으로 정의롭지 못하다고 할 수 있다. 교사의 행위는 관련된 학생과 교실 상황에 대한 은밀한 내부적 인식에 기반을 두기 때문에, 전혀 다른 반응을 보여야 할 경우가 있다. 이와 같은 훈육, 제재, 질책은 학생들에게 의미 있는 도덕적 학습 경험이 될 수 있겠으나, 거기에 일관성, 토론, 설명이 가능할 경우에만 그렇게 해야 한다. 이 경우에 더욱 암묵적인 학습이 일어난다. 학교라는 사회적 기관에는 도덕적인 공간이 있어야 하며, 교사들은 좋은 사회를 만드는 데 도움이 될 도덕적 태도를 길러내고 촉진시켜야 할 의무를 지닌다. 그러

나 여기서도 도덕성의 함양이 전혀 문제가 없는 것은 아니다. 학교는 사회적 기관이기 때문에 사회나 공동체의 기존 풍습이 최소한 어느 정도 반영될 것이다. 예를 들면, 사회적으로 체벌을 바람직하거나 도덕적으로 정당화될 수 있는 것으로 보지 않는다면, 학생 훈육에서 체벌을 사용하는 것을 멈추어야 할 것이다. 물론 정반대의 경우도 발생할 것이다.

4) 이타주의와 같은 도덕적 덕은 일부 사람이 도덕적 결정을 내릴 때 동기를 부여해주기도 하지만, 합리적 틀 속에 집어넣기란 쉽지 않다. 도덕성에 대한 자유주의적 설명에서 누락되기 쉬운 것은 '자신의 삶을 어떻게 살 것인가.' 혹은 '어떤 종류의 인간이 되어야 하는가.'에 대한 확고한 생각이다. 그래서 자유주의의 합리적 도덕성에 대한 대안으로 '덕 arete/virtue'이 제창되었다.Carr & Steutel, 1999 맥킨타이어MacIntyre, 1984는 덕에 대한 특수한 이해와 덕들 간의 위계구조가 생성되는 문화적 맥락과 사회적 전통을 고려하는 일이 아주 중요하다고 보았다.

5) 도덕적 행동보다는 추론에 강조점을 두고 있는 인지발달론적 접근은 도덕적 사고와 행동 사이의 간극을 줄이는 데도 실패하고 있다. 콜버그는 도덕 발달에서 이성과 지식을 중심에 둔 소크라테스의 주장에 동의하는 것 같지만, "선을 아는 것은 선을 행하는 것이다."라는 관점과 "도덕적 추리와 도덕적 행동 간에 어떠한 관련이 있는가?"라는 질문에 대해 적절하게 대답하지 못했다. 이런 질문에는 '도덕적 자아'를 형성하는 데 이성의 힘을 과대평가하는 반면, '감정의 힘'은 과소평가하는 경향이 있다. 행해야 할 올바른 일을 찾아냈다고 하더라도 그것이 실제로 행동으로 옮겨질 것인가? 콜버그의 인지 중심 도덕성은 이를 보증하지 못한다는 점이 문제가 된다. 사실 도덕적 행동은 올바른 추론의 힘보다 올바른 '동기'의 힘을 필요로 하는 것이다. 즉, 도덕적인 행동을 위해 무엇이 올바른 행위인가에 대한 개념뿐만 아니라, 그것을 행하고자 하는 '의지'의 힘이 있어야 한다. 도덕적 동기와 의지가 없을 경우 도덕적 추론의 장점은 곧 한계에 부딪히게 된다.

6) 이성 그 자체는 도덕적 지혜의 한 가지 원천이라기보다는 실제로

도덕적으로 중립적인 것일 수 있다는 점이 문제가 된다. 이성은 인간의 복지를 증진시키는 데뿐만 아니라, 학살(홀로코스트 등)의 경우처럼 인간의 고통을 야기시키는 데도 이용될 수 있다.[Bauman, 2013 32] 미셸 푸코[Foucault, 1977]와 같은 포스트모더니스트 사상가들의 주장에 따르면, 합리성 그 자체는 권력을 가진 사람들이 자신의 지위를 강화시키고 사회 통제력을 유지하기 위한 식민화의 도구로 이용될 수 있다고 보았다.

7) 캐럴 길리건[Gilligan, 1982]의 주장에 따르면, 콜버그의 연구와 정의에 관한 그의 가정은 남성적 사고에 기반을 두고 있고, 여성적인 도덕성 개념에서 찾을 수 있는 '다른 목소리different voice'를 소홀히 다룬다는 비판을 받았다. 일부 페미니스트들은 시민성이 남성 지배를 강화시키는 방식이라고 비판한다. 관계망/연대감/책임감에 기반을 두고 있는 길리건의 배려윤리는 도덕 발달의 방향에 관해 한 가지 대안을 제시해준다. 나딩스의 주장에 의하면, 학교의 임무는 능력있고, 배려하며, 사랑하고 또 사랑받을 수 있는 사람의 성장을 장려하는 데 있다.[Noddings, 1992]

8) 도덕교육의 중심을 이성적/이론적 추론이 아닌 '실천적 추론'에 두어야 한다. 이는 아리스토텔레스의 '프로네시스phronesis'(실천적 지혜)라는 개념에 들어 있는 것이다. 프로네시스는 이론적 이해와 지혜를 의미하는 소피아sophia와 반대된다. 실천적 추론은 덕/인격/배려를 '적절한 형태의 추론'에 친밀하게 결합시키는 것이다. 아리스토텔레스에 의하면, "실천적 지혜가 없으면 온전하게 선할 수 없고, 인격의 탁월성이 없으면 실천적으로 지혜로울 수 없다."[Aristotle, 1991] 이런 의미에서 실천적 지혜는 도덕 원칙에 대한 적절한 지식뿐만 아니라, 특수한 상황/개인에 대한 감수성과 분별력을 필요로 한다. 이 두 가지를 결합시켜야 최선의 도덕교

32 유태인 대학살 사건인 '홀로코스트'는 우리의 합리적인 현대 사회에서, 우리 문명이 고도로 발달한 단계에서, 그리고 인류의 문화적 성취가 최고조에 달했을 때 태동되었다. 문명화 과정은 우리 모두 폭력을 혐오하고 피하게 하였지만 현대 문명은 또한 폭력적 행위의 자행에서의 공포가 문제가 되는 경우, 특히 그러한 행위가 문명화된 가치들의 이름으로 자행될 때 폭력에 대한 그러한 회피와 혐오를 중요치 않은 것으로 만들 수단들을 고안해냈다. 오늘날 문명은 곧 폭력의 다른 이름이 되어가고 있다.

육이 될 것이다.

9) 콜버그의 도덕성 발달 단계에서 중시하는 '탈관습적 단계'(특정 문화의 상세한 규범들을 넘어서고 보편적인 정의의 원리를 요청)는 실제 인간이 그렇게 진행하는 경향을 보여주지 않는다는 점을 지적받고 있다. 이런 문제 제기는 인지발달 단계론이 궁극적으로 개인주의적 자유주의 윤리설에 뿌리를 두고 있어 공동체성 상실로 귀결될 가능성이 있다.

이러한 한계에도 불구하고 합리성, 정의, 참여민주주의의 가치에 근거를 둔 인지발달적 도덕교육론은 여전히 큰 의미가 있다. 특히 권위주의적 주입식 도덕교육을 하는 나라일수록 그것의 의미는 더욱 클 것이다. 콜버그는 초기에는 기존 도덕의 패러다임에 대한 도전을 소크라테스적 방법의 '토론'과 '성찰'의 기회를 통해, 그리고 주로 '교실의 맥락'에서 촉진시키고자 한 도덕적 추리와 자율성 모델을 선호하였고, 후기에는 그것을 '정의로운 공동체'의 도덕교육 프로그램으로 발전시켰다. 계약, 정의, 우애, 상호작용, 의사소통, 배려, 집단적 단결의 도덕을 중심으로 '참여민주적 공동체'를 구상하였다.Howard, 1991: 54-56; Lickona, 1991: 76-77 초기의 소크라테스적 도덕교육 방법이 개체적 차원의 합리적 인지 과정을 중시하였다면, 후기의 정의로운 공동체 도덕교육 방법은 '도덕성의 사회적 실천'을 중시하였다. 결국 콜버그는 도덕적 추리/인지적 과정을 강조하는 인지발달론과 도덕적/공동체적 내용을 강조하는 문화적 사회화론을 통합하는 것으로 나아갔다고 볼 수 있다.Snarey & Samuelson, 2008: 58[33]

합리적 도덕성 발달론의 한국적 과제

1. 콜버그의 '딜레마 토론'의 주제가 될 수 있는 사례는 어떤 것이 있는가?
2. '정의로운 공동체 학교'를 우리나라 공교육체제/제도교육에서 구현할 수 있는 방안은 무엇인가?

33 그렇지만 토론 과정을 중시하는 콜버그도 예외적으로 교육과정을 결정하는 데 있어서만은 민주적 절차를 적용하지 않았다는 지적을 받았다.

8장
상호-돌봄을 위한 배려의 윤리

> 앞을 못 보는 사람이 밤에 물동이를 머리에 이고 한 손에는 등불을 들고
> 길을 걸었다. 그와 마주친 사람이 물었다.
> "정말 어리석군요. 앞을 보지도 못하면서 등불은 왜 들고 다닙니까?"
> 그가 말했다. "당신이 나와 부딪히지 않게 하려고요."
> 이 등불은 나를 위한 것이 아니라 당신을 위한 것입니다."
> 바바 하라디스(한상복의 『배려』에서)

배려윤리의 필요성

페미니스트들은 대다수가 어머니이고 어머니가 될 것임에도 불구하고, 그들은 그동안 모성 이데올로기 또는 모성적 신화에만 왜 그토록 천착하고 염증을 느꼈을까? 왜 어머니에 대한 솔직하고도 정당한 기술은 없었는가? 철학자들이 모여 대화를 하면 담론이 되고 사유가 되는데, 왜 어머니들의 대화는 수다가 되고, 그들은 사유하지 못하는 아줌마로 전락하는가? 모든 어머니들이 다 그런 것은 아니지만 그들도 사유를 할 수 있고 담론을 형성할 수 있다. 그들도 그들의 관점에서 철학을 할 수 있다. 그들이 철학을 할 수 있고 또한 철학을 한다면, 그래서 그들의 철학이 공적인 세계에서 제대로 펼쳐질 수 있었다면 이 세계는 아마 달라졌을 것이다.

그렇지만 페미니스트들은 그들 대다수가 어머니이며 어머니가 될 것임에도, 어머니에 대한 담론에 대해 함구하였다. 또한 가부장적인 역사에서도 어머니에 대한 낭만적인 이상화와 자기희생이 여성을 종속시키고 지배하는 기제로 이용되었다. 물론 사회 일각에서는 이기적이고 편파적인 어머니들의 모습에 질타를 가하기도 한다. 그러나 이러한 관점들은 어머니들에 대한 진정한 담론의 형성을 가로막았다.

이런 현실 속에서 어머니들이 그동안 형성해온 모성적 사유와 페미니스트 정치학을 통해 사회를 바꾸는 주역이 될 수 있음을 제시하는 페미니스트들이 등장하였다. 정의의 윤리에 의해 주변으로 밀려난 돌봄/보살핌/배려의 윤리가 또 하나의 목소리로 외쳐졌다. 우리 사회에서도 부조리한 현실을 극복하기 위해, 그리고 민주주의의 발전을 위해 정의가 절실하게 요청되었지만, 다른 한편 지금에 와서는 정의에 대한 지나친 요구로 인해 쇠퇴된 배려의 윤리 복원을 필요로 한다. 특히 학생들을 지도하는 교육자들에게는 정의의 목소리를 외친 것이 날카로운 품성이 형성되는 부메랑이 되어 돌아왔기에 그것을 치유하는 데 배려의 윤리가 요청되고 있다. 특히 어머니들이 우리에게 베풀어주신 따뜻한 배려적 태도는 돌봄/보살핌의 이상적인 모델로서 우리의 삶을 풍성하게 하는 필수적인 자양분이 되고 있다. 이러한 상황에서 제창되는 신新페미니스트들의 배려윤리는 학교 문화/교직 문화의 변화, 나아가 시민사회의 사회적 자본 형성에 새로운 전기를 마련해줄 것이다.

여성주의 교육철학의 연구 동향

발달을 포함하여 하나의 과정이며 관계 방식이라고 할 수 있는 배려/돌봄 윤리는 철학 영역에 있어 새로운 개념은 분명 아니며, 여성주의자들이 새로 발명한 개념도 아니다. 도덕 이론과 도덕교육에 관한 페미니스트들의 연구는 도덕적 지향의 하나인 배려에 관한 논의가 많다. 예를 들어 아리스토텔레스는 배려를 우정과 사랑으로, 마르틴 부버는 배려를 나-그것I-It이 아닌 나-너I-You 관계로, 존 듀이는 배려를 '동정적 이해'[34]로 보았다.Thayer-Bacon, 2011 배려를 개별적 성장과 자아실현으로 본

34 모든 행위 속에 배려와 관심이 함축되어 있다. 듀이는 모든 탐구는 필요를 느끼는 것에서 시작하고, 모든 관심은 그 느껴지는 욕구의 표현이라고 하였다.Dewey, 1960: 101

메이로프Milton Mayeroff는 캐럴 길리건의 『다른 목소리A Difference Voice』 1982: 허란주 역, 1994와 닐 나딩스Nel Noddings의 『배려: 윤리와 도덕교육에 대한 여성의 접근법Caring: A Feminine Approach to Ethics and Moral Education』1984보다 10년 앞서 『배려론On Caring』1971을 출판하였다.

메이로프Mayeroff1971는 배려care를 개인적 성장과 자아실현의 수단 중 하나로 묘사함으로써 많은 사람들이 배려에 대한 지금과 같은 관심을 갖게 하는 데 선구적인 역할을 하였다. 그는 '배려'를 바람이나 좋아함, 편안함 또는 관심을 갖는 것 등과 구별하는 데에 초점을 두었다. 그에게 있어 배려는 발달을 포함한 하나의 과정이며 관계 방식이다. 배려는 다른 사람에 대한 정당한 평가와 존경을 포함하는 것이지 다른 사람에게 부담을 주는 어떤 것이 아니다. 다른 사람에 대한 헌신이 배려의 핵심 요소이다. 다른 누군가를 배려하기 위해서는 그 대상을 직·간접적으로, 그리고 명시적·암묵적으로 알고 있어야 한다. 단지 습관적으로 배려를 할 수는 없다. 배려를 하려면 인내와 정직, 신뢰, 용기, 연민, 희망 등의 덕목과 가치가 필요하다. 나는 다른 사람과 함께할 수 있어야 하고 다른 사람을 위해서 존재할 수 있어야 한다. 과정이 결과보다 우선적이다. 배려를 지향하는 나의 삶을 통해 세상 속에서 나의 위치를 발견한다. 다시 말해서 다른 사람을 배려하는 가운데 나 자신을 발견하고 그리고 창조한다. 배려를 지향하는 삶을 사는 일은 내 삶의 의미를 살려내는 일이다.Thayer-Bacon, 2013: 151-152 이 개념은 메로로우에 의해 학문적으로 정착된 '자아실현'이라는 개념에 가깝다. 메이로프가 개인에 초점을 맞추고 있기는 하지만 배려를 특별한 타자와 관계 맺는 것으로 묘사하는 점에 주목할 필요가 있다. 그는 다른 사람과 함께하면서 그 사람을 위하는 것에 초점을 맞추고 있다.

최근에 부상한 길리건과 나딩스의 목소리는 기존의 윤리학에 새로운 영감을 주었을 뿐만 아니라 모든 학문과 직업에서 엄청난 영향을 미쳤다. 나딩스의 돌봄/배려/보살핌 윤리는 새뮤얼 이녹 스텀프Samuel Stump·제임스 피저James Fieser의 『소크라테스에서 포스트모더니즘까지

Socrates to Sartre and beyond-A history of Philosophy』1966/초판, 2003/7판; 이광래 역, 2004에서 덕 이론virtue theory의 하나로 소개되고 있을 정도이다. 나딩스의 보살핌 윤리care ethics는 길리건의 심리학적 인지발달론—배려 지향성—을 철학적으로 정당화하였다. 길리건과 나딩스는 메이로프와 마찬가지로 배려에 대해 개별적 관계에 초점을 두고 있지만, '정의윤리justice ethics'와 비교하면서 '배려윤리care ethics'를 제창한 점은 새로운 접근 방식이라고 할 수 있다. 길리건과 나딩스는 개인주의적이고 합리주의적인 도덕 이론에 도전하면서 도덕적 지향으로서 '배려/보살핌/돌봄 윤리'에 집중하고 있다. 학교 윤리로서 또 하나의 목소리인 '배려의 목소리'는 '정의의 목소리'와의 공존을 통해 중요한 기여를 할 수 있다. 특히 배려윤리는 여성적 도덕성의 두드러진 특징인 관계 중심의 돌봄 윤리를 강조한다. 모성적 배려윤리를 제창한 신페미니스트들은 근대적 정언명령/황금률의 정의윤리에 대조되는 '다른 목소리'[35]를 제시하면서 '사랑 없는 의무'로 나아가는 칸트의 정의윤리가 매우 공허하다고 주장한다.Adam, 2005

많은 페미니스트들은 윤리적 문제의 해결에 있어 남성적 편향을 보이고 있는 것을 혁신하는 방법을 모색하였다. 그 첫 번째 주자인 길리건은 『다른 목소리』에서 남성과 여성을 막론하고 모든 사람들이 콜버그—도덕성 발달론의 지배적 위치를 누리고 있는—가 주장한 대로 6단계에 이르러야만 도덕적으로 성숙하다고 본 것에 대해 이의를 제기하였다. 콜버그가 연구한 결과에 따르면 5단계 또는 6단계에 이른 경우는 남자들이 대부분이었고, 많은 여성들은 3단계에 머물렀다는 사실이다. 즉, 콜버그의 분석에 따르면 많은 여성들이 그들이 속하는 사회나 집단의 기존 가치에 순종하고 기존 체제를 유지하려는 주입된 관념을 넘어서지 못한 것으로 나타났다. 이러한 분석 결과는 도덕 판단 능력에 있어서 여성이 남성에 비해 열등하다는 기존 관념을 입증하는 것으로 받아들여질 수 있다는 데 문제가 있다.

35 길리건의 '다른 목소리'는 종종 '여성의' 목소리로 불렸다.

그런데 많은 여성들이 3단계에 속한다는 콜버그의 연구 결과에 대해 페미니즘의 관점에서는 두 가지 문제가 생겼다. 첫 번째, 여성들을 3단계에 속하게 만드는 이러한 특성들이 생래적인 것인가, 아니면 사회화에 의한 것인가의 문제이다. 두 번째는 이러한 특성들이 과연 여성들을 도덕적으로 열등하게 만드느냐의 문제이다.[허란주, 1994: 305] 만약 두 번째 질문에 대해 부정적으로 대답을 한다면 첫 번째 질문의 페미니즘적 의미는 상실될 것이다. 왜냐하면 많은 여성들이 공유하는 특성들이 그들을 도덕적으로 열등하게 만들지 않는다고 입증하는 것 자체로서 여성들의 위상은 어느 정도 높아졌으며, 이 상태에서 그러한 특성들이 사회화로 인해 획득되었든, 생래적이든 간에 페미니즘에 있어서는 중요한 문제가 아니기 때문이다. 또한 두 번째 질문에 긍정적으로 대답하면서 그러한 특성들이 생래적이라고 한다면, 이는 페미니즘의 입장이 될 수가 없다. 왜냐하면 이 경우에는 여성들이 선천적으로 도덕 판단에 있어서 열등하다는 결론이 나오기 때문이다. 이러한 결론은 여성의 지위 향상에 어떠한 역할도 담당할 수 없으며, 이는 오히려 페미니즘을 억압하는 논리로 악용되어왔다.

그러기에 길리건은 배려/책임의 윤리를 또 하나의 도덕적 목소리로 복원시키면서 정의/의무의 윤리와 함께 공존시키고자 하였다.[Gilligan, 1994] 배려와 정의의 윤리는 도덕성 발달과 도덕교육 차원에서 '사회문화적 성gender'의 맥락에서 볼 때 대조되는 도덕성이다. 길리건은 서로 다른 '도덕적 지향성moral orientation'으로서 정의 지향성과 배려 지향성을 제시하였다. '정의 지향성'은 동등성, 상호 호혜성, 두 사람 간의 공정성 등을 반영하고, 반면 '배려 지향성'은 이상적인 애착, 사랑, 경청, 반응 등을 포함한다. 인간관계에 있어 좋지 못한 경험의 특징은 정의의 경우 억압, 지배, 불평등, 불공정 등으로, 배려의 경우는 분리, 포기, 부주의, 반응성 부족 등으로 나타났다. 길리건이 두 도덕적 지향성의 공존을 강조하는 반면, 나딩스는 배려 지향성의 우위를 강조한다. 여기에서 길리건은 양자의 윤리를 반대하거나 순차적으로 보기보다는 '보완적' 윤리로 본다. 사람들을 '상호 연관된 존재'로 개념화하면서 고립된 독립성/자율성 윤리 담론, 즉 개인주의적이고 원자화된 윤리의 교량을 수정하고 공존시키며 평화와 조화를 이루는 상호 의존과 관계성 윤리를 제창하였다. 그녀는 정의윤리가 남성만의 윤리이고, 배려윤리는 여성만의 윤리라는 성별 이분법은 바람직하지 않다고 본다. 배려윤리가 지나치게 타인에 대한 동일시를 통해 자기 자신을 희생하는 방식이어서는 안 된다. 도덕성 자체는 두 사람 사이의 관계성 속에서 발생하는 문제이기에 홀로 결정하는 행위가 아니라 서로 연계되는 공동의 결정에 의해 구성되는 도덕적 행위라고 할 수 있다.

페미니스트들은 모두 플라톤과 루소 등이 여성이란 사랑을 받기 위한 태어난 존재라고 하거나 소녀들에 대한 교육은 불필요하다는 주장을 하는 것에 대해 신랄한 비판을 가했다. 그리고 페미니스트들의 관계성 강조는 '사리분별이 있는 사람'의 정의 이론에 도전하는 여성주의 법률 사상가들의 지지를 받았다. 신학에서 관계 강조는 신과 사람의 본질에 대한 근원적 질문을 불러일으켰다. 특히 배려윤리는 간호윤리와 교직윤리 등 대부분 돌봄 노동/돌보는 직업에서 자주 사용되기 시작하였다. 이런 영향은 남성적 요소가 개인의 '분리'를 강조하는 반면, 배려윤리는 '상호 의존' 등 공동체성을 강조하고 있기 때문이다. 정의윤리의 도덕적 지향은 '관계'에 앞서 '분리'를 전제한다. 정의윤리는 타인과 관계를 맺는 것에 적극적이지가 않다. 윌리엄스[1976]가 사용하는 유명한 예가 있다. "물에 빠진 아내를 구하는 것과 물에 빠진 낯선 사람을 구하는 것 사이에 갈등하는 남자는 이 상황에서 누군가 자신의 아내를 구하는 것을 도덕적으로 허용한다고(책임이 있다고) 결정하면 그는 자기 아내를 먼저 구한다고 말한다. 많은 사람은 그렇게 할 것이다. 그리고 우리는 이런 상황에서 낯선 사람과 자기 아내를 구조하는 행동에 타당한 도덕적 원리가 개입하는 것이나 양심적으로 관심을 보이는 것이 부자연스럽고 아름답지 않다고 생각할 수 있다." 왜냐하면 그것은 아내가 희망하는 것보다 아내와의 관계가 덜 친밀하다고 느껴지기 때문이다.

그럼에도 불구하고 우리 모두가 의존하는 배려/보살핌/돌봄의 망을 손상시키는 칸트철학이나 공리주의철학에 따른 결정을 중시하도록 하는 도덕적 원리는 공동체의 도덕 체계가 목표로 삼는 삶의 전통과 관행을 무너뜨릴 수 있다고 볼 수 있다.

최근 정의윤리에 대조되는 '관계적 목소리relational voice'로서 '모성적 사고maternal thinking'가 새로운 관심을 끌고 있다. 사라 러딕S. Ruddick의 『모성적 사유』1995; 이혜정 역, 2002는 철학적 관점에서 어머니의 활동인 자녀 양육 과정으로부터 인간의 최상의 도덕적 추론이라고 할 수 있는 모성적 사유의 윤리적 전형을 이끌어냈다. 러딕은 '어머니처럼 자상하게 돌봐주기mothering'라는 훈련을 검토하고, 매일매일 진행되고 있는 어린이 양육이 어떻게 나름의 사유 방법을 유발하는지를 일찍이 보여주었다. 그동안 감춰지고 억눌려졌던 '어머니 역할'을 새로이 부각시킨 첫 번째 시도라고 할 수 있다. 모성적 사유는 오래된 관행으로부터 출발을 하고 있으며 그 관행을 근원부터 재검토하였다. 어머니들은 조용한 시간에 자신들의 관행을 총체적으로 사유한다. 모성적 관행으로부터 모성적 사유가 자라난다. 따라서 러딕은 관행주의적 입장에 서서 초월적 관점, 무관점으로부터 파악된 진리란 없다고 반박하고, 어머니들의 오래된 관행적 삶, 즉 길리건이 강조했던 여성의 고유한 특성을 옹호하였다. 러딕은 모성적 관행의 내용을 이루는 보호, 성장, 그리고 훈육을 소중하게 여긴다. 설령 문화마다 개인마다 자녀를 기르는 방법이나 자녀의 상황이 다르다 해도, 어머니는 어린이의 생명을 보존하고 그 아이를 신체적, 심리적, 지적으로 성장시켜야 하며, 사회가 인정할 수 있는 성원이 되도록 훈육시켜야 한다. 이 점들은 모든 어린이의 요구 사항들로 일반화할 수 있는 보편적인 요구들이다. 어머니들은 이런 모성적 활동을 통해 자신들의 형이상학적 태도와 인지 능력, 그리고 덕을 개발한다.

어머니들이 가정을 통해서 형성한 세계는 평등하고 독립적이고 갈등을 내재한 홀로 된 존재자들의 세계가 아니라 상호 의존적이고 연결되어 있는 그물망 속에서 자라나는 독자적인 존재자들의 세계가 있음을 보여준다. 어머니들의 '공감 능력'은 자신의 아이들로부터 이 세상에서 학대받고 있는 수많은 어린이, 폭력에 시달리고 있는 모든 사람에게 확대될 것이다. 어머니들은 여성의 인권을 유린하는 정책이나 정부에도 저항할 것이다. 그들은 조만간 여성의 자원들을 인류를 위한 공적인 정치적 도구로 가져올 수 있는 중요한 다리가 될 것이다. 그녀는 어머니야말로 이 시대의 '평화 중재자'가 될 수 있을 것이라고 주장한다.

학교를 좀 더 배려할 수 있는 곳으로 만들기 위해 교육에 '양육nurture'이라는 페미니즘의 개념을 적용하는 데 관심을 가졌던 나딩스는 『학교에서의 배려하기 위한 과제들The Challenge to Care in Schools』1992: 추병완 외 역, 2002에서 윤리학에서 배려의 위치, 배려의 관계를 촉진시키는 학교구조의 발달, 여성의 관점에 입각하여 악을 개념화하려는 노력, 그리고 도덕교육 수행에서 모성적 관심 활용 등에 특별한 관심을 보였다. 이 책에서 나딩스는 전통적으로 중시되었던 교양교육liberal education에 대해 오늘날의 학생들에게는 아주 위험스러운 교육 모델이라고 비판하고 있다. 모티머 아들러의 '파이데이아 제안Paideia Proposal'의 인간 합리성에 대해 과도하게 협소한 개념을, 즉 온전히 잘 훈련된 지성에만 기초하는 개념을 받아들이고 있다고 질타한다. 물론 교양교육에 대한 나딩스의 논박은 문학, 역사, 체육, 수학 등의 과목에 관한 것이 아니다. 나딩스가 교양교육에 반대하는 세 가지 이유가 있다. 첫째, 실제로 배려해야 할 교육 내용이 결여된 채 특수하면서도 편협하게 처방된 교육과정을 공부할 것을 학생들에게 강요하는 통제 이데올로기에 반대하는 것이다. 그래서 둘째, 인간의 무한한 능력에 대한 존경심을 길러줄 수 있는 교육이 되어야 한다는 것이다. 셋째, 전통적으로 여성과 연관되어 있었던 기능과 태도, 그리고 능력을 강조하는 교육이 실시되어야 한다는 것이다. 이것을 나딩스는 한마디로 '배려교육'이라고 표현하고 있다.

그래서 학교 환경에서 가정의 기능을 잘 못하고 있는 집에서 자란 아동들에게 특별히 도덕적 행동을 하는 학습을 받을 있는 기회를 세심하게 마련해야 한다고 권고하고 있다. 교육을 넘어 남녀 학생 모두에 대해 풍요롭고도 도움이 되게 하기 위해서는, 또한 교육을 사회 전반에 대하여 될 수 있는 대로 유용하게 만들기 위해서는 교육 장면에 놓여 있는 소녀들과 여성들에 대해, 그리고 전통적으로 그들의 영역 안에 있었던 문화적인 자산들에 대해 명료하고 한결같은 시선으로 관심을 가지고 바라볼 필요가 절대적이다. 이러한 입장은 제인 롤랑 마틴Jane Roland Martin에 의해 학교를 '가정 같은 학교schoolhome'로 만들어야 한다는 주장으로까지 발전하였다. 그녀는 학교를 가정의 도덕적 등가물이나 다름없다고 본 '가정 같은 학교'라는 개념을 통하여 학교의 학습 분위기, 학교의 이상적 의식과 문화, 교사의 교수 방식, 그리고 아동의 학습 방법 모두가 가정의 분위기와 가족과 같은 사랑에 의해 이끌어지는 학교 공동체를 그리고 있다.[Martin, 2002: 379] 이러한 사랑의 관계는 교사와 학생 간의 관계는 물론 학생 간의 관계에서도 마찬가지로 추구된다. 그러면 '가정 같은 학교'에서 무엇을 그 기본적 내용으로 가르치는가? 이 질문에 대한 마틴의 답변은 3R과 3C로 요약할 수 있다. 그녀에 따르면 3R, 즉 읽기, 쓰기, 셈하기는 아이들이 사회의 일원으로서 능력을 갖추는 데 필수적인 내용이다.

그녀는 학교가 '공장형 모델'로 운영되는 현대의 교육 현실을 심각하게 보았다. 마리아 몬테소리의 '아동의 집'으로부터 영향을 받은 『가정 같은 학교Schoolhome』[1994]의 저자 마틴은 가정에서 가족 구성원들을 돕기 위해 부모의 역할을 수행하는 것을 '배려'라고 정의하였다. 그녀는 학교를 '가정의 도덕적 등가물'로 보면서 3C, 즉 돌봄care, 관심concern, 연계connection가 학교의 핵심 가치로 자리해야 한다고 주장하였다. 사적 영역/가정 공간과 연관된 배려, 관심, 연계는 여성의 정서적 노동, 재생산, 인간 상호 관계의 세계를 이루는 중요한 가치이다.[McLeod, 2012: 39] 여기에 협력collaboration과 협동cooperation을 추가하여 5C를 말하기도 한다.[Bennett, 2010, 168-169]

특히 민주주의 사회의 시민으로서, 경제적으로 자족적인 개인으로서 역사, 문학, 철학, 예술로 이루어지는 고차원의 문화에 입문할 수 있는 준비를 시켜주는 데 필수적이다. 이에 대한 교육은 가사에 익숙해질 수 있는 내용을 배우는 것을 통해서는 물론 안전, 보호, 양육, 사랑 등의 특성으로 규정되는 환경(가정적 분위기)을 조성하는 것을 통해서 이루어진다. '가정 같은 학교'에서는 이러한 교육 실천에 대한 관심이 가장 우선적 관심사이다. 이러한 점은 전통적 학교교육의 우선적 관심사인 추상적 기준이나 표준화된 검사, 성공의 일반적 기준, 일제고사와 같은 획일적인 결과 등과는 전혀 다른 특징이다.Martin, 1985/2002, 373, 379-380

마틴은 전통적 교양교육이 주지주의에 편중됨으로서 남성성을 대변하는 성차별주의를 보이고 있다고 비판한다. 전통적 사회문화적 배경 속에서는 남성을 위해서는 일의 세계와 시민 생활의 준비('사회의 생산 과정')가 바람직한 것으로 평가되는 반면, 여성을 위해서는 사적인 가정 생활의 준비('사회의 재생산 과정')가 바람직한 것을 평가되어왔다는 것이다. 이에 따라 교육도 남성과 여성에 대해 서로 다른 이중적 기준을 적용하게 되었다고 비판하면서 학생들이 성에 관계없이 모두 가정적 삶과 직업 세계를 위한 양성평등 교육을 받아야 한다고 주장한다.

오늘날 페미니스트 교육철학은 '몸'과 '성'에 관한 관심으로 발전하고 있다. 페미니즘 교육철학에 있어 몸은 세계를 이해하는 데 중요하다. 남성이건 여성이건 결코 순수한 합리성만으로 분리될 수 없고, 그들의 몸은 그들의 이해에 중요한 영향을 미친다. 물론 이것은 우리의 신체가 우리의 운명을 지배한다는 의미가 아니다. 민족성, 가난, 지리, 장애 등과 같이 지식과 이해에 영향을 미치는 다른 신체적·물리적 요인들도 게재되어 있다. 성과 마찬가지로, 그것들은 모두 권력에 의해 혹은 권력을 통해 구성된 사회적 배분의 결과이기도 하다. 가난, 출산, 불구 등의 영향을 생각해볼 때, 살아 움직이는 몸은 살아 있는 개인에 의해 경험되며 타인에 의해 주시된다는 점에서 대단한 중요성을 가진다. 특히 여성의 몸은 '타인의 주요한 주목 대상'이기도 하다. 그러나 몸에 대한 주의는 반드시 여성이나 페미니즘에 국한한 것이 아니다. 예를 들어, 메를로 퐁티 역시 몸을 주장하였고 페미니스트 철학자들도 그의 주장을 인정하였다.

'사회문화적 성'[36]은 페미니즘 교육철학에 있어 중요한 주제이다. 사회문화적 성은 상호작용 방식에 영향을 미치며 철학을 행하는 데 영향을 미친다. 모든 역사 속에서 여성은 생각을 분명하게 표현하지 못하고, 한정된 여성의 일들에만 전념하도록 강요되었다. 이런 편견에 저항하는 수많은 여성들의 삶과 역사가 이를 잘 보여준다. 그래서 역사적으로 여성의 정체성, 성 역할의 재정립 등 인간 제도와 사회적 관계의 억압과 불합리한 대우에 대한 문제의식이 싹텄다. 페미니즘은 인간을 성별에 따라 위계를 나누어 차별과 억압을 행사하고, 여성에게 종속을 강요하는 제도적이거나 일상화된 모든 폭력과 지배에 저항하는 실천적 움직임이자 이론적 시도라고 할 수 있다.

그리고 여성주의 철학에 있어 '상황/맥락을 고려한 철학하기'는 중요하다. 남성이나 여성이나 철학을 함에 있어 경험과 주체성 및 구체적이고 실제적인 사례의 중요성을 강조하는 것은 필수적이다. 여성들은 활동적인 사람이 될 수 없었고, 장소를 넘어서 순전히 객관적인 관점을 취할 수도 없었다. 그러기에 여성들의 사유 자체는 삶의 구체적 경험으로부터 나올 수밖에 없었고, 그 사유의 결실을 산출하는 이정표가 되는 삶의 경험들에 밀착되어야 했다. 페미니즘이 얼마나 주류 남성 인식론에 의해 배제되고 부인되었는가를 깨닫도록 만든 것은 바로 교수 활동, 과제의 수행, 정체성의 탐색, 자기표현의 수행에 대한 경험적이고 실존적인 접근을 통해 가능하였다. 그것은 또한 여성들 개개인의 발견과 노력, 그리고 여성들의 지난한 싸움의 결과이다. 현실 상황은 여성들로 하여금 더 분명하게 느끼게 하였고, 이것은 여성들의 사유방식 등 철학적 행위에 영향을 미쳤다.

배려에 대한 페미니스트들의 연구는 이미 도덕 이론에 의미 있는 공

36 젠더(gender)는 시공에 따라 다양하게 나타나는 남성, 여성의 행동 양태를 결정짓는, 학습되는 특성들을 의미한다. 이 의미는 생물학적 성에 근거한 남녀의 구별과 심리·문화적 성에 근거한 성 역할은 엄연히 다르다는 것을 말해준다.

헌을 해왔다. 도덕 이론에 대한 여성주의자들의 저작은 여성의 도덕적 경험을 무시하는, 남성적으로 보이는 전통적·윤리적 전범과 여성의 종속적 역할에 도전하였다.[Adam, 2005] 여성주의 윤리학자들은 여성의 종속/억압을 영구화하는 행동과 실천에 대한 도덕적 비판을 명료화하였을 뿐 아니라 그러한 행동과 실천에 저항하는 도덕적 정당화 방식을 규정하면서 여성의 해방을 촉진하는 도덕적으로 바람직한 대안을 제시하였고, 그리고 모든 여성의 도덕적 경험을 진지하게 다루고자 하였다.[Jazzar, 1992: 363-364]

또 배려의 윤리를 중시하는 페미니즘 관점은 사회문화적으로 성별화된 가족 구조의 변화를 시도하였다. 기존의 주류 윤리는 사회문화적으로 성별화된 가족 구조를 해체하고자 하였다. 이러한 시도는 기본적으로 마르크스적 페미니즘이라고 할 수 있다. 남성 중심주의에 대한 문제를 인식하고 소외 계층(여성, 장애인, 노인, 빈민, 외국인 노동자, 난민 등)의 문제 가운데 특히 여성 소외에 대한 본격적인 관심이 형성된 것은 페미니즘 발달과 함께 이루어진 최근의 성과라고 할 수 있다. 이런 구舊페미니즘과 달리 온건한 노선을 지향하는 신新페미니스트들은 주로 성의 사회경제적 불평등성보다는 성의 윤리적 고유성에 초점을 맞추고 있다. 이를 '성 불평등 해결'이라는 것에 주목적을 두는 '여성주의 교육/교수법'과 달리 '삶의 터전에서의 관계'를 중심으로 구체적으로 전개되는 대안적 교육/평생 교육을 '여성주의 교육학'으로 범주화하기도 한다.[곽삼근, 2008]

관계적 존재론으로서의 배려윤리

나딩스는 도덕성이 감정에 뿌리를 두고 있다는 흄의 입장에 기초해서 배려는 하나가 아닌 두 개의 감정, 곧 '자연적 배려natural caring'의 감정과 '윤리적 배려ethical caring'의 감정으로 구성된다고 보았다. 두 감정

중에서 더 근원적인 것은 자연적 배려의 감정이며 윤리적 감정은 자연적 배려의 감정에 기초해서 나오게 된다. 나딩스는 모성적 배려의 행위를 바로 이런 자연적 배려의 전형으로 제시하고 있다. 이런 배려의 실례로서 잠을 자고 있던 어머니가 새벽에 갓난아이의 울음소리를 듣고 아이를 보살펴야 한다는 의무감과 함께 그 아이를 보살피고 싶다는 마음이 일어나는 경우가 그렇다. 자연적 돌봄/배려는 의무감에 의해서가 아니라, 타인을 돌보고자 하는 자연적 성향으로부터 동기화되는 것이다. 이 경우 내가 아이를 돌봐야 한다는 의무감은 강제적 명령이 아니라, 내가 원하는 것에 자동적으로 수반된다는 것이다. 이것은 강제로 의자에 묶인 사람이 구속에서 벗어나야 한다고 느끼는 것이 도덕적 혹은 윤리적 당위가 아니라, '소망'에서 나온 당위인 것과 마찬가지라는 것이다. 이처럼 '원하는 것'과 '당연한 것'이 일치하는 경우에는 아무런 노력도 하지 않고도 자연스럽게 돌봄/보살핌을 실행할 수 있게 된다.

나딩스의 관계윤리는 기존의 정의윤리에서 강조했던 도덕적 의무를 중시하지 않는다. 칸트가 도덕원리에 일치하려는 '의무감'[37]에서 나온 행위와 냉정한 이성적 의무만을 도덕적 행위로 보았던 것에 반해, 관계윤리에서는 사랑과 자연적 성향에서 나온 행위를 도덕적 행위로 본다. 자연적 배려와 다른 '윤리적 배려'는 타인에 대해 느끼는 의무감에 대한 응답에서 나온다. 이런 윤리적 배려는 배려해주고 싶은 욕구가 자연스럽게 일어나지 않는 경우에 배려하는 것이 더 좋다는 것을 '의식적으로 깨닫게 될 때' 자연적 배려의 감정으로부터 생겨난다. 윤리적 배려의 감정은 우리가 타인을 배려하고 타인에게 배려를 받았던 최상의 기억들에 의해 유지되고 촉진된다. 이런 최상으로 배려받은 기억은 바로 어머니로부터 배려를 받고, 자신이 어머니를 배려했던 경험이다. 따라서

37 의무란 우리가 어떤 종류의 책임이나 도덕률 아래에 있음을 의미한다. 칸트는 이성적 존재로서 우리가 이러한 의무를 하나의 명령 형식으로 다가오는 것으로 인지한다고 한다. 기술적이고 신중한/사려 깊은 명령은 본질적으로 가언적이었으나, 이와는 달리 진정으로 도덕적인 명령은 '정언명령'이다. 이 정언명령은 모든 인간에게 적용된다. 그것은 어떤 다른 목적을 조건으로 하지 않고 어떤 행위를 즉각적으로 명령한다.

나딩스는 윤리적 배려가 자연적 배려보다 우월하지 않다고 말한다. 자연적 배려는 윤리적 배려의 근원이자 최종 귀착점이기 때문에 어머니와 자녀 관계를 배려의 전형으로 사용하는 것이 더 합리적이다. 나딩스는 배려의 '원circle'과 배려의 '사슬chain'이라는 개념을 사용해서 배려가 더 많은 사람들에게까지 확대될 수 있다고 주장한다. 그녀에 따르면 동심원의 중심에서 배려하는 사람으로서 나는 동심원의 중심에 있다. 그리고 동심원의 중심에 가까이 위치한 원 안에 있을수록 친밀함과 배려의 정도가 높다. 바로 이 원들이 중심에서 얼마나 떨어져 있느냐가 우리가 배려하는 다양한 사람들에 대해 느끼는 친밀함의 수준을 나타낸다.

그렇지만 칸트는 오직 정언명령과 같은 도덕적 원리에 대한 의무와 존경에서 나온 행위만을 도덕적 행위로 보고 있기 때문에 사랑이나 이타심에서 나온 행위는 도덕적 가치를 지니지 못한다고 보았다. 따라서 칸트 윤리학의 입장에서 보면 자연적 감정이나 동기는 전혀 윤리적 가치를 갖지 못하고, 윤리 규범이나 법칙에 대한 의무에서 나온 행위만이 윤리적 가치를 갖게 된다. 이런 점을 보면 자연적 배려를 윤리적 배려보다 우월한 것으로 보고 있는 나딩스와 자연적 배려의 도덕적 가치를 부정하는 칸트의 입장은 상반된다고 할 수 있다.

결국 돌봄/보살핌 관계에 기초한 배려윤리는 인간이 관계 속에서 정의된다는 '관계존재론relation ontology'에 그 기초를 두고 있다고 볼 수 있다.[Thayer-Bacon, 1998] 배려라는 용어는 개인적인 특성이나 덕이 아니라 '관계적 과정'으로 정의할 수 있다. 개인은 하나의 개체로서가 아니라 자아가 놓여 있는 관계들에 의해 실제로 정의되는 것이다. 이 점에서 '공동체주의communitarianism'와 유사함을 보인다. 관계존재론의 관점에서 보면 인간은 끊임없이 관계 속으로 들어가려는 존재이다. 배려의 윤리는 '관계'를 이중으로 강조한다. 즉 관계를 우리의 의무를 임의적으로 계약한 것이나 우리의 개별적 자율의 기능으로 간주하지 않고 타인과 관련된 우리의 상황, 즉 우리가 타인과 관계를 맺는 방식과 자신의 선택과는 관계없이 다른 사람을 돕거나 피해를 입힐 수 있는 사실로부터 도출된 것으로 간주한다. 그러나 배려의 윤리는 사람의 도덕적 지위에 관심을 두고 있으며, 부분적으로 도덕적 중재를 타인을 보살피는 관계와 충돌하거나 관계를 딴 데로 돌리는 것으로서 보기 때문에 도덕적 원리의 중재 없이 '사람'에게 초점을 맞추고, 사람들에게 적극적으로 '반응하는' 도덕적 중요성에 강조점을 둔다.

이러한 배려윤리의 또 다른 특징은 배려를 개인적 특성이나 하나의 개인적 덕목이 아니라 '관계 상태' 또는 '관계의 질'로 규정하고 있다는 점이다. 따라서 배려윤리는 '덕윤리'와 구별된다. 나딩스는 배려를 윤리적으로 강조하는 것이 오히려 '덕윤리'에 더 부합한다고 보았다. 배려하는 태도 자체는 용기와 절제 같은 다른 덕들과 유사하게 인간이 계발해야 할 중요한 습관이라고 할 수 있다. 더욱이 배려하는 덕은 칸트의 엄격한 규칙윤리와 비교된다. 관계윤리적 관점에서 볼 때 모든 덕은 개별적으로 독자적 의미를 갖지 못하고 관계 안에서만 의미를 가진다. 즉, 덕은 반드시 배려의 상황 안에서 조명되고 평가되어야 한다. 따라서 학교에서의 배려적 도덕교육은 인격교육이나 덕교육처럼 단순하게 개별적인 덕만을 독립적으로 가르쳐서는 안 되고, 관계 안에서 관계를 유지시키고 강화시켜줄 수 있도록 가르쳐야 한다.

배려의 윤리는 행위자 중심이라기보다는 관계 중심적이며, 덕으로서의 배려와 관계로서의 배려를 모두 중시하지만 덕으로서의 배려보다는, 배려하는 관계 자체에 더 관심을 두고 있다고 할 수 있다.[38] 나딩스는 "배려의 윤리는 덕윤리가 아니다. 배려의 윤리는 사람들로 하여금 배려자가 될 것을, 배려를 할 수 있는 능력과 덕성을 계발할 것을 촉구하고 있기는 하지만, 배려를 단순히 개인적 속성으로만 보고 있지는 않다. 배려의 윤리는 피배려자의 역할도 중시하고 있다. 따라서 배려의 윤리는 관계의 윤리다."Noddings, 2002: 53라고 주장한다. 배려는 배려자와 피

38 '도덕성에 덕으로'를 제창하고 있는 슬로트는 최근 배려의 윤리에 영향을 받으면서 배려의 관념이 덕윤리의 핵심적 덕이어야 한다고 주장한다.

배려자의 관계로 이루어지는 이원적인 것이다. 따라서 배려윤리의 주체는 배려자와 피배려자 모두이며, 피배려자가 배려를 인지하고 이에 대해 응답할 때 배려는 완성된다. 배려자의 의식 상태는 '전념engrossment'과 '동기적 전치motivational displacement'를 통해 설명될 수 있다. 먼저 전념이란 다른 사람의 실체를 이해한다는 개념으로서 자신을 멀리하고 타인의 경험 안으로 들어가는 것을 말한다. 내가 피배려자의 관심, 이해, 필요를 수용할 수 있는 여지를 마련하기 위해 나 자신의 특별한 가치들이나 관심들을 한동안 배제한다. 자신이 배려자의 삶과 환경에 대해 깊은 관심을 가지거나 전념하게 되면 동기가 자기 자신으로부터 피배려자에게로 옮겨 가는 변화가 일어나게 되는데, 이를 나딩스는 '동기적 전치'라고 부른다. 예를 들어 어린아이가 신발을 신기 위해 고생하고 있는 모습을 보고 직접 가서 아이의 신발에 손을 넣어주어 신발을 신도록 도와주는 것을 말한다. 이는 타인과 입장을 바꿔 생각하는 것이 아니라, 타인을 내 안으로 수용하여 함께 느끼는 것을 말한다. 다시 말해 동기적 전치란 자신의 동기 에너지가 타인을 향해 분출되는 것을 말한다. 곧 타인이 전달하고자 하는 것을 수용하고, 그의 목적 또는 계획을 촉진할 수 있는 방식으로 반응하고 싶어 하는 마음을 말한다. 나의 동기 에너지가 타인에게 전달되면, 나는 나의 동기 에너지를 공유하게 된다. 바로 나의 에너지를 타인을 위해 사용할 수 있게 된다. 이런 동기적 전치는 자연적으로 이루어지거나 도덕적으로 유도된다.

배려의 관계에서 배려자의 역할뿐만 아니라 피배려자의 역할도 배려의 완성을 위해 필수적이다. 피배려자의 역할로는 수용, 인지, 감응 등을 들 수 있다. 배려받는 사람은 배려를 수용하고, 배려를 수용했음을 보여주어야 하며, 이때 배려하는 사람이 전념을 통해 이런 것을 인지하면 배려는 완성된다. 그렇지만 나딩스는 배려를 일방적인 것이 아니라 쌍방적인 것으로 보고 그 상호성을 중시하면서도 배려자와 피배려자 간의 관계를 평등한 관계로 보지 않고 '배려의 불평등'을 인정한다. 부모와 교사, 교사와 학생 간의 배려에서 자식과 학생은 부모와 교사와 대등한 입장이 아니며, 이들이 배려자가 될 필요는 없다고 분명하게 밝히고 있다. 왜냐하면 피배려자가 오랫동안 배려를 받아온 경험을 통해 배려에 대해 자연적으로 반응할 수 있을 경우에는 피배려자가 될 수 있지만, 피배려자가 부담감이나 의무감 때문에 배려받는 사람의 위치가 아니라 오히려 배려자의 입장에서 배려에 응답하는 것은 관계를 왜곡시키는 속임수일 뿐 진실한 응답이 아니기 때문이다. 피배려자의 윤리적 자세는 자발적 인식과 반응이라고 할 수 있다. 이런 점에서 피배려자가 할 수 있는 최상의 일로서 배려를 인식하고 배려에 반응함으로써 배려하는 사람의 동기적 전치를 불러일으키는 일을 들 수 있다. 피배려자의 최소한의 의무는 배려를 인지하고 배려를 수용하고 있다는 반응을 어떤 형태로든지 배려하는 사람이 배려를 인식할 수 있도록 보여주는 일이다. 그렇지 못할 때 배려자는 더 이상 보살필 수 없게 되고 배려의 관계도 상실된다. 그러므로 배려에 대해 피배려자가 응답함으로써 배려는 완성되고 지속될 수 있다.

이런 배려적 만남을 이상으로 하는 관계윤리는 여성이 남성보다 이런 경향을 더 자주 채택한다는 점에서 여성적 특징이라고 할 수 있다. 실제로 여성들은 수 세기 동안 배려를 자신들의 삶에서 중심적 문제로 간주해왔고, 배려의 관계 속에서 누구의 엄마, 누구의 아내, 누구의 딸로서 정의되어왔다. 도덕적 탐색의 장소로서 우리의 어머니와 아버지와의 관계, 배우자와 형제들과의 관계, 가정 등 주로 우리들의 개인적 삶에서 맺어지는 사적 영역의 윤리에 해당된다고 할 수 있다. 기존의 자유주의/개인주의 윤리는 도덕적 규칙 또는 원리와의 일치 여부나 행위가 산출한 결과의 유용성에 의해 행위를 판단하는 경향이 있지만, 이와 달리 관계윤리에서는 행위는 관계를 통해 알 수 있고 판단될 수 있다고 본다. 관계를 맺고 있는 다른 사람의 반응이 행위의 도덕성을 판단하는 중요한 기준이 된다.

대다수의 페미니스트 윤리학자들은 모든 사람에게 해당되는 보편적 윤리를 제창한 칸트 윤리를 따르는 콜버그의 인지발달적 비판적 사고가 여성들의 경험과 배려/돌봄 윤리의 중요성을 부정하고 있다고 본다. 이런 주장의 선두에 서 있는 길리건Gilligan, 1994은 배려의 개념을 자신의 배려에서 시작하여 가족, 친구, 낯선 사람, 그리고 궁극적으로 비폭력에 대한 보편화된 돌봄적 헌신으로 나아가도록 도덕적으로 성숙시키는 것으로 보았다. 그녀는 콜버그처럼 모든 사람이 가장 완전한 경지의 도덕적 성숙에 도달한다고 보지 않았다. 이라크, 아프가니스탄 등 전쟁 지대나 도시나 농촌에서 사는 많은 사람의 경우 현실적으로 불평등과 억압이 낳은 엄청난 고통으로 인해 고차원적 도덕성을 추구하는 단계로 나아갈 수가 없을 것이다. 길리건이 강조하는 돌봄/배려 관계는 고립된 개인이 아닌, 관계적 용어로 이해되기 때문에 보편적으로 짊어져야 하는 공동의 책임이다.

길리건과 나딩스는 모두 배려를 개인적이고 관계적인 관점에서 묘사했을 뿐만 아니라 배려윤리를 정의윤리와 분명하게 대비시키고자 했다. 그들은 윤리란 두 사람 사이의 관계성 속에서 발생하는 문제이기에 홀로 결정하는 문제가 아니라 서로 연계되는 공동의 결정에 의해 구성되는 것이라는 입장을 취한다. 두 페미니스트는 도덕교육의 영역 안에서 함께 여성주의자의 관점을 취했지만, 길리건이 심리학자로서 도덕 발달에 초점을 맞추고 있는 반면에, 나딩스는 교육철학자로서 도덕적 지향에 초점을 맞추고 있다는 점에서 구별된다. 길리건은 심리학 안에서 여성의 도덕 발달에 관한 기초 작업을 통해서 여성이 남성과 동일하다는 잘못된 가정에서 출발한 과거의 도덕성 발달 판단을 뒤집으면서 새로운 대안을 제시하였다. 두 관점은 어떤 계열성을 가지거나 상반되는 것은 아니라고 덧붙였다.

> 권리의 도덕(성)은 평등equality에 입각하고 공정에 대한 이해를 그 중심에 둔다. 반면 책임의 윤리는 필요의 차이에 대한 인식 하에 공평equity 개념에 의지한다. 권리의 도덕(성)은 나와 타인의 주장에 대한 동등한 균형 잡힌 존중의 태도를 표명하고, 책임의 윤리는 동정과 배려를 낳는 이

해에 의지한다. 그러므로 아동기와 성년기 사이에 나타나는 정체감과 친밀감의 대조는 상호 보완 관계를 맺는 두 도덕성을 통해 명확히 표현된다. Gilligan, 1982: 165

배려윤리와 정의윤리는 도덕성 발달과 도덕교육 차원에서 사회문화적 성의 맥락 속에서 대조가 된다. 또 길리건은 권리와 규칙 윤리와 대조되는 책임과 배려의 윤리를 제시하였다. Gilligan, 1994 길리건은 양자의 윤리를 반대적으로나 순서적으로보다는 '보완적complementary'으로 보았다. 신페미니스트로 불리는 길리건은 사람들을 '상호 연관된 존재'로 개념화하면서 상처난 독립성 주장의 교량을 고치고 공존하면서 평화와 조화를 이루는 상호 의존과 관계성을 중시한다. 즉 자기 배려self-care에서 타인 배려로, 그리고 상호 배려로 나아간다.[39] 자기 배려가 부족하면 자기가치와 자기 존중감도 약화되기 쉽다. 그러기에 배려가 그 본래적 의미를 되찾기 위해서는 배려를 단지 자기희생에 근거한 타인에 대한 배려로 간주하기보다 배려가 자기 존중에 근거한 상호적 배려가 되어야 한다.

길리건은 윤리학의 관점에서 자신이 연구한 여성들의 도덕성 발달이 남성들의 권리와 규칙이라는 원칙이 아니라, 책임과 배려라는 원칙에

	도덕적 지향
자기 배려 (유아적 도덕)	자기 이익/이기심 지향; 개인적 생존
타인 배려 (모성적 도덕)	책임감, 선함, 자기희생 지향; 자기희생과 사회적 동조
상호 배려 (비폭력의 도덕)	자신과 타인 간의 인간관계 평형 유지; 진실성, 폭력 없는 평화

배려의 발달 단계

39 배려는 지나치게 타인에 대한 동일시를 통해 자기 자신을 희생하는 방식으로 이루어지지 말아야 한다.

따라 조직된다는 사실을 발견했다. 그녀는 그 결과를 토대로 삼아 정의와 배려 모두가 필요하다는 사실을 인정하면서 도덕적 추론과 도덕적 판단에 대한 상호 보완적이고 통합적인 태도를 취했다. 하지만 이와는 대조적으로 나딩스는 원리화된 윤리가 적절하지 못하다고 주장한다. "……모호하고 불안정하다. 원리가 있는 곳 어디에나 너무 자주 예외가 암시되고, 우리를 서로에게서 분리시키는 그런 원리에 근거한"[Noddings, 1984: 5] 접근 방법을 나딩스는 거부한다.

그렇지만 나딩스는 길리건의 도덕적 추리와 판단에 대한 보완적, 통합적 접근과는 달리, 원칙윤리가 아버지의 목소리로서 부적합하다고 보고, 이런 윤리를 모호하고 불안정한 것으로서 거부하였다. 그 대신 나딩스는 원칙윤리에 대한 '대안'으로서 어머니의 목소리인 '배려' 윤리의 우선성을 주창하는 극단주의 입장에 섰다. 길리건이 서구의 개인적이고 분리된 자아 개념의 보완을 위해 관계적 자아를 발달시킨 반면에, 나딩스는 모든 사람에게 보편적인 자아에 대한 관계적 관점을 주장했다. 나딩스의 배려윤리가 기초하고 있는 보편성은 배려적 태도이다. 그것은 배려를 받았던 유년기의 기억들, 성장 과정에서 우리가 배려하고 배려받았던 기억들의 축적에서 배어나오는 태도에서 비롯된 것이다.[Noddings, 1984: 5] 이러한 배려적 태도는 여성에게만 있는 것이 아니라 모든 사람의 삶과 그들의 자아 개념에 핵심적인 것이다. 모든 사람은 배려하는 것을 배워야 한다. 그리고 배려윤리는 우리가 서로의 도덕 발달에 책임이 있음을 상기시켜준다.[Noddings, 1990: 123] 나딩스는 '자아'를 다음과 같이 묘사한다.

> 나는 본래 타고나기를 혼자가 아니다. 본래 오늘의 내가 있게 된 것은 양육과 지도 때문이라는 사실로부터 나는 관계 속에 존재한다. 나 스스로 분리를 원했건, 아니면 주변 환경이 마음대로 나를 고립시켰건 나는 혼자가 되었을 때 가장 먼저 관계성을 회복하고 그것을 재건하기 위한 방법을 찾는다. 나의 개성은 일련의 관계들 속에서 규정된다.[Noddings, 1990: 51]

나딩스는 원리화된 윤리를 '아빠의 목소리'로, 배려윤리는 '엄마의 목소리'로 묘사한다. 나딩스는 배려적 관계 속에 배려하는 사람과 배려받는 사람이라는 두 요소를 포함시킴으로서 배려에 관한 이러한 관계적 개념을 심화시키는 데 기여했다. 나딩스에 따르면, 내가 어떤 사람과 배려적 관계를 설정해서 그 사람이 나의 배려를 받아들여야만 자신을 배려자로 묘사할 수 있다. 이 배려적 관계 설정은 배려를 받는 사람이 그 배려를 인정하는 것과 호혜성에 의지한다. 나딩스에게 배려는 수용적인 합리성을 가진 다른 사람과 '함께 느끼는 것'을 의미하고 관대한 태도와 사고를 바탕으로 다른 사람을 기꺼이 받아들이거나 '친숙하게 되는 것'이며, 배려적 관계의 지속을 위해 다른 사람에게 자신을 온전히 드러내는 것이기도 하다.[Thayer-Bacon, 2013: 152-153]

길리건은 앞서 살펴보았듯이, 정의의 윤리가 모든 인간이 상황 속에 관련을 맺는 인지적 차원의 '역할 채택role-taking' 모델과 일치한다고 논박을 하면서, 이와 대비되는 상호 의존적인 '관계적 도덕성relationship morality'을 제창하였다. 그녀는 심리적인 독립성을 지향하는 칸트와 콜버그의 자율성 개념을 '상호 의존' 혹은 '관계 맺음'과 상반되는 것으로 해석하였다. 잠재적 갈등을 갖고 있으면서도 내적으로 다른 자아와 분리된 '독립적 자아관'을 견지하려는 정의론적 도덕성은 모든 당사자들의 이해를 어느 쪽으로 쏠리지 않는 원초적인 중립적 위치에 서서 균형을 잡는 저울추의 자세를 취하려고 한다. 바로 이런 시각에 기초하고 있기에 친밀한 관계를 어렵게 한다는 것이 배려윤리학자들의 입장이다. 그리하여 계약과 규칙의 구조에 의존하여 정의로운 해결을 모색하기에 상호 배려와 보살핌 그리고 책임의 윤리를 다하지 못하게 되며, 나아가 사람들 사이의 진정한 만남을 하지 못하게 할 수 있다.[Gilligan, 1993] 이에 대한 페미니스트들의 대안은 사람들을 '상호 연관된 존재'로 개념화하여 평화와 조화를 이루는 상호 의존과 관계성, 그리고 우정과 공동체성을 중시하는 것으로 나아가려고 한다.

~에 '대한' 배려와 ~를 '위한' 배려

배려는 존재론과 인식론, 윤리학과 정치학에서 핵심적인 역할을 담당한다.[40] 여성주의자 토론토J. Tronto 1993는 배려가 살아 있는 존재들과 함께 생겨날 뿐만 아니라 추상적인 관념과 더불어 일어난다는 나딩스의 의견에 이의를 제기한다. 토론토는 배려라는 말의 어원이 '짐burden'이라는 사실을 지적한다. 그녀는 따라서 지속적인 책임과 헌신을 암시한다. 배려가 '헌신'을 암시한다면 그 대상이 있어야 한다. 그러므로 배려는 필연적으로 관계적일 수밖에 없다. 여기까지는 나딩스도 토론토의 의견에 동의할 것이다. 그러나 토론토의 논의는 생각과 사람을 분리한 '~에 대한 배려caring about'와 '~을 위한 배려caring for'를 제안했다. 그녀의 이러한 구분은 배려 대상에 근거한 것이다. 우리는 생각에 대해 배려하고 사람을 위해 배려한다. '~에 대한 배려'는 생각이나 직업들과 같은 좀 더 추상적인 대상들과 관련된 반면에, '~을 위한 배려'는 특정한 타인의 구체적이며, 물질적이고, 정신적이며, 지적이고, 심리적이고 감정적인 요구에 응답하는 것과 관련이 있다.

그러나 한 명의 타자로서 당신을 배려할 수 있는 내가 되기 위해 나는 당신에 대한 배려에서부터 출발한다. 그리고 억압 같은 관념에 관심을 갖는 것은 배려하고 싶은 삶과 추상적인 그 개념을 연관하여 이해하기 때문이다. 일상적인 사람들의 경험에 의미를 부여하는 관념, 그리고

40 사람과 관념 사이를 구분할 때 인식론과 존재론 사이의 전통적인 철학적 분열을 또다시 반복할 수 있다. 일단 사람으로부터 관념을, 지식으로부터 그것을 인식하는 사람을 분리시켜온 철학사를 이해한다면, 우리는 배려에 대한 근심과 우려를 더 잘 이해할 수 있다. 철학에서 인식론과 형이상학이라는 분과는 전통적으로 추상적인 차원의 논의를 펼쳐왔다. 반면 윤리학과 정치학은 일상을 살아가는 사람들과 관련된 것이어서 좀 더 실천적인 학문 분과였다. 배려윤리적 접근은 사람들을 매우 개인적이고 특수한 방식을 통해 전경으로 끌어낸다. 그것은 권리 혹은 규칙 지향적 도덕보다 훨씬 더 구체적이고 실천적이다. 배려윤리적 지향에 기여하는 페미니스트들은 사람과 생각, 지식과 저자/인식자 사이의 이러한 인위적인 분리와 싸우기보다는 오히려 이런 구분을 자신들의 전제로 받아들이고 있다. 사실 그들은 정의로부터 배려를 구분하는 것이 정의는 관념에 초점을 맞추는 반면에, 배려는 사람에 초점을 맞춘다고 주장함으로써 이러한 분열을 더욱 확대하는 데 기여해왔다. 게다가 사람에 초점을 맞춘 '~를 위한 배려'와 생각에 초점을 맞춘 '~에 대한 배려'가 존재한다는 주장이 더해져 그 분열은 더욱 가속화되었다.

그러한 추상적 관념과 관련된 이슈와 문제들에 가치를 부여하고 그것에 주의를 기울이는 것이다. 억압적인 현실을 바꾸고 그러기 위한 탐구를 증진하는 데 필수적 구성 요소는 '~에 대한 배려'와 '~을 위한 배려'의 방법을 배우는 것이다.

이렇게 '~에 대한 배려'와 '~을 위한 배려'를 구분하는 이유는 무엇일까? 토론토가 이러한 구분을 하는 이유는 '타인을 위한 배려'를 도덕적 행동의 범주에 포함시키기 위함이다. 이런 이유로 만약 타인을 위한 배려가 모든 사람의 일상적인 삶에서 지금보다 더 중심적인 위치를 차지하게 된다면, 남을 배려하는 것이 도덕적 논점을 제기하고 사회·정치적 제도의 폭넓은 개혁을 요구한다는 점에서 우리의 이해를 확대하려는 노력과 관심은 가치 있을 것이다. 그녀는 이러한 구분을 만듦으로써 배려와 성차에 대한 전통적인 가정들을 폭로할 수 있다고 확신했다.[41] 가정생활에 초점을 맞추는 마틴J. R. Matin 1992과 달리, 토론토는 배려와 관련된 정치적 문제들을 지적했다.

나딩스 역시 '~에 대한 배려'와 '~을 위한 배려'를 구분하여 제시했지만, 그것은 우리의 관심을 성 역할에 관한 사회 규범이 아닌 배려자의 헌신 정도로 이끌었다. '~을 위한 배려'는 불쌍한 6촌 사촌을 배려하는 것으로서 그것은 더 쉽고 또 선의의 무시를 포함하고 있기 때문이다.Noddings, 1984: 112 그것은 헌신 같은 것을 요구하지 않는다. 또한 타인을 위한 배려처럼 그것은 헌신이나 서로에 대한 특별함을 인지하는 상호적 관계인 '동기의 치환' 같은 것들이 필요하지 않다.

배려는 서로에 대한 동의를 필요하지 않는다. 배려는 다른 사람의 목소리를 좀 더 완벽하게 그리고 공정하게 들을 수 있는 길도 열어둔다. 다른 사람에 대한 배려는 배려할 만한 사람(생각, 삶의 형식들 등등)에 대한 존중을 요구한다. 이는 그 사람이 진지한 혹은 친밀한 방식으

41 토론토는 우리 사회의 전통적인 성 역할에서 남성은 '~에 대해 배려'를 하는 반면에 여성은 '~를 위한 배려'를 하는 사례를 보여준다.Tronto, 1993: 174

로 관심을 기울일 가치가 있다는 것을 나타냄으로써 타인에게 가치를 부여하는 태도이다. 수용성, 신뢰, 포용성, 개방성과 같은 태도는 배려적 관계에서 중요하다.Thayer-Bacon, 1993 나아가 테이어-베이컨은 대립되는 생각이나 목표들에 대한 배려 가능성을 열어둔다.Thayer-Bacon, 1998 배려는 자율적이고 독립적인 타인 존중, 진정한 관심 기울이기를 통해 타자에게 가치 부여하기, 그리고 수용, 신뢰, 포용, 열린 마음과 같은 자세 가지기가 필요하다. 그리고 공감 의지, 공정한 듣기, 의혹의 일시 정지, 비판주의와 같은 관용의 자세를 수반한다. 이렇게 이해되는 친밀함의 정서적 차원인 배려가 페미니즘의 상징이라는 점을 쉽게 알 수 있다.

여성은 역사적으로 가정이라는 사적 공간 내에서 중요한 행위자였다. 따라서 배려에 초점을 맞추는 것은 도덕 이론에 부정적 영향을 미치는 성적 편견을 폭로하는 데 도움을 준다. 배려를 지지하는 이들은 배려에서 비롯된 행동이 더 강력하다는 이유에 근거해 배려가 더 우월하고 우선적이라고 주장한다.Jagger, 1995 그것은 멀리 떨어져 있는 추상적인 윤리 형식이 아니라, 아주 가까이 그리고 자신의 바로 앞에서 개별적 형태의 직접적인 인지에 의존하고 있기 때문이다. 올바른 행위를 동기화하는 데 있어 배려에 더 의존하고 있는 이유는 그것이 자아의 이익을 타인의 이익과 분리된다고 생각하지 않기 때문이다. 타인을 위한 배려는 자기희생을 감수하면서 오지는 않는다. 배려는 자기 삶의 질을 고양시키기 위한 것이다. 배려는 또한 어느 정도의 도덕적 민감성을 고무하기 때문에 도덕적으로 우월하다. 그것은 사적인 영역, 즉 가정, 개인적인 삶, 부모와 배우자, 형제자매들과의 관계를 포괄함으로써 도덕의 실천 영역을 확장시켰다.

그러기에 배려의 윤리는 '배려적 추론caring reasoning'의 형태를 취하면서 친구이면서 비판자로서 기여할 수 있어야 한다.Thayer-Bacon, 2013: 172-181 배려적 추론은 개인적인 수준뿐 아니라 사회제도적인 수준에서도 우리 주변 환경의 맥락을 더 의미 있는 것으로 인식하는 방법을 알려준다. 또한 상황들이 어떻게 다를 수 있는지 상상할 수 있게 도와줄 뿐만 아니라, 우리의 현재 상황을 비판적으로 인지할 수 있는 방법 또한 제공한다. 이렇게 하려면 '공감적 배려empathic caring'가 필요하다.[Slote, 2007, 2010] 왜냐하면 배려적 동기는 공감에 기반을 두고 있고, 그것에 의해 보존되기 때문이다.

배려의 도덕교육

배려의 도덕적 지향을 가진 교육의 목적은 배려의 보존과 증진이다.[Noddings, 1984] 배려교육을 도덕교육에 처음 적용한 나딩스는 도덕교육의 구성 요소로서 모범, 대화, 실천, 긍정을 들고 있다.[Noddings, 2010: 292-301]

① 도덕교육의 첫 번째 구성 요소는 '모범modeling'이다. 모범은 여타 거의 모든 형태의 도덕교육에서도 중요한 요소로 간주된다. 예컨대 인격교육의 전통에서도 모범은 도덕철학의 기초를 이루고 있다. 배려의 관점에서 볼 때, 배려한다는 것이 무엇을 의미하는지를 몸소 보여주어야 한다는 것이다. 배려에 있어서 모범이라는 요소를 지나치게 강조하는데 따르는 위험도 고려하지 않을 수 없다. 우리 스스로 모범을 보여야 한다는 점을 강조할 때 우리는 자칫 보살핌을 받는 자를 소홀히 할 수 있다. 스스로의 덕을 실천하는 일에만 지나치게 몰두할 때에도 이와 동일한 현상이 발생함을 우리는 본 적이 있다. 보통 세상을 살아가는 한 가지 방식으로서 스스로를 의식하지 않고 배려를 행할 때 우리는 최선의 모범을 보일 수 있다. 우리의 반성은 우리 자신과 피보호자 간의 관계에 집중되어야 한다.

② 도덕교육의 두 번째 요소는 '대화dialogue'이다. 대화는 배려 모형의 가장 기본적인 요소다. 진정한 대화는 파울로 프레이리가 서술하고 있듯이, 그 결말이 정해져 있지 않다. 교사는 학생과 협동적으로 작업하고 학생을 대화 속에 참여시킨다. 교사는 학생의 관점을 이해한다. 대화에 참여하는

사람들은 대화를 시작할 때 그들의 대화가 어떤 결론에 이를지 알지 못한다. 각자는 서로에게 얘기하고 서로의 이야기를 경청한다. 대화는 단순히 '서로 말을 주고받는 것conversation'과 다르다. 대화에는 그 어떤 주제가 있어야 하지만 그 주제는 대화를 진행하는 도중에 변경될 수 있으며, 대화 참가자 쌍방은 원래의 주제로부터 그것보다 훨씬 중요한, 혹은 덜 예민한, 혹은 더 근본적인 주제로 주의를 전환할 수 있다. 대화에는 지적인 논쟁의 특징으로 간주되는 논리적 추론뿐 아니라 상호 인격적인 추론이 개입되는 사건들이 흔히 등장한다. 대화는 항상 대화의 주제만이 아니라 함께 대화에 참여하는 상대방에 대한 주의를 필요로 한다. 대화가 도덕교육에서 핵심적인 의미를 지니는 이유는 항상 "뭐 안 좋은 일 있니?"라는 질문을 내포하기 때문이다. 그것은 상대방으로 하여금 편안한 조건에서 속내를 드러내도록 해주며, 돌보는 자가 그에 적절한 반응을 보이는 것이 가능하도록 해준다. 여기서 설명하고 있는 대화는 이른바 '전투형 대화'를 거부한다. 대화는 논쟁과는 다른 것이며 그 목적은 논쟁에서 승리하는 데 있지 않다. 대화는 타인이 원하고 필요로 하는 것을 배울 수 있게 하는 수단이기도 하다. 그리고 이것은 또한 우리의 행동의 결과를 살펴볼 수 있는 수단이기도 하다. 행동하기 전에, 행동하면서, 그리고 행동하고 나서 "어떻게 느끼고 있습니까?"라고 묻는다. 이것이 관계 속에서 우리가 존재하는 방식이다.

③ 도덕교육의 세 번째 구성 요소는 '실천'이다. 우리는 상호 인격적 관심을 위한 역량을 발전시키도록 노력하여야 한다. 배려하는 역량을 개발하기 위해 우리는 돌보는 활동에 참여해야만 한다. 배려의 실천 기회로서 지역 공동체 봉사활동을 학생들에게 제공해야 한다. 봉사활동은 배려를 실천할 중요한 기회로 받아들여져야 한다. 학생들은 자신의 관심과 역량에 맞는 곳에 배치하여야 한다. 이들을 책임지는 자리에 있는 사람들은 돌보는 일을 효과적으로 배울 수 있도록 모범을 보여야 한다. 이들은 이제 관심의 초점을 배려의 대상이던 이들로부터 가르침의 대상인 학생들에게로 부드럽고도 섬세하게 옮겨야 한다. 학생들은 또한 자신의 실천에

대한 대화에 참여할 수 있도록 정규 세미나에 참석해야 한다.

④ 도덕교육의 마지막 요소는 '타인에 대한 긍정confirmation'이다. 타인을 긍정하는 것은 그들에게서 최선의 것을 끄집어내는 것이다. 우리 자신의 관점에서 판단했을 때 어떤 이가 배려 없이 행동할 때 우리는 현실에 부합하는 가능한 한 최선의 동기를 가지고 반응한다. 이러한 방식으로 반응하기 시작할 때 우리는 그 사람 속에 내재한 더 나은 자아에 배려가 깃든 관심을 주는 것이다. 이때 우리는 배려 없는 그 행동이 그 사람을 충분히 보여주는 것이 아님을 믿는다는 것을 보여줌으로써 그 사람을 긍정한다. 긍정은 아무나 타인에게 행할 수 있는 의례적 행동이 아니다. 이것은 관계를 요구한다. 돌보는 자는 돌봄을 받는 자가 달성하려고 하는 것이 무엇인지 알 수 있을 정도로 충분히 그를 이해할 필요가 있다. 현실에 부합하는 가능한 한 최선의 동기를 부여하는 것은 그 현실에 대한 지식을 요구한다. 즉, 긍정은 돌봄을 받는 자로부터의 아무런 근거 없이 돌보는 자의 선의만으로 억지로 나올 수 있는 것이 아니다. 돌보는 자가 돌봄을 받는 자의 내면에 있는 동기를 확인하고 돌봄을 받는 자를 긍정하는 데 그 동기를 사용할 때, 돌봄을 받는 자는 "그것이 바로 제가 하려고 했던 거예요!"라고 말하며 그 동기를 자신의 것으로 인식한다. 부족한 행동과 못난 자아로부터 인정을 받기 위해 투쟁하고 있는 더 나은 자아를 타인이 볼 수 있다고 깨닫는 것은 우리에게 자신에 대한 자신감을 북돋운다.

교사는 학생을 객체가 아니라 돌봄을 받는 주체로 대우한다. 교사의 초점은 학생에 대해 수용적이고 포용적이다. 지금까지 배려를 하는 교사는 학생을 단순한 대상이 아니라 '배려를 받는 주체'로 본다. 학생은 가르치는 교과목보다도 중요하다. 교사는 학생에 대해 수용적이고 포용적이다. 교사는 학생들과 협동적으로 작업하고, 대화에 참여하도록 한다. 교사는 학생들의 관점을 이해하려고 노력하고, 이해하려고 노력하는 데 있어 관대하다. 실천(봉사 등)과 확언(가치를 부여하고 관심을 집중함으로써)을 통해 학생과 교사는 배려 관계를 유지하고 발전시킨다.

도덕교육에서 배려윤리가 함축하고 있는 바는 첫째, 배려를 지속하고 또 그것을 확대해가는 것이다. 배려자로서 교사는 학생들을 배려받는 객체/대상이 아니라 배려를 위한 '주체'로 대우해야 한다. 학생들을 교과보다 훨씬 중요하게 생각해야 하며, 그들을 수용적이고 포용적인 시각으로 바라보고, 그들과 함께 협력적인 태도를 지녀야 한다. 그리고 그들을 대화에 끌어들이기 위해 노력해야 하고, 학생들의 관점을 이해하려고 노력해야 하며, 교사의 이러한 노력 속에는 관대함이 배어 있어야 한다. 대화와 실천 그리고 긍정/인정을 통해 학생과 교사는 배려적 관계를 유지하고 확대해갈 수 있다. 학교에서는 실험적인 태도를 가져야 하고, 교사들에게 아이들을 교육한다는 것은 단지 살기 위한 것이 아니라, 더불어 살기 위함이라는 소중한 목표를 계속 간직하게 하는 것임을 일깨워준다.

둘째, 배려는 관계적 존재론과 함께 우리가 서로에게 얼마나 많은 영향을 주는지를 강조한다. 뿐만 아니라 관계적 인식론과 더불어 배려적 추론에서의 배려 역시 우리가 서로에게 얼마나 많은 것을 배우는지를 알게 해준다. 또한 우리 스스로 배려적 추론 능력들을 고양시키며, 우리는 스스로에게 관심의 초점을 맞추어야 한다. 교사와 학생들은 그들 스스로를 위해 말하는 그러한 타자가 필요하고, 그래서 교사와 다른 학생들은 타자의 관점과 경험을 배울 수 있게 된다. 배려적 추론을 위해서는 교사와 학생 간 공통 언어가 마련되어야 한다. 그리고 학생들에게는 의사소통과 대인관계 기능들을 고양시켜줄 대화의 시간이 많이 필요하다.

셋째, 교사와 학생 사이의 관계 증진은 매우 중요하다. 교실은 학생들이 부담 없이 말하고, 또 지지받을 수 있는 안전한 곳이 되어야 한다. 이는 자신의 목소리를 스스로 계발할 수 있는 기회를 보장해주기 위함이다. 타자의 말에 주목할 뜻이 있고, 수용적 자세를 견지할 의지가 있으며, 타자의 생각에 관대함을 실천할 생각이 있음을 보여줄 필요가 있다. 학생들이 교실에서 서로의 맥락을 이해하려고 노력할 때 그들은 배려적 추론을 사용하게 된다. 우리는 타인의 이야기를 들을 기회와 타인의 관점으로부터 배울 기회가 필요하고, 우리는 타문화와 다양성에 노출되고 그것들을 읽어볼 기회가 필요하며, 친구 관계의 확장이 유익한 것임을 단언하기 위한 기회를 가져야 한다. 이렇게 함으로써 학생들의 배려 능력이 고양될 뿐만 아니라 모든 사람들의 가치도 인정된다.[42]

배려윤리의 이점과 한계

여성의 도덕을 재평가하는 것은 남성 중심주의적 도덕을 비판하고 성 평등의 진전을 가져오는 데 얼마나 도움이 될까? 우선 전통 윤리학이 관계에 토대를 둔 여성의 도덕관을 열등한 것으로 보고 이런 도덕관이 담고 있는 긍정적 함축을 무시했다는 점에서 많은 페미니스트들은 배려의 윤리가 기존 철학의 남성 중심주의를 잘 드러냈다고 평가한다. 길리건은 배려 지향적 덕이 남성보다 여성의 전통적인 경험에서 더 잘 발생한다고 주장하였다. 전통적으로 소녀에게만 제시되었던 배려윤리를 소년들도 받아들여야 한다는 주장으로 이어졌다. 그래서 오늘날 배려윤리는 정의윤리와 공존하면서 국가 정책이나 학교 공동체의 운영 원리로 이용되고 있다.

배려는 지지자와 비판자의 역할을 동시에 수행하여 페미니즘에 기여하였다. 배려윤리 옹호자들은 먼저 아리스토텔레스주의자 혹은 공동체주의자로 불리는 이들과 근대 도덕철학을 비판한다는 점에서 의견을 같이한다. 이들에 따르면 근대 자유주의 도덕철학은 논리적으로 결

42 교사와 학생은 실천과 타인에 대한 긍정을 통해 배려 관계를 유지하고 증진시킬 수 있다. 나딩스는 이런 관계의 유지와 보존을 위해 소규모 학급이 되어야 하고, 같은 담임이 3년을 맡아야 한다고 권장한다. 그리고 교사와 행정가의 관계 상실을 가져오는 위계적 행정 사다리 구조를 제거해야 한다고 주장한다.

정될 수 있는 도덕적 문제에 혼자 고립되어 매달린 개별적 도덕 주체를 지나치게 강조했다고 본다. 그렇지만 배려윤리 옹호자들은 아리스토텔레스주의자들이 사회적 역할이나 기능을 강조하는 것에 대해서는 우려를 표한다. 사회적 역할이나 기능이 덕목의 위계화나 교회 혹은 국가에 대한 흔들리지 않는 충성의 요구로 나아갈 수 있기 때문이다.Noddings, 2010: 303 그래서 배려윤리 옹호자들은 특정 가치나 덕목에 관하여 공동체가 합의에 도달할 수 있을 것이라고 가정하는 경향에 대하여 경계심을 갖고 있다.

그리고 배려윤리는 최소한 두 가지 문제에 대하여 인지발달론과 다르다. 첫째, 세상의 모든 사람이 이성적으로 사고해야 하거나 동일한 방식으로 남을 배려해야 한다고 믿을 이유가 없다고 본다. 둘째, 우리가 지성적 행위를 강조한다고 하더라도, 이성 자체에 대하여 편협하게 몰두하지 않는다.Noddings, 2010: 303 도덕적으로 잘 성숙된 사람은 이성적 사고 능력과 수준에 있어 뛰어날 뿐만 아니라, 자신의 행위가 자신이 맺고 있는 관계에 실제로 미치는 영향을 생각하는 데도 뛰어나다. 더구나 배려윤리학자들의 관심은 단지 개체로서 도덕적 주체의 성장이라기보다는 도덕적 관계의 유지와 성장이다.

그렇지만 배려윤리에 대한 연구는 많은 이들의 입에 오르내리며 토론과 비판의 대상이 되어왔다. 관계 중심의 도덕적 입장을 여성의 도덕과 동일시하는 태도와 그런 태도가 성 평등의 진전에 미칠 영향에 대해서는 세부적으로 다음과 같은 우려의 목소리가 끊이지 않고 있다.

1) 배려윤리는 '여성' 혹은 '여성스러움'의 범주에서 핵심적 주장을 이끌었다는 비판을 받아왔다. 일반적으로 남성보다 여성이 배려를 삶의 중심에 두고 타인과 '배려적' 관계를 맺는 것으로 보이는 것은 사실이다. 그렇지만 남성들에 비해 여성들이 타인의 감정을 더 잘 이해한다는 사실이 여성은 본질적으로 남성과는 다른 도덕적 접근 방식을 갖는다고 추정할 근거로 보이지는 않는다. 오히려 여성들은 이러한 능력의 발달을 위해 배우고 그것에 대한 보상을 받기 때문에 타인을 더 잘 이

해하는 것이다. 대부분의 그와 같은 '필요'와 '이유'는 힘의 관계에서 나타난다. 즉 여성 그리고 다른 소수자들은 처벌과 고통을 피하기 위해 힘을 가진 자의 감정을 읽어내는 능력을 발달시켜온 것이다.Thayer-Bacon, 2013: 155 배려와 같은 여성과 특별히 관련된 개념들은 과거에 그랬던 것처럼 여성을 억압하는 데 사용될 수 있다. 배려하는 사람이 심하게 혹사되는 것과 같은 관계를 정착시킬 수 있는 위험, 배려하는 사람에 대한 일방향적 분석은 억압적인 제도를 강화할 가능성이 있다. 배려하는 사람이 자신의 도덕적 가치를 다른 사람을 위한 배려 능력에 전적으로 의지하거나 혹은 관계 속에서 부수적으로 일어나는 것으로 인식한다면 그녀는 자기 스스로를 해로운 관계 속에 두는 것이다. 결국 그렇게 두는 것은 그동안 페미니즘이 문제시해왔던 여성의 전통적 성 역할을 더욱 굳히는 결과를 가져올 위험이 있다는 것이다. 이를 두고 배려의 윤리가 '희생자의 윤리'나 '노예의 윤리' 또는 예종이나 초과 의무 행위를 요구하는 '위험한 윤리학'이라는 비난을 받기도 하였다.

2) 타인의 필요에 자연스럽게 응하고 수용하는 돌봄의 윤리가 타인에 대한 지나친 동일시가 되지 말아야 한다. 이런 타인의 필요에 대한 수용성이 도덕적으로 '자기 말살'의 위험을 내포할 수 있다. 완전히 상대방에게 자신을 동일시함으로써 자신의 필요와 의견은 없고, 상대방이 필요로 하는 것에 자신의 역할을 규정하게 됨으로써 자신의 자아를 소멸시키게 되는 것이다. 마치 전통적으로 우리나라 여성들이 자녀를 자신과 동일시하여 자녀를 위해 자신의 모든 것을 희생하는 것과 같다. 물론 갓 태어난 신생아의 경우 돌봄의 관계가 상호적으로 되기는 힘들 것이다. 그렇지만 일반적으로 돌봄의 관계가 지속적으로 불평등한 관계를 유지하게 된다면, 이는 배려하는 자에게 도덕적 피해를 주게 될 것이다. 따라서 돌봄의 실천이 여성을 억압하거나 착취하는 것으로 작용하지 않기 위해서는 여성들이 스스로 자신을 소중한 존재로 간주할 수 있어야 한다.

3) 배려의 윤리는 개인주의가 타자와의 관계보다는 개인의 독립과

자율을 강조하는 남성의 경험을 투영한 것이며, 그런 점에서 남성 중심주의라고 비판한다. 사실 모든 인간은 관계의 기초 위에서 탄생하고 성장·발전하기 때문에, 그런 관계적 측면과 분리된 채 홀로 존재하는 독립적이고 자율적인 개인을 이론적 전제로 삼게 되면, 타자와 소통해서 문제를 해결하고 타자의 고통에 공감하고 타자의 필요에 세심하게 귀를 기울이는 도덕적 태도를 뒷전으로 밀어낼 수 있다. 그런데 일부 페미니스트들은 개인주의적 관점이 지닌 한계를 부분적으로 인정하면서도 자율성이나 개인주의 등에 대한 강조가 반드시 여성들에게 부정적인 것으로 받아들여져서는 안 된다고 강조한다. 이런 가치나 관점이 성 불평등을 시정하는 데 기여할 수 있는 측면을 과소평가해서는 안 된다는 뜻이다. 예컨대 누스바움M. Nussbaum에 의하면 기존 정의론은 단지 개인주의적이어서 문제라기보다는 개인주의가 일관적이고 철저하게 관철되지 못해 문제일 수도 있다는 것이다. 가족에서 일어나는 여러 가지 부정의(성 역할 고정화, 가사노동 착취, 성폭력, 학대 등)는 여성들이 단지 가족의 구성원이 아니라 독립적인 한 개인으로서 다양한 권리를 누릴 수 있으며, 폭력과 학대로부터 보호받아야 할 존재라는 점을 충분히 인식할 때 시정될 수 있다고 본다.Nussbaum, 1999: 61-67 또 자율성과 관련해서도 누스바움은 여성들이 단지 타자와의 관계를 중시하고 타자와의 조화를 지향한다는 점을 뛰어넘어 자유롭게 자신의 삶을 결정하고 자율적으로 도덕적 판단을 내릴 수 있는 존재라는 사실을 부각시킬 때 성차별과 억압의 문제도 해결될 수 있다고 주장한다.하주영, 2013: 327-328 이런 지적은 배려의 윤리가 보여준 주장이 전적으로 그르다는 말이 아니라, 개인주의나 자율성 같은 범주를 남성의 전유물로 여길 때 야기될 수 있는 이론적 오류와 위험을 지적하는 말이다. 따라서 개인주의, 자율성, 정의 등의 윤리를 남성적인 것으로 배척하기보다는 성별에 관계없이 보편적이고 일관적으로 적용할 수 있어야 한다. 그래야만 여성들이 가족이나 공동체의 가부장적이고 전체적인 요구와 강제로부터 자유로울 수 있고, 자신의 삶과 관련하여 중요한 도덕적인 결정들을 자율적으로 판단하고 선택할 수 있는 길을 열 수 있을 것이다.

4) 돌봄의 윤리를 포함하여 페미니즘 윤리학은 이성 중심의 도덕관에 대해 부정적인 태도를 보인다. 감성/감정과 이성/합리성을 대립시키고 남성에게는 이성, 여성에게는 감성과 감정을 본성에 적합한 것으로 보는 경향이 있다. 나딩스는 여성을 감성적 존재로 긍정하고 있으며, 돌봄의 태도에서 드러나는 감정은 합리성과 대립할 뿐 아니라, 그런 합리성과 상관이 없다는 점에서 높은 평가를 받는다. 예컨대 나딩스는 아이를 돌보는 어머니의 경험에 주목하면서 판단과 평가, 반성을 전혀 포함하지 않은 순전히 자발적인 기쁨과 사랑의 감정이야말로 타자와의 연관을 강조하는 도덕성의 핵심이며 사회적 애착의 모범이라고 주장한다. 그러나 이런 관점은 대부분의 페미니스트들에게 설득력이 없다. 누스바움은 돌봄의 태도에는 분명 타자에 대한 사랑과 연민, 공감의 감정 등이 깔려 있지만, 그 어떤 합리성도 연관되지 않은 돌봄은 부주의할 수 있고, 때때로 위험하다고 주장한다.Nussbaum, 1999: 174-75, 하주영, 2013: 327-328 돌봄의 감정은 결코 합리성과 무관한 것이 아니라 비판적인 성찰과 결합하고 있으며, 또 그래야만 신중하고 사려 깊은 돌봄이 가능할 것이다. 타자의 필요와 요구에 민감하게 반응하고 타자를 충실히 잘 보살피는 과정에서도 감정은 합리성과 결합하여 신중하고 주의 깊은 배려의 도덕을 구성할 수 있을 것이다.

5) 배려윤리의 기원을 가정에서의 여성의 역할, 곧 모성적 배려에 둠으로써 배려윤리를 여성적 특성/특이성/고유성으로 규정하기 쉬우나, 나딩스의 주장처럼 꼭 여성적 특성으로 보기는 어려울 것이다. 나딩스는 배려윤리를 성과 관련하여 '사적 차원'에 국한해 규정짓고 있지만, 사회적·문화적·정치적 요인에 의해서도 영향을 받고 있기에 복합적으로 결정되는 것으로 봐야 한다. 일반적으로 배려는 혼자서 할 수 있는 것이 아니다. 개체적 관점을 견지하려는 배려윤리학자의 태도는 구체적인 사회적 맥락을 흐리게 할 수 있다. 세계의 정치적인 현실이나 물리적인 조건들, 그리고 사회구조를 무시할 수 없다. 페미니스트들이 중시하

는 배려의 윤리는 여성의 자연적 본성으로 보도록 하여 여성의 착취와 억압에 기여할 가능성이 있고, 사회에서 여성의 전통적 역할—종속적 지위—에 한정할 가능성에 주의해야 한다는 마르크스주의적 페미니스트들의 주장을 경청할 필요가 있다. 배려라는 이름으로 행해졌던 해악과 그것이 남용된 사례는 너무도 많다. 심지어 후세에 도덕적 잘못으로 판명되는 것들을 당시 사회에서는 피배려자가 기꺼이 받아들이기도 했다(음핵 제거 수술, 근친상간, 학대, 무시, 지나친 관대함, 과잉보호 등). 따라서 그것들이 사회정책에 대한 어떠한 재평가를 이끌어내기 전에 그 개념이 변형될 필요가 있다.

6) 배려윤리는 아이들의 양육을 위해 필요한 어른들 간의 협력에 초점을 맞추지 않고 오히려 어머니와 아이들, 교사와 학생, 의사와 환자 간의 관계에 초점을 맞추고 있는 것이 문제다. 배려를 받는 아이들이나 학생들은 배려를 하는 부모나 교사들이 자기들에게 원하는 것이 무엇인지를 인식하거나 이해하지 못하기 때문에 양자 간의 관계는 불평등한 관계가 된다. 따라서 불평등 관계를 전제로 한 나딩스의 관점은 배려하는 사람에게만 부담을 지우고, 피배려자의 능력이나 자율성을 침해함으로써 배려의 관계를 왜곡시킬 수 있는 위험성을 가지고 있다. 즉 배려자가 피배려자를 지배하고, 피배려자가 배려자를 맹목적으로 신뢰하게 할 수 있다. 이로 인해 배려자가 지배자로서 자신의 권력과 힘을 남용해서 피배려자를 학대하거나 억압할 수 있다. 예를 들어 부모들에 의한 아동 학대, 남성에 의한 여성의 지배 등을 들 수 있다. 그렇다면 배려윤리는 배려하는 사람과 배려 받는 사람 간의 관계에만 초점을 맞추는 일상적 삶에서의 미시적 도덕성[43]을 넘어 사회구조적 차원에 초점을 둔 거시적 도덕성[44]으로 확장하여야 한다. 미시적 도덕성과 거시적 도덕성 모두 협력과 인간관계를 풍요롭게 하기 위해 개인 간에 상호 의존의 망을 형성하는 것에 관한 것이다. 즉 사회적 구조를 강조하는 입장과 개인적인 인간적 만남을 강조하는 입장 모두는 공유와 긴장의 많은 영역을 갖고 있으나, 긴밀한 상호 연결이 가능하고 우리의 인간관계

를 풍요롭게 구성하는 원동력이 될 수도 있을 것이다.

7) 사회문화적 성gender의 주창이 남성을 단순히 공격하는 이데올로기로만 작동해서는 안 된다. 왜냐하면 남성 또한 그 연원을 파악하기 어려울 정도로 또 하나의 피해자일 수 있기 때문이다. 남성의 모든 것을 악의 실체로 보는 것은 평화적인 여성운동이라고 볼 수 없다. 따라서 남성이 지닌 가부장 문제 등의 해결은 폭력적 방식이 아니라 평화적으로 해결하는 실천적 지혜를 필요로 한다. 물론 남성들은 여성주의자들의 주장에 경청하면서 그들의 주장이 정당하다면 받아들이는 개방적 자세를 취해야 한다. 특히 자녀 양육으로 인해 취업 기회로부터 박탈되는 근원적 양육 체제의 문제를 근본적으로 해결해야 한다. 아동 양육과 돌봄 체제(직장 탁아소 설치 등)와 같은 보편적 복지 체제의 구축이 없다면 여성의 불평등 문제는 영원히 해결되지 않을 것이다. 그것을 개별 엄마에게 맡기는 것은 국가의 보육적 기능을 포기하는 것이나 다름없다.

8) 돌봄의 윤리는 배려의 대상 및 범위, 그리고 의무를 지나치게 협소하게 규정함으로써 낯선 사람에 대한 보살핌을 간과할 수 있다. 돌봄의 윤리는 윤리적 보살핌의 범위를 그것이 완성될 수 있는 영역 안에 한정함으로써 낯선 타인에 대한 돌봄의 의무를 배제한 결과로 인해 돌봄의 의무를 너무 협소하게 규정할 수 있다. 그러기에 개인적 잠재적 만

43 미시적 도덕성은 일상적 삶에서 타인들과의 관계를 형성하는 측면에 중심을 둔다. 미시적 도덕성의 중요한 예로는 일상적으로 상호작용하는 사람에게 도움을 주거나 예의를 갖추는 것, 친숙한 관계에서 배려하는 것, 약속을 잘 이행하는 것, 일상적 상호 관계에서 겸손하고 책임을 다하며 공감적 태도를 갖추는 것 등을 들 수 있다.

44 거시적 도덕성은 사회적 수준에서 협동이 가능하도록 하는 공식적 사회 구조, 즉 사회체제에 관한 것이다. 여기에서는 혈족, 친구 및 친숙한 사람들과의 상호 관계가 아니라, 잘 모르는 사람, 경쟁자, 다양한 민족 및 종교들 간의 상호 관계에 초점을 맞춘다. 거시적 도덕성의 대표적 예로서는 자유언론의 권리 및 책임, 종교의 자유 그리고 경제적이고 교육적인 기회의 균등 등을 들 수 있다. 사회적 차원의 협력체제, 특히 친구 사이가 아니라 낯선 사람 간의 협력을 구축하기 위한 조건은 친구와 혈족을 위해 행동하는 것이 아니라, 불편부당성과 공유된 이상에 따라 행동할 것을 요구한다. 예를 들어 판사는 혈족과 친구에게 유리한 판결을 내려서는 안 되고 공정하게 행동해야 한다. 국세에 의해 운영하는 교육체제는 자신이 좋아하는 학생이 아니라, 모든 학생에게 교육적 혜택을 제공해야 한다. 의료보호체제에서 장기기증의 수혜를 받는 사람에 대한 결정은 정실이 아니라 공정성의 원리에 바탕을 두고 이뤄져야 한다.

남에 의해 연결되어 있는 사람들과의 관계만이 아니라, 인과관계에 의해 연결되어 있는 사람들과의 관계에도 적용되는 윤리로 확대되어야 한다. "부모를 존중하라!"와 같은 원리는 세대 간 격차를 줄이는 데 도움이 되고, "네 이웃을 네 몸같이 사랑하라!"와 같은 원리는 사람들을 분리시키기보다는 결속시키는 데 도움이 된다.Sichel, 1988: 215 나아가 가까운 사람에 대한 돌봄도 중요하지만, 그것을 넘어서는 낯선 사람에 대한 돌봄은 더욱 가치 있는 일이다. 그러기에 가까운 타인으로서 한 번도 얼굴을 마주할 수 없는 사람(아프리카의 굶주린 아이, 북한의 굶주린 아이 등)에게까지 돌봄의 행위가 반드시 확대되어야 한다.

9) 배려윤리 접근이 공동체주의적 도덕교육 접근에 동반될 수밖에 없는 전근대적 가치에 대한 복고주의적 도덕교육 접근을 정확히 지적하고 있지만, 배려윤리의 '관계 지향성'이 지니는 위험, 즉 배려의 형식화나 정치화의 가능성에 대해서는 언급을 피하고 있는 점은 문제이다. 아마도 배려적인 개인은 개별적 상황 속에서 보편적 가치를 훼손하지 않는 방식으로 문제를 해결하는 방법을 찾아갈 수 있는, 인간에 대한 막연한 신념, 즉 보편적 신념을 전제로 하는 것처럼 보인다. 그렇지만 가치교육의 핵심적인 문제인 "누구의 가치를 가르칠 것인가?"라는 질문에 대하여 배려윤리 이론가들이 "모든 사람의 가치로!" 하고 응답할 것이라고 주장한 점을 보면, 보편성의 결여를 약점으로 보지 않고 오히려 문화적 오만으로 보려고 한다. 이러한 태도는 모든 가치를 신중하고 비판적으로 검토하고자 하는, "왜?"라는 질문을 동반한 합리주의자들의 도덕교육 견해와 마찰이 생길 수 있다.

10) 위의 지적을 받은 이후 나딩스는 다른 사람의 비판적 충고를 진심으로 수용하고 역사적인 맥락과 사회적 전통에 훨씬 더 많은 관심을 쏟아야 한다는 점을 자각하고 모든 도덕 이론을 배려로 환원시키고자 하는 것은 아니라는 입장의 변화를 보였다. 그렇지만 나딩스의 논의 속에는 여전히 정의와 배려가 어떻게 결합하게 될 것인가 하는 대안이 적절히 마련되어 있지 않다. 따라서 필자는 도덕교육을 통해 지향하는 도

덕적으로 성숙한 이상적인 인간상은 정의윤리와 배려윤리를 겸비하고 이를 최고로 발달시킨 인간이라고 말하고 싶다. 도덕적 인간의 모습은 각 개인의 행복에 대한 특수한 맥락에 의한 배려적 관심(우정 등)을 유지하면서도 정의와 같은 보편적인 도덕적 원리에 의한 의무, 규칙 등에 부합되는지에 관한 합리적이고 사려 깊은 판단을 통해 도덕적 선택을 하는 사람이 되어야 한다. 정의의 원칙에 입각한 이성적이고 사려 깊은 판단과 더불어, 타인의 복리에 대한 열정적 관심과 따뜻한 배려를 해주는 인간상이야말로 우리가 추구하는 이상적인 도덕적 인간의 모습이기 때문이다. 도덕교육에 있어 인지/정의윤리를 배제하면 활기를 잃어 병적 감상에 빠질 수 있고, 정서적 요소/배려윤리의 윤리를 배제하면 이기적으로 되거나 무감각한 합리주의에 빠질 수 있다. 그러기에 '정의로운 배려just caring'나 '배려하는 정의caring justice'가 요구된다. 돌봄/배려를 잘하는 가정에서도 남녀 차별, 부부간의 불평등한 관계 등을 시정하기 위해 정의가 요청되고, 정의/공정성이 강조되는 국가 안에서 빈민, 약자 등을 위한 복지 정책을 실시할 때에도 돌봄이 요청된다는 측면에서 볼 때 정의와 돌봄을 공적 영역과 사적 영역으로 이분화하는 것은 바람직하지 않다. 그러기에 정의와 돌봄은 양립과 상보적 공존의 관계로 볼 필요가 있다.

11) 우리 사회에 합리주의적 도덕이 충분히 성숙되기도 전에 관계 중심의 배려윤리를 성급하게 수용할 경우 우리나라의 고질적인 사회문제인 연고주의의 극복을 지체시키는 결과를 초래할 수 있다. 끈끈한 인간관계(가족이기주의, 지연, 학연)에 의존하여 살고 그것을 미덕으로 생각하는 한국 사회에서 자칫 배려윤리가 전근대적인, 가부장적인 사회의 윤리와 동일한 것으로 오해될 수 있기에 배려의 윤리는 민주주의를 심화시키는 정의의 윤리와의 융합/통섭이 절실하다고 할 수 있다. 그리고 정말 배려윤리가 중요하다면, 전통적으로 소녀에게 제시되어온 사회교육을 소년도 받아들이도록 권장하여야 한다. 그렇지 않을 때 배려윤리는 시민의 권리를 소홀히 할 위험이 있다. 그러기에 그것은 개인주의와

시장의 대안적 개념으로 '공동체'와 '시민권'을 동시에 강조하는 '민주적 시민권democratic citizenship'을 함양하는 시민교육citizenship education으로 발전되어야 한다.Demaine, 1996: 20-22

배려윤리의 한국적 과제

1. 배려의 윤리가 온정주의에 함몰될 위험이 있는가?
2. 배려와 정의의 윤리 갈등을 봉합할 수 있는 구체적 사례를 제시하라.

9장
행복하게 살기 위한 덕윤리

> 덕은 인간의 후천적 자질로서 덕을 지니고 행사함으로써
> 실행의 내적 선을 성취할 수 있으며,
> 덕이 없으면 그런 내적 선을 제대로 성취할 수 없게 된다.
> 맥킨타이어, 『덕의 상실』(1984/1997)

덕윤리학의 필요성

정상적인 인간은 측은해할 줄 알며, 부끄러워할 줄 알며, 사양할 줄 알며, 옳고 그른 것을 가릴 줄 알며, 사랑할 줄 아는 불변하는 인간성을 가진 존재이다. 이와 같이 모든 인간 존재가 본성적으로 윤리적 존재이고 가치 지향적 존재임에도 불구하고 현대의 우리들은 무엇이 가장 높고, 지속적이며, 중요한 가치인지를 모르고서, 더 높은 가치보다는 낮은 가치에 눈멀어 삶이 황폐화되고 있다.

우리는 x는 그르고 y는 옳다고 가르칠 수 있는가? 이런 물음에 대해서 현대인은 늘 불안한 상황에 놓여 있다. 이 점에 대해 최근 한 가지 반응이 나타나고 있다. 그것은 도덕 이론의 역사에서 아주 오래된 인물인 아리스토텔레스로 돌아가자는 움직임이다. 이러한 움직임은 권리 만능주의로 인한 덕의 실종과 함께 덕을 가진 교육자를 요청하는 흐름과 맞물려 있다. 요즘 아이들을 돌보는 어른/교육자들부터 '덕'이 실종되고 있다고 비판이 일고 있다. 이런 비판이 일면서 가르침의 덕이 고양되어야 한다는 필요성이 더욱 커지고 있다.

이런 시대적 조류에 대한 문제 제기로서 칸트 윤리학과 공리주의에 대한 불만이 증대되고 그러한 불만이 덕에 대한 관심으로 모아지고 있

다. 윤리학사의 측면에서 보면, 우리의 관심을 끄는 덕윤리는 아리스토텔레스의 덕 이론으로 대표되는 '고대의 덕윤리'와, 칸트 윤리학과 공리주의에 대한 비판과 함께 등장한 '현대의 덕윤리'로 크게 양분할 수 있다.

여기에서 우리에게 필요한 것은 덕윤리의 도덕적 유산들을 학생들에게 전수시킴과 동시에 그들 나름의 비판적인 도덕적 안목을 발달시켜 주어야 한다는 것이다. 또한 인지적인 도덕성 이상의, 모종의 마음가짐이라고 할 수 있는 덕의 함양/발달을 학교에서 구현한다는 일은 쉽지 않다. 그렇지만, 덕 있는 학교 환경을 조성하는 것은 국가의 학교 정책과 교사의 노력에 달려 있다고 할 수 있다.

인지적 발달주의의 한계

자유주의의 합리적 도덕성에 대항해서 나타나고 있는 대안으로서 '덕윤리'가 그 중심을 차지한다.[Carr & Steutel, 1999] 칸트주의와 공리주의에 반대하는 덕윤리는 안스콤,[Anscomb, 1958] 맥킨타이어,[A. MacIntyre, 1981, 1988, 1992] 덴트,[N. Dent, 1984] 슬로트,[M. Slote, 1983, 1992] 누스바움,[M. Nussbaum, 1995] 셔먼,[N. Sherman, 1989, 1997] 허스트하우스,[R. Hursthouse, 1999] 스완턴[C. Swanton, 2003] 등의 연구 성과들을 바탕으로 강력한 '제3의 세력'으로서 현대 윤리학의 입지를 확립했다. 이러한 움직에도 불구하고 덕윤리학에 대한 도덕교육의 본격적인 관심은 매우 더디게 진행되고 있다.

덕윤리학과 도덕교육의 상호 관련성에 대한 관심은 카아[D. Carr, 1991, 1999]로부터 시작되었다. 이런 관점이 추구하는 도덕교육은 바람직한 인성적 자질을 발달시키고, 학생들을 덕을 지닌 인간으로 길러내려고 한다. 덕윤리학자들은 허구적 보살핌/배려에 대해 비판의 목소리를 분명하게 내면서 '관계'가 아니라 '행위자'에 관심을 두었다. 덕윤리학자인 슬로트[Slote, 2001]가 말한 대로, 만약 우리가 다른 누군가를 보살필 것을 생각한다면, 기본적 덕으로써 친절과 선행을 할 경우 이때 배려의 윤리는 '순수한 덕윤리'가 될 것이다. 가장 순수한 덕윤리는 행동의 옳음과 그름을 덕스럽거나 사악한 인격이나 동기, 행위자의 내면적 삶과 행위하는 사람에 대해 보여주는 기능으로 다루어진다. 아리스토텔레스로 되돌아가자는 흐름을 주도하고 있는 카아는 교사들이 특정한 도덕적 신념에 중점을 두지 말고, '덕'의 함양에 중점을 두어야 한다고 역설한다. 여기서 아리스토텔레스의 고전 작품인 『니코마쿠스 윤리학』과 이를 현대적으로 발전시킨 맥킨타이어MacIntyre, 1981/1984의 『덕의 상실』이 부각되고 있다. 카아는 적응에 초점을 둔 사회화론(도덕사회론)이나 자율성에 초점을 두는 합리적 도덕성 발달론(인지적 발달주의)의 중도적 방법으로서 덕윤리학을 제안하였다. 이러한 맥락에서 카아는 도덕교육의 방식으로서 덕 접근을 제안하고 있다.[45]

카아는 사회화 접근과 발달 접근이 지니고 있는 단점들을 비판하였다. 그는 주어진 사회에 대한 적응을 목표로 하는 사회화 접근이 지니고 있는 위험 요인으로서 관습이나 규범의 맹목적 수용 가능성 혹은 교화 가능성 등을 문제 삼았다. 그는 단순한 동조는 도덕성이 아니라는 단호한 입장을 표명하였다. 사회화론자들은 도덕성이 사회의 도덕적 관점이나 관행에 동조하는 것과 일치한다고 보는 경향이 있는데, 이것은 근본적으로 도덕성을 잘못 이해한 처사라고 본다. 도덕적 행위들은 도덕적 관습이나 전통에 거슬리는 혁명적 표현에서도 적절하게 이해될 수 있는 것들을 포함하고 있기 때문에, 도덕성이란 관습이나 전통의 맹목적인 수용이 아니라는 것이다. 또한 그는 특정 사회의 도덕적 규범으로 아동들을 입문시키며, 그들의 행동을 체계적으로 주조해가는 시도

45 덕윤리학은 덕 접근virtue approach으로서 덕교육의 하나이다. 카아는 인격의 덕윤리학적 관점을 시도하고 있다. 카아는 아리스토텔레스주의자인 허친스의 항존주의에 동감을 표시한다. 그러나 허친스는 고전적인 전통 속에서 내재해 있는 이성적 담론에 좀 더 초점을 맞추는 반면, 카아는 지적인 것·못지않게 마음을 움직이는 힘이 있는 인간의 도덕적 시련, 실패, 그리고 승리에 대한 훌륭한 문화적 서사들에서 도덕교육적 영감을 끌어내고 그것을 칭송하는 것에 초점을 맞춘다.

들은 교육보다는 교화 혹은 조건화에 가까운 것이라고 비판하였다.Carr, 1983

카아는 자율성에 초점을 둔 발달론의 접근이 지닌 문제점과 관련하여 도덕성은 개인적 판단 기준이 아니라는 점을 지적하고 있다. 일례로 '규정주의presciptivism'에서 보편화 가능성과 규정성이 도덕적 추론의 참된 전형이라고 여겨질 수 있는 것을 결정하고 한계를 지워주는 역할을 하는 것은 사실이지만, '도덕적 입장'이라는 관념에 대한 실질적인 제약은 존재하지 않는다는 것이다. 그러므로 한 개인의 도덕적 입장은 그가 보편화하고 규정하고자 하는 것에 의존한 채로 남아 있게 되고, 이러한 도덕적 입장은 원칙상 사람에 따라 달라질 수 있게 된다는 것이다. 따라서 발달주의적 접근은 합리적 숙고에 대해 강조를 두고 있기는 하지만, 반대로 그 합리성이라는 것이 개인적 기분과 제대로 구별되지 않는다는 한계를 지니고 있다는 말이다.

아리스토텔레스의 영향

아리스토텔레스는 덕을 '사고의 덕'과 '성품의 덕'이라는 두 부류로 나누면서 이 중 성품의 덕이 도덕적 덕에 해당한다고 말한다. 아리스토텔레스에 따르면, 도덕적 덕은 감정이나 능력이 아니라, '성품의 상태'이다. 사람의 덕은 사람을 선하게 하며 그 자신의 일을 잘하게 하는 성품이다. 한마디로 말하면 덕arete, virtue, excellence이란 "훌륭한 상태 혹은 어떤 행동을 위한 적절한 성품의 특성"이라고 할 수 있다.Carr, 2013: 85 덕은 기본적으로 일종의 성향disposition으로서 어느 정도 가치를 지닌 바람직한 성품의 특질이며 외부의 상황에 대하여 도덕적으로 훌륭하게 반응하는 확실한 내적 성향으로서 지속적 특성을 갖는다. 덕은 지성적·인지적intellectual, 감성적·욕구적affective 측면, 성향적·의지적dispositional 요소로 구성된다. 덕의 지성적 측면은 도덕적으로 올바른 행위를 인지하고 선택하게 하는 것으로서 일차적으로 도덕적 실패를 줄이고 올바른 행위를 보증하는 기능을 하기 위한 것으로 보인다. 덕의 감성적 측면은 올바른 행위에 합당한 감정과 태도를 가진 채, 그러한 감정에 젖어들게 하고 태도에 익숙해짐으로써 만족과 행복을 느낄 수 있게 되는 것이다. 그리고 덕의 성향적 내지 의지적 측면은 각종 우연적 변수에 좌지우지되지 않고 올바른 행위를 지속적으로 수행할 수 있는 안정된 성향을 습득함으로써 도덕적 실패를 최소화함은 물론 단지 의무감에서 억지로 도덕적 행위를 수행하기보다는 자연스럽게 기꺼이 행함으로써 만족과 행복을 누리게 되는 것이다.황경식, 2012: 120-121

아리스토텔레스에게 있어 인생의 궁극적인 목적은 행복한 삶을 사는 것이며, 그것이 곧 선이다. 인생의 최고 목적이 행복이라면 행복의 증진은 도덕 체계를 평가하는 중요한 잣대 중의 하나라고 할 수 있다. 그런데 덕윤리학에서는 덕이 그 자체로서 추구할 만한 가치인 동시에 최종 목적인 행복한 삶을 위해서도 필수적 수단이다. 그러나 덕은 단지 행복의 수단에 그치는 것이 아니라, 행복한 삶에서 본질적 일부를 이루는 구성적 수단으로 간주된다. 건강, 재산, 명예 등 외적 가치 등도 행복을 위한 수단이기는 하지만, 이 가치들을 구비한다고 하더라도 덕이 없다면 진정 행복한 삶이라 할 수 없다. 덕이 있는 삶이라야 인간으로서 진정한 행복을 누릴 수 있다. 그러기에 덕은 행복의 기술이라고 할 수 있다. 단지 도덕 원칙이나 규칙을 수동적으로 마지못해 준수한다면, 또는 도덕적 의무를 단지 의무이기 때문에 또는 의무감에 못 이겨 이행하게 된다면 그 도덕적 삶은 그다지 행복한 삶이라고 할 수 없다. 그러기에 도덕 규칙이나 도덕적 의무를 능동적이고 자발적으로 기꺼이 이행할 수 있어야 도덕적 삶은 곧바로 인간적으로 행복한 삶과 일치할 수 있다. 왜냐하면 아리스토텔레스에게 있어 행복이란 "완전한 덕을 따르는 정신의 활동"Aristotle, 1991: 56이고, 인간의 선이란 결국 "덕에 일치하는 정신의 활동"Aristotle, 1991: 44이기 때문이다.

결국 행복[46]의 달성은 실천적 지혜를 포함한 성품의 탁월성에 달려 있다. 탁월성은 지적인 탁월성과 도덕적 탁월성이 있다. 전자는 교수 활동으로 인해 일어나고, 그리하여 경험과 시간을 필요로 한다. 이에 비해 후자는 습관의 결과로 생겨난다. 그리하여 '윤리적ethical'이란 이름은 습관ethos이란 말을 약간 고친 것에 불과하다.Aristotle, N1103a 지적으로 그리고 도덕적으로 행동하고 진리를 존중하고 미적 가치를 중요시하는 가운데서 행복해질 수 있다. 행복은 최고선처럼 그 자체를 위해서만 선택된다. 성품은 어떤 사안에 대해 결정을 내리는 방식을 말한다. 현명한 사람과 우둔한 사람의 행동 방식은 서로 다르다. 그리고 한 인간의 덕, 즉 '탁월함'은 그 존재의 목적에 적합한 것을 의미한다. 도끼는 자르는 데 필요하므로 그것의 탁월함은 안전한 손잡이와 예리한 도끼날을 수반한다. 물고기는 헤엄쳐야 하므로 그것의 탁월함은 헤엄치기에 효과적인 지느러미와 아가미를 포함할 것이다. 식물은 성장할 필요가 있으므로 그것의 탁월함은 좋은 뿌리와 건강한 잎을 포함할 것이다. 그러므로 아리스토텔레스에 있어서 성품의 탁월함의 핵심은 어떤 것이 인간의 번영/잘 삶/행복에 공헌하느냐, 또 어떤 것이 인간에게 해악을 가져오느냐를 이해하는 것이다.

이렇게 목적론적 윤리학으로 분류되는 덕윤리는 해악과 대비되는 '행복'을 향한 자연적 성향의 관점에 입각한 '덕'이라는 것에 기초하여 도덕적 삶에 대한 이론을 마련하고자 하였다. 덕, 즉 성품의 탁월성은 타인의 이익을 배려한다. 정의, 우정, 용기, 관대, 자선 등이 중시되는 것은 이러한 이유 때문이다. 인간은 정치적 동물이기 때문에 다른 사람들과 함께 공동선을 추구하지 않으면 안 된다. 개인의 행복은 공동체의 다른 구성원들의 선과 조화를 이루어야 한다. 간단히 얘기하면 아리스토텔레스의 관점은 물고기의 지느러미나 나무의 뿌리가 하는 역할처럼 똑같이 정직, 용기, 절제, 정의, 신중함과 같은 덕들도 한 개인의 개인적

46 아리스토텔레스가 도덕 추론의 특징으로 규정하는 'eudaemonia'는 행복happiness, 잘 삶well-being, 번영flourishing 등 다양하게 번역되고 있다.

혹은 사회적 활동을 돕는 역할을 수행한다는 것이다. 즉, 덕은 불신, 탐욕, 나약함, 불공정, 우유부단함으로부터 사람들을 안정적으로 보호한다. 도덕적 성향이 가치가 있는 것은 인간의 도덕적 선과 이익에 긍정적인 기여를 하기 때문이다.

그리고 만족과 행복을 올바로 누리려면 중용의 태도가 요구된다. 아리스토텔레스는 "적절한 시기에, 적절한 것에 대해, 적절한 사람을 향해, 적절한 목적을 위해 그리고 적절한 방식으로 감정들을 가지는 것의 중간적인 최선의 상태이며, 이것이 덕에 적당하다."라고 말함으로써 중용으로서의 덕을 소중하게 여긴다. 여기에서 덕 또는 성품의 탁월성이 '중용'이다. 중용이란 인간의 합리적인 요소와 비합리적인 요소가 조화를 이루는 것을 의미한다. 그러한 상태는 욕구를 완전히 억압하는 것도 아니며, 완전히 풀어놓는 것도 아니다. 그러나 모든 행동과 감정이 중용을 가지고 있는 것은 아니다. 예를 들어 분노를 해야 할 상황에는 중용이 있을 수 없다. 성품의 탁월성을 가진 사람일지라도 극단적인 분노가 요구될 때에는 극단적으로 분노를 표현할 것이다. 분노를 표현해야 할 때 표현하지 않는 것은 비겁과 위선에 가깝다.[신득렬, 2004: 125]

덕은 중용이 성립하는 행위 선택의 성품이라고 할 수 있다. 행위를 선택함에 있어 과도함과 부족함을 피하고 중용을 선택하려는 성향을 지닌 성품의 상태인 것이다. 중용이란 대상 자체에 있어서의 중간(산술적 비례에 따른 중간)이 아니고, 만인에 대해 오직 하나만 있는 그런 것도 아니다. 그것은 우리에 대한(우리와의 관계에 있어서의) 중간이기에 만인에게 똑같은 것이 아니다. 중용은 대상 자체에 있어서의 중용이 아니라, '누구에게 있어서의 중용'이며, 그러기에 '상황에 마땅함時中'에 해당한다.[박재주, 2012: 80] 중용은 미리 규정된 것이 아니라 발견하고 선택하는 것이기 때문에, 매 상황에서 새롭게, "이성적 원리에 의하여 그리고 또 실천지를 가지고 있는 사람이 그것을 결정할 때에"[Aristotle, 1991: 72] 결정되지 않으면 안 되는 것이다. 선택한다는 것은 숙고하여 결정한 것으로서 이성적 원리와 사유를 내포하고 있는 것이다.[Aristotle, 1991: 88]

우리는 준수한 외모, 지성, 육체적인 강인함 혹은 활력과 같은 인간의 특성과 능력, 그리고 재능을 바람직한 것 혹은 훌륭한 것으로 인정하기는 해도 거기에 덕이 있다고 생각하지는 않는다. 왜냐하면 그것들은 성품의 특성이 아니기 때문이다. 이에 반해 우리는 비겁함이나 부정직에 대해서는 칭찬을 하지 않을 뿐만 아니라, 실제로 그런 성향의 개인들을 오히려 비난한다. 우리가 그런 성품의 특성을 지니고 있느냐 여부에 따라 책임이 있는 도덕적 행위자라는 사실은 악덕과 그것과 관련이 있는 덕의 중요한 특징이다. 이것이 덕과 악덕 모두에게 도덕적으로 중요한 의미를 갖게 하는 단서이다. 요컨대 사람들의 비겁함과 부정직을 비난하고 개탄하는 것만큼이나 용기와 정의에 대해서 칭찬하고 존경하는 태도는 적절한 것이다.

그래서 덕윤리는 옳고 그름을 '옳은 행위right action'의 원칙적 윤리보다 고전적 윤리인 행위자의 좋고 나쁨이라는 '좋은 사람good person'의 개념에 의해 판단하는 성품 윤리를 선호한다. '나는 무엇을 해야 하는가?'라는 행위(규범)를 찾기보다 '나는 어떤 종류의 사람이어야 하는가?' 혹은 '어떻게 살아야 하는가?'에 일차적 관심을 둔다. 의무의 윤리는 구체적 행위에 주목하지만 덕윤리는 행위보다는 행위자, 즉 사람에게 도덕적 무게 중심을 둔다. 의무의 윤리는 행위가 갖는 다양한 측면 중에서 특정한 일면, 즉 수행적performative 기능에만 집중한 나머지 다른 측면은 도외시하는 경향이 있다. 행위자가 의도한 바를, 행위를 통해 현실에 구현함으로써 그 결과를 공적으로 평가받을 수 있게 하는 것이 중요하기 때문이다. 이럴 경우 행위자와 행위의 관계는 원인과 결과의 관계가 되며 원인에서 결과로의 이행은 일방적이고 단선적인 관계라고 할 수 있다. 그러나 행위자와 행위의 관계는 이처럼 행위자가 원인이 되고, 행위가 단순한 결과에만 그치지 않고 행위가 다시 원인이 되어 행위자를 변화시키는 복선적인 되먹임feed-back의 관계도 있다는 점에 주의할 필요가 있다. 이런 점을 행위의 형성적formative 기능이라고 할 수 있다. 다시 말하면 행위는 행위자의 의도를 수행할 뿐 아니라, 그 행위의 결과가 다시 행위자의 인격과 성품의 구조를 변화시키는 기능을 갖게 된다는 점이다. 이 같은 형성적 측면에 주목하는 자들이 바로 행위 자체보다는 행위자의 인격과 성품을 중시하는 덕윤리학자들의 입장이라고 할 수 있다.황경식, 2012: 101-102

정리하면 결과론이나 의무론이 행위에 초점을 맞출 때 윤리 이론은 해야만 하는 행위를 규정해줄 도덕법칙이나 원칙에 근거한 윤리 형태를 띤다. 반면에 덕윤리가 행위자에 초점을 맞출 때 이 윤리 이론은 도덕법칙이나 원칙 대신 행위자의 내적 특질이나 성향에 근거한다. 의무의 윤리는 행위 주체의 성품이나 성향이 아니라 구체적이고 개별적인 행위에 주목한다. 의무의 윤리가 중시하는 '옳은 행위'란 그 행위를 하는 사람과는 무관하게 어떤 도덕/윤리 기준을 반성적으로 합리적으로 적용시킨 행위를 뜻한다. 반면에 '좋은 사람'이란 좋은 감정과 행위의 습관으로서의 덕을 가진 사람을 뜻한다.박재주, 2000 이러한 입장의 윤리적 관점에서는 '자신의 삶을 어떻게 살 것인가?' 혹은 '어떤 종류의 인간이 되어야 하는가?'에 대한 덕의 함양이 중요한 위치를 차지한다. 도덕적으로 선하거나 가치 있는 인간이 도덕적으로 해야 하는 진술은 자신의 궁극적인 행복에 관심을 두는 인간의 필요나 욕망에 대한 고려와 함께 논리적으로 혹은 내적으로 어느 정도 관련이 있다고 믿는다. 만약 행위자 자신에 초점을 둔다면 이상적인 성품의 육성이라는 더 야심적인 일이 중요한 위치를 갖는다.

'옳은 행위'이냐 '좋은 사람'이냐의 문제는 도덕교육의 두 가지 방향을 지시하는 것으로 대단히 중요한 근본적인 문제라고 할 수 있다. 만약 행위에 초점을 둔다면 옳은 행위의 규칙과 원칙을 공식화하는 일과 그러한 규칙과 원칙이 상호 갈등하는 경우를 처리하는 결정 절차를 만드는 일이 중요할 것이다. 이때 덕윤리는 행위의 평가나 행위의 종류에 우선적 관심을 두는 칸트의 의무적 판단deontic judgement보다 사람의 평가, 그의 성품, 그리고 의도와 동기를 매우 우선시하는 아리스토텔레스의 '품성적 판단aretaic judgement'을 매우 중요하게 생각한다.Carr & Steutel,

1999: 8 대체로 덕의 윤리가 도덕의 동기화를 중시했다면, 의무의 윤리는 그 정당화에 진력했다고 할 수 있다.황경식, 2012: 15-16 덕윤리의 경우, 부정한 일을 하지 않고 빠져나오기 어려운 딜레마 상황에서 최선의 행동은 최악을 피하는 일이다. 타인의 삶을 위한 거짓말이나 배신이 가져오는 결과는 때로 타인을 파멸로 몰아넣는 것을 넘어 그 행위를 하는 사람 자신의 도덕적 신의와 명예를 상실케 한다. 물론 덕의 함양을 열망하는 행위자는 그런 행위가 자신의 체면을 실추시킨다고 생각할 것이다.

의무의 윤리	덕의 윤리
의무주의 → 비결과주의 윤리 (결과주의 → 공리주의)	목적주의 → 아리스토텔레스주의 (비목적주의 → 비非아리스토텔레스주의)
행위 중심적 → 개별 행위 중시	행위자 중심적 → 성품, 존재 중시
규칙 중심적 → 도덕은 규칙의 체계	덕목 중심적 → 규칙화의 한계 인지
의무 중심적 → 최소 윤리관	의무+의무 이상의 행위 → 최대 윤리관
정당화 중심〉동기화 보조 도덕인식론, 규범윤리로 발달	동기화 중시〉정당화 보조 → 수양론, 도덕교육론 발달
도덕적 사고 교육 → 도덕적 딜레마 모형 이용	덕성 함양 교육 → 수양론 중시 (지적 각성, 의지 단련, 감정 조율)

의무의 윤리와 덕의 윤리 대조표황경식, 2013: 433

그런데 덕을 함양cultivation, inculcation한다는 것 혹은 함양에 실패한다는 것은 무엇인가? 용감하고 공정한 사람 혹은 절제할 줄 아는 사람은 비겁하고 불공정한 사람 혹은 탐욕스러운 사람이 이루지 못한 무엇을 이룬 것인가? 덕의 논리적, 심리적 다양성은 이러한 물음에 간단명료한 대답을 어렵게 만든다. 그럼에도 불구하고 덕의 실천과 인간의 성향, 바람, 이익에 근거한 친숙한 감정들을 규제하는 것 사이에는 상당한 연관성이 존재한다. 예를 들면 용기의 덕은 위험과 고난에 직면할 때 도망치고 싶은 마음으로부터 우리를 지켜준다. 정의의 덕은 나의 안전과 안락에 직결되지만 모두가 그것에 대해 권리를 갖는 재화에 대해 공정하게 나누어 갖지 않고 더 많이 가지려는 것으로부터 우리를 지켜준다. 절제의 덕은 본능적 욕구의 위험한 탐닉에 맞서 우리를 지켜준다. 절제의 덕은 제멋대로의 열정이나 감정에 대한 사려 깊은 통제를 하는 기능을 수행한다.

우리는 날 때부터 유덕하지는 않으나, 우리에게 자연히 그렇게 될 수 있는 능력이 있으며, 이러한 능력은 습관에 의해 실현될 수 있다. 결국 우리는 유덕한 행위를 반복함으로써 유덕하게 되며, 어린 시절부터 유덕한 습관을 통해 훈련되어야 한다. 많은 덕들은 타고나는 것이 아니라 적절한 습관의 형성과 이성의 계발을 수반하는 것이다. 덕이란 사람들로 하여금 옳은 길을 따르도록 돕는 좋은 습관이다. 덕은 내재적인 것이 아니라 발전되는 것이다. 덕은 도덕적 책임을 떠안고, 기술을 습득하듯 훈련을 통해 계발된다. 사람들은 덕을 천천히, 그리고 일생동안 습득해야 한다. 덕은 좋은 인격을 규정하기 위한 기준을 제공한다. 우리가 덕을 가질수록, 그것도 충분히 가질수록 우리의 성품은 더 굳건해진다.

그러므로 전부는 아닐지라도 대부분의 유덕한 행동들은 현대철학과 사회과학에서 감정적인 것 혹은 비인지적인 것이라고 특징지어진 인간의 감정, 정서, 감수성, 느낌 혹은 욕구의 어떤 명령을 포함하는 것 같다. 그러나 이와 같은 관계와 관련해서 논의되어야 할 것들이 몇 가지 있다. 첫째, 플라톤과 달리 아리스토텔레스는 덕을 오로지 자제력의 문제로만 여기지 않았다는 것이다.[Carr, 2013: 86] 용기 있는 사람은 두려움에 대해서 일정한 통제나 억제가 필요하겠지만, 무모한 사람의 문제점은 오히려 두려움에 대해 충분히 민감하지 못한 것이다. 즉 용기는 너무 많지도, 적지도 않은 적당한 수준의 두려움에 대한 느낌을 필요로 한다. 비겁함과 같이 무모함이나 만용은 악덕이다.

둘째, 아리스토텔레스는 정서나 열정을 부정적인 것으로 여기지 않았다. 감수성의 적절한 함양이 아리스토텔레스가 말하는 덕의 핵심이라면 부정의, 인색함, 그리고 무자비함과 같은 악덕들은 타인과의 적절한 정서적 유대를 형성하는 데 실패한 것이다라고 할 수 있다.[Carr, 2013: 86]

셋째, 아리스토텔레스가 덕의 정서적 기초를 강조한 것은 이성보다는 오히려 '열정'이 도덕적 행동의 근원이라는 정서주의자들의 관점과 어느 정도 유사하다. 그렇지만 그가 덕에 대한 감수성이 이성의 명령을 따라야 한다고 생각한 점에서는 현대의 비인지주의자들과 다르다.Carr, 2013: 86 비록 관대한 사람과 방탕한 사람의 행동 모두 적극적인 인간관계 속에서 비롯되는 감정 때문이라 해도 오직 관대함만이 유덕한 행동이다. 왜냐하면 오직 그것만이 이성적으로 책임질 수 있는 행동과 부합하기 때문이다. 이러한 생각들은 덕은 감정과 정서의 지나침과 모자람 사이에서 현명하게 중용을 택하는 성향이라는 아리스토텔레스의 유명한 가르침에 함축되어 있다.

그러므로 유덕한 행동은 도덕적 비인지주의자들과 정서주의자들이 생각하는 것처럼 단지 긍정적인 감정에서 흘러나오는 것만은 아니다. 덕은 주관적 성향 그 이상이다. 게다가 아리스토텔레스의 덕은 이성과 감정 사이의 최소한의 상호작용 혹은 관계만을 포함하는 것이 아니다. 그에게 (긍정적인) 정서는 도덕적 실천이성의 일부이다.Carr, 2013: 87 유덕한 감정은 그 자체로 이성적인 면을 갖는다. 더구나 이는 덕을 쌓은 방법에 대한 아리스토텔레스의 설명에서 더욱 분명하게 드러난다. 비록 덕이 자연적인 성향, 감정, 감수성에 기초하고 있을지라도 우리는 본디 덕스럽지 못하므로 덕을 쌓기 위한 교육과 훈련(특히 사회화와 사회적 훈련)이 필요하다고 그는 주장한다.

이렇게 볼 때 덕윤리적 접근은 사회화 접근처럼 '도덕적 행동'을 위한 '훈련'의 중요성을 강조하고 있다고 볼 수 있다. 그러나 규칙의 훈련이 이루어졌다고 해서 그대로 태도의 함양이 이루어졌다고 할 수는 없다. 규칙 준수의 훈련에서는 당근과 채찍 내지 때로는 다소의 강압이 필요할 수도 있다. 그러나 덕윤리학자들은 규칙에 함축될 이념이나 실질인 인仁을 이해시키는 일에 있어 그와 같은 훈련 방식의 효과성에 대해 의문을 갖는다.

여기에서 플라톤과의 차이점이 드러난다. 플라톤이 덕을 이론에 준하는 그런 종류의 지식과 동일시하는 것은 도덕교육에 대한 인지적 입장을 표명한 것이다. 그러나 아리스토텔레스는 플라톤과 달리 유덕한 성품의 함양을 기능skill의 습득을 모델로 삼아 설명한다. 우리가 건축이나 음악에 관한 이론적 작업보다는 그것에 관한 실천적 활동을 통해 훌륭한 건축가가 되는 것처럼 정직, 정의, 용기를 일상 속에서 행동으로 실천함으로써, 즉 실천적 참여를 통해 비로소 우리는 정직하고, 공정하며, 용감해진다고 본다. 그러므로 도덕교육은 무엇보다 정서적으로 영향을 받는 행동들의 옳음과 그름에 대한 사회적 훈련—부모, 교사, 공동체 연장자의 조언과 가르침을 통해 이루어지는—의 문제이다. 우리는 과식의 부정적 결과를, 혹은 타인의 욕구를 무시하는 것이 부당한 것임을 아이들에게 조언함으로써 마지막 한 조각의 케이크까지 꿀꺽 삼키려는 아이들을 단념시키려고 한다. 또한 자제력을 상실한 사람과 마주하고 싶지 않지만 화를 폭력적으로 표출하지 말 것을 일깨운다. 우리는 극기 정신, 혹은 기품 있는 침착성을 북돋아줌으로써 아이들이 사소한 상처에 눈물짓는 것을 막도록 한다.

결국 아리스토텔레스의 주장에 따르면, 도덕교육의 목적은 '덕의 함양'에 있다. 덕은 제멋대로의 열정이나 감정에 대한 사려 깊은 통제를 체득하는 일이다. 덕은 타고나는 것이 아니라 적절한 습관의 형성과 이성의 계발을 수반하는 것이다. 덕이란 사람들로 하여금 옳은 길을 따르도록 돕는 좋은 습관이다. 덕은 내재적인 것이 아니라 발전되는 것이다. 사람들은 덕을 천천히, 그리고 일생동안 획득해야 한다. 다시 말하면, 이러저런 '행위'에 초점을 둘 것이 아니라, 특정한 방식으로 행위하는 '성향'에 초점을 두어야 한다는 뜻이다. 이 말의 일반적 의미는 무엇인가? 그것은 학생들이 지나친 행동을 피하고, 중용의 길을 찾도록 가르쳐야 한다는 뜻이다. 따라서 맹목적인 사람이나 겁쟁이가 되지 말고 용기 있는 사람이 되어야 하고, 방탕한 사람이나 비굴한 사람이 되지 말고 관대한 사람이 되라는 말이다. 아리스토텔레스가 보기에 미덕을 함양하는 유일한 길은 덕 있는 행위를 하는 것이다. 실천이 전부이다. 이런 의미에서 덕은 '습관의 형성'이다. 만일 내가 지속적으로 덕 있는 행위를 한다면, 나는 덕 있는 사람이 될 것이다. 마찬가지로 만일 내가 지속적으로 부도덕하게 행위한다면, 나는 부도덕한 사람이 될 것이다. 우리는 덕에 관해서 이야기함으로써 덕 있는 사람이 되는 것이 아니라, 덕을 실천함으로써 덕 있는 사람이 된다.

또한 덕윤리적 접근은 도덕적 선택이나 결정을 내리는 것과 관계되는 어떤 진리나 사실들에 대해 아동들이 '인식'하는 '실천적 지식practical knowledge'의 계발이 중요하다는 점도 인정하고 있다. 이론적 인식이 아닌 현실의 실천적 맥락에서 형성된 '실천적 지식'은 더욱 세련되고 발전됨으로써 좀 더 온전한 지식, 즉 '실천적 지혜phronesis=practical wisdom'의 단계에까지 나아가게 된다. 아리스토텔레스는 진정한 도덕적 인격의 실현을 위해 주어진 상황에서 어떤 행동이 단지 그렇다는 '사실적 명제'가 아니라, 왜 정의롭고 품위 있는지의 '이유'를 알아야 한다고 주장하였다.[Kent, 1999: 114] '무엇'이라는 내용을 아는 것으로부터 '왜'라는 이유(형식)를 아는 것으로 나아가야 한다. 다만 도덕적 결정을 내릴 시간이 많지 않을 때, 재빠른 지도가 필요함에도 그럴 여유가 없을 때 도덕적 규칙에 친숙하게 해야 하는 습관화가 이루어져야 한다. 왜냐하면, 어떤 행동이 덕 있는 것이기 위해서는 인간 생활과 복리에 대한 확실한 숙고의 관점에서 취해져야 하기 때문이다.

그렇지만, 덕을 함양시키기 위한 교육은 특정한 도덕적 관점으로 아동들을 명백하게 교화하는 것에 대해서는 부정적 입장을 취한다. 또한 발달주의적 접근과 마찬가지로 덕윤리적 접근은 도덕교육의 개념에 있어서 추론, 자유, 선택의 발달을 강조하고 있다. 다만 발달주의적 접근과 달리 이성적/이론적 추론이 아닌 '실천적 추론'을 제창하고 있다. 이는 이론적 이해와 지혜를 의미하는 소피아sophia와 반대되는 아리스토텔레스의 '실천적 지혜'라는 개념에 들어 있는 것이다. 아리스토텔레스에 의하면, "실천적 지혜가 없으면 온전하게 선할 수 없고, 인격의 탁월성이 없으면 실천적으로 지혜로울 수 없다." 그러기에 교사는 학생으로 하여금 "적절한 때에, 적절한 대상에 대하여, 적절한 사람을 향해, 적절한 동기를 가지고, 적절한 방식으로" 인내하고 용감하고 자비롭고 정직하도록 고취시켜야 한다. 이를 위해서는 학교의 조직 및 규칙이 의도적으로 혹은 무의도적으로 행동을 형성하는 방식에 대해서뿐만 아니라, 개별 학생과 그의 태도, 행위, 상황에 대해서 주의 깊고 민감한 관심을 쏟을 필요가 있다.White, 2010: 480 이런 의미에서 '실천적 지혜'는 도덕 원칙에 대한 적절한 지식뿐만 아니라, 특수한 상황/개인에 대한 감수성과 분별력을 필요로 한다. 이 두 가지를 결합시켜야 최선의 도덕교육이 가능할 수 있다.

자기 지향적 덕과 타인 지향적 덕의 중첩

최근 도덕교육에 있어 덕교육적 접근에 관심이 되살아나게 된 것은 분명 덕윤리학에 대한 관심이 부활된 일과 관련이 있다. 말하자면 덕윤리학은 도덕교육에 있어 덕교육적 접근의 배경이 되고 있다. 사람의 인격이 덕들로 구성된다는 관점에 기초를 두고 학생들이 필요한 덕들을 조화롭게 형성·발달시키도록 돕는 데 중점을 두고 교육에 임하는 입장을 가리켜 도덕교육의 덕교육적 접근이라고 부른다. 도덕교육에서 덕교육적 접근은 기본적으로 '사람다운 사람'과 그런 사람의 형성 문제에 관심을 갖는다.

그러므로 도덕적 훈련은 도덕교육과 불가피하게 관계를 맺는다. 그리고 그런 훈련은 사회적인 것이 될 수밖에 없다. 아리스토텔레스는 덕이 다른 사람들에게 그러한 것처럼 그것을 소유한 사람들에게도 이익이 된다고, 그리고 자기 지향적인 어떤 덕들은 그만큼 다른 사람에게 이익이 되지 않는다고 가정한다. 유덕한 삶은 정절, 근면, 절제, 용기, 꿋꿋함, 겸손 그리고 게으름보다는 최선의 노력을 다하는 것과 같은 자기통제의 덕인 '자기 지향적 덕self-regarding virtues'을 내포하는 동시에 공정, 정직, 감사, 사랑, 동정, 인내, 자비 등과 같은 이타적 덕인 '다른 사람을 지향하는 덕other-regarding virtues'[47]을 포함한다.[48] 자기 지향의 덕과 타인 지향의 덕들은 서로 연관되어 있다. 예컨대, 우리는 다른 사람들에게 올바르게 행동하기 위해 우리 자신을 통제할 필요가 있다. 술이나 도박 문제에 빠진 사람은 종종 그의 결혼 생활이나 가정을 고통 속에 몰아넣기도 한다. 겸손한 사람, 동정심 많고 자비로운 사람은 자신의 감정에 대한 자기통제뿐 아니라, 다른 사람에 대한 태도의 변화가 동시에 이루어진 결과이다. 어떤 대상/일/사람에 대한 감정과 정서는 신념과 판단의 문제인 동시에 태도와 가치의 문제이고 인생관의 문제이기도 하다. "육체적 건강이 나빠지는 것을 감수하는 것보다 고통스럽더라도 이를 치료하는 것이 낫듯이, 정의롭지 못한 사람은 그의 도덕적, 정신적 건강의 더 큰 혹은 장기적인 관점에서 교정을 받거나 처벌을 받는 것이 낫다."(『고르기아스』). 이렇게 신체적 건전함과 영혼의 건전함은 유사성이 있다. 진정한 인간의 행복, 자아실현, 그리고 무엇보다도 자유는 자기 억제, 절제 그리고 타인에 대한 관심 등으로 규정되는 도덕적 맥락, 즉 지혜, 정의, 절제, 용기라는 덕목의 바깥에 있는 것이 아니다.Socrates, Plato 그러기에 인간의 행복을 위해서, 우리 자신을 위해서나 다른 사람을 위해서도 더욱 성가시고 반사회적인 열정과 욕구를 통제해야 하며,

47 타인 지향적인 이타적 덕은 인간이 사회적 존재로서 타인의 이익에 대해 지닌 긍정적인 느낌/감정과 경향이다. 타인의 복리와 행복을 위해 옳은 것을 믿고 유념해야 한다. 그것은 다른 사람에 대한 애착, 염려, 동정, 이해심, 인내(금욕적 타인 지향적 덕), 자비(비금욕적 타인 지향적 덕) 등을 말한다. 타인 지향적 덕은 인간으로 하여금 다른 사람들과 조화롭고 협동적인 사회적 관계를 영위하도록 해주며, 이 때문에 이런 덕은 자기통제와 같은 자기 지향적 덕만큼이나 중요하다.

48 자기 지향적인 자기통제의 덕은 정절(금욕적 자기 지향적 덕), 근면(비금욕적 자기 지향적 덕), 절제(사치=낭비/인색, 과음/과식) 등을 말한다. 용기의 덕(용감한 사람/비겁한 사람)은 행하는 것뿐만 아니라 행하지 않는 것으로 나타날 수도 있고, 다른 사람을 위해 고통을 감수하는 것뿐만 아니라, 우리 자신의 슬픔을 참는 것으로 나타날 수도 있다. 용기있는 사람은 위험한 상황에서 전혀 두려움을 느끼지 않는 사람(만용)이 아니라(그런 사람은 단지 어리석거나 무모한 사람이기 때문에), '자신의 두려움을 제어하는 사람'이다. 자기통제의 덕의 경우 열정이 이성에 의해 통제될 때 덕이 되며, 이성이 열정에 굴복할 때 악이 된다. 자기통제의 덕은 자연적 열정과 욕망, 욕구의 억제 혹은 억압을 수반하는 것이기에 본성에 반할 수 있다. 비겁, 태만, 냉담, 허영, 방탕, 자만, 타락과 같은 개인적 결함들은 용기, 근면, 애착, 겸양, 자제, 절제, 청렴과 같은 자기 지향적 덕에 대한 분명한 침해이다. 이러한 덕들은 다른 사람에 대한 책무를 이행하는 데 부정적인 영향을 미치는 것은 아니지만, 그러한 속성을 지닌 사람의 삶을 어렵게 만들고 타락시켜 그가 살 수 있는 삶을 저해하기 때문에 도덕적 실패를 초래할 수 있다.

또한 관용과 이해, 자비 등의 이타적 품성이 발휘됨으로써 협동적이고 조화로운 사회적 관계의 분위기를 만들어 품위 있는 삶을 영위하도록 해야 한다. 용기와 절제와 같은 덕목은 두려움, 분노, 탐욕과 같이 부정적이고 파괴적일 수 있는 감정 상태의 억압이나 억제와 관련이 있다. 반면 자비와 동정 같은 덕목은 한결 긍정적이고 타인 지향적이며 이타적인 자연적 감정을 적절하게 표출하거나 합리적으로 인도될 수 있다.

덕윤리를 지향하는 유교 윤리에서 '인仁'의 태도는 야누스적 성격을 가지고 있다. 그 얼굴이 한편에서는 타인을 향해 외부를 바라보고 있고, 다른 한편에서는 자기 자신을 향해 내면을 바라고 보고 있다. 인은 유사한 도덕적 행위자로서 타인의 인격에 대한 존중과 그의 필요, 관심, 감정 등의 배려와 관련된다는 점에서 타자를 향해 있다. 그러나 인은 동시에 행위자 자신의 도덕적 조건에 대한 성찰, 조화로운 성향 개발에 초점을 둔 자기성찰의 태도라는 점에서 자신을 향해 있다.황경식, 2012: 279-280 그래서 이와 같은 함양 교육에서는 양면을 고루 갖춘 도덕적 모범으로서 군자의 언행 속에 깃든 인의 태도를 스스로 배우며 당면한 상황에서 자율적 행위자로서 유연한 삶의 방식을 모색하는 도덕적 창조성을 구현할 수밖에 없는 것이다.

이러하다면 우리는 도덕적 덕에 대한 현실적인 관점을 설정할 필요가 있다. 인간의 본성은 통제와 제약을 필요로 하는 부정적인/파괴적인 측면과 고양될 만한 긍정적이고/이타적인 측면을 모두 지니고 있다고 볼 수 있다. 그러므로 인간 본성, 도덕 그리고 사회의 관계에 대한 더욱 정교하고 세밀한 묘사에 의해 대치되어야 한다. 용기 있다든지 비겁하다든지, 자비롭다든지 인색하다든지, 술에 절어 있든지 아니든지 하는 것 등은 개인적, 사적인 덕이면서도 사회적, 공적인 덕의 측면과 함의를 지니고 있다. 사적인 것과 공적인 것을 구분하고 개인의 삶의 도덕적 측면을 타인 지향적 의무와 책무의 공적인 영역으로부터 분리시키는 것은 합당하지 않다. 사회정의는 개인의 정의에 '내적으로' 관련된 것으로서 개인적 덕의 공적 표현인 동시에, 시민 개개인의 마음속에 혹은 적어도 통치자의 마음속에 참된 정의나 덕이 있을 때에만 사회적/정치적으로 참된 정의로 발전할 수 있다. 용기나 절제 같은 자기 지향적 덕은 행위자 자신뿐만 아니라 국가에도 득이 되는 사회적/공적인 덕이라고 할 수 있다. 인간에게 실천적 지혜로서 덕이 필요한 이유 중 하나는 사회적 조화와 협력에 대한 관심 속에서 사람들 간의 교제를 원활하게 하기 위함이다. 만약 개별자들이 식량 생산, 양육, 시민 방위와 같은 공동의 노력을 전제하는 집단의 계획, 사업, 제도, 그리고 그것의 실천으로부터 이익을 얻고자 한다면 적절한 사교의 덕, 공정 거래의 덕, 관용의 덕, 자기 조절의 덕을 갖출 필요가 있다.

의지의 나약함과 교사의 모범

덕의 함양은 지-행의 분리 문제를 해결하는 데 있다. 덕의 함양은 피아니스트, 암벽 등반가처럼 어렵고도 숱한 '도야/수양'을 요구한다. 무지의 결과로 빚어진 것보다 훨씬 더 분명한 도덕적 실패 혹은 결함의 경우는 해야 할 바를 잘 알면서도 하지 않는 사람, 그리고 하지 않아야 할 바를 알면서도 하는 사람이다. 했어야 할 바를 하지 않고 내버려두거나 하지 않았어야 할 바를 한 것도 마찬가지다. 이것은 '의지의 나약함akrasia' 또는 자제력의 결여 때문이다. 아리스토텔레스는 좋은 게 뭔지를 알면서도 행하지 못하는 우리의 도덕적 현실 내지 도덕 경험에 바탕을 두고 스승의 입장에 의문을 제기했고, 그것을 자제심의 결여 내지 의지의 나약 문제로 봤다.[황경식, 2013: 61] 우리가 자제심의 결여 혹은 도덕적 실패라 부르는 것은 바로 이 같은 이유에서 생겨난다고 할 수 있다. 이렇게 도덕성과 관련하여 도덕적 책무에 관해 알고 있고 판단 능력을 갖고 있음에도 욕망 때문에 그 책무를 어기는 행동을 한다면, 그것은 '도덕적으로 나약함'이라 부를 수 있을 것이다. 사람들은 무엇이 도덕적인 것인지를 몰라서 비도덕적인 행위를 하는 경우는 드물고, 알면서도 다양한 이유들 때문에 그것을 실행하지 못하는 경우가 대부분이다. 아는 것을 반드시 실행하는 것은 그것을 행동으로 옮길 실천적 의지, 즉 그 사람의 강한 의지에서 나오는 것이다. 우리에게 이 같은 강한 의지가 없을 경우 도덕적으로 바른 것이 무엇인지를 알지라도 눈앞의 이익이나 당장의 유혹에 넘어가 도덕적 실패를 범하게 된다. 이 경우 우리에게는 담금질을 통해 쇠를 달구어 무쇠를 만들 듯 의지를 단련하고 연마하여 유혹을 돌파할 수 있는 강한 의지나 도덕적 용기를 가질 것이 요구된다. 또한 이와 관련하여 중요한 것은 옳은 행위를 의무적으로 억지로 행하는 것보다 그것을 자발적으로 기꺼이 행할 수 있는 마음가짐 내지 감정을 '도야'할 필요이다. 따라서 도덕적 실천에서 오는 기쁨이나 즐거움을 맛보려면 우리의 감정을 순화하고 조율함으로써 올바른 행위, 고귀한 가치에 젖어들어 그런 행위에 길들여지고 익숙해질 필요가 있다.

결국 도덕적 실패를 최소화하고 도덕적 행위를 즐겨할 수 있기 위해서는 우선 도덕적으로 올바른 것이 무엇인지를 제대로 아는 일이 선결요건이라고 할 수 있다. 이와 더불어 우리는 의지를 단련·연마하여 강화함으로써 도덕적 용기와 내공을 기르고 유혹을 돌파할 부동심과 호연지기를 길러야 할 것이다. 나아가 감정을 순화하고 조율함으로써 올바른 것, 고귀한 것에 맛들이고 즐거움을 느끼게끔 길들이는 정서교육이 절실히 요구된다. 따라서 도덕적 실패를 줄이기 위한 일은 인지적 각성, 의지의 강화, 감정의 조율을 겸비하는 바, 지·정·의의 3원적 기능의 통합적 프로젝트라 할 수 있다. 배우고 생각한 것을 반복해서 행위하는 연습의 과정, 즉 습관화habituation를 통해 아는 것이 내면화, 내재화, 자기화, 생활화되어 습득되고 체득되어야 한다. 이는 수영을 배울 때 처음에는 물이 싫고 무섭지만 수영의 기술에 익숙해지면 물에서 노는 것이 자유롭고 즐거운 것과 같은 이치이다. 이렇게 습관화를 통해 익힌 지속적 행위 성향, 자기화하고 체득된 행동 경향이 바로 바르고 즐거운 삶의 기술로서의 '덕'이다.[황경식, 2013: 62-63][49] 덕은 도덕적 실패를 최소화할 수 있는 도덕적 기술이요 도덕적 행위를 의무적으로가 아니라 즐거이 수행할 수 있는 행복의 기술이다. 구두를 잘 만들기 위해서는 구두 짓는 기술을 익혀야 하고 피리를 잘 불기 위해서는 피리 부는 기능을 익혀야 하듯, 인간으로서 잘 살기 위해서, 즉 성공적인 인생을 살기 위해서는 도덕적 기술과 행복의 기술로서의 덕이라는 인생의 기술이 요구된다.

아이를 교육시키는 일은 단지 아이의 머릿속에 수많은 학문적, 기술적 지식과 기능을 채워 넣는 것 이상의 것이다. 교육은 결정적으로 품성과 태도를 형성하는 문제이기도 하며, 정직, 품격, 공정함 등을 중요하게 생각지 않는 사람에 의해 아이의 품성이 제대로 갖추어질 수 없음은 분명하다. 아픈 아이에게 의사가 하는 일은 아마 죽지 않게 하는 것이겠지만, 좋은 교사가 어린아이에게 행하는 바는 그 아이가 어떻게 자랄 것인가에 지대한 영향을 미칠 수 있다. 아무리 훌륭한 사람이라도 다른 사람을 위해 이보다 더 큰 봉사를 할 수는 없을 것이다. 그리고 좋은 교사란 단지 교육과정 상의 내용을 기술적으로 잘 전달하는 사람에 그치는 것이 아니라, '일정한 부류의 사람'이기도 하다. 유능한 교육자가 되는 데 필요한 바를 갖추는 일은 아주 많은 사실이나 정보를 습득하는 것도 아니고 근거 없는 의견을 잔뜩 지니는 것도 아니다. 오히려 무엇보다 품위와 성실, 정의를 잘 표현하거나 그에 부합하는 방식의 삶을 가치 있게 여기고 이에 충실한 그런 류의 사람이 되는 것이다.

좋은 교사는 우리들의 삶의 본보기로 삼고자 하는 동경할 만한 자질을 지녀 존경받는 그런 인물이다. 사실, 나약하고 심술궂고 허영심 강하고 탐욕스러운 사람은 감수성이 예민한 아이들에게 그다지 존경받지 못하며 이런 이유 탓에 그런 사람은 '나쁜 교사'로 간주해야 한다. 즉 그런 사람들은 바람직하지 못한 자질을 '잘' 가르친다는 점에서 '좋

49 '덕'이 '기술'이라 해서 반복적이고 기계적인 것이 아니며, 생각하며 익힌 유연하고 성찰적인 기술이다.

은 교사'로 간주되어서는 안 된다. 교사 스스로 성실, 진실 그리고 정의에 대한 분명한 신념을 지니고서 아이들을 보살피는 가운데 가능한 한 바르고 품위 있고 선하게 행동함으로써 학교와 교실을 그런 자질에 대한 애정/열정이 발휘되는 공동체로 만들려고 노력하는 교사를 요청하고 있다. 우리의 양식 있는 부모들은 좋은 삶, 나아가 도덕적 삶을 준비시키는 학교를 고대하고 있다.

여기서 우리는 도덕교육의 초점을 어디에 둘 것인가의 문제로 되돌아간다. 덕윤리적 접근은 잠재적 교육과정과 공식 교육과정을 통해 동시에 이루어져야 효과가 있다. 무엇보다도 중요한 것은 학교생활을 통해 인내, 성실, 정직, 친절 등과 같은 태도를 아동들에게 고무할 수 있도록 교사 자신이 바로 그러한 덕의 모델이 되어야 한다는 점이다. 카아는 덕이 가장 효과적으로 학습될 수 있는 방법은 '모범'이라고 주장하였다. 그러므로 덕윤리적 접근이 성과를 거두기 위해서는 무엇보다도 교사들이 교직을 성직으로 여기는 가운데 학생들에게 덕의 전형을 보여줄 수 있는 모범이 되어야 한다. 다시 말하면 교사의 도덕교육적 권위는 교수전략의 효과적인 사용으로 이루어지는 것이 아니라, 도덕 생활의 가치를 이해하려는 교사의 부단한 노력을 통해 얻어지는 것이다. 즉, 강화를 위한 행동 스케줄을 마련하는 데에 있는 것이 아니라, 학생들에게 어떤 것이 타인에 대하여 고상하고 원칙적인 태도와 행동 인지, 그리고 인간생활에서 어떻게 하면 그것들이 풍부할 수 있는지 그 자신의 행동을 통해서 시범을 보여주는 데에 있다.[Kupperman, 1999: 205-206] 이를 위해 부모와 지역사회의 모델을 요청한 것이고, 이런 모델/본보기는 아이들의 좋은 습관을 형성시키는 데 매우 중요한 역할을 한다.

대안적 덕윤리를 향해

덕교육은 도덕이 무엇인지 알고 믿고 판단하게 하는 합리적 인지교육과는 다른 접근을 시도한다. 삶의 의미를 담고 있는 덕들을 교육하는 것이 진정한 덕교육이다. 아리스토텔레스는 인간을 이성적 존재 못지않게 사회적 존재로 이해한다. 사람은 사회적 동물/정치적/합리적 동물로서 지적 덕과 도덕적 덕의 함양과 실천을 통해 인간이 완성된다. 덕이란 물리적·사회적 환경과의 상호작용을 통해 형성된다고 할 수 있다. 덕은 삶의 완성으로 이끄는 개인에게 좋은 것이고, 타인과 조화롭게 존재하도록 하는 것이다. 도덕교육의 기본은 사회적으로 바람직하고 사회가 승인한 규범과 행동양식으로 학습자를 입문시키는 체계적인 도덕적 훈련을 하는 것이다. 도덕교육은 적어도 처음에는 사회적 관습에 순응하도록 권장하는 데서 출발해서 한다. 아리스토텔레스는 어린 시절에는 도덕적으로 중립적인 인간의 본성이 습관에 의해 도덕적으로 형성되며, 성년이 되기 이전에 습관이 거의 완성된다고 보았다. 따라서 아이들에게 반드시 적절한 훈련을 행하는 것이 지극히 중요한 일이 된다. 반대로 맹자에 따르면, 우리는 도덕적으로 선한 본성을 지니고 있어서 누구에게나 도덕적 성장을 위한 잠재적 재원이 내장되어 있다고 한다. 따라서 성숙한 인간이 되려면 도덕적 정진을 위한 성인 교육에 지대한 관심을 가져야 한다.[50]

아리스토텔레스 등 희랍인은 자신의 감정을 억지로 자제하면서 올바른 행위를 할 수 있는 도덕 발달의 낮은 단계에 있는 초보자가 아니라 이미 자제가 불필요할 정도로 감정 조율이 잘된 유덕한 인격이 어떤 것인지에 관심이 있었다. 따라서 그들에게는 감정을 자제하는 의지력이 그다지 중요하지 않았던 것으로 보인다. 이 점에서 칸트를 중심으로 한 윤리학자들이 의지의 힘으로 선악의 갈등을 이겨내어 올바른 행위를 쟁취하는 도덕적 인격을 존중한 것과는 대조를 이룬다. 고대가 유덕한 인격의 이상형에 관심을 가졌다면, 근세는 감정과 갈등하는 현실

50 그래서 유가에서는 이상과 같은 도덕 학습이 유아 시절에 국한되지 않고 평생 교육의 프로젝트로 간주되고 있다.

인에 관심을 기울이고 있는 듯하다.

그러나 도덕적 관습들이 한 사회의 문화적 맥락과 다른 사회의 그것이 다르다면 그와 같은 훈련이라는 것은 결국 사회적 조건화와 교화보다 그렇게 좋을 것도 없지 않은가? 이런 관점에서 도덕교육은 사회가 전통적으로 승인해온 도덕적 실천의 훈련이나 습관화라고 생각한 아리스토텔레스의 초기 관점은 사회적 상대주의 같은 장애물을 극복해야 하는 과제를 안고 있다. 상대주의에 따르면 사회의 관습적 규범 체계에 따라 살아가는 데 동의하는 것 이외에 더 좋은 도덕원리나 가치는 없다. 그리고 현존하는 관습이나 풍습이 집단 내에서 도덕적으로 가치 있다고 규정될 경우 그 사회집단이 부여한 어떤 원리나 관습은 집단 외부에서 제기하는 도덕적 비판에 답할 수 없다. 행위자들이 발달 중에 지나치게 습관화된다면 그들은 도대체 어떻게 스스로 생각할 수 있게 되는가?

그러나 아리스토텔레스가 전통적인 윤리적 관점을 수호하고자 한 것 때문에 비난을 받았음에도 불구하고, 도덕적 훈련 혹은 덕의 습관화가 도덕교육을 구성하는 핵심적인 한 부분이라는 것을 부인해서는 안 될 것이다. 일반적으로 수학자들은 기계적으로 기억해야 하고, 피아니스트는 음계를 기계적으로 숙달해야 한다. 또한 체조선수는 반복적인 연습을 통해 어떤 기본적인 신체적 기술을 습득해야 한다. 하지만 우리는 이러한 것이 지적인 혹은 이성적인 측면에서 그 사람들에게서 자율적이고 창조적인 수학, 음악, 체조를 빼앗았다고 여기지는 않는다. 오히려 반대로 적절한 기초적인 훈련을 받지 않았다면 우리는 그들을 이성적으로 혹은 실천적으로 무능한 자들이라고 보아야 할 것이다.

아리스토텔레스의 도덕적 이성에 관한 생각이 지니고 있는 더 큰 난점은 사회적 규칙, 관습과의 일치를 넘어 도덕적 추론의 객관적인 근거가 무엇인가 하는 문제이다. 예를 들어 공정치 못한 노예의 강제 노동 같은 관습을 거부하려고 한다고 가정해보자. 우리는 이미 사회 내부적으로 승인된 규범을 어떤 근거에 기초해서 도덕적으로 비판할 수 있는가? 이에 대해 아리스토텔레스는 개념적 긴장 관계에 있는 두 가지 주장을 밝힌다. 첫 번째 주장은 도덕적 추론에 대한 그의 설명에서 나온다. 아리스토텔레스의 최고 발견 중의 하나는 이론적 이성episteme과 기술적/생산적 추론techne(기예) 양자와 다른 도덕적 실천이성인 실천적 지혜phronesis를 구별해 낸 것이다.[51] 그러나 실천적 이성은 도구적 측면에서 능률적이고 효율적인 것보다는 도덕적으로 가치 있는 목표를 식별하고 그것을 성취하는 데 관심을 갖는다는 점에서 기술적 숙고와 구분된다. 본질적으로 실천적 이성은 가치에 근거한 추론이고, 가치를 위한 추론이며, 가치의 실현을 위한 추론이다. 그리고 그런 측면에서 이론적 혹은 기술적 주장이나 판단들이 의지하는 경험적 진리와 효율성과 같은 기준과는 차원을 달리한다. 예를 들어 과학기술이 인간에게 유용한 핵연료를 싼값에 제공할 수 있을지라도 또 다른 관점에서는 여전히 핵에너지의 이익을 거부하는 것이 더 현명한 것으로 간주될 수 있다.Carr, 2013: 92

그러므로 아리스토텔레스의 실천적 도덕이성은 본질적으로 규범적이라는 점에서 어떠한 가치중립적인 도덕적 숙고라도 허용되지 않는다. 교화와 문화 제국주의로 흐를 가능성이 존재함에도 불구하고 도덕적으로 불편부당한 중립적인 입장에서 가르칠 수는 없는 것이다. 가치가 개입되지 않는 인간, 행복 개념은 있을 수 없다. 그러기에 규범적으로 가치중립적인 도덕적 반응도 있을 수 없다. 따라서 맥락 초월적인 보편적 도덕법칙이나 원리를 찾는 일은 적절치 못한 일이다. 맥락은 그 자체로 적절한 도덕적 지혜에 결정적인 요소이다. 우리는 경쟁하는 전통들 중 하나를 다른 것보다 나은 맥락적인 도덕적 반응이라고 판단한다. 그리고 이로 인해 어떠한 가치중립적 입장도 존재할 수 없게 된다. 어느 한 사회문화의 관점에서 용기 있어 보이는 행동, 예를 들어 정의롭지 못

51 아리스토텔레스는 진리보다는 선이 무엇인가를 알고자 하는 당시의 사회적 관심에 따라 이론적 이성(과학, 수학 등)으로부터 도덕적 지혜인 실천적 이성과 기예적 숙고, 양자를 처음으로 구분했다.

한 전쟁이라고 생각하는 사람이 동료들과 함께 싸우는 것을 거부하는 것이 다른 관점에서는 줏대 없는 행동일 뿐만 아니라, 비겁한 행동으로 간주될지도 모른다. 이런 점에서 덕윤리학은 '가상의 관점'이나 '원초적 입장'을 거부하는 현대 공동체주의들의 덕 개념과 잘 어울린다.Carr, 2013: 101, 105 덕윤리가 필연적으로 상대주의적인 형태는 아닐지라도 어떤 형태의 공동체주의에 대체로 연루된다는 점은 덕교육에도 유의미한 영향을 미친다. 덕윤리의 이러한 성향은 전통이나 사회적 관행 등이 도덕적 삶에 미치는 영향을 어느 정도 허용해준다. 그리하여 덕교육은 단순히 도덕 원칙들을 배우는 지적인 이해뿐만 아니라, 자신이 속한 공동체의 가치 덕목들을 익히는 것을 포함한다. 이런 의미에서 덕교육은 사회화의 일면을 보여준다.노영란, 2009: 173

학교를 사회화의 대행자로 보는 전통적인 관점에서 교사가 사회적으로 승인된 가치와 덕의 전수에 책임감을 갖는 것은 타당하다. 이러한 덕 개념에 따르면 특정한 사회의 전통과 제도 및 관습들은 문화적으로 다양하고 대등한 개념인 정의, 정직, 연민, 신중 등을 소중히 여긴다. 때문에 덕을 교육하고 훈련하는 그 출발점은 학생들이 속해 있는 문화 속에서 도덕적 이상형으로 인정되는 인격이나 행위의 습관으로 입문시키는 것이 될 수밖에 없다. 이러한 관점에서 보면 유덕한 행동뿐만 아니라 유덕한 이성과 숙고 또한 도덕적으로 상대적인 것 같다. 덕은 이론적인 제안보다는 실천적 성향 속에서 구체적으로 더 잘 드러난다고 볼 수 있다. 용기는 지역에 따라 다양하게 표현될 수는 있다. 그러나 진실로 고통, 위험 또는 곤경에 직면해서 끈기와 인내를 수반하지 않는 것이 용기로 간주될 수는 없을 것이다. 비록 정의의 개념이 다양할지라도 우리는 타인의 권리를 배려하기 전에 자신의 이익을 먼저 챙기는 것을 공정한 것으로 생각하지는 않을 것이다. 정직이 사회적으로 다른 형태를 띤다 해도 사실을 말해야 한다는 강요가 없을 때 진실을 말하는 것은 정직으로 간주되지 않는다.

이런 점은 다음과 같은 덕윤리학만의 차별화된 실천적 교육 성과들을 가져다줄 수 있다. 첫째, 도덕교육과 훈련에서 인격 함양에 초점을 맞추는 덕윤리학은 개념적 열망으로서의 도덕적 노력을 함축한다.Carr, 2013: 105 그러므로 유덕한 행위는 외적인 도덕적 의무에 복종하는 것보다는 인간적 완벽함에 대한 열망으로 간주될 것이다. 탈맥락적인 가상적 딜레마의 논리적 해결에 초점을 맞춰온 인지발달적 도덕교육 이론과 달리 도덕성을 개인적 열망으로 바라보는 덕윤리학은 인간의 고난과 실패 그리고 승리에 관한 훌륭한 이야기들로부터 도덕교육적 영감을 추출해낼 수 있다. 그리고 그러한 문화적 이야기들은 지적인 것 못지않게 마음을 움직이는 힘이 있다.

둘째, 덕윤리학의 중요한 교육적 함의는 도덕 발달이 교사와 부모 같은 모범 사례들과 분명 관계가 있다는 것이다. 이런 측면에서 덕윤리학은 또한 전후 교육철학, 교육이론에서는 거의 주목받지 못해온 교사-학생 간의 도덕교육적 관계에 대한 전통적인 관점, 즉 사회화의 대행자 역할과 맥을 같이한다.Carr, 2013: 106 이렇게 덕윤리의 공동체주의적 성향은 공동체, 가정 그리고 학교의 도덕교육적 역할과 관계를 이론화하는 데 영향을 미치고 있다. 덕교육에서는 교육과 사회화가 날카롭게 분리되지 않으며, 따라서 가정과 공동체가 아동들의 양육과 사회화에 연루되는 만큼 도덕교육에도 중대하게 기여하고, 결국 도덕성의 형성에 있어서 가정, 학교, 공동체의 연계와 공동 책임을 강조할 수 있게 된다.Carr & Steutel, 1999: 251-252

지금까지의 논의를 보면 덕윤리학에서 교육은 그들 스스로 진정한 수준 높은 덕과 가치의 함양에 헌신하는 교사들이 학생들을 구체적인 도덕적 전통에 입문시키는 것이다. 도덕교육의 목적은 우리가 따라야 할 규범들, 모방해야 할 사례들을 찾는 것뿐만 아니라, 유한한 인간이 물려받은 도덕적 시련에 대한 한층 더 깊은 이해를 촉진하는 것이다. 그러나 도덕적 이해와 감수성이 결코 인간의 성찰과 발달이라는 다른 형식들보다 더 안정되고 완전한 것으로 간주될 수 없는 한, 이러한 도덕교육은 학생들을 부득불 논쟁이 불가피한 경쟁하는 전통들에 입문시키는 것이 될 수밖에 없다. 게다가 교사들이 본디 공정하고, 정직하며, 동정적이고, 신중함에 있어서 불완전한 존재임이 분명하므로 덕윤리에서 교육은 학생들의 그런 전통과 관습에 대한 노예적 복종이 될 수는 없다. 이러한 측면을 우려하는 사람들에게는 그러한 입문이 틀림없이 교화적이고, 편협하며, 배타적일 것이라고 주장할 것이다. 특히 이들 대부분은 차이에 대한 관용과 다른 목소리에 대한 포용을 중요하게 여긴다. 관용적이고 개방적인 분위기 속에서 자아와 타자에 대한 적절한 존중의 복잡함을 깊이 이해해야 한다. 기본적으로 도덕적 표본으로서의 전통적인 교사의 역할을 고수해야 하지만 다원적 민주주의 사회에서 이러한 입장이 보일 수 있는 위험성과 복잡성 또한 인지해야 한다.[52]

유교 윤리의 기본이 인仁이긴 하나 의무 이상의 행위까지도 감수하는 최대 윤리로서의 인은 공동체적 유대를 강하게 갖는 소규모 마을 공동체에 적합한 규범이라고 할 수 있다. 사회가 더욱 복잡화·다원화되는 과정에서 현실 도덕은 최소화 전략이 불가피했다. 역사적으로 윤리는 시대의 사회상과 불가분의 관계에 있는 만큼 고·중세를 이어온 소규모 공동체 중심의 공동 사회가 해체되면서 자신의 이해를 중심으로 이합집산하는 이익 사회적이고, 가치 다원주의적인 시민사회에 들어서고부터는 한결 명시적인 규칙의 윤리인 동시에 '최소주의적인' 의무의 윤리가 주류를 이루게 된 것은 불가피한 현실이었다. 이는 도덕의 무게 중심이 '인仁'에서 '의義'로 전환하지 않을 수 없음을 말해준다.황경식, 2012: 262 의는 최대 윤리인 인에 비해 더도 덜도 아닌 상황-적합성에 의거한 규범을 말한다. 그래서 '인'이 편안한 가정仁 安宅이라면, '의'는 바른 길義 正路이라는 말도 이런 관점에서 이해된다. 행위의 규칙들인 예禮는 추상적인 일반적 도덕 이념으로부터 구체적이고 명문화된 법규의 중간쯤에 있는 규범 형태라고 할 수 있다. 그래서 예가 더 한층 진전되어 좀 더

52 물론 규칙준수라는 우파의 도덕성의 공감하는지, 아니면 사회정의와 그것의 구현이라는 좌파의 도덕성에 공감하는지에 대해 카아의 정치적 입장은 좀 모호하기도 하다는 평가를 받고 있다.Willis & Fasko, 2013: 35

명문화되고 최소 규범화될 경우 그것은 바로 법法이라고 할 수 있다. 법은 이해타산을 중심으로 이합집산 하는 시민사회를 규율하는 최소 윤리라고 할 수 있다. '예'나 '법'은 모두가 규칙의 체계라는 점에서 동일하다. 그러나 '예'가 결코 '법'과 동일시될 수 없는 이유는, 예가 구현하려는 기본 가치이자 덕목인 '인'을 떠나게 될 경우, '예'는 빈껍데기에 불과한 형식적인 예인데 비해 '법'은 그 같은 가치나 덕목을 전제하지 않고서도 법으로서 성립할 수 있기 때문이다. 유가 윤리에서 인의 규칙화 과정이 예 이상을 넘어갈 수 없는 이유는 규칙 체계가 인과 갖게 될 본질적 연관 관계 때문이라고 할 수 있다.

유교적 관점에서 볼 때 모범적이고 자율적인 도덕적 행위자로서 군자가 되기 위한 공부는 지속적이고 부단한 자기 수양self-cultivation의 과정이다. 이 같은 과정은 인간 행복에 대한 관심과 배려仁의 체득과 적절한 행위 규칙들禮에 대한 숙지와 더불어 이 양자 개별 상황들의 적합성에 대한 합리적 판단義 등을 전통의 학습과 개인적 성찰을 통해 습득·개발하는 것이다.[황경식, 2012: 278] 또한 유가적 자기 수양의 과정은 스스로 자신의 전통을 이루고 있는 상징체계들을 수용하고 공동체의 공유 가치들에 대한 책임 있는 존재가 되고자 하는 인격 형성의 점진적 과정이기도 하다.

그런데 규칙으로 정식화된 의무 중심적 윤리가 인간다운 삶을 담보하는 사회규범이 되기에는 극복해야 할 갖가지 난점들이 지적되었고 일부 윤리학자들은 전통적인 덕의 윤리로부터 대안을 모색하기에 이르렀다. 하지만 덕윤리는 이미 지적된 바와 같이 소규모 지역 공동체에 적합한 규범의 형태였을 뿐만 아니라 그것에 내재한 애매성 내지 도덕적 미결정성으로 인해 복잡다단한 현대 시민사회의 대안 윤리가 되기에는 역부족인 사실을 인정하지 않을 수 없다. 그러나 근세 이후 주류 윤리인 '의무윤리'가 윤리로서 여러 가지 결함을 지니고 있다면 '덕윤리'가 그에 대한 대안 윤리가 되기에는 어렵다 할지라도 의무윤리를 보완할 수 있는 잠재적 가능성을 타진할 만한 가치는 있을 것이다.[황경식, 2013: 64-65]

우선 의무윤리는 근세 이후 우리의 도덕 생활에 있어 주로 공적인 영역에 적용하기 위해 구상된 것이다. 따라서 덕윤리는 일차적으로 비非공적이고 사적인 영역에 더 적합한 윤리이다. 지금 우리의 일상에서도 사회 윤리나 공공 도덕보다는 개인 윤리에 있어서 덕윤리의 전통이 많이 잔존하고 있음도 이 점과 상관이 있다. 그러나 덕윤리가 일차적으로 영역 구분으로 보아 비非공적이고 사적인 영역에 더 적합한 윤리이지만, 사적 영역을 넘어 공적 영역, 즉 시민 윤리에 있어서도 시민의 미덕을 함양하고 교육하는 데 유용하다고 할 수 있다. 또한 공직자의 덕을 위시하여 교육자, 법조인, 의료인 등 역시 그 직종에 맞는 미덕을 개발하고 교육할 수 있는 여지가 생긴다. 그래서 근래에는 직업윤리에 있어서도 성공 못지않게 봉사의 측면도 강조되며 덕의 윤리는 직장인의 성공만이 아니라 인간으로서의 보람과 행복을 위해서도 강조되고 있다.

이렇게 볼 때 인간다운 삶은 다양한 측면을 갖는다는 점에서 어떤 단일한 도덕 체계라도 나름의 강점과 단점을 지니고 있다. 그러기에 인간 삶의 복합적 요구를 모두 충족시키기 위해서는 여러 도덕 체계들이 서로 배타적 대안이기보다는 상보적 관련이 됨이 불가피하다는 사실을 인정해야 할 것이다. 여러 측면에서 의무/규칙 윤리와 성품/덕의 윤리 간에 상보성을 상정할 경우 현대 사회와 같이 의무/규칙의 일변도로 인해 인간 소외와 더불어 윤리의 본령이 훼손되고 있다고 비판하는 것은 나름의 타당성을 갖는다. 그러나 이는 어디까지나 보완의 의미에서 타당한 주장일 뿐 또 다른 극단으로 나아가 의무-규칙의 윤리가 성품-덕의 윤리로 대체되어야 하는 것으로 오도되어서는 안 될 것이다. 기본적으로 현대 사회의 구조에 대한 근본적 개혁이 전제되지 않거나 사회경제적 체제의 변혁이 가능하지 않는 한, 규칙/의무의 윤리는 현대 사회의 준準법적 도덕 체계로서, 특히 성품/덕윤리의 하부구조이자 기초 질서로서 엄존할 수밖에 없을 것이다. 동시에 그럼에도 불구하고 가정과 우정관계, 나아가 소규모 공동체에서는 의무 이상의 규범인 덕의 윤리가 의미 있는 인간관계나 내재적 가치를 지닌 사회적 관행에 있어 주도적 규범으로서 역할 기능을 해야 할 것이다.

덕윤리의 한국적 과제

1. 한국 사회에서 덕윤리와 의무윤리의 올바른 관계를 예를 들어 설명해 보자.
2. 어떻게 해야 유덕한 교사가 될 수 있는가?

10장
앎과 행동의 통합을 위한 인격교육 운동

> 우리의 삶의 안정은 우리의 인격에 의존한다.
> 자녀들을 성숙하고 책임 있고 생산적인 시민으로 길러내는 일을
> 해낼 수 있을 만큼 충분하게 결혼 생활을 오랫동안 함께하도록
> 유지시켜주는 것은 사랑의 열정이 아니라, 인격이다.
> 이 불완전한 세상에서 사람들을 생존하게 해주고 인내하게 해주며
> 그들의 불행을 극복할 수 있게 해주는 것은 다름 아닌 인격이다.
> 키케로(BC. 106~BC. 43)

인격교육의 요청

미국에서 시작된 인격교육 운동은 1990년대 이후에 부활 내지는 재강조된 것이다. 그것은 결코 새로운 것은 아니다. 오늘날 미국의 공립학교에서 인격교육에 대한 관심이 크게 고조된 배경에는 부분적으로 아동 및 청소년들의 무책임하고 파괴적인 행동의 증가를 지적할 수 있다. 도덕적 쇠퇴로부터 아동들을 보호하기 위해 윤리적 핵심 가치들을 가르쳐야 한다고 역설하였다. 폭력, 부정직, 약물 복용, 성적 타락과 같은 무책임하고 파괴적인 행위들은 바로 좋은 인격의 부재에서 비롯된 것이다.

그리스의 철학자 헤라클레이토스는 "인격은 운명이다."라고 말했다. 인격은 개개인의 운명을 만들어내며, 나아가 사회 전체의 운명을 또한 결정짓는다. 그리하여 키케로는 "시민의 인격 속에 국가의 행복이 달려 있다."고 하였다. 국가의 가장 중요한 잣대는 경제적 부, 천재적인 기술자, 혹은 군사력이 아니다. 그것은 국민의 인격이다. 이 불완전한 세상에서 사람들을 생존하게 해주고 인내하게 해주며 그들의 불행을 극복할 수 있게 해주는 것은 다름 아닌 인격이다. 또한 일을 잘 해내기 위해서는 먼저 선한 사람이 되지 않으면 안 된다. 이렇게 우리들의 개인적, 공

동체적 삶에 있어서 인격이 매우 중요한 것이다.

그리고 훌륭한 인격 없이 인류는 개개인의 존엄과 가치가 존중되는 세계로의 진보를 이룰 수 없다. 훌륭한 인격을 구성하는 덕들 없이는 어떤 개인도 행복한 삶을 살 수는 없으며, 어떤 사회도 효과적으로 기능할 수가 없다. 이것이 참이라면 우리에게 인격적인 사람들을 길러내는 일보다 더 큰 책임은 없다고 말할 수 있다. 인격은 다른 사람들이 보지 않는다고 생각될 때, 우리가 어떻게 행동해야 하는지를 가르쳐준다.

인격교육론의 등장 배경

도덕교육의 역사는 인격교육에 의해 지배되어왔다고 해도 과언이 아니다. 도덕교육 논의에서 인격교육과 덕교육은 자주 혼용되기 때문에 덕윤리를 이론적 토대로 하는 도덕교육으로서의 '덕교육'과 '인격교육'이라는 개념을 구분할 필요가 있다. 인격교육이 기본적으로는 훌륭한 인격 특성이나 덕목들을 내용으로 하고 습관과 행위의 실천을 중시하는 등 아리스토텔레스의 덕 이론이 강조하는 점과 상당 부분 일치한다는 점에서 덕교육의 양상을 띠는 것은 사실이다.[Arthur, 2008; Carr, 2008] 도덕교육에서 습관의 형성을 위해 '훈련'을 강조한 것은 아리스토텔레스의 덕윤리학뿐 아니라, 권위주의적이라 평가되는 인격교육의 핵심적인 특징이기도 하다.[Willis & Fasko, 2013: 34]

또한 미국에서 1980년대 중반 이후 부활한 인격교육이 윤리학에서의 덕윤리의 부활과 어느 정도의 상관성이 있을 것이라고 추측할 수도 있다. 그러나 미국에서의 인격교육은 체계적인 학문적 혹은 이론적 배경의 산물이라기보다는 미국 사회의 문제점을 해결하는 과정에서 모색된 하나의 방안이라고 할 수 있고, 이런 점에서 보면 인격교육을 덕교육과 동일시하는 것은 무리가 있다. 최근에 논의되고 있는 인격교육은 덕교육적 성격을 어느 정도 가진, 미국적 전통 내에서의 도덕교육이라고 보는 것이 더 정확할 것이다.노영란, 2009: 168 따라서 인격교육을 통해 덕교육의 어떤 면들을 파악할 수는 있지만, 덕교육 그 자체를 말한다고 말하기는 어렵다.

미국의 인격교육 운동을 가장 중심적으로 이끈 인물은 베넷W. Bennett과 윈E. Wynne이다. 이후 인격교육연구소가 중추적 역할을 하였고, 킬패트릭W. Kilpatrick, 리코나, 라이언K. Ryan, 레밍J. S. Leming 등이 이 대열에 합류하였다. 이들에 의해 "인격의 중요성character matters" 운동이 전개되었다. 인격교육론은 상대주의라는 부과된 악을 낳은 '가치명료화론'Raths et al, 1966/1994에 대해 강한 적대적 입장을 보였다. 베넷은 콜버그의 도덕적 추론이나 레스 등의 가치명료화 접근이 미국 청소년들의 도덕성 함양에 아무런 도움을 주지 못했다고 비판하면서, 고전과 인문학에 중점을 둔 전통적인 인격교육으로 복귀해야 함을 강력하게 주장하였다. 윈은 미국 사회의 도덕적 위기/교육의 위기는 위대한 전통들을 일찍 포기했기 때문이라고 주장하면서 '위대한 전통the great tradition'으로 되돌아갈 것을 역설하였다.Wynne, 1985-1986 인격교육의 재등장은 가치명료화와 도덕적 추리 등 기존 합리적인 도덕교육 이론에 대한 비판적 태도를 보였다. 이때 '위대한 전통'이란 두 가지 의미로 사용되었다. 넓게는 서구 전통의 위대한 교본, 위대한 정신, 위대한 관념들을 말하는데, 고전 학문의 정신을 가리키는 것으로서 도덕적 가치를 담고 있는 인문학의 전통이다. 좁게는 초창기 미국 학교교육이 솔선수범, 청결, 권위 존중, 거짓말하지 않기 등의 덕목들을 분명하게 신봉하고, 순종을 보상하고, 위반을 처벌하며, 복잡한 추론 기술보다는 좋은 행동 습관의 습득을 강조했던 1880~1930년 사이의 관행을 말하고 있다. 교육자는 도덕적 가치를 전달하는 공동체의 위대한 전통에 부합하는 습관과 성향의 발달을 강조해야 한다고 믿는다.Wynne, 2011 윈은 현대 교육이 도덕적 가치를 전달하는 '위대한 전통'을 너무 자주 무시하고 있다고 하면서 전통의 가치를 다음과 같이 자세하게 설명하고 있다.

① 전통은 도덕적 개념이나 도덕적 준거와는 대조적으로 좋은 품행 습관에 관심을 둔다.

② 전통은 명백한 유혹, 예의, 정당한 권위의 순종에 직면하여 진리를 말하는 매일의 도덕적 이슈에 초점을 둔다.

③ 위대한 전통은 사회의 단 하나의 행위 주체가 유일한 책임을 질 수는 없다고 가정한다.

④ 전통은 도덕적 품행, 특히 젊은 사람의 품행이 지속적으로, 지배적으로 강화될 필요가 있다고 가정한다.

⑤ 전통은 도덕 학습의 진전과 나쁜 품행의 억제 간의 중요한 관계를 본다.

⑥ 전통은 도덕적 문제의 지적 분석에 적대적이지 않다.

⑦ 위대한 전통은 지속적이고 친밀한 사람과 사람 사이의 상호작용을 통해 가장 중요하고 복잡한 도덕적 가치를 전달하여야 한다고 가정한다.

⑧ 전통은 항상 때때로 학생이기도 한 '학습자'를 팀, 반이나 클럽의 구성원으로 대우한다.

⑨ 전통은 인간의 완전 가능성과 유연성에 대해 그리고 이전의 사회화 유형을 깨트리는 것에 대해 비관적인 의견을 갖고 있다.Wynne, 2011

윈은 미국 사회의 전통적인 도덕적 가치들을 아동들에게 직접 전수해주는 것이야말로 미국 사회의 위대한 전통으로 회귀하는 것이며, 마땅히 도덕교육은 도덕적 행동에 초점을 두고 있는 인격교육의 형태를 띠어야 한다고 생각하였다. 특히 인격의 자질들/특성들을 직접적으로 가르쳐서는 안 된다는 '가치명료화 이론'의 주장은 도덕교육을 잘못 유도하고 있다고 공격하였다.

미국에서 인기를 끌고 있는 신新인격교육 운동은 그 원천에 있어 구舊인격교육 운동에서 비롯되었다고 할 수 있다. 구인격교육 운동은 19세기 초중반 『맥거피 독본McGuffey Reader』의 유행이나 남북전쟁 이후부터 시기와 제1차 세계대전과 하트숀과 메이의 '인격교육 탐구'를 통해 이루어진 시점과 종점을 계기로 하여 약 20년 동안 활발하게 전개되었다. 구인격교육 운동의 특징의 하나는 어린이 도덕적 규약의 활동이다. 그 최초의 영향력 있는 프로그램인 항존주의자 허친스의 '어린이 도덕 규약'이 1917년에 출현했고, 그리고 인격의 실체성을 규명하고자 했던 대규모의 실험 연구인 하트숀과 메이의 '인격교육 탐구'가 원래의 예상과는 다른 결과물을 내놓음으로써 그 이론적 토대가 무너진 1930년대 초반까지를 구운동의 시기로 보고 있다. 미국의 경우 1920년대와 1930년대 '인격교육적 접근'(흔히 '덕목주의' 도덕교육으로 불림)이라는 이름으로 공립학교의 도덕교육으로 각광을 받았다. 이 접근을 개발한 교육학자와 심리학자들은 대체로 인격을 '사회의 도덕적 제재에 따르는 인성의 특성을 이루는 총체'라고 정의하였다. 1928년 하트숀과 메이는 이러한 종류의 속성에 정직, 봉사, 자기통제를 포함하였다. 해비거스트와 타바는 여기에 정직, 충성, 책임, 용기, 친절, 우정을 포함하였다. 이러한 속성들은 아리스토텔레스의 절제, 자유, 자긍심, 착한 성품, 진실, 정의나 보이스카우트가 강조하는 정직, 충성, 존경심, 청결, 용감함과 비슷하다.

미국에서의 인격교육은 현재 수십 년에 걸쳐 소멸되다가 다시 재기되는 흥망성쇠의 경로를 밟고 있다. '인격교육연맹'은 학교와 가정에서 사용될 수 있는 교육과정을 만들었다. 그것이 표명하고 있는 의도는 32번째의 통합적 덕, 즉 인격의 극점에 도달할 수 있는 31가지 덕목(순종, 정직, 공평, 의무, 근면, 용기, 정의, 애국심 등)을 내면화시키는 것이다. 교사는 아동들이 특정한 학년에 인격 발달의 중요한 과제를 어떻게 접할 수 있는가 하는 방향을 제시해야 한다. 이러한 인격교육의 접근 방식은 오늘날 생소한 것이 되었지만, 미국의 많은 사람들에게 큰 반향을 일으킨 것은 틀림없다. 지금도 이들 방법은 많은 나라에서 여전히 사용되고 있다.

구인격교육 운동에 대한 반성에서 비롯된 신인격교육 운동은 1980년대 무렵부터 시작되었다. 당시 가정과 공동체의 해체 현상, 전통적 가치의 붕괴, 청소년들의 범죄와 일탈 문제, 그리고 학력 저하를 우려하는 분위기가 팽배하였다. 1980년대 들어서면서 1960~70년대가 과도한 개인적 자유를 표방함으로써 미국 사회가 전통적으로 공유하고 있던 가치들을 홀대했다고 많은 사회 평론가들이 비판하였다. 이에 따라 정치인, 종교인, 학부모 단체 및 지역사회 유력 인사들이 미국 사회가 존중, 책임, 국기, 근면, 가족의 가치, 애국심, 봉사와 같은 전통적 가치들로 되돌아갈 것을 주창하였다.[박장호, 2003: 436-437] 이러한 사회적 상황에서 출현한 인격교육 운동의 새로운 지평을 연 '인격교육 프로그램'은 새로운 대중적 인기를 끌며 국민적 관심을 모았다. 이 인격교육 프로그램은 당시 미국 사회의 가치에 대해 민권운동, 여성해방운동, 베트남 전쟁 등 지속적으로 제기한 비판적 목소리에 대한 반작용으로 나타난 것이다. 동시에 1980년대 미국 사회의 보수화 경향, 점증하는 청소년들의 비도덕적 행위에 대한 사회적·교육적 대응책의 필요성과 맞물려 미국에서는 전통적 형태의 인격교육이 부활하게 되었다. 실제로 미국의 인격교육 프로그램은 이러한 전통적인 미국식 가치를 추구해야 할 필요가 있었으며, 그리고 한 사회에서 실제로 공유해야 할 기본 가치가 존재한다는 이론적 가정에 기반을 두고 있다. 물론 그것은 환상을 쫓는 것이나 다름없는 것처럼 보였다. 그렇지만 다른 한편 타당한 힘을 가진 많은 현대의 인격교육 프로그램은 교육과정의 많은 부분에서 '도덕적 영웅'의 행동을 모방하도록 하였다.

신인격교육 운동은 구인격교육 운동의 경우보다 다소 심리학적 경향이 덧붙여진 고전적인 입장과, 이 모두를 종합한 통합적인 입장으로 나타났다.[박장호, 2003: 436] 전자는 베넷과 라이언의 입장이다. 예의 바르고, 진실을 말하고, 규칙을 준수하고, 근면하며, 학교의 시설과 주변을 아끼며 깨끗이 하고, 다른 학생이나 어른들에게 대해서 친절을 베푸는 훌륭한 인격을 학생들이 보고 듣도록 하는 것이다. 이런 고전적 입장을 지지하는 현대 공동체주의자들은 개개인의 인격을 크게는 그들의 가정, 이웃, 다른 일차적 공동체들의 산물로 본다. 즉, 인격이란 곧 '공동체적 자아'와 다르지 않다. 이와 달리 통합적인 입장은 데이몬W. Damon, 콜비A. Q. Colby, 리치J. M. Rich, 리코나의 입장이다. 이들은 대체로 발달주의적 관점에서 도덕적 추리, 가치명료화 등을 포함한 '통합적 인격교육론integrated character education'을 제창하고 있는 사람들이다. 이들이 말하는 인격이란 인지, 정서, 행동의 세 측면들이 조합되어 일관되고 조화롭게 작동하는 종합적 모습이라고 할 수 있다. 도덕적 인격의 발달은 오랫동안 학교의 도덕교육의 전통적 목표이었다. 인격교육의 전통적 목적은 인격의 덕스러운 특성의 함양에 초점을 두어왔다.Arthur, 2008: 96 통합적 인격교육은 덕을 함양하기 위한 계획적인 노력이라고 할 수 있다.Lickona, 1998: Carr, 2008[53] 리코나의 '통합적 인격교육'에는 행동주의, 발달심리학, 치료적 접근, 신고전주의적/공동체주의적 관심 등 여러 가지 관점이 포괄적으로 융합되어 있다.

덕으로 구성된 인격의 개념

인격(人格, character)[54]은 개인적으로나 전체적으로 포괄적 용어로서 대체로 덕들(德, arete, virtues)로 구성되어 있다고 볼 수 있다. 덕은 어느 정도 중요한 근거에 터한 바람직하고 가치를 지닌 인격의 특질이다. 덕은 좋은 인격을 규정하기 위한 기준을 제공한다. 인격이란 사회의 도덕적 규준에 따르는 성격 특성의 종합이라 볼 수 있다. 좋은 인격은, 행동하는 가치들로 구성된다. 우리가 소유하고 있는 덕으로 구성되어 있다.

53 도덕성의 형성과 관련하여 인격교육이 행동적 행동을, 인지발달론이 지적인 이해를, 그리고 배려교육이 정서적 발달을 특히 강조한다면, 덕교육은 도덕성을 인간의 모든 차원들 간의 중대한 상호작용으로 본다.노영란, 2009: 172

54 인격의 어원은 그리스어 'charassein'인데 그 말은 돌이나 금속에 '새기다' 내지 '조각하다'의 의미를 가진다. 돌과 금속에 새긴다는 것은 쉽게 이루어지지 않는다는 의미와 동시에 새겨진 것이 뚜렷하게 보이는 것은 아니지만 분명하고 일관적이라서 잘 바뀌지 않는다는 의미를 지닌다. 그런 의미에서 '차이를 표시하는 기호'로, 또 거기에서 '개인의 행위 양식이나 개인의 도덕 구성'으로 성장된 말이다.

우리가 덕을 가질수록, 그것도 충분히 가질수록 우리의 인격은 더 강해진다. 또한 아무도 보지 않는 때, 사람들이 행하는 것이 곧 '인격'이다. 인격적인 사람이 된다는 것은 우리가 될 수 있는 가장 좋은 사람이 되는 것을 뜻한다. 인격이 자란다는 것은 우리의 윤리적 및 지적 잠재력 모두가 발달하는 것을 뜻한다.Lickona, 2006: 171 동양철학에서는 덕德이 겉으로 드러난 것을 '예禮'라고 말한다.

오늘날 광의의 인격적 특성은 다양한 환경 속에서도 행위의 일관된 유형을 포함한다. ① 돈에 관한 정직, 사람의 감정에 대한 정직, 성적인 관계에서의 정직 등을 포함한 다양한 상황과 정직의 결합을 보여주는 것이다. ② 신체적인 위험을 직면하는 상황, 준비가 부족한데도 사람들을 위해 공공 연설을 해야 하는 상황, 당신을 좋아하지 않을지도 모르는 낯선 사람과 접촉하는 상황, 멸시할지도 모르는 글을 출판사에 제출하는 상황 등에서 '용기를 내는 것'이다.Kupperman, 2008: 370-371 협의의 인격적 특성은 어떠한 사람의 인격적 특성 전체와 대부분의 사람들이 지닌 대부분의 인격적 특성들이 광범위하게 여겨질 때보다 좁게 생각될 때 훨씬 타당성이 있다. 즉 ① 인격은 특정한 상황에서 사람들이 어떻게 행위하는 경향이 있는지에 대한 것으로 상술될 수 있다. ② 사람들은 친구가 도움이나 돈이 필요할 때는 꽤 친절하다고 설명되지만 종종 낯선 사람들에게는 덜 친절하다. ③ 고통을 일으키지 말아야 한다고 여기는 양심적인 사람도 그 고통이 자체가 가치를 지닌 어떤 필수적 행위의 부산물이 될 때는 예외일 것이다.Kupperman, 2008: 370-371

리코나는 훌륭한 인격의 내용이란 '덕'으로서 정직, 정의, 용기 그리고 연민과 같은 덕들이 도덕적으로 바람직한 방식으로 행동하는 성향들이라고 설명하고 있다.Lickona, 2006: 26 그것들은 우리가 알든 모르든 관계없이, 객관적으로 좋은 인간적 자질들이며, 우리에게 좋은 것들이다. 또한 덕들은 본질적으로 좋은 것들이기 때문에 우리의 양심으로부터 당연히 요구되는 것이기도 하다. 나아가 덕들은 시간과 문화를 초월한다. 비록 그것들에 관한 문화적 표현들은 다르게 나타날지라도 말이다.

예컨대 정의와 친절은 얼마나 많은 사람들이 그것들을 내보이는가와 관계없이 언제나, 어디서나 덕인 것이다. 덕이 어떤 윤리적 기준들을 충족시키기 때문에, 음악이나 옷을 취향에 따라 주관적으로 선호하는 것과는 달리 객관적으로 좋은 것이라고 우리는 단언할 수 있다.

리코나는 덕의 이점을 다음과 같이 열거하고 있다.Lickona, 2006: 26-27

① 덕들은 인간이 된다는 것이 무엇을 의미하는지를 정의한다. 우리는 유덕하게 행동할 때, 그리고 속이기보다는 정직하게 살 때 더욱 충실하게 인간적인 사람이 된다. ② 덕들은 개개인의 행복과 복리를 증진한다. ③ 덕들은 우리가 공동체 속에서 살고 일하는 것을 가능하게 해주는 동시에 공동선에 기여한다. ④ 덕들은 두 가지의 고전적인 윤리적 기준들, 즉 '가역성'(당신 또한 이러한 방식으로 취급받기를 바라는가?)과 '보편화 가능성'(유사한 상황에서 모든 이들이 이러한 방식으로 행동하기를 바라는가?)을 충족시킨다.

어떤 덕들이 가장 중요한가? 리코나는 지혜, 정의, 불굴의 정신, 자기 통제/절제, 사랑, 긍정적 태도, 열심히 일하기, 성실, 감사, 겸손 등 10가지 필수적인 덕목들을 거론한다.Lickona, 2006: 27-32 이 필수적인 덕들을 더욱 일관되게 실천하는 가운데 진보를 이루는 데 초점을 맞추어 노력해야 한다. 우리의 인격은 우리들의 '습관'으로 구성된다.

또한 어린 시절과 청소년 시절에 형성하는 습관들이 종종 성인 시기까지 지속된다. 그리고 부모들은 좋은 것이든 나쁜 것이든 간에 그들 자녀들의 습관 형성에 영향을 미친다. '올바른 판단'은 훌륭한 인격의 큰 부분을 이룬다. 우리 자녀들로 하여금 사려 깊은 의사결정자가 되도록 하는 일은 무엇이 옳고 그르며, 왜 그러한지를 직접적으로 가르침으로써 양심을 형성하는 것 이상으로 나아가는 일이다. 모든 덕들은 '실천'을 통해 발달한다. 단지 선에 관해 말하는 것만으로 자녀들에게 선한 성품을 발달시키지는 못한다. 인격 발달은 운동 경기를 구경하는 것과는 다르다. 우리의 자녀들이 강하고 선한 사람으로 자라도록 돕기 위해 최선의 노력을 기울이는 것은 부모들이 할 일이다. 다른 모든 일들이 그러하듯이 인격 발달의 과정은 바로 가정에서부터 시작되는 것이기 때문이다. 그리고 학교가 해야 할 첫걸음은 인격 발달과 관련하여 가정과 학교가 상호 보완적 책임이 있음을 분명히 인식하는 것이다.

통합적 인격교육의 동향

오늘날 도덕적 사회화를 강조하고 있는 사람들로서 주로 미국에서 인격교육의 부활을 선도하고 있는 일군의 학자들이 있다. 신인격교육 운동은 가치명료화 운동에 대한 반작용이었다. 학교는 책임, 근면, 정직, 그리고 친절이 모델화되고, 가르쳐지고, 기대되고, 칭송되며 그리고 계속적으로 실천되는 미덕의 공동체가 되어야 한다는 것이다.[Nord, 2001] 베넷W. Bennett은 미국의 교육이 서구의 위대한 전통들, 위대한 정신들, 그리고 위대한 사상들로 되돌아가야만 한다는 점을 역설하였다.[Bennett, 1985] 킬패트릭은 우리가 학생들의 인격 발달을 고무하기 위하여 할 수 있는 가장 간단하면서도 중요한 방법들 가운데 하나가 그들에게 공통의 준거점을 제공하고 훌륭한 예화들을 제기할 수 있는 이야기와 역사에 익숙케 하는 것이라고 주장하였다.[Kilpatrick, 1992] 이야기는 조상들이 중시해온 숭고한 가치들과 지혜들을 담고 있으며, 딜레마 토론이나 문제 해결을 위한 토론에서는 찾아볼 수 없는 용기의 모델, 미덕의 모델들을 알기 쉽게 식별할 수 있게 해주는 장점이 있다. 베넷은 교사들이 미국 사회의 전통적인 가치들이었던 위인에 대한 존중, 애국심, 희생, 용기, 정직, 신뢰와 같은 가치들을 확신을 가지고 학생들에게 제시해야만 한다고 주장하였다. 종종 이러한 인격교육의 방식을 '교사 중심적', '직접적 가르침'의 접근이라고 명명한다.[Benninga, 1997]

"어떤 사람이 인격을 지녔다."라고 말할 때, 이는 그 사람이 스스로에 대한 일관성 있는 의식과 함께 도덕적 덕을 고려하면서 일관되게 행동하는 것을 가능하게 하는 개인 능력을 지녔음을 의미한다.[55] 인격은 유혹에 직면하여 자신의 신념을 지키는 능력에서 나타나며 그 신념과 관련하여 형성된다고 할 수 있다. 아리스토텔레스는 벌에게는 침이 필요하듯 인간은 덕을 필요로 한다고 하였다. 어떤 사람이 인격자라는 불리는 것은 사람들이 아주 어려운 환경에서조차도 그 사람에게 의지할 수 있다는 것을 의미한다. 강한 인격을 가지기 위해서는 장애물이나 유혹 또는 혼란스러운 상황에서도 견뎌내야 한다. 스포츠와 관련된 상황에서 개인들과 집단들은 전형적으로 가장 강한 압박 속에서도 무릎을 꿇지 않음으로써 인격을 드러낸다. 특히 삶과 죽음, 누군가에 대한 격렬한 아픔의 가능성을 포함한 위태로운 상황에서는 도덕적으로 덕스러운 선택을 만들 수 있는 강인한 경향이 특별히 필요하다.

좋은 인격은 대인적 관계 형성과 개인적 성취, 사회적 책임과 학업에 대한 책임의 양쪽 모두를 필요로 함을 기본적으로 이해한다면, 인격교육과 학업 사이의 잘못된 이분법은 사라진다. 인격교육은 존중, 책임, 정직, 타인에 대한 배려와 같은 윤리적인 핵심 가치들을 학생들에게 이해시키고, 관심을 갖게 하며, 이에 근거하여 행위하도록 돕기 위한 학교·공동체·학부모 공동의 교육적 노력으로 정의할 수 있다.

인격은 자동적으로 형성된 것이 아니고, 가르침, 모범, 그리고 실천을 통해 발전되었다. 전통적인 인격교육 프로그램은 추리, 자율성 그리고 사회정의보다 전통, 권위, 순종을 더 중시하였다. 교화적 방법과 관습적 내용에 뿌리를 둔 전통적 인격교육은 아동들이 사회적 문제를 추리하거나 해결하는 방법에 대한 관심보다 아동들이 확실하게 덕이 있는 행동을 배우게 하고, 도덕적 인격의 특성을 보이는 것에 대한 관심이 더 많다. 인지발달적 접근과는 대조적으로 도덕적 추리의 과정보다 도덕의 내용을 더욱 강조한다. 인격교육의 궁극적 목표는 개인으로 하여금 적절하게 행동하도록 사회화하는 데 있다. 일상생활에서의 도덕적 습관을

55 영구적으로 '새겨진 것' 혹은 '조각된 것graving' 또는 '뚜렷하게 새겨진 징표distinctive mark'라는 인격의 어원상 정의는 '확고함steadfastness'과 '신뢰성dependability'에 대한 느낌을 표현하는 것으로 보인다. Lapsley & Power, 2008: 208, 221-222

함양해야 한다. 학교가 예의 바르고 배려하고 정의로운 사회, 민주적/도덕적 공동체로서의 교실 환경을 만들기 위한 5대 핵심적 가치는 돌봄, 존경, 신뢰, 책임, 가정이다.

인격은 '올바른 품성'을 갖는 것이다.[Lickona, 2006: 23] 올바른 품성은 객관적으로 지혜, 정직, 친절, 자제와 같은 선한 인간의 자질이다.[Lickona, 1998] 만약 '인격'이 정직, 성실, 자기통제, 순종과 같은 덕의 특질들의 집합이나 통합이라면, '인격교육'의 임무는 무슨 방법이든지 최상으로 보이는 방법을 활용하여 이 특질들을 발달시키는 것이다. 부모이면서 교육자인 우리들은 아이들에게 그 내면에 자리해야 할 중요한 그 무엇을 기르기 위해 애써 노력하고 있다. 외부의 수많은 유혹을 이겨내기 위해서 덕을 함양하지 않으면 안 된다.

인격교육에 대한 분명하고 일반적으로 수용되는 정의가 없기 때문에 밀슨[Milson, 2000]은 인격교육 관련 문헌들에서 나타나는 여섯 가지의 공통된 주제에 기초하여 인격교육을 개념화하였다.[Milson, 2000; 정창우, 2004: 131-135 재인용]

> ① 우리 사회의 도덕적 위기의 극복을 위해 학교의 역할과 책임이 막중하다.
> ② 역할 모델과 귀감은 인격 발달을 돕는 중요한 측면들이다.
> ③ 교사 중심의 설교적인 수업이 인격교육에서 어느 정도 바람직하다.
> ④ 학생들은 좋은 인격을 경험하고 실천할 기회를 필요로 한다.
> ⑤ 학교는 긍정적인 도덕적 풍토를 조성해야 한다.
> ⑥ 공동체적 가치에 기초한 인격적 특질들의 목록을 만드는 과정은 인격교육의 중요한 출발점이다.

오늘날 '통합적 인격교육'을 제창하고 있는 리코나는 인격교육에서 도덕적 추리, 가치명료화의 강조를 포함하여 도덕교육의 광범위한 틀을 제시하였다. 통합적 인격의 구성 요소는 도덕적 앎/사고(무엇을 행위하고 학습할 것인가?)와 도덕적 감정(무엇을 학습하는 것이 가치 있는가?), 그리고 도덕적 행동(무엇을 학습할 것인지의 토론만이 아니라 행동을 통한 경험의 통합)이다.[Rusnak, 1998: 3-4] 통합적 인격교육의 절차는 ① 우리의 현재 가치 인정하기(우리에게 무엇이 중요한가) → ② 존재하는 갈등을 해결하기 위해 현재의 우리 가치를 검토하기 → ③ 우리의 가치와 타인의 가치관 차이를 관찰하기 → ④ 문제 해결을 위해 우리의 행동의 결과/대안을 인식하기(가치명료화 방법과 무관하면서도 유사한 해결 방법을 구사함) 등의 단계를 밟는다.

그리고 올바른 판단을 위한 의사결정을 위한 절차로 다음과 같은 과정을 밟을 수 있다. ① 대안 고려하기: 이 문제를 해결하기 위해 내가 할 수 있는 여러 가지 다른 방안들은 무엇인가? → ② 결과를 숙고해보기: 위의 여러 가지 대안들 각각에 따를 경우 나를 포함하여 그로 인해 영향 받을 다른 어떤 사람들에게 어떤 좋은 또는 나쁜 결과가 초래될 것인가? → ③ 가치명료화하기: 어떤 도덕적 가치들이 관련되어 있는가? 어떤 가치가 가장 중요한가? → ④ 조언 구하기: 이러한 상황에서 무엇을 해야 할지를 결정함에 있어 어떤 사람들에게 도움을 청할 수 있을까? → ⑤ 의사결정하기: 어떤 행위의 방향이 중요한 가치들을 존중하는 가운데 의사결정에 의해 영향 받을 사람들에게 해로움을 최소화하면서 최대의 선을 가져올 수 있을까? 이 과정에서 갈등 해결, 협동 학습, 모델, 돌봄, 멘토 등이 이루어진다.

오늘날 통합적 인격교육은 사람의 형성과 변혁을 많이 다루고 있으며, 학교와 가정에서의 교육 그리고 사회에서의 사회적 네트워크에 개인의 참여를 통한 것을 모두 포함하고 있다. 통합적 인격교육의 목표는 좋은 인격을 가진 사람, 인격적인 학교, 그리고 인격적인 사회를 만드는 데 있다.[Lickona, 2006: 300-301] 학생들이 학교에서 인격을 드러내는 두 가지 중요한 방법은 공부를 열심히 하는 것과 다른 사람을 존중하는 것이다. 지적 발달과 도덕적 성장이 전인적 발달과 더 나은 세계를 위해 모두 본질적이라는 것은 분명하다. 만약 우리가 학생들이 자기 자신이 아니라, 다른 사람들의 유익을 위해 자신들의 두뇌를 사용하기를 원한다면, 도덕적 양심을 발달시키도록 그들을 더 잘 도와야 한다. 인격교육을 제대로 이해했다면 전인 발달, 즉 더 나은 학생, 그리고 더 나은 시민을 목표로 해야 한다. 통합적 인격교육을 하려면 더욱 만족스러운 삶으로 인도하고, 좋은 세상을 건설하도록 이끄는 덕들을 발달시키기 위한 의도적 노력을 해야 한다. 통합적 인격교육은 우리가 해야 할 훌륭하고도 필수적인 일이다. 인격의 공동체를 창조하는 일은 청소년들의 교육과 도덕성 발달에 책임을 가진 현재의 제도를 강화하는 일부터 시작되어야 한다. 학교를 인격교육의 장소로 만들고 학생들을 효율적으로 가르칠 수 있도록 공동체의 모든 노력을 다해야 인격의 공동체가 건설될 수 있을 것이다.

통합적 인격교육론의 한계와 과제

인격교육에 관한 최근의 담론은 인격교육의 의미에 관한 심각한 혼란을 초래하였다는 비판을 받았다. 즉, 인격교육의 범위와 목표에 관한 의견의 불일치로 인해 인격교육이 무엇인지에 관한 정의를 내리는 것은 사실상 쉽지 않다. 여러 가지 방식으로 전통적 인격교육을 강하게 비판하기 시작한 사람은 합리적 인지발달주의자 콜버그이다.[Kohlberg, 2000] 그는 권위에 대한 순응으로서 공동체의 해석들을 비판하고 있다. 먼저 그는 두 가지 이유로 '덕목의 보따리'[56] 접근에 대해 문제 제기를 한다. 첫째, 개인은 바람직한 덕목을 위한 표어의 집합에 동의할지는 모르지만, 사실상 그것이 말하는 것에 대한 상이한 이해를 가질 수 있다. 둘째, 고대 그리스의 경우처럼 불의에 의존하거나 유도하는 덕목의 집합을 강

56 구체적 가치를 가르치려는 전통적인 시도들, 즉 정직, 성실, 책임감 등에 있어 일치된 의견이 존재하지 않는데도 덕목들의 묶음인 덕목의 보따리를 일방적으로 전달하는 방식을 '덕목수합 접근법'이라고 한다.

조한다는 점이다. 콜버그는 아주 근본적으로 윤리적 상대주의를 촉진하는 것, 그리고 적극적 가치들이나 어떤 핵심의 집합이 토대가 되어야 한다는 주장의 위험성을 우려한다. 또 콜버그는 전통적 인격교육자들이 강조하는 덕은 행복이나 인간번영과 일치하는 특정한 인간의 능력과 조건이 놓여진 두 극단 사이에서 합리적으로 결정하는 중용의 덕을 통해 올바른 행동을 하도록 하는 아리스토텔레스의 목적론적teleological 관점을 제대로 옹호하지 않았다고 지적한다. 전통적 인격교육의 접근은 내용의 중요성을 적절하게 강조하며 환경의 영향에 대해 어느 정도 통찰을 보여주었으나, 자율성의 중요함과 문제 제기적 교수법을 낮게 보았다는 지적을 받고 있다.

그렇지만 인격교육의 일부 지지자들은 원래 전통적 실천을 통한 인격교육에 의문을 제기했던 하트숀과 메이[Hartshorne & May, 1928-1930] 연구에 반론을 제기하였다. 덕교육의 의미는 기본적으로 덕윤리에 대한 이해를 통해 파악될 수 있다. 인격교육론자들은 도덕적 정체성과 성격 등 심리학자들의 인격교육론에 대한 철학적 한계를 '덕윤리학'에서 빌려와 보충했다. 인격교육론자들의 덕윤리학에 대한 관심은 인격교육에 대한 새로운 관심을 촉발하였다. 교육철학자 카아와 스토이텔은 인격교육이 분명 덕윤리학에 근거해야 한다고 주장하였다.[Carr & Steutel, 1999; Carr, 2008] 사실 인격교육은 덕윤리의 관점이 칭송했던 내용을 많이 빌려 왔다. 덕윤리는 도덕성의 인지, 정의, 행동적 요소를 모두 중시하는 통합적인 접근을 취할 수 있는 이론적 토대를 제공하였다. 덕윤리학은 이론적 경향이 강한 반면에 인격교육은 실천적 측면이 강하다. 특히 덕윤리학은 타인은 물론 자신을 포함한 행위 주체가 짊어질 책임을 숙고하기 위해 도덕적 영역을 확대할 기회를 다시 열어준다.

그러나 오늘날 작동하는 인격교육 프로그램에서는 '실존적 질문'에 별로 주의를 기울이지 않는 것 같다. 대부분의 수업자료는 특정한 도덕적 미덕을 가르치는 데 초점을 두고 있다. 그리고 대부분의 인격교육 프로그램들은 부분적으로는 습관의 획득에 대한 다소 중복적 의존으로, 부분적으로는 인격교육의 더욱 실천 지향적인 경향으로 인해 이론에 대한 강조를 덜함으로써 아리스토텔레스적인 덕윤리와 심리학적 행동주의 간의 경계를 흐릿하게 하였다.노영란, 2009: 183

오늘날 인격교육론은 또한 '비확산적non-expansive' 입장을 취하고 있다는 비판을 받고 있다.MaLaughlin & Halstead, 1999: 138-142 전통적 인격교육을 넘어서려는 리코나의 '통합적 인격교육'은 극단적 상대주의와 개인주의의 반도덕적 경향을 우려하면서 인격의 지적·정의적·행위적 요소의 통합을 주창하였으나, 병렬적으로 미덕의 중요함을 나열만 할 뿐, 내적으로 각 요소가 어떻게 서로 연관되는지를 밝히지 못했다는 지적을 받고 있다. 그리고 특히 인격교육의 비확산적 관점은 신보수주의적 사회적·문화적 의제를 채택함으로써 전통적 가치와 권위의 존중 등 '보수적 도덕주의'로 돌아가고 말았다는 비판을 받았다.Molnar, 1999 지루Henry Giroux는 인격교육의 담론 속에는 "갈등에 대한 이야기가 없다. 성차별, 인종차별, 계급차별 등 불평등한 사회관계에 대한 언급이 없다. 이것은 일상생활의 갈등과 모순을 덮어 가리려는 불안한 조화이다."Giroux, 1988: 19, 50라고 비판한다. 인격교육 문헌은 대부분 플라톤과 아리스토텔레스를 중시하면서 마르크스와 푸코를 무시하고 있다. 즉, 정직과 성실을 강조하고 있으나 서구 문화의 사회적·경제적 부정의를 별로 언급하고 있지 않다.Nord, 2001: 144 결과적으로 순응의 도덕만 양산할 따름이다. 보편성을 지향한다는 인격교육론은 소수자 하위문화를 무시하고, 선택된 미덕의 문화적 특수성을 엄폐하고 있다. 공통성을 강조한다는 인격교육은 다양성을 무시하였다. 한마디로 인격교육론은 종파적이고, 권위주의적, 빈지성적, 반민주적이라는 비판을 받았다. 보상과 처벌을 통해 행동을 형성하는 행동주의, 보수주의/전통주의, 종교주의에 바탕을 둠으로써 사회정의의 홀대(신보수주의라는 비판), 도덕의 비정치화(문화재생산의 수단, 숨겨진 의제, 표리부동), 그리고 인권교육의 과제를 소홀히 다루고 있다는 것이다. 인격교육론은 사회문제의 정치적·경제적 본질을 감추고 있으며 현상유지적 입장을 취하고 있다. 개인들의 인성과 그들의 도덕성이 잘못되어 그런 것이라고 설교하고 있으며, 결과적으로 권력을 가진 사람의 이익을 강화하는 개별 도덕성의 잔인한 조각가이기를 바라고 있고, 그래서 인격교육이 성찰적이지도, 해석적이지도, 통합적이지도 않다.DeVitis & Yu, 2011: 61

동시에 인격교육론은 교화적이고, 강압적, 일방적, 주입식, 교사 중심이라는 비판을 받았다. 인격교육의 중심이 삶의 사회적 현실에 대한 쟁점과 복잡한 학습 그리고 자율적 결정을 회피하고 있으며, 사회질서에서 아동의 역할과 위치를 받아들이는 데에 행동주의적 조건화 기법을 강조하면서 윤리적 선택에 필요한 비판적 사고와 능력 그리고 기술을 덜 강조하고 있다는 것이다. 결국 인격교육론은 학생을 민주적 잠재력을 파괴하는 노예로 만들 가능성이 있다. 반면 진보적 교수방법은 아동 중심적 학습, 경험을 통한 학습, 중립성, 협동 학습 등을 중시한다. 이러한 진보적 교육성향은 인격교육론과 달리 학생들에게 '인격'을 각인시키려고 하기보다는, 오히려 문제 해결, 공감, 사회적 기술, 갈등 해결, 평화 만들기, 삶의 기술 등을 강조한다.

그렇지만 오늘날 현대적 인격교육론은 다른 한편으로 단순히 행동통제, 훈육, 훈련, 교화와 동일시될 수 없다는 새로운 평가도 나오고 있다.Athur, 2008: 91 인격교육은 '동화주의적' 시민교육과 친화성을 보일 수 있지만, '사회개혁적인' 시민교육과 친화성을 보일수도 있다는 것이다.Winton, 2007 현실적으로 인격교육은 시민교육을 지지할 수도 있으나, 다만 중요한 점은 사회개혁적 시민교육보다 비민주적 사회적 단합이나 동화주의 경향을 보이는 시민교육으로 기울 가능성이 크기에 주의를 요구한다는 것이다. 그래서 가치의 다양성을 존중하면서 인격교육의 다원주의적 전망을 가지고 민주사회의 시민을 위한 인격교육으로 나아가야 한다.McLaughlin & Halstead, 1999: 139 정치적 쟁점이나 서로 다른 세계관을 노정한다고 하여 논의를 방해하거나 차단해서는 안 된다. 따라서 현대적 인격교육론은 성인과 아동 간에 보살피는 인지적 상호작용을 하는 것으로 반드시 대체되어야 하고, 이것은 실행에 초점을 맞추어야 한다. 그리고 인격교육은 반드시 전통적인 도덕적 미덕만이 아니라, 사회적이고 인지적이고 감정적인 미덕을 고무하는 것을 포함하지 않으면 안 된다고 주장한다.

오늘날 인격교육 운동 진영에서 말하는 통합적 인격은 도덕을 넘어 덕과 추론을 포함하고 있고 옳음에 대한 헌신뿐만 아니라 선의 관점을 수반하고 있다.Lapsley & Power, 2008: 237 현대적 인격교육은 '진보주의 교육관'을 받아들이면서 학교는 '민주적인 공간'이 되도록 노력하는 방향으로 나아가고 있다. 현대적 인격교육은 폭넓은 학교 개혁과 맞물려야 성공 가능하다는 방향으로 나아가고 있다. 인격교육의 새로운 접근은 학교의 기풍/정신(분위기, 풍토, 문화, 윤리적 환경)의 개혁을 중시한다. 오늘날 인격교육은 '인격'이라는 단어에 의해 언급된 학생 내부의 확인할 수 있고 측정 가능한 것이 무엇이라는 허위를 버리고 학교교육 개혁에 동의하고 있다. 인격을 위한 교육은 민주주의의 기초를 놓을 수 있다. 민주사회의 성패를 좌우하는 하나의 필수적 요소이다. 학교와 교실에서 민주적인 절차를 진작시키는 것은 학교에서 인격 발달을 증진시키는 하나의 방법이라고 할 수 있다. 인격이 있고 덕이 있는 학교가 되기 위해서는 지적 탁월성과 도덕적 탁월성이라는 두 가지 큰 목표를 함께 수행해야 한다. 지성을 가르치는 것과 도덕적 인격을 가르치는 것은 학교교육의 중요한 목표라는 점을 명심해야 한다.

인격교육론의 한국적 과제

1. 왜 인격교육이 국가주의 교육의 도구로 이용되기 되기 쉬운가?
2. 인격이 민주시민적 태도와 공존할 수 있는 방안을 제시하라.

11장
개인주의와 시장주의를 넘어서는 공동체 교육

> 인간들이 신체적으로 가까이 살고 있다고 해서 사회를 이루는 것은 아니다.
> 개인들이 모두 공동의 목적을 위해 일한다고 해서 사회집단을 형성하는 것도 아니다.
> 인간들이 모두 공동의 목적을 인식하고 모두 그것에 관심을 갖고 그에 따라
> 자신들의 구체적 활동을 규제할 때 비로소 공동체를 이룰 수 있는 것이다.
>
> 듀이, 『민주주의와 교육』(1916/1993)

공동체 교육의 필요성

지금 우리가 살아가고 있는 이 시대 이 나라는 관계의 위기에 놓여 있다. 산업과 교통과 통신이 발달함으로써 각 산업 부문이나 영역 사이의 기능적 결합은 점점 더 밀접해지지만, 사람들 사이의 관계는 점점 더 멀어져간다. 오늘의 현대 사회가 점점 분화되고 전문화되고 있어서, 가진 사람과 가지지 못한 사람, 도시 사람과 시골 사람, 늙은이와 젊은이, 원주민과 이주민, 보수주의자와 진보주의자들은 서로 거리를 벌려가며 자기만의 세계 속에서 살아가고 서로 갈등한다. 이들은 기능적으로는 통합되어 있지만, 심리적으로는 분열되어 있다. 그 속에서 개인들은 소외감을 느낀다.

이러한 '관계의 위기'는 우리 학교 교육의 장면도 예외는 아니다. 우리 학교는 지금까지 사회가 기능적으로 원만하게 결합될 수 있도록 하기 위해서 인재를 양성하고 선발하는 기능을 수행해왔다. 그런데, 학생 수가 늘어나고, 수학 기간이 늘어나며, 학교의 교육체제가 점점 더 정교해질수록 학습 부진아와 중도 탈락자는 더 늘어나고, 학교 붕괴 현상도 악화되어왔다. 학생들은 100미터 달리기 선수처럼 주변을 돌아볼 틈도 없이 성공을 위한 각자 자신의 트랙을 달려야 하고, 교사는 학생들

이 더 빨리 달리도록 채찍질한다. 인생에서 가장 민감한 시기인 청소년기에 정신을 온통 학업 성취도에 집중하는 것은 무익한 일이다. 학생에게 친구는 경쟁자이고, 교사는 관리자일 뿐이다. 그 속에서 동료 간의 우애나 사제 간의 정은 찾아보기 힘들다.

많은 사람들이 우리 사회의 이러한 '관계의 위기'를 해결하기 위해서 애쓴다. 그 해결책 가운데 하나가 '공동체'다. 공동체 속에서 사람들이 서로 돕고 유대감을 느끼면서 살아갈 수 있을 것이라고 믿는다. 1980년대 후반에 이르러 학교의 공동체 개념이 더욱 부상하였다. 공동체로서의 학교 요청은 지나치게 관료주의적이고 비인간적 특성을 보이는 조직을 교정하려는 것일 뿐 아니라 해체된 가족과 이웃과의 사회적 연대를 벗어나 소속감을 다시 갖게 하는 새로운 장소로 재창조하려는 시도라고 할 수 있다.

오늘날 많은 학교의 분위기는 전형적으로 공동체성이나 협동보다는 개인주의와 경쟁을 부추기는 경향을 보이고 있다. 우리 사회 또한 개인주의, 이기주의, 물질주의, 권위주의가 팽배하고 있다. 이러한 요인들이 시민의 연대 의식과 사회적 책임 의식을 약화시키고 있으며, 공동체를 해체하는 작용을 하고 있다. 신자유주의 강풍으로 인한 인간의 상품화가 초래되어 소속감, 연대감, 전통 등이 크게 쇠퇴하고 있다.

또한 변화하는 사회의 새로운 욕구 분출을 과거의 도덕적 잣대로만 통제할 수 없는 경향이 나타나고 있다. 그리고 개인의 자율성이 이타성을 갖지 않고 자기완성만을 추구할 때, 설사 그런 일이 일어나지 않겠지만 모두가 자기완성만을 추구한다면 공동체에 살고 있는 개인들의 자기완성을 통합시키는 도덕적 근거와 정당성을 어디에서 찾을 것인지가 묘연해질 수 있다. 또 사회 전체의 목표가 개인 복지의 달성으로만 협소하게 이해될 때 국가 전체의 복지나 미래의 사람들에 대한 지속가능한 도덕은 무시되어 현재 살고 있는 사람들에 대한 이익 추구로만 전락될 위험이 있다. 따라서 자율성의 노력을 통해 부단 없이 도덕적 정진을 하는 것도 의미 있지만, 그것이 개인주의 도덕으로 함몰되어 이기주의화되는 자아 몰입을 벗어나야 한다. 그것은 도덕의 공동체적 바탕과 이타성에 대한 관점을 가져야 가능하다.

공동체주의 철학의 등장

1960년대의 지배적 이데올로기가 '집단주의collectivism'였다면, 1980년대의 이데올로기는 '개인주의individualism'가 지배적이었다. 그러다가 1980년대 말부터 1990년대 초에 등장한 '공동체주의communitarianism' 물결은 지나친 개인주의와 자기중심주의 등 세기말적 위기를 구출하려는 이념으로 부상하였다. 오늘날 많은 공동체주의자들은 개인주의적 자유주의, 원자주의가 초래한 도덕적 공백 사태를 극복하는 대안으로서 공동체의 현대적 복원을 시도한다.[57] 특히 국가 교육정책에 있어 시장화와 민영화를 추진하는 신자유주의가 강행됨으로써 학생들을 더욱 비공동체적으로 살아가도록 몰아갔다고 비판한다.

영미의 정치철학은 자유주의와 공동체주의의 강점과 약점을 비교하여 논의해왔다. 그러나 이러한 기본적 논쟁은 더 위로 거슬러 올라간다. 공동체주의의 논지는 칸트의 도덕 이론과 그것에서 파생된 정치 이론에 대한 헤겔의 비판에서 시작된다. 칸트의 도덕 개념이 명령하는 추상화가 우리로 하여금 정체성을 갖게 하는 특정 역사와 인습을 가진 공동체 성원으로서 부여되는 특정 책임을 지는 것에 대해 눈을 감게 하였기에 인륜적/윤리적 삶을 공허하게 하였다는 것이다.Taylor, 1975: 365-88

57 공동체주의는 전통적으로 아리스토텔레스, 헤겔에서 시작하여 현대적으로는 맥킨타이어, 샌들, 테일러 등에 의해 제창되고 있다. 공동체주의는 경제적 불평등에 대해 심각한 도전을 하지 않고 사회적 불평등에 대해 어떤 새로운 해답을 내놓지 않으면서 자본주의를 묵시적으로 인정하는 사회주의와 자본주의의 중간쯤에 있다고 볼 수 있다. 공동체는 경제적 환경의 산물이 아니라 공유된 도덕의 산물이라고 보는 면에서 확고한 도덕성에 터한 도덕교육적 수사어를 사용하기에 실제 나라 안의 공동체들 간의 갈등하는 주장들과 관계들을 무시하는 경향이 있다는 비판을 받고 있다. 공동체주의가 극단적 보수주의 교육운동이라고 믿는 자유주의자들도 있다.

공동체주의자communitarians들은 개개의 인지와 이성의 도덕적 능력과 가능성에 대해 의문을 갖는다. 그들은 공동체의 가치, 전통, 그리고 좋은 관습은 도덕적으로 덕이 될 수 있는 환경 속에서 습득된다고 주장한다. 공동체주의자들은 분명 공동체들마다 전통과 가치가 다르기에 모든 사람과 모든 장소에 적용할 수 있는 동일한 이성이나 합리성의 형태에 근거하는 보편적인 계몽된 도덕성이란 있을 수 없다고 주장한다.

자유주의에 대한 철학으로 정의되는 공동체주의자들의 논지는 19세기 초부터 일시적으로 일어났다. 윤리적, 형이상학적 물음에 대한 대응으로 공동체주의가 동기화되었다. 공동체주의자들은 우리의 삶을 풍요롭게 하는 많은 것이 가족, 문화, 신조와 결합되어 나타난다고 본다. 공동체주의자들은 자유주의 교육 사고가 정치적으로 유해하고 형이상학적으로 '허구적인 개인주의'로 오염되었다고 비판한다.

공동체주의 이론이 다양성 아래에서 어떻게 자유주의의 대안이 될 수 있느냐의 문제는 1980년대 초반의 공동체주의의 부활로 대두되었다. 가장 영향력 있는 저서는 맥킨타이어의 『덕의 상실』1981과 샌들Sandel의 『자유주의와 정의의 한계』1982이며, 이 둘은 자유주의에 대해 다소 다른 공격을 하면서 발전되어갔다. 그러나 둘 다 넓게 봤을 때 비슷한 결론에 도달한다. 맥킨타이어에 따르면 자유주의는 공유된 관행과 일관된 전통의 맥락을 유지하는 것으로부터 단절하여 도덕적 판단을 하기 때문에 진정한 덕의 삶을 불가능하게 한다고 말한다.

샌들의 『자유주의와 정의의 한계』는 롤스의 『정의론』Justice, 1971에 대한 공동체주의적 비판을 담고 있다. 그는 롤스가 개인의 구성이 되는 사회적인 연대와 유착에 연루되지 않은 추상적 이성 판단자로서 개인을 가정하는 것을 비판한다. 샌들의 주장은 맥킨타이어의 자유주의에 대한 비판과 가까운 형이상학적 해석보다 윤리적 해석으로 접근한다. 공동체 속에서 다른 이들과의 관계는 개인 자신의 변덕스러운 선호에 따라 포기되거나 버려지지 않는다. 그것은 외적 소유보다는 바로 정체성의 다양한 구성 요소로 경험된다. 따라서 오직 '연루된 자아들'만이 좋은 사회의 건설과 유지에 참여할 수 있고, 자유로운 처분으로 우리의 삶에 고통을 주는 무질서와 상호 소외로부터 벗어날 수 있다고 본다.

이런 문제 제기를 하는 공동체주의는 테일러C. Taylor가 지적한 대로 세계를 미몽에서 깨어나게 했던 자유주의적 합리주의 윤리가 오늘날 다시 개인주의, 소외 그리고 도구주의로 치달아 도덕적 위기를 초래하였다는 문제의식에서 나온 도덕적·윤리적 담론이다.Taylor, 1991 사실 공동체주의자들은 단순히 현대의 도덕적 문제에 대한 해결로서 등장한 것이 아니라, 합리성과 계몽의 유산까지 의문을 제기하고 있기 때문에 더욱 깊숙한 물음으로까지 나아가고 있다. 낭만주의 운동이 합리주의적 절연의 사고를 공격한 이후 공동체주의자들은 개인주의와 도구주의가 이성과 감정을 분리시키고 공동체와 신념과 '절연된 자아'가 갖는 원자주의를 겨냥하며 비판하였던 것이다. 개인의 중시는 불가피하게 개인을 전체의 한 부분으로 보기에 원자주의로 돌아가 도덕적 실패를 거듭할 수밖에 없다. 자신에게 전체의 의미를 더 확장하여 부여하는 거대한 것에 대해 그 일부분으로서 주체적인 감정을 갖지 못하는 것은 원자적 삶과 파편화로 유도될 것이다.[58]

도덕성 발달 이론에서 공동체주의 논의는 인지적 발달을 하면 곧 도덕성 발달로 귀결된다고 믿었던 플라톤주의나 그 연장선에 있는 칸트와 롤스, 그리고 콜버그의 도덕교육적 견해에 대해 비판으로부터 출발한다. 그동안 인지발달론자들의 인지적 과정보다 인격과 덕의 증진이나 함양을 중시하는 덕목주의 도덕교육론은 콜버그의 인지발달론에 눌려 거의 빛을 보지 못하였다. 그런데 맥킨타이어가 '덕의 복원'을 강조함으로써 자유주의론자와 인지발달론자들의 도덕교육론은 다시 도전을 받게 되었다. 가치명료화론과 인지발달 단계론과 같은 근대적 도덕교육론의 접근은 분명 심리학적 연구 결과에 의해 고무되었지만, 지나치게 개별적 차원의 개인주의 심리학에 머문 나머지 기본적으로 논란이 많은

58 롤스의 사람됨personhood의 개념 또한 공동체주의자들로부터 강한 비판을 받았다.Bell, 1993

개념적·규범적·평가적 차원의 의미를 놓치고 있다는 것이다. 즉, 가치의 다원성이 요구되는 분위기 속에서 등장한 도덕적 추리력의 개발에 중심을 두는 인지론적 도덕교육이 개인주의 경향을 보이자 공동체의 동질성을 요구하는 도덕교육이 새롭게 관심을 끌게 된 것이다. 이것은 공동체적 도덕성에 대한 관심을 부흥시키는 계기로 작용하였다.

'공동체주의'의 현재적 메시지는 아주 최근까지 도덕성 발달 연구에 영향을 미친 '자유주의적 합리주의liberal rationalism'의 전통을 문제 삼는다. 이것은 가치의 문제와 심리적 과정에 대한 서로 다른 생각을 담고 있다. 자유주의적 합리주의는 강력한 '인지적 개인주의 심리학'의 전통에서 출발한 반면, 공동체주의는 '해석학'과 '사회적 구성주의'의 언어로 표현하고 있다.[Haste, 1996: 4-5] 이러한 다른 출발은 특히 가치문제가 제기될 때 더욱 상대방이 옹립하는 가치를 부정하면서 대립하고 있다. 테일러는 자유주의와 공동체주의의 대결을 존재론적 차원에서 사회적 삶과 관련짓고 있다. 예를 들어 자율성의 가치는 행위 주체가 의미의 구성을 한다는 뜻에서 '개인'에게 주로 도덕적 책임이 있다는 신념에 의존하고 있다. 이것이 개인주의, 자유주의 또는 합리론자/인지론자의 도덕적 신념이다. 이에 반해 공동체주의자들은 이들의 신념이 필연적으로 원자론적 개인주의로 전락하여 소유집착적 개인주의화 경향을 보이고 만다고 규정한다. 이렇게 보면 자유적 합리주의 도덕적 담론과 공동체주의의 도덕적 담론은 아주 다른 인지심리적 과정과 관련 있다. 가치문제를 둘러싼 양자의 대결 모습은 자유와 자율성을 한 축으로 하는 자유적 가치, 그리고 의무와 책임을 다른 한 축으로 하는 공동체적 가치가 맞서 있다. 양자의 대결은 가치가 어떻게 인간 본성에 대한 신념에 의해 지지되고 있는지에 대한 평가를 둘러싸고 첨예하게 나타나고 있다.[Haste, 1996: 48]

자아의 뿌리를 '초연한 합리성disengaged rationality'에 두고 있는 계몽주의의 신념은 공동체의 압력을 '개인적 자율성'으로 지켜내려는 '개인주의'의 원리에 기초하고 있다.[Taylor, 1991; Bell, 1993]

실증주의자, 분석철학자, 개인주의 교육심리학자 등은 이 계열의 대표자라고 할 수 있다. 공동체주의자들은 이것을 존재론적으로 인간 행위의 '비사실적' 그림이며, 이를 '유일한 가치로' 여기는 초연한 합리성은 도덕성 형성에 중대한 위해를 끼치는 것으로 본다. 그 무엇에도 '연루되지 않은unencumbered' 무소속으로 존재하는 이성의 잠재력에 대한 믿음을 가지고 당면한 모든 문제들을 완전히 해결할 수 있다는 낙관적 믿음을 전제하고 있다. 도덕성에 대한 합리주의적 사고는 사람들이 스스로 완전하게 도덕적 문제를 해결할 수 있는 능력을 가질 수 있다는 가정에 기초하고 있다. 그러나 자유주의적 합리주의는 개인을 공동체로부터 분리된 권리의 주체로만 파악함으로써 오히려 권리 보장의 사회적 전제 조건들을 해체시키고 있다. 점진적으로 발달한다는 자율적인 '도덕적 추론moral reasoning' 모델은 분명 이런 관점을 지배하고 있다.

그러나 도덕성은 사회적·문화적 그리고 역사적 맥락을 갖지 않으면 이해될 수가 없다. 상황과 맥락을 중요시하는 공동체주의 입장에서 볼 때 자율적인 보편주의적 도덕의 구성은 공동체의 특수성이나 상대성과 부딪힐 수밖에 없다. 탈인습적 자율적 결정을 중시하는 정의론적 사회철학에 바탕을 둔 콜버그의 인지발달론적 도덕성과 도덕교육론은 이와 다른 가치관이 지배하는 사회에서 서로 다른 중대한 가치 지향성을 보인다. 공동체주의자들이 도덕성의 가장 기본적 토대로 설정하고 있는 공동체의 전통과 관행을 인지발달론자들은 '인습적 도덕'으로 열등시하고 있기 때문이다.

이에 대해 공동체주의자들은 공동체의 구성원으로서 개인의 도덕적 지위(관계적 윤리)를 규정하고 있다. 사회문제에 대한 자각과 책임, 시민성citizenship의 공적 덕으로서 자기 억제, 시민의식/교양, 사회적 책임과 의무를 중시한다. 시민성은 사람들 사이의 사회적 관계, 그리고 사람들과 국가와 사회에 의해 마련된 제도적 배열간의 관계 속에 자리하고 있다. 시민은 시티즌십의 실천을 구성하는 의무와 책임을 다하는 사회의 참여를 통해 시티즌십의 권리를 획득한다.[Arthur, 2012: 16] 인간은 공동체를 떠나서는 존재할 수 없는 사회적 창조물로서 사회적 합의/동의의 분위기에 형성된 도덕에 뿌리를 두고 살고 있다. 개인에 대한 권위주의적 통제는 반대하면서 사회적 경험을 중시한다. 사회적 상호작용이 의미의 도가니라면 학생들은 외현적이든 묵시적이든 '사회적 실천social practices'을 통해 도덕을 배운다. 자신의 정체성과 도덕의 의미를 포함하여 중대한 것에 대한 의미가 매우 이해하기 쉽고, 사회적 공동체 속에서 충분히 공인될 수 있는 것에 의존한다. 사회적 존재는 공유하는 담론과 언어를 통해 창조된다. 인간은 각자에게 정체성과 개별적 의미를 제공해 주고, 각각 색다른 요소와 기술에서는 돌출적인 것이 섞여 있는 서로 다른 많은 공동체들의 성원으로 존재하고 있다.

사람들의 개별적 행위들이 가지는 하나하나의 행위의 의미는 같이 살고 있는 공동체의 '장기적인 맥락'의 연속적인 행동 속에서 '하나의 이야기/역사narrative'로 이해된다.[송영배, 1998: 244-245] 인간의 삶이 하나의 전체로서 파악될 때에만 개별적인 행동들이 특정한 목적을 가진 것으로 이해될 수 있으며, 이러한 사정은 인간 삶이 지닌 공동체의 '이야기의 질서'를 통해 잘 드러난다. 한 사람의 '개인적 정체성personal identity'은 어떤 이야기의 통일성이 요청하는 '인격의 통일성'에 의해 전제되는 '공동체의 정체성'이다. 만약 그러한 통일성이 없다면, 공동체에서 '이야기'를 말할 수 있는 주체들이 존재하지 않을 것이다. 이야기는 앞으로 어떻게 될지 확실하게 알 수 없는, 그러나 조금씩 드러나는 삶의 이야기다. 내 자신의 정체성으로서 나에게 역사적·사회적으로 주어진 전통적인 맥락 속에서 전개되는 '이야기의 일관성' 또는 '삶의 일관성'은 바로 전통에 의해 주어진 맥락 안에서 선을 탐구하려는 무수한 실천들을 하며 살아나간 인물의 생생한 감동적인 삶과 그 삶의 이야기의 일관성이다.

사람이란 무지의 장막 뒤 또는 문화적 맥락으로부터 객관성을 잠시 보류시키는 상태에서 자율적 추리를 할 수 있는, 롤스가 강조하는 '무지의 장막' 속에 감추어져 있는 단순한 고립적 존재가 아니다. 사람들은 문화와 사회적 관행에 많이 잡혀 있다는 점에서 아주 사회적이다. 사람들이 아무리 '합리적으로' 노력을 한다고 하더라도 자신의 사회적 관행에서 '옆으로 비켜서도록' 하거나 '자신의 문화와 시간을 초월하도록' 일러주는 것은 정말 무의미한 일이다.Haste, 1996: 51 그러기에 우리가 자율성을 개인의 속성이나 추리의 형태로서 하나의 도덕적 이상으로 삼는 것은 초점을 벗어난 것이다. 따라서 도덕성은 사회적·문화적 그리고 역사적 맥락을 갖지 않으면 이해될 수가 없는 것이다.

최근 자유주의자 모두가 스스로를 개인주의자로 자처하지 않고 찰스 테일러Charles Taylor 같은 '공동체주의적 자유주의자'로 자리매김하는 경향이 많아지고 있다. 또 한편 공동체주의자들 가운데에서도 개인의 이해와 관심을 도외시한 공동체의 선만을 추구할 때 개인의 존립 근거를 전체에 복속시키는 위험을 우려한 듯 '자유주의적 공동체주의자'로 자임하는 사람이 늘고 있다.

학교교육에서의 공동체 의미

공동체적 교육 목적

공동체의 어원인 라틴어 'communitas'는 "가치 있는 무언가를 함께하는 것"을 뜻한다. 인간이 무리를 이루어 가치 있는 일을 함께하는 '품'이다.박성준, 2014: 196

공동체적 교육 목적을 옹호하는 논변들의 기반에는 '공동체주의'라는 사회이론/정치이론이 깔려 있다고 할 수 있다. 공동체주의자들은 대체로 자본주의 사회구조의 불평등에 대해서는 별다른 관심을 보이지 않지만, 교육 내의 학교구조 거버넌스, 즉 시민적 참여와 민주적 원리에 대해서는 많은 관심을 두고 있다. 그런데 원래 공동체주의자들이 염두에 둔 것은 학교교육에서 거시적 차원에서 본 공동체의 역할이나 공동체로서의 학교가 아니라, 미시적으로 공동체를 위한 교육 혹은 교육에서의 공동체적 목적이었다. 그러하기에 교육 현장에서의 공동체 목적은 '사회정의'라는 교육 목적을 중시하는 경향을 보였다.Portelli & Menashy, 2010: 369 '사회정의'를 구현하기 위한 '공동체 교육'을 옹호하는 비판적 교육자들은 교육을 통해 사회를 변화시키고자 하였다. 이런 의미의 교육실천은 변혁 지향적이다. 단순한 지식의 주입을 뛰어넘어 학생들로 하여금 자신들의 삶과 공동체를 비판적으로 성찰하도록 장려한다. 교육은 사회적 영향을 크게 받기 때문에, 만일 학생들로 하여금 인종적, 성적 차별, 동성애 등 혐오적 가정들에 대해 성찰하도록 가르치지 않는다면 학교교육은 부정의를 재생산하고 말 것이다.[59]

듀이의 진보주의 교육은 개인의 발달에 초점을 두지만, 교육에 있어 공동체와 사회적 목적의 중요성을 인정하기도 한다. 그는 공동체를 다음과 같이 기술한다.

> 인간들은 서로 공유하는 것을 통해 공동체 안에서 살아간다……. 그들이 공동체나 사회를 형성하기 위해 공유해야 하는 것은 목적, 믿음, 지식—공동의 이해—과 비슷한 마음이다.Dewey, 1916/2007

듀이의 주장에 따르면 공동체는 이런 공통된 지식을 소통함으로써 계속 존속할 수 있으며, 이것은 교육을 통해 가능하게 된다. 그러므로 교육은 우리가 살고 있는 사회/공동체의 존속을 위해 중요하다.

> 인간들이 신체적으로 가까이 살고 있다고 해서 사회를 이루는 것은 아니다……. 개인들이 모두 공동의 목적을 위해 일한다고 해서 사회집단을 형성하는 것도 아니다……. 인간들이 모두 공동의 목적을 인식하고 모두 그것에 관심을 갖고 그에 따라 자신들의 구체적 활동을 규제할 때 비로소

59 이런 입장을 옹호하는 교육철학자나 교육이론가로는 존 듀이, 조지 카운츠, 파울로 프레이리, 사무엘 보울즈와 허버트 진티스 등이 있다. 맥신 그린, 안토니오 다더, 헨리 지루, 마이클 애플, 피터 맥러런, 로저 데일, 피터 메이요, 카멜 보그와 같은 비판적 교육학자들도 있다.

공동체를 이룰 수 있는 것이다. 그러나 이 일에는 의사소통이 포함될 것이다……. 합의는 의사소통을 요청한다.Dewey, 1916/2007

그리고 듀이는 모든 의사소통은 '교육적'이어야 함을 강조한다. 공동체community는 어원적으로 '공동적common', '의사소통communication'의 의미를 담고 있다.Damico, 1978: 44 따라서 의사소통의 형태를 띤 교육은 공동체의 수립/존속을 위해 중요하다. 테일러는 인간의 삶이 기본적으로 '대화적'임을 주장한다. 우리는 인간의 풍부한 언어 표현을 통하여 스스로 자신을 이해할 수 있고, 그리하여 정체성을 규정하는 완전한 인간 주체가 될 수 있다.Taylor, 1991: 32 공동체주의는 인간의 참모습을 무엇보다도 사회적 조건 속에서 집적 대면하는 대화의 관계를 통해 스스로를 구성한다는 '사회적 구성주의'의 존재론과 결합되어 있다.[60]

듀이에게 있어 공동체나 사회는 '사회정의'라는 요소도 포함한다. 왜냐하면 사회정의가 살아 있어야 '더 나은 미래 사회'가 가능하기 때문이다. 그리고 학교는 이런 목적에 핵심적 기관이다.[61] 조지 카운츠George S. Counts는 듀이의 추종자로서 교육의 사회적 측면을 중시하였다. 그가 관심을 가졌던 것은 ① 민주주의의 역할을 축소시키는 자본주의가 지나치게 강조되고 있다는 점, 그리고 ② 진보주의 교육에 의해 개인주의가 지나치게 강조되고 있다는 점이다.Counts, 1932: 6 그에 의하면 이런 것은 교육의 의미를 너무 좁게 파악하고 있으며, 전체 모습의 반 토막만 그려내고 있다는 것이다. 카운츠는 낭만주의 교육자들이나 일부 진보주의 교육자들과는 상반된 주장을 내세운다. 즉, 인간은 자유롭게 태어나지 않았으며, 천성적으로 선하지도 않다. 따라서 카운츠는 교육의 형성적 역할을 강조하고, 교육의 도덕적 측면을 중시한다. 그는 좋은 사회를

60 공동체주의자인 맥킨타이어와 비고츠키는 사회적 구성주의자의 대표적 학자로 분류되고 있다.

61 그러나 듀이는 공동체를 위한 교육의 중요성을 주장함에도 불구하고, 개인 발달을 위한 교육을 옹호하는 입장을 취하고 있다.

건설하는 일은 거의 모두 교육적 과정이라고 믿는다. 따라서 그는 교육이 중립적일 수 없으며, 부과imposition 혹은 영향력의 요소를 포함할 수밖에 없다고 주장한다. 그는 교사들이 교육의 형성적 역할을 잠재적 교육과정에 맡겨버리지 말고 이 역할을 활용해야 한다고 천명하였다. 카운츠에 따르면 그렇게 하기 위해 우리는 사회복지 이론과 사회개혁 방안을 수립할 필요가 있다고 본다. 그는 교육 세계에서 학교가 공동체와 유기적 관계를 설정할 것을 제안한다. 더 분명하고 강력하게 그는 다음과 같이 단언한다. 학교와 사회가 공동의 목적으로 연결되지 못한다면 교육 프로그램은 그 의미와 활력을 잃어버리고 말 것이다.Counts, 1932: 17

파울로 프레이리Paulo Freire에게 있어 교육의 정치적 성격과 사회정의적 목적은 아주 분명하다. 그는 교육의 변혁적 목적을 강조하고, '은행저축식 교육banking education'을 비판한다. 여기서 학생들은 단순히 사실의 수용자로만 간주된다. 프레이리에게 있어 교육은 비판적 각성을 위한 '의식화conscientization'로 나아가는 과정의 일부분이다.Freire, 1970/2002 수동적 학생은 타인의 생각은 말할 것도 없고, 자신의 생각을 비판할 여유를 갖지 못한다. 의식화의 일면은 자신의 처지/조건 형성을 인식하는 것, 혹은 우리가 지배적 담론에 의해 영향을 받고 있기 때문에 이에 대해 비판적이 되려고 의식적 노력을 기울여야 함을 이해하는 것이다.

프레이리가 우려하는 바는 학교가 사회적/정치적 변화의 장소로 별로 인식되지 못하고, 오히려 노동력의 생산만을 위한, 정치적으로 중립적인 영역으로 간주되고 있다는 점이다. 그래서 프레이리가 구상하는 교육은 사회체제의 불공정성을 확인하고 이를 비판하는 것이다. 그런 교육은 인간의 주체성과 용기, 비판적 민주주의, 보편적 인간 윤리와 희망에 중점을 둔다. 그런 교육은 과도한 개인주의를 극복할 비전을 갖고 대안적 학교를 제안한다. 그리고 학교와 사회의 관계가 중요함을 인식한다. 이런 교육 비전에는 언어와 세계, 이론과 실천, 형식적 교육과정과 일상생활의 실제 문제, 가르침과 배움, 주체성과 객체성의 긴밀한 관계를 제대로 인식한다. 그런 교육은 '인간 연대의 윤리'Freire, 1998: 116에 기반을 두고, 사회적 변혁을 일으키는 것을 목적으로 삼는다.

프레이리를 뒤따라 '비판적 교육학critical pedagogy'을 중심으로 헨리 지루, 피터 맥러런, 스탠리 아로노비츠, 맥신 그린, 마이클 애플 등의 많은 학자들이 나타났다. 그들의 공통된 과업은 학교 내부에서 사회정의의 이상과 실천에 진지하게 헌신할 뿐만 아니라, 만인의 민주적 참여를 가로막는 사회 내의 구조 및 조건들을 변혁시키는 데 헌신하는 일이다. 이런 점에서 비판적 교육학은 사회정의에 기반을 둔 공동체적 교육 목적/교육에서의 공동체 목적을 강조한다. 지루는 사회정의를 위한 학교교육을 주장하며, 교육을 공동체적 비전과 긴밀하게 연결시킨다. 지루가 보기에 학교는 그 자체가 공동체일 뿐만 아니라, 그 속에서 학생들은 일반 공동체를 변혁시킬 수 있는 방향으로 교육받아야 한다. 일반적으로 비판적 교육자들은 '혁신적transformative' 교육 목적을 사회정의와 연결시킨다. 사회정의의 개념을 확충시킴으로써 다문화적 의미, 정체성, 차별적 권력/특권 등을 포함시키는 일은 정치와 정치 변화에 대한 우리의 이해에 영향을 미친다. 그것은 또한 타인들에게 정의와 부정의에 관해 어떻게 가르칠 필요가 있는가에 대해서도 영향을 미친다.

사회정의를 위한 공동체 교육을 옹호하는 사람들은 경제적 교육 목적의 배타성에 대해 강력하게 비판하였다. 많은 경우 평등이나 혹은 사회정의에 기반을 둔 교육 목표들은 경제적 목적에 의해 압도되고 만다. 따라서 시장의 윤리를 비판하는 학자들이 많이 등장하였다. 시장경제에 기반을 둔 신자유주의적 접근에 대해 많은 비판이 쏟아졌다. 이런 비판은 학생들이 그저 맹목적으로 소비하는 객체로 만들어지고, 민주주의는 소비의 실천으로 변질된다는 윤리적 문제에 기반을 둔다. 신자유주의자들은 소비자의 선택이 민주주의를 보장한다고 주장하지만, 누적되는 경험적 증거로 볼 때, 교육에서 '사이비 시장'의 확대는 계급이나 인종을 둘러싼 기존의 사회적 분열을 더욱 악화시키고 있다고 본다.

공동체적 도덕교육

전통적으로 도덕교육은 기존의 사회적 가치를 전달하는 '도덕적 사회화'를 중요한 목표로 삼아왔다. 이런 도덕적 가치의 묶음의 전달을 통해 도덕성을 형성하려고 하였다. 그러나 그것으로는 충분하지 않다고 여기는 현대적 인지발달론자들이 등장하였다. 이러한 문제의식을 가진 사람이 근대적 도덕교육론자 콜버그였다. 우리는 어떻게 가치들을 효과적으로 평가할 수 있는지를 이해하지 않으면 안 된다. 도덕교육이 성공하려면 가치의 궁극적인 목적을 가지고 시작하는 것이 아니라, 그것이 우리에게 개입하는 과정을 개념화하는 방법을 탐구하지 않으면 안 된다.

현대 공동체주의 도덕교육론자들은 칸트와 콜버그 등 자유주의적 합리주의 세계관과는 아주 다른 접근을 한다. 그들은 도덕교육이 성공하기 위해서는 우리와 관련된 발달 과정을 종합적으로 이해해야 한다고 판단한다. 공동체주의자들은 자유합리주의 이론가들이 무시하고 소홀히 한 도덕교육의 영역을 드러내준다. 오늘날 많은 현대 도덕교육론자들은 공동체주의가 오늘의 도덕적 위기를 극복할 수 있는 도덕교육의 이상과 중요한 대안적 윤리로 대두될 수 있을 것으로 본다.

공동체주의자 맥킨타이어는 '교육받은/교양 있는 공중의 이념The Idea of the Educated Public'이라는 강연에서 정초주의적 관점을 거부하고 이와는 다른 역사주의적 설명 방식을 통한 도덕교육론을 편다. 그가 보기에 양립 불가능한 두 가지 도덕교육의 목적은 첫째가 "젊은이를 특정한 사회적인 역할과 기능에 알맞도록 기르는 것"이고, 둘째가 "젊은이에게 스스로 생각하는 법과 마음의 독립을 성취하는 법, 그리고 계몽되는 법을 가르치는 것"이다.[MacIntyre, 1987] 맥킨타이어에 따르면, 근대 문화는 이 목적 중의 어느 하나를 성취할 가능성을 배제하고 있다. 우선 적어도 계몽주의 전통에서 사유는 합리적인 정당화 혹은 합리적 객관성과 같은 개념을 요구한다. 그렇지만 합리성에 대한 기준이 없는 한, 독자적인 생각이나 계몽에 대한 일관된 개념이 있을 수 없다. 그리고 합리성의 기준이 무엇인지에 대한 합의가 없는 한, 문화에의 입문이나 문화의 숙달이 정당화될 수 있는 가능성도 배제된다. 맥킨타이어가 볼 때, "근대성은 교육받은 공중이 존재할 가능성을 배제"하고 있다.MacIntyre, 1987: 17 그리하여 공교육의 정당한 체제가 가능해야 하는데, 그 안에서 사회화와 개별화라는 쌍둥이 목적이 둘 다 존립할 수 있는 가능성이 배제되고 있다.Giarelli, 2010: 429 '교육받은/교양 있는 공중educated public'이라는 이념과 근대적인 문화가 부합할 수 없다고 한다면, 학교교육은 어떤 모습일 수 있는가? 맥킨타이어가 볼 때, 교육받은/교양 있는 공중公衆이 없는 공교육은 사적인 소비를 조장하는 기제가 되고 말 것이다.

> 정당화에 대한 기준을 공유하고, 공중이 하나의 핵이라는 사회관을 공유하고, 공통된 공적인 논쟁에 참여하는 능력을 공유하는 '공중'이라는 개념을 버려라. 그러면 자유교양교육의 기능은 수동적으로 전수받은 소비재를 제공하는 것으로 환원된다.MacIntyre, 1987: 29

내부적으로 아무리 많은 땜질을 한다고 하더라도 그러한 체제를 근본적으로 '개혁'할 수는 없다. 맥킨타이어는 계속해서 말한다. '교육받은/교양 있는 공중'이라는 개념은 현대 사회에서 살아남을 길이 없다. 그것은 기껏해야 우리의 교육체제에 붙어 다니는 유령일 뿐이다." MacIntyre, 1987: 34

그러나 우리의 교육체제에 붙어 다니는 유령인 '교육받은/교양 있는 공중'이라는 이념은 "그럼에도 불구하고 축출될 수 없는 유령이다." MacIntyre, 1987 따라서 교사들로 하여금 아예 존재하지 않거나 앞으로 더 이상 존재하지 않을 '공동체'라는 것을 발명하거나 재발명해야 한다는 요구 조건을 진지하게 수용할 것을 요구한다. 이러한 공동체는 어떻게 표현될 수 있을까?

공동체주의자 아더James Arthur는 학교란 젊은이들이 진정한 공동체 의식을 개발할 수 있는 유일한 곳이기에 교사와 학생, 그리고 학부모가 함께 만들어가는 '민주적 공동체 학교'의 교육적 의제로 공동체적 도덕교육의 비전을 구체적으로 제시한다. Arthur, 2012: 16-17; Arthur, 2000: 139-140

① 가정은 아동의 일차적 도덕교육자여야 한다: 교육에서 가정이 차지하는 역할은 공동체주의 관점의 핵심이다. 초점은 본질적으로 결혼보다는 양육에 맞추어진다. 홀부모, 공동체적 요청에 의해 이끌어지는 가정은 특별한 어려움을 겪는다. 공동체적 관점은 대체로 일차적 의무를 부모에 의한 아이들의 도덕교육에 두며, 여러 가지 수준에서 그들의 확대된 가정에 둔다. 학교는 이론적으로 적어도 이차적 교육자이다. 그러나 많은 아이들이 그들의 부모보다는 실제 학교에서 지속적으로 더 많은 시간을 보내기에 학교는 점점 더 도덕교육의 최전선에 있게 된다.

② 학교는 아동이 덕목을 함양하는 인격교육을 체계적으로 해야 한다: 공동체주의자들은 많은 설명 가운데 학교에서 가치명료화 방법에 대해 극히 비판적이다. 그 대신에 학교가 사회적 파편화를 다루는 하나의 방법으로서 가치나 방법의 공통집합을 가르쳐야 한다는 점을 옹호하였다. 그것을 공동체에 구상하도록 맡겨 놓는 것처럼 도덕적 가치의 명시적 집합을 제시하지 않는다. 그러나 공동체주의자들은 전통에 기반을 둔 덕 중심의 교육 개념에 강조점을 둔다. 그들은 대체로 언제든지 개인이나 집단에 어떤 의미를 부여하는 가치의 아이디어들을 거부한다.

③ 공동체의 풍습은 학교생활에 있어 교육적 기능을 갖고 있다: 공동체적 사고의 중심 주제는 인간의 선을 공동체에 두는 것을 강조한다—특히 학교의 풍습을 형성하는 어떤 유형의 가치 중요성, 책임, 공동의 헌신 등. 그러므로 공동체주의적 관점에서 나온 진정한 공동체는 개인의 단순한 결사체 이상이다. 오히려 그것은 사적 이익을 모아놓은 것이 아니라, 공동의 목적을 가진 공동체이고, 그렇지만 함께 공유된 목표와 가치를 지닌 공동체이다.

④ 학교는 시티즌십에 내재한 권리와 책임을 조장하지 않으면 안 된다: 거의 모든 공동체주의자들은 공동체의 성원인 시민으로서 누리는 권리에

대한 보답으로 공동체에 빚진 의무를 강조한다. 한 공동체 내에서 어떤 권리를 요구하는 것은 공동체 그 자체에 함께 개개인을 통합시키는 상호 의무를 포함한다. 공동체주의자들은 이상적으로 답례를 해야 한다고 느끼기보다는 개인이 자신을 위해 공동체에 살고 있는 타인에 대한 책임을 느끼는 것을 선호한다. 그렇지만 공동체주의자들은 젊은이에게 사회적·도덕적 책임을 증진시키고, 무엇보다도 시민으로서 충분한 참여를 하도록 그들을 교육시키려는 목적을 가진 시민교육 프로그램을 강하게 지지한다.[62]

⑤ 지역사회 봉사는 학교에서 이루어지는 아이들 교육의 중요한 부분이다: 몇몇 저명한 공동체주의자들은 학교 교육과정의 공식 부문으로서 모든 젊은이가 지역사회 봉사를 의무적으로 하도록 하는 캠페인을 벌인다. 이러한 종류의 공동체적 사고를 이해하는 열쇠는 체험학습에 초점을 두는 것이다. 그들은 학교가 젊은이들에게 그들의 인격을 형성하도록, 그리고 지역사회 참여 프로젝트에 학교를 넘어 참여하는 습관을 형성하도록 조장하기 위해 지역사회 내에서 일할 기회를 제공하기를 기대한다.

⑥ 교육과정의 주요 목적은 사회적·정치적 삶의 기술을 가르치는 것이다: 공동체주의자들은 무엇보다도 교육이 숙지된 시민 참여를 통해 직접적으로 성찰적 사고와 사회적 실천의 계발에 관심을 가져야 한다고 말한다. 사회적으로 생산적인 결정을 할 수 있는 능력들은 스스로 계발할 수가 없다. 따라서 그것들은 학교 교육과정의 내용, 기술, 태도가 일찍이 소개되고 학교교육 전체를 통해 구축될 필요가 있다. 그러므로 학교 교육과정은 젊은이가 타인의 관점을 고려하고, 사회를 위해 활동하면서 추론적 판단을 할 수 있는 사회적·정치적 문해력에 필요한 기술을 촉진시켜야 한다.

⑦ 학교는 적극적으로 공동선의 이해를 촉진해야 한다: 공동체적 사고의 또 다른 중심 주제는 공동선의 이념에 관심을 두고 있다. 많은 공동체주

62 '시티즌십'은 두 가지 의미를 지니고 있다.Arthur, 2000: 138 첫째, 시민성은 그 자체로서 존재하는 단순히 주어지는 권리라기보다는 '획득되는 권리'의 어떤 자격이다. 둘째, 학교 환경에서 교사는 어려운 참여와 헌신을 요구한다. 변화무쌍한 사회에서 학교는 젊은이들이 간과하기 쉬운 시민성을 갖추기 위해 지식과 기술을 습득하도록 하는 공동체 시민교육 프로그램을 개발하여 참여하도록 한다.

의자들은 공동체들 속에서 촉진될 수 있는 집단적이거나 공적인 이익이 존재한다는 것을 믿는다. 교육의 가치는 이러한 공적 이익 중의 하나이다. 공동체주의자들은 학교 내에서 스스로 공동선을 창출하는 경험을 할 수 있는 어떤 공유된 과정에 참여하도록 격려하는 것을 지지한다. 공동선을 이해하는 교육은 협동, 우정, 개방성, 참여의 실천을 격려할 필요가 있다.
⑧ 종교계 학교는 공동체적 관점의 견고한 해석을 다룰 수 있다: 신앙을 믿고 있는 많은 종교계 학교는 장소, 기억의 공동체들이고, 교육에 대한 공동체적 관점의 많은 특징을 보여준다. 많은 종교 지도자들은 또한 공동체적 노력을 지지하고, 교육에서 자신들의 실천을 설명하기 위해 공동체적 사고의 차원을 채택하는 것 같다.

오늘날 공동체 학교 담론은 상이한 문화들에 의해 공유되는 전통적인 규범이나 덕스러운 품성의 습득을 강조하는 인격교육character education을 강조하는 방향으로 나아가고 있다. 인격을 가진 학교들이란 교육이라는 것이 인지적이고 지적인 실천일 뿐 아니라, 사회적이고 정서적인 실천이 이루어지는 학교이다. 공동체에서 최선의 훈육 전략은 학생들이 시민적 자질 또는 시민의식을 가르치고 돌보고 배려할 줄 아는 성인이 되도록 돕는 것이다. 이 목적은 학급과 학교 자체가 민주적 공동체가 되도록 하는 것이다.[Sergiovanni, 2004: 153~177]

개인주의 교육을 포섭한 공동체적 교육의 요청

일반적으로 공동체적 교육 목적을 옹호하는 사람들은 교육에서의 개인적 혹은 자율론적 관점을 부인하지는 않는다. 문제가 되는 것은 공동체적 목적을 희생시키는 과도한 개인주의 교육관이다. 사회정의를 위한 교육의 관점에서 볼 때 개인주의가 교육관이 다른 목적들을 소홀히 하지 않는 한, 개인적 교육과 공동체적 교육은 공존할 수 있을 것이다. 예를 들어 개인주의적 교육은 학생들에게 다른 개인에 대한 존중심을 길러줄 수 있다. 여기서 다른 학생은 관용과 친절을 받을 만한 독자적 인간 존재로 간주된다. 이렇게 볼 때 개인주의 교육은 '사회정의'에 기여할 수 있을 것이다.Portelli & Menashy, 2010: 426

그러나 공동체적 교육 목적은 과도한 개인주의 교육 때문에 방해를 받는다고 비판한다. 왜냐하면 개인주의적 교육이 사회적 목적을 억눌러 버릴 위험이 있기 때문이다. 게다가 개인의 우선성을 가정하게 되면, 다른 것보다 개인이 본질적으로 우위에 놓이게 될 수 있다. 그럴 경우 교육 상황에서는 학생들로 하여금 자신의 발달이 동료 학생들의 발달보다 더 중요하다고 여기도록 만들어버릴 수 있다. 자아에 초점을 두는 것은 마치 개인이 혼자 스스로 존재하는 것처럼 우주의 다른 부분으로부터 단절된 개인을 우상화시킬 위험성이 있다. 이처럼 개인을 강조하는 것은 학교가 다른 기관들의 영향으로부터 단절되어 있고, 학교 안의 문제가 처리된다면 나머지는 저절로 해결될 수 있을 것이라는 환상을 일으킨다. 개인주의적 시각은 일반 사회가 당면한 문제들을 소홀히 하거나 단순화시켜버린다는 비판이 나온다. 개인적 교육 목적의 옹호자들은 우리가 모든 사람들에게 동일한 기회를 제공해주기만 하면 평등이 성취될 수 있고, 또 평등을 진지하게 받아들이게 해준다는 환상을 불러일으킨다.Portelli & Menashy, 2010: 427

이런 견해는 불평등에 기여하는 여러 가지 사회적/체제적 요인을 무시하고, 평등equality과 형평성equity을 혼동하게 만든다. 이런 의미에서 볼 때 '자연적natural' '정상적normal'인 것이라고 간주되는 것은 실제로 아주 편향적 것이며, 개인적/자유주의적 가치에만 기반을 둔 것이다.Portelli & Menashy, 2010: 427 이렇게 단순한 생각을 우리가 당연한 것으로 받아들이거나 중립적인 것으로, 즉 성, 인종, 사회계급의 범주에 영향을 받지 않는 것으로 간주할 것이 아니라 이에 대해 의문시하고 문제 제기를 할 필요가 있다.

이에 대해 개인주의 교육 옹호자들의 주장에 따르면, 공동체적 교육 목적은 학생 개개인의 독자성을 도외시하며, 개성을 억압한다고 비판한다. 이런 점에서 볼 때 학생들에게 가장 적합한 방식으로 성장·발달할 개인적 권리를 방해하는 교육은 비윤리적이라고 본다. 이런 주장을 내세운 '자유 학교free school' 옹호자들은 경제 발전이나 사회정의의 실현을 위해서라고 할지라도, 학생들로 하여금 일반 사회의 이익을 위해 '군중의 일원'이 되도록 강제하면 안 된다고 주장한다. 사회정의를 위한 교육이나 인적 자본을 위한 교육은 모두 학생들을 다른 목적을 위한 수단으로서 도구적으로 취급하고 만다는 것이다. 때때로 개인주의/자유주의 교육은 '아동 중심주의'로의 전환을 시도한다. 물론 아이들이 스스로의 삶을 스스로 이행할 수 있도록 하는 것이라는 점에서는 역시 교과 중심보다는 아동 중심주의이다. 아동 중심주의의 주요 관점은 자율성을 성숙한 사람들을 위한 궁극적 목적으로 삼고, 아동들을 현재보다 먼 미래의 자율성을 점진적으로 준비하고 있는 존재로 간주한다.

그러나 이것은 본질을 흐리게 하는 아동과 어른 사이의 구분을 가정한 것이다. 아동 중심주의에서 보면, 아동들이 받는 강제적 교육과정은 자유주의자들이 전통적으로 비판했던 선택의 자유에 대한 압박만큼 정당하지 않다. 아동 중심적 관점은 구체적으로 생물학적 설명을 시도한다. 이러한 관점에서 보면 학생들은 육체적으로 성장하는 것만큼 정신적으로 성장한다. 교육자의 임무는 정원사들이 식물이 자랄 수 있는 최상의 조건을 만들어주듯이 아동들로 하여금 더 용이하게 이러한 성장을 하게 해주는 것이다. 부모도, 선생님도, 권력도 아닌 자연은 교육이 가야 할 방향을 정해준다. 그렇기 때문에 더더욱 강압적 교육과정을 바람직하지 않은 것으로 본다.

그런데 개인주의적 교육 목적이나 공동체적 교육 목적은 모두 몇 가지 비판을 받고 있다. 각 입장의 주된 특징은 다른 입장에 대한 비판에서 더욱 부각된다. 예를 들면 현대의 개인주의 교육론자들은 일반 공동체를 위해 가르치는 수업 때문에 교육에서 학생들의 독자성이 소홀히 취급받고 있음을 문제 삼는다. 반대로 공동체주의자들은 사회정의를 제대로 가르치지 못하는 이유가 교육에서 개성을 너무 강조하기 때문이라고 지적한다. 자유주의 교육과 자기 창조를 너무 가까이 묶은 것에 대한 위험성을 문제 삼고 있다. 그렇지만 자율성이란 다른 영향들에 대한 거부를 함의하지 않는 것이다. '말하자면 자율(自律, self-rule)'의 원리를 보완하는 '공률(共律, common-rule)'의 원리를 도입하면 양자의 갈등은 어느 정도 해결될 것이다. 자율과 공률의 원리는 원심력과 구심력, 자전과 공전처럼 창조적 긴장 관계 속에서 상호 보완하고 조화롭게 양립할 수 있을 것이다. 자율은 공률에 의해 더 책임 있는 자유로 빛나게 되고 공률은 자율에 기초함으로써 내실을 다지게 될 것이다.[박성준, 2014: 212] 그들과 한 개인의 목표나 이상과 생각이 일치한다면 그들을 기꺼이 받아들이고 반성적 태도를 취할 때 개인주의 교육 목적이나 공동체적 교육 목적은 양립할 수 있을 것이다.

공동체 교육의 유의점

1) 오늘의 미국식 공동체주의는 로마가 추구한 세계시민주의 cosmopolitanism보다도 수구적이고 보수적이며 국수주의적이라는 평가를 받고 있다.[길병휘, 2013: 78] 공동체주의에 대해 미국이라는 사회가 부딪히고 있는 교육적 문제 상황을 타개하기 위한 방편적 처방에 불과한 것으로 받아들이면 별 무리가 없으나, 그것을 우리 사회에 그대로 적용할 수는 없다. 미국에서 용기있는 군인이라도 우리 공동체에서 보면 좋은 군인이라고 볼 수는 없다. 덕의 성격 자체가 지역성과 특수성을 지니고 있기에 배타성을 띠며, 극단적으로 적대적일 가능성도 있다. 그래서 최소한 악의 최소화를 위해 보편적 규칙/의무 윤리가 요청되어 조화를 이루어야 한다.

2) 우리 사회는 민주주의가 결여된 유교문화의 잔재를 철저하게 청산하여야 한다. 그렇게 하여 공동체 이념 속에 반드시 민주주의 이념을 결합하여야 한다. 왜냐하면 민주주의가 없는 공동체는 전체주의로 회

귀할 가능성이 있기 때문이다. 실제 민주주의와 결합되지 않는 학교의 공동체화는 권위주의화되고 보수화될 가능성이 있고 나아가 봉건적 공동체로 회귀할 위험, 즉 순응과 관습주의, 심지어 파시즘으로 이끌어질 위험이 있다. 또한 정반대로 원자주의, 이기주의, 그리고 도구주의로 이끌어질 위험도 있다. 또한 공동체의 절대화가 우상화되어 개체적 자율성을 갖지 못하는 도덕교육은 시민사회의 형성을 어렵게 하고 전체주의화를 더욱 심화시킬지도 모른다. 공동체가 구성원들의 요구에 진정으로 반응하지 않을 때 공동체는 성원들에게 강압적으로 다가갈 수 있다. 이때 공동체는 강요된 '권위주의적 공동체'로 전락할 수 있다. 이러한 조건에서는 개인의 선택만을 강조하는 차원의 '약한 자율성'에 머물지 않고, 공동체의 인습과 사회구조까지도 비판적 반성의 대상으로 삼을 수 있는 '강한 자율성'이 요구되어야 한다.White, 2002: 166~170 따라서 공동체의 밝은 면과 어두운 면을 동시에 고려한 '민주적 공동체democratic community'Thayer, Bacon, 1998: 2013로서의 학교 모델을 구상해야 한다.[63] 그래서 그런 학교에서 길러진 미래 시민이 많아져야 차별과 소외가 없는 사회, 화합과 평화를 소중하게 여기는 사회를 만들 수 있다.

3) 공동체의 도덕성의 존재론적 근거에 대해 현대 공동체주의자와 마르크스주의자는 공통된 생각을 갖고 있지만, 공동의 문화를 통한 도덕의 공동성을 강조하는 현대 공동체주의자와 달리 마르크스주의자들은 공동체 내부의 가진 자와 갖지 못한 자의 계급적 이해에 따라 서로 다른 도덕적 기반을 가지고 있는 것에 대해 주의할 것을 주문한다. 불평등 문제의 해결 없는 문화적 공동체의 구성은 감정주의와 정신주의로 전락할 수 있다는 것이다. 이렇게 볼 때 공동체의 불평등과 문화적 정

63 공동체에 '민주적'이라는 형용사를 붙인 이유는 공동체가 지닌 봉건성과 전통성의 부정적 모습을 극복하고자 하기 위한 것이다. 고대 그리스의 직접민주주의의 대안으로 등장한 간접민주주의로서 의회민주주의의 등장과 진전은 국민 의사의 대표성에 기여하였다. 그렇지만, 또 다른 한편으로 주민의 소통과 참여를 더욱 어렵게 하였다. 따라서 공동체를 건설하는 데는 운영과정의 긴장과 갈등이 수반되는데 구조적·절차적·위계적 장애물을 벗겨내기 위해 참여민주주의를 절실하게 필요로 한다.

체성 상실 문제를 동시에 중요하게 다루어야 한다. 전자는 교육 기회의 불평등과 사회정의와 관련된 문제를 중시하고 후자는 교육 내용의 문화적 정체성과 자아 상실의 문제를 중시한다. 공동체주의자들은 교육 기회의 불평등보다는 교육 내용에서의 전통, 문화, 서사 등에 많은 관심을 보이고 있다. 그렇다면 교육에서의 공동체 문제를 다루는 데 있어 양자에 대한 관심을 동시에 가질 필요가 있다. 어느 한쪽으로 경사될 경우 경제주의 환원론 또는 문화주의 환원론에 빠지기 쉬울 것이다. 최근 학계의 관심을 끌고 있는, 공동체 문화를 인종, 계급, 성과 연관시키는 '문화정치학politics of culture/cultural politics'은 문화주의의 오류를 극복할 수 있는 하나의 대안이 될 것이다.

4) 오늘날 학교가 지향하는 '공동체' 이념은 무엇인가? 가상/상상의 공동체, 기억/전통 공동체, 학습/배움/탐구 공동체, 전문적 공동체, 정의로운 공동체, 배움의 공동체, 돌봄 공동체, 참여민주적 공동체 등 너무나 많기에 우리 학교가 지향해야 할 공동체 개념을 정리할 필요가 있다. 서구 학계에서도 공동체 개념이 90여 개가 넘는데 우리 교육에서 회자되는 공동체 개념은 무엇인지를 분명히 해야 한다. 너무나 자주 애용되고 있고, 현재 형성 또는 운동 과정 중에 있는 '공동체' 개념에 대한 중간 정리가 필요하다. 교육청의 각종 문서에 등장하는 공동체를 어떤 뜻으로 사용하고 있는지를 면밀하게 검토해야 한다. 그렇게 해야 우리가 지향하는 공동체 교육철학이 분명해질 것이다. 그렇게 함으로써 지식교육 차원에서의 학습 공동체와 도덕교육의 차원에서 문화 공동체 논의를 모두 포함한 공동체 교육철학은 재구성되어야 한다.

공동체적 도덕교육의 한국적 과제

1. 어떻게 해야 개인주의 교육 목적과 공동체주의 교육 목적의 통섭이 가능한가?
2. 학교에서 공동체 민주주의 이념을 잘 융합할 수 있는 방안은 무엇인가?

12장
인간의 기본권을 지키기 위한 인권교육

국적, 종교, 시민권, 배우자의 유무, 직업, 수입, 성별 연령에 관계없이,
그리고 남자이든 여자이든, 소년이든 소녀이든, 어린이든 어른이든
인권은 남녀, 빈부, 귀천의 구별 없이 모든 인간에게 인간이기 때문에
모두에게 골고루 부여되어 있는 선천적 권리이자
인간이 인간다울 수 있는 고유한 권리이다.
〈유엔인권선언〉

인권교육의 필요성

1990년대 들어 한국은 유엔 가입과 세계인권규약의 비준으로 국제적 기준에 따라 국민의 기본적인 권리를 실질적으로 개선해야 할 국제적 의무도 지니게 되었다. 그러나 인간의 몰가치화, 이기주의의 만연, 생명 경시 풍조, 전쟁과 테러의 위험 노출 등으로 인간의 최고 가치인 인간의 존엄성이 파괴되고 인간의 기본권이 무시되고 있다. 또한 고용, 실업, 장애인 권리, 양성평등 등 급격한 경제 성장에 따른 생산성의 재분배와 같은 인권 관련 문제가 어느 하루라도 시사 문제의 화두로 떠오르지 않은 날이 없다. 이는 새로운 권리가 계속 수용되고 확대되면서 인권의식이 높아지고 있고 그만큼 인권 침해를 받고 있다는 반증이다.

이와 같은 비인권적인 문화는 학교에서도 마찬가지로 왕따, 집단 괴롭힘, 끼리끼리 놀기, 언어폭력, 신체폭력 등과 같은 현상으로 학교 구석구석에 뿌리 내리고 있다. 특히, 자기 표현력이나 자기주장 훈련이 부족한 어린이는 언제나 왕따의 위험에 노출되어 있으며 교우 간, 선후배 간, 교사와 아동 간의 갈등 해결 방법의 부재는 급기야 잦은 결석이나 폭력으로 이어지기도 한다. 설상가상으로 초·중등 교육은 대학 입시에 초점이 맞추어져고 있고, 대학교육은 취업을 위한 준비 과정으로

변해버렸으며, 게다가 타인 존중의 정신과 공감 의식은 불관용과 무관심으로 나타나고 있다. 이런 인권 유린의 환경에서 자란 아이가 행복한 삶을 영위할 인간으로, 공동체의 시민으로, 민주주의의 초석의 주체자로 성장할 수 없음은 말할 나위도 없다. 인간으로서 자기 긍정, 타인 존중, 차별 감정은 어릴 적부터의 경험에서 출발한다. 여기에 부모나 교사의 말과 태도, 매스미디어 등에서 나타나는 사회적 편견은 아동에게 모델링 효과를 주게 된다. 특히 또래 집단과의 강한 유대가 시작되는 청소년기는 자신과 '다른 것'에 대한 배척 감정이 나타나고, 직업이나 성性에 대한 고정관념이 형성되는 시기이므로 그 전 단계인 아동기부터 조기 인권교육이 매우 시급히 필요하다.

인권 담론의 변화

인권이란 말 그대로 인간이 가지고 있는 기본적 권리로서 '인간의 권리'를 말한다. 단순히 사람이라는 이유 하나만으로 누리는 권리가 인권이다. 인권은 양도할 수 없고 분리할 수도 없으며, 인간으로서 누구나 가질 수 있고, 또 가져야 하는 자명한 권리, 자연적 권리이다. 인권은 인간의 본성에 내재된 권리로서 그것 없이 우리는 인간으로서 살아갈 수 없다. 인간은 기본적인 자유와 권리를 가지고 있기 때문에 자신의 성격과 지능, 그리고 재능과 양심을 발전시키고 이용할 수 있으며, 정신적 욕구 및 기타의 욕구를 충족시킬 수 있는 것이다. 또한 인권은 인간이 사회생활을 영위하면서 마땅히 누려야 할 권리를 의미한다. 인간이 세상에 태어나 성장하면서 바라는 것, 희망하는 것, 요구하는 것들을 권리의 개념으로 승화시킨 것이 바로 인권이다. 한마디로 인권은 '모든 사람들이 가지고 있다고 추정되는 권리'로서 양도할 수 없는 권리이며 그 어떤 경우에도 침해될 수 없는 인간의 존엄성을 지켜주는 기본적 권리이다. 누군가가 무엇이 덜 중요하거나 비본질적이라고 결정한다고 하여 권리를 부인할 수가 없다. 인권은 상호 의존적이며, 모든 인권은 서로 보충하는 틀의 일부분이다. 사람들이 자신의 내적 존엄성을 실현하려면, 인권의 기본적 규준을 구현해야 한다.

그러기에 인권은 아무런 조건 없이 오로지 인간이라는 이유로 모든 인간에게 적용할 수 있어야 한다. 즉 국적, 종교, 시민권, 배우자의 유무, 직업, 수입, 성별 연령에 관계없이, 그리고 남자이든 여자이든, 소년이든 소녀이든, 어린이든 어른이든 인권은 남녀, 빈부, 귀천의 구별 없이 인간이기 때문에 모든 인간에게 골고루 부여되어 있는 선천적 권리이자 인간이 인간다울 수 있는 고유한 권리로서 존중되어야 한다.

인권은 가족의 구성원이 되는 순간 태어날 때부터 보편적이다. 인류사회의 모든 구성원은 타고난 인간의 존엄성과 남에게 넘겨줄 수 없는 권리를 가지고 있다. 이는 세계 인권선언문 전문의 내용으로 인권은 사람의 권리right of man가 아니라 '사람답게 살 권리human right'이다. 인권은 '인간이 인간이기 때문에 가지는 권리', '인간이 인간으로서 가져야 할 권리'로서 사람이 사람다움을 실현하는 권리이며 인종, 성, 연령, 종교, 정치적 신조에 불구하고 모든 인간이 가지는 기본적이고 보편적인 권리이다.

서양에서 인권의 개념은 원래 자연법에 따라 자연스럽게 정의로운 상황에서 정당하게 가지는 어떤 것이라는 '저항 담론'으로부터 출발하였다. 그리스 철학자들은 천부인권과 관련하여 절대자로서 자연이 법을 규정한다고 이해했지만, 근대 초기 서유럽의 철학자들은 절대자를 '하늘'과 동일시했다. 따라서 하늘의 이치(신권)를 따르는 '모든 인간에게 당연하고 자연스러운 권리'(자연권, natural rights)가 생기게 되었다. 자연권은 자연 상태에서 가질 수 있는 자기 지성과 마음과 행복에 관련된 '자기 본연', 즉 자연의 권리이다. 그러나 자연권은 현대 인권 이론 속에 자연스레 녹아들어 있으므로 요즘에는 자연권이라는 말을 잘 쓰지 않고, '인간의 권리rights of man', 나아가 '인권human rights'이라는 말로 정착되었다. 오늘날 인권은 인간의 권리 중에서 가장 심각한 침해를 받는 상황에 놓였을 때 선호되는 개념이다. 그러기에 인권에 대한 지배적인 인식은 '천부인권설',[64] 즉 인간이라면 누구나 타고난 신성한 권리를 '인권'으로 보는 것이 일반적인 관점이다.

한 사회의 인권 수준은 그 사회의 기득권층으로부터 동등한 인간으로 인정받지 못하는 소수자들의 인권 상황을 보면 알 수 있다. 한 사회에서 인권의 개념에 포괄되지 않는 전체 생명의 소중함이 강조되고 존중받고 있다면, 그 사회에서 인간의 권리는 이미 보장받고 있을 것이다. 유엔은 존엄한 존재인 인간이 기본권으로서 정치적, 경제적, 사회적, 경제적, 문화적, 환경적, 발달적 권리를 가지고 있다는 것을 유엔의 역사를 통해 보여주고 있다.

인권은 추상적이면서도 실천적이다. 인권은 자유롭고 정의롭고 평화로운 세계를 고무하는 비전을 지지하고, 개인과 제도가 사람을 어떻게 다루어야 하는지를 위한 최소의 규준을 설정한다. 인권은 또한 사람들이 자신의 권리와 타인의 권리를 요구하고 방어하는 행동을 하는 데 힘을 준다. 인권은 인간으로서 지켜야 할 권리를 자각하고, 동시에 자신이 한 행동에 책임을 지도록 하는 데 도움을 준다. 그러나 인권의 개념과 범주는 고정적인 것이 아니고 시대적·공간적·사회적 조건 속에서 역동적으로 변화되고 확장된다. 즉, 인권은 지극히 인간적인 동시에 역사적, 사회적인 관점에서 이해되어야 한다.

계몽주의자들은 보편적인 의미에서 인권을 제시했지만, 근대 국가는 자국 시민의 인권만을 보장했을 뿐 아니라, 빈민층과 여성들을 배제하였다. 오늘 대부분 국가에서는 여성과 빈민층에게도 시민권을 보장하지만 외국인은 여전히 시민권을 받기 어렵다. '인권'이 도덕적·당위적·추상적 차원에서 논의된 인간의 권리라면, '시민권'은 제도적·법적·현실적으로 보장된 것이고, 시민권이 발전하면서 다시 인권에 대한 이해와 논

64 계몽주의자들은 인간의 권리를 자연권이라고 불렀는데 우리나라에서는 흔히 자연권보다 '천부인권'이라는 말을 선호한다.

의도 발전했다.[65] 인권을 추상적으로 논의할 때는 예상하지 못했던 인간 권리의 문제들이 시민권이 구체적인 제도로 발전하면서 드러났다. 시민권을 둘러싼 갈등과 논쟁은 인간에게 필요한 권리에 대한 이해의 폭을 넓혔다. 그리고 인권에 대한 이해와 논의가 점차 발전하면서 국가가 시민에게 보장하는 권리의 내용도 발전해왔다. 그러나 시민권이 인권에 대한 국제적 논의에 영향을 받기는 했지만, 국가가 시민에게 보장하는 것이므로 나라마다 민주 발전 정도나 경제 능력에 따라 불균등하게 발전했다. 그래서 최근 국적에 관계없이 모든 사람에게 인권을 보장하려는 '지구적 시민권'이라는 형태로 인권이 실현된다면 시민권의 역사가 인권의 역사와 동일하다는 것을 다시 보여주게 된다.[66] 인권과 시민권은 여러 측면에서 발전해왔고, 시민권은 현실에서 정치 공동체에 의해 보장되었다. 따라서 시민권은 그 권리를 보장할 수 있는 현실적 정치 공동체나 국가를 필요로 한다. 또한 국가는 이를 위해 자원이 필요하다. 시민의 신체와 재산을 보호하려면 경찰과 군대가 필요하고, 교육을 제공하려면 학교와 교사가 필요한 것이다. 그리고 필요한 자원들은 모두 시민에게서 나오기 때문에 시민권은 항상 '권리'의 보장과 함께 '의무'를 전제로 한다.

서구의 경우 근대적 시민의 등장과 보편적 가치로서의 인권 개념 등장은 근대 사회의 도래와 더불어 이루어졌다. 그런 점에서 서구에서 그 역사는 짧지 않다. 서구에서 시작된 시민혁명은 기본적 인권을 자각한

65 근대 국가는 특정한 지역에 사는 특정한 '시민의 권리'만을 보장했을 뿐 보편적인 '인간의 권리'까지는 보장하지 못했다. 따라서 현실의 역사에서 인권은 '시민권civil rights'의 형태로 실현되었다.최현, 2008: 10-19 시민권은 자연권에 덧붙여 사회라는 울타리가 제공하는 안전 및 보호와 관련된 권리를 말하는 것이다. 인간이 자연 상태를 벗어나 사회 공동체를 이루어 살면서 형성되는 개명된 생활 조건으로서 인정되는 권리가 시민권이다. '사회 공동체 내의 권리'인 시민권은 사회의 구성원으로서 인간에게 속한 권리이다. 사회 공동체 내의 권리는 개인에게 원래 존재했던 자연권에 어느 정도 그 기초를 두고 있지만, 그 권리 전체를 제대로 누리려면 개인의 힘만으로는 부족하다고 할 수 있다. 이런 문제의식에서 인권과 시민권이라는 용어가 동시에 탄생했다는 점에서도 확인된다.

66 인간이 누리고 있거나 누려야 할 권리의 중요성과 그 내용을 올바로 이해하려면 인간의 권리에 대한 일반적인 논의뿐 아니라, 그것이 역사에서 문제들을 해결하기 위해 어떻게 제도적으로 발전해왔는지를 추적해야만 한다. 전자가 주로 인권의 발전 과정에 대한 것이라면, 후자는 주로 시민권의 발전 과정에 대한 것이다.

결과였고, 혁명 정신의 확산과 함께 점차 권리의 범주도 확대되었으며, 이는 곧 시민사회의 발전으로 이어졌다. 시민사회와 인권의 역사가 짧은 우리나라에서도 그 둘은 서로의 발전에 기여하는 관계를 맺어왔다.

그런데 인권과 시민권의 관계가 더욱 긍정적인 효과를 낳을 수 있도록 견인하기 위해서는 교육의 역할이 매우 중요하다. 근대 진입이 뒤늦게 이루어졌고, 그 전환도 일제의 식민 지배를 통해 이루어졌던 우리의 경우 시민과 인권이란 말이 본격적으로 거론되기 시작한 것은 20세기 후반에 들어서였다. 그동안 우리나라는 오랜 봉건 왕조 체제하의 유교적 전통, 식민주의하의 군국주의적 지배 문화, 남북 분단으로 인한 이데올로기적 통제, 군부독재하의 개발절대주의 등으로 학교 문화가 왜곡되어왔다. 그랬기에 민주화 정권이 출범하기 전까지는 인권이라는 용어는 합법화되지 못했다. 그러던 것이 1987년 권위주의 체제의 민주화 이후 민주화 정권이 출범하면서 시민권이 확장되면서 인권이 제도적으로 보장되기 시작하였다.

1990년대 후반부터는 시민사회의 발전과 함께 인권에 관한 담론 및 제도화가 더욱 활발해졌다. 이렇게 시민사회와 인권이 병행 발전하고 있는 현상은 양자의 운동이 서로 무관하지 않기 때문이다. 즉, 시민사회의 성장은 곧 인권의 신장과 그 역사를 같이한다고 볼 수 있다. 시민사회의 요구들 중 많은 부분은 결국 인권의 확대로 수렴될 수 있었고 선언적, 상징적 수준의 인권이 제도화되었다. 그렇게 된 것은 시민사회의 노력과 투쟁의 산물이다.

그러나 이러한 선험적 규정은 인권이 역사적인 개념이고, 지금도 계속 변화 중에 있다는 점을 놓칠 수 있다. 왜냐하면 인권의 역사란 저항의 역사이면서 인권이 확장되는 역사였기 때문이다. 그에 따라 인권의 개념 또한 역사적으로 확대되며 변화되어왔다. 초기에는 인권이 정치권력의 남용과 오용으로부터 개인들을 보호하기 위한 방패막이 역할을 하면서 자유권' 혹은 '시민적·정치적 권리'로부터 제기되었으며, 그것은 차츰 참다운 자유를 위해 물질적 토대가 보장되어야 한다는 '사회권'

혹은 '경제·사회·문화적 권리'로 발전해왔다.

그렇지만 인권이 국가권력과 개인 간의 관계로만 규정될 때 그 안에 포괄할 수 없는 많은 문제들이 여전히 남게 되면서 인권 개념은 점차 '집단권'의 개념으로 확대되었다. 인권이 보장되지 않는 집단이 함께 연대하여 자신들의 자결권과 주권을 자신의 복지를 위해 사용할 수 있는 권리, 그리고 지구, 과학, 기술 등의 인류의 유산에 대하여 공동으로 혜택을 받을 수 있는 권리 등을 주창하기 시작하였다. 즉, 인권의 3세대 발전 과정을 통해 더 많은 사람을 위한 권리를 보장하도록 요구하였다.

저명한 국제법학자인 카렐 바삭Karel Vasak은 세대 개념을 통해 인권의 확장 과정을 첫째, 자유권을 '제1세대 인권', 둘째, 사회권을 '제2세대 인권', 셋째, 집단적 권리를 '제3세대 인권'으로 구분하였다.[Vasak, 1997: 29] 제1세대의 자유와 2세대의 평등, 제3세대의 박애 중에 박애권은 제3세대 권리로서 '연대의 권리'로 바꾸어 표현하였다. 이렇게 볼 때 인권은 태초에 존재한 무엇이 아니라, 역사적 과정 속에서 끊임없이 변화하고 확장되는 개념임을 알 수 있다. 제1세대 인권인 '자유권', 즉 집회 및 시위의 자유, 표현과 결사의 자유, 고문받지 않을 자유 등 공민적·정치적 권리는 18세기 전후 전제정치와 같은 국가권력이 개인의 자유를 침해하는 것을 막기 위한 투쟁의 산물이었고, 미국의 독립과 프랑스 혁명을 통해 구현되었다. 제2세대 인권인 '사회권', 즉 적절한 삶을 누릴 권리, 노동자와 취약층의 기본권, 일할 권리, 교육받을 권리 등 경제적 사회권은 19세기 후반 이후 자본주의가 만들어내는 착취와 사회적 불평등에 대한 저항의 맥락에서 구현되었다. 지금은 상식처럼 여겨지지만, 당시 그것이 등장했던 시기에는 급진적이며 불온한 주장에서 출발했던 개념이 바로 사회권으로서 인권이었다고 할 수 있다.[조효제, 2007: 50]

그렇다면 바삭이 '제3세대 인권'이라고 분류했던 평화권, 발전권, 환경권, 민족자결권 등은 어떤 사회적 문제에 대한 저항의 의미를 가지고 있을까? 그것은 20세기 후반 세계화의 흐름 속에서 새롭게 등장한 평화 유지, 식민지 민족들의 자유 보장, 제1세계 국가들과 제3세계 국가들

	억압 권력	대항 권력	미해결 과제	지향점
시민적·정치적 권리 (1세대 인권)	권위주의 시대 (정치적 권리 억압)	정치해방운동 (민주화 운동)	회복적 정의 (과거사 정리, 진실과 화해)	청색 권리 (인권 민주주의, 개인·집단의 자율성)
경제적·사회적 권리 (2세대 인권)	산업화 시대 (저발전, 빈곤)	노동해방운동 (빈곤해방 의지)	분배적 정의 (불균등 성장, 경제 양극화, 사회안전망 미비)	적색 권리 (복지국가, 노동자 권리, 지속가능 발전권)
집단적·연대적 권리 (3세대 인권)	(신)식민지 시대 (민족자결권 박탈)	민족해방운동 (일제강점기 독립투쟁)	자기 결정적 정의 (분단체제 지속, 전쟁 위협, 평화체제 수립 과제)	녹색 권리 (평화권, 한반도 자기 결정권, 북한에 대한 인도적 지원, 북한 인권 개선 생태권, 젠더 등 차이의 정치)
				갈색 권리 (이주 노동자 권리, 제3세계 지원)

『한국근현대사와 인권운동』조효제, 2007: 339

의 경제적 격차 해소, 환경보존 등과 같은 전지구적인 문제를 해결하기 위해 등장한 개념이었다. 그러나 이러한 문제 해결의 필요가 곧바로 권리의 출현으로 이어지지는 않는다. '평화를 누릴 권리'를 법적인 보호를 수반하는 '권리'로서 말하는 것은 정치적 이유나 다른 명분으로도 그 누구로부터도 침해를 받지 않을 권리를 주창하는 것이다. 그러나 인류 역사에서 인간의 평화가 국가 '안보'라는 이름으로 빈번하게 침해되어 왔음은 주지의 사실이다. 국가의 안보와 개인의 평화는 늘 갈등하며 대립적 양상을 보였다. 평화라고 하는 '가치'란 정치적 계산 속에서 언제든 제한될 수 있는 '취약한vulnerable' 것이었다.

최근 다양한 영역에서 논의되고 있는 '인간 안보human security' 개념 역시 '국가 안보national security'로서 유보되었던 개인들의 권리를 옹호하기 위한 맥락에서 등장했다고 볼 수 있다. 〈아시아 인권헌장〉에서도 외부의 위협을 상정하며 국가 안보만이 최우선시되었던 아시아의 역사를 문제 삼으면서 '평화권'을 유보할 수 없는 권리로 새롭게 규정하기 시작하였다. 여기에서는 외세의 강점 위협에 대항하여 주권을 보전하고 보호해야 하기 때문에 개인의 안정과 평화로운 생활의 권리를 박탈하여서는 안 된다고 단언하고 있다. 그렇지만 평화권은 아직까지도 국제사회에서 확립된 권리가 아니며, 권리로서의 효력 역시 불명확하다는 의견이 제기되고 있다.

인권교육의 지향점

인권교육의 기본 철학은 모든 아이가 하나의 동등한 인격체로 존중될 권리를 가지고 있고, 모든 아이가 스스로 자신의 문제를 해결할 수 있는 능력을 가지고 있다고 생각하는 것이다. 인권교육은 인간의 권리와 기본적 자유를 존중하는 힘을 갖도록 하고, 인간으로서의 인성과 그 존엄성을 충분하게 개발하도록 한다. 인권교육은 자신의 삶을 인권의 눈으로 읽고 쓰는 능력이며, 말과 글로 자기 의견을 표현하는 기술이며, 다른 사람의 의견을 잘 듣고 토론하는 기술이며, 긍정적인 인간관계를 형성하는 기술이다. 인권교육은 인간의 기본적 권리로서 인권에 대한 보편적인 열망을 학생들에게 인식시키고, 인권을 보호하는 방책에 대한 기본적 지식을 갖게 한다. 인권은 자신의 권리를 깨달아야만 누릴 수 있으므로 인권의식을 일깨우는 인권교육은 인간의 기본적이고 보편적인 권리에 대한 이해, 인권을 존중·보호하기 위한 행동양식과 기술, 인권을 존중하는 태도의 형성을 추구하는 일체의 교육 활동이라고 할 수 있다. 인권교육은 '자신의 인권'에서 '타인의 인권'으로 확산되는 형식으로 제시될 수 있다. 다른 사람의 입장에서 인권의 침해를 당하고 있는 사태를 보고 동정과 공감을 갖고 고통을 함께할 뿐 아니라 그것의 해결을 위해 함께 노력하는 것이다.

인권교육에서 가장 중시하는 과제는 인권의 원칙에 입각한 일상생활의 영위이다. 인권교육은 항상 자신의 행동에 대해 동기를 비판적으로 깨닫도록 돕는 도덕적 중재의 새로운 힘을 형성하도록 시도한다. 도덕적 중재의 새로운 형태는 인간 집단들 사이에 존재하는 잠재적인 갈등, 즉 사회적, 정치적, 개인적 갈등 등을 깨닫는 데 도움이 될 것이다. 인권교육은 모든 국가와 토착민 그리고 종족적, 민족적, 종교적, 언어적 집단 사이의 이해, 관용, 성의 평등, 우정을 촉진하고, 민주사회에서 모든 사람들이 효과적으로 참여하도록 하며, 평화의 유지를 위해 유엔의 활동을 촉진한다.유엔 인권교육실천강령, 1995-2004

인권교육은 아이들의 자아 존중감과 독립심을 키우는 방향으로 인권적 대화가 이루어지도록 해야 하며, 교사와 아이들 사이의 협력과 이해를 바탕으로 한 유대감을 형성하도록 해야 한다. 인권교육은 우리 자신들의 맥락 속에서 그리고 각각의 학생들에게 더욱 정의로운 사회구조와 더욱 배려하는 공동체를 만드는 데 있다. 인권교육은 인간적 법률과 법의 규칙뿐 아니라 평화, 민주주의, 발전, 사회정의를 포함한다. 인권교육은 권리와 책임, 인간의 존엄성, 타인 존중, 민주적 참여, 인권 문해력, 정치적 문해력을 함양한다. 일상적으로 반인권적인 사례들이 보고되고 있는 현실 속에서 그 책임으로부터 자유로울 수 없는 교사들에게 정말 필요한 것은 '인권 문해 능력human right literacy'을 고양하는 것이다. 학습자 개개인이 인권을 존중하고 신장할 수 있는 '인권 문해 능력'을 고양하여야 한다. 인권을 존중하고 보호하고 개선하는 일은 직접적으로 법과 제도의 문제이지만, 더욱 근본적으로는 교육의 문제이다. 인권의 가치를 사회 전체에 그리고 다음 세대에까지 확산시키는 목표는 교육, 즉 '인권교육'을 통해 가장 효과적으로 달성할 수 있기 때문이다.

인권에 대한 현학적인 지식의 암기와 나열이 아니라 구체적 현실 속에서 인권적 자각을 하고, 실천을 할 수 있는 '인권 소양을 갖춘 사람'이 되도록 해야 한다. 교사도 하나의 동등한 인격체로서 아이들 앞에서 존중될 권리를 가지고 있음을 유념해야 한다.

인간은 태어날 때부터 평등하며 존엄한 가치를 갖는다는 주체적 인권의식에 근거하여 자신의 개인적 존엄을 억압하는 조건을 밝혀내고 이를 극복하게 만드는 인권교육은 특히 사회적으로 힘이 없고 주변화된 약자뿐만 아니라, 이를 보호하고 함께 지켜야 하는 힘 있는 자에게도 필요한 과정이다. 이런 각도에서 토니Torney, 1980; 강순원, 재인용, 2008: 193는 인권교육human rights education의 목적을 다음과 같이 서술하고 있다.

① 인간의 기본적 권리로서 인권에 대한 보편적인 열망을 학생들에게 인식시킨다.
② 인권을 보호하는 국제기구에 대한 기본적 지식을 부여한다.
③ 인권이 부정되는 곳에서 이와 관련된 쟁점 혹은 그 쟁점이 적용되는 사례에 대해 비판적으로 사고할 수 있도록 한다.
④ 권리가 박탈된 경험이 있는 사람들에 대한 관심을 갖고 그들의 입장을 내 입장에서 되돌아 생각해보도록 한다.Torney, 1980

토니에 따르면 '인권교육'이란 인권에 대한 보편적 열망에 입각하여 세계 보편적 인권규약을 가르치며 주변의 인권 탄압의 현실을 비판적으로 인식함으로써 그들과 우리의 미래를 긍정적으로 전망할 수 있도록 변화를 모색하는 총체적 과정이라고 할 수 있다. 이렇게 볼 때 학교에서의 인권교육 범주는, ① 인지적 범주로서 국제기구에 대해 이해와 인권에 관한 지식, ② 우리의 문제로 함께 볼 수 있는 인권에 대한 보편적 열망으로서의 바람직한 가치나 태도의 범주, ③인권이 탄압되고 문제되는 사례를 비판적으로 사고하고 공유할 수 있는 인권교육 기법의 범주로 나누어볼 수 있다. 한마디로 인권교육은 인권의 지식, 기술 그리고 가치를 개발하는 모든 학습으로서 보편적인 인권의 문화를 건설하는 것을 목표로 한다. 인권교육은 학습자의 인권이 존중되는 과정을 통해 인권에 대한 지식을 획득하고, 인권을 존중하는 태도를 형성하며, 인권을 옹호하고 방어할 수 있는 행동 능력을 길러냄으로써 인간의 잠재된 능력을 계발하고 현실에 존재하는 다양한 억압으로부터 스스로를 해방시킬 수 있는 힘을 길러내기 위해 설계된 교수-학습의 과정이라고 할 수 있다.

따라서 인권교육의 내용은 다음과 같은 다섯 가지에 초점을 두어야 한다.Brabeck & Rogers, 2000: 177-180

① 인권교육은 학생들에게 맥락적 요소를 이해하도록 한다: 맥락이 아동과 청소년에게 어떻게 영향을 미치며, 그들이 의미를 어떻게 만드는지를 이해하도록 한다. 지속적인 폭력은 결국 폭력을 확장시킨다. 지역사회에서 발생하는 폭력은 거대한 인종주의, 차별, 빈곤 등의 한 부분이다. 그런데도 많은 학생들은 공동체에 영향을 미치는 사회의 불의와 아이들이 부딪히는 폭력과 범죄 간의 관계를 잘 파악하지 못한다. 전형적으로 학생들은 폭력적 사건을 한두 사람 사이의 논란으로 볼 뿐, 지역사회에서 폭력을 일으키는 사회적 맥락을 잘 검토하지 못한다. 이렇게 된 이유는 좀 더 거대한 정치적 요소를 검토하도록 고무하지 않기 때문이다. 폭력과 사회적 불의와의 관계에 대한 침묵은 숙고를 방해할 수 있다. 그러기에 인간의 존엄성에 대한 학생들의 권리, 그들의 시민적·정치적, 사회적·문화적 권리 그리고 연대적 권리에 대한 정보 제공과 역할 채택을 통해 숙고적 능력을 함양해야 한다. 이것은 가난한 사람, 흑인, 이주민, 그리고 주변인의 목소리를 경청함으로써 개인과 집단의 다양한 현실을 넘어서도록 학생들을 도울 수 있다.

② 인권교육은 학생들에게 그들의 삶 그리고 자신의 인권과 책임에 영향을 미치는 사회적·정치적 요소를 가르친다: 젊은이들은 사회문제의 정치적, 맥락적, 역사적 분석을 하는 데 실패할 수 있다. 인종주의와 빈곤의 사회적·정치적 현실을 무시하는 도덕을 가르치는 시도는 억압과 고통 속에 사는 학생들에게는 진정성이 없고 적용할 수 없을 것 같다. 학생들이 직면한 문제를 효과적으로 변화시키고자 한다면 사회적 악에 대한 정치적 분석을 마련해야 한다. 이러한 과정은 한 나라의 역사를 비판적으로 분석하는 것을 포함한다. 학생들은 법적 체제, 교육제도, 정치체제 그리고 다른 문화구조를 창조하고 유지하는 사회적·경제적 힘에 의문을 제기하

도록 허용한다. 사회에 존재하는 폭력과 제도적 인종주의의 원인을 학생들이 탐구하도록 도와준다. 제도적 폭력과 빈곤의 영향을 이해한다는 것은 자기 비난을 줄일 수 있고, 힘을 행사하는 환경을 알 수 있게 한다.

③ 인권교육은 체제와 구조를 변화시키는 참여에 초점을 둔다: 교사와 학생은 인권 침해를 예방할 수 있는 체제와 구조의 변화를 기술하고 발전시킬 수 있는 활동을 해야 한다. 체제와 구조의 정의는 교사와 학생 자신의 교실 내에서 이루어져야 한다. 권리와 복지를 촉진할 수 있는 어떤 체제가 인권을 침해하고 박탈된 사람을 비인간화로 유도한다는 것을 학생들은 배워야 한다. 억제되고 있는 인권이 더욱 확장될 때 인권 침해는 발생한다. 사회적 악에 눈을 감게 하는 것은 인권 침해를 관용하는 데서 발생한다. 차별은 정부 체제와 경제정책으로부터 탈출하는 것이기 때문에 체제적(구조적) 노력이 있어야 한다. 이런 기본적 변화를 달성하기 위해서는 사회가 그것을 요구해야 한다. 이것은 학생들이 개인의 행위와 사회적 행위 사이의 관계를 인식하도록 가르칠 때 일어난다. 그러기에 학생들은 자신뿐 아니라 타인의 삶에 영향을 미치는 체제에 대해 비판적으로 알고 배울 필요가 있다.

④ 인권교육은 완전한 공동체의 복지에 초점을 둔다: 사회구조를 검토하는 과정에서 인권교육의 목적은 동정이나 적대감보다 상호 이해와 관심에 둔다는 것을 분명히 해야 한다. 교육의 과정이 우리들에게 적대적인 정신구조를 갖도록 유도한다면 그 과정은 실패할 것이다. 희생자라는 딱지는 해결책이 아니며, 사람들을 동력화하지도 못하며, 공동선을 위한 행동을 오히려 억제한다. 이것은 개인적 서사와 열린 대화를 아주 중요하게 하는 이유이다. 서로 다른 관점을 가진 학생은 서로 경청하고, 서로 다른 상황과 여론으로 유도하는 정치적 분위기를 고려하도록 격려되어야 한다. 이런 식으로 학생들을 좀 더 거시적인 정치적 맥락과 집단적 공동체의 일부분으로 자각하도록 한다. 타인의 관점을 가로지름으로써 한 사람의 특권이 다른 사람의 배고픔과 연관됨을 보도록 배워야 한다.

⑤ 인권교육은 집단적 선을 위한 개인적 책임 의식에 초점을 둔다: 학생들

에게 사회적 악을 분석하도록 체계적으로 가르치는 것은 가난한 학생들 뿐 아니라, 특권적 편리를 누리는 학생들에게도 일어난다. 다수자의 지위를 누리며 성장한 아동들은 특권과 빈곤, 개인의 복지와 집단의 복지 간의 연관을 알기 위해 사회적 불의를 비판하는 데 참여해야 한다. 이것은 어려운 과정이나 공동선을 포함한 '도덕교육'에도 필요하다. 즉, 그것은 학생 개개인으로 하여금 인권을 통해 알게 된 도덕적 성격을 형성하도록 한다. 학생들을 역사에 직면하게 하는 것은 학생들이 진리를 다스릴 수 있도록 하고, 인간의 가증스러운 잘못, 즉 대량 학살, 유태인 대학살로부터 윤리적 교훈을 배우도록 한다. 이런 과정을 통해 학생들은 악이 번창할 수 있는 역사적·정치적 맥락에 대해 학습하면서 개인의 경험과 여론이 상호 존중되고 공유되는 열린 대화에 참여하게 된다. 학생들이 다양한 관점을 갖고 개인의 편견과 왜곡을 숙고하도록 격려된다. 이러한 과정의 목표는 학생들의 자아통제, 지식과 도덕적 사고를 강화하도록 한다.

인권교육의 내용은 인권에 대한 지식뿐만 아니라 인권을 지지하는 가치와 태도, 신념 그리고 궁극적으로는 행동의 영역을 포괄하는 교육으로서 크게 인권에 '대한about', 인권을 '위한for' 그리고 인권을 '통한through'학습에 목표를 둔다. '인권에 대한 학습' '인권을 위한 학습' 그리고 '인권을 통한 학습'은 인권교육의 세 가지 본질적인 목표이다. '인권에 대한 학습learning about human rights'은 주로 인권의 역사, 기록, 실행의 메커니즘을 포함한 인지적 학습을 한다. 사회의 분절을 따라 유엔인권선언의 규정과 이 국제적 규준이 정부와 개인에게 어떤 영향을 미치는지를 이해할 필요가 있다. 이 규준들의 영향을 이해하기 위해서는 또한 공민적, 정치적, 사회적, 경제적, 문화적 권리의 상호 의존을 이해할 필요가 있다. 인권교육은 모든 사람에게 필수적인 교육의 기본인 '4R', 즉 읽기reading, 쓰기writing, 셈하기arithmetic 이외에 '인권human rights'을 포함한다.[67]

특히 일부 사람들은 형식교육에 있어 인권교육을 위한 인지적·태도적 목표를 강조한다. 예를 들면 유럽위원회의 〈학교에서의 인권의 가르침과 배움〉1985의 추천에서 역사적, 법적 학습이 우선적으로 중요함을 제시하고 있고, 부가적으로 행동 기술을 추가하고 있다. ①인권의 역사적 발전에 있어 주요 지표가 되는 지식, ②인권에 대한 선언, 협약, 약속, ③인권 침해에 대한 지식, ④인권의 기존 개념에 대한 이해(차별, 평등 등), ⑤개인, 집단, 국가의 권리 사이의 관계에 대한 이해, ⑥편견과 관용의 발전, ⑦타인의 권리 중시, ⑧권리를 부인하는 사람에 대한 동정, ⑨정보를 축적하고 분석하기 위한 지적 기술, ⑩행동 기술 등.Flowers, etal., 2000 '행동 기술'에는 차이를 인정하여 수용하고, 적극적이고 비억압적인 인간관계를 확립하고, 비폭력적인 방식으로 갈등을 해결하는 인간 상호 간의 기술이다. 사회 변화에 더욱 적절하다고 추천된 기술은 참여, 기획, 의사결정을 포함한 책임을 감수하고 결정에 참여하는 기술이다. 사회적 기술에는 지역과 풀뿌리에서 인권을 보호하기 위한 기제의 사용을 이해하는 것이 있다.

'인권을 위한 학습learning for human rights'은 인간의 평등과 존엄성의 원리, 모든 사람의 권리를 존경하고 보호할 책임을 이해하고 수용하는 것을 의미한다. 이것은 인식하는 인지적 학습과는 달리, 삶의 양식을 선택하는 사람들의 정서와 그들의 의지 그리고 역량의 증진에 관심을 둔다. 인권을 위한 학습은 ①자신의 삶의 상황을 비판적으로 분석하고, ②가치를 명료화하고, ③태도를 변화시키고, ④연대를 개발하고, ⑤인권이라는 용어로 분석하고, ⑥부정의에 대해 적절한 반응을 하도록 전략화하는 등 권리의 옹호와 행동을 위한 기술을 포함하고 있다.Flowers, etal., 2000 일부 사람만이 노련한 인권 실천가가 될 수 있지만, 모든 사람은 인권이 개인, 집단, 제도 차원에서 촉진되고 옹호될 수 있고, 일상생활에서 인권의 원리를 실천할 수 있도록 배울 필요가 있다. 그리고 모든 사람은 인권이 책임과 관련되어 있음을 이해할 필요가 있

67 도덕교육은 4R에 '관계relationship'나 '존중respect'을 포함하고 있다.

다. 즉, 인권은 자신의 삶에 있어 인권의 원리를 관찰하고 타인의 권리를 옹호하고 존경하는 것이다.

그리고 '인권을 통한 학습learning through human rights'은 '행동'으로 이어져야 한다. 앎은 행을 통해 완성이 된다. 행동에 대한 반성을 통해 앎은 재구성된다. 학습은 인권의 실천에 본질적이다. 인권을 이해하는 사람만이 자신과 타인을 위해 인권을 확보하고 옹호하는 데 효과가 있을 것이다. 인권교육은 인지적 학습과 정서적 학습을 통합해야 한다. 이를 위해 ① 현실에서 출발하라: 모든 학습은 참여자의 필요, 이익, 경험, 문제에 기반을 두어야 한다. ② 활동을 하라: 학습은 개인 및 집단 활동에 적극적이어야 한다. ③ 지평적 소통을 하라: 학습은 사람이 상호 존중의 분위기 속에서 자신의 사고, 감정, 그리고 정서를 공유하는 대화를 통해 일어난다. ④ 비판적 능력을 개발하라: 비판적인 능력과 아이디어, 사람, 행위를 신중하게 평가하는 능력을 개발해야 한다. ⑤ 감정의 발달과 표현을 촉진하라: 훈련 방법론이 참여자의 감정을 고려한다면 가치를 학습한다는 것은 가능하다. ⑥ 참여를 촉진하라: 학습의 가장 좋은 길은 참여함으로써, 자문함으로써 결정에 참여하는 것이다. ⑦ 통합을 하라: 학습은 학습과정에서 머리, 몸, 마음이 통합될 때 가장 효과적이다.[68]

'인권에 대한 학습', '인권을 위한 학습', '인권을 통한 학습'은 모두 상호 의존적이다. 그래서 인권교육은 현학적인 인권 지식의 암기와 나열이 아니라 구체적 현실 속에서 인권적 자각을 하고 실천할 수 있도록 해야 한다. 인간으로서 살 수 있는 법, 인간의 존엄성을 존중하는 법을 체험적, 실천적으로 배워야 할 것이다. 인권교육은 학습자의 가까운 일상생활 속에서 사회문제의 해결을 위해 실천하는 '참여'라는 '형식'에, '인권'이란 '내용'을 담아내고자 한다. 이는 자신을 삶의 주체로 세워나

68 가치와 태도의 변화를 개발하라, 행동의 변화를 개발하라, 사회정의를 위한 힘을 부여하라. 이슈, 공동체, 그리고 국가를 넘어 연대의 태도를 개발하라, 지식과 분석적 기술을 개발하라, 참여적 교육을 하라.

가기 위한 것으로 사람들의 삶과 경험을 이해하고 변화시키는 것이 중요하다는 것을 의미한다. 따라서 적극적인 참여가 필요하며 결과적으로 공정하고 인간적인 민주사회를 구성하도록 해야 한다. 경험을 통한 학습을 소중하게 여기는 인권교육은 발견과 질문에 의해 학습을 격려한다. 그것은 유연한 시간표를 필요로 하며, 활동적인 학생들이 학교만이 아니라, 집이나 다른 공동 사회에서 연구하는 것을 포함한다. 아동들이 자아존중을 통한 교육에 동의한다면, 다른 사람에 대한 존중과 개인적 성장의 가능성을 신뢰하는 것은 기본이다.

인권교육을 위한 궁극적 목표는 사람들에게 자신의 삶을 통제하고, 그것에 영향을 미치는 결정을 부여하는 힘을 갖는 것. 즉 '자력화 empowerment'이다.Mcintjes, 1997 '인권을 위한 학습'은 자력화된 적극적 개인을 양성하는 데 있다. 자력화는 학생들로 하여금 자신의 필요와 그것을 가로막는 정치적, 사회적 구조를 이해하도록 돕는다. 인권을 위한 학습의 중요성은 자력화된 개인만이 인권에 토대를 둔 사회의 변혁에 참여할 수 있기 때문이다. 인권을 위한 학습에 초점을 둔 인권교육은 공동체의 기본적 필요를 충족시키기 위해 연대, 집단적 행동을 포함한 사회적 능력을 강조하고 있다. 여기에서 협상과 갈등 해결 기술 그리고 주창 기술은 본질적 구성 요소이다.[69] 일부 교육자들은 인권을 '통한' 교육의 '자력화' 목표를 학교에 적용할 경우 지나치게 정치적인 것으로 간주하고, 비형식 교육에만 적절하다고 주장하기도 하지만, 학생의 자력화 전략은 책임있는 '참여적 시민'이 되게 하여 시민사회를 건설하는 데 필수 불가결한 요소라고 할 수 있다.

그러기에 인권교육은 시민사회의 발전을 '반영'한 것임과 동시에 시민사회의 발전도 '견인'할 수 있어야 한다. 시민사회의 발전의 견인차로서의 인권교육은 사회의 전 영역에 걸쳐서 이루어져야 한다. 특히 학교

69 인권을 '통한' 학습의 기술에는 토론하고 경청하는 기술, 편견과 왜곡을 억제하는 판단의 기술, 적극적이고 비억압적 관계를 맺을 수 있는 사회적 기술, 그리고 지역, 국가, 세계 수준에서 존재하는 인권을 보호하기 위해 비폭력적 방식으로 갈등을 해결하는 행동적 기술이 있다.

의 인권교육은 시민사회의 참여 및 성장의 경험을 충분히 담아내야 한다. 학교를 주된 무대로 하는 인권교육은 실천, 체험, 참여 지향의 인권교육을 적극 활동하여 민주적 시민사회의 건설을 위해 견제, 비판, 저항, 대안 제시 등의 경험을 학습에 반영해보는 노력이 필요하다. 즉 우리 가까이의 일상 속에서 끊임없이 일어나고 있는 크고 작은 인권 침해의 현장에 뛰어들어 그것의 해결을 위해 노력하는 '작은 시민운동'에 참여하는 경험을 가질 필요가 있다.

인권교육은 규범적 사업인 동시에 문화적 사업이다. 인권교육의 과정은 학생들로 하여금 더욱 인권 규범과 가치에 일치하는 기술, 지식, 동기를 제공하여 자신의 삶과 현실을 혁신하도록 하는 것이다. 이런 이유로 상호작용적, 학습자 중심적 모형이 광범위하게 활용되고 있다. 학교에서의 인권교육은 학습자의 연령과 국가/지역의 교육정책의 상황에 따라 다양하게 적용될 수 있다. 인권교육에서 다루어지는 인권은 갈등해결 교육, 법 관련 교육, 발전 교육, 이슈 관련 교육, 평화교육, 반편견 교육, 다문화교육, 세계 교육 등에서의 최근 추세와 공통적인 특징을 많이 가지고 있다. 학교에서의 인권교육은 역사과, 사회과, 도덕과, 인문학, 시민교육 등에서 쉽게 이용할 수 있다. 인권교육의 발달적 개념적 틀은 유엔과 NGO에서 개발한 것이다. 여기에 사회정의, 관용 등과 같은 다른 중요한 가치가 추가될 수 있다.

도덕교육으로서의 인권교육

어느 사회에서든 공동체의 일원으로서 한 개인은 그 사회가 요구하는 규범을 지키고 질서에 순응할 책임을 지닌다. 동시에 한 인간으로서 본래적으로 갖춘 천부적 인권과 기본적 자유에 대한 권리는 그 누구도 부정할 수 없다. 모든 인권 기준과 협정 정신의 주요한 근거는 다른 사람에 대한 존경심이다. 그런 면에서 인권교육은 책임과 권리에 대한 균형 잡힌 태도를 형성하게 하는 도덕교육의 성격을 지니지 않을 수 없다. 그러나 인권교육과 도덕교육을 지나치게 동일시할 경우 인권교육의 고유성이 상실될 수도 있지만, 인권교육은 민주주의와 사회정의의 가치를 중시하면서 공동체에 책임을 갖는 공적 시민을 양성하는 도덕교육으로 포괄되어야 한다.

인권교육은 민주적 시민성의 가치와 지식을 중요하게 다루어야 한다.[Howe & Covell, 2007: 104-107] 새롭게 제창되는 '민주적 시민권/시민성democratic citizenship'은 폭력, 불관용, 외국인 혐오, 인종주의, 공격적 민족주의 등을 중요한 가치로 여기는 인권교육을 매우 중시한다.[Tibbitts, 2008: 101-102] 민주적이고 다원적인 시민사회에서 인권교육은 '적극적 시민권/시민성active citizenship'의 형성에 본질적이다.[Flowers, etal., 2000] 시민은 비판적으로 생각하고, 도덕적 선택을 하고, 이슈에 원칙적 입장을 취하며, 민주적 행동 과정을 구안할 필요가 있다. 민주적 과정의 참여는 다른 일 속에서 인권과 평등과 공정과 같은 민주주의의 기본적 가치와 종족주의, 성차별주의, 이들 가치의 침해로서 기타 부정의에 대한 이해와 의식적 헌신을 의미한다. 적극적 시민권/시민성은 또한 모든 사람의 권리를 촉진하고 보호하기 위한 개인의 책임 의식에 의해 동기 부여된 민주적 과정에 대한 참여를 의미한다. 그러나 이런 식으로 참여하려면 시민이 먼저 알아야 하고, 올바른 행동을 위해서도 알아야 한다. 민주시민교육의 목표로서의 인권의 가치는 동시대는 물론이고 과거와 미래의 타인 및 사회에 대한 책임까지도 수반하고 있는 권리, 사회적으로 불리한 위치에 있는 약자의 처지를 개선하고자 하는 권리, 개인은 물론이고 종족, 지역 등의 집단을 포괄하는 권리로서의 의미를 가진다.[송현정, 2004: 66-72]

오늘날 인권교육은 인간의 잠재력을 일깨우고, 인간의 역량을 자력화하며, 인간을 활짝 피게 만드는 규범적 포부의 개념으로 자리 잡고 있다. 인권교육은 공공선에 헌신하고, 타인의 안전과 복지에 미치는 행동의 영향을 고려하고, 성 평등을 포함한 평등을 촉진하고, 지속가능한 발전을 추구하고 지구적 공통성을 보호하기 위해 미래 세대의 이익을 보호하고, 인류의 문화적 지적 유산을 보존하고, 지배 구조에 적극적으로 참여하고, 부패를 줄이는 데 효과적이다.Osler & Starkey, 1995: 158-159 인권교육은 폭력, 부정의, 억압 등 권위주의적 위계적 불평등한 체제에 대한 철저한 인식을 통해 권위주의의 재출현을 방지하기 위한 민주화의 초석을 놓을 수 있다. 이를 위해 인권교육은 학생들에게 임무, 의무 및 책임의 주요 범주들에 대해 학습하면서 동시에 정의, 평등, 자유, 평화, 권리, 민주주의 등의 개념들을 학습하도록 한다. 인권교육은 기존 사회의 핵심적 덕목과 시민 생활의 가치에 관한 권한 부여, 토론과 비판적 반성을 포함하는 민주주의적 관점을 필요로 한다. 그래서 인권교육은 시민교육citizenship education, 공민교육civic education 등의 학과목을 통해 실시되어왔다.

도덕교육에서 중요하게 다루어져야 하는 인권교육 내용은 기본적 자유를 실현하고, 평등성을 제고시키는 데 중요한 기여를 하며, 갈등과 인권 침해를 방지하고 참여와 민주적 과정을 증진시키는 데 필수적이라는 것이다. 인권교육은 인간의 존엄성에 기초한 자유와 평등을 중시한다. 왜냐하면 인간의 존엄성, 자유, 평등에 관한 교육은 민주시민 육성에 필수적이기 때문이다. 민주주의를 위한 인권교육이 활성화되어야 민주주의의 토대가 견고해진다.Shiman & Fernekes, 1999 인권에 대한 통합적 교육을 지향하는 인권교육은 의사결정 능력, 사회 참여와 행동 기능 신장을 통하여 도덕교육의 목표 달성에 기여할 수 있다. 인권교육은 건강한 시민사회 구성의 가장 핵심적 요소로서 긍정적으로 기여할 수 있다. 인권교육은 사회정의, 민주주의, 휴머니즘 등과 결합할 때 순기능을 발휘할 수 있다. 오늘날 인권교육의 영역은 확장되어 포괄성과 통합성을 띠는 도덕교육과 친화성을 보일 수 있다. 그러기에 인권교육은 정의로운 민주사회의 구성원이 되도록 하는 공감 교육을 한다. 인권교육은 민주주의로 이행하는 데 중요한 부분으로서 사회 및 인간 변혁의 수단이 되어야 한다. 인권교육이 중시하는 가치인 자유, 정의를 달성하기 위해서는 빈곤과 차별과 같은 사회적·경제적 필요, 그리고 전쟁과 정치적 억압과 같은 정치적 위기에 잘 대처하지 않으면 안 된다. 인권교육은 정치적 억압, 고통, 불행, 내전, 편견 등이 초래하는 불의의 문제를 다룬다. 인권교육은 사회정의, 관용, 연대, 참여, 평등, 인간의 존엄성, 공정성, 인권, 관용 등 민주주의적 가치를 중시한다. 도덕교육으로서 인권교육은 학생들이 평화와 우애 속에서 살도록 하는 것, 이를 위해 비판적 사고, 의사소통 능력, 정치적 문해력, 민주시민의식과 시민적 덕목(신뢰와 협동, 타인 존중)의 함양, 참여적 능력 등을 실시해야 한다. 인권교육은 더불어 함께 사는 사회를 형성하며, 그 안에서 존엄한 인간으로서 어떤 사회적 가치와 태도를 갖추어야 할 것인가를 논의하고, 실천하는 행동을 위한 학습의 범주를 구성하고 있다.

인권교육과 인성·인격 교육의 통섭

그동안 인성/인격교육을 중시하는 진영과 인권교육을 중시하는 진영은 서로 대립을 보이며 갈등을 보여왔다. 흔히 전자는 우파로 분류되고 후자는 좌파로 분류되어 소모적 논쟁을 벌여왔다. 그런데 '인권 없는 인성교육'이나 '인성 없는 인권교육'은 모두 불완전한 개념이다. 왜냐하면 인권 없는 인성교육은 양보와 인정에 치우친 수양운동에 편향되어 불의에 대한 대처를 방관하기 쉽고, 인성 없는 인권교육은 자기주장과 권리 쟁취에 치우치는 사회운동에 편향되어 사람됨의 형성을 소홀히 하기 쉽기 때문이다. 인간성이 좋지 않거나 인간이 안 되어 있으면서 인권운동을 함으로써 자기모순에 빠져 정당성을 상실하게 만드는 편향성, 다른 한편으로 사회 부조리를 회피하며 안전한 길을 찾는 인격수양 방식의 편향성은 모두 문제가 있다. 인격의 완성은 불의에 직면하여 자신의 지조를 지키는 삶이어야지 인품만 그럴듯하게 포장하는 무골호인은 부정의한 사회를 방치할 뿐이다. 인권의 도덕화 전략은 종종 인권의 불온성을 잠식하여 실질적으로 인권을 무력화하는 기제로 이용될 수 있다. 인권이 도덕이 되었을 때, 그것은 정치적 권력 관계의 문제를 삭제하는 효과를 가진다.정정훈, 2014: 68 그런데 인권의 탈도덕화 전략은 구성원들 간의 갈등을 정치화함으로써 인권에 '대한' 앎과 인권을 '위한' 실천을 분리시킬 가능성이 있다.

우리는 주변에서 비민주적인 제도에 대해서는 비판을 잘하면서도 일상생활에서는 폭력적인 말과 행동을 너무나 쉽게 하는 비대화적 모습을 많이 보게 된다. 이렇게 인성과 인권의 편향성을 보이며 조화롭게 공존하지 못하는 생활은 사회정의와 민주주의 성취에 걸림돌로 작용한다. 인간으로 그리고 시민으로 성장하도록 준비시키는 전인교육의 역할을 요구하기에 인성교육과 인권교육을 둘러싼 서로 다른 입장에 대해 서로 적대적 입장을 완화한 논의를 통하여, 맥락과 상황에 따라 각자의 관점과 입장을 조금 완화하면 포용적이고 포괄적인 민주시민교육이 대화를 통해 어느 정도 가능할 것이다.

구체적으로 학교교육 영역에 들어가 말한다면 인성교육이 인권교육의 토대가 되어야 한다고 하더라도 양자가 동일하다는 것으로 비약해서는 안 된다. 왜냐하면 많은 경우 인권교육은 개인적 도덕성보다는 공적 도덕성에 더 관심을 두는 경향이 있고, 비판적 사고와 정치적 교양을 더욱 강조하고 있기 때문이다. 예를 들어 인권교육은 세계시장과 글로벌 경쟁의 존재를 무시할 수 없다. 특히 가난한 나라에서 그렇다. 왜냐하면 큰 사회적 대립을 자주 일으키는 현실세계의 요인들 때문이다. 가난한 나라는 중대한 인권 폭력이 발생할 가능성을 가지고 있다. 따라서 인간 생활에 무조건적 존경과 관련된 보편적인 도덕적 견해를 사회에 적용하는 것과 난폭한 경제적 경쟁의 현실들을 단순하게 받아들이는 것은 무리일 수 있다. 이런 문제를 주로 다루는 사회과, 역사과 등의 영역에서는 강한 비판적 관점을 취하지 않을 수 없다. 이런 상황에서 학생들에게 비판 의식을 고무하는 것은 불가피하다. 학생들로 하여금 가치의 갈등과 다른 권리들 사이에 있을 수 있는 정치적 긴장을 사회정의의 관점에서 각성하도록 가르치는 것이 인권교육의 기본이다. 이러하기에 근본적으로 인권적 각성을 중시하는 인권교육은 단순히 내면적 각성을 중시하는 인성교육과는 기본적인 철학적 가정을 달리한다고 할 수 있다. 인성교육의 철학적 가정은 도덕성, 예절, 예의 바름에 좀 더 치우치는 반면, 인권교육의 철학적 가정은 정치, 사회생활의 상호 의존성에 더 초점을 두는 특징을 보이고 있다.

유엔 총회가 1948년에 선포한 '세계인권선언'의 제26조(교육을 받을 권리) 제2항에도 "교육은 인격을 충분히 발전시키고, 또 인권과 기본적 자유에 대한 존경을 강화하는 데에 목적을 두어야 한다."라고 명시하여 있듯이, 인권교육의 영역은 넓게 보면 포용성과 포괄성을 띠는 '통합적' 인성교육의 영역에 포함될 수 있다. 인격이 취약한 사람이 권리만을 주장할 때 이기심 많고 인정머리 없는 졸부가 되는 경향성을 제어할 수 있을 것이다. 물론 인성만을 강조할 때 인격자는 될 수 있으나 정의감 없는 비겁한 사람이나 권력의 충실한 충복으로 전락할 위험이 있기에 이런 양극단을 피해야 한다.

그리고 인성이나 인격을 안정적인 심리적 마음에 머물지 않고 비판적 문화 특성을 동시에 갖는 개념으로 확장할 필요가 있다. 때로는 학생의 일탈을 인격의 부조화로 볼 때는 정신병리 현상으로 볼 수 있으나 다른 한편으로는 인권의 관점에서 볼 때는 새로운 변화를 위한 이유 있는 저항으로 볼 수도 있다. 인격을 공동체의 보수적 문화 체제로 볼 때는 부적응으로 볼 수 있으나, 개인의 자율적 인격을 강제하는 억압 기제로 볼 때는 학생 개인이 문제가 아니라, 그렇게 만든 제도로 인해 발생하는 부조화로 해석할 수 있다. 아동들의 일탈문제에 있어 차별만이 능사가 아니라, 그들을 포용할 수 있는 공존의 입장을 가질 수도 있다는 말이다. 때로는 제도가 불합리할 경우 인권의 이름으로 압제와 강제에 반대하며 개인의 자유를 옹호했듯이, 동시에 그 이름으로 공동체의 파괴를 폭로하며 건강하고 민주적인 공동체를 꾸려갈 권리를 요청할 수 있는 것이다.

도덕적 자격을 갖추는 인간으로서의 '인격'이나 인간으로서 침해받지 않을 기본적 권리로서의 '인권'은 서로 대척점에 있을 개념이 아니다. 이렇게 대립되는 경향을 보이는 것은 인격의 핵심 개념 속에 '정의'의 요소가 들어가 있지 않기 때문이다. 한마디로 정의의 내포가 없는 정직의 개념만을 더욱 강조하기 때문이다. 그렇다면 덕을 중시하는 인격과 정의를 중시하는 인권은 양립가능한 개념으로서 공존할 수 있으며 두 가치를 동시에 성취할 수 있다. 도덕철학자 윌리엄스는 덕 이론과 정의 이론 사이의 그릇된 대립 관계의 설정에 대해 비판적 입장을 취하면서 덕과 공정성이 양립하지 못할 아무런 이유가 없다며 충실한 도덕적 삶은 덕(인격)과 공정성(정의) 모두의 성취를 열망한다고 단언한 바 있다.[Williams, 1986] 자신과 주로 관련되는 인격의 개념은 타인과 주로 관련시키는 인권의 개념으로 확장하는 동시에 타인과 주로 관련되는 인권의 개념은 자신과 주로 관련되는 인격의 개념을 포용하는 방식으로 개념 융합을 취할 때 공존이 가능할 것이다. 인권교육이 타인의 권리에 대한 존중을 포함하고 있다면 인격교육과의 공존은 가능할 것이다.

많은 경우 인권 없는 인격교육은 항상 양보, 겸손 등의 미덕을 주로 강조하는 내면적 수양의 과목으로만 협소하게 기능할 경우 불의를 간과하는 불공정한 인격교육이 될 위험이 도사리고 있다. 정반대로 인격 없는 인권교육의 주창은 제도 개혁이나 법 개혁에 치우친 나머지 인간으로서 지켜야 할 도리나 책임을 간과하는 비인간화의 오류를 범할 수 있다. 결국 인권교육은 또 다른 편향을 낳을 우려가 있기에 '인격'의 가치를 포용하는 것이어야 한다. 개개인의 '인격'이라는 자질을 '작게' 해석하지 않고 크게 해석하여 '사회적 인격'이나 '공동체적 인격'으로 확장시키면 인권의 가치와 결합할 수 있을 것이다. 그러기에 체벌과 훈육을 배제하고 상담과 대화를 통해 '인격적으로' 학생을 대하는 정도의 변화를 추구하는 종전의 생활지도 방식을 개인의 결단 문제나 교사의 자질 문제로만 지나치게 협소하게 이해하지 않아야 한다. 오히려 상호 관계성 증진과 협력적 관계 형성에 중심을 둔 방향으로 자리를 잡아야 한다. 인격과 인권은 인간 생활의 양면을 보여주는 개념이다. 인격 없는 인권을 지나치게 주장하는 사람이나 인권 없는 인격을 지나치게 주장하는 사람은 전인적(온전한) 인간상이 아니기에 그렇게 아름다워 보이지 않는다.

우리는 주변에서 인격을 가진 사람이 불의에 직면해서는 회피하는 경향을 보이는 것을 많이 볼 수 있다. 성실하고 정직한 '무골호인'은 좋은 인품을 가진 인격자이면서 불의의 문제를 해결하는 데는 소극적인 경향을 보인다. 그러기에 인격/인성교육과 인권교육의 성질들(각각의 특징, 가치와 동기 등)은 많은 예를 공유시켜야 한다. 인격/인성교육의 많은 기술들 또한 효율적인 사회생활에 필요한 자기 관리와 사회적 능력에 대한 기본적인 사회적·정서적 기술로서 인권교육에 적용할 수 있다. 만약 인격/인성교육과 인권교육의 공동의 목표가 민주적 시민을 길러내는 것이 목적이라면, 목표와 방법의 협력과 중첩이 있어야 한다. 각자의 편향된 이념을 고수하기보다는 공동의 논의와 이슈를 찾아보는 것이 바람직하다. 다른 사람의 권리 존중을 중시하면서도 인간의 존엄성, 그리고 양보와 인정의 덕을 소홀히 하지 말아야 한다. 아동의 자아 개념과 자기 존중감을 갖게 하고, 서로가 서로를 알고 존중하고 보살피며 소속감을 느끼고 집단에 대해 책임을 지게 하는 것은 인격/인성교육과 인권교육의 공동목표라고 할 수 있다. 인격/인성교육이 주로 내면의 문제를 다루기는 하지만, 그 내면성이 외적(제도적) 현상(인간의 현실적 문제, 즉 인권 문제나 시민권의 문제 등)과 무관할 수 없기에 항상 소통하며 공유할 수 있는 가능성을 찾아야 한다.

인격/인성교육과 인권교육의 대화를 통한 민주시민교육은 '개인적 깨달음'(인격적 각성)과 '사회적 깨달음'(인권적 각성)을 동시에 요청하는 것이다. 개별적 깨달음이 아니라 '사회적 깨달음'으로 발전될 때, 개인의 내면적 각성이나 도덕적 개념이 아니라 사회에 대한 비판적 각성이나 사회적 개념으로 확장될 때 각성은 인권의 개념과 접목될 수 있다. 물론 인격의 개념이 사회적 개념으로 확장하여 인권의 개념과 접목되려면 사회문화의 내용이 진보적 사회화의 가치를 지향할 때 가능하다. 문화가 보수적 사회화에 머물 때는 양자의 접목은 어렵게 된다. 인격의 개념이 진보적 사회화로 발전할 때만이 사회정의를 향한 사회의식을 갖게 되고 변화를 위한 분노와 저항 의식을 갖게 된다.

정의를 위한 인권교육이 밖을 향한 구호/주장 운동으로 편향되지 않기 위해서는 안의 내공을 튼튼하게 하는 성숙한 시민을 양성하는 인격/인성교육을 동시에 필요로 한다. 학생들의 강한 민주적 능력을 함양하는 데는 무엇보다도 인권교육이 효력이 있다. 보호받아야 할 인권이 무엇인지, 피해를 주지 말아야 할 인권이 무엇인지를 자각하는 데는 인권교육이 효과적이다. 인권의식을 올바로 가져야 민주시민의 자격을 갖추게 될 것이다. 그렇다면 제도적/문화적 폭력을 인식하는 '인권'의 가치를 주창하면서도 자기 내면의 심리적 폭력을 제어할 수 있는 '인격'의 가치를 동시에 체득해야 한다. 어떤 일을 하게 하는 힘으로서 무엇이 옳고 그른지를 판단하는 합리적 판단력/추리력의 증진과 함께 판단을 지속적으로 하게 하는 데는 마음의 성향과 태도로서 덕의 내면화나 인격의 함양 등 '도덕적 힘'이 매우 중요하다. 나아가 이런 도덕적 힘을 바탕으로 하여 학교의 중요한 문제에 대해 발언을 할 수 있고, 의사결정에 참여하여 주창할 수 있는 권한을 갖는 '정치적 힘'을 갖도록 해야 한다. 개인적 깨달음과 사회적 깨달음을 두루 갖춘 시민이 되게 하는 것이 양자를 아우르는 민주시민의 이상적 모습일 것이다.

역사적으로 인격의 위대함은 불의에 굴복한 것이 아니라, 불의에서 벗어나 가치 있는 활동을 지향한 데 있었다. 그들은 집단적인 불안, 확신, 법과 방법들에 매달리는 무리로부터 튀어나와 자기 자신의 길道을 선택하였다. 그 길을 선택한 사람이 의로운 '군자'이고 '선비'의 삶이다. 잘 알려진 목표를 가진 평판한 길을 놓아두고 어디가 나올지 모르는 가파르고 외진 길을 택하는 것이 평범한 인간들에게는 알 수 없는 세계이고 생소하게 여겨질지 모르지만, 숭고한 길임에는 틀림없다. 이 숭고한 길은 다수의 인습을 따르는 것이 아닌, 목숨을 건 자율적인 양심적 결단과 도덕적 용기에서 솟아나오는 것이다. 이런 고난의 삶은 확고한 신념을 가진 대쪽 같은 인격자나 군자의 이상이며, 그 이상을 가진 인격의 초월적 역량을 통해 공동체의 공동선을 구현하는 것이다.

인격의 가치와 인권의 가치가 화해를 할 때 비로소 새는 좌우의 날개를 통해 날듯 보수와 진보는 공생할 수 있을 것이다. 그렇다면 편향된 인격교육이나 편향된 인권교육은 모두가 반쪽의 모습에 지나지 않는다. 그러기에 양자의 특징 및 장점이 조화되어야 한다. 인권 없는 인격교육이나 인격 없는 인권교육은 지나친 이분법적 접근으로서 양자가 조화를 이루지 못할 때 인격의 인권화나 인권의 인격화 모두가 어려울 것이다. 이런 차원에서 '인권적 인격'이나 '인격적 인권'의 관점을 동시에 가질 때 융합은 가능할 것이다. 그러기에 인격교육과 인권교육의 관계를 상황과 맥락에 따라 부분적으로 중첩될 수 있는 교집합 개념으로 이해해야 한다. 어느 한쪽의 강조가 정도의 문제이어야지 절대적인 차이로 비약되어서는 안 된다. 때로는 두 분야의 학문적 토대와 지식의 근거를 최소한 중복시킬 수 있을 것이다. 인격교육은 정치적으로 보수적 측면으로 해석될 수도 있으나, 진보적 측면으로 해석될 수도 있는 요소도 상당히 포함하고 있다. 인격교육은 사회를 지속시키기 위해 필요한 능력을 위한 '보수적인 사회화'로 분류될 수도 있고, 책임있는 시민권(성)을 함양하기 위한 사회의 정의와 변화를 지향하는 '진보적 사회화'로 분류될 수도 있다. 이 말은 인격의 관점으로 해석될 수도 있고, 아니면 인권의 관점에서 해석될 수도 있다. 그러기에 어느 한 요소만 편향적으로 선택하여 분류하는 것은 바람직하지 않다. 이제 인격교육과 인권교육의 포용적, 포괄적 융합으로써 인격과 인권의 균형을 통해 사회의 보존과 새로운 변화의 요구를 동시에 진행시켜야 한다.

개인적 측면을 강조하는 인격교육과 사회적 측면을 강조하는 인권교육의 성격 자체가 양자의 상호 보완을 통해 대화 가능성을 모색해야 한다. 그리고 인권교육이 연착륙하기 학교 현장 안으로 위해서도 인격교육(인성교육)과의 접목이 매우 긴요하다. 교육이란 모름지기 전통과 혁신의 공존 속에서 성장하는 것이다. 일찍이 정의의 목소리에 의해 소외된 배려의 목소리를 복원시키자 하였던 대화의 교육학자인 나딩스는 인격교육이 단순히 전통적인 도덕적 인격(덕)이 아니라, 사회적·지성적·정서적 인격(덕)의 고무를 포함하지 않으면 안 된다고 주장하였다.Noddings, 2003: 351 인격이 억압적 공동체에 헌신하는 것을 방지하고자 '인격의 비판성'을 주창한 것이다. 이런 입장은 사회적·경제적·정치적 요소를 개인의 태도와 행동에 연관시켜 이들 요소가 제기한 문제를 보지 못하게 하는 인격을 넘어서는 데 있다. 이것은 인격의 사회적·비판적 작업을 시도하는 것을 뜻한다. 사회의 기본적 가치에 잠재되어 있는 순종, 길들이기, 교화, 복종, 위계, 권위, 질서 등 현실 유지의 덕목(도덕교육의 내용)에 대한 비판적·정치적 분석을 시도하는 것이다. 이러한 시도는 전통적인 기본 가치의 전수를 '덕목의 보따리'로 비판하면서도 자율성과 자유주의적(합리적) 시민성을 중시하는 인지발달론과 가치명료화론의 입장을 어느 정도 수용하는 방식이라고 할 수 있다. 이렇게 할 때 포용적/포괄적 시민교육은 인격교육과 인격교육이 갈등 없이 공존할 수 있는 것이다.

민주화 이후 새로운 위기에 봉착하고 있는 우리 사회가 억압에 의해 내면화된 오래된 내적 폭력을 치유하지 않는다면 억압을 용인하는 내면적 폭력의 싹을 다시 자라게 할 가능성이 있다. 물리적 억압은 어느 정도 사라졌는지 모르지만 오랜 억압으로 인해 피억압자에게 내면화되어 있는 폭력적 잠재의식의 상흔(트라우마)은 그대로 남아 있기에 그것을 해독하는 해방적 심리치유가 요구된다.

우리는 밖에 있는 제도적 폭력에 대해서 비판을 하면서도 자신의 마음 깊숙한 곳에 오래 축적된 내면적(심리적) 폭력의 잔재를 치유하는 의식변화를 요구한다. 내부의 적과 외부의 적을 동시에 물리쳐야 한다. 그렇지 않으면 억압은 사라졌어도 그 빈자리를 새로운 의식과 가치로 채우지 않으면 의식의 빈 공간에 여전히 낡은 권위와 내면적 폭력이 그대로 남아 있게 되어 새로운 가치를 창출할 수가 없다. 그렇게 되면 공동체의 폭력에 대한 완전한 극복이 어렵게 되고 평화적 인간관계도 맺지 못할 수 있다.

한국 교육의 인권교육적 과제

1. 인권의 구성 요소와 인격의 구성 요소를 구체적으로 찾아 공존의 가능성을 모색해보라.
2. 인권교육의 이론을 적용하기 어려운 한국 교육의 현실에서 연착륙할 수 있는 방안은 무엇인가?

13장
인간의 안보를 위한 평화교육

> 평화가 국가들 간에 폭력적인 충돌 없이 전쟁을 회피하려는 개념의
> 부정적인 관점에서만 고려될 수 없으며,
> 평화는 그 자체 하나의 건설적인 사회적 개혁의 긍정적인 개념을 가지고 있다.
>
> 로랑베그, 이세진 역(2013), 『도덕인간은 왜 나쁜 사회를 만드는가』

평화교육의 필요성

한국 사회는 3년 이상의 동족상잔을 경험하였고, 2013년 현재 정전 60년 이상의 분단 현실이 지속되고 있으며, 이런 남북 갈등은 남남 갈등을 촉발시키고 심화하는 근원적 요인으로 자리하고 있다. 1987년 절차적 민주화 이후 정권 교체가 수차례 진행되면서 보수-진보의 이념 갈등 혹은 세력 갈등이 남남 갈등이라 불리는 이데올로기 갈등과 결합되었다. 여기에 압축적 근대화의 결과인 산업화, 도시화와 더불어, 1997년 외환위기 이후 양극화와 노동의 비정규화로 인한 경제적 불안이 커지면서 계층 간 갈등이 최근 들어 더욱 심화되고 있다.

이렇게 중층적으로 갈등이 심화되고 있지만 정치권의 사회갈등 관리 능력은 크게 향상되지 못하고 있다. 최근에는 언론 환경이 더욱 복잡해지고 상업적 경쟁 또한 심해지면서 언론이 갈등을 조절하고 분열된 사회를 통합하기보다 종종 이를 부추기면서 이익을 추구하고 있다. SNS 영역에도 사회적 제 갈등이 반영되고 있으며, 또한 사회복지 재원의 분배를 둘러싼 세대 갈등, 지역감정 등이 향후 주요 갈등으로 발전될 것으로 보인다.

이 모든 갈등과 긴장, 분열의 요소를 각기 얼마나 심각하게 경험하거

나 고통으로 받아들이는가에 따라 "평화"에 대한 개념이나 정의는 다시 규정될 것이다. 평화의 개념은 상황이나 환경에 따라 특정 측면이 더욱 강조되기도 한다. 이렇게 한국 사회는 거시적으로는 분단과 전쟁의 경험으로 인한 반反평화적 위기 속에서 놓여 있다. 우리가 살고 있는 세상에는 드러나지 않는 차별과 불평등, 그리고 여러 구조적 폭력이 곳곳에 도사리고 있다.

그것이 학교로 들어오면서 과도한 입시경쟁으로 인해 학생들 사이에 폭력화가 더욱 심해지고 있다. 가정, 학교, 사회에서 계층 상승을 위한 지식 위주의 교육 분위기 속에서 학생을 경쟁으로 몰아가는 것은 학생들에게 구조적이면서도 동시에 심리적인 폭력으로 작용한다. 학교 문화의 구조적 폭력과 함께 폭행, 괴롭힘, 학교 내의 폭력 등도 다양하게 나타나고 있다. 지식 위주의 획일적 교육 풍토와 과대 규모의 학교 및 과밀한 학급에서의 교사와 학생 사이, 그리고 학생 상호 간의 인간관계는 형식적, 기계적일 수밖에 없고, 정서교육이나 생활교육은 들어설 여지가 없다. 이런 경쟁적인 인간관계는 신뢰와 인간성의 상실을 가져오게 한다.

학생들의 평화의식에 영향을 미치는 요인은 다양하지만 그중에서도 학생들이 많은 시간을 보내는 학교의 문화는 큰 영향을 미친다. 이런 학교 문화의 변화를 위해 갈등을 비폭력적으로 해결하는 방안으로서 평화교육이 새로운 대안으로 등장하고 있다. 평화는 폭력의 원천인 차별과 불평등, 사회구조적 모순을 제거하고, 다름과 차이를 인정하고 태도를 보편화할 때 비로소 가능하다. 우리가 차별과 불평등에 대해 민감해지고, 이를 구석구석에서 꿰뚫어 볼 수 있는 통찰력을 가져야만 평화로운 세상을 만들어갈 수 있다. 그리고 이런 능력은 타고나는 것이 아니라 어릴 때부터 길러주어야 한다.

70 달라이 라마를 비롯한 아시아 정신세계에서는 평화에서 제일 중요한 것으로 자비심과 조화로운 삶을 강조한다. 그에게 있어 자비심이란 다른 생명체에서 폭력을 쓰지 않고 해를 끼치지 않는 마음이다.

서구 민주주의 관점에서는 주로 '질서order'로서의 평화를 지향하며, 아시아권에서는 '조화harmony'로서의 평화를 지향하며,[70] 평화운동가들의 입장에서는 '정의justice'로서의 평화를 지향한다. 명상적·초월적 세계에서 조화로서의 평화를 제외하고는 질서와 정의로서의 평화관은 '폭력의 부재' 또는 '전쟁의 부재'가 모든 평화 연구자들이 지향하는 평화의 일차적 목표이다.강순원, 2008: 13-15 일단 갈등이 폭력적 대치나 파괴의 상태로 치닫는 전쟁이 일어나면, 모든 평화운동가들은 전쟁의 종식을 일차적으로 주장하게 된다. 왜냐하면 전쟁은 엄청난 살상을 수반하며, 결국 모든 생태계를 가장 최악의 비인간화 상태로 몰고 가기 때문이다. 단지 어떤 절차와 과정을 거쳐 전쟁이나 갈등이 해소되는 평화를 이룰 것이냐에 따라 힘에 의한 평화냐, 아니면 정의에 의한 평화의 실현을 말하느냐가 결정된다. 평화의 길은 두 가지 주요한 가정에 기초하는 것으로 보인다. 하나는 갈등과 폭력이 우리 주변에 만연하다는 것이며, 다른 하나는 이것을 다루고 전환시킬 방법이 있다는 것이다. 평화는 갈등이 편재한다는 것을 전제한다. 그것은 회피할 일이 아니고 이해와 전환을 증진시키는 방식으로 대응해야 한다. 이 경우 평화란 갈등의 부재라기보다는 건설적 방식으로 갈등과 더불어 살아가는 법을 배우는 것을 의미한다.

이렇게 보면 평화는 단지 '전쟁이 없는 상태', 즉 '소극적 평화'를 말하는 것이 아니라, 훨씬 많은 것을 의미하는 '적극적 평화' 개념으로 이해되어야 한다. 무기를 들고 싸우는 전쟁은 벌어지지 않는다고 하더라도 날마다 많은 사람이 굶어 죽고 있다면 평화의 상태라고 말할 수 없다. 평화는 인간이 온갖 차별과 정의롭지 못한 일들을 극복해가는 과정에 존재하는 것이다. 다른 종교를 존중하고 인정하는 것, 나와 다른 것을 이해하고 존중하며, 사회적 약자와 소수자를 배려하고 존중하는 것도 평화의 개념에 포함된다. 이런 개념에 기초한 평화를 '구조적 평화'

나 '문화적 평화'라고 명명할 수 있을 것이다.

그러므로 평화를 원한다면 '인권'을 촉진할 수밖에 없다. 평화란 폭력을 줄이고 그 대신 정의와 자유를 증대하는 과정이라고 볼 때 인권과 밀접한 관계를 맺고 있다. 평화 없이 인권 없고, 인권 없이 평화도 없다. 평화는 인간이 온갖 차별과 정의롭지 못한 일들을 극복해가는 과정에서 존재한다. 인간이 인간다운 삶을 살기 위한 조건으로서 학생의 인권을 보장하는 것은 평화를 위한 필수적인 전제이다. 인권과 평화를 더욱 풍부하게 하고 심화시키는 것은 민주주의를 강화하고 재형성하는 과정에 없어서는 안 될 중요한 요소이다. 그러기에 평화를 원한다면 인권을 촉진할 수밖에 없다. '평화롭다'고 하는 것은 기본적 인권과 생명권이 보호되는 상황을 가리킨다.

말콤 엑스Malcom X는 자유가 없는 곳에서는 아무도 평화로울 수 없다고 역설하였다. 인권은 인간이 인간다운 삶을 살기 위한 '조건'의 개념이며, 인권이 보장되는 것은 평화를 위한 필수적인 전제가 된다. 그러나 인권이 평화의 필수조건이라고 해서 인권이 모두 보장되어야만 평화가 가능해지는 것은 아니다. 평화와 인권은 동시에 추구해야 할 가치라고 보아야 한다. 평화는 모든 생명이 서로를 살리는 관계를 형성하는 것으로서 평화는 기본적으로 모든 사람이 인간으로서의 존엄을 보장받고, 동시에 타인의 존엄성을 존중하는 인권의 보장, 즉 인간이기 때문에 지녀야 하는 보편적인 권리로서 '인권'을 그 필요조건으로 하는 것이다. 그리고 인권과 평화의 구현에는 반드시 도덕적 책임이 따른다. 인권이라는 인간의 권리를 넘어 궁극적으로 지행해야 할 가치는 바로 평화이다. 왜냐하면 인권이 인간 중심의 개념이라면, 평화는 인간의 권리를 넘어서는 생명 전체의 권리를 포괄하는 개념이기 때문이다. 모든 생명이 서로를 살리는 관계인 평화는 바로 인간이 누릴 수 있는 최고의 권리이다. 동시에 평화는 인류가 스스로 짊어져야 할 가장 절체절명의 과제이기도 하다. 평화를 위해 싸운다는 것은 전쟁이 나지 않게 하는 것만이 아니라, 인간을 괴롭히는 모든 폭력과 고통에 저항하는 일이다. 무기를 사용한 폭력에 맞서 싸우는 것은 물론이고, 다른 폭력에도 맞서야 하는 것이다. 물이나 석유 같은 천연자연의 불균형에도, 자연 파괴나 인권을 무시하는 것에도 맞서 싸워야 하고, 민주주의의 부재, 인종과 여성 차별, 폭력과 빈곤, 기아에도 맞서 싸워야 한다. 오늘날 평화의 문제는 여전히 인간으로서 동등한 권리를 존중받지 못하고 있는 여성과 어린이들, 유색인종, 장애인, 토착인과 저개발 국가의 국민이 누려야 할 보편적 인권을 보장하는 것이다.

그리고 평화는 사람과 사람들 사이뿐 아니라, 사람과 동식물, 자연환경과의 관계 등에서도 이루어지는 것이다. 평화는 사람들만의 것이 아니고, 작은 생명 하나도 소중히 여기는 것이다. 적게 가지고 적게 쓰는 것도 평화의 첫 출발이라고 할 수 있다. 모든 생명이 서로를 살리는 관계인 평화는 바로 인간이 누릴 수 있는 최고의 권리이다. 따라서 평화교육은 인간과 비인간이 함께 조화된 더욱 평화로운 세계에 살기를 도모하는 교육을 기도한다.

평화교육과 도덕교육의 발산과 수렴

도덕교육과 평화교육은 서로 보완할 수 있는 잠재력을 가지고 있다. 왜냐하면 평화로운 상태에서 사람들은 도덕적으로 행동할 수 있을 것이고, 도덕적 상태에서 사람들은 평화롭게 살 수 있을 것이기 때문이다. 그러나 양자의 영역 사이에는 어느 정도 근본적인 부동의가 존재한다. 부분적 차이를 보이는 대부분의 부동의는 국가의 역할, 애국심의 이념, 평화의 개념, 그리고 윤리와 사회제도 기능 간의 연계되는 본질을 둘러싸고 요동친다.

좋은 사회란 시민의 영혼에 올바른 질서가 존재함으로써 만들어져야 한다는 고대 그리스의 이념처럼 신고전주의 도덕교육 관점은 국가를 위해 그리고 국가에 있어 행동을 통제하기 위한 권위의 근거가 되는 중요한 역할이 있음을 암묵적으로 가정한다. 사회가 정의롭다고 보증하는 사람은 덕이 있는 시민만이 가능할 뿐이다. 덕 있는 시민은 그 일에서 자신들을 지지할 수 있는 강력한 제도를 통해 최상으로 창조되고 이끌어졌다. 이러한 고전적 이념이 도덕교육에서는 미국이 구축하였던 고전적 자유주의 정치 이론과 결합이 되었다.Toffolo & Harris, 2011: 375 원래 홉스가 정교화한 바 있듯이, 평화를 창조하는 국가에 대한 심대한 강조는 인간을 엄청난 야만성을 지닌 잔인하고 이기적인 존재로 보았던 관점에서 나온다. 그래서 모든 사람의 권리를 존중하도록 강제하는 강력한 국가를 필요로 한다. 그것을 좀 더 부드러운 형태로 로크와 루소가 정교화하였듯이, 추정하건대 시민사회에 합류하기 위해 인간은 자연 상태에서 가졌던 자유를 포기하고, 국가가 제공한 안전으로부터 이득을 얻는다. 이러한 사회적 계약은 무정부적 세계질서에 대한 경찰의 보호, 법정 체제, 그리고 국가 안보를 제공하는 대신, 세금을 내고 국가의 법과 정책을 지켜야 한다는 합의에 도달하게 된다. 공동체주의 도덕교육자들은 이런 비전과 일치된 관점을 보인다. 그들은 또한 학생들로 하여금 국가가 잘못된 방향으로 나가면, 그것을 견제할 수 있는 강력한 매개 제도(가정, 시민 결사체, 교회 등)를 갖도록 보장하고 동시에 이러한 민주적 형태의 제도에 능동적이고 효과적으로 참여하도록 교육을 시켜야 한다고 본다.Toffolo & Harris, 2011: 375

많은 평화교육자들은 일정 부분 같은 전제에서 출발하지만, 적어도 두 가지 논점에서 도덕교육자들과는 다르다. 첫째, 평화교육자들은 사랑과 용서의 역량을 위한 개인적 변혁과 인간 잠재력에 대해, 그리고 정의롭고 지속적 평화를 창조할 수 있는 대안적 사회제도를 마련하는 우리들의 지성적 능력에 대해 더 낙관적인 관점을 갖고 있다. 그들은 칸트가 신의 존재를 전제하지 않는 『영구평화론』에서 지적하였듯이 이런 체제를 구성하려고 한다. 또한 평화를 촉진하는 데 관심을 가진 사람들은 지구적 차원에서 민주적 국가 정책의 구성을 뒷받침하는 동일한 논리가 갈등의 비폭력적 해결에 기여할 수 있는 국제적, 법률적, 제도적 틀을 구성하는 데 이용될 수 있다고 주장한다. 여기에서 그들은 국가의 지위와 상관없이, 국가의 이익에 앞서는 보편주의의 원리를 제시하면서, 모든 인간의 삶의 신성한 의무에 대한 보편주의 윤리와 일치시키려고 한다.

둘째, 최근 발전된 관점으로 평화 연구자들은 많은 갈등의 평화적 해결을 준비하는 데 있어 법의 규칙과 국가 제도의 중요성을 인정한다. 또한 모든 강력한 제도, 특히 국가에 있어서 권력의 렌즈를 통해 권력을 가진 사람들의 이익을 촉진하는 과정에서 허약하고 배제된 사람들의 삶이 자주 잊혀지고, 심하게는 적극적으로 폭력적 방식을 통해 거부되고 있다는 사실을 적시한다. 이렇게 하여 평화교육자들은 학생들로 하여금 권위를 가진 제도에 대한 비판과 의문을 제기하도록 가르친다.Toffolo & Harris, 2011: 375

도덕교육과 평화교육의 또 다른 발산은 평화 증진에 이용될 수 있는 전략에 대한 부동의와 관련이 있다. 평화가 우선적으로 강력한 제도로부터 나온다고 믿는 사람들은 무력과 경찰에 의존하는 '힘을 통한 평화' 전략을 더욱 확보하려고 할 것 같다. 반면 평화교육자들은 진정 지속적인 사회적 질서와 적극적 평화가 국가 안에서 그리고 전 지구적으로 사회제도의 바탕이 되는 정의로움의 기능이라고 말한다. 그러므로 평화교육자들은 종종 평화를 지키기 위해 국가가 통제하는 개입, 광범위한 경찰의 야만성, 법률체제의 불공정성, 체제적 인종주의와 성차별주의에서 비롯되는 문제들, 그리고 국가에 의해 수행되는 전쟁의 부정의에 대해 비판적 태도를 취한다. 결국 그들은 관련 당사자들의 요구가 평등하게 고려되는 '정의와 공정을 통한 평화'를 옹호한다.

국가를 향한 이러한 두 태도는 시민적 덕으로서 애국심의 본질에 대한 서로 다른 관점과 그것의 중요성에 대한 다른 평가로 유도된다. 인격교육을 제창하는 베넷William Bennett과 여타 도덕교육자들은 전통적 애국심을 중심적이고 본질적인 덕으로서 칭송하는 반면, 평화교육자들은 국가주의와 군사주의와 밀접한 관련을 맺고 있는 애국심에 회의적

	권위주의적(보수적, 전통적) 애국주의	민주적(진보적, 급진적) 애국주의
애국심의 정의	자기가 태어난 곳에 대한 사랑, 국가에 대한 충성, 국가의 정통성	자유, 평화, 인권에 대한 사랑, 불의에 대한 저항, 국가의 민주화
주요 담론	민족주의, 표준적 국민, 공화적 애국주의(일부)	민주적 애국주의, 세계시민주의, 민주적 헌법, 비판적 시민
이데올로기	① 자기 나라가 다른 나라보다 내적으로 우월하다는 신념 ② 땅, 출생권, 법적 시민권, 정부의 대의에 우선적 충성 ③ 의문 없는 충성 ④ 지도자를 반사적으로 따르고, 그들을 무조건적으로 지지함 ⑤ 국가 내의 결함과 사회적 부조화에 눈을 감음 ⑥ 순응주의자; 반대자를 위험스럽게 보고, 안정을 깨치는 것으로 봄	① 한 나라의 이상이 존경받고 존중할 가치가 있다는 신념 ② 민주주의를 뒷받침하는 원리에 대한 우선적 충성 ③ 의문을 갖고, 비판적이고 숙고적임 ④ 자유, 정의, 평화, 인권 등과 같은 원리에 기반을 둔 사회의 사람들에 대한 관심 ⑤ 특히 국가 내의 결함에 대한 비판을 뚜렷하게 함 ⑥ 반대자를 존경하고, 심지어 고무까지 함
슬로건	① "옳든 그르든 나의 나라." ② "나의 나라를 사랑하라, 그렇지 않다면 떠나라."	① "나라의 정책에 대한 반대도 애국이다." ② "나는 침묵한 상태로 남아 있지 않을 권리가 있다."
역사적 사례	전쟁의 영웅, 건국의 영웅, 영국의 토리당, 미국의 왕당파 *반대하는 견해가 반미국적이고 비애국적이라는 생각을 강화하려는 매카시 시대의 House Un-American Activities Committe(HUAC)	사회정의와 평화를 위해 싸운 영웅, 반체제 인사, 영국의 휘그당 *민주주의와 정의에 대한 미국적 원리로부터 벗어나게 하는 HUAC 위원회 앞에서 폴 로브슨, 피트 시거 등의 격렬한 애국적 증언
현대적 사례	이라크에서의 전쟁에 대한 반대를 미국에 대한 증오와 테러리즘을 지지하는 것으로 동일시함	특히 국가적 위기 시대에 평등, 정의, 관용 그리고 시민적 자유의 미국적 원리를 강화하려고 함

『애국심 비교』Westheimer, 2007: 174

인 태도를 보인다. 역사가들은 국가주의적 감정이 전쟁에 크게 기여한다고 상세하게 증언한다. 애국심에 매달리는 국가의 우월성 감정은 자민족 중심주의를 촉진하며, 게다가 민족을 옹호하는 사람들은 자신들을 다른 민족보다 우수하다고 보고, 심지어 폭력을 정당화하거나 소수 집단에 속한 타자들을 멸종시키는 데 이용되는 그런 우수성 범주로 인간들을 나누는 경향이 있다. 전쟁을 적극적으로 국가 안보를 위한 최상의 수단으로 보는 태도와 사회제도의 종합인 군사주의적 개입은 무력과 전쟁의 사용을 정당화하는 데 기여하는 권위주의와 군사적 가치에

기반을 두고 있다. Toffolo & Harris, 2011: 376

요약하면 '힘을 통한 평화'와 '정의를 통한 평화' 간의 차이는 민주주의 기능을 유지하는 공적 도덕의 본질적 측면에 대해 서로 생각이 다르다는 것에 있다. 그리고 그것을 넘어 세계의 다른 집단에 속한 국가에 대해 어떻게 가치를 두어야 하는가 하는 방법의 차이를 둘러싸고 서로 다른 갈등적 관점을 중심으로 그 차이가 나타나고 있다. 애국심과 민족주의 덕목은 맹목적 순종과 순응을 필요로 하는가, 아니면 그것들은 비판적 거리와 의문을 필요로 하는가? 지도자가 언급하는 자신들의 이익을 확보하기 위해 필요한 것이 무엇이라고 하더라도, 집단 연대의 중요성은 그것을 할 수 있는 자유를 줄 수 있는가? 다양성은 순응을 강요하는 것을 극복할 수 있는 것인가, 아니면 그것은 갈등 해결을 위해 더욱 구성적이고 비폭력적인 방법의 학습을 받아들일 수 있는가?

이에 대한 대답은 누스바움이 강조한 대로, 자기 나라의 우월성을 믿고 타국을 지배하려는 '극단적(맹목적) 애국심'이 아니라, 다른 나라에 대한 우월성이나 지배를 추구하지 않는 '순화된 애국심'이나 '중용적 애국심'으로서 '부드러운 애국주의' 또는 '사려 깊은 애국심thoughtful patriotism'을 요청해야 한다. Nussbaum, 2009

끝으로 윤리와 사회구조와의 관계를 둘러싼 본질적 이슈가 있다. 이것은 사회구조가 단순히 개별 행동을 결정하는 함수인지 아닌지, 즉 무질서와 폭력을 야기하는 아이들의 폭력적이고 이기적인 경향에 대항하기 위해 강력한 도덕교육을 함으로써 아이들의 개별 행동을 변화시킬 수 있는지에 대한 질문이다. 아니면 오히려 폭력의 근본 문제가 권력의 역동성, 예측할 수 없는 피드백 회로, 그리고 쉽게 홀로 행동하는 덕을 가진 개인에 의해서 통제될 수 없는, 복잡한 이익에 따라 움직이는 더욱 광범위한 사회적 힘과 제도에 뿌리를 두고 있는가? 다른 말로 하면 평화교육자들이 주장하는 것은 정의롭고 평화로운 사회를 건설하기 위한 투쟁은 개인 수준에서뿐만 아니라, 더 큰 사회와 국제적 수준에서 발생된다는 것이다.

위에서 평화교육과 도덕교육 간에 발산적 차이를 보이고 있다는 점도 매우 중요한 사실이지만, 평화교육자와 도덕교육자들은 사회에 적극적으로 기여할 수 있는, 윤리적이고 사랑하는 존재가 될 수 있는 자신들의 잠재력을 충분히 개발할 수 있는 환경 속에서 아이들이 자라야 한다는 데 이견이 없을 것이다. 양자의 입장은 도덕성의 확장된 관점, 비판적 사고 기술, 그리고 실제 세계의 문제 해결을 위한 기회를 촉진할 수 있는 상황을 제공해야 한다는 중요성에 대한 신념을 공유하고 있다는 것이다.[Toffolo & Harris, 2011: 376]

양자 모두 젊은이들이 조화(용기, 시민적 예의, 우정, 친절함, 부모, 친구 그리고 가족에 대한 충실, 정직, 책임, 남을 도와야 하는 의무, 재산권 존중 등), 어떤 행동은 항상 비도덕적(배반, 고자질, 훔치기, 순수성에 대한 폭력)이라는 자각, 종교적인 전통적 미덕(분별, 정의, 절제, 인내, 믿음, 희망, 연민, 자선, 그리고 의무) 속에서 살아가는 데 필요한 어떤 시민적 덕을 학습해야 한다는 중요성을 강조하고 있다. 양자는 우리가 황금률에 따라 살아야 한다는 데 동의한다. 평화교육자들은 또한 지배적인 이야기에 의문을 제기하는 방법, 현상유지에 도전하는 시민적 용기, 사회정의에 대한 개입, 타인의 고통에 대한 연민, 다문화적 민감성, 그리고 민주적 성향을 가르친다.[Toffolo & Harris, 2011: 377]

양자 모두 가족 안에서 아이들이 도덕적 기술을 발달시키는 것을 선호한다. 아이들이 도덕적 사고와 행동을 증진시키는 기술을 학습하는 데 있어 가족은 중요하다. 시장과 정치 세계에서 무시를 받았던 여성들이 가정에서는 특별한 힘을 가지고 있는데, 그것은 다른 가족 구성원을 양육할 수 있는 자신들의 돌봄 능력을 사용하기 때문이다. 가족은 타협하기, 경청하기, 문제 해결하기, 그리고 갈등 해결과 같은 평화 해결 기술을 학습할 수 있는 장이다. 그러나 또한 많은 가정들은 파괴되거나 폭력적이다. 이렇게 가정이 제 기능을 잘하지 못하는 집에서 자란 아동들은 학교 환경에서 도덕적 행동을 학습할 기회가 요구된다.

평화교육자와 도덕교육자 양 집단은 많은 다른 교사보다도 사회를 유지하고 변화시키기 위한 학생들의 인지적이고 이론적 능력뿐만 아니라, 현명하고 도덕적 방법으로 행동하는 능력의 계발을 시도하는 의제에 헌신적이다.Toffolo & Harris, 2011: 377 이렇게 양자는 윤리의 형식적 이론들을 가르치고, 윤리적 결정을 하는 어려운 바다를 항해하는 데 필요한 경험을 제공하는 실천 지향적이고 상호작용적인 학습(또래 학습, 봉사학습, 사례 연구, 원격 학습 등)을 이용하는 이론들의 함의를 실천할 기회를 제공할 필요가 있다고 본다. 이것은 학생들에게 '도덕적 모범 사례', 즉 결국 자신의 지역사회를 덕스럽게 발전시키는 데 성공한 진정한 사람들을 소개하고, 학교 내, 학교 간, 그리고 더 큰 사회에서 공동체 의식을 창조함으로써 발전할 수 있다. 그러한 교수학과 교육과정은 돕고 봉사하는 학생들의 공감과 동감 그리고 그들의 친사회적 기술을 증진시킬 수 있다.

양 교육자는 또한 '시민적 덕'을 강화하는 이야기를 사용하는 중요성 신념을 공유하고 있다. 그러나 때때로 평화교육자는 부권주의, 식민주의, 인종주의의 유산 그리고 기타의 억압 형태에 주의를 하지 않고 계속하려는 이야기에 민감하며, 찬양되거나 배제되는 이야기와 역사에서 정당화된 사회관계에 대한 자신들의 견해 차이에 근거하여 말하는 이야기에 동의하지 않는다.

마지막으로 평화교육자와 도덕교육자 양 집단은 '비판적 사고'가 도덕적 추리에서 중요한 역할을 한다는 인지적 도덕성 발달에 대한 심리 연구자들의 견해에 동의한다. 어떤 이슈에 대해 자신의 사고 개입에 따라 비판적 분석을 하고, 다른 사람이 수행한 리뷰를 위한 기초 자료를 얻는 것이 가능한 것처럼, 그 이슈를 폭넓게 이해하는 것은 필요하다.Downey and Kelly, 1978: 17 사람들은 도덕적 사고가 어느 단계에서 어떻게 발전되는지에 대한 판단을 공유하고, 도덕적이고 평화로운 행동으로 유도하는 기술을 위해 자신의 삶을 보내는 것을 이해한다. 이렇게 도덕적이고 평화로운 행동의 진행을 설명하기 위해 전생애를 통해 콜버그의 '발달적 인지구조'를 사용한다.

그렇지만 콜버그의 발달적 인지구조는 여성들의 경험과 배려/보살핌 caring의 중요성을 부인한다고 주장하는 페미니스트들의 비판을 받았다. 길리건1982은 아이들이 자신의 돌봄에서 시작하여 가족, 친구, 낯선 사람, 그리고 궁극적으로 비폭력에 대한 보편화된 배려적 헌신에 이르기까지 성숙하는 것으로 돌봄/보살핌의 개념을 더욱 정교화하였다. 길리건은 콜버그와 같이 모든 사람이 가장 완전한 도덕적 관점들을 발달시킨다고 믿지 않는다. 일부 사람은 전-인습적 단계에서 전 생애를 보내고, 그리고 오직 도덕적 관점들을 공정하거나 불공정하게 다루는 방법을 생각하는 것으로만 산다. 그들은 결코 이란, 아프가니스탄 등 전쟁지대나 도시나 농촌에서 많은 사람이 경험하는 불평등과 억압이 낳은 엄청난 고통을 염려하는 단계로 나아갈 수가 없다. 길리건에게 있어 돌봄은 고립된 개인이 아닌, 관계적 용어로 이해되기 때문에 보편적 책임이 된다. 이런 논리로부터 모든 타인의 침해를 금지하는 명령을 포함한 비폭력은 모든 도덕적 판단과 행위를 지배하는 위치로 고양될 수 있다. 평화교육이 스스로 설정하는 역할은 가능한 이런 종류의 각성을 많은 학생들이 갖도록 움직이는 데 도움을 주는 교수학과 교육과정을 개발하고, 그들에게 행동하는 능력을 제공하는 것이다.Toffolo & Harris, 2011: 378 이렇게 콜버그의 인지구조가 비폭력에 대한 헌신을 개인이 발달시키는지의 진전을 반영하기 위해 재변형되어야 한다.

단계	근접하는 나이	특징
전인습적 단계	어린아이들	어떻게 공정하게 다루어지냐에 대한 자기중심적 자각에 근거한 판단; 부모의 행동과 인간 상호 간의 관계에 근거한다.
인습적 단계	청소년기	국제적 자각과 생태적 관심, 어디에서 폭력적 세계에 적응하는가?
탈인습적 단계	성인기	타인을 위한 공감에 바탕한 판단; 비폭력적으로 반응한다, 더 나은 미래로 떠나고 싶어 한다.

Toffolo & Harris, 2011: 378

평화적 도덕성의 첫 번째 단계는 개인의 생존을 지향한다. 이 단계에서 도덕은 사회에 의해 강제된 제약에 대한 자기중심적 반응 차원에서 볼 수 있다. 사람들은 타인에 점점 애착을 보이고, 타인이 점점 고통을 느끼고 있고, 불의를 경험하고 있다는 것을 자각하면서 이기심에서 책임을 향해 이동하는 1단계로부터 성장한다.

평화적 도덕성의 두 번째 단계는 더욱 공유된 규범과 기대에 근거를 둔 도덕성을 지향하는 사회적 참여 증대를 지향하며, 또한 돌봄을 위한 증대된 능력에서 드러난다. 이 구조로부터 발전한 최고의 단계는 비폭력과 모든 생명의 상호 관계성의 각성에 의존하는 길리건의 돌봄과 책임의 도덕성을 지향한다. 이것은 분리된 개별 인간의 평등 원리에 근거를 둔 콜버그의 정의와 권리의 도덕성과 대조된다.

아이들을 비도덕적 상태에서 도덕적으로 생각하고 행동하도록 하는 도덕교육과, 비평화적 상태에서 평화롭게 생각하고 행동하도록 하는 평화교육의 목표는 서로 보완할 수 있는 잠재력을 가지고 있다. 오늘날 다음 세대의 마음을 교육시키는 문제를 둘러싸고 아이들의 도덕적 감수성을 계발하려고 노력하는 도덕교육자들과 개인의 도덕성 발달로 더욱 정의롭고 덕스러운 제도, 실천, 그리고 체제를 창조하려고 애쓰는 평화교육자들은 때로는 갈등하고, 또 때로는 협력하면서 더 나은 새로운 대안을 만들려는 작업을 하고 있다. 평화교육에서 무엇보다 강조되어야 할 점은 아이들에게 '정의'의 개념을 우선적으로 가르치는 일일 것이다. 그리고 평화 속에서 자란 아이들은 나중에 사회를 비폭력적으로 바꾸어갈 시민이 될 것이다.

평화교육의 통섭적 과제

한국 사회의 평화교육은 한국 사회의 갈등의 복잡성과 다면성 그리고 상황성을 반영하고 있으며 갈등과 긴장, 협력과 조화 속에 진행되고 있다.

1) 구조적 평화 없는 심리적 평화나 심리적 평화 없는 구조적 평화는 모두 불완전하다. 내면적 행복 없는 사회적 행복이나 사회적 행복 없는 내면적 행복도 불완전하다. 평화교육은 내적(마음, 인격 등) 평화와 외적(구조, 제도 등) 평화를 동시에 요구한다. 폭력을 극복하는 상태는 마음/내면의 평화와 구조/세상의 평화를 동시에 달성해야 한다. 비폭력과 비차별의 구조적 평화 없이 마음의 평화가 오래 지속될 수 없고, 마음의 안정된 평화를 이루지 못한 상태에서 제도적 평화가 이루어지기는 어렵다. 동시에 이러한 과정은 폭력에 오염된 나의 영혼과 몸을 바꾸는 일이기도 하다. 평화적 해결은 갈등과 폭력에 대한 미봉책이나 혹은 안이한 해결책으로 될 수 없다. 뿐만 아니라 평화교육은 갈등 상황을 설명하는 단순한 지식 전달 과정이 되어서는 안 되며, 국내외의 불평등과 착취, 억압, 국가들 간의 권력 문제와 구조적 폭력에 대한 세심한 논의와 검토 작업이 수반되어야 한다.

2) 평화는 사람과 사람들 사이뿐 아니라 사람과 동식물, 자연환경과의 관계 속에서도 이루어져야 한다. 구조적 폭력과 문화적 폭력을 포함하여 생태적 폭력은 평화교육이 해결해야 할 핵심적 과제이다. 자연이 파괴된다면 인권은 정말 보호될 수 없기에 인권 보호는 자연의 보존, 즉 '생태적 지속가능성'을 위한 것이어야 한다. 생태적 지속가능성을 위한 '생태적 평화교육'은 갈등의 평화로운 해결을 위한 교육뿐 아니라 지속가능한 발전(빈곤의 해소, 불평등의 축소, 환경적 지속가능성)을 소중하게 여긴다. 생태적 평화교육은 인권의 딜레마와 생태적 지속가능성이 맞붙을 때 인간 중심적 이데올로기를 재검토해야 하고, 비非인간에게 내재한 본질적 가치를 인식해야 하며, 자연을 존중하면서 우주 안의 모든 존재의 가치를 인정해야 하고, 인간 자신의 불완전성을 인정해야 한다. 비폭력, 사랑, 연민, 공정함, 협력의 가치뿐 아니라, 인간과 모든 생명체에 대한 존중을 가르치는 철학에 기반을 두어야 한다.

3) 평화교육은 지역사회의 구조적 갈등 조정 시스템과 결합할 필요

가 있다. 우리 사회의 다양한 관계의 넓이나 깊이만큼 긴장이나 갈등, 분쟁이 내재되어 있고 그 갈등과 분쟁은 지역이나 공동체에 따라 다르게 나타나는 구조적 양상을 드러내기도 한다. 일례로 강남보다는 강북의 단독주택 밀집 지역에서 이웃 간 주차문제를 둘러싼 갈등과 분쟁이 빈번하고 또 아파트와 같은 공동주택에서 층간 소음으로 인한 분쟁이 종종 심각한 사태를 초래하기도 한다. 이러한 구조적 문제로 초래된 지역의 갈등을 평화적으로 해결하기 위한 갈등 조정 기구(위원회)가 몇몇 지자체에 설치된 점도 갈등 해결 훈련 프로그램의 유용성과 확장성을 보여주는 것이라고 할 수 있다. 이렇듯 지자체의 옴부즈맨 제도나 의회의 갈등조정위원회(가칭) 등에서 교육과 훈련, 지역 갈등 현장에서의 평화적 해결을 결합시킴으로써 시민이 주체가 되어 만들어가는 평화 문화를 확산시키는 선순환 구조의 모델을 개발하는 것이 요청된다.

4) 갈등 해결 프로그램의 하나인 회복적 정의Restorative Justice는 폭력의 가해자와 피해자의 대화를 통한 일종의 화해 프로그램이다. 잘못한 사람을 처벌함으로써 그 죄에 대한 책임을 지우는 응보적 방식의 정의가 아니라, 피해자의 회복을 위해 필요한 것을 함께 고민하고 잘못한 가해자 측에서 최대한의 원상복귀를 위한 정신적, 물질적, 관계적 행동을 이행하게 하는 것을 기초로 하는 정의이다. 회복적 정의의 초점은 피해자와 피해 상황의 회복이고, 가해자의 책임은 강제적인 것이 아니라 자발적으로 만들어지는 데 있다. 개인간의 분쟁의 문제에 대해 공동체가 함께 머리를 맞대고 고민함으로써 갈등이 공동체(가정, 학교, 지역사회)를 파괴하는 요소가 아니라 공동체성을 함께 세우고 강화하는 화해의 기회로 전환되도록 한다. 현재 서울, 의정부, 수원, 인천가정법원의 소년재판에서 재판이 아닌 화해 권고 프로그램으로서, 재판을 대체하거나 보완하는 프로그램으로 활용되고 있다.[김정수, 2013]

5) 한국전쟁의 경험으로 인해 군사력 중심의 안보에 대한 강조가 계속 이뤄지고 있고, 이는 다시 전쟁 반대나 물리적 폭력 반대라는 전통적 평화개념(주로 소극적 평화)이 여전히 한국 사회에서 해결되어야 할

근본적 과제 중의 하나임을 절박하게 깨닫게 한다. 또한 평화의 개념은 종교적 혹은 심리적 차원에서 이해되기도 하여 마음의 평화나 영혼의 평화 등 객관적으로는 설명하기 어려우나 주관적으로는 가장 절대적이거나 절실한 요청으로 이해되기도 한다. 아울러 권력과 관련하여 흔히 로마의 평화(식민지 전쟁으로 이룩한 지배자 로마의 평화)라는 전통적 권력의 평화 개념이 19세기 식민지 패권 시대의 팍스 브리타니아, 20세기 동서냉전 상황의 팍스 아메리카, 팍스 소비에티카 등으로 재등장하기도 하였다. 우리의 경우 평화교육에 대한 오해나 편견은 다양하지만, 남북 갈등과 분단 상황에서 안보 중심의 안보통일교육,[71] 그리고 전쟁 방지와 분단, 적대적 대결의 극복을 지향하는 화해와 평화통일교육 사이에도 이념 갈등 혹은 남남 갈등이 종종 재현되고 있다. 따라서 전쟁을 반대하고 무기 도입이나 무기 경쟁을 반대하며 또 분단과 적대감을 극복하기 위해 남북이 서로 만나고 화해하여 평화적 통일을 지향하려면 이러한 목표를 반영하는 교육, 즉 평화통일교육이 이루어져야 한다.김정수, 2013 우리 사회의 지역 간, 계층 간, 집단 간, 정파 간의 갈등을 해결하는 기본 역량으로서 남북관계를 평화적으로 접근하고 화해와 협력을 바탕으로 공동의 번영을 이룩해야 한다는 평화의식이 확산되어야 한다. 한반도를 둘러싸고 있는 동북아시아의 국제관계도 평화적 협력의 관점에서 접근해야 한다. 결국 평화교육에 시민교육을 통합시키는 것은 통일교육과 시민교육 양쪽 영역에 모두 필요한 과제라 할 수 있다.

71 한국전쟁의 상처가 마무리되지 않은 채 60년의 정전상태가 계속되는 동안 남북이 대화와 협력보다는 적대와 불신의 관계였던 적이 더 오래 지속되었기 때문에 그동안 통일교육은 화해나 평화 지향성을 띠기보다는 안보 중심의 통일교육으로 진행된 경우가 대부분이었다. 안보교육을 강조한 입장에서는 평화교육이 '너무 이상적'이거나 혹은 '뜬구름 잡는 이야기'를 한다고 비판하기도 한다. 남북의 군사 대결이 엄존하고 북한의 남침 위협이 여전히 계속되며 더욱이 핵을 보유하고 도발하는 상황에서 화해나 협력, 용서와 공존을 얘기하는 것은 너무 현실을 모르는 순진한 이상주의자들의 정신 나간 헛소리라는 것이다. 이러한 비판은 현존하는 힘의 논리를 인정한 정치적 현실주의를 기반으로 한 비판이기도 하며 다른 한편으로, 북한에 대한 불신과 남북 대결에서 승리해야 자유 민주주의가 지켜질 수 있고 자본주의 시장경제가 번성할 수 있다는 신념을 반영하기도 한다. 그런데 이러한 대결 중심의 안보교육이 계속되는 한 남북의 화해와 협력, 이를 바탕으로 한 신뢰 형성은 점점 더 어려워지고 60년이나 지난 분단은 점점 더 해결하기 어려운 국면에 도달할 위험성이 있음을 지적하지 않을 수 없다.

6) 따라서 우리는 한국 사회의 사회갈등을 평화롭게 해결하는 능력과 자질을 갖추어야 한다. 입시 중심의 경쟁적인 학교교육에서는 적극적 듣기나 비폭력적으로 말하기 등과 같은 대화의 기술이나 소통의 방법을 훈련할 기회가 매우 제한되어 있다. 따라서 평화교육 혹은 평화훈련 프로그램이 평생 교육으로 지속되는 시민교육으로 발전하기 위해서는 인권교육 등 다양한 시민교육 프로그램의 내용과 철학, 방법론과 교류할 필요가 있다. 갈등 해결과 평화교육이 평생 교육 차원의 시민교육에 기여할 수 있는 부분은 이것이 대화와 소통을 통해 민주시민을 길러내는 교육으로 자리매김할 수 있기 때문이다. 학생들이 세상의 문제를 평화적 방식으로 처리하는 법을 제대로 배우지 못한 채 어른-시민이 된다면, 그로 인해 폭력적 성인이 득실대는 폭력 사회가 성장하는 결과를 낳고 말 것이다.

평화교육의 한국적 과제

1. 평화교육을 통해 한국 사회의 학교 폭력을 극복할 수 있는 방안은 무엇인가?
2. 평화교육을 통한 통일교육의 방안은 무엇인가?

14장
지속가능한 발전을 위한 생태교육

> '지속가능한 발전'은 미래 세대가
> 그들 자신의 필요를 충족시켜야 할 필요성을 무시하지 않은 채,
> 현재 세대의 필요를 충족시키는 발전을 의미한다.
>
> 부룬트란드 위원회 보고서(1987)

생태교육의 필요성

오늘날 지구 온난화, 열대우림의 파괴, 사막화의 촉진, 생물종의 다양성 감소 등이 세계적 규모로 진행되고 있으며, 이러한 경향이 지속될 경우 지구 환경은 엄청난 위기에 처하게 될 것이다. 그런데 이러한 위기를 유발하는 석탄과 석유 등의 화석원료 사용은 여전히 증대하고 있으며, 삼림 파괴와 사막화를 촉진하는 대규모 남벌과 무분별한 개발은 멈추지 않고 있다. 이렇게 위기 상황으로 치닫고 있는 환경 문제는 자연환경의 파괴와 오염으로 인한 피해의 부담뿐만 아니라 인간 사회에서 유용한 자원의 이용 또는 이용 후 각종 폐기물의 처리를 위해 필요한 비용의 배분에서도 국가 간, 지역 간, 계층 간의 극히 편향된 불평등을 내포하고 있다. 환경 문제로 인해 유발되는 사회적 피해도, 선진국은 상대적으로 풍부한 자본과 발달한 환경 기술을 통해 더욱 효율적으로 대처할 수 있는데 반해, 제3세계 국가들은 자본 부족과 낮은 환경 기술로 인해 대처 능력이 미흡하다. 선진 자본주의 국가들은 제3세계 국가들의 자연자원을 수탈하고 환경을 파괴하는 과정에서 원주민들의 환경권과 환경의식을 짓밟았으며, 결국 원주민들의 문화와 생활양식을 소멸시켰다. 지구적 남북문제는 단순한 경제적 격차나 불균형의 문제가 아

니라 환경적 불평등 또는 부정의의 문제로 이해되어야 한다. 또한 한 국가 내에서도 부유한 집단은 환경 문제와 이로 인한 피해에 대처할 수 있는 경제적·정치적 능력이 높은 반면, 빈곤한 집단은 이러한 피해에 대처하기 위해 필요한 지불이나 방어 능력이 부족하기 때문에 그 피해에 더 많이 노출될 수 있다. 이와 같이 자원 이용 및 환경 피해를 둘러싸고 발생하는 국가 간, 지역 간, 계층 간 불평등은 이른바 지구화/지방화 과정 속에서 점차 심화되는 경향을 보이고 있다.

오늘날 세계는 기술적 진보 또는 지식의 진보의 성과에 비례할 만큼 도덕적 진보를 이루지 못했다. 거꾸로 말하면 도덕적 진보는 학문적, 기술적 진보와 보조를 맞추지 못한 것이 현실이다. 원자폭탄이 가져온 피해, 살상가스의 개발 등이 그것을 단적으로 말해준다. 오늘날 생명과 자연환경의 파괴, 지구적 위기, 생태계 위기는 통합 대신에 분열을 부추기고, 성공과 경력을 과장하며, 지성과 감정을 떼어낸, 이론과 실무가 분리된, 자신이 무지하다는 것을 모르는 정신의 소유자들을 세계에 풀어놓게 만들어온 교육의 자승자박의 결과를 초래하였다. 그것은 우리 사회가 여전히 개발 중심의 근대화 패러다임을 벗어나지 못하고 있다는 반증이다. 많은 경우 기술공학적 차원의 증상 처방이나 결과 중심의 사고에 머물러 있는 것이다. 우리가 목도하고 있듯이 여전히 구체적 삶의 조건에서 발생하는 환경 이슈들(4대강 사업, 원자력/핵 개발, 골프장 사업, 도시 개발 등)은 복잡한 가치가 맞물려 있는 엄청난 논란을 일으키는 민감한 주제들이다.[72]

그럼에도 우리 사회의 환경교육은 아직 기술공학적 차원에 머물고 있으며, 그래서 이런 민감한 주제들을 잘 처리하지 못하고 있다. 그것은 곧 '생태적 문맹ecological illiteracy' 교육 수준에 머물고 있다는 반증이다. 여전히 우리의 학교교육은 에너지 절약하기, 배터리 수집하기, 혹은

72 원자력의 대안적 에너지인 친환경 에너지는 태양광, 풍력, 소수력, 지열 등 지역의 자연자원을 이용해 에너지 자립을 이룬 곳이 유럽 등에는 많이 있다.

쓰레기 분류하기 수준에 머물러 있다. 이러한 교육 수준은 우리 사회가 아직 근대화 개발 이데올로기에 머물고 있기 때문일 것이다. 그렇다면 더 늦기 전에 환경친화적 사회 및 학교의 건설을 위해 생태주의 교육 전략을 시급하게 구축해야 할 것이다.

환경이란 무엇인가?

환경이라는 아이디어의 근본적 의미는 '관계적인' 것이라고 할 수 있다. 그것이 놓여 있거나 들어 있는 것, 즉 어떤 것을 둘러싸고 있는 조건들을 가리킨다. 거시적 관점에서 보면 환경은 인간이 세계 속에서 차지하는 위치, 그리고 인간과 세계의 관계적 성질이라는 이슈를 제기한다. 환경은 개인에게 친밀하고 친숙한 실체와 현상들의 망으로서 개인이 살고 있는 세계를 가리킨다. 이것은 지구적 환경 혹은 지리적으로 개인에게 별로 친숙하지 않은 지역적 환경과 대조될 수 있다. 이렇게 환경을 '생활세계'로 해석하는 것은 자연과학적으로 해석하는 것과는 분명히 대조를 이룬다. 자연과학에서 말하는 환경은 본질적으로 법칙에 의해 지배받는 인과적이고 생태적인 시스템이라고 할 수 있다. 개인은 그런 시스템 속에서 존재하면서 살아가며, 그것에 의해서 생체-물리적으로 존속하고 있다. 여기서 환경은 무엇을 지향하는 구조로서, 그리고 인과적 시스템으로 이해할 수 있다. 이렇게 볼 때 인간은 물리적 요소와 지향적 요소로 구성된 '장소'를 떠나서는 존재할 수 없다.Casey, 1997 왜냐하면 인간은 언제나 지리적 존재이기에 인간이 하는 일도 장소를 떠날 수 없기 때문이다. 이런 점은 인간이 신체를 가진 존재라는 사실과 장소가 차지하는 행위의 의미에 대해 갖는 중요성과 인간의 정체성, 그리고 환경에 대한 책임감을 환기시켜준다는 사실을 확인하게 해준다.

환경의 또 다른 개념으로서 '자연적 환경'과 구분되는 '구축된 환경'이라는 개념이 있다. 그런데 환경교육 영역에서는 더욱 직접적으로 '물리적' 의미에서의 환경을 주로 다룬다. 오늘날 가장 절박하게 경험하고 있는 환경에 대한 관심은 주로 '자연'[73] 환경이다. 물론 환경 훼손이라는 이슈를 다룰 때 생태적 설계를 포함해서 '구축된 환경'을 거론하기도 하지만, 근본적 관심사는 '자연적/물리적 환경'에 대한 인간의 태도 그리고 그것에 미치는 인간의 행동이다. '구축된 환경'은 우리의 사회적·정치적·경제적·문화적 환경을 포함한다. 일반적으로 환경은 자연적 환경과 사회적 환경으로 구성되어 있다. 환경은 사회적, 문화적 측면은 물론이고 자연적·감성적·영적 요소를 포함하고 있다. 환경은 공기, 물, 그리고 땅으로 이루어져 있고, 그리고 그 위에 사람들의 공동체가 존재하며, 인간의 사회적·문화적 가치가 창조된다. 환경에 영향을 미치는 많은 요소들을 이해하는 것은 환경적 특질을 유지하고 발전시키는데 있어 중요하다. 사람들은 땅을 변형시켜왔고, 식물과 동물을 이식하였고, 그리고 재생 가능하도록 한정된 자원을 이용해왔다. 이런 환경은 환경 그 자체라기보다는 우리가 살아가고 일하고 놀고 공경하는 장소들을 포괄한다. 이렇게 볼 때 우리의 공동체는 인간과 인간의 문제만으로 구성되는 것이 아니라, 인간과 자연/환경과 관련된 더 큰 문제를 포괄하고 있다고 할 수 있다.

그래서 환경 불평등에 대처하고 대안을 모색하기 위해 '환경 정의environmental justice'[74] 운동이 전개되고 있다. 여기에서 '환경 정의'는 환경 재난으로부터 모든 인종과 사회경제적 집단들의 평등한 보호, 자연자원에 대한 모든 지역과 사람들의 평등한 접근과 보존을 추구하고 있다.최병두, 2010: 20 특히 환경 정의를 위한 생태주의는 원주민 또는 유색인종이 환경정책으로부터 배제되거나 그 피해를 집중적으로 전가받음으

73 환경교육에서 자주 등장하는 자연nature의 개념은 개인과 인류 전체가 자리를 차지하는 우주로서의 자연, 적절하고 알맞은 것의 참조물로서 청정하고 온전한 것으로서의 자연, 도전과 활력을 제공할 수 있는 불가항력적 타자로서의 거친/야생적 자연, 조화를 도모해야 하는 권위의 원천으로서 천부적 기본 질서의 자연 등 다양한 의미를 가지고 있다.Bonnett, 2013: 520

74 환경 정의란 "모든 사람이 건강한 환경으로부터 얻는 혜택을 동등하게 공유할 수 있는 권리"로 정의할 수 있다.

로써 발생되는 '소수자 권리'를 주창한다.최병두, 2010: 23-24 특히 빈민들과 유색인의 지역사회에 환경오염이 편향적으로 전가되어 이들이 환경쇠락과 오염으로부터의 위험에 처해 있기에, 생활과 문화의 유지에 필요한 자연자원을 불균등하게 받고 있는 문제의 해결을 위해 노력해야 한다. 즉, 주변화된 지역사회의 구성원들은 가족, 공동체, 그리고 일터, 놀이터, 쉼터 등에 영향을 미치는 환경적 쇠락에 관심을 가져야 할 뿐만 아니라 이러한 환경 문제가 사회적 불평등에 기인함을 인식해야 한다. 흑인들은 특히 인종차별의 이데올로기로 인해 훨씬 더 계층적 불이익을 겪고 있다. 제국주의 시대의 무자비한 인종차별 정책들은 사라졌을지 몰라도, 흑인들은 여전히 이방인이자 불쾌한 존재이며, 때로는 열등하다고 보는 '신인종차별주의'가 그 뒤를 이어갔다.Henfrey, 1993: 261 이렇게 환경 문제는 곧 정치경제적 불평등의 문제인 동시에 다문화주의의 '타자성'과 연동되는 문제이기도 하다.

이러한 점에서 환경 정의는 지속가능한 공동체를 유지하는 문화적 규범과 가치·규칙·규정·행동·정책 및 의사결정과 관련되며, 이런 것이 실현되는 공동체 안에서 사람들은 환경이 안전하고 풍요롭고 생산적이라는 확신을 가지고 상호 교류할 수 있게 된다. 환경 이슈를 인식하고 탐구함에 있어 계급과 인종 및 성의 사회적·경제적 관계가 핵심으로 등장한다.최병두, 2010: 20 어떤 사회집단이 지속적으로 특권을 유지하게 되는 사회의 생산체제가 환경 및 인간 복지에도 긴밀하게 영향을 미침에 따라 사회적 및 환경적 착취와 불평등을 초래하였다. 이것은 곧 환경의 착취와 불평등 문제가 경제사회적 문제와 직결됨을 보여주는 것이다.

지속가능한 발전을 위한 환경윤리학

오늘날은 자연환경의 '지속가능성'과 '지속가능한 발전'이라는 언어를 통해 환경에 대한 관심이 전 지구적으로 퍼지고, 나아가 교육적 논의로까지 이어지고 있다. 그런데 '지속가능성'이 환경 이슈에서 핵심적 역할을 차지하고 있음에도 불구하고, 그 의미가 마치 자명하고 가치중립적인 것처럼 간주되는 경향이 있다. 마치 그냥 자연의 기본적인 평형 상태를 보존하려는 욕구를 반영하고 있는 것처럼, '지속가능성'이 곧바로 확실한 것처럼 간주되고 있다. '지속되어야 할 것'으로 경제 성장, 자연의 균형 혹은 생태 시스템, 문화[75]를 창조하는 공동체의 능력, 인간의 필요를 충족시키는 능력 등이 제안되고 있다.

그런데 우리의 공동체는 인간과 인간의 문제만은 아니며, 인간과 자연/환경이 관계된 문제를 포함하고 있다. 환경은 자연적 환경과 사회적 환경으로 구성되어 있다. 환경은 사회적, 문화적 측면은 물론이고 자연적이고 영성적인 요소를 포함하고 있다. 환경에 영향을 미치는 많은 요소들의 이해는 환경적 특질을 유지하고 발전시키는 데 중요하다.

그런데 이런 개개의 제안들은 각각 관심의 초점이 달라서 서로 다른 방향의 정책적 함의를 시사하고 있기에 서로 공존하기가 어려운 것처럼 보이기도 한다. 겉으로는 일부 정책 결정자들이 이런 애매함이나 불명료함을 이용하여 여러 수사법을 동원하면서 자신들의 환경적 정당성을 옹호하면서 오직 자연적 생태 시스템을 지속시키겠다고 호언하고 있지만, 실제는 전혀 다른 좁은 의미의 경제 성장을 위해 '지속가능한 발전'을 추진하겠다는 빈말을 남발하기도 한다. 이렇게 '발전'과 '지속가능성'을 교묘하게 연결시킨 '지속가능한 발전'은 갈등의 소지가 있는 두 가지 생각을 결합시킨다. 첫째, 가치가 있지만 훼손과 오염 때문에 오늘날 위험에 처해 있는 발전을 지속시킨다는 생각을 기본적으로 깔고 있다. 둘째, 더 많이 더 좋은 것을 갖는다는 의미에서 발전하고자 하는 인간의 지속적 열망을 조절한다는 생각이 담겨 있다. 따라서 첫째, 환

75 공동체의 가치와 열망의 표현으로서 삶의 방식인 '문화'란 사회와 사회 구성원들 특유의 정신적·물질적·지적·감성적 특징의 총체로 간주되는 것으로서 예술 및 문학뿐 아니라, 생활양식, 함께 사는 방식, 가치 체계, 전통과 신념을 포함한다. 지구상에 존재하는 인류가 처한 조건은 자연적, 사회적, 역사적 맥락에 따라, 또 시간과 공간의 차이에 따라 달라진다. 문화가 이러한 조건들을 바탕으로 형성되는 것인 한 역시 다양해질 수밖에 없다.

경 훼손을 복구시키려는 모든 조치는 대다수 사람들의 물질적 조건 향상이라는 합당한 관심과 병행되어야 하고, 둘째, 당면한 문제점들의 규모에 대해 과장하거나 비관하지 말고 긍정적 조치에 초점을 둘 필요가 있다고 본다.Bonnett, 2013: 523

그러나 '지속가능한 발전'(우리나라는 '지속가능한 성장'의 구호로 등장)이라는 정치적 구호가 갖는 매력적 함의에도 불구하고, 거기에 모종의 정치적 속임수가 감추어져 있다. '지속가능한 발전'은 미래 세대가 그들 자신의 필요를 충족시켜야 할 필요성을 무시하지 않으면서 현재 세대의 필요를 충족시키는 발전을 의미하고 있지만, 이 개념은 '인간 중심적 입장'을 더욱 확고하게 강화시켜줄 뿐만 아니라, 자력 경제로부터 이탈하도록 하며, 나아가 기업의 숨겨진 의도에 매혹되도록 조장하기도 한다. 특히 서구의 시장경제라는 맥락에서 볼 때, '발전'은 경제 성장을 가리키는 경제 발전으로 해석될 수밖에 없다.

이러한 경제 성장을 아우르는 '지속가능한 발전'과 달리 '생태적 지속가능성'은 민주적 문화의 존속을 추구한다. 현재의 폐쇄 시스템을 가진 생태 세계로서는 무한한 경제 성장, 즉 '경제적 지속가능성'을 효과적으로 존속시킬 수 없다. '지속가능성'에 관한 일반적 이야기는 이들 양자의 갈등과 긴장을 감춤으로써 이에 대해 묻지도 않은 채 암암리에 정해버리는 경향이 있다. 이렇게 지속가능성에 관한 논의에서 드러난 이제까지의 아주 중요한 특징은 이 용어를 사용하는 모든 사람의 견해에 내재하는 가치 입장에 대한 인식에 따라 달라진다는 것이다. 즉, 모든 것이 지속될 수는 없기에 어떤 수준에서 그리고 어떤 공간적/시간적 규모에서 무엇을 더욱 지속시킬 것인지를 분명히 확인할 때, 우리가 바라는 생태적 가치와 문화적 입장을 반영한 선택이 가능하다. 결국 그것은 시민이 따라야 할 좋은 삶에 대한 관념에 따라 달라질 것이다.

그러므로 환경에 미치는 사람들의 영향을 이해하고 그것에 반응하는 것은 다차원적 접근을 필요로 한다. 그것은 장소와 지역에 대한 새로운 접근을 요구한다. 그러나 이렇게만 볼 수 있는 것은 아니다. 지속되어야

자본주의적 녹색화로서의 지속가능한 발전 (Rogers emd, 2008; Turner, 2001)	사회주의적 녹색화로서의 지속가능한 발전 (Dickensom 2003; Little, 1998)
자본축적을 계속하는 것은 환경 보호와 사회정의에 대한 더 큰 관심을 필요로 하는 것이다.	자본주의 바퀴는 기술발전 때문에 모든 사람들에게 더 이상 자본투자를 위한 충분한 자원이나 가치 있는 일자리를 제공할 수 없다. 그것은 사회주의 경제로 대체되어야 한다.
적게 투자하면서 성과를 많이 내는(생태적 근대화) 새로운 사업을 위한 열쇠이다: 효율성.	사회적 필요를 충족시키기 위한 조종된 참여적·경제적 계획은 생태적 한계 안에서의 발전을 위한 열쇠이다: 충족성
귀중한 생태 자본(희귀 종, 주거지 등)을 희생할 만한 가치가 있다: 약한 지속가능성.	귀중한 생태 자본을 희생시킬 만한 가치가 없다: 강한 지속가능성
규제보다 오염을 줄이고 환경을 보존하기 위해 시장 수단을 선호한다.	시장 수단과 함께 조정된 계획과 규제를 선호한다.
지속가능한 소비를 장려한다.	모든 사람을 위한 의미 있는 일과 더 단축된 노동 시간은 소비주의 유혹을 줄이는 자기발전의 형태를 제공한다.
핵심 역할을 전문가와 숙련된 지식에 둔다.	핵심 역할을 지역 사람들과 지역 지식에 둔다.
민주주의의 대의적 형태와 수동적 시민을 선호한다.	적극적 시민성을 위한 보답으로 모든 사람을 위한 일과 사회적 임금을 제공한다.
제도 개혁과 재분배를 통한 지구적 복지를 촉진한다.	재분배와 새로운 형태의 지구적 지배 구조와 민주주의를 통한 지구적 복지를 제공한다.
가치는 인간 중심적이고 기술 중심적인 것이 강하다.	가치는 인간 중심적인 것이 약하고 생태 중심적이다.
주류의 자유주의자와 사회민주주의자들이 지지한다.	녹색당, 녹색사회주의자, 반자본주의자들이 지지한다.

『지속가능한 발전의 두 가지 개념』Huckle, 2012: 364

할 것이 무엇인가에 대한 의견은 분분할 수 있다. '지속되어야 할 것'으로는 경제 성장, 자연의 균형 혹은 생태 시스템, 문화(공동체의 가치와 열망의 표현으로서 삶의 방식을 창조하는 공동체의 능력), 인간의 필요를 충족시키는 능력 등이 있다. 이런 것들은 각각 초점이 달라서 상이한 정책적 함의를 시사하며, 또 서로 부합될 수 없는 것처럼 보이기도 한다. 이런 애매함을 이용하여 수사학을 남발하는 일부 정책 결정자들은 한 가지 일, 즉 자연적인 생태 시스템을 지속시키겠다고 말하면서도 실제로는 전혀 다른 일, 즉 좁은 의미의 경제 성장을 위해서 지속가능한 조건을 유지시키는 것을 추진한다.

이와 달리 '생태적 지속가능성'은 민주적 문화의 지속과 쉽게 동일시될 수 있다. 그러나 모두가 그럴 것이라고 생각하는 것은 아니다. 자연의 법칙에서 파생되는 어떤 근본적인 생태학적 명령은, 그리고 폐쇄된 시스템으로서의 생태 세계가 무한한 경제 성장을 효과적으로 지속시키기가 불가능하다는 사실은 우리의 삶을 어떻게 이끌 것인가를 점점 더 규정할 것이다. 결과적으로는 시민이 순응해야 할 필요가 있는 좋은 삶에 대한 관념을 규정할 것이다. 그런 명령은 민주주의와 생태적 지속가능성이 서로 쉽게 연결될 것이라는 가정에 대한 심각한 도전이다.[Bonnett, 2013: 521] 이제까지 지속가능성에 관한 논의에서 드러난 아주 중요한 특징은, 이 용어를 사용하는 모든 사람의 견해에 내재하는 '가치 입장'에 대한 인식이다. 즉, 모든 것이 지속될 수 없으며, 어떤 수준에서 그리고 어떤 공간적/시간적 규모에서 무엇을 지속시킬 것인가를 분명히 밝힐 때, 특정한 가치와 문화적 입장이 반영된 선택이 나타날 것이다.

'발전'과 '지속가능성'의 연결은 또 다른 문제점을 낳는다. 겉으로 보기에 '지속가능한 발전'은 정치적으로 매력적이지만, 갈등의 소지가 있는 두 가지 생각을 결합한 것이다. 첫째, 가치 있는, 그러나 훼손/오염 탓에 오늘날 위험에 처해 있는 것을 지속시킨다는 생각이다. 그리고 둘째, 더 많이 더 좋은 것을 갖는다는 의미에서 발전하고자 하는 인간의 지속적 열망을 조절한다는 생각이다. 지속가능한 발전을 옹호하는 사람들은 다음 두 가지를 주장한다. 첫째, 환경 훼손을 복구시키려는 모든 조치는 대다수 사람들의 물질적 조건 향상이라는 정당한 관심과 병행되어야 한다는 것이다. 둘째, 당면한 문제점들의 규모에 대해 과장하거나 비관하지 않고 긍정적 조치에 초점을 둘 필요가 있다는 것이다.[Bonnett, 2013: 523]

그러나 '지속가능한 발전' 구호의 매력에도 불구하고, 거기에 모종의 의미론적 속임수가 숨겨져 있다. 『부룬트란드 위원회 보고서』[1987]에 들어 있고, 이후에도 가장 영향력을 미친 정의로서 '지속가능한 발전'은 "미래 세대가 그들 자신의 필요를 충족시켜야 할 필요성을 무시하지 않은 채, 현재 세대의 필요를 충족시키는 발전"을 의미한다. 이 정의는 의문시되고 있는 인간 중심적 입장을 확고하게 강화시켜줄 뿐만 아니라, 현대 서구 세계가 규정한 생존경제로부터의 이탈, 그리고 경영에 대한 은밀한 중독을 조장하기도 한다. 그러나 생존과 자기의존의 정신에 더 가까운 경제는 지속가능한 삶의 방식일 것이다. 서구의 시장경제라는 맥락에서 볼 때, '발전'은 경제 성장을 가리키는 경제 발전으로 해석될 수밖에 없으나, 진정한 지속가능성이 요청하는 바에 따르면, 그런 발전에는 보존과 분리되지 않은 채 자연 질서의 원칙이 반영되어야 한다.

아주 넓은 의미에서 볼 때, 우리는 인간의 필요를 충족시키는 것에 우선순위를 두고 이에 따라 정책을 정해야 하는가? 아니면 인간 존재가 그 작은 일부분에 불과한 생명 세계의 필요를 중심으로 정책을 정해야 하는가? '지속가능성'에 관한 일반적 이야기는 이 두 입장 간의 긴장을 감춤으로써 이에 대해서 묻지도 않은 채 암암리에 정해버리는 경향이 있다. 왜냐하면 일반적으로 자연 시스템을 지속시키는 일이 가장 바람직하다고 가정하는 점에서 내재적으로 '인간 중심적'이기 때문이다. 그러나 철학적으로 볼 때, 모든 사상가가 그것을 당연하게 받아들이는 것은 아니다. 인간 이외의 자연의 가치와 권리를 옹호하는 자연/생명 중심주의자들이 있다. 그들은 위대한 생명 공동체를 이루는 모든 존재의 필요와 병행할 수 있도록 인간의 필요를 엄격하게 한정하거나 혹은 인간의 필요를 생명 세계의 잘됨에 종속시키고 있다. '발전주의'와 '환경주의'를 제대로 이해한다면, 발전과 지속가능성의 연계 가능성은 상호 보완적일 수 있다. 왜냐하면 영양실조, 높아 유아 사망률, 낮은 수준의 문해력과 교육, 비교적 높은 질병 사망률, 낮은 수준의 생산성과 수입 등과 같은 요인들이 서로 작용함으로써 인구증가, 생태 문제가 생기고, 사회정의의 이념에서 벗어난다고 보기 때문이다.

인간 이외의 세계를 순전히 자원으로만 생각하는 인간 중심주의가 현재 우리가 당면하고 있는 안타까운 환경 문제의 근원이 되고 있음은 부인할 수 없을 것이다. 여기서 다시금 확인할 수 있는 것은, 환경 이슈

생태적 지속가능성	사회적 지속가능성	경제적 지속가능성	정치적 지속가능성
생명 다양성 거주지 적재량 보존 생태적 흔적 생태학 생태 공간 생태 체계 종간 평등 자연적 사이클과 체계	인간의 기본적 필요 문화적 다양성 문화적 유산 인권 세대 간 평등 참여 평화 위기관리 사회정의	비용-이득 분석 경제 개발 생태 효율성 생명 사이클 분석 자연적 자본 자연적 자원 계산 지속적 국가 경제 지속가능한 소비 지속가능한 생산 세 가지 기준 (기업 이익, 환경 보전, 사회적 책임)에 의한 경영	시민권/시민성 민주주의 결정 관용 권력 존경 갈등 해결

Huckle, 2012: 364

의 핵심은 우리가 그것을 어떻게 인식하는가 하는 점이다. 또한 지속가능성에 대해 어떤 사태를 성취하기 위해 설계된 정책으로만 생각할 것이 아니라, 마음의 태도, 즉 자연환경과 관계를 맺는 방식으로도 생각할 필요가 있다. 우리가 자연에 대해 갖고 있는 기본 동기를 정직하게 평가하는 것이 중요하다. 그런 동기를 실현하는 우리의 힘이 클수록 그것은 더 중요한 일이 된다. 정책은 늘 새로운 증거에 비추어 수정될 필요가 있다. 이것이 제대로 이루어지려면, 우리는 자연에 대한 기본적 가치/동기/태도 등의 차원에서 올바른 마음가짐을 갖고 노력해야 할 것이다. 이 말이 참이라면, 그런 마음가짐의 발달은 교육의 중대한 관심사가 된다. 여기서 어려운 과제가 나타난다. 즉, 이것은 일상적 삶에서 서로 잘되고, 또 함께 지속될 수 있는 관계가 어떤 성질을 갖는 것인지를 확인하는 과제다. 결국 그런 과제는 자연 세계에 대한 인간의 배려라는 실존적 의미를 담고 있는 것이다.[Bonnett, 2013: 524-525] 여기서 적절한 '환경윤리학'이 살아나게 된다. 환경윤리학을 통해 인간 중심적 근대화 개발주의 논리에 만연해 있는 정복의 형이상학으로부터 단절되어야 한다. 따라서 우리가 나아가야 할 도덕적 명령은 경제 개발을 위한 '경제적 지속가능성', 생태 공간을 위한 '생태적 지속가능성', 사회정의를 위한 '사회적 지속가능성', 그리고 민주주의를 위한 '정치적 지속가능성'을 서로 연동시켜 공존시키는 환경 윤리 전략을 마련하는 것이다.

인간과 자연의 공생을 위한 생태교육

생태교육은 환경 전략으로 '지속가능성'을 목표로 설정하고 있다.[76] 지속가능성은 자연과 인간의 필요 그리고 열망을 유지하면서, 깨끗하고 건강한 독특한 환경을 보전하는 것이다. 이런 비전은 공기, 물, 흙 그리고 생태 체계의 생명을 지원하는 능력이 보호되고, 생물학적 다양성과 장엄한 장면이 보존되고, 현재와 미래 세대의 필요를 충족시키는 지속가능한 발전을 위한 토대가 제공되며, 사람들은 그들의 필요, 특히 취업, 음식, 의복, 주거, 그리고 교육을 위한 요구를 충족시킬 수 있어야 하는 것이다. 또한 그것은 안전하고 건강해야 하고, 재생할 수 있는 자연적 자원은 너무 빨리 소비하지 않아야 하고, 자연적 보물은 보호되어야 하고, 환경과 관련된 원주민의 문화적 자원이 마련되어야 하며, 여가와 오락의 기회가 야외에서 즐길 수 있는 사람들을 위해 제공되어야 한다. 이러한 환경을 위한 비전은 '통전적(統全的, holistic)'이다. 그것은 사람들의 상호 의존과 상호작용 그리고 자연적 물리적 환경을 인식하고 있다. 그것은 원주민의 세계관과 일치한다. 그것은 '목소리', '선택', 그리고 '인간 안보'를 포함한 민주적이고, 자유롭고 책임 있는 사회의 핵심적 가치를 존경하고 지지한다.

친환경적 비전을 구현하는 데 있어 핵심적 요소는 교육이다. 리오데자네이로에서 열린 〈1992년 지구정상회담〉의 결과는 환경교육이 모든 연령의 사람에게 적용될 수 있도록 지지하도록 하고 있다. 교육, 훈련 그리고 공공 의식은 환경 상태에 대한 지구적 관심에 반응한 핵심적 요

76 http://efs.tki.org.nz/Curriculum-resources-and-tools/Environmental-Education-Guidelines/Introduction

소이다. 교육은 사람들에게 지속가능한 발전을 위해 필요한 환경적·윤리적 각성, 가치와 태도, 그리고 기술과 실천을 제공할 수 있다. 이를 위해 교육은 물리적·생물학적 환경뿐만 아니라, 사회적·경제적 환경과 인간발전에 대한 설명을 필요로 한다. 이러한 이념은 생태교육의 목표를 공동체를 통해 지속가능한 발전을 촉진함으로써 환경적으로 책임 있는 행동을 하도록 하고, 그리고 숙지된 참여를 하도록 격려하는 것에 둔다. 생태교육은 평생의 과정이다. 환경교육은 교육과 환경을 위한 정부의 목표를 구현하기 위한 효과적인 수단을 제공한다.

생태교육은 미래를 위한 투자이다. 지속가능한 미래와 관련된 환경적 이슈는 종종 복잡하다. 그러므로 생태교육의 간학문적 가르침과 배움에 대한 접근은 생태교육의 목적을 구현하는 데 적절하다. 생태교육의 목적들은 서로 밀접하게 연관되어 있다. 그러기에 우리는 환경 문제의 증상보다는 원인을 다루는 생태교육을 해야 한다. 즉, 환경오염 등의 문제가 발생했다면, 그것이 초래된 사회정치적 원인을 살펴보아야 한다. 그렇다면 학생들로 하여금 그런 원인에 깔려 있는 지배적 동기/은유/해석을 밝혀낼 탐구를 시도하도록 해야 한다. 왜냐하면 그런 것들이 사회 속에서 작동하고 있기 때문이다. 학생들은 학교와 지역사회의 구성원으로서 환경 문제를 확인하고 다룬다. 학생들은 관련된 사실적 지식을 습득할 뿐 아니라, 개인적으로 환경적 이슈와 지식 간의 연관성을 평가하며, 다른 사람들과 효과적으로 협력하는 실천 능력을 배워야 한다.

생태교육은 아동들에게 환경의 곤경에 대한 여러 가지 이해를 발달시킬 필요가 있다. 여기에는 현재의 환경이 초래되도록 큰 영향을 미쳤던 사회정치적 가치와 실천에 대한 이해도 포함된다. 이에 못지않게 절박한 사항으로 그런 가치와 실천의 사회경제적 결과를 다룰 필요도 있다. 특히 환경적 인종차별주의와 계급차별주의를 밝혀내야 한다. 왜냐하면 인종적으로나 경제적으로 주변화된 집단들이 부당할 정도로 해로운 환경 영향을 받고 있기 때문이다. 이런 문제의식을 교육적으로 결합시킨 생태-정의 교수법eco-justice pedagogy은 탈소비적 관계를 확장시킴으로써 미래 세대에 대한 책임감, 그리고 이에 상응하는 자제력을 발달시켜야 한다.[Bowers, 2002] 이와 더불어 지역사회의 상품화된 측면을 탈상품화시키고, 소비주의에 사로잡혀 갈수록 일상적 필요 충족에만 의존하는 성향도 바로잡아야 한다.

또한 학생들로 하여금 어떤 근본적 은유에 의해서 주도되는, 문화적으로 특수한 사고방식들을 언어가 어떻게 이끌어가는가를 인식할 수 있게 해야 한다. 오늘날 지배적 은유는 산업혁명을 뒷받침했던 개인, 선형적 진보와 같은 것이며, 이런 것들은 생태-정의 교수법을 뒷받침할 '생태학ecology'과 같은 근본적 은유와 갈등하게 된다. 여기서는 자율적 개인을 강조하지 않고, 그 대신 문화적 생물학적 존재로서 인간 실존의 관계적/의존적 성격을 강조한다. 세계에 대한 우리의 이해를 암암리에 형성함으로써 산업주의적 은유들은 전통의 가치, 그리고 세대 간 지식/연속성의 가치를 체계적으로 붕괴시켰다. 만일 학생들이 문화적 패턴과 환경적 패턴이 어떻게 서로 연결되는지에 대해 성찰하도록 자극받을 수 있다면, 개인적 편익과 물질적 성공을 성취하는 데 따르는 필연적 대가로 소비자 의존성과 환경 훼손을 받아들이는 '개인심리학'을 조장하는 서구 문화의 여러 가지 언어 유형을 비판할 문화적 여지를 만들 수 있을 것이다.[Bonnett, 2013: 531-532]

또한 학생들이 새로운 이해를 통해 밝혀질 현실을 만들어가는 일에 참여하도록 이끌어주어야 한다. 그러기 위해서는 우리 자신과 환경에 대한 아주 근본적인 사고방식들에 스며들어 있는 동기들을 검토해야 한다. 여기서 형이상학적 고찰, 그리고 변혁적 행위가 밝혀질 것이다. 이렇게 볼 때 교육과 환경이라는 주제가 제기하는 이슈는 일차적으로 공식적 교육과정의 문제가 아니라, 이보다 더 중요한 사회와 학교의 일반 문화라는 문제와 얽혀 있다. 여기서 우리의 초점은 인류의 번영과 좋은 삶에 대한 기본 이해로 옮겨 간다. 이런 이해는 학교라는 공동체의 풍토에서, 그리고 더 일반적으로는 삶과의 연관성 속에서 암암리에 드러난다. 이런 풍토는 사회적 실천에 대한 참여의 성격에 영향을 미친다.

또 그것에 의해 교육과정을 가르치거나 받아들이는 정신까지도 영향을 받는다. 환경적 관심에 대한 성찰과 검토가 학교생활과 사회생활에 반영되어 있는 형이상학을 뒤흔들 수 있다면, 이것은 '환경교육'이라는 교육과정의 특정 영역을 뛰어넘어 더 큰 의의를 갖게 될 것이다.

그래서 일반적으로 여러 가지 형태로 나타나고 있는 환경 훼손과 그 결과에 직접 초점을 두는 '환경교육environmental education'과는 다른 '생태교육학ecological pedagogy'은 첫째, 외부 자연환경과의 직접 접촉은 어떤 식이든지 개인의 인격 형성에 영향을 미친다는 것이고, 둘째, 자연환경은 그 자체로 존중되어야 하고, 비도구적으로 미학적/도덕적으로 애호되고 또한 반응해야 한다는 것이다. 데이비드 카Carr, 2004는 둘째와 관련하여 예술에의 몰입은 학생들로 하여금 자연에 대한 애착을 갖도록 도와줄 수 있다고 말한다. 자연에 대한 애착이 없다면 도덕적 관심을 가지고 자연을 배려할 수 없다. 조각과 같은 예술은 무엇보다 자연의 물리적 측면, 즉 형태/색깔/감촉에 대한 인식과 감상을 불러일으킬 수 있다. 예를 들면 외부 조각과 같은 것을 통해 풍경의 영성적 차원이 드러난다는 것이다. 시 역시 자연의 감각적 영향을 아주 직접적으로 전달할 수 있다. 시는 자연 세계와 인간의 복잡하고 긴장된 관계의 여러 측면, 예를 들어 자연 세계의 인간에 대한 무관심, 자연과 인간의 연속성, 자연으로부터 인간의 소외, 자연의 보상하는 힘 등을 환기시키고, 전달하는 데 효과적일 수 있다. 시적 명상이라는 상상적 관심은 우리가 자연의 측면들을 '영원함'의 차원에서 경험하도록 이끌어준다.Bonnett, 2013: 520 그리고 그것은 비非자아 중심적 애착, 대아적 관심[77]이 인간의 의식적 삶 속으로 다시 되돌아오게 해주고, 또 의식적 삶 자체가 더 넓은 도덕적/영성적 의미를 갖도록 해줄 강력한 방법이라고 할 수 있다. 그 결과 우

77 '대아'는 관계의 총체로서의 전체를 내세우고, 나의 존재가 '전체 속의 개체'라는 새로운 존재론적 개념이다. 대아의 실현은 인간이 스스로를 인간 이외의 자연과 철저하게 상호 결속적인 것으로 이해하고, 자연 속에서 자기를 실현하려는 과정이라고 할 수 있다. 대아는 자신만의 쾌락에 사로잡힌 '소아self'가 아니다.

리의 감성이 함양/세련됨으로써 내재적 가치에 대한 진정한 인식이 가능하게 된다. 이것은 인간 이외의 자연적/동물적 실체들이 내재적 가치를 갖는가, 또는 도덕적 가치를 갖는 것으로 간주할 것인가(자연권, 생명권, 동물권 등) 하는 물음에 대한 논의로 확대된다.

생태교육의 핵심적 가치

인간 활동을 통한 환경에 대한 피해는 광범위하다. 이 피해는 때로는 지구적이고, 때로는 권역별로, 또 지역적으로 일어난다. 생태교육은 건전한 법안, 지속가능한 관리 그리고 개인과 지역사회의 책임 있는 행동과 함께 환경을 보호하고 관리하기 위한 효과적인 정책 틀의 중요한 구성 요소이다. 생태교육은 교육의 새로운 접근이다. 개인과 사회로 하여금 세계 자원의 현재와 미래와 관련된 근본적 이슈를 해결하는 데 도움을 주는 방법이다. 그러나 단지 이런 이슈를 인식하는 것만으로는 변화를 일으키기에 불충분하다. 생태교육은 지속가능성을 구현하기 위해 개인의 주도와 사회적 참여의 필요를 강력하게 촉진해야 한다.

지속가능한 생태교육의 핵심적 가치는 환경과 관련된 이슈에 대한 각성과 민감성, 환경에 대한 지식과 이해 그리고 그것에 미치는 인간의 영향, 환경을 위한 관심을 반영하는 태도와 가치, 환경적 이슈와 연관하여 확인하고 탐구하고 문제 해결을 하는 것과 관련된 기술, 환경적 이슈를 처리하는 데 있어 개인으로서 혹은 집단의 구성원으로서 참여와 행동을 통한 책임감 등이다. 생태교육에서 흔히 사용하는 핵심적 개념은 다음의 네 가지이다.

1) 상호 의존Interdependence: 지속가능성은 사람을 포함한 모든 생명체와 그들의 물리적 환경 사이의 관계에 초점을 둔다. 환경을 바라보는 유용한 방법은 그것을 상호 관련된 체제, 즉 생명물리적, 사회적, 경제적 그리고

정치적 체제의 집합으로 보는 것이다.Fien and Gough, 1996 생명물리적 체제는 모든 생명을 위한 생명-지원 체제를 제공한다. 사회체제는 사람들에게 더불어 살 수 있는 규칙과 구조를 제공한다. 경제체제는 재화와 서비스를 생산하고 교환하는 방식을 제공한다. 정치체제를 통해 사람들은 사회적·경제적 체제가 생명물리적 환경을 어떻게 이용하는지에 대한 결정을 한다. 상호 의존의 개념은 문화적, 사회적, 경제적 그리고 생명물리적 관심, 즉 현재와 미래에 생명을 지원할 수 있는 생존할 수 있는 자연환경, 모든 사람을 위한 지속가능한 삶을 제공하는 충족적 경제, 사회적·문화적·영적 필요를 충족시키기 위한 기회를 제공하는 지역사회의 육성, 모든 시민으로 하여금 사회 구성원으로서 완전히 참여할 수 있도록 하는 수준의 수입과 정치권력에 대한 공정한 접근을 할 수 있는 평등한 지배 구조 체제를 강조한다.

2) 지속가능성Sustainability: 지속가능성이 무엇을 의미하고 그것이 세계를 둘러싸고 개인과 집단에 어떻게 영향을 미치는지에 대해 서로 다른 견해가 있다. 지속가능성의 개념은 재생 가능한 자원과 재생 불가능한 자원의 이용을 다루는 지속가능한 자원 관리와 연결되어 있다. 이들 자원의 이용은 개인적·사회적 가치는 물론이고 삶의 유형 선택에 의해 영향을 받는다. 자원은 환경의 질을 유지하고 증진하기 위해 공유되어야 하고, 관리되어야 한다. 지속가능한 미래의 보장은 자연 자원에 대한 경제 발전 효과를 축소하는 방법을 검토함으로써 환경에 대한 인구 증대의 영향과 유한한 자원을 고려하는 것이고, 그것은 생태적으로 문해력을 가진 사람들에 달려 있다. 지속가능성은 환경을 보호하고 증진하며, 인간 활동의 역효과를 축소하는 방법에 기반을 두고 있는 개념이다. 지속가능한 관리는 공기, 물, 흙 그리고 생태 체제의 생명-지원 능력을 보호하고, 미래 세대의 합리적 요구를 충족시키기 위해 자원을 보존하는 방식으로 자연자원을 이용하는 것을 포함한다. 나아가 자연 세계의 경제적 의미와 함께 문화적 정체성을 보존하기 위한 영성적 의미의 중요성을 소중히 여겨야 한다.

3) 생명 다양성Biodiversity: 생명 다양성은 지구 위의 모든 생명, 즉 식물, 동물 그리고 미시-유기체, 그들이 포함하고 있는 유전자와 그들이 형성하고 있는 생태 체계가 다양하다는 것이다. 생명 다양성에 대한 초점은 생명적 세계의 모든 부분의 상호 관련성과 사람들이 생명 체제에 갖는 영향을 인식한다. 사람들은 많은 자연 환경을 변형하고 많은 식물과 동물을 착취함으로써 생명의 다양성을 축소시켜왔다.

4) 실천을 위한 개인적·사회적 책임Personal and social responsibility for action: 환경적 평등은 개인의 일상적 행동에 달려 있다. 삶의 유형 선택과 요구는 자원에 제한을 가하고 우리의 사회적·자연적 환경의 질에 영향을 미칠 수 있다. 환경의 질은 어느 정도 환경 문제를 해결하는 데 도움을 줄 수 있는 적극적 행동을 취하느냐에 달려 있다. 생태교육 프로그램은 학생들에게 환경 이슈와 문제의 영역에 대해 어떤 조치를 취할지를 결정하는 것처럼, 자신들의 지식과 기술을 응용하도록 기회를 제공해야 한다.

환경 담론에서는 대체로 자연적 질서가 부각되며, 우리가 환경을 '통한', 환경을 '위한', 환경 '안에서의'의 학습을 교육적으로 이야기할 때 암암리에 가리키는 것은 대체적 '자연환경'이다. 생태교육은 대체로 가장 대중적인 생태교육 프로그램에서 사용되는 세 가지 핵심적 차원의 통합을 포함한다.

1) 환경 안에서의 교육Education in the environment: 환경 속의 교육은 환경에 대한 자각과 관심을 갖기 위해 학생들이 직접 해변가, 숲속, 거리나 공원 등을 접촉한다. 교실을 넘어선 경험은 자연적이거나 만들어진 환경에서 직접적 경험을 얻을 수 있는 기회를 학생에게 제공할 뿐 아니라, 교실에 기반을 둔 활동을 촉진한다. 이런 기회는 관찰, 데이터 수집, 실제적 탐구와 탐색 그리고 특별한 테크놀로지를 이용하는 기술을 개발하는 데 이용될 수 있다. 그러한 상황은 또한 사회적·협동적 기술, 집단작업 기술, 의사소통 기술, 그리고 문제 해결 기술을 필요로 한다. 그러한 경험을 위한

기회는 지역 환경에 따라 다양할 것이고, 모든 국정 교육과정의 진술은 교실 바깥의 경험을 학습하기 위한 기회를 제공할 것이다.

2) 환경에 대한 교육Education about the environment: 환경에 대한 교육은 환경에 대한 중요한 사실, 개념 그리고 이론들을 이해하는 데 초점을 둔다. 자연적이거나 만들어진 환경에 대해 알고 이해하는 것과 지역적·국가적 그리고 지구적 이슈에 대한 결정에 영향을 미치는 사회적·정치적·경제적·생태적 요소의 핵심을 소중하게 여기는 것은 학생들이 환경교육의 목적을 충족시키는 데 있어 중요하다. 문화적 각성, 경제적 활동, 정치적 결정, 생태적 이해 그리고 건강과 안전의 이슈는 환경에 대한 교육에 영향을 미치는 모든 요소들이다. 국정 교육과정의 진술은 이 요소들에 대해 인식하고 숙고하는 틀을 제공한다. 그렇게 함으로써 학생들이 자신들의 환경적 가치와 태도를 확립하는 데 도움이 될 것이다.

3) 환경을 위한 교육Education for the environment: 환경을 위한 교육은 환경 자원의 현명한 이용과 비견되는 삶의 양식을 채택하도록 하는 의지와 능력을 촉진하는 데 있다. 본래 환경을 위한 교육은 환경의 질을 유지하고 증진하는 데 도움을 주는 삶의 양식을 선택하는 사람들의 정서와 그들의 의지로서 환경교육의 '정서적' 측면과 연결되어 있다. 환경을 위한 교육은 환경과 그 환경 속에서 학생들의 실천적 체험에 대한 지식과 이해에 기반하고 있다. 환경을 위한 교육은 사람들이 환경에 대한 자신들의 영향을 최소화할 수 있는 방법을 추구한다.

세 가지 측면은 모두 상호 의존적이다. 자유, 선택의 가치를 중시하고 자원이 유한한 사회에서 지역적, 국가적 그리고 국제적 공동체의 사회적·자연적 환경에 대한 책임 의식을 개발하는 것은 중요하다. 생태교육은 개인과 집단으로 하여금 환경적 이슈에 대해 효과적 행동을 할 수 있도록 하는 공지된 관심을 촉진한다.

생태교육이 중시하는 '지속가능성을 위한 교육education for sustainability'은 다음의 같은 목표에 초점을 둔다.

• 단순히 정보를 제공하는 것이 아니라, 조직, 산업이나 지역사회 속에서 지속가능성을 향한 변화를 계획하고 관리하기 위한 기술, 역량 그리고 동기를 사람들에게 마련하는 것이다.

• 지속가능성을 위한 교육은 모든 연령과 배경을 가진 삶의 모든 단계에서 사람들을 포함하고, 형식적이든 비형식적이든 학교, 일터, 가정 그리고 지역사회의 모든 가능한 학습 공간 속에서 일어나는 교육과 학습의 폭넓은 이해에 의해 추진된다.

• 지속가능성을 위한 교육은 사람들에게 환경적, 경제적 사회적 그리고 정치적 체제 사이의 관계를 이해하도록 준비한다.

• 지속가능성을 위한 교육은 사람들로 하여금 더 나은 미래를 위한 공유된 비전을 개발하는 데 참여하도록 한다.

• 지속가능한 교육은 개인의 경험과 세계관을 성찰하고, 세계와 함께 해석하고 관여하는 기존의 방법에 도전하는 개인과 집단의 능력을 소중하게 여긴다.

• 지속가능한 교육은 집단과 개인으로 하여금 지속가능성에 관여하도록 하는 비판적 활동으로서의 참여를 인식시킨다.

• 지속가능한 교육은 네트워크와 관계를 형성하고, 서로 다른 사회 영역 사이의 소통을 발전시키기 위한 진정한 파트너십의 이용에 초점을 둔다.

http://www.environment.gov.au/education/publications/pubs/national-action-plan.pdf

녹색화를 위한 생태적 환경교육의 과제

우리나라에서 1970년대 공해 배출 기업 주변 지역의 피해 보상 운동으로 드러나기 시작한 환경 문제는 1980년대 후반 대규모 환경운동 조직의 설립, 1990년대 초 지구적인 환경 문제의 심각성에 대한 대중적 인식의 증가를 기반으로 한국 사회의 주요 이슈로 자리를 잡게 되었다. 이렇게 환경 문제에 대한 사회적 관심이 증가하였을 뿐 아니라 '환경교육'의 중요성을 강조하는 세계적인 흐름의 영향 그리고 국내의 자발적 인 환경운동 및 환경교육에 대한 관심을 가진 다양한 사회세력의 성장으로 인해 우리나라에서도 환경교육에 대한 연구와 실천 또한 점차로 활성화되고 있다.

그런데 우리의 교육과정 편재는 학문의 체계를 근거로 하여 인간의 사고를 분절화시켜 총체적인 세계인식을 저해할 뿐 아니라 학문적 전문가가 아닌 일반 개인의 사회적 참여를 배제함으로써 환경 위기를 심화시켜왔다. 그리하여 기술공학적 차원에서 증상이나, 결과 중심의 사고에 제한되어 있다. 이러한 기술공학적 환경교육은 '행동주의적 접근'에 의존하고 있다는 것이다. 이 접근은 환경에 손상을 적게 가하는 행동을 환경친화적인 행동으로 규정하고 이러한 행동을 길러내기 위한 지식, 기능, 태도를 제공하거나 가끔씩은 직접적인 행동의 습관화를 통해 환경을 위한 교육을 하기도 한다. 그러함에도 우리 정부는 아직도 개발중심의 행동주의적 근대화 패러다임을 벗어나지 못하고 있는 실정이다.

이러한 패러다임을 극복하기 위해 환경교육에 대한 '비판주의적 접근'이 시도되고 있다. 이 접근은 환경 문제를 둘러싼 사회적 갈등 속에서 집단의 이해관계를 분석할 수 있는 비판적 사고력과 이러한 갈등 관계를 필연적으로 가져오는 사회구조를 변화시키기 위해 필요한 개인적, 집단적 행동 능력을 갖추는 것을 중시한다. 나아가 비판주의적인 소극적 접근을 넘어 '생태주의적 접근'으로 발전되고 있다. 이러한 측면에서 인간과 자연환경 간의 상호 관계성을 통합적으로 인식하고 자유로운 개인들이 공동체의 일원으로서 살아가기 위해 필요한 가치와 태도, 기능을 학습하는 모든 교육을 지칭하는 개념으로 정립되어야 한다. 환경교육에 대한 인식을 명료하기 드러내기 위해 생태주의에 입각한 '생태적 환경교육'을 필요로 하는 것이다. 이 접근은 자연환경과의 생명성을 정서적으로 인식하고 자연과 인간의 가치가 다르지 않음을 깨닫는 것과 양자가 공존할 수 있는 자족적이며 소박한 삶의 양식을 실천하는데 중심을 두고 있다. 기술공학적 환경교육의 위기 국면을 타개하고 새로운 생태적 사회를 구성하기 위해서는 인간과 인간, 인간과 자연이 공존하는 원리를 깨우쳐줄 수 있는 새로운 교육 패러다임이 요구된다. 그러기에 생태적 환경교육은 하나의 교과라기보다는 새로운 교육 패러다임이 되어야 한다. 현재의 교육 시스템이 근대적인/산업적인 세계관을 형성하는 과정에 대한 고찰을 통해 근대적인 학교교육의 문제를 극복해야 한다.

물론 지속가능성을 위장한 성장 위주 정책은 경계해야 하지만, 산업주의나 개발주의로부터 완전히 개념적 단절을 하는 '자연-회귀적 생태교육'은 가능한 한 피해야 한다.안관수, 1994: 267 만약 그렇게 되면 원시적 삶으로 회귀되기 때문이다. 개인적으로 자연인으로 돌아가 그런 삶을 살 수 있으나 국가 전체가 그렇게 할 수는 없는 일이다. 따라서 근대적 개발을 전면적으로 부정하는 것이 아니라, 다음 세대까지 연속되는 '생태적 지속가능성'과 적절히 결합한 '지속가능한 개발'을 할 필요가 있다. '개발주의developmentalism'와 '환경주의environmentalism'를 제대로 이해한다면, 경제 발전과 지속가능성의 연계 가능성은 상호 보완적일 수 있다. 왜냐하면 아프리카 기아 사태에서 보듯 영양실조, 높아 유아 사망률, 낮은 수준의 문해력과 교육, 비교적 높은 질병 사망률, 낮은 수준의 생산성과 수입 등과 같은 요인들이 서로 작용함으로써 인구 증가, 생태 문제를 초래하고 있기 때문이다. 이 결과는 사회정의의 이념에서 한층 벗어나고 있는 것이다.

그렇다면 인간 중심적 근대화 개발주의 논리에 만연해 있는 기술공학적 지속가능성, 즉 정복적 윤리의 공세로부터 방어선을 구축해야 한다. 인간 이외의 세계를 순전히 자원으로만 생각하고 있고, 그래서 오늘날 환경 파괴의 심대한 원인이 되고 있는 인간 중심주의와 기술공학적 환경교육을 넘어서야 한다. 이를 위해 경제적 지속가능성과 생태적 지속가능성을 적절하게 공존시켜야 한다. 생태적 지속가능성은 자연 세계에 대해 힘이 우세한 인간의 배려라는 실존적 의미를 담고 있다. 그것은 자연에 대한 인간의 도덕적 책임이라고 할 수 있다. 인간의 의무란 인간이 자연을 이용할 때 정복하는 것보다 생태 체계의 통합성을 유지하려고 노력하는 '생태적 지혜'를 발휘하는 것이다. 이런 생태적 지혜는 전통적인 학교 교육과정의 지식 체계를 가지고는 이해될 수 없다. 여기서 다시금 확인할 수 있는 것은, 환경 이슈의 핵심은 우리가 그것을 어떻게 인식하는가라는 점이다. 또한 지속가능성의 전략을 어떤 사태를 성취하기 위해 설계된 정책으로만 생각할 것이 아니라, 그 전략을 위해 자연환경과 관계를 맺는 인간의 사려 깊은 마음을 가져야 한다.

우리가 현재 목도하고 있듯이 4대강 개발을 한번 보라. 인간 중심적인 자전거 도로를 한번 생각해보라. 이 문제를 생태주의 관점으로 바라보지 않으면 전혀 해결책이 나오지 않는다. 이에 대한 처방책은 자연에 대한 기본적 가치/동기/태도에 대한 전면적 전환이 없으면 가능하지 않다. 이런 인식의 변화는 매우 어려운 일이지만, 자연에 대해 갖고 있는 근본적 가치를 달리해야 한다. 그런 가치를 깊이 생각하고 구현하는 우리의 역량이 클수록 새로운 환경의 건설은 가능할 것이다. 새로운 생태적 환경을 위해 시스템을 새롭게 디자인하는 일, 사랑과 지혜와 미덕 같은 참된 인간의 가치, 생명의 가치를 통해 '사람과 사람', '사람과 자연'의 관계를 완전히 새롭게 구성해야 한다. 인간이 잠재의식적으로 추구하는 다른 생명체와의 연대성, 생명에 대한 사랑을 기초로 한 새로운 가치혁명을 필요로 한다.

또한 현실적 삶의 상황에서 발생하는 환경 이슈(핵 개발, 원자력 개발, 4대강 사업, 골프장 사업, 환경오염 등)는 내재적으로 복잡하고, 맥락적이며, 논란을 자주 일으키는 주제들이다. 이런 특징을 갖는 환경 이슈는 전통적인 학교 교육과정의 이해를 넘어선다. 따라서 환경에 대한 비판적 이해에 머무는 것이 아니라, 학생 스스로 사회 속에서 그들이 사회적, 경제적 조건들을 만들어가는 일에 참여시킴으로써 문해력을 가진 '녹색 시민'으로 성장하도록 해야 한다. 그러한 방향으로 시스템을 새롭게 디자인하는 일, 사랑과 지혜와 미덕 같은 참된 인간의 가치, 생명의 가치를 통해 '사람과 사람', '사람과 자연'의 관계를 완전히 새롭게 디자

인해야 한다. 그러한 새로운 디자인 위에 새로운 현실을 창조하는 일, 이것이 바로 우리가 차분히 해야 할 과제이다. 인간이 잠재의식적으로 추구하는 다른 생명체와의 연대성, 생명에 대한 사랑(생명 친화력)을 기초로 한 새로운 교육혁명을 시작해야 한다. "우리가 곧 지구이며, 우리의 삶은 풀"이라는 인식을 통해 우리의 미래를 위해 최선을 다하는 것이 희망이기에 생물권을 갖춘 행성에 위험을 끼치지 않도록 우리들의 마음과 인식을 바꾸어나가는 교육혁명을 해야 한다. 생태교육은 학교, 나아가 지역사회의 '녹색화'를 요청한다. 생태교육은 사회구조와 교육 전체를 근본적으로 재구성하는 교육적 지향으로 발전되어야 한다. 또한 자연과 인간에 대한 감수성을 이끌어내고 대안적인 삶의 방식으로의 전환을 추구하는 대안교육 운동으로 발전되어야 한다.

그동안 아리스토텔레스 윤리, 칸트 윤리, 공리주의 윤리 등 주류의 윤리는 도덕적 공동체로서 동물과 식물을 배제하는 등 비非인간의 문제를 충분하게 고려하지 못했다. 그래서 오늘날의 환경 위기를 극복하고자 하는 탈근대적 생태주의 윤리는 인간, 동물, 산과 강, 나아가서는 자연 전체, 즉 모든 삼라만상이 지닌 도덕적 권리를 강조한다. 생태주의 윤리는 근대적 자연관과 인간관을 거부하고 그것에 바탕을 둔 과학기술과 문화에 도전하는 '대항문화'의 윤리이다.Elliot, 1993: 288 '인간만을 위한 윤리'[78]가 아닌 '자연을 위한 윤리'를 지향한다. 즉, 인간과 생물의 생존권, 그리고 무생물의 존재권에 관심을 보이고 있다.구승희, 1995 인간만의 쇼비니즘 윤리[79]로부터 벗어나 동물의 관심이나 동물의 이해관계에 집중된 동물의 복지윤리 등에 대한 미시윤리적인 환경적 관심으로, 나아가 식물, 생태계, 생물종 그리고 생명이 있는 자연과 생명이 없는 자연 모두를 포괄하는 거시윤리적인 생태적 관심으로 진전을 보이고 있다.

78 인간 중심 윤리는 언제나 인간 행위의 인과적 설명, 행위동기의 보편화 가능성, 결과의 공리성 등 오로지 인간 사회의 목적 규정을 위한 '미시윤리'였다.

79 인간 중심주의에서 비롯된 인간 쇼비니즘은 노예에 대한 귀족의 우월의식, 흑인에 대한 백인의 우월의식, 여성에 대한 남성의 우월의식이 어떤 타당한 근거가 없는 것처럼 다른 종에 대한 인간종의 우월의식도 타당한 근거가 없다는 것이다.

그래서 한마디로 오늘날 생태주의 윤리는 인간 중심 윤리에서 동물 중심 윤리로, 나아가 자연 윤리학 또는 생명 중심 윤리[80]로 발전되고 있다.Elliot, 1994; 구승회, 1995 자연/생명 윤리학의 도덕적 고려는 인간의 행위, 인간과 인간, 생물과 무생물, 나아가서 무생물들 간의 관심과 상호 관계로 확장되고 있다. 이렇게 국가 안보에서 인간 안보로, 나아가 생태 안보로 발전되는 것이 우리가 꿈꾸는 세상이다.

생태교육의 한국적 과제

1. 기술 중심적 환경교육을 어떻게 극복할 수 있는가?
2. 생태적 교육철학의 관점에서 학교교육의 목적을 재정립해보라.

80 생명 중심적 윤리는 ① 인간도 다른 생명체와 마찬가지로 지구라는 생명공동체의 한 구성원이다. ② 다른 종과 마찬가지로 인간도 상호 의존 체제에서 없어서는 안 될 부분이며, 이 상호 의존 체제에서 각 생명체의 생존은 환경적·물리적 조건뿐만 아니라 그들 간의 상호 관계에서 결정된다. ③ 각 생명에는 자기 나름의 선을 추구한다는 의미에서 목적론적 삶의 중심이다. ④ 인간은 다른 생명체보다 대체로 더 우월적이지 않다.Taylor, 1986: 100

15장
다민족의 공존을 위한 다문화교육

아름다운 세상
무지개를 좋아하노라 하면서 그 색들로 풀어 만든 사람,
사람들을 모두 사랑하지 못하는 것은 무지한 사랑이다.
끝없는 우주를 통틀어 지구에만 유일한 이 무지갯빛 꽃들은
그래서 지구를 지구답게 만든다.
편견과 아집 속에서 우리는 많은 것을 잃고 있다.
눈에 차는 색깔을 고집하다가 이 모든 색을 합친 검은색의 소중함과
거기에서 모든 색을 찾는 방법을…….
〈작자 미상〉

다문화교육의 필요성

우리 사회에 이주 노동자와 다문화 가정이 늘어나면서 그만큼 다문화교육에 대한 관심이 증대되고 있다. 특히 한국은 지구촌 시대의 도래, 민족국가의 경계 변화, 이주 노동자와 탈북자의 유입으로 인한 새로운 시민권의 출현뿐만 아니라, 내부적으로 지역 갈등과 남북 분단과 겹침으로써 독특하고 복잡한 다문화 사회의 현상을 보이고 있다. 그로 인해 단일문화의 전달에 익숙한 한국 교육은 다문화교육의 방향 정립에 어려움을 보이고 있다. 정부의 다문화교육 정책 강화에 따른 일선 학교의 다문화교육은 철학과 방향이 없는 다문화교육의 모습을 보이며 우후죽순처럼 확산되고 있다. 그러기에 다문화교육의 쟁점을 부각시켜 다문화교육의 새로운 대안을 모색할 때가 되었다.

여전히 한국 사회는 단일문화주의monoculturalism에 대한 미련이 남아 있어 한국인의 강한 집단주의 등을 보여주면서 다문화주의와 자민족중심주의가 공존하는 상황에 놓여 있다. 또 한편으로는 문화적 우월주의, 과도한 민족주의, 문명적 차별의식 등을 보이고 있다. 급속한 저출산과 고령화의 영향 그리고 이주민의 대량 수용으로 인해 관주도형 다문화주의 정책이 펼쳐지고 있다. 그렇지만 여전히 이민자 중심의 좁은

범주의 다문화주의 담론을 벗어나지 못하고 있다. 특히 동성애자, 장애인, 빈곤층 등에 대한 관심은 매우 열악한 상황이다. 압축적 근대화와 함께 압축적 민주화 과정이 진행되었듯이 압축적 다문화 현상이 벌어지고 있다.

다른 한편 캐나다와 미국, 영국은 상대적으로 다문화주의가 우세하고, 호주와 서유럽은 동화주의가 다시 부상되고 있는 추세를 보이고 있다.[81] 진보당보다 보수당이 동화주의적 정책을 더욱 선호하는 경향을 보인다. 그런데 2011년 7월 노르웨이에서는 다문화주의를 공격한 극단적인 인종주의 범죄가 발생하였다. 유럽 다문화주의의 실패는 국민국가의 정체성을 더욱 강화하자는 신新극우파를 등장시키고 있다. 그것은 또한 유럽 다문화주의에 내재된 제국주의적 인식틀이 불러온 문제이기도 하다. 그래서인지 최근 영국, 독일, 프랑스 등 유럽 국가들에서 '다문화주의'가 실패했음을 보여주는 발언이나 선언이 잇따라 나오고 있다. 이를 극복할 수 있는 새로운 다문화주의가 필요하다는 주장이 제기되고 있다.

이러함에도 우리의 학교교육을 통한 다문화주의의 교육적 역할은 미미하다. 다문화에 대한 사회 전반의 현실과 인식이 크게 자리 잡지 못한 상태에서 다문화 정책과 담론만 크게 늘어난 형국이다. 이로 인해 이주민들을 복지나 교육의 객체로 취급하는 '대상화' 또는 '온정주의'가 난무하고 있다. 그렇다보니 유럽 다문화주의가 갖고 있는 문제, 곧 차별과 배제, 동화주의 등을 제대로 파악하지 못하고 있다. 이 때문에 단일문화의 전달에 익숙한 한국 교육은 다문화교육의 방향 정립에 어려움을 보이고 있다. 정부의 다문화교육 정책 강화에 따른 일선 학교의 다

81 캐나다는 다양성 존중과 일체감의 조화를 추구하고, 호주는 화합과 단결을 강조하고 있으며 이민자를 통한 경제활동 인구 확보, 부양 능력 확보 등으로 다문화주의와 다문화교육이 위축되는 모습을 보이고 있다. 미국은 동화에서 다양성 존중으로 무게 중심이 이동하고 있으며, 서유럽(프랑스, 영국, 독일)은 시민교육 속에서의 다문화교육, 다양성의 기반으로서의 화합을 강조하고 있다. 일본은 1980년 이후 국제결혼이 증가되기 시작하면서 단일민족주의와 동질성이 약화되기 시작하였고 시행착오를 겪으며 진화 중이다.

문화교육은 우후죽순처럼 확산되고 있지만, 철학과 방향이 없는 다문화교육으로 변질되고 있다. 그러기에 다문화교육을 둘러싼 여러 가지 쟁점들에 대한 논의를 통해 새로운 대안을 모색할 필요가 있다.

다문화주의란 무엇인가?

다문화주의multiculturalism의 개념을 문자 그대로 풀이하면, 그야말로 2개 이상의 이질적인 문화가 동시에 존재하는 것을 말한다. 다문화주의는 여러 유형의 이질적인 문화를 세계시민주의나 다원주의 입장에서 유연하게 수용하자는 사조라고 말할 수 있다. 이 말은 일반적으로 현대사회의 생활이 전 지구화되면서 점점 더 복잡다단한 성격을 띠고 있다는 인식 아래 여성 문화, 소수자 문화, 비서양 문화를 정규 교육과정에 더 많이 포함시키려는 취지라고 할 수 있다.

다문화주의는 한 국가 안에서 소수자들의 문화적 권리를 존중하고 정치적, 사회적, 경제적, 문화적 불평등을 없애려는 정책 목표를 설정한다. 즉 다른 문화에 무조건적으로 동화되는 것이 아니라, 자신의 문화적 정체성을 구성하고 다른 문화를 편견과 고정관념 없이 받아들이도록 하자는 것이다. 이러한 체제에서는 이민자에게 굳이 출신 문화를 버리고 주류 문화에 동화하도록 요구하지 않으며 출신 문화를 유지하도록 지원하기도 한다. 다문화주의의 사전적 의미는 "한 나라 안에서 몇 가지 문화가 공존하는" 것이다. 다문화주의라는 말은 일반적으로 인간사회의 다양성, 인구학적이고 문화적인 다양화를 강조하기 위해 사용된다. 다문화는 다인종·다민족으로 구성된 사회와 국가에서 문화의 중심이 되는 주류 문화에 대한 하위 개념으로서 위계관계 혹은 다양성의 존중을 내포하는 개념이다.[안경식 외, 2008: 95] 다문화주의는 공식적으로 상호 존중과 문화적 차이에 대한 관용을 중시한다. '다문화주의' 관점에서 볼 때 주류의 윤리가 인격에 있어 세속적인 윤리를 옹호하고, 서구와 비非서구의 도덕적 이상과 문화를 확장하는 비교 우위 평가를 영속화하려는 것에 대해 비판적이다. 그래서 '다문화주의'는 윤리적 문제의 해결에 있어 서구적 편향을 보이고 있는 것에 대해 수정하거나 개혁하려는 방법을 모색한다.

지난 30~40년간 서양 국가 내에서는 문화적, 인종적 다양성이 증가함으로 인해 수많은 문제가 대두되었다. 문화는 끊임없이 서로 만나고 교환되며 실제들을 수정하기 때문에 사회적 실제들이 순수하게 상이한 문화에 속한다고 확인한다는 것은 불가능하다.[Williams, 1986: 158] 다양성에 대한 주요한 접근의 하나인 다문화주의의 문제의식은 크게 세 가지 전제에 바탕을 두고 있다.[Enslin & Hedge, 2013: 308]

① 국가의 종족적 다양성의 존속이다. 이민자들로 인해 문화적 다양성이 나타났는데, 이를 관리하는 소극적 입장이 다문화주의에 들어 있다.
② 기술의 진보를 통해 국가와 시민은 더 연결되고 상호 의존하게 되었으며, '국민의 정체성'은 국지적일 뿐만 아니라 전 지구적인 것이 되었고, 문화와 집단에 대한 우리의 이해는 더욱더 비정형적이고 우연적인 것이 되었다.
③ 법적/정치적 지위가 향상됨으로써 타 문화의 전통과 가치를 중시하는 더욱 긍정적인 이해와 다양성 존중이 다문화주의로 나타났다.

다문화주의는 어떤 공통의 이데올로기적 입장을 말하는 것이 아니다. 민족마다 다른 다양한 문화나 언어를 단일의 문화나 언어로 동화시키지 않고 공존시켜 서로 승인·존중하는 것을 목적으로 하는 사상·운동·정책을 말한다. 한마디로 다문화주의는 더 '강화된 보편주의'라고 할 수 있다. 즉, 종래의 근대적 보편주의가 서구 중심주의에 그친 것이라는 점을 확인하면서 그것을 상대화하며 다양한 여러 문화의 평등한 공존을 시도하고 있다.

다문화주의와 세계시민주의 문제

세계시민주의cosmopolitanism는 기본적으로 다문화주의 혹은 문화의 다원성과 밀접하게 연결되어 있으며, 문화적 다양성을 지지한다. 다문화주의의 등장은 '국민의 정체성 이동'을 요구한다. 개별 국가 내에서 채택된 결정이 그들의 경계 밖에 위치한 것들에 영향을 끼치는 것처럼 통신의 발달이 더욱 쉽게 그들의 경계를 넘어 심의를 만들어내면서 시민권을 위한 새로운 틀과 그 수행이 존재한다. 민주적 시민권이 일반적으로 독립된 영토를 가진 국가의 경계 내에서 지켜질 것으로 여겨지는 반면, 세계화 조건에서의 지구적 시민권은 오래된 '경계/울타리'를 없애고 있다. 세계화의 상황 아래에서 심의의 잠재력과 흐릿한 국가 경계의 제도적 관계에 대한 성찰은 여러 다른 방향을 가진다. 시민이 아닌 사람이 개별 국가에 의해 만들어진 어떤 결정들, 예를 들면 이민, 무역, 환경정책에 의해 영향을 받는 것처럼 어떤 사람들은 개별 국가 내에서 사회 구성원으로서의 정체성이 영토의 경계를 넘어서고 있다. 그런데 세계화될수록 국가주의와 국가적 유대감은 오히려 더욱 강고해지는 경향을 보이면서 가치, 신념, 정체성의 다양성을 인정하는 '세계시민주의'는 더욱 커져갔다.Soutphommasane, 2012: 42-69 지구적 시민global citizen은 범세계적인 공동체를 살아가는 존재로서 인류 전체에게 적용되는 보편적 이성을 보여야 하며, 국경선을 사고의 경계선으로 삼지 않고, 지리적 국경선을 정체성의 주된 경계선으로 삼지 않아야 한다.

세계시민주의와 애국심 문제

세계시민주의 사조와 함께 문화적 다양성을 중시하는 다문화주의의 등장은 '애국심patriotism' 문제와 불가피하게 갈등을 유발하게 된다.Soutphommasane, 2012: 42-69 나라를 사랑하는 지나친 애국심은 국경, 문화, 시간을 초월하는 세계시민적 가치와 불가피하게 마찰할 수밖에 없다. 애국심에 매달리는 국가의 우월성 감정은 자민족 중심주의를 촉진하고, 심지어 폭력을 정당화하거나(2001 9·11 테러 등), 민족을 옹호하는 사람들이 혈통적으로 다른 민족보다 우수하다고 간주하고, 소수집단에 속한 타자들을 멸종시키는 데 이용하는(세르비아인 멸종 등) 그런 인종 우수성 범주로 나누는 경향으로 나타날 수 있다. 전쟁을 적극적으로 국가 안보를 위한 최상의 수단으로 보는 태도와 사회제도의 종합인 군사주의적 개입은 무력과 전쟁의 사용을 정당화하는 데 기여하는 권위주의와 군사적 가치에 기반을 두고 있다고 할 수 있다.Toffolo & Harris, 2011: 376 나치의 홀로코스트, 일본의 난징 대학살과 신사참배, 그리고 최근에 보여주는 외국인 혐오증, 인종 우월주의 등은 모두 세계시민주의와는 정반대의 가치를 지향한다고 할 수 있다. 최근에 노르웨이에서 벌어진 캠프 중인 청소년들을 향한 신나치주의자의 총기 난사는 외국인에 대한 극단적 혐오감을 가진 백인 우월주의를 극단적으로 보여준 사건이다.

그렇지만 정치적, 문화적, 경제적 활동의 중심으로서 민족적 공동체의 약화와 세계화가 급속하게 이루어지는 가운데 초국적 시민권의 발전 등 국가의 경계선이 약화되고 있음에도 불구하고, 다른 한편으로 민족적 정체성에 대한 최소한의 인식을 가져야 한다는 주장이 제기되고 있다. 세계의 시민이 되기 위해서라도 굳이 지역적 정체성을 포기할 필요가 없으며, 지역적 정체성 또한 삶의 커다란 풍요의 근원이 될 수 있다는 것이다.Nussbaum, 2002: 9 문화적, 국가적, 지구적 정체성은 발전적 방식으로 상호 연관된다. 왜냐하면 민족의 정체성에 대한 존중이 없으면 세계시민주의 자체도 성립할 수 없기 때문이다.[82] 다만 민족적 정체성의 중심에 있는 애국심은 민족에 근거를 두고 있기에 국가의 일원이 아닌 사람들에게 공격적일 수 있다. 이 경우 세계평화와의 공존을 깨는 것으로 발전될 가능성을 경계하여야 한다.

82 민족nation은 주어진 영토 또는 출신지를 가지고 고유한 언어와 역사를 공유하며 어느 정도 제도적으로 완결된 세대 지속적 공동체이다.

나라에 대한 사랑/애국심이 국가주의에 중심을 두게 되면 학생들이 인권과 사회정의와 같은 국경, 문화, 시간을 초월하는 세계시민적 cosmopolitan 가치에 애착심을 갖도록 하는 데 방해가 될 수 있다. 맹목적 애국심/국수주의는 학생들이 성찰적이고 긍정적인 글로벌 정체성을 함양하는 데 방해가 된다. 오늘날 세계의 대부분 국가에서 보여주는 국가주의와 국가적 유대감은 강하고 완고하다. 그것들은 동화주의와 다원주의 논쟁을 불러일으키며 세계시민주의와 충돌한다. 오늘날의 세계시민주의와 애국심은 상충하지만 공존하는 방향으로 나아가고 있다.

시민교육의 중요한 목적은 학생들이 지구적 정체성을 함양하도록 지원하는 것이다. 그러기에 지구적 공동체의 시민으로서 세계의 어려운 문제들을 해결하기 위한 행동의 필요성을 깊이 이해하도록 도와주어야 한다.[Banks, 2008나: 50-51] 이러한 문제를 해결하기 위해 부드러운 애국심, 사려 깊은 성찰적 애국심을 요청한다.[Nussbaum, 2009] 지구촌 시대의 '새로운 국민 만들기'를 위한 시민적 성찰을 필요로 한다. 이렇게 보면 다문화주의는 '부드러운 애국심'이나 '사려 깊은 성찰적 애국심'을 필요로 한다고 할 수 있다.[Nussbaum, 2009]

다문화주의와 민족주의 문제

오늘날 각 국가는 민주주의의 정서적 기초라고 할 수 있는 세계시민으로서의 정체성이나 공감이라는 기본적 정서를 키우기보다는 자기 중심적인 민족적 정체성을 고무하는 데 더욱 몰두하고 있다. 애국심을 형성하는 국가주의/민족주의 nationalism는 국민국가의 국민을 규정·보전하려는 사상이며, 국가는 이를 지속적으로 강화함으로써 정치적 통일체로서의 국민국가를 유지하려고 한다. 민족주의 사학자들은 국가/나라는 몸이고 민족은 정신이라고 주장하였다(신채호, 박은식 등). 일제에 비록 몸은 비록 빼앗겼지만 정신만 지키고 있으면 자주독립 국가를 이룩할 수 있다고 믿었다. 이러한 믿음은 민족주의를 하나의 정치 종교로 기능하게 하였다.

그런데 한국 사회가 점점 다문화·다인종 사회로 변모해가는 것이 피할 수 없는 현실이 되고 있다. 그렇다면 이러한 다가오는 미래와의 연관성 속에서 우리 역사를 다시 써야 한다.김기봉, 2008: 45[83] 과거는 이미 일어난 기정사실이지만, 현재와 미래는 열려 있기 때문에 우리는 역사를 끊임없이 다시 써야 한다. 일제로부터 해방되어 국민국가를 형성하는 과정에서 우리를 하나로 묶는 단일민족주의 이데올로기가 필요하였고, 이것을 원리로 하여 '국사national history'가 만들어졌다. 단일민족임을 기억하게 만드는 과거만을 역사로 서술하고, 다른 과거는 망각하는 방식으로 '국사'를 기록하였다. 역사란 과거 실제 그 자체가 아니라, 과거와 현재, 그리고 미래와 연결된 의미의 연관 관계라고 할 수 있다. 이러한 시각에서 보면 국사는 새로운 미래라고 할 수 있는 다문화주의 관점이 반영된 국사가 되어야 하고, 그런 관점에서 국사는 다시 쓰여져야 한다.

다문화교육은 일방적인 동화와 흡수가 목적이 아니라 상생과 조화의 가능성을 찾는 과정이다. 다문화교육은 한국 사회 구성원과 이주민 사이의 '쌍방형 교육'과 '쌍방향 소통'을 통해 전개되어야 한다. 한국 사회에 거주하는 이주민이 사회 통합의 대상인 동시에 '자율적 주체'로서 역할을 수행하려면 스스로의 삶을 결정할 권리와 자유가 필요하다. 그뿐만 아니라 사회적 약자의 목소리에 주목하고 모든 행태의 억압과 종속에서 해방을 지향하는 사람과 '다양성 속에서 연대'를 하는 것이 무엇보다 중요하다.김기봉, 2008: 86 이주민과 함께 살아가는 과정을 통해 한국 사회의 구성원은 '상호 의존'과 '상호 변화'를 경험함으로써 다문화·다인종·다종교 사회에서 평화로운 공존을 이루려는 인식의 전환을 배울 수 있을 것이다.

물론 다문화교육이 지나치게 문화적 차이를 강조함으로써 문화적 공존을 어렵게 할 수 있다. 이럴 경우 다문화 사회 속에서 개별 민족의 정체성은 존중하면서 다문화 사회의 구성원으로서 조화롭게 살아가도록

83 김기봉 교수는 우리 민족의 정체성을 '비빔밥 정체성'이라고 표현한다.

해야 한다. 그렇게 하려면 외국인 혐오증, 군국주의, 극단적 인종 우월주의와 관련된 민족주의/국가주의는 자제되어야 한다. 민족적 정체성의 지지자들은 민족에 근거를 두고 있기에 국가의 일원이 아닌 사람들에게 공격적일 수 있기에 이는 경계되어야 한다.

그런 면에서 시민성citizenship과 민족성nationality은 갈등하지 않고 서로 보완적 관계를 유지하여야 한다. 시민은 그들을 하나로 묶어주고, 그들에게 공동체의 개념을 제공하는 공유된 민족적 정체성이 필요하다. 이러한 공동의 정체성은 적극적인 시민으로서 자신의 세상을 만들기 위해 함께 노력하여야 한다. 민족성 개념은 합리적으로 구성되어야 하고, 민족주의가 공격적인 방식으로 국수적으로 나아가지 않고, 개방적인 태도를 취해야 하고 민주적 가치와 양립하여야 한다. 다른 사람과 일체감을 가지기 위해 공동체 일원이 필요한 것처럼, 민족적 정서를 갖는 것은 개별적·문화적 정체성을 위한 근거로서 타당성을 가질 수 있다. 그렇지만 참혹한 인종 청소나 인종 학살이 없다고 해도 민주적 전통이 약하거나 다민족 집단을 가진 나라에서는 민족적 정체성이 자율과 존중의 민주적 가치를 손상시킬 염려가 크다는 점을 인지해야 한다.

다문화주의와 인권 문제

오늘날 다문화주의는 문화적 차이만을 강조한 나머지 이주민들의 삶의 조건을 어렵게 하고 있다는 지적을 받고 있다. 모든 시민에게 시민권(정치적·사회적 권리 등)이 주어지듯 이주민도 이제는 한 국가의 구성원으로 살아갈 수 있어야 한다. 정치적 권리로서 표현의 자유와 결사의 자유, 정당과 노동조합에 소속할 권리, 투표에 참여할 권리 등 '정치적 권리'가 주어져야 한다. 그리고 질병, 빈곤, 교육 등과 같은 복지에 대한 권리와 경제적 권리 등 '사회적 권리'를 가져야 한다. 타 집단 구성원에 대한 배타성, 국력이나 피부색에 따른 차별적 태도 등 인종·민족적 소수자에 대한 차별과 편견의 양상을 맞서야 한다.구정화 외, 2010: -110-114 국가 및 사회문제들에 대해 비판하고 저항할 수 있는 시민적 권리를 가져야 한다.

국가가 공식적으로 또는 암묵적으로 이주 노동자에게 취업이라는 경제적 권리를 부여하더라도 정당한 사회 구성원이 누리는 시민적·정치적 권리에 대해서는 엄격한 제한을 두는 것이 보통이다. 이는 보편적 '인간 자격'에 근거한 인간 보호, 즉 인권과 정치적 '시민 자격'에 근거한 인간 보호, 곧 시민권 사이의 차이에서 두드러지게 나타난다. 과거에는 국가 영토 내의 시민이 시민 구성원이라는 자격을 바탕으로 국가로부터 권리를 보호받았다면, 오늘날에는 출신과 영토에 관계없이 단지 인간이라는 이유로 모든 사람이 국가로부터, 또는 어떤 초국적 권위로부터 권리 보호를 받을 수 있느냐가 논쟁의 초점으로 등장하였다.

인권은 개념상 보편적이지만 현실적으로 국민국가라는 틀 안에서 전개되는 모순적인 담론인데 지구화 시대에 들어 점차 특정 국민/민족국가의 틀을 벗어나기 시작하였다. 즉 시민권적 권리, 즉 시민권을 가진 정규시민citizen의 관점에서부터 외국계로서 타국의 영토 안에 영주하는 거주민denizen의 지구적 권리인 '인권적인 권리'로 인권의 내용이 이동하고 있다.

다문화주의는 통일된 이데올로기적 의무를 따르는 행동을 강화하기보다는 약자의 복지를 돌보는 상호 관심을 통한 연대 의식을 수반한다. 인권은 고정된 개념이 아니다. 인류 역사 속에서 계속해서 변화되고 확장되어왔다. 그리고 인권 범위와 내용의 재설정은 새로운 '소수자minority'의 출현과 관계가 깊다. 소수자란 신체적 또는 문화적 특성 때문에 사회의 다른 성원에게 차별을 받으며, 차별받는 집단에 속해 있다는 의식을 가진 사람들이다. 소수자[84]의 인정은 특히 윤리적 관계의 문제로서 동일성/같음이 아닌 타자성/이질성을 인정하는 것이다.Farley, 2000[85] 소수자의 타자성을 받아들이기 위해서는 인종, 계급 그리고 성별 간에

84 '소수자'란 신체적 또는 문화적 특성 때문에 사회의 다른 성원에게 차별을 받으며, 차별받는 집단에 속해 있다는 의식을 가진 사람들이다.

교차하는 동일성의 통합뿐만 아니라 차이/다름[86]을 확인하면서 공감을 필요로 한다.Farley, 2000 어떤 사람이나 집단을 소수자로 분류하기 위해서는 보통 식별 가능성,[87] 권력의 열세,[88] 차별적 대우의 존재,[89] 소속감[90]이라는 네 가지 조건이 필요하다.구정화 외, 2010: 109

국가 및 사회문제들에 대해 비판하고 저항할 수 있는 시민적 권리를 가져야 한다. 그리고 다문화교육은 학생들이 사려 깊고 배려하는 성찰적/숙고적 시민이 되도록 하는 것이다. 다문화교육은 시민권의 실행과 그것이 갖는 포함의 잠재성에서, 그리고 새로운 시민의 정체성뿐 아니라 민주적 시민을 위한 새로운 영역을 창조하는 데 있어 세계 시민권을 이해하기 위한 포용적 관점을 가져야 한다. 그래서 다문화 민주국가의 시민교육 과정과 프로그램을 계발하는 데 있어 인권교육 접근이 시도되고 있다.

다문화주의와 페미니즘 관계

페미니즘의 비평 및 상이한 문화 간의 상호 관련성 및 침투성 문제를 고찰하여 더 비판적인 다문화적 관점을 모색한다. 공공 참여의 기회

85 '타자성otherness'이란 주체가 자신을 본질적인 것으로 명명하고, 비본질적인 객체로 타자를 설정함으로써 자신을 확립해가는 것이다. 상대성을 배제한 채 스스로를 중심으로 주변을 타자화하는 과정에서 강자와 약자로서의 불평등이 생겨나는데, 가부장 질서는 남성주의적 지배 권력을 중심으로 여성을 타자화시킴으로써 그 영향력을 행사한다. 역사 속에서, 그리고 우리의 삶 속에서 이웃을 미워해야 하는 이유로, 때로는 결코 용납해서는 안 되는 악으로 간주되고 있다. 민족간 분쟁과 종교간 계급간 갈등이 끊이지 않는 오늘날의 세계는 '다른 것the other'/'이질적인 것alterity'에 대한 배제가 얼마나 근원적인 죄로서 작용하고 있는지를 증거하고 있다.

86 '차이difference'란 사물을 서로 구별 짓는 다른 점. 어떤 사물이 다른 사물과 직접 공통되는 성질이 있고 없는 것에 관계없이 그 한 사물의 특징을 이루는 독자적인 성질을 말한다. 동일한 유類 개념에 속하는 여러 개념에서의 종차種差도 차이에 속한다. 차이는 단지 사물의 다름을 가리키는 말이지만 일정한 조건 하에서 그것은 대립·모순으로 변한다. 예를 들면 이층 주택과 고층 빌딩은 그것만으로는 차이를 이루지만 낮은 주택의 남쪽 가까이에 고층 빌딩을 세운다면 일조권 등을 둘러싸고 둘 사이에 대립·모순이 출현할 수도 있는 것이다.

87 소수자들은 신체적으로나 문화적으로 다른 집단과 구별되는 뚜렷한 차이가 있거나 차이가 있다.

88 소수자들은 정치, 경제, 사회적 측면에서 권력의 열세에 놓여 있거나 여러 자원을 동원하는 능력이 떨어진다.

89 소수자들은 단지 특정 집단의 성원이라는 이유만으로 사회적 차별의 대상이 된다.

90 개인들이 차별받는 집단에 속해 있음을 인식할 때 비로소 소수자가 된다.

가 감소되고 사적인 영역으로 여성들의 활동 범위를 제한시키는 현실을 다문화교육이 외면해서는 안 된다.

오늘날 흑인 여성들은 이중적으로 억압받고 있다. 그들은 크게 성 역할 차별뿐만 아니라 인종차별까지도 받고 있다. 그래서 다문화 사회 속에 살고 있는 여성의 참정권 배제, 관공서의 선거에 입후보하는 피후보권 자격 배제, 남자와 같은 기간에 일하는 여성의 일자리 지원 배제, 그리고 의사결정을 함께하는 분담자로서 여성의 참여적 시민권이 박탈되었다. 그러기에 '남성들의 이미지에서 만들어진' 시민권은 교정되어야 한다. 미국 백인 문화는 흑인들의 자연적 용모에 대해 그 나름대로 인정하지 않고 그들이 백인들과 같이 직모, 밝은 갈색 피부, 마른 신체를 가질 때만이 칭찬하는 것이 현실이다. 이렇게 페미니즘은 남성 중심의 정치와 정치이론을 비판하면서 아동, 노인, 병자, 가사노동의 돌봄을 위해 부적절한 책임을 지고 있는 많은 여성들이 직면한 삶의 현실을 직시해야 한다. 다문화주의는 남성 중심의 정의(공정성) 문화에서 배제된 여성의 배려(돌봄) 문화를 소중하게 다룬다.

다문화교육의 등장

문화적 다양성에 대한 초기의 접근법은 동화 또는 '용광로'(소수 문화의 백인 주류 문화로의 동화)로 설명되었는데, 이들 이론의 부적절함은 곧 드러났다. 그래서 이후 민권운동, 여성해방운동, 베트남 반전운동 등과 더불어 새로운 다문화주의 이론이 등장하였다. 이런 불편한 문제에 대한 해결을 모색하는 과정에서 등장한 것이 다문화교육 이론이다. 처음에 실용적 대응을 위해 다문화에 대한 논의가 일어났지만, 이후 다문화주의, 나아가 다문화교육의 개념에 대해 철학적으로 관심을 기울이게 되었으며, 이와 관련된 사회적, 정치적 문제를 탐구하기 시작하였다. 처음에 이 문제는 학교 내의 인종차별주의와 관계되었으나, 점점 성차별, 계층간의 차별, 장애에 대한 차별, 게이와 레즈비언에 대한 차별로 확대되었다. 오늘날 터번과 히잡, 할례/음핵절제 문제, 차도르, 인도의 순사sati와 같은 개인의 선택과 권리/자율성과 차별 반대, 소집단의 전통과 관행, 집단의 복지와 문화적 통일성 문제, 루시다 사건("악마의 시")과 같은 표현의 자유와 소수집단 문화의 존중 등이 제기됨으로써 다문화주의를 둘러싼 논쟁은 끝이 없다.

이러한 까다로운 문제들에 대한 교육적 대처로서 다문화교육이 발달되었다. 다문화교육 정책은 다음과 같은 문제로 논란과 쟁점이 일어났다.

① 학교는 소수 인종의 아이들이 사용하는 다양한 모국어를 어떻게 사용할 것인가?
② 아이들과 가족들이 경험하는 인종차별 및 기타 형태의 차별과 불이익에 대해 학교가 어떻게 반응해야 하는가?
③ 서구 국가들에서는 종교적 다양성이 점차 증가하고 있는데 과연 학교에서는 종교에 대해 가르쳐야 하는가?
④ 가르쳐야 한다면 어떤 방식으로 가르쳐야 하는가?
⑤ 어떻게 학교가 소수 인종의 아이들이 교과과정과 일반 학교 운영에서 무시되지 않는 문화를 보장할 것인가?
⑥ 학교는 어떻게 소수 인종의 구체적인 요구에 반응해야 하는가?

다문화교육의 이념적 변화

지난 30~40년간 서양 국가들 내에서는 문화적·인종적 다양성이 증가함으로 인해 수많은 실천적인 교육의 문제들이 대두되었다. 다문화교육은 바로 이런 문제들에 대한 실용적인 반응으로서 처음 발생하였다. 이후 학자들은 다문화교육의 개념에 대하여 철학적으로 관심을 기울이게 되었고, 다문화교육과 관련된 사회적·정치적 문제들을 전적으로 탐구하기 시작했으며, 최근의 문화 이론과도 연결하여 고찰하기 시작하였다. 그 결과 더욱 체계화된 다문화교육의 이론이 발달하게 되었다.

많은 경우 다문화교육은 일반적으로 문화적 차이를 존중하지만, 기본적으로 자국의 문화와 가치를 중시하는 '동화주의적' 관점을 벗어나지 못하는 한계를 보이고 있다.[91] 자국 문화에 적응하는 공통의 정체성을 형성하는 동화 또는 통합 교육의 관점이 중심을 이룸으로써 다문화교육에 내재되어 있는 다양한 쟁점을 경시하는 경향을 보였다.

그래서 오늘날은 동화주의assimilationism에서 화합주의integrationism 그리고 문화다원주의cultural pluralism로 발전하고 있다. 최근에는 비판적 다문화주의의 하나로 '반인종적 다문화주의anti-racial multicuralism'가 등장하고 있다. 다문화교육은 1960년대와 1970년대 소수 인종 집단의 권리 추구 운동, 국가 간 이주의 증가, 국경의 강화, 그리고 국민/민족국가 수의 증가로 인해 세계화 시대의 다양성 및 시민교육과 관련된 사회적 불평등에 대한 시민권 운동의 산물이다.Banks, 2008나: 95-97, 129-131 미국의 경우 다문화교육은 1960년대 민권운동, 즉 주거, 버스 통학, 열차나 비행기의 좌석, 투표, 고용과 교육 등에서 인종적 차별을 없애기 위한 투쟁으로부터, 그 긴장과 비전으로부터 나온 것이다. 따라서 다문화주의 등장으로 인해 발생된 다양성의 가치는 동화주의와의 논쟁을 불러일으켰다.

다문화교육의 여러 목적

30년 전에 다문화교육에 대한 일관된 접근법을 만드는 데 있어 정책

91 '국민국가'는 근대 이후 현재까지 지속되고 있는 국가의 형태다. 여기에서 국민은 역사적, 문화적 차원에서의 국가를 의미한다.

과 실천의 근거가 될 만한 이론적 토대가 적절치 못하다는 문제가 제기되었다. 다문화교육은 원래 학교 내의 인종차별주의와 관계되었으나, 점점 성차별, 계층 간의 차별, 장애에 대한 차별주의로 확산되어갔다. 다문화교육은 자유, 정의, 평등, 형평성, 인간 존엄성이라는 이상 위에 세워진 철학적 개념이다. 다문화교육은 대체로 다른 문화를 맹목적으로 추종하는 것이 아니라, 자신의 전통문화에 기반을 두고 있다. 즉 다른 문화에 무조건적으로 동화되는 것이 아니라, 자신의 문화적 정체성을 구성하고 다른 문화를 편견과 고정관념 없이 받아들이도록 하는 교육이다.

다문화주의에 따른 다문화교육은 다양한 형태로 구현되었다. 패이Y. Pai는 다문화교육의 목적을 다음과 같이 제시하고 있다.Pai, 1990: 110

① 문화적 다양성의 가치를 존중하고 소중하게 여기는 태도를 함양한다.
② 개별 인간의 내재적 가치에 대한 신뢰를 촉진하고 더 넓은 사회의 복리에 대한 관심을 보인다.
③ 문화적으로 다양한 배경에 효과적으로 기능하는 다문화적 능력을 개발한다.
④ 종족, 인종, 성, 연령, 기타 장애에도 불구하고 모든 사람을 위한 교육적 평등을 촉진한다.

그리고 뱅스Banks는 다문화교육의 목적을 다음과 같이 제시한다.Banks, 2008가: 2-8

① 개인들로 하여금 다른 문화의 관점을 통해 자신의 문화를 바로 보게 함으로써 자기 이해를 증진시킨다.
② 학생들에게 문화적·민족적·언어적 대안들을 가르친다.
③ 모든 학생이 자문화, 주류 문화, 그리고 타문화가 공존하는 다문화 사회에서 요구되는 지식과 기능, 태도를 습득하도록 한다.

④ 소수 인종, 민족 집단이 그들의 인종적, 신체적, 문화적 특성 때문에 겪는 고통과 차별을 감소시킨다.

⑤ 학생들이 전지구적이고 평평한 테크놀로지 세계에서 살아가는 데 필요한 읽기, 쓰기, 그리고 수리적 능력을 습득하도록 돕는다.

⑥ 학생들이 자신이 속한 문화 공동체, 국가적 시민 공동체, 지역 문화, 그리고 전지구적 공동체에서 제 구실을 하는 데 필요한 지식, 태도, 그리고 기능을 다양한 인종, 문화, 언어, 종교 집단의 학생들이 습득하도록 도와준다.

그런데 오늘날 다문화주의는 사회정의, 민주주의, 인권 등의 논의에서 핵심적인 위치를 차지하고 있다. 그리고 다문화교육이라는 개념과 관련된 주요 문제들 중 하나는 그것이 정치적, 사회적, 도덕적, 교육적, 종교적인 다양한 분야의 문제들을 복합적으로 포함하고 있다는 점이다.

다문화교육과 인격교육의 통섭

다문화교육은 도덕교육의 주요한 주제인 '인격' 문제와 밀접한 연결을 갖고 있다. 인격은 행동하는 가치들로 구성된다. 인격의 발달은 가치가 덕이 되고, 개인의 실제 행동이 덕과 일치할 때 이루어지는 것이다. 인격은 '개인적 특성과 행동'에 초점을 두지만, 다문화교육은 '사회적 집단적인 것'을 강조한다. 다문화교육의 관점에서 볼 때 홀로 사적으로만 살아가는 개인이 아니기에 인격 발달은 개인적이 아닌 사회적 현상이라고 할 수 있다. 다문화교육이 인습이나 의식, 특정 종족의 인습 타파 등을 중시한다면 그것은 인격의 개념들과 대립될 수 있다.[92]

인격교육은 일반적 가치들, 즉 정직, 진실, 책임, 성실 등을 가르치는 것이다. 인격교육의 관점에서 볼 때 그런 가치들은 시간, 장소, 환경을 초월하여 보편적으로 수긍되는 것들이다. 인격 발달의 토대가 되는 도덕적 가치들은 객관적으로 인간의 본성과 경험에 근거하고 있다. 인격의 발달은 가치가 덕이 되고, 개인의 실제 행동이 덕과 일치할 때 이루어지는 것이다.

인격교육은 훌륭한 인격으로서 일반적으로 정직, 성실, 정중함, 공정성, 책임감, 신뢰감, 배려, 공평성, 열린 마음, 용기, 동정심 등을 중시한다. 반면 다문화교육은 그런 일반적 특성들을 인종적, 문화적 다양성의 맥락 안에 적용하면서 인격을 각 사회의 사회문화적·정치적·철학적 특성에 맞추려고 노력한다. 다양한 인종과 문화의 집단들과 관계를 맺으며 상호작용하며, 평등을 추구하기 위하여 지식, 태도, 가치, 기술을 발달시키는 것은 문화다원주의 사회에서 시민으로 살아가기 위해 필요한 인격 발달이다.[Gay, 1999: 184] 다문화교육은 정치적, 경제적, 사회적, 도덕적, 교육적, 종교적인 다양한 분야의 문제들을 상당히 복합적으로 포괄하고 있다. 다문화교육의 가치 지향은 자유, 정의, 평등, 형평성, 인간 존엄성, 민주주의, 인권 등을 지향한다.

그러기에 인격교육이 만약 서구 문화에 기초한 보편적인 규범적 행동만을 가르친다고 한다면, 그것은 다문화교육의 관점에서 볼 때 '식민화'의 위험이 있다. 왜냐하면 다문화교육은 인격교육이 소중한 가치로 여기는 정직, 진실, 책임은 도대체 무엇에 관한 것이며, 언제 누구를 위하여 필요한 것인가라는 근본적 질문을 제기하기 때문이다. 다문화교육은 이런 일반화된 덕목들을 각 나라의 인종적, 문화적 다양성에 따른 사회정치적 문제에 결부시킨다. 다문화교육은 사회적·문화적·인종적·성적 불공평, 불의, 경멸, 차별 등 때문에 어떤 집단에 대하여 그 가치들을 부인하는 현실을 문제 삼는다. 다문화교육은 차별이 근절되어야 하며, 사회의 구조 속에 뿌리박혀 있는 특권들이 인종과 문화

92 다른 한편으로 다문화교육은 보수적 학자들과 집단들로부터 자주 비판을 받고 있다. 다문화교육의 의미를 둘러싼 혼동의 일부는 신보수주의 학자들이 다문화교육을 서구 문화에 반하는 운동, 반反백인, 함축적으로 반미反美로 묘사하고 있다는 것이다.[Banks, 2008가: 65-66] 대중신문들은 종종 흑인의 관점을 교육과정에 융합하려는 움직임을 '흑인 중심적인Afro-centric' 것이라고 칭하고 백인과 서구 문명을 배척하는 교육을 의미하는 것으로 정의하고 있다.

를 초월하여 균등하게 적용되어야 한다는 것이다. 문화적 갈등을 해결하는 일, 권력과 자원을 공유하는 일, 권리·특권·책임 사이의 균형을 잡는 일을 해야 한다.

그렇지만 가치들이 적용되는 척도와 지역을 감안할 때 어떤 가치들의 보편성을 주장한다는 점에서 다문화교육은 인격교육과 공통점을 가질 수 있다.Gay, 1999: 182-183 인격 발달과 문화적 다양성 수용은 교수·학습의 모든 과정에서 본질적 요소이다. 문화의 다양성은 인간 삶의 모든 영역에, 개인의 정체성 그리고 사회정치적 삶 속에 뿌리박혀 있기 때문에 그것을 이해하지 않고서는 개인과 사회를 이해할 수 없다. 문화의 다양성을 무시하고서는 개인적 및 사회적 수준에서 참된 인격 발달을 도모할 수 없다. 그래서 다문화교육에서는 인종적으로나 민족적으로 또는 문화적으로 다양한 세상에서 질 높은 삶을 누리기 위해 필요한 지식·가치·기술 등을 학생들에게 가르칠 필요가 있다. 이주민과 내국인이 견해와 취향이 아주 다름에도 불구하고, 시민적, 정치적, 사회적 권리에 상응하는 모든 시민에게 부여되는 공통의 의무나 덕목의 교육이 필요하다. 시민으로서의 법을 지킬 의무, 시민으로서의 미덕이라 할 수 있는 정직함, 예의범절, 자존감과 같은 책임은 국가 구성원으로서 모두가 져야 하는 과제이다.

그러기에 다문화교육과 인격교육 간의 공통점들을 추출한다면 갈등적이지 않고 오히려 상호 보완적일 수 있다. 습관화된 도덕·윤리적 행위를 하고, 올바른 일을 행하고, 진실을 말하고, 타인들을 배려하고, 개혁적 사회 행동에 참가하는 활동 등은 인격교육과 다문화교육이 공동으로 관심을 갖는 주제들일 수 있다. 인간 존엄성이나 인권 등의 주제는 인종, 계층, 민족, 성, 국적, 언어 등에 관계없이 차별하지 않고 존중하여 주어져야 하는 개인과 사회정치적 구조 등에 기대되는 가치들이다. 다만 이 가치들이 가동되는 장소, 특수성의 정도, 관심 집단 등에서만 차이가 있을 수 있다. 인격교육의 관심이 모든 상황에서 적용되는 존중·정의·평등의 원리가 중심에 있다면, 다문화교육의 관심은 민족적으로·문화적으로 다양한 구체적 상황, 문제, 관계에서 정중하고, 정의롭고, 공평한 행동을 개발하는 일에 더 기울어져 있다.Gay, 1999: 195 예컨대 인격교육은 구체적 사건들을 염두에 두지 않고 어떤 형태로든 어떤 장소에서든 누르는 것에 반대하는 사람을 두고 평등의식이 있는 사람이라고 생각할 수 있다. 그러나 다문화교육은 고용과 교육 등에서 인종차별을 하는 것에 대하여 저항하는 사려 깊은 행동을 평등의식의 행동적 표현이라고 생각할 수 있다.

그리고 사람이 사는 어느 곳에도 도덕 요소를 빼버리면 인생의 핵심도, 그리고 학문이나 교과도 모두 무너질 것이다. 선이 악을 이기고, 정의가 사익을, 정직이 거짓을, 존경의 태도가 무례한 마음을, 동정심이 냉담한 마음을, 자비심이 이기심을 이기도록 하기 위한 방법들을 끊임없이 추구하는 활동을 해야 한다. 그러기에 다문화교육은 새로운 휴머니즘/휴머니티를 발견하는 방향으로 나아가도록 해야 한다. 다문화교육은 모든 것에 대한 책임, 개개인에 대한 존중, 개개인을 위한 공정성, 모든 사람의 이익을 존중한다. 그러기에 공통된 인간성 및 문화적 상대주의 개념에 대한 함의를 숙고할 필요가 있다.

다문화적 시민교육의 탄생

외부적으로는 다문화주의를 표방하고 있음에도 여전히 현실에서는 '동화주의(同化主義, assimilationism)'[93]가 지배적이다. 문화적 다양성에 대한 접근법은 '섞어놓은 샐러드', '모자이크', '무지개 연합' 등으로 발전되었다. 다문화교육은 일반적으로 문화적 차이를 존중하지만, 기본적으로 자국의 문화와 가치를 중시하는 동화주의 관점을 벗어나지 못하는 한계를 보였다. 자국 문화에 적응하는 공통의 정체성을 형성하는 동화 내지는 주류 문화로 통합되는 교육의 관점이 중심을 이룸으로써 다문화교육에 내재된 다양한 논란을 무시하는 경향을 보였다. 그래서 동화

1950-1965	1965-1974	1974-1985	1970년대-1990년대	2000-
동화	화합/통합	다문화주의	반인종주의	시민권/시민성

영국의 다문화 교육정책 변화Race, 2007

주의 → 통합주의/화합주의 → 문화다원주의 → 반인종주의 → 시티즌십citizenship으로 발전해갔다.Race, 2011

다문화교육은 글로벌시민을 길러내는 '다문화적 시민교육'의 탄생을 가져왔다. '다문화적 시티즌십을 위한 교육'은 '다문화적 식견/소양'[94]과 '다문화적 시민성'[95]을 함양하는 데 목표를 두어야 한다. '민주적 시민권'은 국민국가의 다양한 집단들이 인권과 정의를 심화하고 확장하는 행동에 참여할 수 있을 때 확보가 가능하다. 다문화적 시민교육은 국가주의, 인종주의, 성차별주의, 계급주의와 같은 반反다문화주의에 대한 부정의를 자각하고 그것에 대결하는 '민주적 시티즌십을 위한 교육'의 목표와 맞물려 있다. 그리고 서로 이념을 달리하는 다원주의 사회이지만, 차이를 인정하면서 폭력(구조적, 문화적, 생태적 폭력 등)을 평화로운 공존(문화적 다양성, 평등, 정의 등)으로 이동시키는 '다문화적 평화교육'은 자아의 혁신, 학교교육의 혁신, 그리고 사회의 혁신을 동시에 요구하고 있다.Shireen, 2007

다문화적 소양과 시민성의 형성은 지구적 사회에서 정의롭고 평화로운 민주적 시민사회를 건설하는 데 있다. 다문화적 시민은 더 인간적인 세계를 만들기 위해 공동체와 국가 안에서 행동해야 한다. 따라서 다문화적 시민교육은 다문화 사회에서 촉발될 수 있는 불균형, 부정의 등을

93 동화주의를 은유하는 말로 "용광로"라는 말은 전통적인 민족국가/국민국가 시대의 지배 논리이다. '국민국가'는 근대 이후 현재까지 지속되고 있는 국가의 형태다. 여기에서 국민은 역사적, 문화적 차원에서의 국가를 의미한다.

94 다문화적 소양은 다문화 사회에서 필요한 민주적 가치와 태도, 지식, 기능 등을 포괄적으로 함축하는 용어이다.

95 다문화적 시민성은 21세기에 요구되는 시민성으로서 종족, 문화적 공동체와 국가·시민 문화 양자를 모두 실행하는 것이 시민의 요구이며 권리라는 것을 정당화하고 인식하게 해준다.Kymlicka, 1995

개선할 수 있는 책임감 있는 시민 기르기로 정의할 수 있다. 다문화적 시민교육은 교육을 통해 지금의 현실에 문제 제기를 하고 바람직한 시민사회를 만들어나가기 위한 적극적 시민을 양성하는 데 있다.[이민경, 2013: 131] 따라서 다문화적 시민교육은 학생들이 세계를 변화시키기 위해 행동하는 방법을 배우도록 지원해야 한다.[Banks, 2008나: 53] 다문화적 시민교육은 학생들이 문화, 종족 공동체에 대한 유대를 유지하도록 지원해야 하며, 동시에 더 넓은 시민문화와 공동체에 참여하기 위해 지식과 기능을 쌓도록 도와주어야 한다.[Banks, 2008나: 50] 다문화적 시민교육은 학생들이 생산적인 노동력을 제공할 수 있는 소양과 분별력을 지닌 시민이 되도록 고취해야 할 뿐만 아니라, 공동체에서 다른 사람들을 배려하도록 가르치는 것이어야 하며, 인간적이고 공정한 사회를 만들기 위한 개인적, 사회적, 시민적 행동을 하는 시민이 되도록 하는 것이어야 한다.[Banks, 2008나: 36]

또한 다문화적 시민교육은 학생들이 세계를 정의롭게 변화시키기 위한 행동의 서약을 개발하도록 해야 한다. 다문화적 시민교육은 교사와 학교가 학생들로 하여금 민주주의 이상을 내면화하게끔 민주주의를 실천하도록 한다. 학생들이 민주적 태도를 함양하고 민주주의 실천 방식을 배우기 위해서는 학교와 학급이 민주주의의 축소판이자 본보기가 되어야 한다. 민주주의란 정치적 민주주의와 경제적 민주주의에 더하여 문화적 민주주의도 포함한다. 특히 다문화적 시민교육은 피부색, 소득계층, 성, 종족, 소수집단들의 문화를 포괄하는 '문화민주주의'를 중시한다. 문화적 민주주의란 학생들이 그들의 문화적 정체성을 표현하고 소속 집단의 언어를 학교에서 구사할 수 있는 권리가 있음을 의미한다.[Banks, 2008가: 36]

인종적, 민족적, 문화적으로 다양한 사람들에 대하여 공평하게 행동하며 도덕적 행동에서 인간의 존엄성, 공평성, 사회정의, 민주주의, 다양성, 정체성, 세계시민주의, 관용, 인권 등의 가치를 중시한다. 다문화적 시민교육의 궁극적 목적은 만인이 문화적 다양성을 순수하게 받아들이고, 그것을 각자 일상생활 속의 지적, 개인적, 사회적, 정치적 행동과 통합하도록 하는 것이다. 다문화적 시민교육은 주류 학생들을 포함한 모든 학생들이 다양한 종족, 인종, 문화 집단 출신의 사람들과 적극적으로 상호작용하고, 그들의 공동체와 국가 그리고 세계를 도덕적이고 민주적이며 동등한 기회가 보장되도록 만드는 데 필요한 지식, 가치, 기능을 습득하도록 지원하는 것이어야 한다.[Banks, 2008나: 18-21]

다문화적 시민교육은 모든 학생들이 다문화 사회에서 책임 있는 시민으로 살아가도록 사회를 이용할 수 있게 하는 태도, 지식, 기능을 가지게 하는 것을 목표로 한다. 이러한 목표를 가진 다문화교육이라는 관점에서 볼 때 다문화주의에 내재한 다양한 쟁점 논의를 통해 새로운 관점과 방향을 모색할 필요가 있다. 다문화적 시민교육에서는 학생들이 다양성에 관한 지식을 습득하고 존경과 소중함을 배워야 한다. 타인에 대해 배려할 줄 아는 교양 있는 시민이 되기 위해 모든 학생은 각 민족 집단들이 안고 있는 문제와 그들의 공헌 등에 대해 학습해야 한다.

이제 새로운 세기를 맞이한 다문화적 시민교육은 동화주의적 시민교육으로부터 벗어나야 한다. 동화주의적 시민교육은 인종주의와 사회경제적 불평등 문제로부터 파생된 것이기에 오늘날 글로벌 세계를 맞이하여 갈등, 긴장, 분쟁을 다룰 수 있는 시민교육으로 변화되어야 한다. 희생되고 주변화되는 사람들로서의 강요된 하나가 아니라 다수로부터 진정한 '하나unum'를 구축할 수 있는 시민교육으로 전환해야 한다.[Banks, 2008: 22-27] 지구화 혹은 다문화 사회에서의 세계시민성은 단순히 세계시민으로서의 권리를 넘어 사회적 구조를 변화시키는 실천적 행동을 포함하는 더욱 적극적인 시민성을 의미한다.[이민경, 2013: 121] 국민국가의 다양한 인종, 종족, 문화, 사회계층, 성별 집단들이 그것의 구성과 재구성에 전적으로 참여하고, 그것의 목적과 목표 그리고 가치를 결정하는 데 기여할 때에야 민주적이고 다원적인 사회에서 실질적으로 정당화될 수 있다.

오늘날 다문화적 시민교육의 영역은 세계 교육, 국제 이해 교육, 민족교육, 평화교육, 시민교육, 인격교육, 인권교육, 페미니즘 교육, 반편견 교육 등과 연계되어 확장되고 있다.

한국 다문화주의 교육정책의 방향

기존의 다문화교육은 주류 문화로의 동화 내지 통합을 암암리에 관철하고 있다는 비판이 제기되고 있다. 겉으로는 다문화주의를 표방하고 있지만 많은 나라의 현실에서는 여전히 '동화주의' 정책이 지배적이다. 이런 문제의식은 '비판적 다문화교육critical multicultural education'의 관점을 등장시켰다. 비판적 다문화교육은 신자유주의적 세계화에 저항하는 다문화주의여야 한다.[박류용, 2012: 101] 비판적 다문화교육은 한 문화의 가치의 내부적 일관성과 작용하는 다양한 합리성과 일상의 행동들이 인정되는 방식에 대한 감수성을 요구한다.[Halstead, 2009: 147-148] 비판적 다문화교육은 전승된 편견과 편협한 감정과 정서로부터의 자유뿐만 아니라, 다른 문화와 관점들을 탐구하려는 자유, 이용 가능하고 실천적인 대안들을 충분히 지각해서 선택하는 자유 속에서의 교육을 중시한다. 만약 교육이 호기심과 자기비판, 성찰의 능력, 독립적인 판단을 형성할 수 있는 능력, 감수성, 지적인 겸손, 타인에 대한 존중과 같은 인간의 기본적인 능력의 배양과 관련되어 있다면, 그리고 인류의 위대한 업적에 학생들의 마음이 열리도록 하는 것이라면, 그것은 반드시 다문화주의를 지향해야 한다. 이러한 이념을 지향하는 비판적 다문화교육은 오늘날 학생들의 교육에 중대한 변화를 추구하는 하나의 '학교혁신 운동'으로 발전하고 있다. 한국 사회의 다문화교육은 매우 모호하고 추상적으로 사용되어왔기에 근거하여 다음과 같은 방향으로 다문화교육의 정책이 시행되어야 한다.

1) 먼저 다문화주의 담론의 범주 확산과 수준 제고가 필요하다. 문화적 차별은 단지 인종, 민족의 차이에만 기반을 두는 것이 아니라 성적

취향, 신체적 자아, 소득의 차이 등에서도 기인할 수 있다. 문화적 소수자가 경제적 소수자, 정치적 소수자, 신체적 소수자 등으로 전이되어 나타나는 경향이 있다. 그러기에 시민이 주도하는 다문화주의 확산이 필요하다. 한국과 같이 폐쇄적 국가주의의 전통이 강한 사회에서 국가 주도의 다문화주의가 계속 추진된다면 결국 다수의 전제 가능성, 사회적 소수 의견에 대한 억압 가능성의 문제가 발생할 수 있다. 따라서 국가에 의한 국익 우선의 다문화주의를 지향하고, 사회적 소수자 인권을 보호하기 위해서는 소수자(화교, 이주 노동자, 결혼 이민자, 혼혈인 등) 및 시민사회가 주체로 인정된 균형잡힌 다문화주의가 되어야 한다.

2) 성찰적이고 균형적인 다문화주의 담론이 필요하다. 민족주의는 한국인이 오랫동안 견지해온 것이다. 이것이 폐쇄적 형태로 발휘되면, 극단적인 특수주의로 가는 것이다. 그래서 '성찰적 민족주의'가 필요하다. 반면 국가와 민족을 초월한 다문화주의는 극단적인 보편주의 양상을 띠게 된다. 그것은 사실상 '세계시민주의/사해동포주의'에 다름 아니다. 따라서 보편주의와 특수주의가 결합된 다문화교육이 되어야 한다.

3) 다문화교육의 장애물은 사회적·경제적 불평등, 격차, 양극화 문제를 원만하게 해결하느냐의 여부에 달려 있다.Carnoy, 2009: 512-525 인종적·문화적 취향의 본질, 문화적 정체성의 개념, 그리고 문화, 권력, 불평등의 연관성이라는 문제들을 포함하는 문화정치학적 접근을 시도할 필요가 있다. 다양한 생활방식과 언어 양식, 종교적 관습들과 가족 구조의 평화로운 공존이라는 말은 사실 집단 간의 매우 심각한 사회경제적, 정치적 불평등을 가리고 있다.

4) 부모와 자식의 문화적 갈등이 존재한다. 문화적 일관성을 보존하려는 부모와 문화적 속박을 벗어나 스스로 결정할 권리를 가져야 한다는 자녀 사이에 갈등이 노정되고 있다. 그것은 곧 가정 문화(다양성)와 학교 문화(공교육=통일성) 사이에 문화적 차이가 발생하고 있음을 말해준다. 자녀를 자신들의 고유한 문화와 종교 속에서 양육하려는 부모의 권리와, 부모의 문화적 배경의 속박으로부터 벗어나려는 아이의 권리

사이에는 분명히 잠재적인 갈등이 존재한다. 아이들은 자신들의 교육에서 문화적 일관성을 스스로 결정할 권리를 갖는다는 주장을 편다. 이렇게 다문화 가정의 아이들이 자신들의 문화유산을 상실하게 될 위험이 있더라도, 학교는 모든 아이에게 자율적인 개개인으로 성장하도록 격려해야 할 의무가 있다고 방침을 정할 때 문제가 발생한다. 가정과 학교의 문화적 가치 사이에는 일정한 연속성이 존재해야 하기에 모종의 대안적 방안이 모색되어야 한다. 이것은 문화의 보편주의와 특수주의가 맞물린 문제이다.

5) 우리의 다문화주의는 어느 정도 '국가의 경계'를 필요로 한다. 우리는 성찰적 민족주의와 국가를 활용하는 다문화주의를 가질 필요가 있다. 즉, 극단적인 특수주의와 보편주의를 모두 피해야 한다. 다양성 없는 단일성은 억압을 낳고, 단일성 없는 다양성은 국민국가의 분열이나 붕괴를 가져올 수 있다. 다양성과 단일성은 민주적인 다문화 사회에서 정교하게 균형을 이루며 공존해야 한다. 민주주의 사회에서 개인이 누리는 자유와 평등, 기회 균등의 원리 등을 각각의 문화 집단에 적용하고, 각 집단들은 민주주의 원리를 실천함으로써 사회의 통합과 발전에 기여할 수 있을 것이다. 다수와 소수, 주류와 비주류가 수, 기득권, 영향력 등으로 대면하는 것이 아니라, 민주적 절차에 의해 소통하게 됨으로써 형식적 차원과 실질적 차원의 형평성을 모두 추구할 수 있을 것이다.

6) 한국 다문화주의는 단일문화주의에 대한 기억과 미련이 남아 있어 한국인의 강한 집단주의 등을 보여주고 있다. 또 한편으로는 문화적 우월주의, 과도한 민족주의, 문명적 차별의식이 잔존하고 있다. 그리하여 다문화주의와 자민족 중심주의가 어중간하게 공존하는 과도기적 상황에 놓여 있다. 게다가 급속한 저출산과 고령화의 영향으로 해외 이주민이 대량 유입되면서 관주도형 다문화주의 정책이 전개되고 있다. 마치 압축적 근대화와 함께 압축적 민주화 과정이 진행되었듯이 '압축적 다문화 현상'이 벌어지고 있다. 그래서 여전히 이민자 중심의 좁은 범주의 다문화주의 패러다임을 벗어나지 못하고 있다. 이런 이유로 특히 동

성애자, 장애인, 빈곤층, 새터민 등에 대한 관심은 매우 열악한 실정이다. 이런 문제의 해결은 문화의 문제인 동시에 정치경제적 문제로 봐야 한다. 그러기에 다문화교육을 '문화주의'로 협소하게 제한해서는 안 되며, 이는 문화정치학이나 정치경제학 접근과 함께 해결하여야 하는 통섭적 과제라고 할 수 있다.

7) 한국 사회에서 다문화의 의미는 '탈근대' '탈분단'의 과제와 깊이 연결되어 있다. 특히 '한민족 다문화'에 주목할 필요가 있다. 한국 사람들이 아류 제국주의적 사고 또는 황색 우월주의에 서서 같은 식민지적 경험을 나눴던 동포 이주민들을 차별하고 배제하는 왜곡된 현실을 극복해야 한다. 그렇게 할 때 국민국가의 틀을 넘어 더 넓은 범위의 '다민족 다문화'도 가능할 수 있다. 이런 점에서 우리 문화의 태도, 의식 전반에 걸친 '탈식민화'를 위한 세척 과정이 요청된다. 바로 이 지점에서 제국주의를 벗어던지지 못하는 유럽 다문화주의와 다른 '새로운 다문화주의'가 나타날 수 있다. 곧 스스로를 문명의 중심이라는 인식을 깔고 있는 보편주의적 우위성을 강조하는 유럽 다문화주의와 달리 우리나라는 식민주의적 경험에 대한 천착으로부터 나온 다문화주의이기에 공존과 공생의 가치에 더 많은 가치를 부여해야 한다.

8) 우리나라는 분단국가이기에 통일과 관련한 다문화교육 정책이 필요하다. 한편으로는 북한과 서로 다른 차이를 인정하고 평화 공존하면서 통일을 모색해야 하고, 다른 한편으로는 남한 사회 내에서 분열되어 있는 다민족 한국인들의 사회 통합을 도모해야 한다는 이중적 과제를 안고 있다고 할 수 있다.

다문화교육의 한국적 과제

1. 다양성을 강조하는 다문화교육은 어떻게 주류 문화와 공존할 수 있는가?
2. 다문화교육은 사회·경제적 불평등 문제를 어떻게 해결하는가?

16장
민주적 시티즌십을 위한 시민교육

> 민주주의는 특정한 통치 형태 이상을 의미하는 말로서
> 함께하는 삶의 양식, 타인과의 유기적인 의사소통의 경험을 뜻한다.
> 교육은 사회적 과정이요, 또 사회는 종류가 다양하기 때문에 교육을 비판하거나
> 건설하는 기준에는 그 특정한 사회의 이상이 무엇인가 하는 것이 반드시 문제가 된다.
> 그러기에 한 사회가 대내적으로나 대외적으로 자유로운 상호작용과 경험의
> 자유로운 교류를 차단하고 있다면, 그것은 바람직하지 않은 사회이다.
>
> 존 듀이, 『민주주의와 교육』(1916)

시민교육의 필요성

'시민citizen'의 개념은 고대 그리스로부터 근원을 두고 있지만, 1980년 이래 '시민사회civil society'가 또다시 많은 사람들의 관심을 끌면서 그것의 현대적 재발견이 시도되고 있다. 이러한 재발견과 함께 시민사회 논의의 급속한 발전은 다음과 같은 정치적·사회적 맥락이 크게 작용하였으며, 또한 이와 관련하여 교육적 맥락에서 많은 논의가 이루어지고 있다.

첫째, 1970년 중반부터 1980년대 말까지 세계 곳곳에서 계속된 정치민주화의 물결이 있었다. 제3의 민주화 물결이라고 불리는 이 흐름은 최종적으로 동유럽 공산주의 체제의 붕괴로 정점을 이루었다. 1980년대에 구소련과 동유럽의 공산주의 사회에서 민주화 운동을 주도했던 반체제 지식인들은 19세기 이래 그동안 묻혀 있었던 서구의 시민사회 논의를 재발견하였다.

둘째, 그동안 선진 민주주의를 이룬 서구 사회가 시민사회의 활성화를 위해 시민의 참여민주주의를 더욱 요청하였다. 다수결 원리와 정당정치의 한계를 보완하고자 하였고, 이익집단 정치를 넘어 공공선을 확대하기 위해 기존의 제도 정치만으로 불충분하여 시민 자신이 정치의

한 주체로 직접 참여하기 시작하였다. 그것의 한 방안으로 참여민주주의에 대한 새로운 기제로서 협치(協治/共治, governance)[96] 방식이 제시되었다.

셋째, 국가와 시장의 실패 조짐이 보이자, 그것의 대안으로 시민사회(공적 영역+사적 영역)에 대한 관심이 높아졌다. 오늘날 국가와 시장의 실패를 견제하고 감독하는 제3의 대안으로 시민사회와 시민권/시민성 개념이 제시되었다. 이를 위해 제3의 영역, 비정부기구, 비영리기구 등 다양한 이름으로 불리는 자발적 결사체association를 필요로 하였다. 그리고 이에 상응하는 사회적 자본이나 시민성/시민적 교양/예의civility가 국가나 시장의 폭력을 극복할 수 있는 새로운 시민적 덕성으로 제시되었다.

우리나라는 역사적으로 일제 식민지 지배, 오랜 냉전적 억압과 군사독재로 인하여 시민의 사회 참여, 정치 참여의 기회가 극도로 제한을 받아왔다. 그로 인해 국민들은 신민적 태도를 내면화해왔기에 순응적인 태도를 보였다. 국민윤리 교육, 국민정신 교육, 이데올로기 교육, 사회정화 교육, 반공안보 교육 등 다양한 이름의 길들이기 교육을 받았다. 그러던 것이 1987년 6월 민주화 항쟁으로 교육 민주화에 대한 요구

	국가	시장	시민사회
중세 시대	강력한 봉건권력	태동기	억압
계몽주의 시대	왕권의 강화	도시 영역의 등장	부르주아 가정의 분화
산업혁명 시대	봉건국가 약화	사회집단 투쟁의 강화	여성 권리 의식 강화
반反식민투쟁 시대	민족주의 국가의 장악	시민사회의 결여	국가 통제의 유지
세계화 시대	국가 약화	시장의 강화, 공적 영역의 분절화	국가/시장 공세의 강화
반反세계화 시대	복지국가 강화	시장의 약화, 공적 영역의 확대	참여적 시민의 확장, 자발적 시민사회의 강화

국가와 시장 그리고 시민사회의 관계 변화

96 '거버넌스'는 정부에 의한 일방적인 통치와 구분되는 민관 협치 또한 민관 공치이다. 민과 관이 함께 공공의 사안을 협의·결정·실행하는 새로운 정치의 방식이다. 이러한 정치 양식이 제대로 작동하려면 무엇보다도 사회의 공공 의제들에 대해 시민들 자신이 높은 관심과 책임 의식을 갖고 적극 참여해야 한다. 바로 이 지점에서 시민에 대한 관심이 전면에 부상하게 된다.

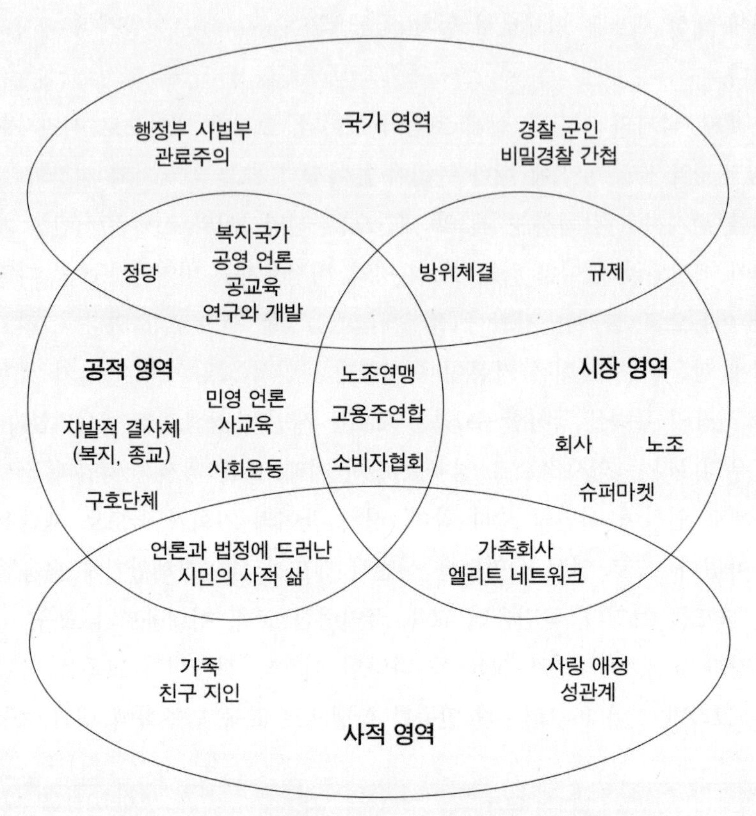

삼분 통제 모델(국가, 시장, 시민사회) Janoski, 1988: 13

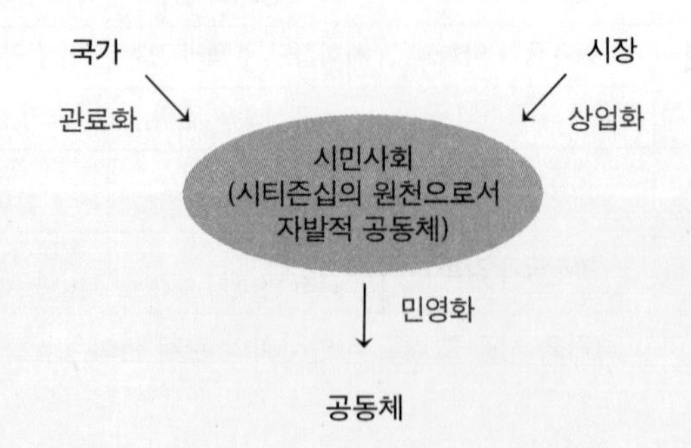

가 커지면서 체제 유지적 공민교육은 약화되거나 새로운 모습을 보이기 시작하였다.

오늘날 국가가 권위주의적으로 운영되고 신자유주의의 힘이 강화되면서 국가와 시장의 힘이 증대되었음에도 불구하고 그것을 감시하고 견제해야 할 시민사회(공적 영역, 자발적 결사체 등)의 힘이 위축되고 있다. 이와 동시에 개인주의적 풍토가 팽배해지면서 방관자적·소극적 시민이 증대함으로써 시민 참여 운동은 허약한 실정이다. 이러한 실정은 곧 민주주의 위기를 그대로 노정한다. '훌륭한 시민'은 공동체가 유지, 발전하는 데 무엇보다 중요한 요소이다. 특히 민주주의를 운영 원리로 삼고 있는 국가들에서 시민은 단순한 구성원 이상의 존재이다. 주권자로서 시민은 권력의 원천일 뿐만 아니라 권력을 감시, 통제하며 끊임없이 정치를 재구성하기 때문이다.

그런데 그동안 시민교육은 '민주적'이지 못했다. 말로만 민주시민교육이었지 실제 이전의 공민교육civic education이나 국민교육national education의 수준을 크게 벗어나지 못했다. 이 교육은 국민의 단합이나 국가에 대한 충성심을 함양하는 체제 내지 정권 유지 교육에 지나지 않았다. 국가에 의해 제공된 권리, 요구된 의무, 북돋워진 시민적 열망, 선한 시민의 개념 등 모든 것이 정권이 바뀌면서 변화하기 마련이다. 국가의 성격에 따라 시민이 누려야 할 권리와 시민이 져야 할 책임이 갈등하기도 한다. 국가가 탄생하면서 생물학적 또는 사회학적으로 주어진 시티즌십이 부여된 후부터 정치 공동체는 누가 그것을 갖고 누가 그것을 갖지 못하는가를 결정한다. 예를 들어 민주주의 체제의 마지막 세기에 여성들은 단지 시민의 지위만 인정되었을 뿐이며, 외국인 노동자들은 현재도 일부 국가에서는 배제되어 있다. 그리고 다양한 연령의 어린이들은 대부분의 국가에서 시티즌십의 주체로부터 벗어나 있다. 최근에는 이민자와 난민자 문제도 빈번하게 국제 뉴스로 등장하고 있다. 또 한편으로 세계가 지구화되면서 '글로벌 시민' '다중 시민'이라는 말이 등장하는 등 시민의 지위도 변할 조짐을 보이고 있다. 이럴 때 민족국가 단위의 시민의 지위와 그것의 경계는 어떻게 설정되어야 하는가?

오늘날 '민주적' 시민교육이 제창되고 있다. 전체주의 사회의 시민과는 대조적으로 민주주의와 관련하여 민주적 시민교육에 대한 논의가 진행되고 있다. 시민교육 앞에 '민주적' 이라는 형용사를 붙인 '민주적 시민교육democratic civic education'은 시민교육에 대한 반성과 성찰에서 나온 말이라고 할 수 있다. '민주적 시민교육'(이하 '민주시민교육'으로 약칭)은 '민주적 시티즌십을 위한 교육education for democratic citizenship'이라고 할 수 있다. 처음에 '민중교육'으로부터 시작된 민주시민교육에 대한 관심은 오늘날 시민사회의 발전과 함께 커져갔다. 국가와 시장의 감시자로서의 시민사회 성장을 위해서는 비판적·참여적 시민교육에 대한 관심이 높아지고 있다.

시민은 어떻게 탄생되는가?

고대 그리스에서와 같이 모든 시민이 참여하는 민주주의는 공동체 규모의 증대와 복잡성의 증가로 더 이상 일상적으로 실현할 수 없는 것이 되었다. 따라서 '인민의 지배'라는 민주주의의 이상은 현실에서 대의제라는 형식을 통해 구현되고 있다. 대의제 민주주의에서 시민은 루소의 말마따나 선거 때에만 자유로운 존재로 보인다. 그러나 대의제 민주주의에서도 '시민'의 역할과 중요성은 줄어들지 않는다. 첫째, 대의제이든, 직접민주주의든 민주정에서 대표는 시민이 선출한다. 대표를 선출하기 위해서는 후보자가 내세우는 공약과 정책을 판단할 수 있는 시민의 능력을 요구한다. 둘째, 시민의 역할은 훌륭한 지도자를 선출하는 것만으로 끝나지 않는다. '절대 권력은 절대 부패한다.'는 격언과 같이 국민의 관심이 없는 정치는 소수를 위한 정치로 전락하게 된다. 관료제의 발달과 국가의 비대화, 이해집단의 능력 강화 등은 시민을 위한 정치를 더욱더 어렵게 한다. 셋째, 정보통신의 발달, 특히 인터넷의 발달과 지방

자치, 풀뿌리 민주주의의 활성화에 따라 정치 참여의 기회와 가능성이 증가했다. 시민들은 이전과 달리 온라인을 통해 일상적으로 정치적 의견을 표출할 수 있으며, 단순한 클릭만으로도 정치적 의사를 전달할 수 있다. 이처럼 대의제 하에서도 더 좋은 위임을 위해서, 그리고 정치 참여의 새로운 가능성과 기회의 증가라는 점에서 시민의 역할이 지닌 중요성은 줄어들지 않는다. 즉, 사회의 정치의 수준, 시민의 수준을 반영한다는 사실은 어떤 정치체제에서든 유효할 것이다.

근대 이후의 시민혁명을 거쳐 근대적 개인은 사회를 구성하는 주체이면서 시민사회의 일원이 되는 것이고, 개인과 사회가 근대성을 획득해가는 과정에서 개인은 시민으로 발전한다.송호근, 2013: 9 시민사회는 사회적 분화가 빠르게 이뤄져 계층과 집단 간 이해 갈등이 다발적으로 일어나는 그런 사회다. 시민사회는 경제적 분화와 정치적 분화가 서로 대응하여 제도로 정착될 때에 비로소 형성되었다고 말할 수 있고, 경제적 분화와 정치적 분화의 제 과정에서 어떤 뚜렷한 개별적 위치와 권한을 점하는 개인을 '시민'이라고 정의할 수 있다.

인민subject은 통치자의 법을 맹목적으로 따르는 존재인 반면, 시민citizen은 자신들을 법 제정자/입법자로 자처하는 존재다. 시민사회의 초석은 타인들과 자유로운 자발적인 결사체voluntary association[97]를 맺으려는 권리로 무장한 자율적 조직화 의욕을 가진 개인이다. 개별 시민은 종교적 통치로부터 자유롭고, 개인됨을 바탕으로 정치 제도화에 참여할 권리를 갖춘 사람을 의미한다. 시민은 그런 사회를 구성하는 주권적, 주체

97 '결사체'는 사람들이 자신들의 이해에 따라 공동 목표를 완수하기 위해 자발적으로 결정한 모임이라는 뜻이다. 자발적 의사로 결성한 단체라는 뜻에서 흔히 '자발적 결사체'로 불려진다. 시민 참여를 활성화하는 주체인 결사체는 새로운 사회조직으로서 봉건 체제에서는 전혀 존재하기가 어려운 작은 근대 사회다. 결사체의 태동은 국가와 인민으로 구성된 조선에 '사회가 탄생했음'을 알리는 이행의 신호이며, 인민이 기존과는 다른 새로운 조직 원리로 사회적 관계를 맺게 되었음을 입증하는 근거가 된다. 사회는 국가와 개인 사이에서 개인 간 자율적 의사와 합의로 작용하는 집합체다. 자율 의사와 합의는 자치의 기본 정신이고, 국가권력이 개입되기 이전에 공동체의 쟁점을 스스로 해결하는 것이 '자치'다. 자치는 시민성이 성장하는 사회 무대이고, 결사체는 시민성의 생장 호르몬을 만드는 사회 조직체다. 결사체는 토크빌이 강조했듯이 민주주의를 만들어내는 인큐베이터다.

적 개인이며, 이해 갈등과 계급적 대립으로 파열하기 쉬운 사회질서를 공적 담론과 공적 기구를 통하여 유지·존속시키는 근대적 개인이다. 더 나아가 공익과 사익 간 균형을 취할 수 있는 공공 정신과 도덕을 내면화한 사람이다. 그런데 공공 정신과 도덕 형성의 가장 중요한 전제는 자율성이다. 자율성이 주어지지 않은 사회에서 시민은 태어나지 않는다.송호근, 2013: 209[98] 이렇게 개인은 시민으로, 사회는 시민사회를 향해 서서히 발을 옮기고 있었지만, '시민됨civicness, civility'의 가장 중요한 요소는 자율성이다.

'시민'이란 국가의 불합리한 통제와 개입을 물리치고 천부인권을 부여받은 시민이 도덕과 공익에 의거하여 자율적으로 통치한다는 것을 뜻한다.[99] 그러기에 시민사회의 '시민'은 시민권자나 국적을 가진 자로서의 '국민'이란 개념이나 '민중'이나 대중'이라는 용어와 구별된다.[100] 시민사회 구성원인 '시민'은 단순히 자신의 권리와 이해관계의 주체를 의

98 개인이 시민으로 성숙하고 그들이 시민사회를 형성했어야 할 시기에 식민 치하의 개인과 사회는 가장 중요한 뇌관인 자율성을 행사하지 못했다. 그것은 이후 일제로부터 해방이 되었음에도 독재정권에 의해 권력이 유지됨으로써 자율성의 성장을 지체시켰다. 자율성의 성장 여부는 곧 민주적 시민사회의 형성을 좌우한다.

99 천부인권설에 입각하여 개인-시민사회-국가론으로 논리를 전개한 시민사회론의 가장 중요한 목적은 국가권력에 대한 시민사회적 권력의 정당성을 이론화하려는 것이다. 이런 이론에 근거할 때 우리나라의 경우 1905년을 전후로 탄생한 개인은 '시민성civicness/civility'을 유보한 시민'으로 성장해야 했고, 사회는 국가권력을 견제하는 '시민사회적 성격'보다는 국가를 위한 '동원적 성격'을 더 수용하는 방향으로 전화될 수밖에 없었다.

100 '국민'이란 수동적인 국가 구성원, 즉 국적을 가진 일반인을 가리키며, 능동적인 존재인 '시민'에 비해 권리와 의미를 갖고 있지만 비교적 수동적인 존재로서의 의미를 갖는다. 즉, '국민'은 국가의 통치를 받는 피통치자나 혹은 국가가 제공하는 수혜를 수동적으로 받기만 하는 수혜자로서의 성격이 강하며, 자기 자신을 능동적인 주체로 의식하지는 않는다. 또한 '민중'은 피지배자의 성격을 갖는 존재로서 저항과 비판의 행위를 하기는 하지만, 능동적인 주체로서의 성격이 부족할 때 사용하는 용어이다. '대중' 역시 수동적이고 획일적인 대상으로서의 집단을 일컫는다. 즉 자신의 이익에만 관심이 있고 사회적인 의식이 불투명한 익명의 다수 집단이나 생산자들이 물품을 팔기 위해 대상으로 삼아야 하는 소비자 집단을 '대중'이라고 부르기에 이 경우 역시 능동적인 사회적 주체로서의 '시민'으로 보기에는 부족하다. '인민'은 백성 개개인을 일컫는데 반해, '국민'은 전체를 지칭할 때 사용한다. 국민은 인민/백성 전체이다. '시민사회'는 부르주아, 노동자, 농민을 모두 포괄하는 용어로 정착되었으며, '국가'는 시민사회의 합의에 의한 권력체, 시민권을 위임받은 주권의 실행 기관으로 정의되었다. 시민이 '국민'으로 불렸던 것은 국가 간에 한층 치열해진 제국주의적 경쟁 상태가 국민국가로 하여금 통합 기능을 행사하도록 독려했기 때문이다. 시민은 '국민국가 만들기'에서 국민으로 질적 전환을 감수해야 했으며, 때로는 국가에 대한 공적 의무를 강조한 공민公民으로도 호명되었다.

미하는 '개인'을 의미하지 않는다. 또한 국가의 구성원으로서 권리와 의무를 갖고 애국심으로 충만하여 국가를 위해 자신을 희생할 각오가 되어 있는 '국민'을 의미하는 것도 아니다. '시민'은 이기적인 개인을 뛰어넘어 타인을 지향하며 자신의 충성심의 대상이 개개인을 초월해 존재하는 추상체인 국가가 아니라, 이 사회를 함께 살고 있는 타인들인 사람을 일컫는다. 이런 시민은 시민으로서 필요한 덕목인 '시민성civility'을 갖고 있어야 하며, 이때 비로소 시민사회 구성원으로서의 자격인 '시민권citizenship'[101]을 온전히 획득했다고 볼 수 있다.[이동수, 2013: 22] 여기서 '시민권'이란 시민됨의 자격과 소속 및 권리-의무 관계를 규정하는 출처인 법적 지위status와 제도적 장치를 가리키며, '시민성'/시민적 예의는 시민의 자질과 덕성 그리고 시민 행동과 시민의식에 관한 것을 일컫는다.

따라서 수동적인 '국민'이나 저항적인 '민중' 그리고 소비적인 '대중'을 능동적이고 창의적인 '시민'으로 전환시키기 위해서는 그들의 '역량강화'/'자력화empowerment'가 필요하며, 이를 위한 가장 좋은 방법은 바로 그들을 시민적 활동에 참여시켜 능동적 주체로 거듭나게 하는 것이다.[이동수, 2013: 24] 시민이 주체적이고 능동적인 사람을 일컫는다고 할 때, 이는 단순히 자신이 주인으로서 지배자의 위치에 도달해 있다는 것을 의미하는 것이 아니라, '시민권'을 획득하면서 '시민성'을 구현하는 시민으로서 다른 시민을 배려하는 동시에 함께 시민사회를 살아가는 상호주체적 존재가 되는 것을 의미한다. 민주주의 제도화를 통해 현대 민주주의 국가에서는 일정한 연령이 된 모든 이에게 시민권을 부여하지만, 시민권을 보유하고 있다는 것만으로 그를 시민이라고 할 수 없다. 시민이 양적으로는 성장했으나 질적인 성장은 지체되고 있다는 말이다. 그러기에 시민은 법과 제도상으로 주어진 권리를 넘어서서 '시민성'을 발휘하면서 공적 주체로서의 역할을 수행할 때, 비로소 시민이 된다. '시민권'을 가진 개인이 '시민성'을 발휘하여 소통을 통해 타인과의 공동의

101 '시티즌십'을 '시민권civil right'으로 번역하기도 하지만 시민성civility으로 번역하기도 한다.

선을 논의하고 실천할 때, 그때 비로소 '시민'이 된다는 말이다.

시민은 국가권력에 대한 견제, 저항, 협력 관계 속에서 일차적으로 유래한다. 가장 기본적인 수준에서 시민은 주나 나라 또는 그와 비슷한 정착된 정치적 공동체의 구성원을 일컫는다. 그러나 이 분명하고 간단한 정의 속에도 몇 가지 복잡한 측면이 있다. 이민자가 정치적 이슈로 제기되었을 때 민족국가의 경계에 한정하는 개념으로 사용되었다. 그러므로 시민사회 구성원으로서의 '시민'이라는 용어를 사용할 때 이를 단순히 근대적 의미의 시민권자로만 해석해서는 안 된다. 왜냐하면 근대적 의미의 시민권자는 국민국가를 단위로 할 때와 국가의 구성원을 염두에 둔 것이며, 오늘날 시민사회의 시민은 국가 외에 다른 공적 영역을 만드는 시민으로서 '시민성'의 발현을 필요로 하고, 때로는 국경을 초월하기도 하면서 세계시민으로서의 의미를 갖기 때문이다. 글로벌 사회의 등장과 함께 동구 사회주의 시민사회의 취약성 그리고 선진국가의 시민의식의 동시적 하락으로 인하여 이전과 다른 의미를 갖는 시민의 지위와 자격, 그리고 정체성 문제가 제기되면서 시티즌십citizenship의 이슈는 시민사회 담론의 핵심으로 등장하고 있다.

민주적 시티즌십이란 무엇인가?

위에서 설명한 시티즌십은 크게 권리적 요소와 행위적 요소로 구분할 수 있다. 시티즌십의 구성 요소에는 시민으로서의 권리(시민권; 국가적 귀속 등)와 시민성/시민됨이라는 윤리적 성질을 융합한 의미를 갖고 있다. 시민으로서의 권리(시민권; civil right)를 갖는 것과 시민으로서의 의무/책임(시민적 예의와 교양), 의식(신념)과 행동 등을 모두 포함한다. 권리와 책임이라는 갈등하는 상반된 개념으로까지 발전할 수 있다. 권리는 자유주의자들이 중시하는 자유권, 복지권을 말하고, 반면 책임은 사적인 삶보다 공적인 삶에 무게를 두는 시민 공화주의자/공동체주의자들이 많이 강조하는 미덕이다.[Davies, 2011] 권리적 요소는 자신을 보호하는 것과 타인을 보호하는 두 요소가 포함되고, 윤리적 요소는 예의범절과 교양 등 도덕적 요소가 더 강하다. 인권에 더 주목해야 한다고 투쟁하는 사람들도 있는 반면, 권리에 대한 지나친 강조는 같은 사회에 살고 있는 타인에 대한 의무를 망각하게 만들었다고 불평하는 사람들도 있다. 결국 전자가 인권/시민권을 강조하는 경향이 있고, 후자는 인성/인격을 강조하는 경향이 있기에 도덕성과 시민성은 대체재가 아니라 상호 보완적 가치임을 인식할 것을 필요로 한다. 즉, 공동선을 발전시키는 데 헌신하는 집단의 성원으로 참여하는 좋은 시민으로서 '시민적 덕성/인성civil virtue/personality'을 갖추고 있지 않으면 안 된다.[Miller, 1992: 93-9] 시민적 덕으로서의 시민적 인성은 시민사회와의 연관 속에서 국가의 동반자가 될 수도 있고, 반대자가 될 수도 있기에 양자를 모두 지향한다.[Jelev, 2009: 341]

여기에서 주목하는 것은 시티즌십의 이원적 성격이다. 한편으로는 시티즌십이 하나의 공유하는 지위라는 것이고, 다른 한편으로는 규범적인 이념이라는 것이다.[Enslin & White, 2009: 110-111] 시민들은 자기 자신이 좋은 시민이 되길 바란다. 좋은 시민이란 다양한 형식으로 다가설 수 있다. 시티즌십의 개념은 법적 상태라는 좁은 의미의 시티즌십과 정치적 상황에서의 참여적 기술과 참여적 지식으로서의 중간적 의미의 시티즌십, 그리고 사회에 대한 지식의 결합, 사회 참여의 기술, 공동의 이익을 위한 공적 노력에 구성적으로 참여하려는 성향으로서 넓은 의미의 시티즌십으로 확장하여 생각해볼 수 있다. 때로는 시민을 최소의/최대의 시민, 그리고 수동적인/능동적인 시민으로 구분하기도 한다.

시민사회를 민주적으로 구성하는 시티즌십은 일반적으로 개인과 우리가 살고 있는 공동체 혹은 국가 사이의 관계를 가리킨다. 논의를 정리하면 시티즌십은 다음과 같이 세분하여 설명할 수 있다.

① 시티즌십은 한 국가에 의해 부여된 하나의 '법적인 지위'다. 이것은 한

사회의 공동체 구성원으로서 법적 범주, 사람의 법적인 상태를 확인하는 것이다. 영장 없이 구금되지 않을 권리, 투표하고 입후보자로 출마할 권리, 건강할 권리 등이다. 시대별로 18세기에는 공민권(재산권 등 타인의 침해로부터 개인의 자유와 안전을 수호하는 방어적 권리), 19세기에는 정치권(투표권 등 사회에서 문제된 사안의 결정에 참여할 정치적 권리), 20세기에는 사회권(권한 보호와 사회적 안전에 관한 최소한의 권리)/복지권(공동체의 성원으로서 재화와 서비스를 제공받을 복지적 권리)/문화권(문화생활을 누릴 권리)이 부각되고 있다. 최근에는 역사 변화와 정치투쟁의 결과 여성의 권리와 환경권이 추가되고 있다. 권리를 지닌 개인으로서의 시민 개념은 확대되어 집단권으로 만들어졌고, 집단에 직접적으로 영향을 미치는 문제에 대해서는 억압받는 집단을 위한 거부권의 힘을 형성하기도 한다. 오늘날 아동, 노인, 여성, 청소년, 장애인, 난민, 이주민 등의 권리가 제기되면서 국가 정책에 따라 갈등적 요인으로 작용하기도 한다.

② 시티즌십은 공동체에 소속된 사람으로서 시민에게 주어진 권리와 함께 책임/의무을 지는 것을 말한다.McCown, 2011: 168-169 이 경우 우리는 흔히 '시민성civility'[102]이라고 부른다. 모든 권리에는 그에 상응하는 책임이 따른다. 책임에서 가장 중요한 요소는 교통법규 준수, 국방의 의무 등 '규칙을 따르는 것'이다. 시티즌십은 흔히 권리와 의무/책임으로 기술되는데, 그 중에서 어느 것을 우선시하는가에 따라 시티즌십의 성격은 달라진다.[103] 권리보다 의무를 강조할 경우 전체주의자의 강요에 의해 충성스러운 시민을 형성할 가능성이 있다. 최소의/최대의 시민 구별을 사용하는

102 시민적 덕성 또는 사회적 규범으로서 '시민성'/'시민적 예의civility'는 이웃들의 필요에 대한 공감의 능력이며 공동체적 목적의 실현을 위한 자발적 봉사의 의지로 정의할 수 있다. 이런 태도는 공공선에 대한 헌신 또는 공동체의 총체적 이익을 추구하는 자각적 의도이며, 정치적 행동과 숙의 과정에서 사적 욕망에 반하여 공적 목표에 우선성을 부여하는 자발적 의미이자 또한 좋은 시티즌십의 필요조건이다. 시민적 예의는 모든 문제를 평화적인 방식으로, 정당하고 정통성 있는 국가의 권위를 존중하며, 법을 인식하고 인정하며 존중하는 태도를 가리킨다. 그것은 다른 사람들 사이의 대화, 토론, 숙의, 타협, 상호 존중 그리고 권한 공유로 나타난다. 시민적 예의는 개인적 차원과 정치적 차원으로 구별될 수 있다. 이 경우 종종 갈등이 발생하고, '무례'가 표출되기도 한다. 이에 비추어볼 때 사적인 공간 속에서 갇혀 사사로운 일에만 관심을 쏟는 사람은 시민이 아니다. 이 때문에 시민적 예의 또는 시민성은 시민다움 또는 시민됨의 기준이다.

가장 흔한 방식은 수동적인 권리 수령자인 시민 개념과 공적 영역에서 능동적으로 덕을 갖춘 시민 개념 간의 차이를 말하는 것이다.

③ 시티즌십은 '정체성'을 구성 요소로 한다. 최소의 정체성은 단지 형식적, 법적, 사법적인 것에 지나지 않는다. 최대의 정체성은 그 이상의 것으로 본다. 여기서 시민은 권리뿐만 아니라, 의무와 책임, 공동선의 인식, 우애심 등과 같은 민주적 문화를 공유하는, 살아 있는 공동체의 성원으로 자기 자신을 의식해야 한다.McLaughlin, 1992: 236 시민성과 국적은 서로 보완적이다. 시민은 그들을 함께 묶어주며 공동체 의식을 제공하는 공유된 국가적 정체성national identity이 필요하다. 공동의 정체성은 능동적인 시민으로서 그들의 공동체를 구축하는 데 함께 일하게 한다. 서로 확인할 수 있는 공동체 소속감을 필요로 할 때, 국가적 정서는 개인적 그리고 문화적 근거로서 바람직할 수 있다. 이것은 최소의 정체성이다. 여기에서 애국심은 국민의 정체성을 구성하는 중요한 덕이다. 그러나 지구화가 가속화되면서 정치적·문화적·경제적 활동의 중심지로서의 국가 공동체는 약화되고, 국가 공동체와 함께하는 능동적 시민성이 초국적 시민성의 발전과 지구화에 추월당하는 듯하다. 글로벌 시대의 문화적 정체성/상징적 정체성은 다중적 정체성을 보여준다. 지구화된 세계에서 하나의 국민/민족 국가 구성원으로서의 시민은 제한된 시민성을 갖는다. 그래서 애국심을 바탕으로 한 국가주의나 국수주의는 세계시민주의와 마찰을 빚기도 한다. 오늘날 원주민, 이민자, 소수자, 외국인 노동자 등의 정체성 문제는 권리의 문제를 동반하기에 매우 다루기 어려운 이슈들이다. 여기에서 평화, 정의, 관용 등이 핵심적 가치로 등장한다. 지구화된 환경에서 시민성의 새로운 틀인 심의는 분리된 영토 내에서 민주주의의 전통적 위치를 약화시키며 옛 경계를 넘어선다. 그리하여 시민의 경계선은 이동한다.

시티즌십에 '민주적'이라는 형용사를 덧붙인 '민주적 시티즌십demo

103 자유주의liberalism 입장에서는 '권리'를 강조하고, 시민공화적civic republican 또는 공동체주의적communitarian 관점에서는 '책임'을 강조하는 경향이 있다.

cratic citizenship'이란 시티즌십에 민주주의 이념을 더욱 강조한 것이라고 할 수 있다. 권위주의적 시티즌십은 권리와 정의가 빠진 책임과 의무를 강조하는 경향이 있다. 반면 권위주의적 시티즌십과 대조되는 민주적 시티즌십은 권리와 책임을 동시에 강조하면서도 국가권력에 대한 견제와 감시, 그리고 공동체에 대한 개입과 참여가 더욱 강조되고 있다. 민주적 시티즌십의 구성 요소로서 사회적·도덕적 책임, 정치적 문해력/소양, 정체성과 다양성, 그리고 지역사회 참여가 강조되고 있다.[Davies, 2012: 229-230] 그래서 민주적 시티즌십은 대의민주주의에서 의사소통의 진보를 위한 참여민주주의로 이동을 강조하고 있고, 민주적 시민사회에 가장 부합하는 자질이라고 할 수 있다. 민주적 시티즌십은 국민국가의 다양한 집단들이 인권과 정의를 심화하고 확장하는 행동에 참여할 수 있을 때 확보가 가능하다. 민주적 시티즌십을 위한 시민교육은 학생들이 생산적인 노동력을 제공할 수 있는 소양과 분별력을 지닌 시민이 되도록 고취해야 할 뿐만 아니라, 공동체에서 다른 사람들을 배려하도록 가르치는 것이어야 하며, 인간적이고 공정한 사회를 만들기 위한 개인적, 사회적, 시민적 행동을 하는 시민이 되도록 하는 것이어야 한다.[Banks, 2008나: 36]

시민교육의 세 가지 접근

시민교육에 접근하는 데 있어 그것의 목적을 둘러싸고 시티즌십의 성격과 범위만큼이나 매우 논란이 심하다. 시민교육은 시민을 사회에 적응시킬 것인가? 아니면 사회를 변화시키는 시민으로 양성할 것인가? 시민교육은 학생의 개인적 특성을 강조할 것인가? 아니면 교과의 방법을 강조할 것인가? 이를 둘러싸고 서로 다른 방법이 모색될 수 있다.

시민교육의 접근에는 크게 사회적 입문을 위한 시민교육, 사회개혁을 위한 시민교육, 그리고 사회적 단합을 위한 시민교육으로 나뉘어진다.Winton, 2007 먼저, '사회적 입문social initiation'을 위한 시민교육은 사회의 생산적 구성원이 되도록 학생이 필요로 하는 이해, 능력 그리고 가치를 전달해야 한다고 믿는다. 이러한 접근은 사회가 잘 기능하고 있고, 그래서 재생산할 만한 가치가 있다고 보는 것이다. 법을 준수하고, 질서를 인정하고, 부여된 의무와 책임을 받아들이고, 애국심이 강하고 권위의 중요성을 받아들이는 수동적인 시민을 양성하는 데 목표를 둔다. 수동적 시민은 불의한 법에 의문을 갖거나 도전을 해본다든지, 어떤 정치적 캠페인에 참여한다든지 할 엄두를 내지 않는다. 대부분의 권위주의적 국가에서 시행되는 시민교육 방식이다. 흔히 '공민교육civic education'이라고도 부른다. 수동적 시민이 소홀히 하는 것은 시민교육의 비판적/민주적 요소이다. 이러한 사회적 입문을 위한 시민교육은 현존 질서를 유지하고자 하는 '보수적 시민교육'이라고 할 수 있다.

사회적 입문과 달리 '사회개혁social reformation'을 위한 시민교육은 사회가 진보할 필요가 있고, 그래서 학생들이 그들의 사회를 비판하고 궁극적으로 진보시키기 위한 이해, 능력 그리고 태도를 가지고 학생들의 권한을 강화할 목적을 가지고 있다고 가정한다. '사회개혁'을 목적으로 채택하는 시민교육은 학생들로 하여금 사회를 비판하고 변화시키도록 준비시키는 데 목표를 둔다. 모든 담론에서 모든 목소리를 들을 수 있고, 권력은 상대적으로 평등하게 배분되도록 학생들로 하여금 모든 시민의 평등한 참여를 포함하여 민주적 가치에 대한 깊은 헌신을 발전시키도록 고무한다. 게다가 민주사회에 내재한 긴장은 탐구된다. 시민교육의 사회적 혁신 모델은 적극적 참여를 격려할 뿐만 아니라, 개인의 행동과 사회정의 사이의 관계를 점검한다. 학생들 또한 학교, 교사와 교육과정을 포함하여 구조와 제도가 어떤 집단을 특권화하고 어떤 집단을 차별하는지에 대해 학습한다. 그들은 억압의 형태를 폭로하고, 구조가 더 포용적이고 민주적으로 되도록 어떻게 변화시킬 수 있는지를 숙고하도록 배운다. 사회개혁을 위한 시민교육은 '비판적/진보적 시민교육'이라고 할 수 있다.

이러한 두 상반된 입장은 엘리트주의자/행동주의자, 최소주의자/비판주의자, 그리고 전통주의적/진보주의자라는 이원론적 시민교육 모델을 발생하게 한다. 사회적 입문을 위한 시민교육 모델들은 학생들에게 역사, 정부 기관 그리고 과정에 대한 지식의 공통 체제를 가르치는 것을 강조한다. 이 모델들은 역사를 계속적 진전의 이야기이라고 보며, 정치제도 또한 일정한 유형으로 작동되도록 제시되고 있다고 본다. 민주적 개념과 가치들 또한 가르치지만 사회 속의 긴장은 고려되지 않는다. 이 모델은 사회적 문제를 구조보다는 개인의 결함으로 돌린다. 그들은 시민 참여를 격려하고 있지만, 시민 행동은 현상을 유지하는 것에 한정된다(쓰레기 줍기, 잡초 뽑기 등). 엘리트주의 개념에 따르면 시민에게 요구되는 가장 높은 수준의 참여는 투표일을 숙지하는 것이다. 이렇게 사회적 입문을 목적으로 채택하는 시민교육의 접근은 학생들로 하여금 전통, 제도, 권위 그리고 지배적 이야기를 존중하도록 격려하고, 그렇게 함으로써 현상유지를 영속화한다.

양자의 갈등과 긴장 속에서 최근 제3의 대안적 목적을 가진 '사회적 화합social cohesion'을 위한 시민교육이 새롭게 제시되고 있다. 국가 개입을 줄이고 글로벌 시장 경제를 옹호하는 신자유주의적 정책의 불평등한 결과로 인해 시민들이 점점 달라질 때, 사회적 화합으로 유도하고 촉진하는 것에 대한 관심이 커진다. 사회적 화합은 단지 공유된 원리뿐만 아니라, 같은 공동체 내에서 공유된 구성원의 지위에 대한 인식을 필요로 한다.

그런데 사회적 화합은 사회적 입문이나 동화를 위한 시민교육으로 나아갈 수도 있고, 민주적 헌신이나 사회개혁을 위한 시민교육으로 나갈 수도 있는 갈림길에 서 있는 공동체의 지표이다. 학교가 사회적 화합을 촉진하도록 하는 것이 합당하지만, 그것은 민주적 원리를 지지하면서, 동화를 촉진하는 방식으로 추구될 수 있다. 예를 들어 사회적 화합의 민주적 개념은 정체성과 관점의 다양성 그리고 '의미 있는 시민 주체significant citizen agency'를 격려할 수 있지만,[Bickmore, 2006] 반면 동화주의적 개념은 협동, 의사소통, 다양성의 중시와 비판적 사고 기술과 같은 사회적 화합의 가치와 개별적 기술을 강조하면서 반대 관점을 주변화할 수 있다.[Winton, 2007] 사회적 화합의 동화주의적 개념은 별 문제가 없어 보이는 가치의 전달과 반대의견의 침묵이나 주변화를 통해 동질화로 유도하려고 한다. 동화주의적 시민교육은 보수적 사회화를 위한 전통적 인격교육론자들의 입장과 친화성을 보일 수 있다. 이 경우 전통적 인격교육론은 사회개혁을 위한 시민교육의 주요 명제와 갈등할 수 있고, 정치적·경제적·문화적 요인이 어떻게 인격과 행동에 영향을 미치는가보다는 개인의 인격에 관심을 둠으로써 사회의 불평등을 야기할 수 있다. 사회적 화합을 위한 비민주적인 시민교육을 촉진하는 것은 사회적 입문을 목적으로 하는 시민교육을 옹호할 수 있다. 반대자를 좌절시키고 갈등을 회피하고 사회정의를 한정적으로 지지하는 것은 학생에 대한 '결함' 관점으로 유도할 수 있다.[Winton, 2007: 113-114]

최근에는 이러한 결함으로 인해 참여적 시민을 기르고자 하는 시민공화주의적 시민교육이 관심을 끌고 있다. 시민공화주의civic republicanism에서 참여는 시민에게 본질적인 일이다. 시민이 됨은 집단적 의사결정에 능동적으로 참여함을 의미한다. 지역 수준이건 국가 수준이건 마찬가지다. 시민공화주의의 한 가지 사례는 고대 아테네의 민주주의이다. 거기서 모든 시민(여자와 노예를 제외한, 자유로운)은 토론과 입법에 참여하였다. 이런 종류의 '참여민주주의'를 옹호하는 학자들이 다수 있지만, 실제로 대부분의 나라에서는 자유주의적 권리 모형을 따르고 있다.

나아가 사회개혁을 지향하는 '사회정의를 위한' 시민교육이 새롭게 제창되고 있다. 사회정의 지향적인 시민은 불의의 원인들에 민감하며, 사회적·정치적·경제적인 구조에 비판적으로 접근하여 문제의 해결과 변화를 위한 집단적인 전략을 모색한다.[Westeimmer & Kahne, 2004a, 2004b] 또한 학생들이 정의로운 세계로 변화시키기 위한 행동의 서약을 개발하도록 하고 있다.

시민교육의 활동 방식과 중심 목표

시민교육은 반드시 '공통학교common school'를 필요로 한다. 공통학교는 어느 아이에게나 미래 동료인 시민들 사이에서 풍부하고 다양한 견해를 알려주고 그것들을 논의할 수 있는 장소를 제공하며, 필요하다면 실제적인 협의도 할 수 있도록 한다. 그런데 학교가 정말 좋은 민주시민을 길러낼 수 있을까? 그 대답은 '학교'의 위상이나 의미에 달려 있다고 할 수 있다. 학교에서 일어나는 학습이라고 할 때 우리는 흔히 교실 활동을 생각한다. 그러나 시티즌십 영역에서는 그보다 폭넓게, 복도나 운동장의 경험, 교사나 또래와의 관계, 학교 의사결정에 대한 참여나 지각 등도 중요할 것이다. 그뿐만 아니라, 학교 밖에서 젊은이들의 '시민됨'이 형성될 수 있으며, 실제로 이것이 더 큰 영향력을 미칠 수 있다.

교실에서 시민의 자질을 발달시킬 수 있는 방법에는 여러 가지가 있다. 토론과 교사의 설명을 통해서 정치 제도와 기능에 관한 지식을 습득하게 하거나, 핵심 개념을 이해하도록 할 수 있다. 학생들이 법정, 의회, 위원회에 접근할 수 없기 때문에 시뮬레이션 활동을 통해서 그런 경험을 대신하도록 할 수 있다. 비판적 문해력과 같은 일반적인 학과 기능도 중요한 부분이다. 만일 '좋은 시민'이 국가를 위해서 자신을 희생하는 애국적이고 준법적인 시민이라고 본다면, 학교에서 역사나 문학 수업 시간에 위대한 국가 영웅들을 공부하는 것도 효과적일 것이다. 이런 관점에서는 학교운영위원회 참여나 동아리 활동은 무관한 일로 보일 것이 뻔하다. 그러나 만일 우리가 현 체제를 비판하고 더 나은 체제로 변화시키려는 의지와 능력을 가진 시민을 기르는 것을 목적으로 삼는다면, 학교에서 가르치는 내용뿐만 아니라, 그 관계와 운영에 대해서도 주의를 기울여야 한다.

교실 안에서뿐만 아니라, 교실 밖에서도 시민됨을 학습할 수 있다. 왜냐하면 흔히 말하는 학교의 풍토/분위기가 중요하기 때문이다. 지배적인 혹은 특징적인 분위기, 정신, 정조가 인간의 삶이나 상호작용과 같은 실체를 확실히 사로잡는다. 학교생활에서 나타나는 이런 특성을 가리켜 '잠재적 교육과정'이라고 말하기도 한다. 학교에서 시민으로서 태도와 행위에 특별한 영향을 미치는 것으로 두 가지를 들 수 있다. 하나는 교사와 학생의 관계이고, 다른 하나는 학교 운영에서 나타나는 의사결정 체제이다. 학생들은 교사가 자신들을 존중하는지, 자신들의 의견을 경청하는지, 개인적으로나 집단적으로 중시되고 있는지를 느낀다. 물론 처벌의 두려움으로부터 배우기도 하고, 자신의 견해를 교사나 텍스트의 권위에 종속시키기도 하고, 조롱받거나 모욕을 당하기도 한다. 그런 점들은 정치적 행위자로서 발달하는 데 분명히 영향을 미친다. 존 듀이(Dewey, 1916)는 학교 운영의 과정과 민주주의의 발전이 서로 연관성을 가지고 있다고 보았고, 탐구에 기반을 둔, '문제 해결적 접근'을 주장하였다.

학교라는 제도는 다소간에 민주적으로, 포용적으로 운영될 수 있다. 학교운영위원회 등에 학생들을 참여시켜 학교 운영에 발언권을 행사할 기회를 갖도록 해야 한다. 그렇게 해야 학생들의 숙고 능력을 발달시키고, 갈등하는 관심사들을 고찰하고, 책임 의식을 발휘하는 민주적 태도와 가치를 발전시킬 기회를 갖게 된다. 학생들을 비민주적이고 배타적인 방식으로 대우하면서 교실이나 교과서에서 민주적이고 포용적인 사람이 되라고 가르치는 것은 목적과 수단의 불일치를 낳는다. 이럴 경우 학생들은 모순을 인식하면서 시민의식이 생긴다. 민주적인 학교는 최소한 민주적 시민을 낳을 가능성이 있다. 물론 열린 민주적 환경에서도 무비판적이고 반민주적인 사람이 나올 수도 있다. 그렇지만 학교를 민주적인 방식으로 운영하는 것은 도덕적 사명이라고 할 수 있다.

좋은 민주시민이 되기를 배울 수 있는 가장 효과적이고 적절한 장소는 학교인가? 어린이나 십대들의 학교생활은 그들의 삶의 일부분일 뿐이다. 시민으로서 자신들의 가치를 느끼게 해주는 일반적인 도덕 발달은 대부분 다른 곳에서 이루어진다. 그들이 학교생활을 시작하기 전에 가정에서 이미 이루어진다. 따라서 구체적으로 정치적 학습과 관련지어

볼 때 학교 밖의 지역사회 참여가 중요하다. 자전거를 타 봐야 배울 수 있듯이 시민됨도 행해봐야 배울 수 있는 것이라고 말할 수 있다.

그런데 여기서 '자원봉사'와 '정치 참여'를 구분하는 것이 중요하다. 두 가지는 모두 긍정적인 사회 변화를 도모하고자 하는 것이지만, 자원봉사는 '자선의 원리'에 근거한 것이고, 정치 참여는 '정의의 원리'에 근거한 것이다.McCown, 2011: 184 만일 우리가 무주택자들에게 관심을 쏟는다면, '자선'의 관점이 추구하는 바는 필요한 주택을 마련하기 위해서 부유하고 헌신할 시간이 있는 사람들의 자원을 동원시키는 것이다. '정의'의 관점에서 볼 때 그것은 불확실하고(그것이 얼마동안 지속될 것인지가 확실하지 않고), 그리고 무력화시킬 가능성(많은 사람들이 권리의 소유자가 아니라, 자선의 대상자라고 스스로 느끼게 만들 가능성)도 있다. 그렇다면 모든 사람들이 가정을 가질 권리를 보장하기 위해서 새로운 법률을 만들거나, 현행 법률이나마 강력하게 시행하도록 노력해야 할 것이다.

위와 같이 젊은이들은 자원봉사활동(노인 가정 돕기, 지역의 자연 보존 등)이나 정치 활동(캠페인, 편지 보내기, 저항 운동, 공개 토론 참여 등)에 참여할 수 있다. 실제로 이 두 가지 활동은 엄밀하게 구분되지 않을 수 있다. 많은 자선 기관에서는 정치적으로 연루되지 않은 가운데 정치적 캠페인을 벌이기도 한다. 그렇지만 시민됨은 정의상 순수 자선적인 것보다는 정치적인 측면을 포함한다. '봉사학습service learning'이 그렇다. 학교와 지역사회의 연계의 원활화를 위해 '봉사학습' 체제를 도입할 필요가 있다. 봉사학습의 시민교육적 성격은 소극적 봉사정신의 내면화를 위한 약한 민주주의가 아니라, 자력화의 강화, 집단적 문제 해결, 타인이 이해 결정 등의 강한 민주주의 과정을 주창한다. 소극적 시민을 위한 자원봉사가 아니라 적극적 시민을 기르는 봉사학습이 필요하다. 봉사 전 학습, 봉사활동, 봉사 후 평가/반성/보고서 작성 등으로 이루어지는 봉사학습은 학교gown와 지역사회town의 교량 역할을 하는 학교 혁신의 가장 효과적 방안이다. 봉사학습을 통한 민주시민교육은 학교의 외부에 있는 세계(지역사회 봉사활동)와 내부에 있는 세계(교과 교육)

의 교량을 놓는 일이다. 그러기에 구체적 현실에 개입하여 현실 세계에 접촉함으로써 박제화된 교과서 지식을 다시 살려내야 한다. 이것은 학생들과 지역사회와도 원활한 연결망을 구축하고, 기존의 학교 벽을 허물어가는 도전적 교육 실험이라고 할 수 있다. 사회와 격리되거나 유리된 학교에서 길러진 학생들이 사회 현실 참여를 통해 시행착오를 배울 수가 있다.

학교가 사회의 위험이나 문제로부터 학생들을 보호할 필요가 있지만, 학생들을 온실 속의 화초로 기르게 해서는 안 된다. 적극적 시민을 기르고자 하는 지역사회에 대한 봉사학습은 청소년들의 진로 탐색에도 도움이 된다. 이를 두고 학교 혁신의 '혁명적 잠재력'으로 평가하기도 한다. 오늘날 봉사학습을 통한 시티즌십에 관심을 갖게 된 것은 정부 당국에 의해 범죄를 줄이기 위한 방안으로 제안되기도 한다. 그리고 시민교육 차원에서 자원봉사활동volunteering과 봉사학습을 연계하기 위한 이론적 기반으로 활용되기도 한다.

	도덕적 목적	정치적 목적	지적인 목적
자원봉사활동 (개인의 인격 형성)	도움을 줌, 자선	시민의 의무, 사회화, 약한 민주주의	부가적 경험 (이타심, 헌신 등)
봉사학습 (개인과 사회의 변화)	배려적 관계, 정의	사회적 재건, 정치 참여, 강한 민주주의	개혁적 목적, 비판, 숙고, 성찰

자원봉사활동과 봉사학습의 비교

그리고 교사는 학생이 성장해감에 따라 민주사회에서 시민으로 사는 것이 때때로 쉽지 않다는 점을 절실히 깨닫도록 할 필요가 있다. 민주적 성향을 기르는 교육이 성공하면 할수록, 그리고 학생이 자비롭고 용감한 사람이 되면 될수록, 교사는 서로 다른 가치가 경쟁하고 있다는 것을 더 많이 느낄 것이다. 사실, 교사는 다른 모든 고려 사항은 배제한 채 한 가지 가치만을 강조하는 발언에 대하여, 통상 "그것보다 훨씬 더 복잡하다고 생각하지 않니?"라고 말함으로써 이를 권장하게 될 것이다. 예컨대, 학생은 언제나 그리고 어떤 상황에서도 '정직하게 말하는 것'에 관해 강한 태도를 견지하고 싶을 것이다. 그리고 우리의 도덕과 교육과정에서 '정직하게 말하기'를 절대적 도덕으로 지칭함으로써 이를 지지하고 있기는 하지만, 소임을 다하는 교사라면 누구나 학생이 또한 소중하게 여기고 있는 다른 가치가 때로는 정직보다 더 중요한 것으로 밝혀질 가능성에 대해서도 주의를 기울여야 한다. 예를 들자면, 타인의 안위가 심각하게 위태로운 경우에는—칸트에게는 실례이지만—말을 자제하는 것이 진실을 밝히는 것보다 더 현명할지도 모른다.

예를 들어, 한 가지 또는 고정된 가치 체계에 헌신하고 있는 교사, 무엇이 틀렸는지 그리고 어떻게 하면 그 잘못을 바로잡을 수 있는지에 관해 대단히 확고한 생각을 가지고 있는 교사, 그리고 학생으로 하여금 그러한 방식으로 세상을 보도록 만드는 것을 자신의 의무로 생각하고 있는 교사가 민주시민교육을 할 경우 유의할 점이 있다. 왜냐하면 민주시민의식은 때로는 학생들에게 문제를 복잡하게 제시하는 교사, 여러 가치에 헌신하고 있는 교사를 필요로 한다. 이러한 사실은 향후에 나아갈 길을 처음 예상한 것보다 훨씬 더 어렵게 만든다. 이에 대한 해결책으로 패트리샤 화이트는 민주시민은 경쟁하는 가치에 직면하여 무력해서는 안 되고, 그러한 가치에 비추어 판단하고 행동할 필요가 있다는 것을 학생들이 알도록 하는 방식으로 이 일을 할 것을 조언한다.[White, 2010: 481] 이는 그들이 타협을 하려고 시도함을 의미하기도 하고, 때로 유감스럽게도 그들이 어떤 특정한 도덕적 관심을 만족시키지 못할 수도 있음을 의미하기도 한다. 여기서 '유감스럽다'는 것은 대단히 중요한데, 그 까닭은 그것이 우선순위에서 밀려야만 했던 가치에 대한 애착을 드러내기 때문이다. 버나드 윌리엄스Bernard Williams가 말한 것처럼, 그것은 "도덕의 비용에 대한 민감성을 담고 있다."[Williams, 1978: 65] 이런 생각에 동의한다면 학생으로 하여금 도덕의 비용이라는 아이디어를 생생하게 인식하도록 하는 것이 모든 민주시민교육의 중심 목표가 되어야만 한다.

시민교육과 도덕교육의 명확한 관계는 무엇인가? 이것은 많은 논란을 불러일으킨 복잡한 문제이기도 하다. 물론 이 두 영역의 공통점도 많다. 시민교육과 도덕교육은 아동의 개인적/사회적/문화적 정체성을 개발시키는 데 기여하며, 일반사회에서 공유되는 가치와 인정받는 행위 규범에 대한 이해를 증진시키려고 한다. 기회 균등, 민주주의, 관용, 공정경쟁, 인권, 법치 등과 같은 가치들은 시민교육뿐만 아니라, 도덕교육의 핵심으로 녹아들어 있다.[Halstead, 2013: 90] 도덕적 덕과 시민적 덕은 서로 무관한 것이 아니다. 시민이 도덕적 의무뿐 아니라, 시민적 의무를 갖는다는 점이 인식되면서 최소한 일부 정치가와 학자들의 사고는 도덕교육과 시민교육이 서로 융합되고 있다.

여하튼 도덕교육은 가정생활, 노동 유형, 문화적 다양성, 언론 권력, 테러리즘의 발생, 반사회적 행동 등 급속한 사회 변화에 적응해야 했다. 이런 변화의 일부분은 최근 정치에 대한 젊은이들의 엄청난 환멸과도 관련이 있다. 도덕적 책임에 대한 관심이 높아지면서 정치권의 관심 영역 안으로 포함되고 있다. 다른 한편, 만일 앞으로 시민교육 속으로 편입된다면, 아주 빈약한 형태의 도덕교육이 되고 말 것이라는 주장도 있다. 도덕교육은 폭넓은 개념이기 때문에 그것이 오직/주로 시민교육을 통해 이루어진다면 왜곡될 가능성이 있다. 젊은이들이 도덕적으로 성숙하려면 사랑, 친절, 관대함과 같은 인격의 특성을 배울 필요가 있다. 이런 점은 시민교육의 교육과정에서 별로 나타나지 않는다. 또한 도덕교육은 젊은이들이 시민성 자체를 뒷받침하는 가치에 대해 비판적으로 반응할 때 필요한 주요 원리나 기능을 제공해준다.

그래서 두 영역을 분리시킬 필요가 있다고 주장하는 사람도 있다. 왜냐하면 시민성은 정치적 소양을 가진 개인들을 길러내는 일에 일차적으로 관심을 두는 중립적 활동이라고 볼 수 있기 때문이다.[Beck, 1998: 108] 이와 달리 도덕교육은 결코 가치중립적일 수 없다고 보기도 한다. 왜냐하면 도덕교육은 도덕적 가치에 관한 정보, 도덕적 의사결정 기능, 그리고 도덕적으로 행동하려는 동기를 서로 결합시키는 일이기 때문이다.Halstead, 2013: 91

실제로 시민교육에 접근하는 방식에는 크게 두 가지가 있다. 좁은 의미에서 시민교육은 사회 속에서 효과적으로 살아가는 데 충분한 지식을 가진 유식한 시민 양성을 목표로 삼는다. 이보다 더 넓은 의미에서 시민교육의 목적은 도덕적/사회적 책임, 지역사회 참여 등과 같은 공적 가치/실천에 헌신하는 능동적 시민의 양성이다. 좁은 의미에서 시민성의 과제는 인지적이다. 즉, 사회적/정치적 이념, 제도, 이슈의 이해를 확대시키는 것이다. 시티즌십은 그 나름의 지식/이해/기능의 체계를 갖춘 교과가 된다. 예를 들어 학생들은 공공 기관으로부터 정당하게 대우받을 사항, 지방정부와 중앙정부의 구조, 법률 체계, 건강 증진, 경제/국제관계, 그리고 기회 균등, 인종관계, 지역사회 결속, 인권 등에 관한 입법에 대해서 학습한다. 더 넓은 의미에서 시티즌십은 지식과 개념 이외에 가치, 성향, 기능, 적성, 충성, 헌신의 발달을 반드시 포함해야 한다. 공적 책임감, 사적 이익을 초월하는 능력, 광범위한 정치 공동체와 동일시하려는 의지 등과 같은 공적 가치가 일정 수준에서 공유되지 못할 경우 민주주의 사회는 일관성과 안정성을 잃게 된다. 민주주의 사회가 다른 사회와 확연하게 구별되는 것은 구체적인 제도/절차가 아니라, 정의, 자유, 자율성 존중과 같은 가치이다.

따라서 민주주의가 작동하기 위해서는 시민이 자신의 지식/기능을 민주적으로 활용하고자 하는 역량을 갖출 필요가 있다.White, 1996 시민교육의 내용은 시민으로서 이해를 위한 지식(정체성의 감지, 권리와 자격의 충족, 책임과 의무의 수행, 공공 문제에 대한 적극적 관심과 참여, 기본이 되는 사회적 가치의 수용 등), 시민으로서 능력 수행을 위한 기술(지적 기술, 의사소통 기술, 문제 해결력, 사회적 기술 등), 성향(자질) 형성을 위한 태도(신뢰, 정직, 용기, 차이의 인정, 관용, 경청 등)로 구성된다.

학생들의 시티즌십을 제대로 가르칠 수 있는 교육을 하려면, 민주주의 제도가 제대로 돌아가도록 필요한 시민적 덕/성향을 학생들이 습득하도록 도와주어야 한다. 거기에는 공동선에 대한 관심, 인간의 존엄성과 평등에 대한 믿음, 책임 있는 행동, 관용의 실천, 용기, 개방성, 예의, 법치 존중, 기회 균등에 대한 신봉, 인권에 대한 관심 등이 포함되어야 한다.

넓은 의미의 시민교육과 도덕교육 사이에는 서로 의미가 많이 중복된다. 시민교육과 도덕교육이 서로 관계가 있다는 사실에 별로 의문을 갖지 않을 것이다. 도덕적 가치와 추론에 기반을 두지 않고 시티즌십을 기르는 일은 기계적이고 지루하며 위험할 수 있다. 물론 이 둘 사이의 관계의 성격과 한계에 관한 논란은 남아 있다. 도덕교육과 시민교육은 '가치교육'이라는 더 큰 범주에 속하는 것이라고 주장하는 사람이 있는가 하면, 도덕교육 혹은 가치교육은 좋은 시티즌십을 위해서 충분하기보다 '필요한 것'이라고 주장하는 사람도 있다.

시티즌십이 사회의 공적 가치에 관심을 두는 것이라고 본다면, 시민교육과 도덕교육은 확실히 중복되는 것이 많다. 그렇지만 도덕교육은 공적 가치에 관심을 두면서도, 사적 덕 혹은 인격적 자질에 더 관심을 둔다. 실제로 도덕교육의 목적을 진술해놓은 것들을 보면 공적인 것보다는 사적인 것에 더 중점을 두고 있음을 알 수 있다. 그것은 흔히 어린이들이 옳음/그름을 분별하도록 도와주고, 착하게 되도록 가르치며, 도덕적 행동으로 이끌어주는 일이라는 식의 단순한 용어로 표현된다. 그런데 이런 목적들은 단순한 것처럼 보이지만, 아주 복합한 측면이 감추어져 있다.Wringe, 2006

'옳다'와 '그르다'는 상대적 용어인가, 절대적 용어인가? '선하다', '착하다'는 말은 무엇을 의미하는가? '도덕적으로 행동하라.'는 요구가 충족된 경우란 왜 그래야 하는지의 이유를 이해하지 못한 채 도덕적 규칙만 따르도록 훈련받는 경우인가 혹은 옳은 이유로 마땅히 올바른 일을 행하는 경우인가? 도덕성은 외부에서 부과된 어떤 규칙에 순종하는 일인가, 혹은 자율적인 의사결정의 일인가? 그것은 도덕적 원리들을 특수한 상황에 적용하는 방법을 아는 일인가 혹은 어떤 종류의 사람이 되는 일인가?

이런 복잡한 점들을 간파했던 도덕교육 이론가들도 많다. 그들의 주장에 따르면 그 최종 산물, 즉 '도덕적으로 교육받은 인간'이 명료화되어야 비로소 도덕교육에 무엇이 포함되는지를 제대로 이해할 수 있다고 말한다. 바꾸어 말하면, 도덕교육을 제대로 받은 사람으로 간주되려면 어떤 자질/속성/기능/능력/지식/이해를 갖출 필요가 있을까? 그런 사람은 도덕적 식견을 지니고 있고, 비판적 성찰을 할 수 있고, 도덕적 행위에 헌신할 수 있어야 한다. 이러한 도덕교육의 목적은 곧바로 시민교육의 기본적 목표로 자리 잡아야 한다.

민주적 시티즌십을 위한 참여적 시민교육의 요청

민주적 시티즌십을 위한 비판적·참여적 시민교육의 기본적인 목적은 민주적 시민을 창조하는 것과 함께 민주시민으로서의 태도, 가치 그리고 행동을 가져오게 하고 격려하는 데 있다. 즉, 정치적 소양/식견을 가진 비판적 시민으로서 정치적으로 행동하는 참여적/능동적 시민을 기르는 데 있다. 민주적 시티즌십을 위한 시민교육은 단순히 시민 '개인'의 변화를 목표로 하지 않고 가족적 개인에서 '공적 개인'으로, 무정형의 개인에서 의식적이고 적극적인 집합체로 변신하는 비판적/참여적 시민을 기르는 것을 목표로 한다. 비판적이고 참여적인 시민은 공공의 문제에 관심이 있으며 공적인 문제에 기꺼이 참여한다. 비판적/참여적 시민은 민주적 식견(소양)을 갖춘 사람, 민주주의적 가치에 헌신하는 사람, 민주사회에서 요구하는 제반 과정과 절차에 숙달된 사람, 사회문제에 적극적으로 참여해야 할 책무를 느끼고 실제로 참여하는 사람이다. 민주적 시티즌십을 위한 시민교육의 목적이 정치적 소양을 계발할 뿐 아니라 도덕적·사회적 책임과 공동체 참여를 고무하는데 있다면 지식과 개념뿐만 아니라 가치, 성향, 기술, 태도, 헌신의 개발을 포함하여야 한다. 집단의 문제 해결, 합의 도출, 연설, 탄원, 농성, 투표처럼 공적인 목표를 달성하는 데 헌신하고 필요한 지식, 기술을 연마한다. 그리고 책임감 있는 시민은 지역사회 수준에서 기꺼이 봉사하려고 하며, 도움이 필요한 사람들에게 도움을 주고자 한다.

민주적 시티즌십을 위한 시민교육은 민주적 규범을 주입하는 방식이 아니라, 더욱 본질적으로 성찰적이고 창조적인 행위 주체를 개발하고 적극적으로 참여하고 의문을 표시하는 능력을 강화하려고 한다. 사회의 공적 가치에 대한 헌신이 비판적인 성찰과 권위에 도전하는 의향과 결합되었을 때 개개의 시민과 사회 둘 다를 위해 가장 효과적이다. 민주적 시티즌십을 위한 시민교육은 정치적 토론과 토의 그리고 캠페인에 적극적으로 참여하는 자율적이고 비판적인 성찰적 시민을 양성하는 것이다. 능동적 참여와 다원주의에 대한 헌신을 하는 숙지된 시민으로 발달시키는 것은 오늘날 합의 가능한 민주적 시티즌십을 위한 시민교육의 핵심적 요소라고 할 수 있다.

이런 시민교육의 목표는 도덕교육과 결합력이 가장 높다고 볼 수 있다. 왜냐하면 도덕교육의 목표 또한 '자율적이고 비판적인 성찰을 할 수 있는 도덕적 행위자'를 양성하는 데 두고 있기 때문이다. 비판적 성찰의 기술은 도덕적인 행동의 성찰을 통해 개발될 수도 있다. 이러한 비판적 시민은 개인적으로 책임지는 민주시민, 참여하는 민주시민, 정의를 지향하는 민주시민으로 발전하도록 해야 한다.

학교에서 가르치는 시민교육이 만병통치약은 아니다. 치유해야 할 병의 근원은 근본적으로 정치체제의 한계에서 찾아야 한다. 시민교육의 문제점을 모두 교사와 학교의 책임으로 돌리는 것은 옳지 못하다. 그럼에도 불구하고, 학교는 중요한 역할을 담당한다. 학생들이 시민으로서 발달하는 가운데 온갖 방법으로 영향을 미칠 수 있다. 어떤 방법은 분명하고, 또 어떤 방법은 불분명한 것도 있다. 교과를 통해서 혹은 이와 별도로 학교가 시민됨에 미치는 효과성에 대해서 주의를 기울일 필요가 있다. 이와 동시에 학교가 시민됨의 발달에 영향을 미치는 유일한 곳은 아니라는 점도 분명하다. 학교는 좋은 시민을 만들 수 있으나, 사회 안에서 다른 영역과 협력할 필요가 있다.

민주주의 문화의 형성과 정착은 민주사회를 구성하는 시민의 의식과 행동에서 비롯된다. 사회에 성숙한 시민이 충분히 존재하지 않는다면, 아무리 민주주의 제도가 주어졌다고 하더라도 그것을 민주적으로 운영할 수 없다. 즉 시민 없는 민주주의는 허울만 남게 되는 것이다. 따라서 민주주의를 제대로 실현하기 위해서는 시민의 형성과 성숙이 절대적으로 필요하다. 그리고 이는 교육을 통해 시민의식을 진작시키고 사회문제에 실제 참여하는 행위를 통해 시민으로 성장시킬 때 이루어진다.

참여적 시민교육은 교육 주체나 학습자, 관점에 따라 다양한 주제와 내용, 방식으로 이루어지고 있다. 어떠한 것도 시민교육에 대해 완벽하게 설명하지는 못하지만 나름의 방식과 정의를 통해 시민교육의 영역을 확장하고 있다. 하지만 공통점이 하나 있다면 모든 교육 프로그램과 단체에서 강조하는 것은 교육 이후의 '실천'과 '활동'으로 이어진다는 점이다. 이를 위해 과거와는 달리 교육과정 안에서 단순히 가르치고 배우는 주입식 교수법이 아니라, 참여와 토론, 활동 등 다양한 쌍방향 교수법과 함께 교육 이후에 배운 것을 나누는 봉사의 과정, 실천하는 참여의 과정, 자신의 판단을 이행하는 운동의 과정 등을 함께하고 있다. 이러한 실천적 과정과 함께 앞으로 중요한 것은 시민교육이 어떠한 외풍에도 흔들리지 않을 수 있도록 하는 사회적 합의이다. 콘텐츠와 학습자 모집에 대한 경쟁 체제가 아니라 공동의 목표를 가진 시민교육 공동체로서 함께 나가야 한다.

한국 민주시민교육의 과제

훌륭한 시민을 양성하기 위해 많은 국가들은 각자의 특성에 맞는 교육을 발전시켜왔다. 시민을 양성한다는 점에서 '시민교육'이라고 불리는 이들 교육은 영국, 프랑스, 호주 등에서는 '시민교육civil education' 또는 '공민과 시민성civics & citizenship'이라는 이름으로 진행되었고, 독일에서는 정치교육, 미국에서는 '사회과' 형태로 발전해왔다. 서구 국가들의 경우 국가 간 경쟁의 심화 등에 따라 시민교육과 관련된 교육들이 전반적으로 축소되는 경향을 보였다. 그러나 최근 들어서 정치적 무관심의 증가, 다문화·다인종 사회화, 마약, 범죄 등 청소년의 일탈행동 증가와 같은 문제의 해결과 환경과 같은 새로운 가치의 등장 등에 따라 시민교육이 다시 강조되고 있다.[104]

우리나라에서는 민주시민교육 내지는 시민교육이라는 용어가 사용되고 있으며, 공교육에서는 미국의 영향을 받아 사회과에서 시민교육을 주로 담당하고 있다. 시민교육의 필요성에 대한 공감대가 확산됨에 따라 범 교과로서 시민교육이 도입되기도 했다. 최근에는 정부의 정책에 따라 '인성교육' 등 이름과 내용을 달리해서 진행되기도 하고, 일부 자치 교육청에서는 재량권 범위 내에서 '민주시민교육'에 관심을 갖고 교재 편찬 및 사회 참여, 학생 자치활동을 권장하기도 한다. 그러나 시민교육은 여전히 제도화 수준이 낮고, 교육 여건상 지식 전달 위주로 진행될 수밖에 없다는 점에서 그리고 공교육의 틀 안에서만 진행된다는 점에서 한계를 보이고 있다.

이러한 한계를 극복하기 위해 한국에서도 사회갈등의 증가, 새로운 가치의 등장 등에 따라 시민교육으로서의 '정치교육'[108]에 대한 관심이 높아지고 있으나, 아직까지 제도화 수준은 낮은 편이다. 우리나라에서 정치교육의 제도화 수준이 낮은 것은 오랜 기간 동안 시민이 공공의 일에 참여하는 것이 봉쇄되어 있었기 때문이다. 독재정권하에서 정치교육

104 시민교육의 내용을 간단히 살펴보면 대체적으로 헌법(법률), 역사, 지리, 경제, 민주주의, 인권, 노동, 다문화 등의 내용을 포함한다. 서구의 경우 통합과 새로운 문제의 해결을 위해 시민교육을 강조하고 있는 반면 제3세계 국가들의 경우 '발전'이라는 측면에서 시민교육에 관심을 갖는다.

은 반공교육이거나 정치적 동원을 위한 것이었다. 한국에서 정치교육이 활성화되지 못한 중요한 이유 중 하나는 정치교육을 담당할 주체가 형성되지 못했다는 점이다. 주권자 교육으로 권력을 통제·분산하며, 참여를 통해 자원의 분배에 영향을 미치고자 하는 정치교육은 중앙집권화된 정치권력 및 거대화된 경제 권력과 필연적으로 충돌한다. 따라서 권위주의적 국가와 자본은 정치교육의 주체가 되지 못하였다.[이영제, 2013] 서구와 달리 정당, 언론, 노조, 시민단체 등도 정치교육의 주체가 되지 못하였다. 정당은 정치교육을 담당할 기관이 부재하거나 선거연수원이 있다고 하더라도 정부의 정책을 홍보하는 교육에 불과했다. 그리고 교육보다는 이합집산을 통해 권력을 유지하려고 했다. 주요 언론은 정권과 자본, 그리고 사주의 개입으로부터 자유롭지 못하였다. 노조는 정치개입이 금지되었을 뿐만 아니라 노조 스스로도 자신의 경제적 이익에만 골몰하는 경향을 보였다. 시민단체들의 경우 열악한 환경과 정치적 중립성 등의 이유로 적극적인 정치교육을 진행하지 못하였다. 민주화 세력에게 있어서도 정치교육은 참여가 아닌 저항을 위한 것이었고, 매우 급진화되어 있었다. 따라서 한국에서 정치교육은 민주주의가 정착된 이후에나 가능한 일로 보인다.

그런데 최근 참여민주주의의 시민 주체로서 풀뿌리 민주주의에 대한 관심이 확대되고 있다. 지방자치제로 인식되기도 했던 과거의 풀뿌리 민주주의는 대의 정치의 하위 파트너에 불과했다. 거대화되고 관성화된 정치권력뿐만 아니라 경제, 언론 등 기존의 거대 권력들은 아래로부터 수평적이고 비자본주의적인 연대와 협동에 의해 재구성되는 시민의 생활정치에 개입할 여지를 찾기 어렵다. 그렇지만 시민정치의 활성화와 더불어 활성화된 풀뿌리 민주주의는 제도로써 지방자치 의미를 넘어선

105 '정치교육'은 사적인 이해관계가 아니라 공공의 일에 참여하기 위한 기본적 소양과 기술, 태도를 갖는 교육과 학습을 의미한다. 그리고 그것은 바로 민주주의에 대한 교육이다. 정치교육을 공동의 일에 관한 교육으로 이해할 때, 그 내용은 공동체의 역사와 문화, 지리, 법, 제도에 대한 지식과 이해뿐만 아니라 실천으로까지 확장된다. 즉, 정치교육의 궁극적인 목적은 민주주의의 주체로서 시민의 정치 참여에 있다.

다. '시민정치'가 정치적 주체로서의 시민의 복원과 참여를 중심으로 한다고 할 때 풀뿌리는 시민정치의 출발점인 주권자로서 시민의 자기 결정성과 구성 능력을 발휘할 수 있는 공간이기 때문이다. 시민이 참여하여 구성하는 풀뿌리 민주주의는 아래로부터의 정치교육과 훈련, 실천을 통해 '민주시민'을 양성함으로써 제도정치의 한계를 보완하는 것은 물론 소위 시민 없는 시민운동의 빈틈을 메워줄 수 있다. 풀뿌리 민주주의에서 더 중요한 것은 '자치'의 영역에서 기존의 권력 조직들의 영향력이 제한적이라는 문제의식에 있다. 시민으로서의 삶은 자신의 공동체에 대한 책임과 의무, 자기 결정성을 토대로 한다. 뿐만 아니라 인민주권이, 직접민주주주의가 일상적으로 구현 가능한 공간은 국가공동체가 아니라 생활정치 수준에서의 공동체이다. 풀뿌리에서 시민은 자신의 삶과 관련된 결정에 참여함으로써 다른 시민과 소통하고, 공존하고, 결정하는 법을 배우게 된다. 그리고 그와 같은 지식과 경험은 풀뿌리에서 머무르는 것이 아니라 지속적으로 확장된다.

강요가 아니라 생활적 필요로부터 수평적으로 구성되는 풀뿌리 생활정치는 생산자와 소비자 모두가 주인이 되는 생활협동조합의 사례나 공동주택, 공동육아, 대안교육, 다양한 품앗이 활동, 마을극장 등의 사례에서와 같이 기존의 정치, 경제, 사회, 문화적 권력을 기성 정치와 다른 방식으로 구성한다.[이영제, 2013] 획일적이고 조작된 욕구에 기반을 둔 생산, 소비, 교육, 문화가 아니라 자신들만의 방식으로 교육과 생산, 소비, 문화를 만들어가는 것이다. 이를 통해서 국가 공동체 수준에서는 불가능한 것으로 보였던 정치, 경제, 사회, 문화적인 권력의 재구성이 가능해진다. 즉, 자치와 참여를 통해 아래로부터 권력의 다원화가 진행되는 것이다.

생활정치는 풀뿌리에서 공공의 일에 참여하는 시민이 만들어가는 정치이다. 일상적인 필요와 요구에서부터 시작하는 생활정치는 시민 스스로가 정치의 주체가 된다는 점에서 중요한 정치교육의 장으로 기능한다. 나와 내 주변에서의 공적인 일에 대한 관심과 참여, 그리고 문제를 민주적으로 해결하는 과정에서 경험은 중요한 학습효과를 갖는다. 생활정치의 학습효과는 풀뿌리 영역에만 국한되지 않고 사회 전반의 영역으로 확장된다. 그것은 생활과 풀뿌리에서 많이 발생되는 갈등들이 사회 전반의 문제와 맞닿아 있기 때문이다. 예를 들면 친환경 무상급식의 문제는 내 아이의 급식의 문제를 넘어 국가적으로 중요한 의제가 된 지 오래이다. 밀양 송전탑 문제의 경우 송전탑이 건설되는 몇몇 마을의 문제를 넘어 국가의 에너지 정책과도 관련되어 있다. 이처럼 생활정치는 미시적 영역에서 시작하지만 사회와 국가 차원의 정치와 관련되거나 확장된다. 그리고 생활정치에서 시민의 참여에 대한 경험과 그 과정에서 길러진 문제 해결 능력, 그리고 효능감은 더 쉽게 다른 생활정치의 문제나 영역에 참여할 수 있게 해준다. 많은 지역에서 생협이나 협동조합에서 활동한 경험이 있는 사람들이 마을 도서관이나 카페 등을 만들거나 운영하는 데 주축이 되는 것을 볼 수 있다. 이와 같이 생활정치가 확장되면서 권력과 시장이 축소한 공공 영역을 확장한다. 즉 생활정치에서 시작하는 아래로부터의 정치의 재구성은 정치를 축소하고 주변화하는 위로부터의 정치와 달리 정치를 확장하고 다양화한다.

생활정치에서의 학습은 공교육과 같은 제도교육의 틀을 넘어 경험과 실천을 포함한다. 따라서 풀뿌리에서의 정치교육은 제도 교육에서의 교육과 같이 정형화된 대규모 형태로 진행될 수 없다. 여러 나라에서 자기들만의 시민교육의 배경과 발전 방향이 있듯이 각 공동체는 공동체마다의 맥락에 맞는 교육이 필요하다. 이를 위해서는 이제 막 시작했지만 중앙정치에 의해 과도하게 규제되고 있는 교육 자치를 확대할 필요가 있다. 생활 속에서 필요와 요구를 참여를 통해 구성해가는 생활정치에 필요한 능력은 단순히 대표를 선택하는 능력이 아니라 정치를 형성하고 구성하는 능력과 관련이 있기 때문이다. 여기서 교육 자치는 민선교육감이나 교육위원들, 지방의회 차원에서의 자치가 아니라 개별 학교, 마을 수준에서의 자율성으로의 확대를 의미한다. 교육 자치의 확대를 위해서는 지역 차원에서의 교육 협치/공치governance와 국가적 수준에서의 지원 체계 구축이 필요하다.

생활정치의 활성화를 위해서는 무엇보다 많은 시민이 참여와 경험을 통해 주체로서 인식하도록 하는 것이 필요하다. 생활정치에서 교육은 공공의 일에 대한 관심과 참여 속에서 효능감을 느끼고 정치의 주체가 되는 학습의 과정이다. 따라서 공교육과 사회교육 등 모든 영역에서 지역사회와 함께하는 실천 활동 등이 요구된다. 예를 들면 공교육의 차원에서 지역의 시민, 사회단체 등과 함께 지역을 탐사하고 그 과정에서 정책을 제안하거나 캠페인을 벌이는 등 사회 참여 활동을 진행할 수 있다. 즉, 학교와 지역이 만나고, 학교, 교사, 주민이 만나서 문제를 찾고 해결하는 과정을 통해 자신이 살고 있는 지역을 이해하고, 자신의 실천을 통해 변화되는 모습을 보면서 주체로서의 인식과 사회의 작동원리를 깨닫는 것이다.

끝으로 생활정치의 활성화를 위해서는 생활정치 수준에서의 민주주의에 더 관심을 가져야 한다. 가정, 학교, 직장 등 생활의 많은 영역에서 구성원들이 객체로 남아 있는, 민주주의와 정치가 분리된 상황에서 생활정치는 발전할 수 없다. 학교에서 학생이 학교의 일에 관심을 갖는 것이 불온시되고, 가정에서 민주적 대화가 진행되지 않는다면 생활정치는 사상누각에 불과할 것이다.

참여적 시민교육의 한국적 과제

1. 어떤 사람을 민주시민이라고 할 수 있는가?
2. 참여적 시민교육을 실천할 수 있는 구체적 방안은 무엇인가?

17장
휴머니티의 회복을 위한 실천적 인문학

> 인문학은 젊은 사람들의 마음을 바르게 지켜주고,
> 나이 든 사람들의 마음을 행복으로 인도한다.
> 또한 풍요로운 삶을 가져다줄 뿐 아니라
> 우리가 역경에 처해 있을 때, 마음의 안식과 평화를 가져다준다.
>
> 키케로(BC 106~BC 43)

왜 인문학, 열풍인가?

요즘 우리 사회에 '인문학'에 대한 열망이 고조되고 있다. 인문학의 가치가 고조된 데는 산업화와 경제화를 통한 물질적 풍요 속에서 그동안 소외되어온 '인간의 정신'과 '인간 존재의 가치'에 대한 관심과 의문을 정립하고 구명함에 있어서 '인문학'이 주요한 역할을 수행할 수 있으리라는 기대 때문이라고 볼 수 있다. 1962년 세계적인 영화배우 메릴린 먼로가 자살했을 때 그의 전 남편이었던 야구 선수 조 디마지오는 이런 말을 했다고 한다. "그녀는 이 세상 삶을 살면서 갖기를 원하는 모든 것을 가졌지만 무엇을 위해 살아야 하는가 하는 삶의 목적은 가지지 못했다."[106] 이 말은 인간에게 삶의 목적이 무엇인지를 성찰하게 만드는 인문학의 존재이유를 말해준다.

오늘날 교양교육의 추세는 여러 가지 도전들을 많이 보여주고 있다. 우리 사회는 지금 교양교육이 시장 논리에 연동하면서, 즉 말랑말랑한 교양 수준으로 전락하면서 상품화되고 있는 양상을 보이고 있다. 인문학은 붐을 타고 풍성해졌지만, 이미 인문학과는 거리가 먼 처세나 실용

106 김기봉, '인문학은 교양이다', 〈두루내〉 2013, 09+10. vol.10

또는 사교 모임의 둥지가 된 것 같다. 자연의 위대함에 맞서 인간 삶의 유지를 최우선으로 꼽던 고대에는 인문학이 모든 학문을 주도했다. 그런데 과학이란 이름의 새로운 학문이 등장하자, 사람들은 점차 비과학적, 비합리적으로 보이는 인문학을 멀리하기 시작했다. 과학이 점점 발달하여 인간 삶의 모든 영역을 규율하게 되면서 '실용성'을 지나치게 강조하는 분위기가 형성되자, 인문학은 더욱 대중과 멀어지게 되었다. 그리고 단기간에 눈에 보이는 결과를 내거나 당장 실용적인 효과를 보여줄 수 없게 되면서 인문학은 '쓸모없는' 학문으로 여겨져 추락을 거듭하게 되었다. 특히 모든 것이 돈으로만 환산되는 세상에서 사람들의 관심으로부터 점차 멀어졌다. 그래서 오늘날 정치적 시민의 복권을 이루는 시도가 인문학의 과제 중 하나로 등장하였다.

그동안 우리의 인문학은 고답주의적이고, 현실 개입을 회피해왔다. 한 사회의 교양을 담당하였던 선비들의 전통은 자기 수양에 한정하거나 기존 사회를 유지하는 데 이용되었다. 그리하여 유구한 전통으로 자랑할 수 있는 파란만장한 대쪽 같은 선비들의 지사적 삶은 외면당하였다. 그 결과 인문학은 권위주의 내지 개인주의 경향을 보였다. 우리 사회에 있어 인문학에 관심을 갖기 시작한 계기는 민주화 이후의 일이다. 1987년 이후 노동계급의 변혁적 도전과 민주화 요구에 직면하여 한국의 중산층은 비로소 민주적 시민사회를 건설하고자 하는 교양시민의 역할을 모색하기 시작하였다. 한국의 국민은 권위주의 통치의 세례를 받아 아직은 성숙한 민주적 교양시민의 모습을 갖추지 못하고 있다. 국가와 시장에 대한 공정한 감시자 역할을 하는 시민단체 또한 교양 능력이 충분치 않다. 그러기에 더욱더 부정의와 폭력, 타협 없는 정쟁 등으로 얼룩진 한국 사회의 구조적 악을 척결할 수 있는 민주적 교양의 학습을 필요로 한다.

이러한 필요에도 불구하고 시민의 탈정치화와 함께 시민의식 또한 점점 탈정치화되면서 시민들은 일상적·정치적 관심으로부터 멀어지는 경향을 보이고 있다. 민주화의 진전과 함께 시민사회의 비판적 기능이 커져야 함에도 의식 수준이 미약하여 국가와 시장에 대한 감시와 견제 기능을 제대로 할 수 없다. 시민사회의 중심적 운동을 하는 시민단체는 권리 주창에 경도된 나머지 시민이 갖추어야 할 비판적 교양을 경시하는 경향을 보인다. 게다가 인문교양교육은 인격 수양에 치우친 나머지 비판적 교양을 함양하는 것을 소홀히 하는 경향을 보인다. 이렇게 되면 시민사회의 주체인 교양시민층의 형성을 어렵게 하며 그 결과는 소시민으로 전락하는 것으로 귀결될 것이다.

시민사회의 실천적 인문학은 그동안 실용적인 기술교육과 직업교육의 위력으로 인해 그 존재가 위축되어왔다. 특히 신자유주의적 세계화 국면을 맞이하여 공리주의적 실용성과 시장주의적 효율성이 득세하면서 인문교양교육은 날로 침식을 받아왔다. 효율성을 모토로 하는 신자유주의의 무한 경쟁은 거스를 수 없는 추세처럼 보이지만, 오늘날 민주주의가 지체되고 있는 것은 시민사회의 주체들 스스로 인문적 교양이 취약한 것도 하나의 원인이 된다. 이러한 상황 속에서 민주적이고 비판적인 교양시민이 절실하게 요청되고 있다.

1980년대에 세계화의 흐름과 함께 밀어 닥친 경쟁과 효율성을 강조하는 신자유주의의 태동은 인격의 상실/죽음과 공동체의 붕괴를 더욱 부채질하였다. 이에 대한 각성으로 인문교양교육에 대한 관심을 고조시켰다. 우리 사회의 경우 한때 사회과학에 대한 지대한 관심을 통해 사회 변혁에 대한 희망을 불태운 적이 있다. 최근에 이르러서는 인문학 열풍의 시작이 1997년 IMF 외환위기의 맞닿아 있다는 점은 매우 시사적이다. 자신의 삶을 버리면서까지 일에 매달리고 조직에 충성했지만 돌아온 것은 매정하고 가혹한 현실이었다. “과연 나는 무엇인가?” “나는 세상에서 어떻게 살아가야 하는가?” 등의 회의와 성찰이 인문학에 대한 관심으로 이어졌다. CEO 또한 인문학에 목말라하는 것은 자신의 역할에 대한 인문학적 통찰이 새롭게 필요하다는 인식 때문이다. 지식은 많으나 거기에 인간이 빠지고 인격이 매몰된 현실에 대한 반성이 지금 우리 인문학 열기의 바탕이 되고 있다. ‘영혼이 없는 수월성 교육’ 문제의 심각성이 제기되는 것도 이런 상황의 반영이라고 할 수 있다. '효율성'이 마치 수월성인 것처럼 둔갑해버렸다. 이러한 사태의 전개는 상업화되고 시장화되어가는 경쟁 중심적 사회체제의 부산물이기도 하지만, 시민의 취약한 교양 능력 때문이기도 하다.

이런 현실을 극복하려면 새로운 민주적 시민사회를 건설하기 위해 자율적 결사체가 결성되어야 하고(16장), 이에 조응하는 시민의 인문적 교양 능력을 함양하여야 한다. 인간다움humanity을 함양하지 못하고 단순히 계층상승을 위한 지식의 축적에만 매달리는 것은 인문학의 본질을 이탈한 것이다.

인문학의 역사

인문학은 '인간에 대한 학문'에서 출발했다. 문학, 역사 그리고 철학으로 상징되는 인문학자들은 인류의 역사가 시작된 이래 줄곧 '인간의 무늬'에 대해 고민하면서 그 고민을 해결하고자 하였다. 인문학은 인간의 삶과 가장 가까운 곳에서 인간과 함께 역사를 이뤄온 학문이라고 할 수 있다. 이렇게 인문학은 시민으로서 교양을 함양하는 데 중요한 역할을 하였다.

최초의 인문학 장소는 그리스 아테네 근교에 위치한 플라톤의 '아카데미아'로 거슬러 올라간다. 이곳 아카데미아에서 아테네 지도자들에게 '파이데이아Paideia', 즉 인간됨/인간다움의 본질에 대한 교육을 실시하였다. 그리스인들은 예로부터 수사학, 문법, 수학, 음악, 철학, 지리학, 자연의 역사 그리고 체육을 통해 인간됨의 본질에 도달할 수 있다고 믿었다. 이러한 교육을 통해 탁월한 삶, 이상적인 삶을 지향하였다. 다시 말하면 파이데이아(교육)를 통해서 '탁월함arete'의 삶을 사는 것이 그들의 목표였다.김상근, 2013, 17-18

그런데 플라톤의 스승 소크라테스가 아테네 법정에서 사형선고를 받은 그 순간부터 불길한 조짐을 보이기 시작하였다. 인간의 본질을 성찰하며 창조적 사고를 이끌어냈던 그리스 학문이 폐쇄적이며 배타적으로 변해가고 있을 때, 이에 대한 반발로 신생국인 로마에서 새로운 학문이 싹트기 시작하였다. 그것은 로마의 법률가이면서 정치가인 정치사상가이던 키케로의 인문학이었다. 키케로는 '인문학'이라는 용어를 최초로 만들어낸 사람이고, 인문학을 유행시킨 첫 인물이다. 그는 '후마니타스Humanitas'라는 개념을 통해 로마 사회의 지도자가 갖추어야 할 지도자 덕목을 제시하였다. 인문학Studia Humanitatis, humanities, human science은 '인간다움', '인간적인 삶'을 규명하려는 학문이다. 그리스어에서 탁월함을 뜻하는 'Arete'가 로마에서는 'Virtus'로 번역되었다. 그리스어의 '아레테'가 모든 존재하는 것의 최고 상태를 지칭하는 '탁월함'이었다면, 라틴어의 '비르투스'는 용기와 남성다움이란 덕목이 추가된 '탁월함'의 또 다른 이름이었다.[김상근, 2013: 19]

오늘날 시민사회의 발전을 위해 '시민교육citizenship/civic education'에 관심이 증대하고 있는데, 시민을 형성하는 교육의 중심에 인문학이 자리하고 있다. 원래 인간성 회복을 위한 파이데이아는 탁월한 시민이 되기 위해 요구되는 '개인적 자유'와 함께, '정치적 자유'를 교육 목표에 두고 있었다.[O'Hear & Sidwell, 2009: 31] 그리스 파이데이아가 로마로 이식된 로마의 후마니타스의 본질에는 인간이 공동체의 일원인 시민으로 태어나고 공동체의 시민으로서 비로소 인간적인 존재가 된다는 자각이 깊게 자리 잡고 있다. 이상을 충족시키고 그것을 밝히고 계몽하는 인문학 교육 또는 교양교육은 '후마니타스', 즉 사람다움, 인간성, 휴머니즘/인문주의를 위한 교육이다.

오늘날 사용하는 인문학은 영어로 'humanities'로, 로마의 정치가 키케로가 교육 프로그램을 짤 때 원칙으로 삼았던 'Humanitas'에서 유래했다. 이 말이 '교양교육'의 의미로 확장된 건 2세기 무렵 로마의 수필가 겔리우스Aulus Gellius에 와서다.[김경집, 2013: 15] 이 말은 일반적으로 미국 대학의 교양과정을 일컫는 'liberal arts'와도 상통하는데, 중세에 'liberal arts'는 '자유학문liberal arts'을 의미하는 말이었다. 중세에는 트리비움trivium(3학=문법, 수사학, 논리학)과 쿼드리비움quadrivium(4학=산술, 기하, 음악, 천문학)을 묶어 자유학문이라고 했고, 르네상스 시대에는 정신과 신체의 통합적인 완성을 꽤한다는 명목으로 기존 7과목에 고어와 고문예를 더했다.

키케로의 후마니타스 개념에는 지적 요소는 물론이고 윤리적이고 미적인 요소를 모두 담고 있다. 완결된 사람다운 사람됨으로서 키케로의 후마니타스 개념은 자기형성과 자기도야를 통하여 인간성이 최고에 도달한 상태를 나타내는 개념, 즉 도덕적이고 정신적인 도야를 두루 포괄하고 있다.김창환, 2007: 47; 신승남, 2011: 93 키케로는 "우리 중에서 인간적인 것에 어울리는 교양을 몸에 지닌 사람만이 인간이다."라고 주장하였다. 키케로를 포함한 로마의 인문학자들은 역사와 도덕적 판단력, 그리고 대중을 설득시키고 정책을 효과적으로 설명하기 위해 '잘 쓰고 잘 말하는 법'을 배워야 한다고 역설하였다. 후마니타스는 바른 예절, 인간적 교양과 덕, 인간적 부드러움과 인간됨을 의미하는 시민적 덕목을 뜻하며, 인간답게 사는 것과 그 방법이라고 할 수 있는 교양 있는 시민의 지적·도덕적 표현인 동시에 시민적·사회적인 일상생활의 덕성을 의미하였다. 그러므로 교양교육은 그리스 파이데이아와 로마의 후마니타스가 발전된 신인문주의와 계몽사상에서 보여주듯이 교육적 과정이면서도 정치적 과정이라고 할 수 있다.Bista, 2002

중세 대학은 교회의 필요와 신앙 증진을 위해 활용되면서 '신에 대한 학문'이 대세를 이루었다. 12세기에 발흥한 중세 대학의 학문 체계는 아리스토텔레스의 정교한 철학 체계(스콜라 철학)를 바탕으로 발전하였다. 중세는 그야말로 종교의 과잉 시대, 즉 암흑 시대였다. 인문학의 학문적 경향은 중세 대학의 위기로부터 촉발되었다. 르네상스 인문주의자들은 키케로의 인문학을 재발견하고, 신의 학문이 아닌, '인간의 학문'이라 하여 '인문학Studia Humanitatis'이란 용어를 만들어 사용하기에 이르렀다. 오늘날 사용하고 있는 인문학은 사실 르네상스 시대의 개념이라고 할 수 있다. 바로 이 시기에 로마 시대의 재탄생, 즉 '인문학'이 부활한다. 14세기의 르네상스 시대에 접어들면서 새로운 사회 변화가 일어났다. 처음으로 상인 계급과 시민 계급이 등장한 것이다. 특별히 상인 계급은 중세 대학의 난해한 학문이 자신의 사업에 특별한 도움을 주지 못한다는 것을 깨닫게 된다. 자신들에게 필요한 학문은 난해한 스콜라 철학이 아니라, 거래계약서를 작성하고 직원들에게 자신의 경영 지침을 효과적으로 전달하는 것이며, 그리고 경영자에게 필요한 효율적인 인간의 이해가 필수적이라고 느끼게 된다.

고대 그리스와 로마의 인간 자체와 인간의 여러 활동에 관한 연구가 강조되었지만, 인문학이 교육과정으로 뚜렷이 부각된 것은 르네상스 시대였다. 그 시대에 옹호되었던 교육과정은 인간이 되기 위한 학문으로 문법, 수사학, 역사, 시, 윤리학 등으로 구성되는 인문학이었다. 그리고 고대 그리스와 로마의 필사본이 그 연구 대상이었다. 마침 상인 계급들의 새로운 학문에 대한 필요성은 르네상스 시대의 인문주의자들의 고전 발견과 연결된다. 주로 이탈리아 피렌체 출신인 이들은 새로 등장한 상인 계급의 재정적인 후원을 받으며, 중세 시대에 사라졌던 고대 그리스와 로마 시대의 고전을 발굴하게 된다. 중세의 교육과정이 법학, 의학, 특히 신학 등 전문직을 위한 인간 양성에 치중한 반면에, 르네상스 시대의 인문주의자들은 사회적 책임과 시민적 참여를 위한 개인의 전인적 발달—마음, 육체, 성격—을 강조한 폭넓은 교육을 생각했다.[Rich, 1985: 228-229] 호메로스와 키케로를 비롯한 고대 그리스와 로마 시대의 현자들이 인간에 대해 성찰하고, 지도자의 덕목을 숙고했던 지혜를 '부활

로마 시대	르네상스 시대	근대와 현대	추구하는 정신
역사로부터 얻는 지혜	역사	역사(史)	진(眞)
도덕적 판단력	도덕철학	철학(哲)	선(善)
글과 말로 대중을 설득하는 능력	문법, 수사학, 시	문학(文)	미(美)

인문학의 기본 분야[김상근, 2013: 30]

Renaissance'시킴으로써 드디어 인문학이 지도자들에게 "나는 누구인가?"를 스스로에게 질문하라고 끊임없이 요구하였다. 또한 자신이 속한 공동체를 이끌어야 하는 지도자로서 "나는 어떻게 살아야 하는가?"에 대해서 끊임없이 질문하도록 요구하였다. 또한 지도자는 "나는 무엇을 추구하면서 살아야 하는가?"에 대해 늘 숙고해야 한다고 강조하였다.

인문학의 기본 방향은 15세기에 접어들면서 '시민을 위한 인문학Civil Humanism'으로 발전을 하였다. 인문학이 자칫 개인의 덕성 함양으로 흐를 수 있는데, 이것은 원래 인문학이 추구했던 정신과는 배치된다. 문학, 역사, 철학으로 구성되는 인문학은 탁월한 개인을 만들기 위한 처세의 방편이 아니다. 인문학적 성찰의 결과를 시민과 함께 나눈다는 생각은, 우리가 속한 공동체의 미래에 대한 희망의 시도이다. 인문학은 학문적으로 깊이 심화되어야 하지만, 또 이러한 심화된 인문학은 우리가 속한 공동체에 확산되어야 한다. 인문학은 모든 영역에 걸친 인간의 사상, 행동, 창작물에 관련되어 있음으로 인문학의 탐구는 결코 특정 분야에만 한정되는 것이 아니다.[Rich, 1985: 227]

이렇게 그리스의 파이데이아는 로마의 후마니타스로, 중세 기독교의 로고스Logos로, 그리고 오늘날 서양문명의 근간이 된 르네상스 시대의 '인문학'으로 발전되었다. 인문학은 각 시대의 경직성에 저항하면서 새로운 인간에 대한 이해를 시도하였다. 고대 그리스의 파이데이아와 로마의 후마니타스의 중핵 교과인 3학trivium[107]과 4과quadrivium를 사회정의와 공공성의 관점에서 해방적으로 해석하는 동시에 그동안 축적된 현대의 비판적 학문 성과와 결합시켜갔다. 역사적으로 교양교육의 'liberales/liberal'이라는 단어가 갖는 의미는 계속 발전되어 진보적 의미를 갖게 되었다. 이러한 의미로 발전함으로써 비판적 지성을 확충하는 진정한 '자유교양liberal arts'의 의미가 현대적으로 되살아났다.

107 'tri+vium'의 영어 표현은 'the three ways' 또는 'the three roads'이다. '길'을 뜻하는 라틴어 'via'의 복수가 'vium'이다.

1980년대 이래 기존의 교양교육은 다음과 같은 비판을 받으면서 발전되어갔다. 교양교육 비판가들은 특정의 교양교육 개념을 문제 삼는다. 교양교육에 아주 큰 영향력을 미친 뉴만John Henry Newman[108]과 허친스Robert Hutchins[109]는 기존의 교양교육 개념과 특정의 역사적 제도화(빅토리아 대학이나 근대 연구대학)에 허점이 있음을 지적하면서 교양교육의 개념이 궁지에 몰려 있다고 말한다. 뉴만은 마음이 자유로운 습성을 향유한다는 것은 본질적으로 어려운 일에 속한다며 마음의 도야는 결국 선을 지향하는 마음의 끊임없는 열정을 의미한다고 역설하였다. 마음은 끊임없이 도야되어야 할 그 무엇이고, 도야란 문화 속에 깃들인 선을 나누어 갖는 것이나 다름없다.

그러나 뉴만은 아무리 그 일이 어렵다 하더라도 그것을 일생동안 추구하면 결국 인간의 마음은 자유로움, 공청심, 평정심, 그리고 지적 겸양과 지혜의 속성들로 채워질 수 있다고 믿었다. 이런 뜻에서 뉴만은 지식을 추구하되 "지식을 그 자체의 목적으로 추구해야 한다."고 주장했다. 이 말의 기원은 로마의 키케로에게로 거슬러 올라간다. 교양교육

108 1952년 뉴만은 아일랜드 더블린에 있는 유니버시티 칼리지의 총장직 수락 연설에서 "대학이 무엇을 가르칠 것인가"라는 질문을 스스로 던지고, 이에 관한 소견을 밝혔다. 이 연설에서 그는 배우는 사람들은 자신들의 학문에 대한 질투와 열정을 가져야 할 뿐 아니라, 서로 사귐으로써 지적 평화를 추구해야 한다고 역설했다. 그는 자신의 권고가 사상에 대한 새로운 창조인 동시에, 더 나은 지적 전통의 수립을 의미한다고 했다. 그는 이런 교육이 이루어진다면, 그것에 '자유로운'이라는 이름을 붙이고 싶다고 하였다. 그에게 있어서 마음의 습성은 근본적으로 자유로운 것이었다.

109 예일대 법대 학장으로 있던 허친스가 1927년 시카고 대학 총장으로 부임하면서 시카고 대학의 교양교육/자유교육은 마음의 도야에 기반을 두었다. 그는 이곳에서 무려 24년 동안이나 총장으로 있으면서 '대학에서 무엇을 가르칠 것인가'에 대해 고민을 한 사람이었다. 그는 예일대학에 있을 당시부터 『위대한 책들』에 관심을 두었다. 1952년에 출판된 『위대한 책들』은 3천 년의 지성사가 피워낸 인류의 마음이라고 해도 지나치지 않다. 이것은 허친스 자신과 아들러가 함께 편집한 것으로서 초판은 54권으로, 두 번째 판은 60권으로 구성되었다. 출판 기념식에서 허친스는 다음과 같은 연설을 하였다. "이 책은 단순한 세트의 책이 아니다. 이 책은 교양교육/자유교육이 추구해야 할 교과의 전형이다. 서구 사회에서 이 『위대한 책』은 경건한 삶의 귀감이다. 이 책에는 인간 존재의 뿌리가 들어 있다. 여기에는 우리의 문화유산이 가득 차 있다. 이 책은 말 그대로 서양의 역사다. 이 책은 인류의 의미, 그것이다." 이후 위대한 책, 즉 고전을 읽는 것을 통한 교양교육은 허친스와 아들러 등에 의해 발전되었다. 이들은 학교교육이 전문적이고 직업적인 실용교육과 무관한 '일반교육'을 강조하였다. 그는 인류가 보편적으로 소유해야 할 마음을 위한 교과를 'permanent studies'라고 불렀다. 즉 '불변의 진리'라는 뜻을 갖는 사변교과들이다.

의 목적을 '지성의 함양cultivation of the intellect'에 두었던 뉴만의 입장을 따랐던 허스트Paul Hirst는 실천적 지식과 사회적 관행으로 관심을 돌리면서 교양교육이 특정의 교육과정이나 교수법으로 축소되는 것은 잘못이라고 주장하였다. 허친스는 삶의 귀감이라고 할 수 있는 『위대한 책들』 속에 무엇인가 인류의 마음이 지향해야 할 선한 것이 들어 있으며, 결국 그것은 행복을 위한 것으로서 교양교육이 추구해야 할 교과의 전형이라고 믿었다. 또한 인류의 마음이 추구해야 할 선한 힘이 민주주의를 표방하고 온 세상을 이끄는 견인차가 될 것이라고 믿었던 허친스는 지성의 덕을 선한 지성적 습관이라고 정의했다. 항존주의자로 분류되는 허친스의 이런 표현은 아리스토텔레스의 표현과도 다르지 않다. 아리스토텔레스는 "유용한 것만을 찾으려고 애쓰면 자유롭지도 못한 영혼, 고귀하지도 못한 영혼이 된다."라고 하였다. 허친스에게 있어 마음의 자유로운 발달은 인간이 공통적으로 가지고 있는 본성을 기르는 것이었다. 교육은 결국 인간이 보편적으로 소유해야 할 마음을 기르는 데 목적을 두는 것이다.

오늘의 인문교양교육은 3학4과의 전통이 옥스퍼드-케임브리지의 개인지도tutorial 방식으로 이어지고 있으며, 위대한 책 프로그램the Great Books Program이 전파되면서 동시에 그것을 넘어서려는 새로운 흐름이 나타나고 있다. 즉 단순히 고전을 읽는 데 머물지 않고 소크라테스적 대화와 사회적 실천을 보이고 있다. 인문교양교육liberal education, liberal arts education은 현실 속에서 발생하는 쟁점에 대한 논의를 하는 것과 함께 우리를 분열시키는 도덕적 가치, 이론들 그리고 전통들을 비판적으로 이해하면서 사고할 것을 요청하고 있다.

인문교양교육의 이념적 변화

인간으로서뿐만 아니라 시민으로서 민주적 시민사회를 건설하는 역할을 해야 하는 인문교양교육은 앎과 삶이 분리되지 않는 실천적 삶, 공동선의 의지, 정의와 공정 의식, 관용의 태도, 겸손, 자제력, 대화와 경청의 능력, 교섭력 등 민주적 교양 능력을 필요로 한다. 인문학을 통한 교양교육은 평생의 노력만큼 삶과 함께 계속되는 것으로서의 학습을 필요로 한다. 학교교육은 학교를 마치고 나면 끝난다. 그렇지만 교양학습은 결코 중단되지 않으며 평생을 통해 계속된다. 삶은 우리를 계속 놀라게 하기 때문에 사람은 학습하는 방법을 새롭게 배우지 않을 수 없다. 사람은 나이를 먹기에 변하지 않을 수 없다. 그리고 우리는 경험으로 의미를 끌어낼 수 있는 능력 가운데 계속 성장하고, 비판적으로 반성하고, 현명하게 대응한다. 여기에 교양학습의 변혁은 전적으로 극적인 계기를 제공한다. 그리고 그것은 결코 짧은 시간에 완성될 수가 없다.

인문교양교육은 좋은 삶good life을 식별하고 준비하는 데 있다. 인문교양교육은 행위 주체자로서 행위자를 발전시키기 위해 의도된 행위이다. 그러기에 인문교양교육은 직업기술교육, 전문기술교육과는 다르다. 이러한 문제의식 아래 다음 세 가지 이념이 제시되었다.

① 좋은 삶은 기존의 단일한 이상을 기도하는 것이 아니다. 그러기에 원리적으로 (교육적 내용을 위한 상호 관련된 함의를 가지고 있는) 좋은 삶의 다양한, 개별적, 그리고 대조적인 비전을 기대하지 말라고 말할 이유가 없다.

② 좋은 삶의 비전을 요청하고 그것의 '식별'을 이해하고자 하는 학습자의 노력은 교양학습의 내적 부분이다. 이렇게 요청한 해석은 항상 구성되고 만들어진 것이며, 개방적 논의를 거친 것이고 그리고 계속 정교화된 것이다.

③ 좋은 삶을 '준비'한다는 것이 학습이 끝났을 때 좋은 삶이 시작되는 것이라고 잘못 함의될 수 있다. 오히려 사는 것과 배우는 것은 전 생애를 통해 서로를 관통하고 도야하는 것이다.DeNicola, 2011: 181-182

좋은 삶을 위한 교양교육은 서로 연계되는 역동성이 특징이 된, 그리고 인간으로서의 삶의 활동과 전체적으로 자신의 삶에 대한 규범적 관심을 가지고 융합된 생생한 진화의 전통을 통해 발전되어왔다.

잘 살고 충만한 삶, 즉 좋은 삶에 어떻게 이를 것인가? 그리고 어떻게 그런 삶을 준비할 것인가? 내가 어떻게 행동해야 하는가? 혹은 내가 무엇에 가치를 두어야 하는가? 이런 질문은 짧게 말하면 정말 "내가 어떻게 살아야 하는가?"라는 질문을 던지는 것이다. 이런 질문에 대한 서로 다른 접근이 시도되었다. 그것은 교양교육의 비전을 표현하였던 사상 요소와 전통 속에서 개발되었다. 그것을 최고의 목적으로 해석하는가 하면, 처음에는 확산적이었지만 나중에는 개념의 느슨한 지류가 생기고, 이념이 목표에서부터 시작하여 교육과정과 교수법에 이르기까지 점점 세분화되었다. 그것은 다음의 네 가지 중심적인(사실 서로 얽혀 있지만) 교육 목적으로 나타났다.[DeNicola, 2011: 182-18].

첫째, 교육은 세대에 걸쳐 문화적 유산의 전승을 위한 것이어야 한다.[Alan Bloom, Robert Hutchins, Mortimer, E. D. Hirsch] 인간은 무력하고 무지하게 태어났다. 부모는 자신의 유전자를 통해 학습해왔던 것을 전달할 수가 없다. 학습은 생존을 위해 필수 불가결하다. 인류의 역사와 업적을 습득하기 위해서이다. 인문학을 가르치는 것은 곧 위대한 고전을 보존하고 양육하는 일이다. 그런데 모든 세대는 한 번 더 배우지 않으면 안 된다. 우리의 조상은 학습을 위한 가능성을 변혁시킨 두 번의 혁신을 했다. 그것은 경험을 기호로 바꾼 복잡한 상징체계를 발전시킨 것이고, 그리고 이들 기호를 영구적 인공물 속에 보존하는 기술의 발전이었다. 이렇게 우리는 각 세대와 함께 성장하며 다음 세대에 전승할 수 있는 학습의 유산을 만들어내면서 인간의 경험을 명료하게 표현하고 축적하고, 그리고 보존한다. 이런 문화적 보물, 우리의 지적 유산, 즉 정교한 언어, 지식의 전 교과, 위대한 텍스트와 예술 작품의 풍성함, 역사적 이야기, 그리고 해결되지 않았지만 호기심을 자극하는 문제들을 보존하고 전승하는 것은 그들을 이해하는 방법과 함께 교육의 중요한 의무가 되었다.

이런 유산, 즉 '정전/고전canon'이라고 부를 수 있는 것들에 가치를 두고 다음 세대를 동화시키는 것은 좋은 삶을 식별하고 살아가는 데에 없어서는 안 된다. 이러한 전승transmission 유형의 교육은 여러 가지 잘 알려진 도덕적 차원을 요청한다. 어떤 문화적 유산의 의미 있는 부분은 명시적이든 암묵적이든 내용에 있어 도덕적이다. 그것은 도덕적 모범을 보여주면서 도덕적 상상력이나 판단과 같은 현명한 도덕적 역량을 고무하고 그것에 기여한다. 도덕적 숙고는 이런 유산의 평가, 선택 원리의 사용, 그리고 이런 유산의 사용과 가치를 가장 정교하게 전달하는 의미와 관련이 있다.

둘째, 교육은 규범적 개체성normative individuality을 발휘할 수 있는 자아실현을 위한 것이어야 한다.Plato, Aristotle, Nietzsche, David Norton 이런 견해로 본 교육은 학습자에게 가치를 둔 잠재력의 실현, 즉 역량, 태도 그리고 기술의 자각과 발전에 초점을 둔다. 이런 지형은 성취나 완성을 위한 욕구에 의존한다. 그리고 그것은 좋은 삶의 특별한 개념을 어떤 인간의 본성이나 개인의 인격 함양과 연습, 규범적 개체성이라고 부를 수 있는 자아의 완성에 연결시키는 완전주의perfectionism에 바탕을 두고 있다. 자아실현을 한 인간의 그림은 사회적 규범이나 역할, 잘 삶과 번영이라는 자연주의적 지표, 그리고 독특한 잠재력과 개별 학생들이 인지한 약속으로부터 나올 수 있다. 과정 그 자체는 서로 다른 형이상학적 사명으로부터 힌트를 얻어 다양하게 자아를 발견하거나 형성하는 것, 즉 자기 창조, 자아에 대한 정의, 자아실현이나 자기구현으로 묘사될 수 있다. 그러나 교양학습은 사람을 개체화하고 인격을 형성하고 완성한다는 것, 그런 교육은 단지 성장하고 늙어감으로써 달성할 수 없는, 자신에 대한 더 나은 비전을 개인들에게 제공한다는 것을 가정하고 있다. 이렇게 자아실현은 도덕화moralization를 포함한다.

셋째, 교육은 자신의 삶을 형성하는 세계와 그것의 힘들을 이해하는 것이어야 한다.Whitehead, Popper 이 관점에서는 대조적으로 세계의 현실과 인간의 곤경에 맞추어진다. 우리의 맥락을 파악하는 것은 물리적 세계

뿐 아니라 사회적, 문화적 그리고 심리적 요인을 파악하는 것이다.[110] 학교의 기능이란 아이들에게 단순히 처세술/요령/기법을 가르치는 것이 아니라, 세계가 무엇인지를 가르치는 일이다.Arendt, 2005: 262 그것은 어른 사회와 아이들 간에 높은 벽을 쌓는 것이 아니다. 이 교육 목적은 세계의 현실과 인간의 곤경을 파악하여 이에 대처하는 것이다. 부모와 교사는 교육을 통해 아이의 인생과 성장을, 그리고 세계의 존속을 책임져야 한다.Arendt, 2005: 259 사회는 변화 없이 보존되는 것이 아니라, '새로운 인간의 탄생'을 통해 계속해서 갱신된다. 갱신하지 않으면, 즉 새로운 세대가 유입되지 않으면 필연적으로 파멸로 접어들 수 있다. 새로운 것들은 교육에 의해 보존되고 교육에 의해 기존의 세계로 인도된다. 인간세계의 새내기인 아이들은 완성된 존재가 아니라 생성 과정의 미완성 존재이다. 여기에서 교육자들의 책무는 오래된 세계(과거)와 새로운 세계(미래)의 간격에 다리를 놓는 매개자의 일이다.Gordon, 2001: 5 아이들은 앞으로 나아가려는 사람을 뒤에서 잡아당기거나, 아니면 뒤에서는 막 밀지만 앞에서는 막고 있어서 어찌 해볼 수 없는, 즉 '과거와 미래 사이에' 끼여서 나아가지도 물러서지도 못하는 상황에 처해 있다. 아이는 과거와 미래의 '중간에 낀in-between' 존재, 탄생과 죽음 사이를 채우는 인간 실존의 조건에 놓여 있다. 인간의 조건인 탄생성과 사멸성이 인간이 지구적 존재라는 사실에 토대를 두고 있듯이, 공론 영역의 몰락은 바로 인간의 구체적 거주지인 생활세계의 파멸로 이어진다.

그러기에 아무리 권력이 부패하고 인간이 더불어 살 수 없는 세상이 되었더라도, 세상에 새로운 사람이 태어나서 기적과 같이 그 '새로움newness'을 가지고 행동하면서 다시 '공론의 영역public sphere'[111]을 불러일으켜야 한다. 새로 온 사람인 아이들/새내기들이 비록 말과 행위를 하

110 칼 포프는 물리적 대상과 사건을 '세계 1', 주관적 정신 상태를 '세계 2', 추상적 이념의 세계를 '세계 3'으로 구분하였다.

111 하버마스의 '공론 영역offenlikeit'은 말과 행위로서 공유된 세계로서 공동의 관심사에 관한 자유인들의 말과 행위를 통해 비로소 구성되는 공간, 그리고 시민사회의 합리적 의사소통이 활발하게 전개되고 실현되는 영역이다.

는 데 부적절한 세상에 태어났다고 하더라도, 그 새로움을 잘 간직하고 배양할 수 있도록 도와주고 보호해주어 마침내 올바로 행위할 수 있는 인간으로 자라도록 성장시켜야 한다.[이은선, 2013:87] 교육이란 이러한 새로움을 잘 지켜주는 것이다. 사회 새내기의 '새로움'은 세상 속에서 결실을 맺을 수 있도록 보호와 돌봄을 받아야 한다. 우리가 교육을 통해서 새로 오는 세대를 마음대로 할 수 있을 같지만, 결코 그러게 해서는 안 되고 깨어지기 쉬운 보물처럼 다루듯이 조심스럽게 경외를 가지고 다루어야 한다. 그렇게 자유와 행위의 공간을 주어야만 아이들이 바로 그 행위로의 능력으로 길러진다. 이런 것들이 아렌트가 구상한 교육적 이상이다. 그런 의미에서 교사들은 세계의 대표자로서의 책임을 지니고 아이들과 만나는 소명이 주어졌다고 할 수 있다.

그리고 세계를 이해하기 위해 처방된 수단, 즉 탐구의 교과와 기법은 서로 다른 비전 아래 다양할 수 있다. 그리고 세계에 영향력을 발휘한 현명한 '힘들'의 목록은 시간의 흐름에 따라 변한다. 지지자들은 우리가 살고 있는 '세계world'를 발견하거나 창조하는 것, 세계에 거주하고 있는 것이 무엇인지, 그리고 우리들의 상황에 대한 지식에 무엇이 제한을 가하는지에 대해 어느 정도 논의할 수 있다. 그러나 이런 해석 가운데 사물을 식별하는 목적에 있어, 그리고 경이감이나 호기심에 있어 일치가 보인다. 이해에 도달하는 것은 항상 현상을 의미 있게 하는 것과 연결되어 있다. 우리의 세계를 이해한다는 것도 좋은 삶을 사는 데 있어 없어서는 안 된다는 가정이 배경에 깔려 있다. 강한 의미에서 세계 이해(그리고 이해된 세계의 관조)는 '좋은 삶good life'이다. 느슨한, 좀 더 공통적인 의미에서 세계 이해는 좋은 삶에 기여하거나 구성 요소가 될 수 있다(아리스토텔레스의 이론적 지혜sophia와 밀의 고차적 즐거움을 가져오는 활동 등). 자신과 타인을 안다는 것, 나의 상황과 그것의 가능성을 이해하는 것, 나의 행위가 가져올 위험과 결과를 파악하는 것 등은 확실히 나의 도덕적 행동에 관련이 있는 것이다. 게다가 "성취한 지식은 이슈를 변화시킬 수 있고, 무지는 사악함의 죄를 범할 수 있다."[Whitehead]

는 화이트헤드의 관찰대로, 이해를 위한 의무는 그 자체가 도덕적 책무로 보일 수 있다.

넷째, 교육은 세계에의 참여와 변화를 위한 것이다.Isocrates, J. S. Mill, William James, Paulo Freire 이러한 관점에서 도덕교육은 우리로 하여금 세계에 대처하고, 세계에 고상하게 봉사하고, 설득력있게 비판하고, 세계를 개혁하도록 하는 것이다. 세계에 대한 다른 해석과 전망 속에서 참여와 변화는 시민 참여, 공공 봉사, 도덕적 행동, 정책 분석(실천의 차원), 사회비판, 심하게는 사회로부터의 원리적 퇴각을 포함할 수 있다. 사회비판이 종종 이론을 중시하고 실천을 경멸하는 것으로 폭로된 이래 도덕교육에 이런 입장을 포함하는 것에 대해 놀랄지도 모르겠다. 그러나 고대 아테네로 훨씬 돌아가 보면 교양교육 기관의 원형을 세웠던 플라톤의 제자 이소크라테스는 학생들로 하여금 현명하고 적극적인 시민이 되도록 준비시켰고, 심오한 건전한 도덕적 헌신에 기반을 두고 명확하게 표현하고 설득시키는 힘인 변증법과 수사법을 훈련시키는 노력을 하였다. 좋은 삶을 사는 것은 실천적 지혜, 건전한 판단, 그리고 반성적 행위를 필요로 한다. 좋은 공동체는 덕이 있고 유능한 사람들의 계속된 노력을 통해 구성하고 보존하지 않으면 안 된다. 세계의 어지러운 영역으로부터 퇴각을 옹호하는 주변적 해석들조차, 교양교육은 효과적이고 적절한 도덕적 행위를 위해 학생들을 준비시키는 것으로 해석된다.

이러한 교육 목적을 요약해서 정리하면 첫째, 교육은 세대에 걸쳐 문화적 유산의 전승을 하기 위한 것이며, 둘째, 교육은 규범적 개체성에 이르는 자아실현을 위한 것이며, 셋째, 교육은 자신의 삶을 형성하는 세계와 그 힘들을 이해하는 것이며, 넷째, 교육은 세계에의 참여와 실천을 위한 것이라고 압축할 수 있다. 네 가지 교육 목적은 교육철학에서 최극단을 대표하는 것이고, 교육 담론을 만들어내고 있으며, 그리고 교육과정과 교수학을 발전시키는 관점을 확립하고 있다. 이들 교육 목적은 교양교육의 다양한 개념 연합을 포용할 수 있을 것이다. 사실 이 개념들은 너무 광범위하여 좋은 삶의 함양에 보조적으로 관련된 것들을 쉽게 잊어버릴 수 있다. 위의 네 가지 목적들은 인문교양교육의 견고한 개념에서 찾아볼 수 있는 것들이고, 그런 교육에 헌신한 기관의 사명에서도 볼 수 있다. 그러나 인문교양의 개념과 제도에 독특한 특성을 부여하는 이 이념 요소들을 엮어내는 데 있어서는 변수들이 많이 생길 수 있다. 정말 인문교양교육의 역사에서 보여주는 역동성은 주로 이 이념 요소들의 이동, 균형 그리고 융합에 따라 달라질 것이다. 이들 이념을 거대한 비전 아래 유사한 요소들로 묶어 유목화할 수도 있다.

인문교양교육의 자연스럽고 명시적이면서도 불완전하기도 한 목적은 잘 사는 도덕적인 삶에 대한 헌신, 준비 그리고 함양은 물론이고 계속적으로 구별하고 종합하는 것에 있다고 할 수 있다. 좋은 삶을 위한 교양교육이 규범적으로 도덕적이지는 않지만, 그것이 제공하는 것이 때로는 결손되거나 잘못 인도되어 정의롭지 못한 교육일 수 있다. 왜냐하면 아리스토텔레스의 좋은 삶은 원래 엘리트적이고 귀족적이었기 때문이다. 또한 좋은 삶이란 것이 삶의 단일하고, 동질적이며 헤게모니적이고, 성차별적인 관점을 나타낼 수 있기 때문이다. 교육자의 도덕적 권위뿐만 아니라 오직 자신들의 가르침과 방법의 정당함만을 전제할 수 있다. 그렇게 될 경우 돌봄적 관계의 열정이나 따뜻함을 보여주지 못하는 비실천적이고 무미건조한 지적 존재물이나 다름없게 된다.[112] '좋은 삶'은 '올바른 삶'이 아닐 수 있는 것이다.

그래서 인문교양교육—때로는 '자유교양교육'이라고도 번역하는—은 자유로부터 그리고 자유를 위해 나아가고, 인문교양교육을 구성하는, 위에서 말한 교육의 네 가지 목적들은 종종 다음과 같은 특별한 형태의 '해방liberation'의 이념을 향해 나아가려고 시도한다.

① 교육의 문화적 전승 이념은 초시대적인, 무의미한, 구성되지 않은 현실

112 그래서 아리스토텔레스의 전통을 고무하는 교양교육의 목표가 많은 비판을 받게 되자, 새로운 교양교육의 이념으로서 3C, 즉 배려care, 관심concern, 연계connection이 제창되기도 하였다.[Martin, 1994]

로부터 해방을 지향한다.

② 교육의 자아실현 이념은 혼란을 겪고 있는, 강요된 정체성으로부터의 해방, 즉 자신의 가능성을 실현하는 데 있어 자신의 진정한 자아를 해방시키는 것을 지향한다.

③ 세계 이해를 목적으로 하는 교육의 이념은 미신, 무지, 오류로부터의 해방을 선포한다.

④ 세계 참여를 목적으로 하는 교육의 이념은 무기력, 거짓된 구속, 사회적 동일성으로부터의 해방을 지향한다.DeNicola, 2011: 184

데니콜라DeNicola의 견해에 따르면 교양교육liberal education의 'liberal' 어원을 지금까지 종종 'freedom'(자유)[113]으로 좁게 해석해왔지만, '해방liberation'의 의미로 적극적 해석하는 시도이다.[114] 일반적으로 그리스어 eleutheriai technai와 라틴어 artes liberales로 번역된 'liberal arts'의 원래 말은 '자유의 기술the skill of freedom'이다.DeNicola, 2011: 184 본래 교양교육은 'liberal arts'라는 의미로서 자립적이고 창의적인 인간으로 성장하여 자유로운 자아실현을 하도록 하는 필수적인 지식과 지혜를 쌓고, 대화와 협력의 자세를 확고하게 갖춘 민주시민을 육성하려는 교육에 있다. 전통적으로 교양교육은 직접적 생산 활동인 노동으로부터의 자유, 여가schole/skhole를 누리는 자유인에게 적합한 교육, 특정의 직업전문교육이 아닌 '일반교육general education'의 의미를 지녔다. 그동안 전통적 교양교육은 인격수양이나 자아실현을 위한 것에 목표를 두었다. 다시 말하

113 온라인 어원사전Online Etymology에 따르면 liberal education의 'liberal'의 의미가 '책liber'이다. 도서관의 뜻을 갖는 'library'도 여기에서 나왔다. 책에 쓰이는 나무껍질을 뜻하는 'liber'는 땅에 붙박여 있는 나무와는 달리 이동이 가능하다는 점에서 '자유롭다' '놀 수 있다' '얽매여 있지 않다'라는 의미가 있다. 오늘날 자유를 의미하는 'liberty'는 이런 의미를 갖는 'liber'의 과거분사형에 해당된다. 이렇게 볼 때 'free'의 어원이 되는 'liber'는 'libertio(release, freedom)'과 'libertas(freedom, liberty)'와 같은 어종을 이룬다. 'liber'는 원래 라틴어에서 나무의 속결을 가리켰는데 이것이 책의 의미를 갖게 된 것은 책을 나무껍질로 만든 관례가 고대에 있었기 때문이다.

114 '자유'의 개념은 자기 결정의 성취에서 자율성의 천부적 조건으로, 그리고 기본적 인권으로 발전되어갔다.

면 전통적 교양교육은 마음과 몸, 삶 전체의 반듯하고 조화로운 이상적인 인간의 교양을 함양하는 데 있다. 전통적 교양교육은 학문을 탐구하고 인격을 닦고 자아를 풍성하게 구현할 수 있는 품성과 태도를 갖도록 하는데 있었다.

그런데 이러한 생각은 신사나 엘리트 등 특정 계층만을 위한 자유를 넘어 진정 '자유에 적합한liberalis/fitted for freedom' 교육을 지향하는 '자유의 기술artes liberles/liberal arts, skill of freedom'로 탈바꿈해갔다. 교양교육은 자유의 요소와 이슈들을 발전시켰고 그리고 도덕적으로 저명하다고 할 수 있는, 주목할 만한 이념을 결속시켰다. 교양교육의 'liberal'의 의미를 더 해방적이고 비판적인 의미로 확장할 때, 기존의 인격 형성 중심적 교양교육의 한계를 넘어설 수 있었다. 그렇게 할 때 'liberal'의 개념은 노예적인 또는 기계적인 기술로부터 자유로운 지성의 의미로 확장된다. 즉, '자유인에 어울리는' '얽매이지 않는' 어원적 의미를 갖는 'liberal' 개념은 관용적인 것, 정통적 신념에 속박당하지 않는다는 것을 말해준다.[서경석, 2007: 28, 32-33] 다시 말하면 'liberal'이라는 말에 해방적이고 비판적인 의미를 부여하는 것이다. 결국 노예적, 기계적인 기술에 속박당하지 않아야 자유인이 되는 것이다. '자유적'이란 단순히 타인을 따르는 추종과는 반대되는 '마음의 자유'를 획득하는 것이며, 사람들을 더욱 자유로운 존재가 되게 하는 데 있다. 출신과 계층과 관계없이 전통과 관행을 넘어 편견과 속박으로부터 얽매이지 않는 '자유로운' 가치를 추구하는 '해방적' 의미를 획득하게 되는 것이다.

이런 인문학의 'liberal' 정신은 인간의 자기비판과 세계비판으로 성숙시키는 교육과정으로 발전하였다. 'liberal'의 교육 정신은 기본적으로 '비판-구성적 도야관'에 바탕을 두는 것이다.[손승남, 2010: 34] 다시 말하면 인간의 자기 이해와 타인 이해/배려 그리고 연대의 도야 이념은 교양교육의 인문 정신이라고 할 수 있다. 인문 정신은 세계에 대한 하나의 접근이고, 여러 가지 인간 행동을 인도하고 영향을 주는 하나의 관점과 태도라고 할 수 있다.[Rich, 1985: 235] 인문 정신은 인생의 모든 영역에서 발전될 수 있을 뿐 아니라, 인문주의적 관점은 형식적 교육체제의 안과 밖에 있는 광범위하고 다양한 사회적 관계에서 획득될 수 있다. 인간화는, 곧 해방하는 효과를 가져 오는, 이를테면 배움을 확장시키고, 상상력을 자극하며, 동정심을 불러일으키고, 인간 존중의 관념을 고무하며, 적절한 인간관계의 태도와 형식을 형성하는 어떤 작용이나 관계, 혹은 상황이나 활동을 '인문주의적 것'으로 만들 수 있다.Rich, 1985: 235

교양교육이 단지 소승적으로 자신의 잠재력을 신장시키는 자아실현에 머물거나 세상의 삶과 격리된 명상과 관조의 삶에 빠지는 것이 아니라, 왜곡된 자아의 정체성을 해방시켜 대승적으로 세상일에 개입하고 참여하는 해방의 삶으로 진전하는 것이다. 이것은 자아실현이나 자기수양에 머물던 인격이 '해방적 인격'으로 발전하는 진화된 모습이기도 하다. 인문학은 현세로부터 벗어나 위로 오르고 밖으로 나가는 삶의 탈출인 동시에, 던져진 세상으로부터 다시 안으로 들어와 내면화되는 변증법적 과정이기도 하다. 인문학은 '도야되지 않은' 인간과 세상을 '도야된' 인간과 세상으로 변화시키는 변증적 교육 활동으로서 인간과 세상을 동시에 변화시키는 쌍방적 과정이라고 할 수 있다. 이것이 비판철학자 하버마스J. Habermas가 중시하는 도구적 합리성을 넘어서는 '해방적 합리성emancipative rationality'이다. 오늘날 인간의 자유와 해방적 실천을 추구하는 비판적 교육학critical pedagogy은 인간 소외와 비인간화 그리고 교육의 상품화 현상으로 부추기는 신자유주의에 대한 대응으로서 해방적 도야/교양Bildung 이념으로 재설정하는 시도를 하고 있다.

또한 해방적 도야를 위한 인문학은 강압 없는 소통을 통한 부정의 변증법과 반역의 정신을 기본으로 한다고 할 수 있다. 벤야민, 호르크하이머, 아도르노, 마르쿠제 등 비판이론가들은 시민사회의 교양을 그리스와 로마에서 탄생한 파이데이아와 후마니타스 정신에 바탕을 둔 독일어 'Bildung'의 부흥에서 찾았다. 교양을 의미하는 독일어 'Bildung'은 'Bild(형상)'에서 유래하였다. 전인이 되는 것을 인간성을 형성하는 이념으로 설정한 교양은 원래 인간이 신과 유사해지려는 것으로부터 유래하였다. 신이 그의 형상Bild에 따라 인간을 창조했기에 'Bildung'이라는 말이 태어났지만, 그와 동시에 신은 그 형상을 만드는 것을 피조물에게 금지하였다. 이렇게 금지한 것을 '감히 알고자 하는 것'이 바로 '계몽'이다. 모든 것을 이성의 태양 아래 놓는 비판 정신을 통해 완전한 인간으로 성숙해나가는 것이 교양이다. 이 같은 성숙의 과정을 문학적으로 형상화한 것이 '교양소설Bildungsroman'이다. Bildung(자기도야/자기형성)은 권력과 지배에 대한 저항의 가능성, 즉 '반反교육counter-education'의 정신을 보여준다.Hansen, 2008[115] 비판이론가들은 기존의 교양을 반교육으로서 비판적 교육으로 변혁시키고자 하였다.Lovlie & Standish, 2002

부모나 교사의 권위에 의해 이끌림을 받는 수동적 존재로 보는 것이 아닌 'liberal'의 개념은 'Bildung' 개념과 접목하여 해방교육적 의미로 발전되면서 연결될 때 진보적/발달적 또는 사회구성주의적 패러다임과 결합될 수 있다.Miller, 2007: 184 인문학을 공부하는 이유는 비판적으로 사유하고, 적극적으로 실천할 수 있도록 도와주는 것이 곧 비전을 가르치는 일이며, 인문학의 존재이유이기도 하고, 그리고 비판 정신을 획득하기 위한 것이기도 하다.Kaufman, 2011 인문학 교육은 양심 있는 시민, 비판 정신을 지닌 시민을 키우는 것을 목표로 삼아야 한다. 여기에서 오래된 전통과 문화, 신념과 감정의 전승에 대한 입문적 사회화로부터 탈출하고자 하는 해방의 가능성도 발견된다. 이렇게 플라톤의 동굴의 우화를 비판적으로 해석하면 동굴 안에서 족쇄에 묶인 죄수가 동굴 밖의 이데아를 찾아 탈출하는 해방의 과정으로도 볼 수 있다. 단순히 마음 또는 영혼의 해방만이 아니라, 세상의 해방으로 나아갈 수 있는 것이다. 진정 인문교양교육의 궁극적 관심은 지배권력의 특권에 한정할 수 없다.

115 계몽주의 시대에 탄생한 개념인 'Bildung'은 훔볼트, 헤르더, 실러, 헤겔 등 신인문주의자들에 의해 제창되었다. 헤겔이 신념, 규범, 습관의 형성을 통해 타고난 본성을 극복하여 제2의 본성을 획득하는 것을 중시한다면, 루소는 이러한 전통적 교화 방식에 대한 '반빌둥적' 입장을 취한다. 이것은 아동의 본성을 선하게 보느냐 악하게 보느냐에 따른 입장 차이이다.

자신의 삶에 대한 관심과 그것의 최상의 전망은 물질적이거나 정신적인 빈곤의 한 가운데 서 있으며, 좋은 삶의 빛나는 이상이 흔들릴 때, 심하게는 엄청난 공포(아우슈비츠 수용소, 9·11 테러 이후, 가정의 파산 등)를 겪고 난 뒤인 절망 속에 있을 때이다. 이러한 절망의 한가운데 인문학의 희망적 역할이 부상되고 있다.

'좋은 삶'을 위한 교양교육과 '도덕적 삶'을 위한 도덕교육

아리스토텔레스는 세계에의 참여를 자아실현과 연결시켜, 잘 살거나 행복한 삶을 사는 데 있어 덕스러운 자질의 개발과 실행의 교육적 목적과 일치시킨다. 아리스토텔레스는 그것이 세계에 대한 이해(이론적 지혜, sophia)와 덕을 가지고 행위에 개입하는 것(실천적 지혜, phronesis)을 통해 표현되었다고 생각했다. 혹은 전승된 문화에 동화되는 것을 자아실현에 이르는 길로 볼 수도 있다. 오크쇼트Michael Oakeshott는 거대한 대화 속의 '목소리를 학습해야 되는' 우리의 지적 유산을 해석하면서 문화의 전승을 중요하게 여겨야 함을 강조한다. 이런 대화에 참여하면서 우리의 공통된 유산은 한 인간이 되어가는 것이며, 그 속에서 서식하는 것이 인간이 되는 유일한 방법이다.[Fuller, 1989] 그리하여 자아실현을 위해 동기 부여가 되어 문화의 궁극적 희망을 표현하는 것이다.

앞서 말한 교육 목적의 네 가지 구성 요소(현재로부터의 해방, 자아로부터의 해방, 무지로부터의 해방, 사회적 구속으로부터의 해방)가 어떤 개념으로 결합되느냐에 따라 교양교육과 도덕교육의 목적은 달라지겠지만, 교양교육은 상반된 교양교육의 개념들을 융합하여 통섭되어야 한다. 도덕교육이 왜 '교양학습liberal learning'으로 유도되어야 하는가? 우선적으로 '도덕적 인간'의 개념은 필연적으로 '좋은 삶'의 개념과 연계되어 있기 때문이다—어떤 것은 색깔을 부여하고 어떤 것은 그늘지게 한다. '좋은 삶good life'의 개념은 '도덕적 삶moral life'보다 더 포괄적이다. 교양학습은 좋은 삶을 식별하고 준비하는 데 있다. 그러므로 근본적으로 교양학습은 규범적으로 도덕교육이다. 어떤 교양학습이라도 도덕교육을 어느 정도 포함하고 있다. 교양학습의 최고 목적과 보조적 요소에서 보여주는 비전, 그리고 학습자의 동기를 유발하는 주제들과 질문 그리고 효과적 차원에서 보면 그것은 심오한 도덕교육이나 다름없다. 그러기에 본질적으로 '교양학습'에 깊이 연결되어 있는 것은 '도덕교육'이라고 할 수 있다. 교양학습은 우리로 하여금 함께 도덕적으로 성숙한 사람이 되도록 우리 모두를 자유롭도록 하고, 동시에 우리에게 도덕교육의 책무를 지우고 있다. 교양학습은 성찰적인 삶을 사는 것, 도덕적 삶을 추구하는 것, 선행을 하는 삶을 사는 것, 다른 사람의 행복을 최고의 선으로 받아들이도록 한다.

도덕교육은 개인을 '도덕화'할 뿐만 아니라, 나아가 구조화된 학습을 통해 사회적 제도를 '수정'하려는 실천의 영역이다. '도덕화'한다는 말은 '도덕적으로 만들다' '~의 도덕을 증진시킨다'는 의미를 갖고 있다. 또한 '도덕적 공언을 한다'는 의미를 갖기에 사회 변화의 신호이기도 하다. '수정한다'는 말은 정의, 공정성, 혹은 연민과 같은 도덕적 가치와 연관되어 있음을 뜻한다. 그리고 일반적으로 도덕교육은 희망을 가지고 교육적 과정을 통해 개인적·사회적 선이 달성되기를 기대한다. 도덕적 인간이 되는 것은 선한 일이다. 그리고 사회가 정의롭고 도덕적인 개인으로 구성되면 그것 또한 더 선한 일이다.

도덕교육의 내용—의도된 가치 부가적 결과—은 이론(칸트주의, 덕 이론, 문화상대주의 등)으로부터 나올 수도 있고 실천으로부터 나올 수도 있다(또한 둘 다일 수도 있다). 도덕교육의 실천들은 종종 난해한 도덕교육 이론에서 도출된 것이 아니라 실천으로부터, 그리고 공유한 경험이나 문화적 관습으로부터 발전되었다. 도덕교육의 이론은 더 형식적이고 제도적인 실천을 위해 필요한 것이지만, 도덕교육의 실천은 가정에서, 그리고 스포츠, 클럽 활동 등 조직화된 청소년 활동에 의해 이끌어진다. 이것은 공유된 경험으로부터 도출된 것이다. 이 경우 실제 사용할 수 있는 내용은 도덕교육에서 종전의 이론적 질문—더불어 살기 위해 우리가 어떻게 행동하는가, 어떤 자질과 행위가 어쩔 수 없이 자기 파괴적이 되거나 혹은 다른 사람에게 해를 끼치는가, 우리 사회에서 예의 바른 시민에게 기대할 수 있는 것이 무엇인가—을 고려하는 것으로부터 도출될 수 있다.

이들 도덕교육 프로젝트는 또한 다양한 수준의 희망을 가질 수 있다. 도덕교육은 불량한 비도덕성을 적절히 방지하고, 대체로 예절 바른/교양 있는 사람을 만드는 것을 목적으로 하는 '최소주의적minimalist' 접근을 취할 수 있다. 아니면, 가능한 행복, 의무를 넘어선 의무(자비, 사랑) 등 어떤 다른 '완전주의적perfectionist' 이상을 향해 학생을 도덕화하는 데 있어 더 열정을 갖고 노력할 수 있다. 이때 가장 우선하는 가치-부가적 결과는 다른 모든 것을 다스리는 것이다. 그것은 도덕적 사람됨과 도덕적 공동체의 숙고되고 존경하지 않을 수 없는 이상을 준비하는 것이다. 그렇다. 이런 이상은 어느 정도 암묵적이며 미완성이거나 명시적이며 완성된 것이고, 개방적이며 다원적이거나 폐쇄적이며 단일한 것이고, 최소적인 것이거나 최대적인 것이다.

도덕교육은 전형적으로 그것이 간직하고 있거나 종전의 이론적 질문에 대답하는, 도덕적 인간의 특정 모델에 의해 만들어진 다음의 목표를 달성하고자 할 것이다.[DeNicola, 2011: 186-188]

(1) 도덕적으로 적절한 역량의 계발: 도덕적으로 적절한 역량의 범위, 민감성 그리고 효과성을 자각하고 확장하려고 한다. 예를 들어 실천적 이성이나 판단, 공감, 도덕적 상상력, 배려 관계를 형성하는 능력 등.

(2) 도덕적으로 적절한 기술의 습득: 도덕적 인간은 도덕교육의 목적인 어떤 도덕적으로 현명한 기술이나 유능함이 탁월하다. 예를 들어 사례에 원리 적용, 결과론적 추론, 윤리적으로 구조화된 담론과 숙고에의 참여, 가치명료화의 기술, 양육의 기술 등.

(3) 도덕적 인격의 계발: 도덕교육은 덕 있는 자질을 함양하고, 사악하거

나 도덕적으로 역기능을 하는 자질을 줄인다. 예를 들어, 사기, 비겁을 줄이고 무관심이나 인색한 것을 쉽게 거두어들이면서 안정된 성향과 같은 정직, 용기, 인내, 연민, 관용을 계발하기 등.

(4) 도덕적 행위 주체의 발달: 도덕교육은 행위 주체에게 적절한 여러 가지 이차적 자질, 행동규범을 모니터하고 도덕적 행위 주체로서 발전하는 메타-인지적 자질을 개발하려고 노력한다. 예를 들어, 자기성찰, 열린 마음, 특수자에 대한 민감성, 정서적 통합, 책임의 수용 등.

(5) 도덕적 헌신의 형성과 행위규범의 변화: 이전의 결과를 달성하는 데 있어 거둔 성공은 최종 결과를 만들어야 한다. 학생들은 어떤 가치들을 받아들여야 하고, 어떤 다른 가치는 거부해야 하고, 그리고 (정중함, 연민, 유용성, 돌봄, 선의지, 자비와 사랑과 같은 초의무 등으로 특징되는 행동에 있어) 도덕적으로 행동해야 한다. 요약하면 이들 가치는 도덕적 인간 모델에 아주 가깝게 접근해야 한다.

(6) 도덕적 이해의 심화: 도덕교육은 도덕적 인간이 필요로 하는 적절한 지식, 관점, 이해, 예를 들어 자신과 타인의 이해, 사회적 실천과 문화적 가치의 함의, 도덕적 관점이나 도덕 이론 차원에 대한 이해를 하려고 준비하고 노력한다.

이러한 목표들은 분리할 수 없이 서로 얽혀 있는 것이다. 이들은 도덕성에 대한 보완적 관점이다. 예를 들면 덕스러운 인격을 보여주는 것은 확실히 도덕적으로 적절한 역량을 개입시킨다. 인륜적 공동체의 더 선호되는 '윤리ethics'라는 언어는 개인의 자율적인 '도덕/도덕성morality'이라는 언어로 이동하고 있다. 그렇지만 여전히 '인격character'에 관한 관심이 증대하고 있고, 삶의 질에 대한 초점이 부각되고 있다. 그럼에도 불구하고 제3의 요소와 아마 제4의 요소를 토대로 간주하는 '인격교육character education'은 다른 것을 파생적이라고 보지만, 그것을 무시할 수가 없다. 이 목표들을 성실하게 추구하는 교육은 그 순간으로부터 목적적이고 자기-성찰적으로 되기에 불가피하게 교양학습liberal learning에 관여하게 될 것이다.

그런데 교양학습과 도덕교육은 누구나 쉽게 다룰 수 있는 것이 아니며, 손쉬운 셈법도 아니다. 왜냐하면 도덕적 인간을 교육한다는 것은 그리고 종종 교양학습과 도덕교육의 차원에서 최상의 노력들은 비극적으로 양날의 칼이 될 수 있다. 양자는 평생의 과정이지만, 동일한 것은 아니다. 교양학습은 도덕교육보다는 범위가 넓다. 좋은 삶은 도덕적인 것보다 잘 사는 것, 효율적 삶을 사는 것에 더 가치를 두는, 도덕성과 무관한non-moral, 더 추가되는 원천에 반응을 한다. 도덕적으로 사는 것이 본질적 요소이기는 하지만 말이다.

교양학습은 도덕교육과 그것의 내용에 대한 비판적 관점을 어떻게 제공할 수 있느냐에 달라질 수 있다. 특히 도덕교육에 있어 '실행 격차performance gap'의 위험을 많이 발견할 수 있는데, 여기서 교양학습이 해야 할 역할이 있다.DeNicola, 2011: 188 예를 들어 도덕교육은 종종 이해를 거치지 않고 판단 태도를 심어주려고 하고, 도덕적 요청이 너무 포괄적이며, 도덕적 모범을 지나치게 우화화하거나 제도적 교화가 강하다. 그리고 마음을 마감한 것처럼 도덕적 헌신을 똑같이 취급하며, 상상력을 결여한 의식처럼 한쪽으로 기울어진 인격 발달의 경향을 보이며, 혹은 연민을 결여한 용기를 내는 것 등에서 볼 수 있다. 이때 교양학습은 의미 있고, 때로는 본질적이지만, 도덕교육의 실행 격차가 발생할 때 그것의 격차를 줄여주고 조정하는 모니터 역할과 개선책 역할을 할 수 있다. 교양학습은 도덕 학습moral learning이 평생에 걸친 것이고, 삶의 거대한 의미망 속에 위치하고 있음을 보증하기도 한다.

그것은 앞서 언급한 교양교육의 네 가지 요소와 밀접한 관련이 있다. 한 사람의 '도덕화moralization'는 자아실현의 한 형태인 동시에 '규범적 개체성normative individuality'의 구현이기도 하다. 우리가 가치에 대한 헌신을 하고 도덕적 행동을 고무하는 데 관심이 있다면, 세계에 대한 규범적 개입을 할 태도를 갖추는 방향으로 나아가야 한다. 그리고 효과적인 도덕적 행위 주체라면 우리는 확실히 우리들이 살고 있는 세계를 기본적으로 이해해야 한다.

그리고 문화 전승으로서 교양교육과 도덕교육을 연계시키는 것과 관련해서는, 전통적으로 코드화된 인간 경험 연구에서 보여주듯, 문화적 규범을 전달하고 도덕적 모범의 주목을 요구하는 묘사를 제공하기 위해 도덕교육이 활용된다. 인류문화의 유산 속에 도덕교육의 전형들을 간직하고 있는 것이다. 그러나 이런 연구를 추리하고, 반성하고, 그리고 사실과 허구를 모두 혼합하는 데 있어 아마 여러 가지 도덕적 역량과 기술을 필요로 하고 계발을 요구하는 것—상상을 느끼는 주체성을 통해 도덕적 상상력을 확장하고, 공감을 격려하고, 현명한 특수자에 대한 민감성을 증대시키는 것—은 더 의미가 있다. 이들은 입증하기 어려운 더 많은 논의를 필요로 하는 경험을 요구한다. 이전까지 많은 교육자들은 이러한 요구를 받아들였다. 그리하여 교육과정을 비판하는 데 이들을 사용하였다. 결과적으로 글로벌 사회에서 학생들의 도덕적 상상력을 확장하기 위해 인류문화의 유산을 전승하는 범위는 확장되어야 한다—추출된 인간 경험에서 나오는 더 다른 목소리를 들어야 한다. 일부 비판자들은 학생들이 전형적으로 만나는 인간 작업의 유산들은 오늘날 더욱 포용적이라고 말한다.

그러나 또 다른 비판자들은 이것이 효과도 없었고 생산적이지도 못했다고 한다. 교양교육 또는 인문학 교육이라고 자처하는 교육이라는 것이 개인으로 하여금 현재 자신이 살고 있는 시대가 아닌 과거 시대에 안주하도록 함으로써 과거를 황금시대로 그리며 거기서 정신의 도피와 위안을 구하게 하는 경향이 있다. 여기에 비하여 오늘날의 문제에 관심을 가지는 것은 답답하고 신경을 쓸 가치가 없는 것으로 생각하게 한다. 그러나 학습에 필요성을 부여하고 보람을 안겨주는 사회적 환경이 없는 것, 이것이 학교가 고립되는 가장 중요한 요소이다. 그리고 이 고립으로 말미암아 학교에서 배우는 지식은 삶에 적용될 수 없게 되고, 따라서 인격에 아무런 영향을 미칠 수 없게 되어버린다. 결국 그렇게 되면 타운(town; 마을)과 가운(gown; 학교), 즉 학문과 사회를 분리/격리

시키는 것이 된다.[Dewey, 1916/1993: 536]

그러기에 교양교육이 사회와 분리되지 않기 위해서는 체험 교육이나 봉사학습service learning과의 결합을 실험적으로 시도해야 한다. 매개되거나 대리 경험이 아닌 직접 경험은, 예를 들어 배려하는 역량을 개발하거나 관용적 태도를 심어주는 것에 정말 큰 영향을 준다. 그렇지만 어떤 경험도 순수한 것은 없고 매개되지 않는 것이 없으며, 경험으로부터 나온 어떤 의미도 우리가 그것을 초래한 그 무엇에 의존하고 있다는 사실이다.[DeNicola, 2011: 187] 그 무엇도 사회문화적 유산과 배경이 없이 홀로 탄생한 것은 아니다. 여기에서 '도덕적 이해'를 필요로 한다. 도덕적 이해를 한다는 것은 인간의 의미망을 통해서 다른 사람과 그 사람의 상황을 '보는' 것이다. 이런 의미망을 이해할 때 교양교육에 이르는 도덕적 깊이에 대한 인식을 갖게 되고, 또한 도덕적 상상력도 발동이 된다.

이러한 담론은 교양학습이 확산적이기를 요청하는 것이다. 교양학습의 과장된 개념을 포기하려는 공감적 독자들조차 풍부하고 진화하는 교육적 전통을 선호하면서 교육적 경험을 단지 아무 곳에서나 발견할 수 없다고 응답할 수도 있다. 사실 교양교육의 전통은 오늘날 많은 장소(교양대학 등)에서 추구되고 있다. 최근에는 사회적, 지적, 기술 발전에 부응하여 교육과정, 교수방법, 그리고 공통 교육과정에서 발전된 모습을 보여주고 있다. 대체로 다원주의적이고, 협동적이고, 체험적이고, 통합적인 학습 유형을 보여주고 있다.

시민됨을 위한 실천적 인문학

실천적 인문학이 지향하는 진보란 단순히 자신의 계급으로부터의 탈출이나 출세의 기회가 아니라, 모든 구성원들의 일반적이고 통제된 전진으로 나아가는 것이다. 실천적 인문학은 엘리트주의적이기보다 민주적일 필요가 있다. 이렇게 할 때 실천적 인문학에 있어 하나의 두드러진 역사적 변화가 일어났다. 그것은 자유로운, 귀족적인, 여가를 누릴 수 있는 남성 지도자들에게만 주어졌던 고전적 배타적인 교육 모델이 지금은 모든 시민이 필요로 하는 민주적 시티즌십을 위한 현대적 교육 비전으로 전환되었다. 이렇게 인문학과 민주주의의 연계는 기묘하게 되었지만, 양자 간의 연계는 처음부터 시작되었다고 볼 수 있다. 항상 자유롭고 재산을 가진 남성에게 제한되어 있었던 시민권은 무엇보다도 민주주의의 출현을 가져왔다. 이와 연동되어 특정의 시민에게만 최상의 교육 기회를 제공하고 이를 위해 경쟁적 학교를 설립했던 귀족적 가치는 위협을 받지 않을 수 없었다. 급격한 변화가 일어나는 사회적 진화의 적응과 새 출발은 민주적 시민권을 가능하게 하였고, 또 그것을 누릴 수 있는 자격을 가진 모든 사람들의 집단의식은 점점 포용적으로 되어갔다. 그리고 교양교육의 필요성은 더욱 확대되어갔다. 선의 구성에 적합한 각 개인의 경험에 가치를 부여하는 민주주의의 도덕적 분위기, 그리고 사실상 모든 성인이 자신의 삶과 타인의 삶을 형성하는 사회란 바로 잘 사는 것은 물론이고 그 생존을 위한 인문학교육/인문교양교육에 달려 있다고 할 수 있다. 그러한 분위기 속에서 '좋은 삶', 말하자면 '잘 사는 것'에 대한 관심은 모든 사람을 위한 교육이 되었다.[116]

서구사회와 제3세계의 역사에서 볼 수 있듯이 몇몇 국가들에서 절차적 민주주의 도입이 민주주의의 제도적 완성으로 귀결된 것이 아니라, 권위주의 체제로 후퇴했던 요인의 하나는 다름 아닌 자발적 결사체의 취약과 함께 '민주적 시민문화의 부재'에서 찾을 수 있다. 그것은 곧 '교양의 부재'를 말해준다. 시민사회는 비정부적 단체와 활동으로 구성되는 하나의 사회 형태로서 시민의 교양, 즉 품위있는 시민의식/시민적 예의civility를 형성하면서 앞으로 도래할 잠재적 갈등을 조정할 수 있다.[Keane, 2003] 사회가 다원화되고 개별화될수록 사회 내의 공유된 신념

116 한국 사회에서는 '먹고 사는 문제'가 여전히 중요하지만, '잘 먹고 잘 사는 문제'를 고민하는 사람들도 있다. 그렇지만 '죽고 사는 문제'도 여전히 우리 곁을 맴돌고 있다. 적당한 조건만 주어지면 평소 평범했던 우리도 누구나 탐욕자 또는 착취자나 학살자가 될 수 있다.

은 더욱 필요하다. 시민문화의 핵심적 가치를 구성하는 교양은 공정성과 정의를 창출하는 에너지이며, 시대에 따라 변화하는 개념의 유동성에 현실적합성을 불어넣을 수 있다. 공정성과 정의는 교양시민이 주축을 이루는 시민사회에서 마음의 습관으로 정착되거나 습속으로 배양되어야 한다.

그래서 현대 지식사회를 넘어서는 교육을 하는 교사는 학생의 지적 자본뿐만 아니라 '사회적 자본'을 개발해주어야 한다. 사회적 자본이란 네트워크를 형성하고 관계를 강화하며 공동체와 더 넓은 사회의 인적 자원을 이용하고 그것에 공헌할 줄 아는 능력을 의미한다. 사회적 자본은 가족과 국가의 중간 단계로서 집단과 동료들의 영역을 생성하는 데 필수적이다.[Hargreares, 2011: 106] 그렇다면 사회적 자본이 없으면 문명사회도 없고, 문명사회가 없으면 민주주의도 없을 것이다. 게다가 오늘날 경쟁·피로 사회 내의 고립이나 양극화에 따라 점점 사회적 자본이 파괴되고 있다. 이러한 현실에서 시민사회의 교양화가 절실히 요구된다. 시민사회의 민주적 공론의 장은 사회적 자본을 지닌 교양시민을 필요로 하며, 그중 가장 중요한 것이 '시민 윤리'의 함양이다. 시민 윤리야말로 시민사회의 공공선과 공정성 함양을 위한 기반이자 수원지이다. 시민사회의 일원으로서 갖춰야 할 가장 중요한 시민 윤리로서의 교양은 개별 인간이 시민사회의 구성원으로서 자신의 자유와 권리를 행사하기 이전에 생각해야 할 전제이다.

이렇게 볼 때 교양교육이란 모든 시민을 대상으로 하여 교양인教養人으로서의 소양을 갖추도록 하는 교육이라고 할 수 있다. 교양인은 단순히 인문학적 지식과 소양이 높은 사람을 칭하지 않는다. 교양인으로서의 삶은 어떠한 사안을 접했을 때 자율적으로 판단하고 그에 따른 책임 의식을 갖는 사람이다. 또한 자신과 타인에 대해 비판적이고 합리적인 사고를 하고, 타인에 대한 배려와 관용을 통해 공동의 선을 추구한다. 이는 공동체적 삶을 살아가는 데 필요한 시민의식의 다른 표현이며, 이에 교양인의 다른 말은 '보편적 시민의식이 성장한 시민'일 수 있다.

시민에는 법률적 의미에서의 시민과 실제로 시민다운 삶을 산다는 의미에서의 시민이 존재한다.Shorris, 2012: 56 가난한 이들은 자유롭지 못하고, 법보다 주먹이 앞서는 풍토 속에서 살아가며, 매사에 생각 없이 단순 반응만을 반복하는 경향이 있다. 마치 화학물질들이 규칙적으로 반응을 하거나, 어떤 사물이 외부 자극에 조건반사를 하는 것처럼 말이다. 이처럼 가난한 이들은 진정한 시민이 아니다. 그러기에 시민됨의 핵심에는 인문적 교양이 핵심적으로 자리해야 한다. 예를 들어 노숙인이 단순 생존을 넘어 인간으로서 살아가려면 의식주 말고 또 다른 어떤 것이 필요하다. 그것은 바로 '자존감'이다. 자존감이란 자신의 존재가치에 대한 긍정적인 견해이다. 또한 이는 인간의 가장 근원적인 힘인 자신의 주체성을 깨닫고, 주변과 사회를 이해하고 그 변화의 흐름을 읽을 수 있는 능력을 말한다. 때로는 스스로 자신은 세상에서 하나뿐인 소중한 존재라는 사실을 깨닫는 것이며, 때로는 자신이 사랑받을 만한 가치가 있고, 다른 사람을 사랑할 능력이 있다는 것을 느끼고 생각하며 살아가는 것이다. 자존감은 자기 존재에 대한 성찰을 통해서 형성된다. '성찰'이란 자신의 내면을 살피고 반성하는 것이다. 이는 자기 자신만이 아니라 타인과 세계, 그리고 역사에 대한 성찰을 필요로 한다.임영인, 2012: 71 성찰의 이면에는 '소통'이 자리 잡고 있다. 소통이란 사람과 사람 사이에 생각과 감정이 막힘없이 잘 통하는 것을 말한다. 따라서 자신 안에서만 갇힌 성찰은 참된 성찰이 되지 못한다. 진정한 깨달음은 사람과의 소통과 관계, 그리고 그 관계에 대한 성찰을 통해서 얻어진다. 성찰을 위해서는 자신과의 대화뿐 아니라 타인과의 대화, 그리고 세계와의 대화도 필요하다.임영인, 2012: 75

예를 들어 노숙자가 필요로 하는 도덕성을 형성하는 하나의 양식인 인문적 교양은 현대 민주주의 사회에 필수적인 문화적 가치라고 할 수 있다. 민주적 시민성을 구성하려면 인문적 교양은 필수적이다. 인문적 교양을 가진 사람이 민주적 시민사회의 주체가 되어야 한다. 시민의 민주적 교양 능력은 비판적이고 참여적인 민주시민의 잠재 능력에 달려 있다고 할 수 있다. 민주적 교양은 사회 속의 개인의 자질과 태도에 대한 자아의 특성으로서 진화되어가는 시민사회의 내적 구조라고 할 수 있다.Masschelein & Ricken, 2003

인문교양교육의 사회개혁 가능성

인문교양교육이 의도적 행위를 목표로 한다면, 그것의 목적은 '혁신적'일 필요가 있다.DeNicola, 2011: 181 교양교육은 '사회개혁'과 맞물릴 때 혁신적일 수 있다. 더 많은 도덕적 지식과 기능을 습득하고, 우리의 욕구를 구현하는 방법을 더 잘 아는 것뿐 아니라, 서로 다른 관점을 파악하고, 우리의 욕구를 혁신시킬 것을 발견하고 새로운 이차적 욕구를 활성화하는 의미에서 그렇다. 이들은 우리의 정체성 형성에 심대한 영향을 미친다.

인문교양교육은 지성은 물론이고 정서와 인간관계의 함양을 필요로 한다. 또 체험학습을 포함해야 하고, 실천적 참여를 격려해야 한다. 심리·문화적 성gender과 문화적 다원주의에 민감해야 하고, 인종과 계급 이슈에 주의를 기울여야 한다. 그것은 개인이 보유한 상징적·문화적 자본과 연관되어 정치적·문화적·신체적 계급의 문제인 동시에 '성'의 문제와 결합되어 있다. 그러기에 무비판적 교양은 구별과 가치 평가의 체계이기에 기본적으로 '위로부터' 강제된 배제의 정치가 횡행할 수 있다. 그리고 그것에 의해 무질서, 혼란, 비합리성, 조야함, 천박한 취향 그리고 비도덕성 등이 적발되고 교양의 바깥으로 밀려날 수 있다. 무비판적 교양교육은 '대중' 속에서 또 '대중으로부터', 지배적인 문화형식에 대한 자발적 동경과 종속성을 만들어낸다. 그것 때문에 계급과 지역, 학벌의 차이는 '구별되게' 가시화되고 위화감을 불러일으킬 수 있다.천정환, 2012 이것은 도덕적으로 터무니없는 교화를 하고자 하는 '교양주의'[117]가 투영된 것이라고 할 수 있다.

그러면 어떻게 인문교양교육의 이념을 새롭게 구현할 것인가? 그것은 첫째, 인문교양교육의 역동성을 부정하거나 문제시하는 추상적 이념을 구현하는 것이 아니라, 오히려 상호작용하고 개방적인 하나의 전통으로 교양교육을 이해할 필요가 있다. 인문교양교육은 그리스-로마의 문화를 추적할 수 있는 교육이론의 풍부하고 복잡한 살아 있는 전통으로 구성되어야 한다. 인문교양교육은 서구 문화의 또 다른 측면, 즉 특히 사회·정치적, 지적 그리고 기술적 측면과 상호-인과적 작용을 하면서 오랜 세월에 걸쳐 발전된 것이다. 그렇다면 인류의 전통과 문화의 정수가 함축되어 있는 문명화의 산물인 '위대한 책'을 읽는 것을 통해 일어나고 있는 문제의 원인을 찾아내고 사색과 숙고 그리고 대화를 통해 그 해답을 찾는 성찰적 접근이 가능할 것이다. 나아가 위대한 고전 읽기를 통해 현실세계에서 제기되는 문제에 직면하도록 하는 경험/체험 중심 교육과 상호작용을 하도록 해야 한다.[Noddings, 2004]

우리에게 잘 알려진 위대한 저서로 선정된 '고전'에 대해 이후 세대가 계속 해석 작업을 하는 것은 과거의 단순한 반복이 아니라, 그것을 변화시키고 새롭게 하는 시도라고 할 수 있다. 한쪽에서는 동의와 모방, 바람과 노력이 일어나고, 다른 한쪽에서는 질문과 의문, 혐오와 저항이 일어나면서 서로 상반되는 다양한 영향력이 상호 침투하면서 아이들의 인격에 영향을 준다고 할 수 있다.

그람시Gramsci도 보수적 학교교육을 통한 고전 교육을 재발견하면

117 '교양주의'는 교양의 가치에 대한 절대적인 긍정과, 그로부터 비롯되는 사회적 인식과 수행을 총칭한다. 이렇게 볼 때 교양주의가 국민이나 민족과 결부될 때 전체주의화할 위험성이 있음을 간과해서는 안 된다. 왜냐하면 자아의 교양이 국가의 사회적 훈련과 결부될 때 개체의 논리를 부정하는 것으로 발전될 수도 있기 때문이다. 개인의 자유로운 발전을 통해 축적된 교양이 국가나 민족의 전체에 종속시키는 도구로 이용될 수도 있는 것이다. 문명으로 인도할 것이라고 믿고 시작된 교양교육이 전체주의의 가치를 적극적으로 수용함으로써 파시즘의 역할을 자신의 자양분으로 삼을 수 있는 도구화의 위험이 있는 것이다. 교양교육이 국가주의 속으로 잘못 함몰되어가는 것은 '교양의 정치politics of Bildung/culture'가 허구적으로 만들어낸 것이다. 권위주의 시대의 교양운동이나 교양교육은 권위주의 권력의 헤게모니를 강화하는 데 이용되어왔음을 주지하듯 역사적으로 목격한 바 있다. 대단히 이데올로기적인, 그리고 국가주의적인 발상이 교양과 연관될 때 규범이나 도덕성 형성을 위한 교양교육은 다른 목적을 가진 수단으로 이용될 수 있다. 이렇게 되면 시민의 삶의 지침이 되는 교양교육의 이념은 문화적 실천 근거의 마련을 어렵게 한다.

서 급진적 변혁/혁명을 위한 새로운 역할에 접목하고자 하였다. 그것은 물리적 힘(강압)이 아니라, 동의consent를 위한 전략이다. 사회적 변혁/혁명에 앞서 유기적 지식인에 의한 시민사회를 위한 문화적 진지war of position; hegemony를 구축하고자 하였다. 그렇지 않으면 새로운 반동의 국면이 조성될 수 있기 때문이다. 그러기에 시민의 정치의식/교양 수준이 충만해야 한다. '상식common sense'의 중심에 '양식good sense'이 자리해야 한다. 고전 교육/인문학과 현대적 직업기술교육이 융합되어야 한다. 기술적 능력/직업교육과 정치의식/정치교육이 통섭되어야 한다. 노동계층은 물론이고 모든 시민의 교양 함양을 위해 성인 교육/비형식 교육으로서 인문교양교육이 절실하다. 그렇게 해야 새로운 사회 변화를 위한 역사적 권역이 형성될 것이다.

둘째는 첫 번째 오류와 연관되지만 인문교양교육을 교사가 규정한 교실에 한정하면서 교육 환경을 무시하고 있는 점을 비판하는 것이다. 인문교양교육은 항상 상황적이며, 시간과 공간에 의해 길러지기도 하며, 교실과 실험실은 물론이고 학습자의 공동체, 공동-교육 과정, 그리고 제도적 맥락에 의해 교육적 영향이 형성되기도 한다. 적절한 교양교육 이론은 실천의 이런 전형적인 측면을 파악해야 한다. 또한 이들 요소들은 고정된 이념이 아니다. 역시 많은 요인과 관련된 인문교양교육은 특정 생각의 반복과 변화를 거듭하고 있다. 그것들은 인문교양교육의 통섭적 이해를 하는 데 있어 적절하며 매우 필수 불가결한 요소이다. 그러기에 체험적이고 협동적인 봉사학습을 고무하고 확장되는 최근의 발전은 교육과정의 글로벌화와 함께 현대 교양교육에 통합되는 것으로 이해되어야 한다. 문학, 역사, 철학의 핵심이 농축되어 있는 고전을 통해 인문학적 상상력을 고양시키는 교양교육으로서 타운town과 가운gown의 다리를 놓는 봉사학습의 상호작용은 시민사회와 교양교육을 더욱 밀접하게 연계시킬 수 있을 것이다.Lisman, 1998: 41; Rimmerman, 2009 정말 교실의 울타리는 점점 종일 학습 공동체와 같이 되어가고, 다양한 학습 체험 모형에 통합되고 있다. 공동체 정신과 타인에 대한 존중, 삶을 위한 준비로서의 인문교양교육의 새로운 이념이 탄생하고 있다.Mulcahy, 2012: 7-8 이것은 교양교육이 도덕교육을 포함한다는 점에서 특히 두드러진다.

'통섭적 교양인'이 된다는 것은 현재로부터의 해방, 자아로부터의 해방, 무지로부터의 해방, 사회적 구속으로부터의 해방을 지향하는 것이다. 단순히 문화 전승이나 자아실현에 머물지 않고 사회적 깨달음으로 나아갈 때 민주적 시민사회가 건설될 것이다. 이렇게 인문학적 교양은 인간의 발전과 시민사회의 필요에 의해 등장하였다. 또 그것은 단순히 개인의 사적 성숙이나 인간적 예의에 머물지 않고 시민으로서의 '정치적 성숙이나 예의political civility'로 발전하고 있다.Mower & Robinson, 2012

실천적 인문학의 새로운 과제

인문교양교육이 당면한 근본적인 문제는 어떠한 과목을 교양교육 교과과정에 포함할지를 결정하는 정치적 문제나 대학의 의미에 대한 철학적인 논쟁에 있지 않다. 오히려 교양교육의 문제점은 인문과학교육에 '생활에 대한 준비'라는 임무를 추가하려는 시도이다. 이러한 시도의 이론적 근거가 '교양교육liberal education'이 스스로 부가했던 전통적인 정의, 즉 일반교육general education의 내재적 가치와 배치된다는 점이다. 교양교육은 전통적으로 전문 분야의 가치와 다르거나 반대되는 가치를 추구해왔다. 이것이 바로 인문교양교육에 대한 자기모순적 반응, 즉 인문과학 분야의 교수들이 인문교양교육을 원하면서도 동시에 이와 거리를 두고 싶게 만드는 이유이다. 말하자면 인문교양교육은 하나의 특정한 지식체로 축소될 없는 것으로 정신적 배경, 사고방식, 그리고 모든 전문화된 탐구의 영역에서 이루어지는 작업에 영향을 미치는 지성적 DNA라고 할 수 있다.Manand, 2013: 19-24 교양교육은 문화적으로 존재하는 영구적이거나 보편적인 어떤 것, 전문화된 학문을 초월하는 지식으로 구성되어왔다. 이렇게 인문교양교육은 변호사이든지 택시운전사이든지 상관없이 모든 시민을 하나로 묶어주는 공통 유산이다.

오늘날 삶의 가치에 대한 근본적 문제를 제기하는 인문학에 대한 관심이 고조되고 있다. 그런데 기존의 교양교육은 시민적 덕성으로서의 성찰과 토론, 실천적 교육이 아니라 고전을 중심으로 한 인문학적 지식 습득의 과정에 치중하고 있다. 개인의 앎으로만 멈춰 있고 지역사회나 공동체 생활 속으로 뿌리내리지 못하고 있다.

그래서 우리 사회에 교양교육의 핵심인 '인문학'이 새롭게 부흥하는 것은 국가와 시장에 대한 견제의 요구이기도 하고, 더 행복하게 살고자 하는 민주시민의 요청이기도 하다. 인문학은 지식을 배우는 과정이 아니라, 지혜를 배우는 과정이다. 지식은 어떤 대상에 대해 알게 된 단편적인 내용을 말하는 반면에, 지혜는 사물의 이치를 깨달아 옳고 그름을 판단할 수 있게 되어 그 이치에 맞게 삶을 살아가는 정신적 능력을 말한다. 지혜는 살아가는 기술이며 그 최종 목표는 행복에 있다. 그러기에 학력과 지식이 부족한 사람도 지혜로운 사람이 될 수 있다.

이런 사람을 길러내려면 '자본의 인문학'에서 사람 사는 이야기로 구성된 '사람의 인문학'으로 방향을 돌려야 한다. 그래서 실천적 인문학은 개인은 물론 사회, 나아가 생태계의 행복마저 담을 수 있는 모든 것들을 돕는 '행복학'이 되어야 한다. 사회적으로 무엇을 얻고 모든 욕구를 충족시키는 모든 조건이 다 있다고 하더라도 자기 내면의 덕성을 기르지 않으면 행복할 수 없다. 모든 외적인 것들의 한가운데에서 그 소란을 떠나 그것에 상관없이 자기 자신과 대면하고 자기를 성숙시키는 기술을 가져야 한다. 이를 위해서는 인문학 과정을 통해 정신적 자유와 인고의 시간을 충분히 겪어낼 여유가 있어야 양질의 성과가 나온다는 상관관계를 체감할 수 있어야 한다. 그게 인문학 재등장의 핵심이다. 그리고 그 역할과 책임은 인문학자들의 몫이다. 더불어 인문학이 왜 필요한지, 어떻게 활용될지, 얼마나 중요한지에 대한 사회 전체의 각성이 필요하다.

사실 최고의 행복은 일부 사람들한테만 주어진 인생의 목적이다. 보통 사람들은 자식의 짐이든, 자기 자신의 짐이든, 부모의 짐이든 수많은 짐을 안고 인생이란 항로를 개척해나가야 한다. 관계의 복원과 소통의 회복, 모든 것들의 행복을 돕는 것이 인문학의 첫 출발점이다. 대개 많은 사람들에게 보듯 일상의 시선은 즉물적이기 쉽다. 즉물적이란 생각이 사물 혹은 사태에 바로 붙어 있다는 뜻이다. 인문학은 일상의 시선을 사물/사태에서 분리시켜 사물/사태에 객관적으로 접근할 수 있는 시선을 모색한다. 이 시선은 즉각적이고 즉물적인 감정에 얽매이지 않고 냉정하게 세계와 만나는 길을 다각도로 열어 보인다. 인문학은 사태의 가상이 아니라 실상을 파악하도록 권하여, 우리가 '가짜 문제'를 '진짜 문제'로 오인하는 데 따른 방황과 고통에서 벗어날 수 있는 길을 제시한다. 일상의 허위의식에서 벗어나 참된 의식에 이르도록 인문학은 계도한다.

일상의 불만스러운 이들에게 가능한 출구는 어떻게든 일상의 굴레를 벗어나는 길이며, 그리고 일상 안에서 자유를 찾는 길이다. 실천적 인문학은 지금까지 앞의 길을 안내해왔다. 지치고 힘든 일상에서 벗어나는 여유와 치유의 길을 제시했다. 하지만 이는 일상을 회피하는 소극적인 방법이다. 이제는 인문학이 일상 안으로 침투해 들어가는 적극적인 길을 제시할 필요가 있다. 인문학적 사고와 상상력을 통해 일상 밖이 아니라 일상 안에서 삶의 활력과 의미를 확인하고 산출할 수 있는 길을 모색할 필요가 있다. 이것이 바로 인문학적 시각과 지혜가 우리의 일상 안에서 지니는 의미를 제대로 조망해야 하는 이유다.유현식, 2013: 프롤로그

그렇기에 실천적 인문학은 현재의 지배적 관점에서 벗어나 비판적이면서도 다른 대안에 입각한 비전을 마련하려는 학문이라고 할 수 있다. 그러기에 실천적 인문학은 다양한 사회현상을 설명하며, 삶의 방식을 고민하게 해야 한다. 실천적 인문학은 인간으로서 살면서 익혀야 될 최초이자 최후의 기술이다. 실천적 인문학은 지금까지 다른 방식으로 세상을 볼 수 있게 하는 동시에 삶을 견디는 기술을 습득시켜주며, 그리고 의미와 유대를 강화하는 훈련을 제공한다.한형조, 2013: 129-130

실천적 인문학은 틀에 박힌 사고에 갇힌 지루한 일상에서 우리를 해방시킨다.[Shorris, 2012: 54] 반복적인 생활, 자유가 없는 삶의 기계적인 측면은 동물들과 달리 스스로의 한계에 얽매이지 않고 자유로운 삶의 인간적인 측면, 즉 인문학이 고양시키고자 하는 인간의 본성과 대척점에 놓여 있다. 실천적 인문학은 일상의 요소에 대한 통상적인 혹은 세속적인 시각을 의문시한다. 실천적 인문학은 늘 나에 대해서, 우리 사회에 대해서 혹은 인문학 자체에 대해서 질문을 던지고 답을 구한다. 변화하는 세계에서 어떻게 보면 변화하지 않는 것, 혹은 매우 느리게 변화하는 것들이 오히려 더 중요해질 수 있다. 실천적 인문학이 급변하는 시대의 변화에 발맞추지 못해 뒤쳐지는 것처럼 보이지만, 오히려 이런 시대에 실천적 인문학의 중요성은 더욱 커진다. 기본 지식을 잘 학습하고 활용하는 능력도 중요하지만 빠른 변화의 흐름에 좌표를 잡아주고 인간에게 필요한 것이 무엇인지, 어떤 생각을 하고 살아야 하는지를 알려주는 역할을 인문학이 할 수 있다.[주경철, 2013]

그리고 세계, 사태, 사람을 바라보고 판단하는 데에서 실천적 인문학은 상식적인 시각의 한계와 오류를 지적한다. 인문학적 사고와 상상력과 통찰력은 일상에서 진행되는 다양한 사태에 대해 '새롭게 바라보기'를 제안한다. 훌륭한 시를 읽는 것, 위대한 미술작품을 보는 것 자체가 모두 시작하는 일이며 새로워지는 일이다. 인문학은 우리에게 무언가를 시작하도록 가르친다. 자유로워지기, 우리가 부딪히는 일상을 새롭게 생각해보기, 과거에 짓눌리지 않기, 되풀이하지 않기, 전통을 억압이 아닌 혁신의 동력으로 이해하기 같은 것들을 시작하도록 우리를 이끌어준다. 실천적 인문학을 통해서 우리는 남들이 한 번도 생각해보지 않은 방식으로 생각하는 법과 미술작품을 감상하는 법, 시를 음미하는 법, 교향곡을 즐기는 법을 새롭게 배운다. 성찰, 지혜, 자유 그리고 그에 따른 행위를 지향하는 인문학은 삶의 질을 제공하는 데 목적이 있다.[유현식, 2013: 프롤로그] 일상의 우리는 자신도 모르는 사이에 편파적이고 편협한 사고에 빠져 사태를 잘못 파악하고, 그에 따라 엉뚱한 문제 앞에서 고민하곤 한다. 개인과 사회의 차원에서 인문학은 우리가 사태를 어떻게 바라보고 평가할 것인가에 못지않게, 어떤 문제로 고민하는 것이 과연 현명한지에 대해 대답하려고 한다.

체제 이데올로기 재생산 기구로 전락한 한국 대학에서 문학, 역사, 철학과가 경쟁력 없는 학과로 치부돼 통·폐합되고 '골프와 비즈니스' '취업 역량 개발' 등이 새로운 교양 과목으로 각광받는 현실을 바꾸기 위해서는 자유가 투쟁의 결과이듯, 학문의 자유 또한 고통스러운 노력의 결실로 획득해야 한다. 그런데 우리의 교양교육은 취미활동, 스포츠활동 등 협소한 교양에 한정되어 있다. 교양교육에서 이루어지고 있는 프로그램들이 자아실현/개인적 깨달음에 머문 나머지 사회적 깨달음으로 발전하지 않는 것은 문제이다. 실천적 인문학은 자기 변화는 물론이고 함께 살아가는 모든 이들도 행복하게 만드는 사회 변화를 추구해야 한다.

이제 실천적 인문학은 이성적 활동을 통해 무지, 편견, 오류, 사회적 구속에서 벗어나 진정한 자유인이 되는 데 도움을 주어야 한다. 따라서 자본의 식민지로 전락한 절망의 인문학을 희망의 인문학으로 바꾸는 것은 약소자의 정체성과 감수성, 그리고 연대다. 중요한 것은 체제 바깥에 대한 지적, 예술적 상상력으로 현재 상황에 균열을 내야 한다는 것이다.[오창은, 2013] 국가와 시장을 감시하고 견제하는 시민사회의 역량은 시민의 민주적 교양 능력에 달려 있다고 해도 과언이 아니다. 시민적 역량이 부족한 것은 결국 폭넓은 교양, 특히 '인문학적 교양'의 결여에 있다고 할 수 있다.

실천적 인문학의 한국적 과제

1. 인문학적 사고를 통해 자신의 삶을 조망해보라.
2. 학교교육에서 인문학을 활성화할 수 있는 방안이 무엇인가?

3부

도덕교육의 쟁점과 통섭적 도덕교육

18장
습관화는 숙고를 결여한 기계적 반복 행위인가?

> 집을 지어보거나 악기를 불어보아야 기능이 익혀지는 것처럼
> 정의감은 정의로운 행동을 해봐야 형성되는 것이다.
> 용기와 정의를 행함으로써 도덕적 덕을 배우고, 용기 있고 정의로운
> 행위를 함으로써 비로소 용기 있고 정의로운 사람이 된다
>
> 아리스토텔레스, 『니코마쿠스 윤리학』

습관이 왜 중요한가?

우리의 교육 활동이 단지 말로 하는 교육이나 도덕교과를 가르치는 데 국한된다면, 어린이들은 유덕한 욕구 성향을 습득할 수가 없다. 또한 도덕적 덕을 습득하는 데 있어서 어떤 덕을 몇 번 혹은 가끔 시행하는 정도만으로는 충분하지가 않다. 습관화 혹은 적어도 효과적 습관화는 유덕한 행위를 빈번하고 일관되게 행함을 뜻한다.

사람은 자신이 아는 대로 실천하면서 살아가기가 쉽지 않다. 이른바 수양이 덜 된 사람은 앎과 행위 사이에 부단히 불일치를 경험하며 살아가지 않을 수 없다. 이런 면에서 올바른 삶을 자연스럽게 실천하기 위해서는 앎이 행위로 이어지도록 자신을 훈련하지 않으면 안 된다. 따라서 도덕교육에서 가장 큰 곤란은 도덕적 판단과 도덕적 행동 사이의 괴리 현상이라고 할 수 있다. 괴리 현상의 원인을 어떻게 좁힐 수 있는가?

사회화론자와 덕윤리학자, 배려윤리학자, 공동체주의자 등은 어린 시절부터 도덕적으로 바람직한 습관을 습득시켜야 한다고 주장한다. 이러한 습관 형성을 위한 활동은 흔히 '훈련' 또는 '교화'로 불리고 있다. 도덕적 덕은 주로 실제 훈련의 과정을 통하여 얻은 안정된 품성 상태에 기초한 행위의 성향이라고 할 수 있다. 아리스토텔레스가 앎/지知와 삶/

행行의 자연스러운 일치를 마련하기 위해 욕구의 훈련을 통해 습관을 기를 것을 강조하는 것도 이런 맥락에서 이해될 수 있다.

습관 형성은 가정교육과 학교교육의 초기 단계에서 철저하게 이루어진다. 앎은 앎 그 자체로 머무는 것이 아니라, 행동으로 이어지게 하기 위해서는 습관을 형성하는 것이 중요하다. 도덕적 습관은 실천을 해야 형성되는 것learning by doing이다.Dewey 그것은 실천의 원천이고 전통이며 이야기이다.MacIntyre 집을 짓거나 악기를 다루어보아야 기능을 익힐 수 있듯이 정의감은 정의로운 행동을 해봐야 형성되는 것이다.Aristotle 아리스토텔레스가 사용한 그리스어 'ethike', 'ethos'는 'habit'이라는 뜻을 갖고 있다. 'habit'은 'to have'의 뜻이 있다. 현대적으로 해석하면 '윤리ethike'는 어떤 방향으로 마음의 성향을 '갖는 것to have'이다.Mitilas, 1992: 7-8 이를 위해 도덕적 성장에 필요한 조건으로서 '도덕적 습관(漸修, 薰習)'을 함양해야 한다.

습관(習: 습성, 습관, 습속 등)은 내가 원래 지닌 것은 아니지만, 후천적으로 그것을 형성할 수는 있다. 습관의 뿌리는 심어주는 것, 습관은 축적되어 한번 각인되면 잘 없어지지 않는다. 습관이라는 것은 새가 여러 번 날아오르는 것처럼 '배우기를 그치지 않는 것'이다. 습관은 곧 반복하여 실행한다는 의미이기에 행동과 떨어질 수 없다. 익히고 행함習行, 즉 반복적인 실천이 중요하다. 그러기에 실천함으로써 본성을 변화시킬 수 있다. 그것은 마음을 전일하게 하고, 분산되지 않게 함으로써 습성을 쌓을 수 있다. 그리하여 한번 형성되면 잘 없어지지 않는다.

도덕적 행동을 하게 하는 일차적 요소는 습관이고, 습관은 반복과 모델링을 통해 형성된다. 어린이가 왜 유치원에서 친구들과 장난감을 공유해야 하고, 싫은데도 왜 미운 동생과 과자를 나눠 먹어야 하는지 그 이유를 제대로 알지 못했을 수도 있다. 그러나 이러한 덕을 실천해야만 시간이 지나더라도 반성적이고 헌신적으로 실천하게 된다. 즉, 정의롭고, 용기있고, 절도있는 인간이 되는 도덕적 삶의 실제를 이해하게 된다. 아리스토텔레스는 용기와 정의를 '행함'으로써 도덕적 덕을 배우고, 용기있고 정의로운 행위를 함으로써 용기있고 정의로운 사람이 된다고 주장하였다. 도덕적 덕은 예술처럼 반복해서 배우고 훈련되어야 한다. 즉, 인간은 선하고 옳은 행위의 길을 향해 계속 실천하며 나아가야 한다. 마치 예술가가 되기 위한 방법으로 그림의 기초를 연마—조건의 가르침—하는 것과 같다. 예술가가 되는 데 있어 기초가 없으면 형식/형태를 창조할 수가 없다.

이렇게 아리스토텔레스는 도덕적 덕에 대해, 소크라테스나 플라톤과 달리 학문적 혹은 이론적 배움을 통해 획득되기보다는 '실천적인 배움'을 통해 획득되는 것을 우위에 두고 있다. 정의롭고 용기있는 사람이 무엇을 하고 있는지에 대한 올바른 이유를 알고, 또 그 자체로 도덕적인 행위를 선택하는 것이 충분한 덕을 지니거나 훌륭한 사람이라고 불릴 수 있는 조건이지만, 그것을 행하고자 하는 올바른 동기에서 행동을 하는 것이 더 중요하다.

우리가 도덕적 행동을 하려면 피곤하고, 압박을 받고, 유혹을 받는 어려운 상황에서도 좋은 행동을 할 수 있는 습관을 길러야 한다. 나아가 친절하고, 예의 바르고, 공정한 행위를 하는 의식적인 결정을 해야 발달되는 것이다. 또한 봉사활동은 좋은 습관의 중요한 모델이 된다. 좋은 행동을 반복적·습관적으로 하게 되면, 이러한 실천이 축적되어 도덕성이 쌓이게 되고, 그렇게 해서 도덕적 인간이 되는 것이다. 그러기에 초자아적 도덕성[118]을 통해 자신과 타인의 욕구를 조정하는 힘을 길러야 한다. 이 힘을 기르기 위해서는 습관과 의지를 키워야 한다.

행동의 실천화와 비판적 실천의 종합

도덕교육은 기본적으로 예절 바른 행동의 최소한의 규준을 지키도

118 프로이트: 무의식(빙산의 일각, id+ego+super ego), 무의식적 교육(본보기를 통한 교육과 집단적 사회화); 융: 정신의 내면=겉으로 드러나지 않은 보이지 않는 그림자=원시적 이미지(집단 무의식): 인간은 의식과 무의식이 공존하고 서로를 보충함으로써 완전해지는 것이다.

록 하는 행동학습적·훈육적 목표를 가져야 한다. 이런 이미지 때문에 '습관'은 무언가에 길들여지는 인상을 가지고 있다. 이른바 우리가 어떤 습관을 획득하게 되면, 우리는 그로 인해 무언가에 익숙하게 되어 새로운 비판적 전망이나 창조적 모색을 하지 않고, 주어진 상황에 안주하게 된다는 이미지를 갖고 있다. 예를 들어 아동에게 강제로 피아노 연습을 시키는 것이 음악에 반감을 갖게 하는 '혐오 요법'이 될 수 있듯, 어린이에게 과자를 나눠먹게 하는 것이 도덕 발달에 도움이 되기보다 해가 될 수도 있다. 전통적·관습적 가르침에 부정적인 억압과 도덕적 금지가 지나칠 경우 자기 결정력이 줄어들면서 공포, 불안, 신경증, 일탈현상을 초래할 가능성도 있다. 아이가 말썽을 부리고 말을 듣지 않는 경우에 가혹한 훈육을 통해 이러한 마음을 없애려고 하는 것은 위험하다. 그러므로 이성의 자기비판을 통해 앎이 실천으로 이어진다는 정당성을 모색하려는 칸트적 입장에서는 당연히 아리스토텔레스가 습관을 강조하는 것에 대해서 비판적으로 바라보지 않을 수 없다.[119]

그렇지만, 아이가 독립과 자립을 추구함에 있어, 적절한 자율성을 부여하면서 분별있고 믿을 만한 확고한 권위와 질서의 틀을 제공하지 못하는 것은 위험한 일이다.Carr, 1997: 173 진보주의 교육론자들이나 자율주의자들이 강조하듯이 부모가 아이에게 지나치게 '하지 마라'고 말하는 것도 해롭지만, 전통주의자나 훈육주의자들이 아이를 위해 너무 많은 간섭을 하는 것, 그리고 아이가 노는 것이나 옷 입는 것 혹은 여타의 일상적인 활동에 있어 아이의 결정권을 너무 빼앗는 것도 해롭다.

그러기에 최소한의 예절 바른 행동으로 자신은 물론 타인에게도 피해를 주지 않도록 해야 한다. 또한 기본적인 사회적 규칙들에 대한 동조를 가르치는 것은 합리성을 계발하는 것과 반대되는 일이 아니다. 일정한 이타적 혹은 타인-지향적 감정이 발현되기 위해서는 아이가 어릴

119 칸트는 근대 자유주의자의 길을 비판적으로 발전시켰다. 이러한 칸트가 비판철학적 입장에서 아리스토텔레스가 습관을 강조하는 것에 대해서 비판하는 것은 너무나 당연하다.

적에 일정한 억압이나 학대, 무관심에 의해 왜곡되어서도 안 되지만, 그러한 여건으로부터 자유로워진다고 하여 반드시 이타적 성향으로 귀결되는 것은 아니다. 그러기에 어릴 적에 주위의 보살핌과 사랑을 받는 것은 매우 중요한 경험이다.

이렇게 보면 도덕적 실천/행동의 전통에 아동들을 입문시키는 것은 도덕성 형성에서 합리성을 갖도록 하는 데 필수적이다. 적절한 사실의 지식/앎을 전달하는 것은 도덕교육의 중요한 측면으로 생각된다. 피터스가 강조하였듯이 "이성의 궁전에 들어가기 위해서는 전통의 마당을 거쳐야 한다."라는 말과 같다. 도덕적 행동/실천의 전통 속에는 합리적이고 분별 있는 규범이 포함되어 있고, 그러한 규범은 전통과 분리되어 가르칠 수 있는 것이 아니다. 이렇게 본다면 도덕교육에서 습관은 '지성적 습관'으로서 능동적인 의미를 지닌 것으로 이해해야 한다.[박재주, 2012: 121] 습관과 이성은 모두 인간의 본성으로서 그것들 간의 상호작용에 의해서 인간의 행위가 결정된다. 습관은 환경을 변화시키기도 하지만, 동시에 자신도 고정되지 않고 변화될 수 있는 탄력성을 지니고 있다. 도덕적 습관이란 정해진 규범을 습득하는 과정이라기보다는, 이전의 경험을 환경과의 상호작용으로 갱신할 수 있는 능력이라고 볼 수 있다.

도덕적 습관은 소극적 자질(도덕적 교화로 오해)로 볼 수도 있으나, 합리성에 도달하기 위한 '적극적 자질'이라고도 볼 수 있다. 그것은 특정 행동의 단순한 기계적/자동적 반복이나 연습이 아니다. 행위를 반복하는 성향은 습관의 본질이라고 볼 수 없고, 반성이 일어나 경험을 재구성하는 것이다. 사회 속에서 지니고 실천해야 할 자질, 성향, 태도, 덕성은 어떤 방향으로 행동하도록 하는 마음의 경향을 갖도록 하는 것이다. 의지의 능력을 완성시키는 것이 덕의 함양이다. 품성의 탁월성, 즉 덕은 저절로 생기는 것이 아니라, 인위적인 지성적 습관화에 의해 생기는 것이다. 여기서 습관화란 정의로운 일들을 자주 행하는 것과 같은 '부단한 실천'이다. 즉, 올바른 행위 규범에 입각한 행위의 계속적 실천이라고 할 수 있다. 아리스토텔레스가 강조하는 행위의 연속적 실천은 아무 생각 없이 수행하는 기계적 반복이 아니라, '숙고된 욕구'에 의한 습관화라고 보아야 한다.[김종국, 2013] 이러한 습관화는 품위 있게 즐거워하고 미워하는 것을 향한 부단한 실천, 즉 도덕적 관심의 계발 과정이다. 이렇게 볼 때 아리스토텔레스의 습관 및 습관화는 숙고된 욕구 및 도덕적 관심의 계발, 한마디로 올바른 욕구구조의 계발과 다르지 않다. 그렇다면 칸트가 비판하는 외부의 자극에 대한 유사-무의식적 반응의 반복이나 행위의 기계적 반복으로서의 습관화, 즉 숙고가 결여된 심의, 그리고 경향성의 유혹으로부터 안전하지 못한 심의 상태를 낳는 그런 습관화는 아니다. 이렇게 이해한다면 칸트의 법칙에 대한 관심의 계발이나 판단력 연습을 위한 자기존경의 계발과 무관하다고 볼 수만은 없다. 적당한 땅이 없이 씨만 있는 기형적인 경우는 바로 아리스토텔레스가 비유한 "의사의 말을 주의해서 듣기는 하지만, 처방되는 바는 전혀 행하지 않는 환자"와 같은 것이다.

이렇게 본다면 숙고 없는 습관이나 습관 없는 숙고 모두가 또 하나의 극단으로서 위험하다고 할 수 있다. 공동체 구성원들이 처해 있는 구체적 상황으로부터 중용을 찾아내는 '상황 파악'에 중심을 두는 아리스토텔레스의 판단과, 이성이 입법한 보편 법칙을 현실의 구체적 경우들에 '적용'하는 데 집중하고 있는 칸트의 판단이 융합되어야 한다. 우리가 강조하는 습관화란 단지 생활세계에 몰두함으로써 비교적 무반성적으로 학습되는 것이 아니다. 습관화의 근본적인 반성적 부분을 위한 수단은 함축적 습관화와 명시적 반성을 통해 학습이 되는 것이라고 할 수 있다. 그러기에 우리가 추구하는 통섭적 습관화는 행동의 실천화와 비판적 실천의 종합이라고 할 수 있다.[Spiecker, 1999: 215-217]

통섭적 습관화를 위한 한국적 과제

1. 왜 도덕적 실천이 어려운가?
2. 비판적 습관화는 교화를 어떻게 극복할 수 있는가?

19장
비판적 사고가 없는 도덕교육이 왜 위험한가?

> 용기를 내어서 그대가 생각하는 대로 살지 않으면
> 머지않아 그대는 사는 대로 생각하게 된다.
> If you don't live the way you think, you'll think the way you live.
> 폴 발레리(1871~1945)

비판적 사고가 왜 필요한가?

인간은 생각하는 존재이다. 생각 없는 행동은 맹목적이다. 생각 따로, 행동 따로 움직이는 사람이라면 그 사람은 사기꾼 아니면 정신분열증 환자일 것이다. 인간은 매일 도덕적 결정을 내리고 산다. 이 결정은 어디에 바탕을 두고 내리는 것인가? 인간이 함께하는 삶의 목적으로서의 행위는 비판적 사고critical thinking 또는 사유(thought, 思惟)와 밀접하게 연관되어 있다. 생각하는 일은 본디 인간의 몫이지 대다수 동물들의 몫은 아니다. 동물들도 갖가지 복잡한 일들을 한다지만, 그것은 본능의 명령에 따르는 동작일 뿐이다. 동물들은 자신들이 현재 하고 있는 일이 어떤 것인지에 관해서 사고할 수 없으며, 계획을 세우거나 자신들의 형태를 바꾸거나 또는 의문을 품거나 그 의문에 답하거나 할 수가 없다. 그들은 단지 그들이 하는 것들을 그냥 계속해서 하고 있을 따름이다. 그러나 인간은 잠시나마 자신들이 하고 있는 것을 망각할 수 있는 힘을 가지고 있다. 말하자면 인간은 돌이켜 생각할 능력이 있어서 현재 하고 있는 것이 옳은지 그른지, 혹은 현명한지 어리석은지에 대해서 사고할 수 있다는 것이다.

인간이 하고 있는 일을 멈추고 하고자 하는 일에 관해서 사고할 수 있는 것과 똑같다. 또한 인간은 무엇을 말하고자 하는 것인지에 대해서도 사고할 수 있다. 인간은 자신이 말하고 있는 것이 참인지 거짓인지, 있음직한 것인지 아닌지, 혹은 이성적인 것인지 비이성적인 것인지에 대해서 의문을 제기할 수 있다. 이것은 토론 과정에서 생기는 일이다. 토론을 할 때 "그것이 어떠어떠하다고 생각해, 왜냐하면 그것이 어떠어떠하기 때문이야."라는 형식으로 말할 때만이 진정으로 사고 활동은 시작되는 것이다.Wilson, 1993: 12 그런데 생각하는 일 자체는 고된 작업을 필요로 한다. 장인의 경지에 이르고자 참으면서 땀 흘리는 기능공처럼 노력해야 한다.

사고는 합당한 이유들을 입증하는 힘에 대한 적절한 주의와 관심을 나타낸다는 점에서 '비판적'이다. '비판적critical'이라는 말의 라틴어 어원인 krinein은 '무엇의 가치를 평가한다to estimate the value of something'는 의미를 갖고 있다.Johnson, 1992: 497 비판적 사고를 하는 사람이라면 마땅히 그래야 하는 것처럼 견해에 귀 기울이고, 그에 따라 자신의 입장을 수정할 수 있어야 한다. 예를 들어 에니스는 비판적 사고를 "믿을 것 혹은 행동할 것을 정할 때 전념하는 합리적이고 성찰적인 사고"Ennis, 1992: 21-37라고 정의한다. 이렇게 넓은 의미의 정의에는 "진술에 대한 정확한 평가"를 포함시키고 있다. 비판적 사고는 일상생활의 문제에 유용해야 하고, 성향이나 덕을 포함해야 하며, 성찰적, 다시 말해서 자기 자신을 살피는 사고를 포함해야 한다.Noddings, 2007/2010: 130 옳고 그름을 가리는 행위인 비판적 사고는 열린 생각, 공정한 생각, 독립적 생각, 탐구적 태도, 타인에 대한 존중 등을 포함한다.Bailin & Siegel, 2009: 192 합리적 탐구는 비판을 낳고, 한 전통에 대한 비판들은 필연적으로 그들이 비판하는 전통으로부터 발전하며, 그 전통에 내재한 가치와 이유에 호소함으로써 합리성을 전제한다. 정말로 질문하고 비판하고 탐구하는 데 참여하는 모든 시도는 합리성과 그 이유들의 힘에 대한 인식을 전제하기 때문에 그에 대해 달리 반박될 수 없다. 비판은 합리성 자체에 대한 비판을 포함하여 합리성에 의존하고 어떤 제안된 대안은 궁극적으로

비판적 사고의 원리와 준거에 기초하여 평가되어야 한다.[Siegel, 1988, 1997]

그런데 교사들에게 훨씬 중요한 문제는 비판적 사고의 목적에 관한 것이다. 왜 우리는 우리의 학생들이 비판적 사고자가 되기를 원하는가? 왜 우리는 그들이 이성에 의해서 올바르게 움직이기를 혹은 자신들의 자기중심적, 사회중심적 사고를 극복하기를 원하는가? 비판적 사고의 배양이 왜 그렇게 중요한가? 첫 번째로 비판적 정신은 교사가 어린이로 하여금 철학적 논의에 입문시키는 시발점이 되기 때문이다. 그렇지만 비판 정신의 목적이 비판자를 위한 교실을 만들자는 데 있지는 않다. 우리는 종종 '참여자'보다는 '관망자'가 되는 경향이 있다. 비판적 사고가 마치 어떤 불순물도 섞여 있지 않은 하나의 선인 것처럼 여겨서는 안 된다. 비판적 사고를 하는 것은 스스로를 자유롭고 창의적으로 표현할 능력과 세계 그리고 자신을 객관적으로 평가할 능력을 길러주자는 데 더 큰 목적이 있다.[Lipman, 1985: 128] 강한 비판적 사고를 채택하기 위해 도덕적일 이유가 별로 없지만, 실천적으로 말하면 우리들 대부분은 이를 필요로 하며, 도덕적 목적이 없이는 심지어 가장 강한 비판적 사고조차도 통제할 수 없는 상황이 올 수도 있다.[Naddings, 2010: 133] 그러기에 모든 교육적 논의의 정점은 비판들의 합만 낳는 것이 아니라, 대안이 될 방법을 모색하고 고안해보는 데 있다.

비판적 사고를 하도록 하는 두 번째 이유는 학생들이 인격체들로서 존중받기 위해서 필수 불가결하다는 것이다.[Siegel, 1988: 3장] 인격체인 학생들을 존중하기 위한 도덕적 요구들은 학생들이 그들 스스로 유능하게 효과적으로 사고할 수 있도록 해주는 노력을 필요로 한다. 이러한 노력은 학생들이 스스로 결정하는 근본적 능력을 부인하지 않고, 그들 자신의 정신과 삶의 현장을 최대한도로 발현시킬 수 있도록 이끄는 것이다. 동등한 도덕적 가치를 지닌 인격체라는 점을 학생들에게 심어주는 것은 학생들을 우리 자신들(교육자)만큼 중요한 요구와 관심들을 가진 의식의 독립된 주체로 대우하고, 적어도 원리상 어떻게 사는 것이 최선이며 어떤 사람이 되어야 할지에 대해 스스로 결정할 수 있는 존재들로 대우하는 것을 의미한다. 교육자가 학생들을 존중하기 위해서는 그러한 문제들을 학생들 스스로 판단할 수 있도록 이끌어주는 노력이 요구된다. 그런 문제를 유능하게 해결하기 위해서는 비판적 사고를 지배하는 준거들에 따라 판단하는 것이 요구된다. 결과적으로 학생들을 존중하기 위해서는 비판적 사고의 능력과 태도를 배양시켜주는 것이 필요하다.

비판적 사고를 근본적으로 도덕교육의 이상으로 간주하는 세 번째 이유는 학생들에게 성인의 삶을 준비시키는 교육의 일반적 인식과 연결된다. 그러한 준비는 미리 결정된 역할들에 대해 학생들을 준비시키는 것으로는 적절히 인식될 수 없고, 그보다는 학생의 자기완성과 자기지도를 수반하는 것으로 이해되어야 한다.[Siegel, 1988: 3장]

비판적 사고의 배양을 도덕교육의 중심 목표로 간주하는 네 번째 이유는 민주주의적 삶에 있어서 주의 깊은 분석과 좋은 사고 및 추론적 사색의 역할과 관련된다.[Siegel, 1988: 3장] 우리가 민주주의에 대한 가치를 인식하는 정도만큼, 우리는 비판적 사고의 능력과 태도를 배양하도록 해야 한다. 공공 정책이나 정치적 문제들에 대해 시민들이 얼마나 잘 추론하고 대중매체를 숙고하며 민주적 시민의 요구들을 일반적으로 충족시키는가에 따라 민주주의는 번영할 것이다. 그런데 시민들의 그러한 행위는 대부분 비판적 사고를 구성하는 능력과 태도를 요구한다.

학생들에게 비판적 사고를 장려하는 교사는 전인적 교육의 기본이 되어온 민주주의 교육의 실제를 구현하고 있다. 즉, 학생들에게 스스로 생각하고, 받아들인 지시에 의문을 갖고, 도전과 면밀함과 심사숙고를 통해 학습하도록 가르침으로써 창조, 발명, 진보를 이루는 교육이 핵심이다.[Haynes, 2012: 95-96] 그래서 철학적 방법으로서의 비판적 사고가 무엇인지 조심스럽게 검토해볼 필요가 있다. 비판적 사고란 서로 다른 생각을 구분할 수 있고, 사고 및 추론 과정의 가정은 무엇인지, 불일치한 점은 무엇인지, 약점은 무엇인지 확인할 수 있는 능력을 포함한다. 따라서 어린이가 어떤 생각을 명료화하는 능력을 보여줄 때 비판적 사고의 진전이 있다고 말할 수 있다.

그리고 비판적 사고를 배양하는 능력은 사고와 행위에서의 독립적 사고, 인격적 자율, 추론적 판단의 증진을 지향한다. 예컨대 모든 앎/지식은 잘못될 수 있다는 점, 그리고 인격적 자율은 중요한 가치라는 점이다. 비판적 사고가 이렇게 중요함에도 불구하고 많은 사람들은 깊은 생각을 하지 않는다. 깊이 생각하지 않기에 행위도 생각만큼 따라가지 못한다. 그래서 사고와 행위가 일치하지 않는다. 이렇게 생각과 행위가 나누어질 수 없다는 것은 궁극적으로 인간 활동의 고유성과 목적성을 표현하는 것이다.

그렇지만 오늘날 교육은 사고와 행위를 너무 이분법적으로 나누기 때문에 실천적 인간을 키워내지 못하고 말았다. 그 결과 '깊이 생각하는 인간'을 길러내지 못하고 말았다.[이은선, 2013: 83] 아렌트는 나치 전범 루돌프 아이히만의 재판 과정을 지켜본 뒤 발표한 『예루살렘의 아이히만』에서 '악'에 대한 '비판적 사유'[120]가 부재할 때 평범한 인간조차 악의 공모자가 될 수 있다고 고발한 적이 있다. 나치 학살의 주범 아이히만은 평범한 동네 아저씨 같은 사람이었고, 별다른 성격장애도 없는 근면 성실한 사람이었다. 그런 그가 어떻게 그런 끔찍하고 엄청난 학살의 주범이 되었는가? 그것은 바로 성실한 태도로 조직의 명령을 충실히 수행했기 때문이었다. 그의 치명적 결점은 세 가지, 즉 생각하지 않는 것, 주체적으로 판단하는 않는 것, 그리고 소신 있게 말하지 않는 것이었다. 착하고 겸손하고 친절한 것은 좋은 성품이다. 근면하고 성실한 것은 더 없이 좋다. 그러나 사심 없이 바로 보고, 분명하게 판단하고, 의지대로 행동하는 것이 결정적으로 결여되어 있다면 우리 모두 자칫 '조직의 아이히만'이 될 수 있다. 프랑스 시인 폴 발레리[Paul Valery: 1871-1945]가 말하지 않았던가?

120 '사고'와 '사유'는 비슷한 의미를 갖지만, '사유'의 개념은 '깊이 사고를 한다'는 의미가 강하다.

"용기를 내어서 그대가 생각하는 대로 살지 않으면 머지않아 그대는 사는 대로 생각하게 된다."

If you don't live the way you think, you'll think the way you live.

폴 발레리

오늘날의 인간은 타인의 존재에 대해 응대하는 실천action, praxis하는 존재가 아니라, 단지 생각 없이 맹목적인 '행동behaviour'만 하는 사람이 늘어나고 있다. 우리 스스로가 자신도 모르는 사이에 생각하는 것을 그만두는 경향을 보이고 있다. 이런 풍토는 순응주의만을 낳을 뿐이다. 인간 자체를, 그리고 그의 모든 활동을 단순히 조건반사적으로 행동하는 동물의 수준으로 환원시켜버렸다. 여기에서 진정한 인간적 공공의 세계를 구성하는 일은 요원해진다.

좋은 삶을 위한 실천적 지혜의 요청

그런데 오늘날의 학교교육은 사유와 행위를 너무 이분법적으로 나누기 때문에 행위하는 인간을 키우지 못했다. 그 결과 '깊이 생각하는 인간'을 길러내지 못하고 말았다.[이은선, 2013: 83] 아렌트는 홀로 성찰하고 스스로 학습하는 힘, 곧 '관조contemplation'를 강조한다. 아렌트는 수업 시간에 학생들로 하여금 자신의 고유한 생각을 토로하게 하고, 한 주제를 다양하게 생각해보도록 유도하였다. 학생들 스스로 생각할 수 있도록 도와주며, 학교를 논의와 논쟁이 살아 있는 장으로 만들려고 노력하였다. 이렇게 배려하고 기다려주는 태도 속에서 교육은 학생 각자의 새로움을 만들어갈 것이다. 근대 계몽주의자들처럼 일직선상의 사회진보를 추구하는 것이 아니라, 달팽이의 느리고 나선형을 이루는 행보처럼 그렇게 교육에 대한 희망을 향해 걸어가야 한다.[Levinson, 2001] 동시에 지나치게 '함께 함'이 '생각하지 않는 사람nonthinker'을 낳을 가능성이 있기에 '홀로 있음'과 '홀로 배움'을 강조함으로써 '함께 학습'과 적절하게 균형을 잡아야 한다.[121] 홀로 배움과 함께 배움의 변증, 내적이고 사회적인 대화적 소통으로 나아가야 한다. 그렇게 하여 활동적 삶과 관조적 삶의 조화가 필요하다. 그렇다면 인간이 직면한 도덕적 문제에 대한 반성적 활동, 성찰적/평가적 탐구활동, 도덕적 상황에 대한 적절한 도덕적 규범을 이해하는 것, 도덕적 상황의 사실적 요소를 이해하는 것, '왜' 어떤 행동은 바람직하고 어떤 행동은 바람직하지 않은지를 아동들로 하여금 이해시켜야 한다. 그렇게 하여 '자기운명의 주인'이 되게 해야 한다. 어떻게 사는 것이 옳은가 혹은 무엇이 진정한 이익인가에 대해 일정한 원칙에 입각하여 합당한 자기통제와 도덕적 덕을 쌓음으로서 도달하는 것이다. 어떤 대상에 대한 태도로서 어떤 사태/경험에 대한 특별한 민감성, 즉 선호, 혐오 등을 갖는 것이다. 매일의 활동을 조직하는 방식, 관계하는 방식 등 도덕적 추리/판단moral reasoning/judgement이 녹아 있는 것이다. 이것은 도덕적 지식에 바탕을 둔 판단이다. 즉, 인간의 정신활동의 인지적 측면으로서 이성적/합리적 활동은 이해, 숙고, 반성, 판단 등이 작동하고 있는 것이다.

이렇게 본다면 도덕교육은 도덕적 인간이 필요로 하는 적절한 지식, 관점, 이해, 예를 들어 자신과 타인의 이해, 사회적 실천과 문화적 가치의 함의, 도덕적 관점이나 도덕 이론 차원에 대한 이해를 하려고 준비하고 노력하는 것이라고 할 수 있다. 그렇다면 도덕적 이해를 심화시키는 것이 도덕교육에 얼마나 중요한가? 오늘날 대부분의 철학자와 교육자들은 지식/앎이 전부(즉, "알면 행한다.")이며, 그리고 덕이 곧 지식이라는 급진적 경향을 보이는 소크라테스 입장에 대해 의심을 갖는다. 이런 의문을 품은 아리스토텔레스의 입장은 "안다고 행하는 것은 아니다."라

121 아렌트의 아이디어를 빌려온 Duarte는 사회적 구성주의Vygotsky에 바탕을 둔 또래 활동을 통한 '함께 함'을 강조하는 협동 학습cooperative learning의 모델은 '생각을 하지 않음/무사유/성찰기피'의 조건을 만들 위험이 있음을 경고하고 있다.[Duarte, 1991: 201: -223] 그것은 곧 전체주의의 도래를 예고하는 것이다.

는 것이다. 우리들 대다수 사람들에게 설득력을 갖듯이 우리는 무엇을 보여줌으로써 반응하는 것이다. 실천/행위를 함으로써 도덕적 인간이 되는 것이다. 용기 있는 사람이 되려면 용기를 내야 하는 일에 참여를 해야 한다. 용기의 중요성을 안다고 하여 용기 있는 행동을 하는 것은 아닌 것이다. 말하자면 지식은 덕과 관련이 없고, 올바른 행동은 이해와 떨어져 있다. 이렇게 아리스토텔레스는 지적인 덕/탁월성과 도덕적인 덕/탁월성은 다르다는 것, 즉 도덕성은 이론적 지혜뿐 아니라 실천적 지혜phronesis 또는 좋은 판단의 기술을 필요로 하고, 그리고 의지의 허약과 또 다른 요인에 의해 위협을 받는다는 입장이다. 도덕적 지식은 단순히 이론적 지식이 아니고 실천(praxis; 숙지적 행위)에 바탕을 둔 지식으로서 '실천적 지혜'—진실로 그리고 바르게 행동하는 성향—에 의해 안내되어야 한다. 이런 지혜는 '기술'이고 '노하우'이다. 어떤 행동의 선택으로서 도덕적 판단을 하는 것, 즉 숙고하는 것은 실천적 지혜에서 나온다. 실천적 지혜란 올바르게 선택하기 위해서는 결정을 내려야 하는 특정 상황에서 무엇이 좋고 나쁜지를 결정하는 것을 도와줄 모종의 지식, 즉 '실천적 지식'이라고 할 수 있다. 의사가 의료 활동을 함에 있어 치료를 해야 하는가 아닌가의 문제가 아니라, 어떻게 치료할 것인가에 관심을 가지는 것과 같이, 도덕행위자의 숙고는 잘 실천해야 하는가, 아닌가의 여부보다는 어떻게 잘 실천할 것인가에 더욱 관심을 가져야 한다. 다시 말하면 도덕적 숙고를 함에 있어 도덕적 행위의 '수단'을 결정하듯이 '목적'을 결정하는 관점을 가져서는 안 된다. 아리스토텔레스는 도덕적 탐구를 함에 있어 이론적 작업으로 간주하는 소크라테스와 플라톤의 관점을 거부하고 있다. 그의 목표는 이론적인 의미에서 선이 무엇을 의미하는가가 아니라, 어떻게 우리가 '실천적인' 관점에서 좋은 사람이 될 수 있는가를 발견하는 데 있다.

그런데 이러한 도덕교육의 담론을 백분 받아들인다고 하더라도 도덕적 이해를 간과하는 오류를 범해서 안 된다. 도덕적 지식과 이해가 결여되어 있으면 도덕성의 깊이를 파악하지 못할 수 있고 그것이 갖는 문제나 이슈를 명료하게 밝히지 못할 수 있다. 도덕적 직관을 거쳐 도덕적 이해에 이르는 것은 도덕적 삶의 핵심이다. 도덕적 이해는 타인에 대한 깊은 공감적 지식과 함께 사랑과 경외, 또는 혐오와 숭배와 같은 근원적인 정서적 경험을 필요로 한다.

여기서 우리는 도덕적 이해를 한다는 것이 순수하게 인지적인 종류의 자질만으로 이루어진 것이 아님을 유념할 필요가 있다. 역으로 말하면 정서 또한 비인지적 자질로만 이루어진 것이 아니라는 점이다. 도덕적 이해를 한다는 것은 행위 주체가 다른 사람 그리고 그의 상황을 '의미의 망'에 비추어 '본다seeing'는 것이다.DeNicola, 2011: 188 그러한 인간의 의미 망 속에 상상으로 참여함으로써만 다른 사람의 상황을 이해할 수 있다. 그러기에 도덕적 상상력과 의미의 망을 계발할 필요가 있는 것이다. 이 말을 한다고 하여 생생한 경험이 불필요하다는 것은 아니다. 오히려 생생한 경험은 우리 자신과 상황을 더 이해하고, 우리의 삶을 형성하는 힘을 이해하며, 서로를 증진시키고 보존하는 세계를 더 잘 이해하는 데 도움을 준다. 이해를 위해서는 학습이 필요하다. 그러기에 도덕적 이해를 한다거나 도덕적 앎을 갖는 것은 도덕적 정서와 경험을 모두 포괄하여 이해하는 것이기에 도덕교육에서 매우 중요한 위치를 차지한다고 할 수 있다.

깊이 사유하는 도덕교육의 한국적 과제

1. '비판적 사고'를 통해 자신의 사고방식을 조망해보라.
2. 자신의 일상생활 속에서 '실천적 지혜'의 경험을 찾아보라.

20장

도덕적 정서는 비인지적 요소만을 갖는가?

> 비판적 사고는 필연적으로 기존의 규칙들을 따르는 기계적 과정을 수반하기에
> 기존 틀을 초월하여 새로운 생각을 창출하지 못할 가능성이 많다.
> 비판적 사고는 협력적이기보다는 공격적이고 대립적이다. 감정을 무시하거나
> 추상적인 것을 다루며, 삶의 경험과 구체적 특수성을 무시하는 경향이 있고,
> 관계보다 자율을 우대하는 경향이 있다.
> 객관의 가능성을 전제하기에 개인의 상황을 인지하지 못할 가능성도 있다.
> Bailin & Siegel(2009)

비판적 사고의 위험성

사고는 합당한 이유들의 입증하는 힘에 대한 적절한 주의와 관심을 나타낸다는 점에서 '비판적'이다. 사고가 비판적이라는 의미는, 그 사고가 적절한 타당성의 표준이나 기준을 충족시켜서 충분히 '좋다'고 판단하는 것이다. 비판적 사고에 대한 현존하는 철학적 근거들은 그러한 기준을 강조한다. 비판적 사고란 "무엇을 믿고 행하여야 할지 결정하는 것에 집중하는 정당한 성찰적 사고"라고 규정하고, 사고—그리고 사고하는 사람들—가 비판적이기 위해 필요한 행동, 기술, 태도의 구체적인 목록을 제공한다.Bailin & Siegel, 2009: 190 비판적 사고는 여러 사고들 중의 한 유형이 아니라, 그 맥락이나 활동이 어떤 성질이든지 사고의 성질을 지칭하는 종합적 용어라고 할 수 있다.

비판적으로 사고하는 사람은 이유들에 의해 합당하게 움직이는 사람들이다. 그들은 이유들이 적절히 좋은 이유들로 판단되기 위해 충족시켜야 하는 인식론적 기준을 이해하고 체득해야 한다. 이때의 좋은 이유들이란 믿음, 주장, 행동을 보증하는 것이다. 비판적 사고를 하는 사람들은 어떤 믿음들과 그에 잠재된 추측들 및 그 추측들이 담긴 세계관들에 대해 합리적으로 평가하는 능력과 태도를 갖고 있다. 즉, 이들은

적절히 추론하는 능력과 그렇게 행동하는 태도/성향/정신습관/인격을 지니고 있는 것이다. 이렇게 보았을 때 비판적 사고는 사고가 어떻게 수행되어야 할지에 관한 규범적 성격을 지니고 있다고 할 수 있다.

그런데 생각과 주장 및 결과들의 올바른 평가에 도달하는 분석적이고 평가적인 연역적 과정으로 간주되는 비판적 사고는 필연적으로 기존의 규칙들을 따르는 기계적인 과정을 수반하기에 기존 틀을 초월하여 새로운 생각을 창출하지 못할 가능성이 크다.Bailin & Siegel, 2009: 198 특히 비판적 사고는 직관보다는 합리적·직선적 사고를 우대하며, 협조적이며 협력적이기보다는 공격적이고 대립적인 경향이 있다. 감정을 무시하거나 과소평가하기도 한다. 비판적 사고는 추상적인 것을 다루기에 삶의 경험과 구체적 특수성을 소홀히 할 수 있다. 공동체나 관계보다 개별적 자율을 우대하고 개인주의적인 경향이 있다. 그리고 비판적 사고는 객관의 가능성을 전제하기에 개인의 상황을 인식하지 못할 가능성도 있다.Bailin & Siegel, 2009: 204 여기에서 정서의 도덕적 기능이 요청된다.

정서의 도덕적 기능

정서들이란 단순히 느낌들의 문제만이 아니다. 정서들은 내적이고, 느끼는 측면을 지니고 있으며, 그것은 비유가 아니고는 기술하기 어려운 측면이 있다. 인간의 정서에는 동기의 무의식적 복합성(자기 마음대로 할 수 없음)이 들어가 있다. 심리적 사실(감정의 영역; 인간 경험의 정의적·감정적 측면, 열정, 정서, 분위기, 경향, 본능, 욕망 등)은 논리적 사실—이성의 영역—보다 더 강한 영향력을 미친다. 감정feeling과 정서affect/emotion는 서로 밀접히 관련되어 있다. 정서는 감정과는 달리 항상 뚜렷하게 의식되지 않는데 그 이유는 감정은 정서와 달리 대부분 누군가를 향해, 가까운 것들에 대해 극도로 편향된,Nussbaum, 2013:149 일정한 지향성intentionality을 구현하고 있기 때문이다.[임홍빈, 2013: 322] 그런데 정서는 판단과 감정을 통하여 형성되기도 하지만, 중요한 것은 정서가 도덕적 요소를 포함한다는 사실이다.[조무남, 2002: 286-287] 정서는 일부 감정들의 존재론적 토대를 제공한다. 따라서 신념에 의존하지 않는 감정들은 사실상 정서로 간주되는 것이 더 타당하다.

따라서 정서는 때로는 이성을 통과하지 않은 채 상황을 인지하기도 한다. 인지가 도덕성의 이성적 본질이라면, 정서는 도덕성의 심리적·감성적 본질이다. 이를테면 어떤 특정 인물에 대한 존경심은 흔히 도덕적 정서로서 학생들의 마음에 오랫동안 남아 있을 뿐만 아니라, 그들의 도덕적 삶 속에 스며들게 된다. 정서는 사람들로 하여금 행동으로 움직이게 하는 강력한 동기부여의 역할을 하며 이런 정서가 행동의 이유가 된다. 도덕적 정서는 도덕적 가치를 행위하도록 할 수 있는 심리적 분위기이고 인지를 운반해주는 심리적 기제이다. 도덕적 정서로서 동정, 우정, 공감 등은 중요한 정서의 예이다. 부정적으로 느껴지는 죄책감, 수치심, 후회 등도 도덕적 개념을 갖는 가장 대표적인 정서들이다.

어떤 정서적 반응은 부당하고, 유치하고, 비합리적이고 부적절한 것이라고 판단하는 반면, 어떤 정서적 반응은 적절하고 올바르다고 한다면, 이 정서는 합리성, 적절성, 적합성과 같은 규범적 속성을 지니고 있다고 할 수 있다. 정서는 여러 가지 감정들을 포괄하는 상위 개념으로서 어떤 인지 방식과 연계되어 있다. 인간의 공포나 분노 그리고 시기는 외적 조건들에 의해 야기된 평가에 의해 표현되기에 정서라고 볼 수 있다. 두 사람이 뱀을 똑같이 위험한 것으로 보지만, 피하는 방식에 있어서 한 사람은 조용히, 또 한 사람은 공포에 사로잡혀 행동할 수 있다. 동일한 사태를 사람들이 서로 다르게 평가할 수 있다. 어떤 사람은 그것을 '분노'로, 어떤 사람은 '무관심'으로 대응할 수 있다.

그러나 정서는 인지가 없는 곳에서는 자리 잡을 수 없다. 정서의 본질은 어떤 경우든지 간에 인지적 사고와 상호작용 없이는 존재하지 않는 것 같다. 올바른 정서 발달에 있어 표현주의적 예술의 주목할 만한 이론조차도 감정상의 특성이 표현의 매개적인 특성으로 의식되고 있다. 여기에는 반성적인 사고의 요소도 중요하다고 할 수 있다. 정서들은 모종의 평가적 시각 속에서 보여지는 대상들이나 일의 상태와 연관되어 있다. 예를 들어 "나는 철수에게 화가 났다."를 보자. 이 경우 화가 난 까닭은 경솔하게 내 목적을 좌절시키고 있기 때문이다. 우리가 어떤 사람의 감정을 아는 것은 단순히 찌푸린 얼굴, 숨소리, 동작, 미소, 고함과 얼굴 붉힘 등에 의해서뿐만 아니라, 그가 자신이 처해 있는 상황을 보는 시각에 의해서이기도 하다. 우리의 감정과 우리가 상황을 보는 평가적 시각 사이의 연관은 단순히 우연적인 연관이 아니라 논리적인 연관이다.[Dearden, 2002: 125-126] 내가 상황을 적절한 시각으로 보지 못한다면, 논리적으로 나는 어떤 정서들을 느낄 수 없다. 그러므로 다양한 정서의 개념들은 그 상황을 어떻게 보는가와 느껴지는 감정 사이의 논리적 연관을 포함하는 것이다. 이것이 인지와 정서를 대립시킴으로써 사람의 행동을 오도할 수 있는 태도이다. 왜냐하면 지각과 평가는 정서의 필수불가결한 일부이기 때문이다.

이러한 논리적 연관의 한 가지 흥미로운 귀결의 예를 들어 보자. 어린아이들은 상황을 적절한 시각으로 보는 데 필수적인 이해력을 결여하고 있기 때문에 그들이 느낄 수 없을 정도의 많은 정서적 감정이 있다고 보아야 한다. 일반적으로 한 살짜리는 후회의 감정도 없고 확실히 양심의 가책도 느낄 수 없다. 그 까닭은 후회와 양심의 가책 모두 과거라는 개념과, 시간의 흐름 속에서도 동일성을 유지하는 책임질 수 있는 행위자로서의 자아라는 개념을 갖고 있지 못하기 때문이다. 일반적으로 다섯 살짜리는 정치적 결정들에 관해 두려움이나 불안을 가질 수 없다. 그 까닭은 간단하다. 그는 아직 정부, 권위, 그리고 사회적 결과라는 관련된 개념들을 갖고 있지 못하기 때문이다. 일반적으로 여덟 살짜리는 '저 멀리 별이 총총한 하늘'에 대해 칸트가 느꼈던 특별한 존경과 경외의 감정을 공유할 수 없다. 그 까닭은 그는 뉴턴의 역학이라는 관련된 지식을 갖고 있지 못하기 때문이다. 청소년들은 외국 사람들에게 공감하는 것이 가능하지만 어린아이들은 그렇지 못하다. 왜냐하면 어린아이는 '다른 나라', '여러 사람들로 구성된 집단', 오랜 시간 계속 살고 있는 인간의 삶과 같은 개념들을 아직 갖고 있지 않기 때문이다. 따라서 공감을 제대로 느끼기 위해서는 많은 개념과 지적 요소들이 필수적으로 요청된다.

그래서 정서(감정, 열정, 성향 등)에도 '합리성'을 지니고 있다며, 인지와 정서의 이분법에 도전하는 '인지적 정서론'이 우리의 관심을 끌고 있다. 인지적 정서론자들은 이성을 통해 감정을 통제하거나 길들여야 하는 '전통적 합리론자' 입장과 다르다.[임일환, 1996: 박정순, 1996] 그동안 전통적 합리론자들은 정서가 무엇인지를 이해하고 또 이해할 수 있는 방법으로서, 그것이 직접 어떻게 느껴지는가를 이해하는 방법밖에 없기에 정서는 느낌의 문제이지 인식의 문제는 아니라는 입장이었다. 전통적으로 감정은 기본적으로 믿음이나 판단 같은 인지 능력보다는 감각과 더 유사한 것으로 생각하였다. 즉, 정서는 근본적으로 비인지적이고 비지향적이며, 비자발적이고 수동적인 상태라고 보았다. 그러기에 정서는 이성의 통제 하에 억눌려야 하는 감정이었다. 이와 달리, '인지적 정서론자들'은 정서가 인지처럼 교육될 수 있다고 주장한다. 이들은 단지 감각이나 느낌, 감정으로 보았던 관점에서 벗어나 정서의 속성으로 인지, 사고, 판단, 평가를 고려하는 '정서에 대한 인지주의적 관점'을 취하고 있다. 이 관점은 그동안 정서와 이성 사이의 이분법을 비판하면서 정서는 의도적인 것이며, 합리적일 수 있다고 본다. 정서를 이성에 복종되어야 할 것으로 취급하는 것이 아니라, 정서 속에 이미 이성이 개입되어 있다고 본다. 정서는 인지와 평가의 한 묶음으로 이해하기 때문에 정서도 이성 활동의 일부라는 것이다. 정서가 합리적 판단에 이르지는 못하지만, 평가 활동을 포함하고 있기 때문에 교육의 대상이 될 수 있다는 것이다.

두려움, 분노, 시기, 후회 등 정서라는 말로 불리는 심리상태는 도덕적 사태에 대해 어느 정도 '도덕적 평가'를 통해 나타나는 정서적 반응으로서 단순히 이성적 판단을 거치고 난 후 평가를 내리는 것이 아니다. 어떤 행위에 대해 좋아하고 싫어함, 흠모와 시기, 기분의 좋고 나쁨, 평안과 불안은 이미 감정적 표현을 통해 그 행위에 대한 도덕적 평가를 하면서 도덕적 사태에 개입하고 있는 것이라고 볼 수 있다. 정서적 반응에 대한 규범적 평가의 다양성, 즉 합리성/비합리성, 부당성/적절함 등의 다양한 평가방식은 정서에 내포된 인지적 요소의 다양성을 반영하는 것이다. 그런 면에서 정서적 평가가 비합리적 요소도 있겠지만, 행위에 대한 감정의 표현은 이미 어느 정도의 '인지적 평가'가 들어 있다고 볼 수 있다.

정서가 어느 정도 합리성을 수반하고 있다는 생각은 서양에서도 일찍이 아리스토텔레스에 의해서 제기된 바 있다. 덕의 윤리를 지향하는 아리스토텔레스는 행복 추구에 있어 정서의 위치를 소중하게 여긴다. 즉 정서는 본질적으로 인식, 욕구, 감정이라는 세 요소가 역동적으로 결합된 복합체로서 정서의 도덕적 기능을 중시한 바 있다. 아리스토텔레스는 "어떻게 하면 잘 행위할 수 있는가"의 문제뿐만 아니라, "어떻게 하면 잘 느낄 수 있는가" 하는 문제까지 윤리학의 범주에 포함시켰다. 그에 의하면 덕은 '인격의 한 상태'이다. 덕이라는 인격의 상태는 올바른 행위를 가능케 해주는 동시에, 올바른 감정의 발현을 가능하게 해준다. 올바른 행위가 옳고 그름 등의 가치 판단을 전제로 하듯이, 올바른 감정 역시 당면한 윤리적 상황에 대한 시비·판단이 전제되어 있다는 것이다.

정서적 평가는 반드시 참이거나 합리적이어야 하는 것은 아니다. 정서적 평가는 즉각적으로 이루어진다. 사람들이 하나의 반응이 정서적이라고 말할 때, 그들은 종종 그것이 하나의 불합리한 반응이라는 것을 의미한다. 불합리하다고 말한다는 것도 하나의 평가이다. 정서를 변경시키고 교정하기 위해서는 평가를 변경시켜야만 한다.신득렬, 2003: 341 질투를 느끼도록 되어 있는 상황에서도 질투를 느끼지 않는 사람들이 있으며, 스스로 비참하다고 생각하면 비참해질 수 있다. '너의 태도를 바꿔보라'는 권고는 정서가 판단에 달려 있다는 것을 말해준다.

정서적 상태란 사람과 대상 간의 의도적인 평가적 관계를 포함한다. 정서는 평가적 활동 경향을 동시에 갖는다. 하나의 사태에 대해 유쾌한 혹은 불쾌한, 회의적 혹은 비호의적 등의 말을 사용하는 것은 일종의 평가 작용이 정서로 표현된 것이다. 상이한 정서를 보이는 것은 어떤 종류의 상이한 평가가 내려졌기 때문이다. 상이한 평가는 다른 인지적/논리적 과정을 통해 다른 인식과 신념을 보여준 것이다. '정서적 발달'은 물론 '인지적 발달'의 문제는 아니지만, 우리 내부에서 무엇인가가 점점 더 휘몰아치거나 흥분하는 것이 아닐 수도 있다. 정서적 발달은 모종의 평가적 시각으로 감정들을 격려하고, 세련되게 하며, 방향을 잡고, 통제를 하며 때로는 억제시키기도 하는 것이다. 정서 중에는 훌륭한 것과 하찮은 것, 정당한 이유를 가진 것과 그렇지 못한 것, 용납되는 것과 쓸데없는 것이 있으며, 이 모든 것은 정서적 발달과 윤리적 이해 사이의 밀접한 연관을 보여준다.

물론 정서가 평가적 특징을 갖는 활동을 하지만 그것을 '합리적 판단'과 동일시할 수는 없다. 왜냐하면 정서는 수동성과 즉시성이 농후하여 엄밀하고 지속적인 판단에 이르지 못하기 때문이다. 그러므로 평가는 정서적일 수도 있고 아닐 수도 있다.

결국 정서는 상황을 어떻게 보는가에 달려 있다. 따라서 상황에 대한 기술이 결정적이다. 정서는 종종 그릇된 판단, 성급한 판단으로 간주되어왔다. '질투를 느낀다.'는 말은 정서에 관한 단순한 보고에 그치지 않고, 하나의 판단이다. 이 판단은 종종 행동을 유발하기 때문에 중요한 의미를 갖는다. 이렇게 행동에는 신념, 평가, 욕망이 게재되어 있다. 정서는 하나의 상황에 직면해서 유쾌 혹은 불쾌, 이익 또는 손해라는 측면에서 평가한다. 평가적 정서에는 긍정적 정서들과 부정적 정서들이 있다. 전자에는 행복, 사랑, 자부심, 공감, 동정심, 흠모, 자아 존중감 등이 있고, 후자에는 분노, 격분, 공포, 슬픔 등이 있다. 긍정적 정서들은 상황을 호의적으로 평가하고 대상에 가까이 가려고 한다. 이에 비해 부정적 정서들은 상황을 좋지 않게 평가하며 문제의 상황으로부터 도피하려 한다. 이러한 감정이 강하게 경험될 때 우리로 하여금 규범에 따라 행동하게 하려는 동기도 강화된다. 그것은 사회적 상황에 대한 우리의 해석과 행동에 영향을 준다.

그런데 누구의 감정이 옳고 누구의 감정이 그른지에 대한 객관적 기준을 어떻게 확보할 수 있는가? 롤스와 하버마스는 감정의 편파성을 극복하기 위해 '무지의 베일' 혹은 '이성적 담론 조건'과 같은 장치를 마련하였다.

공감적 사고와 공감적 도덕성

어원상으로 공감empathy은 그리스어의 empatheia에서 유래한 것으로, 이는 '안'을 뜻하는 'en'과 '열정'을 뜻하는 'pathos'의 합성어로서 '안에 들어가서 고통을 느낀다.'는 의미를 함축하고 있다.[박승희, 2004: 48] 정서의 도덕적 감정인 공감은 죄책감, 공포, 분노, 유쾌함이나 슬픔과 같은 정서와는 다르다. 공감은 타인의 고통을 느끼는 것이거나 타인의 입장에 들어서는 것이고, 그들과 공명하는 것이다. 서로가 서로에게 정서를 이동하는 것이다. 공감은 타인의 관점을 채택하고, 타인의 정서를 느끼거나 타인의 정서와 지각 속으로 들어가 느끼는 것이다. 그러면 공감과 윤리 사이의 관계는 무엇인가? 공감과 윤리의 가장 분명한 관계는 타인의 입장에 서고자 한다면 무엇을 해야 할지를 상상함으로써 어떤 상황에 무엇을 해야 할지를 추리하고 상상하는 것이다. 이러한 관점에

선다면 도덕적 숙고는 타인의 관점을 상상하는 것이고, 그 입장에서 무엇이 되기를 상상하는 것이다. 당면한 상황에서 느끼는 정서를 느끼도록 하는 것이거나 그 입장에 서고자 한다면 일어날 것 같은 무엇을 결정하는 것이고, 그때 그 행동을 수행하는 것이다.

그렇지만 이런 종류의 공감적 관점 채택이 꼭 도덕적으로 귀결될 것 같지는 않다. 예를 들면 어떤 학생이 테스트에서 나쁜 점수를 받아 교수의 연구실을 찾아가 울면서 등급을 올리기 위한 추가 활동을 요구한다고 하자. 이 경우 교수가 한 학생에게 공감을 보이고, 나쁜 등급에 대해 함께 괴로움을 느낄 수 있다. 만약 여러분이 이 학생의 입장에 서게 된다면 교수에게 등급을 변경할 수 있는 기회를 달라거나 특별 점수를 받고 싶어 할 것이다. 그런데 등급을 변경하거나 학생에게 추가 과제를 부여할 기회를 교수가 제시해야 하는가? 대부분의 사람들은 아마 점수를 잘 못 받은 다른 학생들에게는 그렇게 하는 것이 불공정한 일이기에 그렇게 해서는 안 된다고 판단할 것이다. 이런 상황에서 공감적 태도를 보이거나 "네 이웃을 내 몸같이 사랑하라."와 같은 황금률을 적용하는 것은 올바른 도덕적 해답이 되지 못할 것이다.

이런 상황을 설정하였다고 하여 모든 도덕적 숙고를 하는 데 있어 공감의 부적절함을 보여주는 적절한 사례는 아니다. 공감이 도덕적 숙고, 성찰, 동기 그리고 행동에 있어 중심에 있기는 하나, 오직 공감만으로 도덕적 지도를 하기에는 충분하지 않다. 그러기에 공감이 도덕적 행동을 하는 데 있어 수단적 기능을 하지만, 도덕적 반응을 유발하는 특별한 도덕원리의 방향과 연관지어 사용되어야 한다. 여기에서의 공감은 규범적 도덕원리와 책임을 정의하고 동기화하는 데 도구 역할을 해야 하고, 많은 윤리적 원리에서 합리적 이론조차 그럴듯하게 그렇게 할 수 있어야 한다. 공감은 새로운 방식으로 타인에 대한 신념을 반추할 수 있는 수많은 '인식적 기능'을 수행하기 때문에 다양한 도덕 이론들에 의해 옹호되는 동기, 행동 그리고 덕을 유발할 수 있는 도구가 될 수 있다.[Oxley, 2012] 이런 인식론적 과정과 결과들은 이타적 인지, 동기나 행동과는 좀 다르고, 더욱 인지적 발달을 한 공감의 부류에 분명하게 나타난다. 공감은 사람들로 하여금 타인이 세계를 어떻게 볼 수 있는지를 이해하도록 하고, 타인의 관점을 소중하게 여기는 데 도움을 주고, 그들과 정서적으로 연관을 갖도록 하고, 자신과 타인 간에 생기는 갈등의 지각을 소멸시켜주며, 그리고 자신과 타인 간의 유사성을 인지하는 것을 가능하게 할 수 있다.[Oxley, 2012]

공감의 인식론적 차원에 초점을 맞추는 것은 '공감적 사고'가 어떻게 윤리적 성찰, 숙고 그리고 정당화에 관련이 있는지를 설명하는 데 필요한 자원들을 갖게 하기 때문이다. 이런 방식으로 이해되는 공감은 도덕법칙에 따라 행동하는 기회를 발견하고, 도덕적 원리를 정당화하고, 어떤 원리와 실천이 타인에게 합당한지를 보여주며, '도덕적 관점'을 채택함으로써 타인에게 자신을 정당화하는 수단이다.[Oxley, 2011] 이들은 칸트 이론, 공리주의 이론, 그리고 계약주의 이론을 포함한 여러 가지 윤리 이론들을 포괄하는 과제이지, 오직 배려와 덕, 그리고 이타주의만을 강조하는 윤리 이론만을 요청하는 것은 아니다.

공감의 가장 중요한 기능들은 인식론적이기에 오직 공감만이 유일한 도덕적 준거가 되기에는 불충분하며 바람직하지도 않을 수 있다. 공감은 규범적 원리가 아닌 심리적 경험일지도 모른다. 그러기에 그것은 도덕적으로 선한 행동의 준거로 기여할 수 없을지 모른다. 윤리에 대한 공감의 기여와 관련된 이러한 관점은 도덕적 삶에서 공감의 규범적 역할과 관련되어 다른 것들과는 독특할 수 있다. 예를 들어 배려이론가 마이클 슬로트Michael Slote는 배려윤리에 대한 공감의 중심성을 옹호하고, 공감이 진정 이타적 관심이나 타인을 위한 배려의 발달에서 중요한 권능적 역할이 있음을 주장한다.[Slote, 2007]

덕윤리학자 마이클 슬로트는 공감이 모든 사람을 향해 열려 있어야 함을 주장한다.[황경식, 2012: 227] 물론 그렇다고 하여 그 강도가 모든 사람을 향하여 동등해야 된다는 건 아니다. 하지만 오직 몇몇 사람에 대해서만 공감을 하고 다른 모든 사람에게는 공감하지 못한다면 그것은 문제다.

어떤 사람이 공감을 제대로 발휘하고 있는지를 평가하는 기준은 그 사람의 공감이 과연 "모든 사람을 향해 열려 있느냐." 하는 것이다. 이에 대해 슬로트는 공감의 기준으로 보통의 사람들에게 정상적으로 발달된 공감으로서 도덕적으로 옳고 그름을 판단하는 기준을 제안한다.[황경식, 2012: 227] 공감의 기준은 내가 옳다고 생각하는 가치나 원칙을 다른 사람에게 강요하지 않으면서 다른 사람이 어떻게 생각하는지를 진지하게 받아들이는 것이다. 공감은 합리적인 공적 판단을 하는 데 중요한 역할을 한다.[Nussbaum, 2013] 이때 공감은 중첩적 합의가 가능하도록 하는 기본적 토대가 되어야 한다.

또한 공감은 '배려윤리'를 위한 토대가 되어야 한다. 이 입장에서 '공감적 배려'를 창출하는 한편, 그리고 공감적 배려는 그럴듯한 도덕적 평가의 준거로서 사용될 수 있다. 공감은 배려 및 정의 딜레마와 공감적 조화를 이루기 때문에 배려와 정의 딜레마 양쪽 모두에 공헌할 수 있다.[Hoffman, 2011: 356] 공감은 본질적으로 규범적 도덕원리와 책임을 정의하는 구성적 역할에 기여할 수 있다. 배려의 윤리에서 공감은 더욱 객관적이고 체계적이고 혹은 원리화된 도덕적 관심이거나 일반적인 심리적 배려 원리에 호소함으로써 '수정'을 별로 필요로 하지 않는다. 이렇게 보면 공감적 편견은 공감의 한계라기보다는 배려윤리 원칙을 정당화하는 원천이라고 할 수 있다. 타인들에 대한 자연적인 공감적 개입은 그들에 대한 우리의 책임에 상응한다. 타인들을 위한 공감의 강점에서 보이는 차이는 직관적인 도덕적 평가의 차이에 상응한다. 이런 사실은 공감에서 만들어지는 배려의 윤리, 즉 공감적 배려의 윤리를 공적/정치적 도덕성과 사적/개별적 도덕성으로 옮겨 가도록 하는 총체적 설명을 공정하게 마련해야 한다. 공감적 경험 바깥에 있는 외부적 고려에 호소함으로써 공감의 왜곡이 수정을 필요로 한다는 점은 직관적이기에 이러한 입장을 옹호한다는 것은 쉽지 않을 것이다.

우리는 낯선 사람보다는 가족 구성원에게 더 많은 공감을 느낀다. 마찬가지로 우리는 낯선 사람보다는 가족 구성원에게 더 많은 도덕적 의무감을 느낀다. 우리가 어떤 대상에 대해 더 많은 의무감을 가지고 있다는 것은 우리가 그 대상에 대해 더 많은 공감을 가지고 있기 때문이다. 기본적으로 공감이라는 것은 옳고 그름이라는 우리의 도덕적 언어에 내장되어 있다.

비판적 사고와 달리 '공감적 사고empathic thought'는 상대방의 감정을 이입하고 그것을 이해하는 것을 넘어서며, 그것은 자기평가를 포함한다. 즉, 다른 사람의 정서나 관점에서 나 자신을 바라보는 것이 공감적 사고이다. 내가 다른 사람의 슬픔에 대해 슬픔을 느낀다는 것은 그 사람이 어떤 슬픔을 느끼고 있는가에 대한 나의 생각이 아니라, 그 사람이 처한 상황에 서 있는 나 자신에 대한 상상을 통해 슬픔을 느끼는 것이다. 공감적 사고는 상대방의 정감에 대한 이해인 동시에 그 과정에서 자신의 정감에 대한 이해와 평가이다.[박재주, 2012: 220] 따라서 비판적 사고는 배려의 감정 등과 결합되어 '공감적 사고'로 발전되어야 한다. 공감은 다른 사람들에 대한 일방적 배려의 감정이 아니다. 다른 사람의 마음을 헤아리거나 그의 감정에 동정하는 수준을 넘어 다른 사람의 감정과 마음을 이해하고 그것을 바탕으로 자신의 감정과 마음도 헤아리는 것이다.[박재주, 2012: 218] 공감은 결점이 있음에도 불구하고 보편적이고 친사회적인 도덕성을 위한 훌륭한 방책이다.[Hoffman, 2011: 377]

여기서 중요한 점은 공감이 단순한 정감이 아니라 인지와 이해를 함께한다는 것이다. 다른 사람의 정감/속마음을 이해하는 것이 공감이며, 그것을 할 수 있는 인간의 능력이 '도덕적 상상력'이다. 상상력은 타인의 삶에 관심을 갖는 공감과 윤리적 태도의 토대이다.[Nussbaum, 2013] 모든 사람이 선천적으로 도덕성을 가지고 태어난다고 하기보다는 상상력을 통해 다른 사람의 입장이 되어 보면서 다른 사람의 정서에 공감하는 것이 도덕성의 본질이다. 그것이 바로 '공감적 도덕성'이다. 공감이 없다면 사회적 삶을 상상하기조차 불가능하다. 사회는 사회적이기를 요구하고, 그리고 사회적이 된다는 것은 공감적 확장을 요구한다.[Oxley, 2011] 공감은 친사회적이고 이타적인 행동과 밀접한 관련이 있다. 적어도 공감에 기초한 윤리가 '도덕적 원리와 관심'으로부터 수정이 없다면, 그것은 도덕을 위한 사회적 기초가 될 수 없다. 타인을 두려워하고 자신의 이익에만 관심을 보이는 것은 타인과의 협동에 한계를 가질 것이다. 공감은 도덕적 삶에 본질적이다. 공감은 도덕적 숙고를 풍부하게 하고 강화시키는 잠재력이며, 타인을 향한 도덕적 정당화를 제공한다.

공감적 도덕성의 중요한 부분은 인지적 발달, 즉 자아-타자의 구분, 언어 중재, 역할 채택, 인과 귀속 등을 통해 단순한 공감적 고통을 점점 더 세련된 행위의 동기로 변형시킬 수 있다. 그리고 이 세련된 행위의 동기는 타인의 복지를 고려하고 그들의 감정뿐만 아니라 삶의 조건도 고려하는 것이다.[Hoffman, 2011: 377] 이를 위해서는 다른 사람의 정서를 자신의 정신 속에서 재창조하는 것이 필요하다. 다른 사람이 처한 상황에 우리 자신을 세우는 상상력의 작동을 통해 우리는 다른 사람과 완전히 동일한 고통을 겪고 있음을 느끼려 한다. 이렇게 공감은 도덕적 판단에 필수적이다. 상상력은 다른 사람에 대한 공감과 자기평가의 원천이 된다. 우리의 상상력이 묘사하는 것은 다른 사람이 가지고 있는 감각에 대한 이미지가 아니라 바로 우리 자신의 감각에 대한 이미지일 따름이다. 그렇기 때문에 자신의 눈앞에 벌어진 사태를 객관적인 시각으로 바라보는 능력에 덧붙여 사건에 연루된 당사자에 대한 깊은 공감 능력을 가져야 한다. 공감은 사람으로 하여금 공공선에 헌신하게 하는 기본적 감정이라 할 수 있다.

슬로트는 『배려와 공감의 윤리』The Ethics of Care and Empathy, 2007에서 한 개인이 수행하는 행위가 정의롭기 위해서는 그것이 다른 사람에 대한 공감이라는 기본적 동기를 기반으로 해야 하듯이, 한 사회의 법 혹은 제도가 정의롭기 위해서는 그것들이 동료시민을 아끼고 생각하는 마음에 기반을 두고 있어야 한다고 하였다.[황경식, 2012: 208] 한마디로 입법자들은 자기가 전혀 알지 못하는 사람들/국민들을 보살피고자 하는 마음이 있을 정도로 덕스러워야 한다. 호프만Martin Hoffman은 『공감과 도덕 발달』Empathy and Moral Development, 2000에서 학교교육을 통해 아이들에게 자국 혹은 타국 사람들이 겪는 고통을 생생하게 보여줌으로써, 아이들이 자신과 아무 개인적 관계가 없는 사람들이 겪는 아픔과 고통에 대해 공감하고 동정심을 가질 수 있음을 보여주었다. 미합중국의 링컨 대통령은 남북전쟁이 발발했을 때 흑인 노예들의 처참한 삶을 기록한 『엉클 톰스 캐빈』을 읽고는 흑인 노예들에게 동정심을 느끼고, 그런 부조리한 상황을 종식시켜야 한다고 마음먹었다고 한다. 이러한 감정이입과 동정심을 통해, 흑인 노예와 친분이 없음에도 그들의 처참한 삶에 대한 염려와 공감의 정서는 노예해방 정책을 펴게 되는 원동력이 되었다.

감정의 조절을 위한 정서교육과 공감적 이해

아동의 정서 발달이 침해당했던 어린 시절의 경험들은 이후의 도덕적 발달을 매우 어렵게 한다. 사회의 충격적인 범죄, 폭력, 이기심, 전쟁은 근본적으로 어린 시절 동안 받았던 학대 경험에 대한 결과일 수 있다. 만약 아동이 태어나서 부모에게 적절하게 보호받는 양육을 받는다면 심각한 부정적 일탈 행위를 저지르지는 않을 것이다. 인간 불행의 시작은 정서 발달이 손상된 충격적인 유아기적 정서에서 시작하여 청소년기의 비행과 폭력으로, 나아가 성인기의 범죄로 이어지기도 한다. 우리나라 옛 속담에 세 살 버릇 여든 간다는 말이 있듯이 아동기의 정서적 과잉과 박탈은 한 개인의 삶에 치명적인 영향을 준다고 할 수 있다. 아동의 도덕성 발달 과정이 부모의 지나친 규제와 박탈로 이어질 경우, 아동의 도덕성을 강하게 내면화시키거나 지나치게 비도덕성을 유발하기도 한다. 아동의 공격성과 폭력은 부모의 적절한 관심과 인정을 통해 조절될 수 있다. 아동이 특별히 충동적이거나 공격성의 기질적 요인으로 인한 경우가 아니라면, 더욱 아동의 공격성은 조절될 수 있을 것이다.

자녀의 분노 감정과 공격성을 줄이기 위해서는 자녀양육 방식을 지나치게 처벌 위주로 가기보다 인정과 관심, 사랑의 감정을 자녀가 느끼게 해주는 것이 매우 중요하다. 그렇지만 부모님들은 머리로는 알지만, 행동이 마음대로 되지 않아 어려움과 죄책감을 느끼는 경우가 많다. 자녀의 행동이 분명 잘못되었을 때 부모가 어떻게 그냥 넘어갈 수 있느냐고 질문하는 경우가 있다. 물론 자녀의 잘잘못은 가려 대처해야 하지만, 부모가 자신의 가치관에 대한 객관적인 이해가 없다면 부모는 자신의 감정대로 아이를 처벌하게 되고, 자녀는 억울한 감정을 억압할 수밖에 없는 것이다. 폭력 청소년 가정을 살펴보면 대다수 열악한 환경에 처해 있거나 부모가 자신에 대한 이해가 부족하여 자녀와 정서적 유대관계가 약한 경우이다. 자녀의 폭력적인 행동을 줄이고 성숙한 모습을 기대한다는 것은 부모와 자녀의 상호작용에 있어 적절한 정서적 관계가 이루어질 때 가능하다. 인간은 정서로 인해 고통을 받게 된다. 자기 의사와는 상관없이 정서가 발동되기 때문에 정서로부터 일어난 고통을 감내하기란 매우 어렵다. 무감각, 망연자실, 무관심, 주저, 수줍음, 질투 등은 정서의 수동성을 잘 보여준다. 질투, 죄의식, 연민, 시기와 같은 정서뿐 아니라, 공포, 향수, 자만심, 사랑 같은 정서들은 도덕적 문제를 야기한다. 특히 사랑은 이성적인 측면도 있지만, 그 주된 요소는 정서가 자리하고 있다.

도덕교육을 중요시하는 부모나 교사는 어린이들의 감정feeling 즉, 그들의 정서, 성향, 욕구, 고통과 쾌락 등을 훈련시키는 문제를 소홀히 할 수가 없다. 도덕교육의 맥락에서 어린이의 욕구 측면을 개발하는데 특별히 주목하는 것은 아리스토텔레스 자신뿐만 아니라 그의 전통에 서 있는 아퀴나스, 맥킨타이어 등에서 보여주는 공통된 특징이기도 하다. 하지만 정서 교육sentimental education, affective education이 더 본질적인 것에는 세 가지 이유가 있다. 첫째, 도덕교육 그 자체의 고유 목표는 정서교육 없이 성취될 수 없을 만큼 정서교육이 '필수적'이기 때문이다. 둘째, 우리의 도덕교육적 노력의 상당한 부분이 어린이의 정서를 개발하는 데 주어져야 하기에 정서교육은 '중대한' 의의를 지니고 있기 때문이다. 셋째, 적합한 정서적 성향은 다른 정신적 측면 즉, 인지적·비판적 능력의 개발에서도 선결 요건이기에 정서교육은 '기본적인 것'이라 할 수 있기 때문이다.[황경식, 2012: 511] 정서교육은 인간 상호 간의 관계성과 사회적 기술을 가지고 학생들의 감정, 신념, 태도와 정서와 관련된 교육적 과정의 의미 있는 차원을 다룬다.[Lang, 1998: 4-5]

아리스토텔레스에게서 정서교육을 도덕교육의 중요한 구성 요소로 생각하는 이유는 첫째, 도덕교육의 일반적이고 포괄적인 목표가 유덕한 인격이 되는 일이기 때문이다. 유덕하다고 함은 여러 상이한 덕성을 지니고 있음을 함축하는 까닭에 이 같은 개인적 특성이 더 특수한 도덕교육의 목표로 간주되어야 하는 것이다. 둘째, 도덕적 덕은 단지 선택과 행위의 성향일 뿐만 아니라 감정과 관련된 성향이기도 하기 때문이다. 우리가 유덕하다고 말하는 것은 단지 선택하고 행위하는 방식 때문이 아니라, 감정으로 느끼는 방식과도 연결된다.[황경식, 2012: 512]

좀 더 정확하게 말하면, 유덕한 사람은 올바른 경우에, 올바른 이유로, 올바른 사람에게 올바른 정도로, 올바른 방식을 통해 특정한 감정을 지니고 표현하는 사람이다. 결국 유덕함은 우리가 마땅히 지녀야 할 적절하고 적합한 감정을 함축한다. 이 두 가지 이유는 정서교육이 도덕교육에서 핵심 역할을 하는 이유를 설명해준다. 왜냐하면 도덕교육의 고유 목적이 유덕한 인격이고 적합한 감정을 갖는 일이 유덕함의 중요 부분이라면, 적절한 정서적 성향을 기르는 일은 도덕교육에서 중대한 과제가 될 것이기 때문이다.

여기에서 덕윤리학자 슬로트는 도덕교육을 통해 우리 아이들이 다른 나라 사람들이 직면한 문제에 직면할 때 가난하게 사는 사람들의 처지를 배워야 한다고 주장했다. 이러한 도덕교육을 통해 사람들이 타인에게 가지는 동정심이 충분히 확장될 수 있을 것이다.[황경식, 2012: 211] 심리학자 호프만은 사람들이 자신이 개인적으로 알지 못하는 타인들을 염려하는 것을 배울 수 있음을 보여주고 있다. 그에게 있어 공감은 단순히 타인에 대한 정서적 반응이 아니며, 타인의 고통을 이해하는 '인지적 정서' 내지 '정서적 인지'인 것이다.Hoffman, 2011 슬로트는 호프만의 의견에 따라 기본적으로 학교가 그런 것들을 가르쳐야 함을 제안한다. 사람들이 학교교육을 통해 이 세상 사람들 모두가 상호 연결되어 있기에 지구 공동체에서 살고 있다는 것을 배우게 한다면, 아울러 오늘날 당면한 세계의 위기를 극복하는 데도 동정심의 도덕적 기능이 발휘될 수 있을 것이다.

호프만Martin Hoffman, 1984, 2000은 배려의 이념이 도덕교육을 통해 수행될 수 있을 것이라는 흥미 있는 제안을 했다. 그는 학부모와 교사가 아이들의 동감과 공감이 자연스럽게 발달되도록 이끌어 아이들로 하여금 타인에게 좋고 나쁜 영향을 미치는 행동에 대해 자각하도록 '유도induction'하거나 그들에게 '유도적 훈육'을 함으로써 더 숙고를 하거나 배려를 하도록 행동을 유도하는 과정을 그리고 있다. '유도'는 아이들로 하여금 자신의 행동의 결과에 대해 생각하거나 생각하는 습관을 갖는 것을 포함하고 있으며, 더 실질적으로는 도덕적 비난이나 이상을 끌어들이지 않아도 일어난다. 호프만은 또한 이야기(영화나 텔레비전 등)가 아이들로 하여금 다른 사람의 욕구를 좀 더 인식하도록 만들고, 그들 자신과 다른 사람의 행동의 잠재적인 효과를 인식하도록 만든다고 생각하였다.

예컨대 부모가 자신의 아이가 다른 아이를 때리는 것을 목격했다고 치자. 때린 아이는 그냥 다른 데로 가 뛰어놀고 싶어 하지만, 이때 부모는 아이들을 제지하며 이렇게 말한다. "잠깐, 네가 방금 한 일이 뭔지 살펴봐라." 여기서 부모는 화를 내거나 아이를 위협하지는 않지만, 단호한 태도를 취해야 한다. 다시 말해, 부모는 아이가 자기들이 하는 말을 똑바로 듣도록 한다. 그러면서 말한다. "자 봐라, 넌 아이를 아프게 했다. 다른 사람이 널 아프게 했을 때 네가 이렇게 느꼈는지 생각해봐라." 호프만에 따르면, 부모는 제 아이로 하여금 자신이 다른 아이한테 어떠한 피해를 주었는지를 직접 보게 함으로써 타인에 대한 예민한 감수성을 형성하는 걸 도울 수 있는 것이다.황경식, 2012: 237-238 이러한 과정이 반복됨으로써 그 아이는 다른 아이의 입장에 대해 민감하게 인식하게 되며, 결국 그 아이는 다른 아이를 때리는 행위를 하지 않게 될 것이다.

가끔 우리는 죄책감이나 책임감 등의 도덕적 정서를 통해서 생활 상태의 도덕적 요구를 우선 지각할 수 있게 된다. 도덕적 정서는 또한 도덕적 가치의 발달을 장기적으로 돕는다. 아동들은 자연적으로 사회생활 속에서 다양한 도덕적 감정을 경험한다. 아동들은 이런 도덕적 감정들을 반성하면서 감정을 야기시키는 가치들을 의문하고 재규정한다. 또 새로운 감정과 새로운 반성을 야기시키고, 더 나아가 그 아동의 도덕률을 재규정한다. 이것이 도덕 발달의 과정이고 순환이다.

우리의 윤리적 판단에 따르면, 정서교육은 동정심, 사랑, 후회, 흥분, 감사, 자존심과 성취에 대한 자부심을 격려하고, 세련시키는 일을 포함한다. 정서교육은 길을 건넌다든지, 상처를 입힐 수 있는 물건들을 여기저기 어질러놓는다거나, 껍데기가 벗겨진 전선을 만지는 것과 실재하는 위험에 대해 적절한 정도로 불안을 느끼도록 격려하는 일을 포함할 수도 있다. 정서교육이 수학, 과학, 역사학 그리고 미학적 활동들을 뒷받침해주는 정서들, 그리고 이들 이해의 형식에 내재하는 종류의 비판적 평가에 수반하는 정서들을 강화하는 일을 포함하는 것도 확실하다.

정서교육에 대한 또 다른 측면은 자기 통제와 결과의 예견에 의해 증오, 악의, 그리고 까닭 없이 화를 내는 것과 같은 바람직하지 못한 정서들을 억누른다는 소극적인 측면이다. 그러한 감정들을 야기시키는 상황에 대처하는 다른 방법으로는 그런 상황들을 다루는 적절한 습관들을 형성시킬 수도 있으나, 그러한 감정들을 한꺼번에 일소하는 이해력을 발달시키는 일일 것이다.

그러므로 인지와 정서 사이에 피할 수 없는 대립적 관계만 존재하는 것이 아니라, 오히려 정서의 개념들이 논리적으로 감정들을 평가에 연관시킨다는 사실들을 통해 둘 사이에 많은 관련이 있음을 알 수 있다. 우리가 구별한 기본적 이해 형식들을 좀 더 면밀하게 고찰해본다면, 윤리적 이해의 형식이 정서 발달에서 중심이 됨을 알 수 있다. 그에 더하여 윤리학 이외의 다른 이해의 형식들도 역시 정서에 관여한다. 그 까닭의 일부는, 어떤 사물이 우리에게 중요한 모종의 속성들이나 결과들을 참으로 갖고 있는지, 아니면 갖고 있지 않은지를 보여줄 때와 같이 정서의 대상에 관한 진위를 판정하는 일과 관련해서 이해의 형식들이 중요하게 활용되기 때문이다. 정서적 경험은 감정적 문제에 대한 인지적 통찰을 산출하는 기법에 의해 수정될 수 있다.[Sutherland, 2002: 248] 감정 그 자체는 교육시키기가 어렵다. 교육시킨다는 것은 단지 인지조절로서 감정을 통합시키는 것에 불과할 뿐이다. 따라서 교사들은 확실하게 학생들로 하여금 자신의 감정을 표현하는 기회를 제공해야 한다. 그러므로 학교가 감정과 인지적 상호작용을 조화시키려는 시도에 무관심하다면 학생의 정서교육은 대단히 어려울 것이다.

따라서 감정을 관리하는 정서교육은 정서의 순화나 세련화를 통해 더 높은 정서들과 감정들을 갖도록 고무시켜야 한다. 모든 감정이 좋은 길잡이가 되는 것은 아니다. 감정은 사건에 대한 참된 관점에 근거해야 한다. 그리고 감정은 반드시 연루된 관계자의 것이 아닌, 관찰자의 것이어야 한다.[Nussbaum, 2013: 162-163] 인간은 자기중심적 경향이 강하지만, 모든 고차적인 감정들, 모든 위대하고 고귀한 성취들에 대해 감상하려면 자기초월을 필요로 한다. 진정한 정서는 내면의 깊은 곳에서 나오는 것이다. 정서교육은 감정 반응을 완화시키고 공감을 가지려고 시도한다. 상대방과 함께 느끼고 상대방의 처지와 입장을 '공감적으로 이해하는' 특성은 친사회 행동, 이타주의, 귀인행동, 사회적인 판단, 인지발달, 대인 상호작용 등의 분야에서 활발하게 탐구되고 있다. 공감의 중요성은 자연스럽게 '공감교육'에 대한 관심을 불러일으켰다. 공감교육을 정서적 반응으로 이해하면 공감교육은 공감적 감정을 각성시키거나 상대방과 동일한 감정을 갖게 되는 감정공명 상태에 초점을 맞추게 된다.[박성희, 2004: 337-339] 책 읽기, 시 작품 감상, 명상, 신체 운동, 무용, 초점 맞추기 등은 공감 능력을 향상시키는 방법들이다. 사랑과 관심/배려, 좋은 인간관계, 또래간의 상호 존중(존중하는 의사소통, 아동들의 욕구 존중), 아동의 자존감, 어른/교사와 아동의 상호 존중 등은 모두 공감적 이해에 매우 중요하다. 공감교육은 충동과 감정을 지도하는 것을 포함하고 있을 뿐 아니라, 비도덕적 정서가 폭발되지 않도록 예방하는 조치도 있어야 한다.

그런데 사람들이 곧잘 이성과 정서를 대립시키는 데는 무엇인가 이유가 있다는 점만큼은 인정해야 한다. 정서는 해코지하고자 하는 욕망을 정당화하기 위해 우리의 정신 작용을 잘못 인도할 수도 있다. 정서란, 많은 경우 우리가 나중에 후회할 행동, 잠깐만 멈춰 서서 그것의 함의들을 생각한다면 피할 수도 있을 행동을 충동질할 수도 있다. 선동적인 정치가들은 합리적 사고의 과정을 혼란시키거나 압도하기 위해 고의적으로 정서에 호소하거나 자극하려고 든다. 그러나 이것들은 정서의 병리학적 측면들이며, 정서를 교육하는 것에 대한 올바른 이해가 아니다. 또 정서 때문에 이성을 잃는다고, 일반화하여 정당화하는 태도는 지나친 처사이다. 왜냐하면 그러한 정당화가 이미 이성의 수용을 논리적으로 가정하면서 동시에 이성을 낮추어보는 비일관성을 범하는 처사이기 때문이다.

이러하기에 비판적 사고가 감정을 무시하거나 과소평가할 개연성에 주의하면서 좀 더 타인의 감정에 민감해질 필요가 있다. 이 말은 비판적 사고를 하는 데 있어 감정과 공감의 역할을 자각하라는 주문일 수 있다. 비판적 사고가 협조와 협력을 저해한다는 비판도 제기되지만 모든 이슈에 대립적이고 공격적 태도를 보이는 것은 아닐 것이다. 따라서 학생들로 하여금 다른 사람의 입장이나 관점에 공감하게 하는 교육이 도덕교육의 근본적인 모습 중의 하나일 것이다.

인지적 정서론의 한국적 과제

1. 공감적 사고의 실천 사례를 이야기해보자.
2. 여러분은 평소 감정 관리를 어떻게 하는가?

21장
인지와 정서 그리고 행동의 통섭은 가능한가?

> 실천하지 않고 언제나 생각만 하는 사람은 삶을 비관적으로 만들고,
> 생각하지 않고 무조건 행동하는 사람은 함정에 빠진다.
> 발타사르 그라시안(1601~1658)

도덕 수업의 병렬적 통합의 한계

인지, 정서 그리고 행위라는 도덕교육의 세 가지 구성 요소의 단순한 통합은 '물리적 합침'에 지나지 않는다. 7차 교육과정 이래 1차시 수업은 인지 중심, 2차시 수업은 정서 중심, 3차시 수업은 행위 중심으로 교육과정을 배열하였는데 이로써 도덕과 수업의 통섭이 어떻게 가능하겠는가? 이러한 수업 방식은 병렬적 통합이지 화학적 통섭은 아니다. 어느 요소를 좀 더 강조하고 다른 것은 배제함으로써 도덕의 유기적 융합이나 통섭적 수업을 기대한다는 것은 연목구어이다. 이런 수업은 수업시수만 늘어날 뿐, 한 차시를 통해 세 가지 도덕교육의 요소를 동시에 구현하는 것을 어렵게 한다. 이러하기에 수업 시간이 부족하면 단원을 건너뛰는 것이 비일비재하다. 이렇게 되면 인접 가치 간의 통섭, 즉 정직과 정의 가치의 통섭을 어렵게 한다. 또는 인접 교과 간의 통섭, 즉 도덕과와 사회과의 통섭, 도덕과와 과학과의 통섭을 어렵게 한다. 도덕, 사회, 미술, 음악의 통섭은 더더욱 어렵다. 우리는 통섭적 활동을 기본으로 하는 '종합예술'로부터 많은 시사를 얻을 수 있다.

인지, 정서 그리고 행동의 통섭

도덕성의 구성 요소인 지성, 감성, 그리고 행동은 통섭되어야 한다. 인지 속에는 행위가 개입되어 있고, 행위 속에 인지가 작동하고 있으며, 정서 속에 인지 과정이 녹아 있는 것이다. 편의적으로 사태를 인지 측면, 정서 측면, 행위 측면으로 바라볼 뿐이지 3자가 동시에 유기적으로 움직이고 있는 것이다.

이성과 감성은 매우 밀접하게 서로 뒤엉켜 있다. 도덕적 행위에서 인지와 정서는 서로 분리될 수 없다. 그런데 도덕교육을 하는 데 있어 사고(인지)와 감정(정서)을 따로 떼어놓는 이분적 가르침을 많이 보게 된다. 이 같은 이분법은 어린이의 지적인 변화를 위한 교육은 가능하나, 감정은 그렇지 못하다는 가정이 개입되어 있다. 쉽게 말하면 인간의 감정이란 원시적이고 불합리한 것이라는 가정이다. 사람의 감정을 제어하고 길들일 수는 있으나, 계발할 수는 없으며 더욱이 인지적 성취에 활용할 수 없다는 말이다. 감정이란 고작 야만적 충동에 지나지 않으며, 인간은 감정을 통제하고 훈련시키기 위해 모든 지적인 방법과 책략을 동원해야 한다는 것이다.

이런 관점은 일견 흥미로울 수 있으나, 만약 우리의 욕구와 감정이 교육 불가능하다면 우리는 결코 더 나은 음식, 더 아름다운 그림, 더 훌륭한 문학, 더 좋은 공동체를 원할 수 없을 것이다. 인간의 감정과 욕구를 교육할 수 없다는 이론은 사람이 더욱 지적이며 합리적으로 욕구하도록 배울 수 있다는 사실과 정면으로 배치된다. 그러기에 교사는 학생들을 가르칠 때 지적인 면을 감정과 대립시키지 말고, 지적인 경험을 더 감성적으로, 욕구를 더 지적으로 이끄는 데 초점을 두어야 한다고 말한다. 도덕교육에 있어 감성적인 면과 인지적인 면을 떼어놓는 것은 그 자체가 기만적이며 학습의 본질을 그릇되게 이해할 가능성이 있다.[Lipman, 1985]

반면에 감성은 지성보다 우월하고 모든 교육의 초점이 되어야 한다는 반대의 주장도 기만적이다. 어린이의 인지적 재능을 예리하게 가다듬는 데 실패한 학교는 어린이로 하여금 합리적 분석이 요청되는 삶의 다양한 측면에 대처하는 데 있어 무력감만 심어주게 될 것이다.[Lipman, 1985] 그렇게 해서 생긴 결과는 사회 속에서 개성을 찾는 데 필수적인 기술의 개발은 이루어지지 않은 채, 그저 감성적 행위에 안주하고 마는 인간형을 낳게 될 것이다. 이렇게 본다면 지성과 감성의 통섭적 이해를 필요로 하며, 도덕교육 또한 이런 이해를 바탕으로 실행되어야 할 것이다.

그렇다면 도덕적 지식이나 도덕적 정서를 모두 지니고 있으면 도덕적 행동으로 곧바로 유도될 수 있는가? 그런데 생각과 감정도 일정하지 않아 극단적 상황에 닥치거나 상당한 유혹을 받게 되면 도덕적 신념을 견지하기가 어렵다. 도덕적 행동을 할 가능성이 높은 사람은 도덕적 인지 능력과 감성적 능력을 동시에 지녀야 한다. 왜냐하면 도덕적 행동은 인지적 사고의 산물인 동시에 감정적 반응의 산물이기 때문이다. 인지와 정서뿐 아니라 결정적으로 도덕적 행위라는 결실을 맺도록 하는 요인은 습관과 의지 그리고 신념의 힘에 달려 있다.

많은 사람들은 도덕적 앎과 도덕적 행위 사이에 차이가 생기는 원인을 의지의 나약이나 자제심의 결여 때문이라고 본다. 우리가 흔히 경험하는 바 옳은 행위를 하는 것을 망설이고 그른 행위를 저지르는 것은 자제심의 결여에서 비롯되는 것이다. 그것은 인지적 미숙, 정서적 결핍, 의지의 나약 모두에서 비롯되는 것으로서 정신이나 마음의 모든 기능이 연결된 상관관계의 결과이다. 즉, 위협과 유혹을 받고 있는 사람들이 자신의 판단에 따라 행동하지 않는 것은 의지가 약하기 때문이다. 그러기에 강하고 좋은 인격을 발달시키도록 격려하는 인격 훈련은 약한 의지를 신장시키는 효과적인 도덕교육 방법이라고 할 수 있다. 도덕적 의지는 도덕적 선과 의무를 촉구함에 있어 유혹에 굴하지 않고 모든 어려움을 극복하면서 마땅히 행할 바를 행하고자 하는 내적 정신력이다.

이황은 '아는 것'과 '행하는 것' 사이에 '의지'라는 것을 끼워 넣지 않으면 안 된다는 '지행병진설知行竝進說'을 주장하였다.조무남, 2013: 331-332 '아는 것'과 '행하는 것' 두 가지는 마치 두 수레바퀴나 날개와 같이 서로 선후와 경중의 관계에 있다. 그런데 '아는 것'을 앞세운 것이라 하여 '아는 것'을 다한 뒤에 비로소 '행하는 것'을 하라는 것이 아니며, '행하는 것'을 앞세운 것이라 하여 '행하는 것'을 다한 뒤에 비로소 '아는 것'을 하라는 것은 아니다. '아는 것'을 시작하는 것으로부터 그 '아는 것'을 다할 때까지, '행하는 것'을 시작하는 것으로부터 그 '행하는 것'을 마칠 때까지, '아는 것'과 '행하는 것'은 끝까지 서로 도우면서 함께 나아가는 것이다.이황, 1954 이황에게 있어서 '아는 것'과 '행하는 것'은 하나가 아니다. 그러나 이 둘은 함께 일어난다고 말했다.

여기에서 이황이 문제 삼은 것은 그의 '진지眞知'와 '행하는 것' 사이가 논리적으로 연결되지 않는다는 점이다.[122] 그래서 그는 이 둘 사이를 연결하기 위해 늘 몸과 마음을 삼가서 흐트러지지 않게 한다는 '거경居敬' 또는 '성경誠敬'이라는 변인을 양자 사이에 삽입시키고자 하였다. 그런데 우리가 염려하는 것은 이황의 '진지眞知를 '실천지實踐知'로 해석할 수 있겠는가 하는 점이다. 실천지는 '아는 것'과 '행하는 것'을 나누는 지식이 아니라는 점에서다. 실천지는 '행하는 것' 속에 들어 있는 것이기 때문이다.

그런데 '아는 것' 자체를 목적으로 하는 지식과 '행하는 것' 속에 들어 있는 지식을 구분한 사람은 일찍이 아리스토텔레스이다. 그는 아는 것의 '아는 것'과 행하는 것 속의 '아는 것'을 철저하게 구분한 철학자였다. 그에 따르면, 인간의 삶에는 관조하는 삶theoria을 추구하는 지식으로서 이해하고 설명하는 순수 인식/이론인 '에피스테메episteme', 생산적 삶techne에 종사하는 지식으로서 '포이에시스poiesis=making', 그리고 선/착함을 추구하는 실천적 삶praxis=doing을 추구하는 지식으로서 '프로네시

122 이황은 '아는 것'을 사물에 관해 '아는 것'과 도덕적 선에 관해서 아는 '아는 것' 둘로 나뉘었다. 그는 후자를 '진지眞知'라고 했다.

스phronesis(=실천적 지혜)'가 있다. 여기서 확인해야 할 것은 그동안 우리가 '아는 것'과 '행하는 것'의 관계를 말하면서 '아는 것'을 이론적 지식으로 이해했다는 사실이다. 그리고 이와 어울리지 않게 우리는 '행하는 것'을 도덕적·실천적 삶으로 규정하면서 이를 이론적 지식으로 '아는 것'과 연결시키려 한 것은 처음부터 잘못 이해한 것이다. 이러한 이해는 말할 필요도 없이 이 둘 사이가 철저히 괴리되기 마련이었다. 이 둘은 개념적으로 짝을 이룰 수 없는 '아는 것'과 '행하는 것'이었다. 아리스토텔레스에 의하면, 실천적 지혜는 '인간이 선을 추구하면서 살아가는 것과 관련된 이성적이고 참된 상태의 마음'을 일컫는다.조무남, 2012: 335 이런 점에서 실천적 지혜(프로네시스)는 관조적 지식(에피스테메)은 물론이고, 이미 만들어진 이론을 생산 활동에 적용하는 응용적 지식(테크네)과도 구별된다. 아리스토텔레스는 인간 삶의 세 유형, 관조적 삶과 생산적 삶 그리고 실천적 삶 가운데 행복을 추구하는 삶을 '실천적 지혜'에서 찾았다. 행복을 추구하는 삶은 이론적 삶이나 생산적 삶보다도 실천적 삶과 더 연결되어 있기 때문이다. 행복을 추구하는 지식은 순수 이론이나 응용 이론보다 실천적 지혜에 속한다.

실천적 지혜는 가치를 추구하는 인간 활동이다. 에피스테메적 삶과 프로네시스적 삶의 차이는 이론적 삶과 실천적 삶의 차이로 쉽게 이해될 수 있다. 여기에서 우리가 깨달아야 할 것은 우리가 지식을 관조적인 것에 한정하여왔다는 점이다. 우리는 그동안 인간 삶에 대하여 참된 것이 무엇이고, 거짓된 것이 또한 무엇인가를 판단만 하는 관조적 세계에 빠져 있었다. 그래서 도덕 교과서는 온통 이와 같은 관조적 지식으로 꽉 차 있고, 그것을 가르친다는 것은 오로지 이런 관조적 지식과 관련된 도덕적 훈계만을 일삼아왔을 뿐이다.조무남, 2012: 336

이와 달리 실천적 지혜는 특수한 상황에서 어떻게 행동할 것인지를 판단할 줄 아는 일종의 '지성적 덕intellectual virtue'에 속한다. 우리가 말하는 인격적 덕virtues of character은 이런 지성적 덕이 없이는 습득하기 어렵다. 이 두 가지 덕을 아리스토텔레스는 구분하면서, '지성적 덕'은

'가르침'을 통해서 획득되지만, '인격적 덕'은 '습관'(끊임없는 습관적 실행)을 통해서 획득된다고 했다.MacIntyre, 1981: 144-145 맥킨타이어 역시 아리스토텔레스를 따라 자연으로부터 주어진 성향을 인격적 덕으로 변형시키기 위해서는 '좋은 삶'이 요청하는 성향을 끊임없이 연마해야 한다고 주장하였다.MacIntyre, 1981: 145 프로네시스는 에피스테메처럼 보편적이고 절대적인 진리를 찾는 것을 목적으로 하는 것이 아니다. 그것은 특수한 상황에서 특수한 목적을 찾아내고 그것을 끊임없는 성찰을 통해서 더 선한 것으로 바꾸어나가는 능력이다. 그것은 인간의 인식 가운데 참으로 인격적인 지성이다. 이런 인간 지성에서는 논리적으로 '앎'과 '삶'의 괴리가 발생하지 않는다. 우리가 '아는 것'과 '행하는 것'의 관계에서 '아는 것'을 실천적 지혜로 규정한다면, 이 둘 사이에서는 괴리가 발생한다.

그래서 대안으로 등장한 개념이 이론적 추론이 아닌 '실천적 추론'이다. 이는 아리스토텔레스의 '실천적 지혜'라는 개념에 들어 있는 것이다. 실천적 지혜는 인간이 선하거나 악한 일에 당면하여 선한 의지를 가지고 무엇인가를 실행하는 참된 행동의 양식이고, 어떤 행위를 할 것인지를 면밀히 생각하는 능력이며, 그것을 성실하게 행동으로 옮길 수 있는 능력이다. '실천적 추론'은 덕/인격을 적절한 형태의 추론과 친밀한 방식으로 결합시킨다. 실천적 지혜는 도덕 원칙에 대한 적절한 지식뿐만 아니라, 특수한 상황/개인에 대한 감수성과 분별력을 필요로 한다.

이렇게 보면 숙고를 강조하는 칸트를 두고 습관 없는 자율주의자로 몰거나 습관을 강조한 아리스토텔레스를 두고 숙고 없는 인습주의자로 모는 것은 도덕교육의 융합이나 통섭을 방해하는 결과를 낳을 수 있다. 따라서 아리스토텔레스에게 있어 지성적 탁월성과 도덕적 탁월성의 결합체인 '덕virtue'은 도덕적 사태에 대한 일관적 성향으로서 자아, 공동체, 타인과의 관계, 맥락적 판단 능력/실천적 지혜 등을 포함한 인격의 분별 있고 유연한 도덕적 힘이라고 할 수 있다. 다시 말하면 우리가 알고 있고, 느끼고 있는 것을 행하고자 할 때 타성, 충동, 불안, 자만심, 시기심, 자기 이익 등을 밀어내면서 극복하도록 하는 마음의 실천적 의욕이라고 할 수 있다. 이런 의욕 또는 의지는 학습과 훈련의 반복에 의해 형성된 습관화된 성향으로서 욕구와 의도 그리고 그 결과로부터 오는 만족을 통해 얻어지는 것이다. 나아가 도덕적 의지가 도덕적 신념에 바탕을 둘 때 힘 있는 도덕적 행동이 나온다. 도덕적 신념은 우리의 행동을 감시하는 내면적 지도자로서의 역할을 한다. 즉 도덕적 신념은 우리의 행동을 감시하는 외적 대상이 없을 때 우리가 어떻게 행동해야 하는가를 말해준다.

예로부터 부모들은 자녀들을 올바로 키우고 복잡하고 어려운 상황에서 훌륭한 판단을 내리는 일이 긴요함을 알고 있다. 따라서 모든 어린이들은 신뢰할 만한 습관과 강력한 추론 능력을 획득하기 위해 노력해야 한다. 이러한 훌륭한 습관과 추론 능력을 획득하지 못한 어린이들은 어떤 선한 의도를 갖고 있다고 하더라도 스스로를 믿을 수 없게 된다. 대신 그런 어린이들은 스스로를 보호하고 평가할 수 없는 유해한 영향력에 노출될 수밖에 없다.

그런데 이상하게도 현대의 도덕교육의 담론에서는 훌륭한 습관을 기르는 일과 정의로움 및 그 밖의 다른 도덕적 문제들에 대해 명료한 추론 능력을 배양하는 일을 엄격하게 구분하고자 하였다. 철학자 윌리엄스는 덕 이론과 정의 이론 사이의 그릇된 대립 관계의 설정을 비판적으로 보았다. 즉, 지속적인 습관의 인격적인 결과로서의 덕 이론, 그리고 공정성을 위한 사회계약과 그것의 함축적 의미를 창출하는 과정을 통한 끊임없는 반성적 사고를 지지하는 정의 이론 사이에 양립하지 못할 아무런 이유가 없다고 하였다. 충실한 도덕적 삶은 덕(품성)과 공정성(정의) 모두의 성취를 열망한다. 이 두 가지 도덕적 목적은 공공의 적을 공유하고 있다고 윌리엄스는 지적한다. 첫 번째 적은 나태와 악과의 타협을 정당화하려는 성향이라고 할 수 있는 위선이며, 두 번째 적은 비도덕적 수단을 통한 도덕적 목적을 추구하려는 의도이다.[Williams, 1986]

이러한 대립은 심리학의 역사에서 보여준 기이한 특징인 동시에 철학이 범한 혼돈으로서 습관과 반성을 대립적으로 설정한 데서 출발한다. 습관과 반성 사이의 터무니없이 무모한 대립은 심리학과 철학에서 시작하여 교육 이론과 실천의 영역으로 옮겨졌다. 이러한 대립은 지난 수십 년 동안 도덕교육의 노력을 양극화시켜왔다. 지금은 불필요한 논쟁을 종식할 때이며, 융합적이고 통섭적인 전인의 육성을 도덕교육의 목표로 삼아야 할 때이다. 이것은 규칙/의무윤리와 덕/품성윤리의 통섭, 그리고 최소 윤리와 최대 윤리의 통섭으로 나타나고 있다. 어린이의 현재와 미래의 도덕적 삶에 기여하는 판단, 정의, 동기, 행동, 자아정체성 등의 모든 체계는 통섭적 전인을 위한 교육 내용으로 융합되어야 하며, 습관과 반성 그리고 덕과 비판적 추론 등을 포함하여야 한다.

그렇다면 도덕적 습관(행동=몸)과 도덕적 정서(감정=가슴/마음) 그리고 도덕적 판단(추리=머리)이 융합된 통섭적 도덕교육은 머리의 습관(도덕적 규범이나 원리의 파악)과 마음의 습관(도덕적 감정과 실천의지의 형성), 그리고 몸의 습관(도덕적 행동의 실천)이 서로 유기적으로 융합되어 조화를 이루는 방향으로 나가야 한다. 생각(머리)의 습관, 느낌(가슴)의 습관, 온몸(눈빛, 낯빛, 몸짓 등)의 습관이 융합된 도덕교육의 목표는 인간으로서 그리고 시민으로서 공동체 속에서 행복한 전인적 삶을 살도록 하는 데 있다.

인지·정서·행동의 통섭을 위한 한국적 과제

1. 왜 인간은 인지·정서·행동의 통섭이 잘 안 되는가?
2. 인지·정서·행동의 통섭을 위한 실천적 방안은 무엇인가?

22장
통섭적 도덕교육의 요청

> 통섭은 인문사회과학과 자연과학을 통합해, 즉 학문 간의 넘나듦을 통해
> 새로운 것을 만들어내는 범학문적 연구를 일컫는다.
> 그동안의 통합은 사실 대등한 통합이 아니라 일방향적 통합이었다.
> 통섭은 동등하고 상호적이며 양방향적인 관점의 합일이어야 한다.
> 윌슨, 『사회생물학: 새로운 종합』(1975)

통섭적 도덕교육이 왜 필요한가?

기존의 '통합(統合, integration)' 개념은 기계론적이고 병렬적이다. 이것은 어느 한쪽을 중심에 두고 다른 한쪽을 부가시키는 가법적加法的 접근이다. 이 방식은 인성을 서로 분리된 구성 요소들의 집합체로 파악하는 사고방식이다. 지식과 행동과 정서는 인성이라는 하나의 전체로부터 추상된 것이며, 따라서 이들 삼자가 별개의 실체로 사실상 분리되어 마치 별도의 시공간을 차지하는 것처럼 간주하는 것은 동일한 대상이 상이한 관점에서 파악되고 상이한 이름으로 지칭될 가능성이 있다는 것을 부정하고 이름이 다르면 반드시 그것이 지칭하는 대상도 다르다고 생각하는 오류에 해당한다. 다시 말하면 지식과 행동과 정서는 동일한 인성의 상이한 측면으로서, 오직 개념상으로만 구분될 뿐이라고 보아야 한다. 이렇게 인성을 사실상 분리된 구성 요소들의 집합체가 아닌, 그 하나가 다른 것들을 필연적으로 수반하는 관계로 결합된 하나의 전체로 파악하는 사고방식을 승법적乘法的 접근이라고 부를 수 있을 것이다.[임병덕 외, 1998: 16-17]

그러나 승법적 접근도 인성을 몇 가지 구성 요소의 관계로 파악한다는 점에서는 가법적 접근과 별로 다를 것이 없다. 이런 접근은 인성을

고정된 횡단면으로 규정하는 사고방식으로서 인성의 개념에 들어 있는 '규범적 의미'를 드러내는 데에 한계를 가진다. 따라서 인성의 규범적 의미를 드러내기 위해서는 인성을 '횡적으로' 규정하는 것이 아니라 '종적으로' 규정하는 대안적인 관점이 요청된다.

이런 관점에서 보면 통합은 '물리적인 합침'에 지나지 않는다. 섞였지만 화학적으로 엉겨 붙은 상태가 아니다. 통합보다 발전된 '융합fusion'이 기존의 것이 사라진 채 새로운 결과를 목적으로 하는 개념이라면, 통섭은 결과가 나오기까지의 과정과 노력을 중요시하는 방법론적인 개념이다. 그러기에 도덕교육의 새로운 대안적인 방법으로 통섭의 개념이 필요하다. 통섭(統攝, consilience)은 '큰 줄기(통)를 잡다(섭).', '모든 것을 다스린다.', '총괄하여 관할하다.', 즉 "서로 다른 것을 한데 묶어 새로운 것으로 거듭남"이라는 의미를 갖고 있다. 인문·사회과학과 자연과학을 통합해, 즉 학문 간의 넘나듦을 통해 새로운 것을 만들어내는 범학문적 연구를 일컫는다.[123] 그동안의 통합은 사실 대등한 통합이 아니라 일방향적 통합이었다. 통섭은 동등하고 상호적이며 양방향적인 관점의 합일이어야 한다. 월러스틴도 '인터사이언스interscience'를 사회과학, 또는 인문학의 깃발 아래 행진한 것들의 총체이며, 실제로 그것들을 훨씬 넘어선 어떤 것, 각자 자신을 방어하는 어떤 공국들의 연합 같은 게 아니라, '수많은 실로 짜인 하나의 옷감' 같은 것이라고 표현한다.Wallerstein, 2007: 76 이렇게 하려면 진정한 의미의 범학문적 접근을 통해 지식의 큰 줄기統를 잡아야攝 한다. 그러기에 도덕교육 방법의 통섭도 단순한 병렬적 통합을 넘어 새로운 이론 체계를 찾으려는 노력이라고 할 수 있다. 따라서 통섭적 도덕교육을 위해 도덕철학, 도덕심리학, 도덕사회학, 도덕인

123 『사회생물학: 새로운 종합Sociobiology: The New Synthesis』1975을 저술해 세계적 명성을 얻은 미국의 생물학자 에드워드 윌슨Edward O. Wilson, 1929~이 사용한 'consilience'를 그의 제자인 이화여대 교수 최재천이 번역한 말이다. 최재천 교수는 원효의 화쟁 사상과 성리학, 최한기의 통섭 등을 통해 그 개념의 원천을 찾았다. 대표적으로 생물학과가 분자 생물학과, 생리학과, 뇌 과학으로 분리된 것처럼 학문을 쪼개는 분과 학문이 결국 한계에 부딪혔고, 그리하여 학문 간의 넘나듦이 필요하다는 담론이 제창되었다.

류학 등은 통섭을 시도해야 한다. 도덕교육의 철학적/윤리학적 접근, 심리학적 접근, 사회학적 접근, 인류학적 접근의 통섭이 필요하다. 어떤 의미에서 통섭적 도덕교육을 위해 자연과학과 인문학은 더 가까워지려고 서로 다가서야 한다.

통섭적 도덕교육의 요청

도덕교육의 역사는 습관화/반복/모방과 명료화/탐구/도덕적 숙고, 내면화와 자율성, 전통과 비판, 타율과 자율, 덕과 공정성, 배려와 정의, 인격과 인권, 공동체와 개인, 시민성과 시민권이 서로 갈등과 대립을 벌이면서 시계추처럼 진동을 거듭해왔다. 그리고 아동의 도덕성 함양에서 덕과 원칙, 이성(인지)과 감성(정서), 사회화와 인지발달, 가치의 교화와 가치상대성이라는 양극단을 오락가락하면서 발전을 해왔다.

그렇다면 이제 각각의 관점과 전망은 따로 흩여져 있는 것이 아니라 '통섭적' 관점에서 맥락에 따라 유연한 방식(방안, 모형)을 찾아야 한다. 어느 하나의 관점과 모형이 절대적인 위치를 누리기보다는 다양한 부분들이 융합된 모자이크에 토대를 두고, 구체적 맥락과 상황에 따라 다양한 도덕교육의 모델을 적용할 필요가 있다. 도덕교육의 내용적 요소로서 인격교육과 인권교육의 통섭, 인권교육과 평화교육의 통섭, 덕교육과 공동체 교육의 통섭, 개인주의 교육과 공동체 교육의 통섭, 시민교육과 도덕교육의 통섭, 인문교양교육과 봉사학습의 통섭 등이 필요하다.

새로운 시대적 전환기를 맞이하여 우리는 통섭적 도덕교육론을 절실히 필요로 한다. 우리는 오랜 봉건주의와 전체주의 속에서 살아왔기에 과거의 잘못된 유산을 청산하기 위해 합리주의적/자유주의적 도덕교육론(가치명료화론, 인지발달론 등)을 발전시켜야 하는 동시에 서구적 합리주의에 의해 소홀히 되고 무시된 공간적/공동체적 덕윤리를 끌어들일 필요가 있다.

공동체주의자(11장)와 덕윤리학자(9장), 그리고 배려이론가(8장)는 칸트와 철학적 자유주의가 요청한 보편화의 가능성이 바람직하지 못한 방법으로서 도덕적 논의의 영역을 협소하게 하였다는 강한 문제 제기를 한다. 그들은 또한 도덕적 질문으로서 중요한 사항을 모두 동일한 방식으로 반응하는(논리적으로 결정되는) 이슈에 한정시키는 것은 도덕철학의 분야를 축소하는 것이라고 주장하는, 일부 포스트모던 철학자들의 생각에 동조하고 있다.

인격교육자(10장)와 배려이론가(8장)는 이성을 사용하지만, 그것을 도덕성의 원천이나 그 주요한 구성 요소로 보지 않는다. 그러나 인격교육자는 배려이론이 도덕적 내용을 결여하고 있다고 비판한다. 배려이론가들은 학생들이 어떻게 배려해야 하는지 배우기를 원하지만, 보통 덕의 목록을 일일이 열거하기를 원하지 않는다. 대신 그들은 학생들이 어떻게 다루어지고, 실천이 어떻게 제공되는지, 즉 매일의 상호작용에서 무엇이 모델화되고, 토론이 되고, 확인되는지에 관심을 보인다.

배려이론가들과 인격교육자, 그리고 덕윤리학자들은 더 좋은 세계로 가는 길로서 '더 좋은 원리'보다는 '더 좋은 사람'이 되는 것에 모두 초점을 두고 있다. 다만 배려이론가들은 덕을 직접 가르치기보다는 선을 격려하는 조건을 마련해주는 것을 선호한다. 각 집단들은 전통적으로 '도덕적'이라고 딱지가 붙은 단순한 덕목이 아니라, 다방면에 걸친 광범위한 덕의 함양을 고무하고 있다.

필자는 민주주의(16장)와 공동체주의(11장)가 결합된 도덕교육론을 기본적으로 모색하면서 심리적 평화교육과 구조적 평화교육의 갈등, 기술공학적 환경교육과 생태학적 환경교육의 갈등, 자유주의 교육과 공동체주의 교육의 갈등, 인격교육과 인권교육의 갈등, 정의론적 도덕교육과 배려적 도덕교육의 갈등, 도덕교육/인격교육과 시민교육의 갈등 등에 대한 합리적 조정을 통해 통섭적 대안을 마련하는 시도를 한다.

오늘날 생태주의(14장), 여성주의(8장), 그리고 다문화주의(15장)는 모두 지역성, 타자성, 그리고 소수자 문제를 중요하게 다룬다. 이러한 관점에서 우리 사회가 놓여 있는 윤리적 조건, 그리고 삼자 윤리 간의 상호 관계를 통섭적으로 이해해야 한다. 자연이 파괴되면 인권은 정말 보호될 수 없기에 인권 보호는 자연의 보존, 즉 '생태적 지속가능성'을 위한 것이어야 한다. 이 말은 '생태적 인권교육'의 가능성을 말해주는 것이다.[Hung, 2007] 산업 발전과 환경 보호의 대립적 관계의 해소는 환경교육의 과제이면서 인권교육(12장)의 과제이기도 하다. 그러기에 생태적 인권교육은 인권의 딜레마와 생태적 지속가능성이 맞붙을 때 인간 중심적 이데올로기를 재검토하고, 비非인간에게 내재한 본질적 가치를 인식하고, 자연을 존중하면서 우주 안의 모든 존재의 가치를 인정하며, 인간 자신의 불완전성을 인정하는 '생태적 평화교육'을 해야 하는 것이다. 평화교육(13장)은 생태 중심적 세계관을 지향하고 있기 때문에 '인간 중심적 인권교육'을 넘어서야 한다. 생태적 평화교육은 비폭력, 사랑, 연민, 공정함, 협력의 가치뿐 아니라, 인간과 모든 생명체에 대한 존중을 가르치는 철학에 기반하고 있다. 이렇게 평화는 인간의 권리를 넘어서는 생명 전체의 권리를 포괄하는 것이다. 인간 중심주의가 생태 중심주의로 전환될 때 '생태적 지속가능성'은 인권과 공존할 수 있다. 평화교육은 갈등의 평화로운 해결을 위한 교육뿐 아니라 지속가능한 개발(빈곤의 해소, 불평등의 축소, 환경적 지속가능성)을 소중하게 여긴다.[Rivera, 2010: 188]

최근 여성주의(8장)와 환경윤리(14장), 그리고 생태지역주의eco-regionalism가 결합된 '생태적 여성주의ecological feminism/eco-feminism'가 새롭게 관심을 끌고 있다. 이 사상은 남성적 가치에 의해 영속화된 자연 강탈을 치유하기 위해 공동의 돌봄과 연계성의 윤리적 덕을 고양시켜야 한다는 것이다. 즉, 자연의 여성화와 여성적 삶의 자연화를 제창하고 있다.[Moore, 2007: 125-139] 때때로 출산과 양육 담당자로서 자신들의 역할을 통해 여성들은 남성보다 자연에 더 가까이 있다. 환경에 대해 관심을 갖고 돌보려는 생태적 가치들은 어느 정도 여성적인 가치들로서 간주될 수 있다. 그리고 오늘날의 문제들은 그것들과 관련된 여성의 평등권이 사회생활과 정책의 입안에 참여하는 것을 고려하지 않는다면 해결 불가능할 것이다. 이런 윤리적 주장은 지속가능한 모성적 문화 속에서 발견될 수밖에 없다. 그래서 생태여성주의를 제창하는 배려윤리학자 나딩스는 '지구적 돌봄global caring'의 구현을 제창한다.Noddings, 2002 생태지역주의 윤리는 생물학적 다양성뿐 아니라 문화적 다양성을 추구한다. 지역의 자율성을 촉구하면서 다문화주의를 긍정하는 지역생태주의는 지역의 자기 충족적 경제, 자율성과 협동 등을 중시하고, 장소에서 일어나는 지역적 요구를 구현하는 특수한 지식과 문화를 존중한다.Naess, 1993; Orr, 1992: 146 다문화적 여성주의자들은 많은 여성주의자들이 인종 문제에 무관심한 것에 대해 비판적이다. '여성주의적 다문화주의자들' 또는 '다문화적 여성주의자들'(8장, 14장)은 페미니즘의 비평 및 상이한 문화 간의 상호 관련성 및 침투성 문제를 중시하였다. 다문화교육은 공공 참여의 기회가 감소되고 사적인 영역으로 여성들의 활동 범위가 제한되는 현실을 외면해서는 안 된다.

우리는 지금까지 기존 윤리에 대한 대안으로서 생태주의(14장), 여성주의(8장), 그리고 다문화주의(15장)에 대해, 그리고 이들 윤리의 상호 관계와 그것의 대안적 과제에 대해 알아보았다. 그렇다고 하여 기존의 주류적 위치에 있었던 아리스토텔레스의 공동체적 덕윤리, 칸트의 보편적/정언적 의무 윤리(7장, 8장), 공리주의자들의 최대 다수의 최대 행복 윤리 등이 모두 불필요하다는 것은 아니다. 이들 전통 윤리의 영향력은 오늘날까지 크게 미치고 있다. 인간은 이성을 가진 합리적 행위자로서 자유로운 선의지로 가지고 결정할 수 있는 능력을 가지고 있다고 보기 때문에, 인간을 수단이 아닌 목적 그 자체로 대우하는 내재적 가치를 가지고 인간 존엄성을 존중하는 칸트의 윤리는 우리의 삶에 여전히 영향을 크게 미치고 있다. 친구를 대하거나 돈을 빌릴 때, 처벌을 하거나 재분배를 할 때 적용되는 최소한의 기준이나 규칙으로서의 '정의justice'의 윤리는 매우 중요한 계약사회의 원리로 작동하고 있다. 그리고 칸트는 인간의 존엄성을 위한다는 명제를 동물을 학대해도 괜찮다는 것으로 이해하는 것은 잘못임을 강조하고 있다.[J. & S. Rachels, 2007: 130-140] 그러나 여성주의자들은, 사랑 없는 의무는 매우 공허한 세계를 꿈꾸는 것이라고 비판한다.[Adam, 2005] 배려 없는 정의는 또한 인간의 관계성을 저해할 것이다.

사람과 사람의 관계에 있어 사람됨을 구성하는 인격의 중요성을 강조하는 아리스토텔레스의 덕윤리(9장)는 기본적 의무/최소 윤리를 넘어서는, 초의무적 행복을 궁극 목적으로 하는 공동체를 지향하고 있다. 삶이 위험으로 가득 차 있기에 '용기'의 미덕은 좋은 가치이다. 일부 사람은 다른 사람보다 불가피하게 열악하고 그래서 다른 사람의 도움을 필요로 하기에 '관대함'은 바람직한 가치이다. 정직이 없으면 사람들 간의 관계는 여러 가지 방식으로 잘못된 방향으로 갈 수 있기에 정직의 미덕은 중요하다. 또한 친구가 옆길로 빠지는 유혹을 받을 때 '충실'은 우정에 필수적인 미덕이다.[J. & S. Rachels, 2007: 182] 그렇지만 다양한 덕목을 제창하는 덕윤리는 여성의 불평등 문제나 부정의에 대해 별다른 언급을 하고 있지 않다. 그리하여 민주주의 발전에 큰 기여를 하지 못하고 있다. 그러나 최소 윤리를 전제하지 않고 최대 윤리로 건너뛰는 것은 군자나 성인의 도덕으로서 평범한 사람이 달성하기에는 매우 어려운 과제라고 할 수 있다. 인간이 추구해야 할 최대 윤리로서 '덕의 윤리'를 구현하기 위해 최소 윤리로서 '정의의 윤리' 요청은 민주주의를 구현하기 위한 필수조건이지만, 그것만으로 충분하지 않다(3장). 정의의 윤리는 방법이지 궁극 목적이 아니기 때문이다.

물론 부조리한 현실을 변화시키기 위한 민주주의를 향한 구호들은 우리 사회의 정의를 구현하기 위해 매우 필요하다. 그렇지만, 그것을 위해 우리가 싸운 결과들이 다시 자신에게 부메랑이 되어 돌아와 내면화되는 폭력의 흔적으로 침전되지 않도록 해야 한다. 싸움과 수양은 동전의 양면이고 양대 축이다. 이를 방지하기 위해 우리는 인격교육, 평화교육 그리고 실천적 인문학을 더욱 필요로 한다. 특히 학생들을 가르치는 교육자들에게는 이런 교양이 더욱 절실히 필요하다. 척박한 교육 현실이 존재하는 한국적 상황에서 학교 밖의 폭력과 싸워야 하는 분노의 용기는 사회를 깨끗하게 하는 정화제의 역할을 한다. 그렇지만 그 과정에서 분출되는 공격적 분노가 내면의 상처로 남지 않으려면 수양/점수의 과정(3장)이 있어야 한다. 이를 위해서는 세상의 평화를 위한 싸움과 함께 마음의 평화를 위한 수양을 동시에 해야 한다. 이 모든 노력은 궁극목적의 구현을 위해 세상과의 싸움을 더욱 차원 높게 하기 위한 것이다. 나아가 교실/학교 개혁을 더 나은 세계로 인도하기 위한 시도이어야 한다.

우리는 부조리한 세상을 개혁하기 위해 비판적 사고를 필요로 한다(19장). 그러나 공감과 배려가 없는 비판적 사고는 공격적인 경향이 있기에 공동체적이지 않다(11장). 그러기에 비판적 사고는 필히 '공감적 사고'나 '공감적 배려'로 승화되어야 한다(20장). 비판적 사고가 벌어진 일과 사태에 대한 옳고 그름을 판별하기 위한 비판적 태도를 갖는 데 도움을 주지만, 그것과 관련된 사람에게까지 연루시켜 적용해서는 안 된다. 죄를 미워하되 사람을 미워해서는 안 된다는 것이다. 일을 둘러싼 비판적 사고가 지나쳐 사람에 대한 비판으로 적용되면 인간에 대한 불신까지 나아가게 된다(10장, 12장, 16장). 그렇게 되면 다음의 일을 도모할 수가 없다. 그러므로 일에 대한 비판적 사고가 사람에 대한 평가에까지 미치지 않게 하려면 '공감적 사고'를 할 수 있는 능력/역량을 갖추어야 한다. 공감적 사고의 핵심에는 배려의 정신(8장)과 공동체적 관계 능력(11장), 그리고 탁월한 덕(9장)이 자리하고 있어야 한다. 이러한 역량을 체득하여야 더불어 살아야 하는 동료들과의 관계가 원만할 수 있으며, 이런 능력을 가짐으로써 학생과의 교감 능력도 좋아질 수 있을 것이다. 이런 능력을 가질 때 비로소 학생/청소년들을 해방시킬 수 있으며, 나아가 교실과 학교의 해방도 가능하게 된다. 제3의 길을 제창한 앤서니 기든스가 강조하였듯이 논리적 민주주의와 함께 '정서적 민주주의'를 우리는 절실하게 필요로 한다.

또 유용성/공리성을 위한 최대다수의 최대 행복 윤리를 중시하는 주류적 위치를 지키고 있는 공리주의 윤리는 국가의 운영 원리나 공교육의 원리로서 여전히 영향력을 발휘하고 있다.[Gutman, 1991: 261-277] 최대 다수의 최대 행복을 증진시키는 것이 유일하게 옳고 정당한 인간 행동의 목적이며, 법률 및 법률상의 제도는 이 목적에 적합한지 부족한지에 의해 검토될 수 있을 것이다. 결과주의 윤리를 선호하는 공리주의자들의 행복의 원리는 쾌락의 총합이 고통의 총합보다 클 때 선이 성취된다는 것이다. 밀은 "인간이 물에 빠져 죽는 것에서 구해준 사람은 그의 동기가 의무에서건 노고에 대한 대가를 바라서건 간에 도덕적으로 올바른 일을 한 것이다."라고 말한다. 공리주의자들이 주장하는 '안락사'는 자신이나 타인의 고통을 줄이기 위해 허용되어야 한다고 주장한다.[J. & S. Rachels, 2007: 94-99] 그렇지만 대부분의 공리주의자들은 소수자의 권리에 대해 별다른 언급을 하고 있지 않다. 다수의 행복을 위해 소수자의 권리가 희생되어서는 안 될 것이다. 인간들의 이득 총합이 받는 고통보다 클 경우 소수자의 고문도 정당화시킬 수 있다는 것은 위험한 윤리관이 아닐 수 없다.

물론 주류 윤리는 다양한 사태의 해석과 대처에 있어 윤리적 적용의 유연성을 발휘할 수 있을 것이다. 아리스토텔레스의 덕윤리(9장)나 칸트의 정의윤리(7장)는 또한 배려의 미덕을 강조하는 여성주의 윤리(8장)와 대립되기도 하지만 공존할 수 있는 도덕 이론이기도 하다. 칸트의 정의윤리에 대한 대안으로 등장한 배려윤리 또한 정의의 윤리를 다시 요청하고 있다. 정의 없는 배려가 온정주의로 흐를 위험이 있기 때문이다. 이렇게 볼 때 상황과 조건의 특수성에 따라 윤리적 원리의 우선성은 달리해야 할 것이다. 대안적 윤리가 주류 윤리가 설명하지 못하는 사태에 대한 새로운 해법을 제시하고 있지만, 이들 윤리가 전지전능한 것은 아닐 것이다.

그렇지만 지구 환경의 위기에서 발생한 생태주의 윤리(14장), 남성 중심의 폭력성에서 발생한 여성주의 윤리(8장), 선진국과 백인 중심의 문화제국주의 문제로부터 발생한 다문화주의(15장)는 기존의 처방으로는 해결할 수 없는 새로운 윤리적 처방임에는 말할 나위도 없다. 왜냐하면 기존의 주류 윤리가 부분적 처방책을 제시하고 있지만, 전면적 처방을 제시하고 있는 것은 아니기 때문이다. 그러므로 생태주의, 여성주의, 다문화주의 윤리는 기존의 주류 윤리가 놓치고 있는 허점이나 약점을 발견하고 치유하는 새로운 처방임에는 틀림없다. 예를 들어 밀양 송전탑과 제주도 강정리 해군기지 문제는 환경의 문제이면서 동시에 평화의 문제이고 지역의 문제이다. 탈북자의 문제는 평화의 문제이면서 통일의 문제이고 그리고 다문화의 문제이기도 하다. 종군위안부의 문제는 여성 문제이면서 인권 문제이고 평화 문제이다.

공동체 문제도 인격의 과제와 결합하느냐 인권의 과제와 결합하느냐에 따라 입장이 달라질 것이다. 성실의 문제도 자신에 대한 성실로 협소하게 보는 경향이 있으나 사회에 대한 성실로 발전시킬 수 있을 것이다. 정의의 상황이냐 덕의 상황이냐는 맥락과 상황에 따라 판단 또한 달라질 것이다. 사회의 공적 가치를 위한 정의는 '엄격주의', '엄벌주의'로 흐를 위험이 있는 반면에 자비와 사랑을 위한 배려는 '온정주의'로 흐를 위험이 있다. 인격(개인의 덕목과 품성인 정직, 성실, 친절, 겸손, 양보 등)과 인권(사람으로서 하늘로부터 부여받은 권리, 인간의 존엄성, 아동이 가져야 할 기본적 권리 등)의 관계, 시민권(정치적 성원이 되는 국가 구성원으로서 갖는 공민권, 자유권, 사회권 등)과 시민성(공동체 의식, 시민적 예의/교양, 덕목, 태도 등)의 관계도 통섭적으로 접근을 해야 한다. 지금까지 우리의 도덕교육은 인권 없는 인격, 시민권 없는 시민성의 함양이라는 편향된 방식을 추구하는 모습을 보여왔다. 그래서 도덕교육은 항상 양보, 겸손 등의 미덕을 주로 강조하는 내면적 수양의 과목으로서 기능하였다. 그리하여 불의를 간과하는 협소한 인격교육이나 인성교육으로 한정되는 경향을 보였다. 그리하여 순응적 도덕교육에 머물고 말아 전체주의 체제를 존속시키는 데 기여하는 오류를 범하였다. 물론 이와 정반대로 인격 없는 인권이나 시민성 없는 시민권의 주창은 제도 개혁이나 법

개혁에 치우친 나머지 인간적 도리나 책임을 간과하는 인간다움의 실존 또는 비인간화의 오류를 범하였다.

이들 문제는 모두 우리 사회가 풀어야 할 공동체의 행복 및 번영과 직결된 문제이기도 하다. 우리 사회의 여러 문제는 복잡하게 얽혀 있기에 갈등을 해결하는 데 있어 종합적/통섭적 처방을 해야 한다. 우리 모두 이러한 문제 해결을 위해 깊은 숙고와 함께 대승적 타개책을 모색해야 한다.

갈등하는 가치의 문제 해결을 위해서는 응용철학이나 응용윤리학의 도움을 받아야 한다. 특정 주제와 관련한 광범위한 논쟁들은 특히 개인이 거의 힘을 발휘할 수 없는 것들이며 도덕 및 그것과 관련되어 있는 더 근본적인 부류에 속하는 불확실성을 반영한다. 우리가 당면한 가치의 더욱 총체적인 위기는 도덕적 신념의 근원, 도덕의 권위를 옹호하는 근거, 확고부동한 진리이거나 최소한 모두의 동의를 얻을 만한 어떤 도덕이 있는가에 관한 전반적 물음과 연관된 중심적 논의와 관련이 있을 것이다.

이 모두 도덕교육의 역사에서 살펴보았듯이 덕/인격/배려 등을 강조하는 진영과 도덕적 추론/인지/판단 등을 강조하는 진영이 지나치게 극단적으로 대립하며 특정의 편향을 보인 결과이다. 그러기에 우리는 양자의 통섭을 필요로 한다. 어느 한쪽의 선택이 아니라, 상황과 맥락에 따라 선후와 경중의 차이만 있을 뿐이다.

사회는 보수와 진보의 변증적 관계를 통해 발전한다. 그러기에 보수는 인간 생활의 기본이다. 모든 인간은 본래 다 보수적이다. 이유는 "우리는 태어날 때부터 부모가 있고, 형제가 있고, 환경이 있고, 국가가 있고, 태어난 지역, 태어나서 익히게 된 지식, 사고방식, 생활방식이 있기 때문"이다. 이 모든 것은 익숙하게 되고 익숙하면 편안하기 마련이다. '보수'는 하던 대로 하는 것이기 때문에 사람은 누구나 보수적일 수밖에 없다. 보수를 물리학으로 표현하면 '관성의 법칙'이라고 할 수 있다. 항상 있던 그대로 머물러 있는 것, 움직이고 있던 것은 계속 움직이려하는 것이 관성의 법칙이다.

그러나 머물러 있는 것(존재하는 것)을 없애려 하거나 움직이는 것을 멈추게 하려고 할 때는 그와 반대되는 힘이 필요하다. 그것이 바로 '진보' 이다. 진보는 결국 '운동의 법칙'인 것이다. 이미 존재하고 있는 것이 불편하여 그것을 변화시키려고 하는 것이 진보다. 그런데 진보도 보수적이기 쉽다. 진보적인 집단도 바꾸려고 했던 필요성이 없어지게 되면 머무르려고 한다. 그래서 보수화된다. 이것은 역사의 법칙이고 철칙이다. 결국 진보를 지향하는 사람도 기본적으로 보수적이다. 내가 진보적인 성향을 가지고 있는지, 보수적인 성향을 가지고 있는지를 알고 싶다면 어떤 상황을 봤을 때, 합리적이냐 그렇지 않으냐, 정당한 것이냐 그렇지 않으냐를 본인이 어떻게 판단하는지 세심하게 살펴보면 금방 알 수 있다.

여기에서 우리는 과거의 문화적 전통을 가르치지 않고서는 학생들의 창조성과 주도성을 달성할 수가 없다는 사실을 자각할 필요가 있다. 전통을 모방하는 작업을 먼저 따르지 않으면, 세상을 비판하고 변화시키며 갱신할 수가 없다. 존재하는 세상은 현존하는 전통이기 때문이다. 창조와 혁신은 학생들 앞에 다가온 세상과 관련되어야 진정한 의미를 갖는 것이다. 이런 세상과 연관되어 학생들은 도전받아야 하고 변형되어야 할 것이 무엇인지를 이해하게 되는 것이다. 듀이가 말한 것처럼 민주적 교육이 기존 사회의 이념과 실천들을 가지고 출발하지 않는다면 그것은 현실로 존재하지 않는 유토피아가 될 것이며 실재하지도 않을 것이라고 하였다. 부버의 표현대로 "옛 관념과 새로운 관념이 반성적으로 상호작용하는 것을 허용해줄 수 있도록 우리는 좁은 이랑을 걸어가야만 한다."

그러기에 통섭적 도덕교육은 한편으로는 전통과 공동체의 가치를 중시하고, 또 다른 한편으로는 비판과 다원주의를 소중히 여기는 균형을 잡아야 한다. 인격교육은 교양교육의 더욱 자유롭고 해방적인 목표를 강조하면서 균형을 잡는 문화적 안정장치를 마련해야 한다.Nord, 2001: 144 한편으로는 화장실 훈련하듯 행동 규범의 지도(사회화)를 필요로 하고,

또 다른 한편으로는 자율적 판단/비판적 사고를 소중하게 여겨야 한다.

어린이 초기 시절에는 전자가, 어린이 후기에는 후자가 좀 더 강조되겠지만 타율성에서 자율성 방향으로 진행되어야 할 것이다.

학교교육은 한편으로 전통과 공동체를 양육하고 보존시키는 동시에, 다른 한편으로는 그 전통과 공동체를 비판적으로 생각하도록 하는 자료를 제공하여야 한다. 도덕은 정치적으로 보수적 측면으로 해석될 수도 있으나, 진보적 측면으로 해석될 수 있는 요소도 있다. 양쪽 모두를 포괄하는 요소도 있다. 즉, 사회를 지속시키기 위해 필요한 능력을 위한 '보수적인 사회화'로 분류될 수도 있고, 책임있는 시민성을 함양하기 위한 사회의 정의와 개혁을 지향하는 '진보적 사회화'로 분류될 수도 있다. 그러기에 어느 한 요소만 가지고 분류하기가 쉽지 않다. 따라서 '통섭적 사회화'가 필요한 것이다.

도덕교육에 왜 인권교육론이나 민주시민교육론이 등장하느냐고 의아해하는 사람이 있을 것이다. 그러나 도덕교육이 주로 내면의 문제를 다루기는 하지만 그 내면성이 외적(제도적) 현상과 무관하게 독립적 성격을 갖지 않기에 항상 서로 긴장과 대립 관계에 놓일 수밖에 없다. 이럴 경우 인간의 현실적 문제, 즉 인권 문제나 시민권의 문제가 발생한다. 그리하여 이 양자의 긴장과 대립을 해소할 수 있는 방안이 나와야 한다. 사회과와 도덕과의 갈등도 그러하다.

그렇다면 공동체 교육을 민주주의와 결합시키면서도 인격이나 덕의 함양을 경시하지 말아야 한다. 덕의 구성 요소로서 겸양과 절제 등 소극적 도덕만을 강조하지 않고 불의에 대한 거부나 시민적 참여와 같은 적극적 도덕을 끌어안아야 한다. 덕의 윤리와 정의의 윤리를 공존시켜야 한다. 각각의 이념 속에는 서로 대립적인 부분도 있지만 중첩되는 부분도 있다. 이럴 경우 이념과 가치 등의 적절한 조합을 통한 상황과 맥락에 대한 숙고된 판단과 실천적 지혜를 필요로 한다. 단번에 깨치는 頓悪 일과 점차 닦는漸修 일 그리고 개체적 깨달음과 사회적 깨달음이 반드시 선후 또는 경중의 개념이기보다는 수레의 두 바퀴처럼 상보적 관계에 있도록 해야 한다. 한마디로 내성외왕內聖外王과 수기치인修己治人의 동시적 구현을 요구한다. 이것이 도덕적 통섭이다.

통섭적 도덕교육을 위한 한국적 과제

1. 통섭적 도덕교육을 위한 일선 학교에서의 실천 방안을 찾아보자.
2. 자신의 통섭적 도덕교육관을 개진해보자.

참고문헌

강대기(2001), 『현대 사회에서 공동체는 가능한가?: 개인의 자유와 공동체적 결속 사이에서』, 서울: 아카넷.

강순원(1990), 「민족교육으로서의 평화교육의 위상과 방향」, 김성재(편), 『평화교육과 민중교육』, 서울: 풀빛.

강순원(2008), 『평화·인권·교육』, 서울: 한울.

곽삼근(2008), 『여성주의 교육학』, 서울: 이화여대출판부.

구승희(1995), 『에코필로소피』, 서울: 새길.

구정화 외(2010), 『다문화교육의 이해와 실천』, 서울: 동문사.

길병휘(2013), 『도덕교육의 비판적 성찰』, 파주: 교육과학사.

김경집(2013), 『인문학은 밥이다』. 서울: RHK.

김기봉(2008), 「다문화 사회의 한국인 정체성과 한국사 다시 쓰기」, 유네스코(엮음), 『다문화 사회와 국제 이해 교육』, 서울: 동녘.

김대용(2013), 『도덕 교과서 무엇이 문제인가?』, 서울: 살림터.

김상근(2013), 『아레테의 힘: 인문학으로 창조하라』, 서울: 멘토.

김정수(2013), 「시민교육을 말하다(2) 평화와 시민교육: 평화교육과 일상의 평화」, 수원시 평생학습관, 10/04.

김종국(2013), 「아리스토텔레스의 '습관'에 대한 칸트의 비판은 정당한가?」, 한국초등교육학회, 하계학술대회발표물.

김종욱(2005), 『인간-그 열정의 이중주』, 서울: 문예출판사.

김창환(2007), 『인본주의 교육사상』, 서울: 학지사.

나가오·니시카와(2007), 『국경을 넘는 방법』, 서울: 일조각.

나가오·니시카와(2010), 『국민을 그만두는 방법』, 서울: 역사비평사.

노영란(2009), 『덕윤리의 비판적 조명』, 서울: 철학과 현실사.

도정일·최재천(2005), 『인문학과 자연과학이 만나다: 대담』, 서울: 휴머니스트.

문석윤(2013), 『동양적 마음의 탄생』, 서울: 글항아리.

박명규(2009), 『국민·인민·시민』, 춘천: 소화.

박성준(2014), 「현대적 서원을 함께 만드는 꿈」, 윤구병 외, 『나에게 품이란 무엇일까?: 공동체에 대한 고민』, 서울: 철수와영희.

박성희(2004), 『공감학: 어제와 오늘』, 서울: 학지사.

박장호(2003), 『윤리의 응용과 교육』, 부산: 경성대학교 출판부.

박재주(2000), 『동양의 도덕교육사상』, 서울: 청계사.

박재주(2011), 「아크라시아와 도덕교육: 도덕적 앎과 도덕적 행위 사이의 연계성을 위한 도덕교육」, 『초등도덕교육』 제36집: 1-30.

박재주(2012), 『인격 함양의 도덕교육』, 서울: 철학과 현실사.

박정순(1996), 「감정의 윤리학적 사활」, 정대현 외, 『감성의 철학』, 서울: 민음사.

박휴용(2013), 『비판적 다문화 교육론』, 서울: 이담북스.

손경원(2004), 「뒤르켕의 도덕교육: 다원화 사회에서의 적용가능성과 그 한계」, 『초등도덕교육』 제14집.

손승남(2011), 『인문교양교육의 원형과 변용』, 서울: 교육과학사.

송현정(2004), 『현대 시민교육의 목표로서의 인권에 대한 연구』, 박사학위논문, 서울대학교

대학원.
송호근(2010), 「공정 사회, 합의가 중요하다」, 『공정과 정의사회』, 서울: 조선뉴스프레스.
송호근(2011), 『인민의 탄생』, 민음사.
송호근(2013), 『시민의 탄생: 조선의 탄생과 공론장의 지각 변동』, 민음사.
서경식(2007), 『교양, 모든 것의 시작』, 서울: 노마드북스.
서근원(2013), 『공동체는 어디에 있을까?: 우리 시대의 삶과 문화와 교육, 그리고 질적 연구』, 서울: 교육과학사.
신득렬(1993), 「'파이데이아 제안'의 연구」, M. J. Adler, 신득렬(역), 『파이데이아 제안: 하나의 교육적 제안』, 서울: 서원.
신득렬(2003), 「교양교육」, 『현대 교육철학』, 서울: 학지사.
신득렬(2004), 『교육사상사』, 서울: 학지사.
심성보(1995), 『전환시대의 교육사상』, 서울: 학지사.
심성보(1997), 『도덕교육의 담론』, 서울: 학지사.
심성보(2008), 『도덕교육의 새로운 지평』, 서울: 서현사.
심성보(2008), 『민주화 이후의 공동체 교육』, 서울: 살림터.
심성보(2011), 『인간과 사회의 진보를 위한 민주시민교육』, 서울: 살림터.
안관수(1994), 「노자의 무위자연과 환경교육과의 관련성에 관한 연구」, 『교육학연구』 Vol. 32, pp. 255-273.
안경식 외(2008), 『다문화교육의 현황과 과제』, 서울: 학지사.
양영자(2007), 「분단-다문화시대 교육 이념으로서의 민족주의와 다문화주의 양립가능성 모색」, 『교육과정연구』 제25권 제3호, pp.23-48.
오인탁(2001), 『파이데이아-고대 그리스의 교육사상』, 서울: 학지사.
오창은(2013), 『절망의 인문학』, 서울: 이매진.
유현식(2013), 『인문학 카페: 인생강의』, 서울: 글담출판사.
유현옥(2004), 『페미니즘 교육사상』, 서울: 학지사.
이광주(2009), 『교양』, 서울: 한길사.
이동수(2013), 「시민사회와 시민」, 이동수 편, 『시민은 누구인가』, 서울: 인간사랑.
이민경(2013), 「다문화 사회에서의 시민성 교육: 세계 시민성과 환대의 개념을 중심으로, 『교육 문제 연구』, Vol. 26, No. 2, pp. 115-136.
이승환(1997), 「누가 감히 전통을 욕되게 하는가?」, 『전통과 현대』, 여름호.
이승환(1998), 『유가사상과 사회철학적 재조명』, 서울: 고려대학교 출판부.
이승환(2004), 『유교 담론의 지형학』, 서울: 푸른숲.
이영제(2013), 「시민교육을 말하다(3) 정치교육: 시민이 참여하는 생활정치를 위하여」, 수원시 평생학습관, 12/18.
이은선(2013), 『생물권 정치학 시대에서의 정치와 교육』, 서울: 모시는 사람들.
이진우(1996), 「근대악과 세계애의 사상」, 한나 아렌트, 이진우·태정호 역, 『인간의 조건』, 서울: 한길사.
이홍우(1990), 『교육의 개념』, 서울: 문음사.
이홍우·임병덕 외(1998), 『도덕과 교육론』, 서울: 교육과학사.
이황(1954), 『퇴계전서』, 서울: 대동문화연구원.
임영인(2012), 「한국형 클레메트코스의 탄생」, 성프란시스대학 인문학과정 엮음, 『거리의 인문학』, 삼인.
임일환(1996), 「감정과 정서의 이해」, 정대현 외, 『감성의 철학』, 서울: 민음사.
임홍빈(2013), 『수치심과 죄책감』, 서울: 바다출판사.
정기섭(2002), 『아동 존중의 교육학: 코르착의 교육사상과 실천』, 서울: 문음사.

정정훈(2014), 『인권과 인권들』, 서울: 그린비.
정창우(2004), 『도덕교육의 새로운 해법』, 서울: 교육과학사.
조무남(2002), 『앎과 삶 그리고 덕』, 서울: 교육과학사.
조무남(2012), 『교육으로 가는 철학의 길』, 서울: 이담.
조용환(2004), 『사회화와 교육』, 서울: 교육과학사.
조용환(2009), 「다문화교육의 의미와 과제」, 유네스코(엮음), 『다문화 사회의 이해』, 서울: 동녘.
조효제(2007), 『인권의 문법』, 후마니타스.
주경철(2013), 「글로벌 르네상스의 첫 걸음, 동양고전」, 『인문학 특강』, 서울: 21세기북스.
천정환(2011), 「'교양' 개념의 유의어와 환유를 통해 본 한국 근대 지식문화사」, 공동 학술대회, 2012/1/13, 『개념과 한국의 근대』, 한림과학원·연세대언어정보연구원.
최병두(2010), 『비판적 생태학과 환경 정의』, 서울: 한울.
최재천·주일우(2008), 『지식의 통섭』, 서울: 이음.
최준(2008), 「프랑스 동화주의 다문화정책의 위기와 재편에 관한 연구」, 『한국행정학보』 제42권 3호, pp. 463-486.
하주영(2013), 「남성중심적 도덕관에 대한 비판」, 서울대학교 철학사상연구소, 『처음 읽은 윤리학』, 서울: 동녘.
한형조(2013), 「스펙보다 더 중요한 자기 발견, 〈격몽요결〉」, 『인문학 특강』, 서울: 21세기북스.
허병식(2009), 「교양의 정치학」, 『민족문학사연구』, 서울: 소명출판.
황경식(2012), 『덕윤리의 현대적 의의』, 서울: 아카넷.
황경식(2013), 「합당한 윤리설을 찾아서: 의무윤리와 덕윤리의 상호보완」, 서울대학교 철학사상연구소, 『처음 읽은 윤리학』, 서울: 동녘.

Adam. A.(2005), *Gender, Ethics and Information Technology,* New York: Palgrave Macmillan.
Adler, M. J.(2004), The Paideia Proposal, D. J. Flinders & S. J. Thornton, *The Curriculum Studies Reader,* New York & London: RoutledgeFalmer.
Arendt, H., 이진우·태정호 역(1996), 『인간의 조건』, 서울: 한길사.
Arendt, H., 서유경 역(2005), 『과거와 미래사이』, 푸른숲.
Arendt, H., 이진우·박미애 역(2006), 『전체주의의 기원』, 서울: 한길사.
Arendt, H., 김선욱 역(2006), 『예루살렘의 아이히만』, 서울: 한길사.
Aristotle, 최명관 역(1991), 『니코마쿠스 윤리학』, 서울: 창: 이창우 외 역(2006), 『니코마코스 윤리학』, 서울: 이제이북스.
Arthur, J.(2012), Communitarianism, J. Arthur & A. Peterson(eds.), *The Routledge Companion to Education,* N. Y & London: Routledge.
Arthur, J.(2008), Traditional Approaches to Character Education in Britain and America, L. P. Nucci & D. Narvaez(eds.), *Handbook of Moral and Character Education,* N. Y. and London: Routledge.
Bailin, S. & Siegel, H.(2009), 「비판적 사고」, 강선보 외, 『현대 교육철학의 다양한 흐름』, 학지사.
Ball, S. 등, 이우진 역(2007), 『푸코와 교육』, 서울: 청계.
Banks, J. A.(ed.)(2006), *Cultural Diversity and Education*. Boston: Allyn & Bacon.
Banks, J. A.(2009), *The Routledge International Companion to Multicultural Education,* New York: Routledge.
Banks, J. A., 모경환 외 역(2008가), 『다문화교육입문』, 서울: 아카데미하우스.

Banks, J. A., 김용신·김형기 역(2008나), 『다문화 시민교육론』, 서울: 교육과학사.
Barrow, R., 정창우 역(2013), 『도덕철학과 도덕교육』, 서울: 울력.
Battistich, V.(2008), The Child Development Project: Creating Caring School Commubities, L. P. Nucci & D. Narvaez(eds.), *Handbook of Moral and Character Education.* New York: Routledge.
Bauman, Z.(2013), 『현대성과 홀로코스트』, 서울: 새물결.
Beck, J.(1998), *Morality and Citizenship in Education,* London: Cassell.
Bennett, P. W., 곽금주 외 역(2010), 「그들로 하여금 번성하게 하라」, W. Kohli 편저, 『다문화 시대 대화와 소통의 교육철학』, 서울: 학지사.
Benninga, J. S., 이인재 역(1999), 「학교, 인격발달 그리고 시민정신」, 『아동인격교육론』, 서울: 인간사랑.
Bickmore, K.(2006), Democratic social cohesion(assimilation)? Representations of social in Canadian public school curriculum, *Canadian Journal of Education,* Vol. 29, No. 2: 259-386.
Billante & Saunders(2002), Why Civility Matters, *Policy,* Vol. 18, No. 3.
Bista, G.(2002), How General Can Bildung Be? Reflections on the Future of a Modern Educational Ideal, *Journal of Philosophy of Education,* Vol. 36, Issue 3.
Bloom, A., 이원회 역(1997), 『미국정신의 종말』, 서울: 범양사.
Blum, L., 윤현진 외 역(2007), 「민족성, 정체성, 공동체」, M. S. Katz, N. Noddings & K. A. Strike 엮음, 『정의와 배려』, 서울: 인간사랑.
Bonnett, M., 이지헌 역(2013). 「교육과 환경」, R. Bailey, R. Barrow, D. Carr, C. McCarthy, ets., 『교육철학 2』, 서울: 학지사.
Bowers, C. A.(1993), *Education, Cultural Myths, and the Ecological Crisis: Towards Deep Changes,* Albany: State University of New York Press.
Brabeck, M. M. & Rogers, L.(2000), Human Rights as a Moral Issues: Lessons for Moral Educators from Human Rights Work, *Journal of Moral Education,* Vol. 29, No. 2. pp. 167-182.
Burnett, B. & McArdl, F.(2011), Multiculturalism, education for sustainable development(ESD) and the shifting discursive landscape of social inclusion, *Discourse: Studies in the Cultural Politics of Education,* 15 Jan.
Carnoy, M.(2009), Social Inquality as a Barrier to Multicultural Education in Latin America, J. A. Banks(ed.), *The Routledge International Companion to Multicultural Education, Routledge.*
Carr, D.(2004), Moral values and the arts in environment education: towards an ethics of aesthetic appreciation, *Journal of Philosophy of Education,* 38(2): 221-239.
Carr, D.(2008), Character Education as The Cultivation of Virtue, L. P. Nucci & D. Narvaez(eds.), *Handbook of Moral and Character Education,* N. Y. and London; Routledge.
Carr, D.(1986), *Time, Narrative, and History,* Indiana University Press.
Carr, D., 김해성 외 역(1997), 『인성교육론』, 서울: 교육과학사.
Casey, E. S.(1997), *The Fate of Place: A Philosophical History,* Berkeley: University of California Press.
Cohen, J. L. & Arato, A.(1995), *Civil Society and Political Theory,* The Mit Press.
Conroy, J. C.(2011), 이지헌 역, 「윤리를 가르칠 수 있는가?」, R. Bailey(eds.), 『철학이 있는

교육, 교육을 찾는 철학』, 서울: 학이당.

Cooley, A.(2011), Legislating Character: Moral Education in North Carolina's Public Schools, DeVitis, J. L. & T. Yu(eds.), *Character and Moral Education,* New York: Peter Lang.

Crittenden, P.(1990), *Learning to Be Moral: Philosophical Thoughts About Moral Development,* New Jersey: Humanities International Press.

Cunningham(2008).

Damon, W., 조강모 역(1997), 『아동 도덕 발달과 열린 교육』, 서울: 문음사.

Damon, W., 김태훈 외 역(2008), 『새로운 시대의 인격교육』, 서울: 인간사랑.

Davies, I.(2011), *100+Ideas for Teaching Citizenship,* London & New York: Continuum.

Davies, I.(2012), Citizenship Education, J. Arthur & A. Peterson(eds.), *The Routledge Companion to Education,* N. Y & London: Routledge.

Dearden, R. F., 박연호 역(2002), 『초등교육의 철학』, 서울: 교육과학사.

Dekker, P.(2009), Civicness: From Civil Society to Civic Services, *Voluntas*, 20, pp. 220-238.

Demaine, J.(1996), *Beyond Communitarianism: Citizenship, Politics and Education,* Basingstoke: Macmillan Press.

DeMeis, D. & Sutton, C.(2009), The Evolution of a Service-Learning Course, Rimmerman. C. A.(ed.), *Service-Learning and the Liberal Arts,* Lanham: Lexington Books.

DeNicola, D. R., Liberal Education and Moral Education, DeVitis, J. L. & T. Yu(eds.), *Character and Moral Education,* New York: Peter Lang.

Deuchar, R.(2009), Seen and heard, and then not heard: Scottish pupils' experience of democratic educational practice during the transition from primary to secondary school, *Oxford Review of Education,* Vol. 35, No. 1, February 2009, pp. 23-40.

DeVitis, J. L. & Yu, T.(2011), The Moral Poverty of Character Education, DeVitis, J. L. & T. Yu(eds.), *Character and Moral Education,* New York: Peter Lang.

Dewey, J. 이홍우 역(1916/1993), 『민주주의와 교육』, 서울: 교육과학사.

Dewey, J. 충남기 역(2010), 『현대 민주주의와 정치 주체의 문제: 듀이의 민주주의론』, 서울: 씨아이라.

Dhillon, P. A. & Hastead, J. M., 권명옥·심승환 역(2009), 「다문화교육」, 『현대 교육철학의 다양한 흐름』, 학지사.

Dilthey, W., 손승남 역(2009), 『고대 그리스와 로마의 교육』, 서울: 지식을만드는지식.

Duczek, S., 고병헌 역(1993), 「성차별」, D. Hicks, 『평화교육의 이론과 실천』, 서울: 서원.

Durkeim E.(1956), 이종각 역(1978), 『교육과 사회화』, 서울: 배영사.

Durkeim, E.(1961/1973), *Moral Education,* E. K. Wilson, tr. New York: Free Press.

Edwards, M.(2009), *Civil Society,* Cambridge & Malden: Polity.

Ehrenberg, J., 김유남 외 역(2002), 『시민사회, 사상과 역사』, 서울: 아르케.

Elias, N., 박미애 역(2009), 『문명화 과정 Ⅰ』, 서울: 한길사.

Elliot, R.(1994), Environmental Ethics, P. Singer. *A Companion to Ethics*, Oxford: Blackwell.

Ennis, R. H.(1992), The Degree to which Critical Thinking Is Subject Specific, S. P. Norris(eds.), *The Generalizability of Critical Thinking*, New York & London:

Theachers College Press.
Enslin, P. & Hedge, N. 이지헌 역(2013), 「포용과 다양성」, Bailey 등, 『교육철학 2-가치와 실천』, 서울: 학지사.
Enslin, P. & White, P.(2009), 「민주시민성」, 강선보 외, 『현대 교육철학의 다양한 흐름』, 서울: 학지사.
Entwistle, H.(1979), *Antonio Gramsci: Conservative Schooling for Radical Politics.* London: Routledge & Kegan Paul.
Farley, L.(2000), Reading critical multiculturalism as an ethical discourse, ProQuest Dissertations and Theses; 2000; ProQuest Dissertations & Theses Full Text.
Faulks, K., 이병천 외 역(2000), 『시티즌십』, 서울: 아르케.
Fields, M. V. & Field, D.(2006), 『아동 생활지도: 구성주의적 접근』, 서울: 21세기사.
Field, N.(2009), 전쟁과 교양. 서경식 편, 『교양, 모든 것의 시작』, 서울: 노마드북스.
Flowers, et al.(2000), The Human Rights Education Handbooks, University of Minesota Human Rights Resource Center. http://www1.umn.edu/humanrts/edumat/hreduseries/hrhandbook/toe.html
Forisha, Bill E. & Forisha, Barbara E., 서규선 역(1990), 『도덕성 발달과 교육』, 종로서적.
Fotopoulos, T.(2003), From (Mis)education to Paideia, *Democracy & Nature,* Vol. 9, No. 1, pp. 15-50.
Freire, P.(1998), 남경태 역(1970/2002), 『페다고지』, 서울: 그린비.
Freire, P.(1998), *Pedagogy of Freedom: Ethics, Democracy and Civic Courage,* Lanham: Rowman & Littlefield Publishers, Inc.
Fuller, T.(ed.)(1989), *The Voice of Liberal Learning: Michael Oakeshott on Education,* New Haven & London: Yale University Press.
Gay, G., 심성보 외 역(1999), 「인격교육과 다문화교육의 관계」, 『아동인격교육론』, 서울: 인간사랑.
Giarelli, J. M.(2010), 「공공생활을 위한 교육」, W. Kohli, 곽덕주 외 역, 『다문화시대 대화와 소통의 교육철학』, 서울: 학지사.
Giddens, A.(2009), 『현대 사회학』, 서울: 을유문화사.
Gilligan, C., 허란주 역(1994), 『심리이론과 여성의 발달』, 서울: 철학과 현실사.
Giroux, H.(1988), *Schooling And The Struggle For Public Life: Critical Pedagogy in the Modern Age,* Minneapolis: University of Minnesota Press.
Gomes, et al.(2007), Civility and Social Relations in South and Southeast Asia, *Suomen Antropologi,* 32(3).
Goodson, I. & Dowbiggin, I., 이우진 역(2007), 「양순한 몸」, S. Ball(eds.), 『푸코와 교육』, 서울: 청계.
Gordon, M. & Green, M.(eds.)(2001), *Hannah Arendt and Education,* Colorado: Westview Press.
Gutman, A.(1991), What's the use of going to school, A. Sen & B. Williams(eds.), *Utilitarianism and Beyond,* New York: Cambridge University Press.
Halstead, J. M.(2009), 「다문화교육」, 강선보 외, 『현대 교육철학의 다양한 흐름』, 서울: 학지사.
Halstead, J. M., 이지헌 역(2013), 「도덕교육과 시민교육의 연관」, 『도덕철학 2: 가치와 실천』, 서울: 학지사.
Hansen, K. H.(2008), Rewriting Bildung for Postmodernity: Books on Educational Philosophy, Classroom Practice, and Reflective Teaching, *Curriculum Inquiry,* 38: 1.

Vol. 38 Issue 1, pp. 93-115.
Hargreares, A., 곽덕주 외 역(2011), 『지식사회와 학교교육』, 서울: 학지사.
Harris, I. M. & Morrison, M. L.(2013), *Peace Education.* North Carolina & London: McF.
Haynes, J., 이경민 외 역(2012), 『어린이 철학자』, 서울: 학지사.
Henfrey, A., 고병헌 역(1993), 「인종차별」, D. Hicks, 『평화교육의 이론과 실천』, 서울: 서원.
Higgins, A.(1991), The just community approach to moral education: evolution of the idea and recent findings, W. M. Kurtines and J. L. Gerwirtz(eds.), *Handbook of Moral Behavior and Development,* Vol, 3: pp. 111-141.
Hiltman, G.(2007), Introduction, G. Hiltman(eds.), *The Other: Feminist Reflection in Ethics,* New York: Palgrave Macmillan.
Hoffman, M.(1984), Empathy, its limits and role in a comprehensive moral theory, W. Kurtines & J. Gewirtz(eds.), *Morality, Morality Behavior and Moral Development,* New York: Wiley.
Hoffman, M.(2000), *Empathy and Moral Development: Implications for Caring and Justice,* Cambridge University Press; 박재주·박균열 역(2011), 『공감과 도덕 발달: 배려와 정의의 위한 함의들』, 서울: 철학과 현실사.
Hoskin, K.(2007), 「시험대 아래의 푸코」, Ball, S., 『푸코와 교육』; 서울: 청계.
Howe, R. B. & Covell, K.(2007), *Empowering Children: Rights Education as a Pathway to Citizenship,* Toronto: University of Toronto Press.
Huckle, J.(2012), Sustainable development, J. Arthur & A. Peterson(eds.), *The Routledge Companion to Education,* N. Y. & London: Routledge.
Hung, R.(2007), Is Ecological Sustainability Consonant or Dissonant with Human Rights?-Identifying Theoretical Issues in Peace Education, *Journal of Peace Education,* Vol. 4, No. 1. pp. 39-55.
Hunter, J. D.(2000), *The Death of Character: Moral Education in an Age without Good or Evil,* New York: Basic Books.
Jaggar, A. M.(1991), Feminist ethics, C. Card(eds.), *Feminist Ethics.* Lawrence: University of Kansas Press.
Jaggar, A. M.(1992), Feminist ethics, L. Becker & C. Becker(eds.), *Encyclopedia of Ethics,* New York: Garland Press.
Janoski, T.(1998), *Citizenship and Civil Society,* Cambridge University Press.
Johnson, R. H.(1992), The Problem of Defining Critical Thinking, S. P. Norris(ed.), *The Generalizability of Critical Thinking,* New York & London: Teachers College Press.
Jones, E. B. & Jones, N.(1992), *Education for Citizenship,* Kogan Page.
Jones, T. S.(2006), Combining Conflict Resolution Education and Human Rights Education, *Journal of Peace Education,* Vol. 3, No. 2, pp. 187-208.
Kaufman, W.(2011), 『인문학의 미래』, 동녘.
Keane, J.(2003), *Global Civil Society,* New York & Cambridge: Cambridge University Press.
Kent, B.(1999), Moral Growth and the Unity of the Deliberation, Carr & Steutel(1999). *Virtue Ethics and Moral Education,* London & New York: Routledge.
Kincheloe, J. L., 박병기 외 역(2013), 「비판이론과 도덕: 해방, 복잡성 그리고 힘」, W. Willis & D. J. Fasko, 『도덕철학과 도덕심리학』, 서울: 인간사랑.

Kirschenbaum, H.(2006), 『도덕·가치교육을 위한 100가지 방법』, 서울: 울력.
Kohn, A.(1997), How not to discuss character, *Phi Delta Kappen*, pp. 429-439.
Kupperman, J. J.(1991), *Character*, Oxford University Press.
Kupperman, J. J.(1999), Virtues, Character and Moral Dispositions, Carr & Steutel (eds.), *Virtue Ethics and Moral Education*, London & New York: Routledge.
Kymicka, W., 장동진 역(2010가), 『현대정치철학의 이해』, 서울: 동명사.
Kymicka, W., 장동진 역(2010나), 『다문화주의 시민권』, 서울: 동명사.
Lang, P.(eds.)(1998), *Affective Education*, London & New York: Cassell.
Lapsley, D. K.(2008), Moral Self-Identity as the Aim of Education, L. P. Nucci & D. Narvaez(eds.), *Handbook of Moral and Character Education*, New York: Routledge.
Lapsley, D. K. & Power, F. C.(2005), 정창우 역(2008), 『도덕심리학과 도덕교육』, 서울: 인간사랑.
Levinson, M.(1999), *The Demands of Liberal Education,* Oxford University Press.
Levinson, N.(2001), The Paradox of Natality, Gordon, M. & Green, M.(eds.), *Hannah Arendt and Education.* Colorado: Westview Press.
Lickona, T.(1991), An Integrated Approach to Character Development in the Elementary School Classroom, J. S. Benniga(ed.), *Moral Character, and Civic Education in the Elementary School,* N. Y. & London: Teachers College Press.
Lickona, T.(1998), Character Education: Seven crucial issues, Action, *Teacher Education.* vol. 20, No. 4: 77-84.
Lickona, T., 박장호·추병완 역(1998), 『인격교육론』, 서울: 백의.
Lickona, T., 유병열 외 역(2006), 『인격교육의 실제』, 서울: 양서원.
Lind, M.(2006), Why the Liberal Arts Still Matter, *Wilson Quarterly,* Vol. 30, Autumn, pp. 52-58.
Lind, G., 박병기 외 역(2013), 「도덕 판단 역량의 의미와 측정」, W. Willis & D. J. Fasko, 『도덕철학과 도덕심리학』, 서울: 인간사랑.
Lisman, C. D.(1998), *Toward a Civil Society: Civic Literacy and Service Learning.* Westport: Bergin & Garvey.
Louis, K. S.(1994), Democratic Values, Democratic Schools, J. Macbeath & L. Moos(eds.), *Democratic Learning,* London & New York: RoutledgeFalmer.
Lovlie, L. & Standish, P.(2002), Introduction: Bildung and the Idea of a Liberal Education, *Journal of Philosophy of Education,* Vol. 36, No. 3.
MacIntyre, A.(1987), The Idea of an Educated Public, G. Haydon(ed.) *Education and Values,* London: Institute of Education, University of London.
MacIntyre, A.(1981/1984), *After Virtue*, Notre Dame.: Notre Dame Press; 이진우 역(1997), 『덕의 상실』, 서울: 문예출판사.
MacIntyre, A.(2004), 『윤리의 역사, 도덕의 이론』, 서울: 철학과 현실사.
Manand, L.(2013), 『대학의 개혁과 혁명: 인문학 서버이벌』, 서울: 바이북스.
Martin, J. R.(1984), *Changing the Educational Landscape: Women, Women, and Curriculum,* New York: Routledge.
Martin, J. R.(1992), Critical Thinking for a Humane World, S. P. Norris(ed.), *The Generalizability of Critical Thinking*, New York & London: Teachers College Press.
Martin, J. R., 유현옥 역(2002), 『교육적 인간상과 여성』, 서울: 학지사.
Masschelein, J. & Ricken, N.(2003), Do We (Still) Need the Concept of Bildung? *Educational Philosophy & Theory,* Vol. 35 Issue 2.

Mayeroff, M.(1900/1971), *On Caring,* New York: William Morrow Paperbacks.
McCown, T.(2011), 「학교는 좋은 시민을 만들 수 있는가?」, R. Bailey(eds.), 『철학이 있는 교육, 교육을 찾는 철학』, 서울: 학이당.
Mcintjes, G.(1997), Human Rights Education as Empowerment, G. J. Andreopoulos & R. P. Claude, *Human Rights Education for Twenty-First Century,* Philadelphia: University of Pennsylvania Press.
McLaughlin, T. H.(1992), 'Citizenship, Diversity and Education', *Journal of Moral Education,* 21(3),235-50.
McLaughlin, T. H.(1995), Public values, private values and educational responsibility, E. Pybus & T. H. McLaughlin(eds.), *Values, Education and Responsibility,* St Andrews: University of St Andrews Centre for Philosophy and Public Affairs.
McLaughlin, T. H.(1996), Education of the whole child, R. Rest(ed.). *Education, Spirituality and the Whole Child,* Cassell.
McLaughlin, T. H. & Halstead, J. M.(1999), Education in character and virtue, Halstead & McLaughlin(eds.), *Education in Morality,* New York & London: Routledge.
McLaughlin, T. H.(2000), Citizenship education in England, *Journal of Philosophy of Education,* 34, 4: 541-70.
McLeod, J.(2012), Feminism, J. Arthur & A. Peterson(eds.), *The Routledge Companion to Education,* N. Y. & London: Routledge.
Miller, A.(2007), Rhetoric, Paideia and the Old Idea of a Liberal Education. *Journal of Philosophy of Education,* Vol. 41, No. 2, pp. 183-206.
Mitilas, M. H.(1992), Possibility of Moral Education in the Liberal Arts, M. H. Mitilas(ed.), *Moral Education and The Liberal Arts,* Westport: Greenwood Press.
Mitter, W.(2001), Education for Democratic Citizenship in Central and Eastern Europe in the Mirror of Globalization and Transformation, L J. Limage(ed.), *Democratization Education and Educating Democratic Citizens,* RoutledgeFalmer.
Monar, A., 심성보 외 역(1999), 『아동인격교육론』, 인간사랑.
Moore, N.(2007), Imagining Feminist Futures: The Third Wave, Postfeminism and Eco/feminism, *Third Wave Feminism: A Critical Exploration,* New York: Palgrave Macmillan.
Moos, L.(eds.)(2008), School leadership for 'Democratic Bildung': fundamentalist beliefs or critical reflection?, *School Leadership & Management,* Jul, Vol. 28 Issue 3, pp. 229-246.
Morrill, R. L.(2009), Liberal Education, Leadership and Value, J. T. Wren et al., *Leadership and the Liberal Arts: Achieving the Promise of a Liberal Education,* New York: Palgrave-Macmillan.
Mower, D. S. & Robinson, W. L.(eds.)(2012), *Civility in Politics and Education,* New York & London: Routledge.
Mulcahy, D. G.(2012), Liberal Education, J. Arthur & A. Peterson(eds.), *The Routledge Companion to Education,* N. Y. & London: Routledge.
Munzel, G. F. & Power, F. C., 박병기 외 역(2013), 「피아제와 콜버그의 도덕교육론에 대한 칸트의 영향」, W. Willis & D. J. Fasko, 『도덕철학과 도덕심리학』. 서울: 인간사랑.
Naess, A.(1993), *Ecology, Community and Lifestyle,* New York: Cambridge University Press.
Noddings N.(1985), In search of the feminine, *Philosophy of Education.*

Noddings N.(1994), Conversation as moral education, *Journal of Moral Education*, Vol. 23, No.2.

Noddings N.(1998a), Feminist morality and social policy, J. G. Haber & M.S. Halfon(eds.), *Norms and Values,* Lanham, MD: Rowman & Littlefield.

Noddings N.(1998b), Thoughts on John Dewey's, ethical principles underlying education, *The Elementary School Journal,* 98, pp. 479-88.

Noddings N.(1998c), *Philosophy of Education,* USA: Westview Press.

Noddings N.(2001a), *Starting at Home: Care Theory and Social Policy,* Berkeley: University of California.

Noddings N.(2001b), *A Sympathetic Alternative to Character Education,* New York: Teachers Colledge Press.

Noddings N.(2002), *Educating Moral People: A Caring Alternative to Character Education,* N. Y. & London: Teachers College Press.

Noddings, N.(2004), The False Promise of the Paideia, D. J. Flinders & S. J. Thornton, *The Curriculum Studies Reader.* New York & London: RoutledgeFalmer.

Noddings N.(1984), *Caring: A Feminine Approach to Ethics & Moral Education,* Univ. of California Press: 박병춘 역(2002), 『배려윤리와 도덕교육』, 서울: 울력.

Noddings N.(1992), *The Challenge to Care in Schools: An Alternative Approach to Education,* Teachers Colledge Press; 추병완 외 역(2002), 『배려교육론』, 서울: 다른우리.

Noddings, N.(1997), 심성보 외 역(1999), 「인격교육과 공동체」, A. Molnar(엮음), 『아동인격교육론』, 서울: 인간사랑.

Noddings N.(2003), *Happiness and Education,* Cambridge, UK: Cambridge University Press; 이지헌 외 역(2008), 『행복과 교육』, 서울: 학지사.

Noddings, N.(2007/2010), 『넬 나딩스의 교육철학』, 서울: 아카데미프레스.

Noddings, N., 연세기독교교육학포럼 역(2009), 『세계시민의식과 글로벌 교육』, 서울: 학이당.

Noddings, N., 곽덕주 외 역(2010), 「배려와 도덕교육」, W. Kohli 편저, 『다문화 시대 대화와 소통의 교육철학』, 서울: 학지사.

Noddings, N. & Slote, M.(2003), Changing notion of the moral and of moral education, N. Blake et al., *The Blackwell Guide to Philosophy of Education,* MS & USA: Blackwell Publishing.

Nord, W. A.(2001), Moral Disagreement, moral education, common ground, D. Ravitch & J. P. Viteritti(eds.), *Making Good Citizens: Education and Civil Society,* New York and London: Yale University Press.

Nord, W. A.(2007), Liberal Education, Moral Education, and Religion, D. V. Henry & M. D. Beaty(eds.), *The Schooled Heart: Moral Formation in American Higher Education,* Texas: Baylor University Press.

Nussbaum, M. C.(1997), *Cultivating Humanity: A Classical Defence of Reform in Liberal Education,* Harvard University Press.

Nussbaum, M. C.(1999), *Sex and Social Justice,* Oxford: Oxford University Press.

Nussbaum, M. C.(eds.), 오인영 역(2003), 『나라를 사랑한다는 것』, 서울: 삼인.

Nussbaum, M. C.(2009), 「순화된 애국주의란 가능한가?: 세계적 정의의 논증」, 석학과 함께하는 인문강좌 시리즈 제1강연, 한국학술진흥재단.

Nussbaum, M. C., 박용준 역(2013), 『시적 정의』, 파주: 궁리.

Nyberg & Egan, 고려대학교 교육사·철학연구회 역(1996), 『교육의 잠식』, 서울: 양서원.
Oakeshott, M.(1967), Learning and teaching, R. S. Peters(ed.), *The Concept of Education,* London: RKP.
Oestereicher, E.(1991), The Depoliticization of the Liberal Arts, B. A. Scot(ed). *The Liberal Arts in a Time of Crisis,* New York: Praeger.
O'Hear, A. & Sidwell, M.(2009), *The School of Freedom: A Liberal Education Reader from to the Present Day,* Exeter: Imprint-academic.
Orr, D. W.(1992), *Ecological Literacy-Education and The Transition to a Postmodern Worlds,* Albany: State University of New York Press.
Oser, A. & Starkey, H.(2005), *Changing Citizenship: Democracy and Inclusion in Education,* Berkshire: Open University Press.
Oxley, J. C.(2012), *The Moral Dimensions of Empathy: Limits and Applications in Ethical Theory and Practice,* New York: Palgrave Macmillan.
Pai, Y.(1990), *Cultural Foundations of Education,* New York: Merrill.
Portelli J. P. & Menashy F.(2013), 「교육의 목적: 개인과 공동체」, R. Bailey, R. Barrow, C. M. Carthy, 이지헌 역, 『교육철학 2: 가치와 실천』, 서울: 학지사.
Power, C.(1991), Democratic school and the problem of moral authority, W. M. Kurtines & J. L. Gerwirtz(eds.), *Handbook of Moral Behavior and Development,* Vol 3: 317-332.
Power, F. C. Higgins, A. & Kohlberg, L.(1989), *Lawrence Kohlberg's Approach to Moral Education,* New York: Columbia University Press.
Print. M.(1999), Civic Education and Civil Society in The Asia-Pacific, M. Print et al., *Civic Education for Civil Society,* London: Asean Academic Press.
Print. M.(2004), Phoenix or Shooting Star?: Citizenship Education in Australia, Kennedy, K.(ed.)(2004), *Citizenship Education and the Modern State,* London & New York: RoutledgeFalmer.
Race, R.(2011), *Multiculturalism and Education,* London & New York: Continuum.
Rachels, J. & Rachels, S.(2007), *The Elements of Moral Philosophy,* New York: McGraw-Hill.
Raths, L. E., Harmin, M & Simon, S. B.(1966), 정선심·조성민 역(1994), 『가치를 어떻게 가르칠 것인가: 가치명료화 이론과 교수전략』, 서울: 교육과학사.
Rearden, B. A.(1988), *Comprehensive Peace Education: Educating for Global Responsibility,* New York: Teachers College Press.
Rearden, B. A.(1997), Human rights as education for peace, G. J. Andreopoudos & R. P. Claude(eds.), *Human Rights Education for the Twenty-First Century,* Philadelphia: Penn.
Reichenbach, R.(2010), Civility as Pedagogical Category, *The Korean Journal of Philosophy of Education*, Vol. 50, pp. 87-104.
Rich, J. M., 김정환 외 역(1985), 『인간주의 교육학』, 서울: 박영사.
Rich, J. M., 추병완 역(1999), 『도덕 발달 이론』, 서울: 백의.
Ridley, M., 김한영 역(2004), 『본성과 양육: 인간은 태어나는가, 만들어지는가』, 서울: 김영사.
Rimmerman, C. A.(ed.)(2009), *Service-Learning and The Liberal Arts*, Lanham: Lexington Books.
Rivera, J. D.(2010), Teaching about Culture of Peace as Approach to Peace Education.

Salomon, G. & Cairns, *Handbook on Peace Education,* Psychology Press.
Roth, K. & Burbules, N. C.(2007), *Changing Conceptions of Citizenship Education in Contemporary Nation-states,* Sense Publisher.
Ruddick, S., 이혜정 역(2002), 『모성적 사유』, 서울: 철학과 현실사.
Rusnak, T.(ed.)(1998), *An Integrated Approach to Character Education,* London. Corwin Press.
Schwartz, A. J.(2008), 「자율적 자아의 시대에서 도덕적 명언의 전수」, W. Damon 엮음, 『새로운 시대의 인격교육』, 서울: 인간사랑.
Sergiovanni, T. J., 주철한 역(2004), 『학교 공동체 만들기』, 서울: 에듀케어.
Sergiovanni, T.(1999), The Story of Community, J. Retallick, B. Cocklin & K. Coombe(eds.), *Learning Communities in Education,* London & New York: Routledge.
Sherman, N.(1991), *The Fabric of Character: Aristotle's Theory of Virtue,* Clarendon Press.
Sherman, N.(1999), Character Development and Aristotelian Virtue, Carr & Steutel(eds.), *Virtue Ethics and Moral Education,* Routledge.
Shils, E.(1981), *Tradition,* Chicago: The University of Chicago.
Shireen, K.(2007), Toward a New Paradigm: Multicultural Peace Education, Doctoral Study Submitted in Partial Fulfillment of the Requirements for the Degree of Doctor of Education Teacher Leadership, Walden University.
Shorris, E.(2012), 「인문학과 민주주의」, 성프란시스대학 인문학과정, 『거리의 인문학』, 삼인.
Sichel, B. A.(1988), *Moral Education: Character, Community and Ideals,* Philadelphia: Temple University Press.
Siegel, H.(1988), *Educating Reason: Rationality, Critical Thinking and Education,* Routledge.
Slote, M.(1998), Caring in the balance, J. G. Haber & M. S. Halfon(eds.), *Norms and Values,* Lanham, MD: Rowman & Littlefield.
Slote, M.(1999), Self-Regarding and other-Regarding Virtues, Carr. D. & Steutel, J.(eds), *Virtue Ethics and Moral Education,* New York: Routledge.
Slote, M.(2001), *Morals from Motives,* Oxford: Oxford University Press.
Slote, M.(2007), *The Ethics of Care and Empathy,* New York: Routledge.
Slote, M.(2010/2013), *Moral Sentimentalism,* Oxford, New York: Oxford University Press.
Smith, S.(2001), Education for judgement?, M. Gordon(ed.), *Hannah Arendt and Education,* Colorado: Westview Press.
Snarey, J. & Samuelson, P.(2008), Moral Education in the Cognitive Developmental Tradition: Lawrence Kohlberg's Revolutionary Ideas, L. P. Nucci & D. Narvaez(eds.), *Handbook of Moral and Character Education,* New York: Routledge.
Solomon, D. & Watson, M., 박병기 외 역(2013), 「도덕교육의 다양한 접근과 심리학적 기초」, W. Willis & D. J. Fasko, 『도덕철학과 도덕심리학』, 서울: 인간사랑.
Soutphommasane, T.(2012), The Virtuous Citizen Patriotism in a Multicultural Society, Cambridge Books Online. http://ebooks.cambridge.org;http://dx.doi.org/10.1017/CBO9781139177740.004
Spiecker, B.(1988), Education and the moral emotion, Spiecker, B. & Straughan, R.(eds.), *Philosophical Issues in Moral Education,* Milton Keynes: Open University

Press.
Spiecker, B.(1999), Habituation and Training in Early Moral Upbringing, Carr & Steutel(eds.), *Virtue Ethics and Moral Education,* Routledge.
Sprod, T., 박재주 외 역(2007), 『윤리탐구공동체교육론』, 서울: 철학과 현실사.
Sterba, J.(2000), *Three Challenges to Ethics: Environmentalism, Feminism, and Multiculturalism,* Oxford: Oxford University Press.
Stevenson, L. & Haberman, D. L., 박중서 역(1998), 『인간의 본성에 관한 10가지 이론』, 서울: 갈라파고스.
Stumpf, S. E. & Fieser, J., 이광래 역(2004), 『소크라테스에서 포스트모더니즘까지』, 서울: 열린책들.
Sutherland, M.(2002), 『새로운 교육학 입문』, 서울: 내일을 여는 책.
Taylor, C.(1990), *Sources of the Self,* Cambridge: Cambridge University Press.
Taylor, C.(1992a), What is human agency, *Human Agency and Language,* Cambridge.
Taylor, C.(1992b), The concept of a person, *Human Agency and Language,* Cambridge.
Taylor, P.(1986), *Respect for Nature: A Theory of Environmental Ethics,* Princeton & Oxford: Princeton University Press.
Thayer-Bacon. B. J.(1998), *Philosophy Applied to Education: Nurthring a Democratic Community in the Classroom,* New Jersey & Ohio: Merill.
Thayer-Bacon, B. J.(2011), Feminist Theory and Moral Education, DeVitis, J. L. & T. Yu(eds.), *Character and Moral Education,* New York: Peter Lang.
Thayer-Bacon, B. J.(2013), 「배려적 추론」, W. Willis. & D. Fasko, 박병기 외 역, 『도덕철학과 도덕심리학』, 서울: 인간사랑.
Tibbitts, F.(2008), *Human Rights Education,* M., Bajai, *Encyclopedia of Peace Education,* IAP.
Tiedt, P. A. & Tiedt, I. M.(2005), *Multicultural Teaching,* Allyn & Bacon.
Toffolo, C. & Harris, I.(2011), On the Relational of Peace Education to Moral Education, J. L. DeVitis, T. Yu(eds.), *Character and Moral Education,* New York: Peter Lang.
Trigg, R., 최용철 역(1996), 『인간 본성에 관한 10가지 철학적 성찰』, 서울: 자작나무.
Tronto, J.(1993), *Moral Boundaries: A Political Argument for an Ethic of Care,* New York & London: Routledge.
Vasak, K. A.(1997), 30-year Struggle.
Wallerstein, I., 유희석 역(2007), 『지식의 불확실성』, 파주: 창비.
Walzer, M. 최흥주 역(2008), 『정치철학에세이』, 서울: 모티브북.
Watson, M.(2008), Developmental Discipline and Moral Education, L. P. Nucci & D. Narvaez, *Handbook of Moral and Character Education,* New York: Routledge.
Wesselingh, A.(1998). Emile Durkheim, Citizenship and Modern Education, G. Walford & W.S.F. Pickering(eds.), *Durkheim and Modern Education,* New York: Routledge.
Westheimer, J.(2007), Politics and Patriotism in Education, J. Westheimer(ed.), *Pledging Allegiance: The Politics of Patriotism in America's Schools,* New York: Teachers College Press.
Westheimer, J. & Kahne, J.(2004a), Educating the good citizen, *Political Science and Politics*, 37(2), 241-269.

Westheimer, J. & Kahne, J.(2004b), What kind of citizen?, *American Educational Research Journal*, 41(2), 241-269.

White, J.(1990), 이지헌 외 역(2002), 『교육 목적론』, 서울: 학지사.

White, M.(2006), An Ambivalent Civility, *Canadian Journal of Sociology,* 31(4), pp. 445-460.

White, P.(1996), *Civic Virtues and Public Schooling: Educating Citizens for Democratic Society,* New York: Teachers College Press.

White, P.(2003), 「사회화와 교육」, R. F. Dearden, P. H. Hirst and R. S. Peters(eds.), 『현대 교육 목적론』, 서울: 원미사.

White, P.(2010), 「시민교육: 장애 요인과 기회 요인」, W. Kohli 편저, 『다문화 시대 대화와 소통의 교육철학』, 서울: 학지사.

Williams, B.(1978), Politics and Moral Character, S. Hampshire(ed.), *Public and Private Morality,* Cambridge: Cambridge University Press.

Williams, B.(1986), *Ethics and the Limits of Philosophy,* Cambridge & Mass.: Harvard University Press.

Willis, W., 박병기 외 역(2013), 「도덕교육의 철학적 기초들」, W. Willis & D. J. Fasko(eds.), 『도덕철학과 도덕심리학』, 서울: 인간사랑.

Wilson, J.(1993), 『도덕적으로 생각하기』, 서울: 하나미디어.

Winton, S.(2007), Does Character Education Really Support Citizenship Education?, *Canadian Journal of Educational Administration and Policy,* No. 665: pp. 1-24.

Wringe, C.(2006), *Moral Education: Beyond the Teaching of Right and Wrong,* Dordrecht: Springer.

Wuketits, F. M.(2013), 『도덕의 두 얼굴: 인간은 얼마나 많은 도덕을 감당할 수 있는가?』, 서울: 사람의 무늬.

Wynne, E. A.(1985-1986), The Great Tradition in Education, *Educational Leadership.* Vol. 43, No. 4: pp. 4-9.

Wynne, E. A.(2011), The Great Tradition in Education: Transmitting Moral Values, DeVitis, J. L. & T. Yu(eds.), *Character and Moral Education,* New York: Peter Lang.

Wynne(1997), 이인재 역(1999), 「인격형성을 위한 교육」, 『아동인격교육론』, 서울: 인간사랑.

Young, I. M.(2011), *The Justice and Difference of Politics,* New Jersey: Princeton University of Press.

삶의 행복을 꿈꾸는 교육은 어디에서 오는가?

미래 100년을 향한 새로운 교육

▶ 교육혁명을 앞당기는 배움책 이야기

혁신교육의 철학과 잉걸진 미래를 만나다!

핀란드 교육혁명
한국교육연구네트워크 총서 01 | 320쪽 | 값 15,000원

일제고사를 넘어서
한국교육연구네트워크 총서 02 | 284쪽 | 값 13,000원

새로운 사회를 여는 교육혁명
한국교육연구네트워크 총서 03 | 380쪽 | 값 17,000원

교장제도 혁명
한국교육연구네트워크 총서 04 | 268쪽 | 값 14,000원

새로운 사회를 여는 교육자치 혁명
한국교육연구네트워크 총서 05 | 312쪽 | 값 15,000원

혁신학교에 대한 교육학적 성찰
한국교육연구네트워크 총서 06 | 308쪽 | 값 15,000원

혁신학교
성열관·이순철 지음 | 224쪽 | 값 12,000원

행복한 혁신학교 만들기
초등교육과정연구모임 지음 | 264쪽 | 값 13,000원

서울형 혁신학교 이야기
이부영 지음 | 320쪽 | 값 15,000원

혁신교육, 철학을 만나다
브렌트 데이비스·데니스 수마라 지음
현인철·서용선 옮김 | 304쪽 | 값 15,000원

혁신교육 존 듀이에게 묻다
서용선 지음 | 292쪽 | 값 14,000원

다시 읽는 조선 교육사
이만규 지음 | 750쪽 | 값 33,000원

프레이리와 교육
한국교육연구네트워크 번역 총서 01
존 엘리아스 지음 | 한국교육연구네트워크 옮김
276쪽 | 값 14,000원

교육은 사회를 바꿀 수 있을까?
한국교육연구네트워크 번역 총서 02
마이클 애플 지음 | 강희룡·김선우·박원순·이형빈 옮김
352쪽 | 값 16,000원

비판적 페다고지는 세상을 변화시킬 수 있는가?
한국교육연구네트워크 번역 총서 03
Seewha Cho 지음 | 심성보·조시화 옮김 | 280쪽 | 값 14,000원

미래교육의 열쇠, 창의적 문화교육
심광현·노명우·강정석 지음 | 368쪽 | 값 16,000원

대한민국 교사, 어떻게 가르칠 것인가?
윤성관 지음 | 320쪽 | 값 15,000원

아이들을 어떻게 가르칠 것인가
사토 마나부 지음 | 박찬영 옮김 | 232쪽 | 값 13,000원

아이들의 배움은 어떻게 깊어지는가
이시이 쥰지 지음 | 방지현·이창희 옮김
200쪽 | 값 11,000원

북유럽 교육 기행
정애경 외 14인 지음 | 288쪽 | 값 14,000원

모두를 위한 국제이해교육
한국국제이해교육학회 지음 | 364쪽 | 값 16,000원

경쟁을 넘어 발달 교육으로
현광일 지음 | 288쪽 | 값 14,000원

독일 교육, 왜 강한가?
박성희 지음 | 324쪽 | 값 15,000원

대한민국 교육혁명
교육혁명공동행동 연구위원회 지음 | 152쪽 | 값 5,000원

▶ 비고츠키 선집 시리즈
발달과 협력의 교육학 어떻게 읽을 것인가?

생각과 말
레프 세묘노비치 비고츠키 지음
배희철·김용호·D. 켈로그 옮김 | 690쪽 | 값 33,000원

도구와 기호
비고츠키·루리야 지음 | 비고츠키연구회 옮김
336쪽 | 값 16,000원

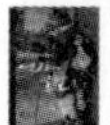
어린이 자기행동숙달의 역사와 발달 I
L.S. 비고츠키 지음 | 비고츠키연구회 옮김
564쪽 | 값 28,000원

어린이 자기행동숙달의 역사와 발달 II
L.S. 비고츠키 지음 | 비고츠키연구회 옮김
552쪽 | 값 28,000원

어린이의 상상과 창조
L.S. 비고츠키 지음 | 비고츠키연구회 옮김
280쪽 | 값 15,000원

성장과 분화
L.S. 비고츠키 지음 | 비고츠키연구회 옮김
308쪽 | 값 15,000원

관계의 교육학, 비고츠키
진보교육연구소 비고츠키교육학실천연구모임 지음
300쪽 | 값 15,000원

비고츠키 생각과 말 쉽게 읽기
진보교육연구소 비고츠키교육학실천연구모임 지음
316쪽 | 값 15,000원

비고츠키와 인지 발달의 비밀
A.R. 루리야 지음 | 배희철 옮김 | 280쪽 | 값 15,000원

▶ 평화샘 프로젝트 매뉴얼 시리즈
학교 폭력에 대한 근본적인 예방과 대책을 찾는다

학교 폭력 어떻게 만들어지는가
문재현 외 지음 | 300쪽 | 값 14,000원

학교 폭력, 멈춰!
문재현 외 지음 | 348쪽 | 값 15,000원

왕따, 이렇게 해결할 수 있다
문재현 외 지음 | 236쪽 | 값 12,000원

아이들을 살리는 동네
문재현·신동명·김수동 지음 | 204쪽 | 값 10,000원

평화! 행복한 학교의 시작
문재현 외 지음 | 252쪽 | 값 12,000원

마을에 배움의 길이 있다
문재현 지음 | 208쪽 | 값 10,000원

▶ 창의적인 협력수업을 지향하는 삶이 있는 국어 교실
우리말 글을 배우며 세상을 배운다

중학교 국어 수업 어떻게 할 것인가?
김미경 지음 | 332쪽 | 값 15,000원

토론의 숲에서 나를 만나다
명혜정 엮음 | 312쪽 | 값 15,000원

이야기 꽃 1
박용성 엮어 지음 | 276쪽 | 값 9,800원

이야기 꽃 2
박용성 엮어 지음 | 294쪽 | 값 13,000원

▶ 4·16, 질문이 있는 교실 마주이야기

통합수업으로 혁신교육과정을 재구성하다!

통하는 공부
김태호·김형우·이경석·심우근·허진만 지음
324쪽 | 값 15,000원

주제통합수업, 아이들을 수업의 주인공으로!
이윤미 외 지음 | 392쪽 | 값 17,000원

내일 수업 어떻게 하지?
아이함께 지음 | 300쪽 | 값 15,000원

수업과 교육의 지평을 확장하는 수업 비평
윤양수 지음 | 316쪽 | 값 15,000원

생각하는 도덕 수업
정종삼 지음 | 328쪽 | 값 15,000원

교사, 선생이 되다
김태은 외 지음 | 260쪽 | 값 13,000원

인간 회복의 교육
성래운 지음 | 260쪽 | 값 13,000원

교사의 전문성, 어떻게 만들어지나
국제교원노조연맹 보고서 | 김석규 옮김
392쪽 | 값 17,000원

교과서 너머 교육과정 마주하기
이윤미 외 지음 | 368쪽 | 값 17,000원

수업의 정치
윤양수·원종희·장군 지음 | 284쪽 | 값 14,000원

▶ 더불어 사는 정의로운 세상을 여는 인문사회과학

사람의 존엄과 평등의 가치를 배운다

밥상혁명
강양구·강이현 지음 | 298쪽 | 값 13,800원

좌우지간 인권이다
안경환 지음 | 288쪽 | 값 13,000원

도덕 교과서 무엇이 문제인가?
김대용 지음 | 272쪽 | 값 14,000원

민주시민교육
심성보 지음 | 544쪽 | 값 25,000원

자율주의와 진보교육
조엘 스프링 지음 | 심성보 옮김 | 320쪽 | 값 15,000원

민주시민을 위한 도덕교육
심성보 지음 | 500쪽 | 값 25,000원

민주화 이후의 공동체 교육
심성보 지음 | 392쪽 | 값 15,000원

교과서 밖에서 배우는 인문학 공부
정은교 지음 | 276쪽 | 값 13,000원

갈등을 넘어 협력 사회로
이창언·오수길·유문종·신윤관 지음 | 280쪽 | 값 15,000원

오래된 미래교육
정재걸 지음 | 392쪽 | 값 18,000원

동양사상과 마음교육
정재걸 외 지음 | 356쪽 | 값 16,000원

대한민국 의료혁명
전국보건의료산업노동조합 엮음 | 548쪽 | 값 25,000원

교과서 밖에서 배우는 철학 공부
정은교 지음 | 280쪽 | 값 14,000원

교과서 밖에서 배우는 고전 공부
정은교 지음 | 288쪽 | 값 14,000원

▶ 남북이 하나 되는 두물머리 평화교육

분단 극복을 위한 치열한 배움과 실천을 만나다!

10년 후 통일

정동영·지승호 지음 | 328쪽 | 값 15,000원

선생님, 통일이 뭐예요?

정경호 지음 | 252쪽 | 값 13,000원

▶ 출간 예정

근간 분단시대의 통일교육
성래운 지음

근간 핀란드 교육의 기적은 어떻게 만들어지나
Hannele Niemi 외 지음 | 장수명 외 옮김

근간 민주적 학교는 어떻게 사회정의 교육을 가르치나
한국교육연구네트워크번역총서 04 | 마이클 애플 지음

근간 도덕 수업, 독서와 만나다
울산도덕교사모임 지음

근간 고쳐 쓴 갈래별 글쓰기 1
(시·소설·수필·희곡 쓰기 문예 편)
박안수 지음(개정 증보판)

근간 고쳐 쓴 갈래별 글쓰기 2
(논술·논설문·자기소개서·자서전·독서비평·설명문·보고서 쓰기 등 실용 고교용)
박안수 지음(개정 증보판)

근간 조선 근대교육의 사상과 운동
윤건차 지음 | 이명실·심성보 옮김

근간 조선족 근현대 교육사
정미량 지음

근간 수업 고수들, 수업과 교육과정 재구성을 말하다
통통 담쟁이 교실수업연구회 지음

근간 교실을 위한 프레이리
Ira Shor 지음 | 이성우 외 옮김

근간 존 듀이와 교육
한국교육연구네트워크번역총서 05 | 짐 개리슨 외 지음

근간 걸림돌
키르스텐 세곱 빌펠트 지음 | 문봉애 옮김

근간 밥상머리 선생님
김홍숙 지음

근간 체육 교사, 수업을 말하다
전용진 지음

근간 함께 만들어가는 강명초 이야기
이부영 외 지음

근간 어린이와 시 읽기
오인태 지음

참된 삶과 교육에 관한 생각 줍기